D1693271

IFRS-Rechnungslegung

Grundlagen – Aufgaben – Fallstudien

herausgegeben von
Univ.-Prof. Dr. Gerrit Brösel
und
StB Dr. Christian Zwirner

mit einem Geleitwort von
WP Sebastian Hakelmacher

2., vollständig überarbeitete und aktualisierte Auflage

Oldenbourg Verlag München

Der Titel erschien in 1. Auflage unter „Internationale Rechnungslegung, Prüfung und Analyse", herausgegeben von Gerrit Brösel und Rainer Kasperzak.

Bibliografische Information der Deutschen Nationalbibliothek

Die Deutsche Nationalbibliothek verzeichnet diese Publikation in der Deutschen Nationalbibliografie; detaillierte bibliografische Daten sind im Internet über <http://dnb.d-nb.de> abrufbar.

© 2009 Oldenbourg Wissenschaftsverlag GmbH
Rosenheimer Straße 145, D-81671 München
Telefon: (089) 45051-0
oldenbourg.de

Das Werk einschließlich aller Abbildungen ist urheberrechtlich geschützt. Jede Verwertung außerhalb der Grenzen des Urheberrechtsgesetzes ist ohne Zustimmung des Verlages unzulässig und strafbar. Das gilt insbesondere für Vervielfältigungen, Übersetzungen, Mikroverfilmungen und die Einspeicherung und Bearbeitung in elektronischen Systemen.

Lektorat: Wirtschafts- und Sozialwissenschaften, wiso@oldenbourg.de
Herstellung: Anna Grosser
Coverentwurf: Kochan & Partner, München
Gedruckt auf säure- und chlorfreiem Papier
Gesamtherstellung: Druckhaus „Thomas Müntzer" GmbH, Bad Langensalza

ISBN 978-3-486-58839-2

Geleitwort

Rechnungslegung ist ein geheimnisvoller Kult, der von Unternehmen und Konzernen vor allem für anonyme Kapitalgeber zelebriert wird. Er soll die wirtschaftliche Lage und geschäftliche Entwicklung des Unternehmens oder Konzerns bloßstellen und lebt von der Illusion, dass dabei nackte Tatsachen enthüllt werden. Eine gute Rechnungslegung zeichnet sich also durch wahre Blöße aus. Die Topmanager beichten in Form der Rechnungslegung die von ihnen wesentlich verschuldete Unternehmensentwicklung und rechnen mit der Absolution durch den Abschlussprüfer und den Aufsichtsrat. Da Spitzenmanager unabhängig vom Zustand des Unternehmens gut dastehen wollen, ist die Rechnungslegung also eine aufwendige Schönheitsoperation.

Der aufgeweckte Student wird spätestens nach dem Eintritt in die unternehmerische Praxis merken, dass die Rechnungslegung der eigentliche Zweck der Unternehmen und Konzerne ist. Das vorliegende Werk soll ihn auf diesen Schock vorbereiten.

Ursprünglich diente die Rechnungslegung zur Information des Kaufmanns sowie seiner Kapitalgeber und Geschäftspartner. Bei großen Unternehmen kam die Rechenschaftslegung gegenüber Aufsichtsorganen, Investoren und anderen Interessentengruppen hinzu. Der Jahres- oder Konzernabschluss sollte so beschaffen sein, dass sich eine sachverständige Person ein Bild von der wirtschaftlichen Lage und Entwicklung des Unternehmens machen konnte.

Dieser Wunsch scheiterte meist an den beteiligten Personen oder an wesensfremden Sonder- und Ausnahmeregeln. Da die kaufmännische Bilanz auch für Zwecke der Besteuerung herangezogen wurde, wurde sie im Laufe der Zeit aus fiskalischen Gründen so verunstaltet, dass sie für die ursprünglichen Zwecke unbrauchbar wurde. Damit wurde der Weg geebnet für die Anwendung internationaler Rechnungslegungsgrundsätze, die so genannt wurden, weil sie im Wesentlichen in den USA entwickelt worden waren.

Nach der Europäischen IAS-Verordnung vom 19. Juli 2002 haben kapitalmarktorientierte Mutterunternehmen ihren Konzernabschluss auf der Grundlage der International Financial Reporting Standards (IFRS) aufzustellen (§ 315a HGB). Bei den IFRS handelt es sich um prinzipienarme Einzelfallregelungen, die durch ausgefallene Einfälle auffallen und als Therapie zur Komplizierung der Rechnungslegung eingesetzt werden. Ihre fortgeschrittene Unverständlichkeit wird damit erklärt, dass sie für eine weltweite Anwendung gedacht sind.

Die IFRS werden von mit Rechnungslegungskenntnissen vorbestraften Sachverständigen kreiert und permanent fortentwickelt, die sich als International Accounting Standards Board (IASB) privatrechtlich organisiert haben. In einem langwierigen, z. T. von Resignation gekennzeichneten Verfahren (man spricht von „Endorsement") werden die ständig veränderten IFRS zum Bestandteil des europäischen und deutschen Bilanzrechts erhoben.

Die Bilanzapostel des IASB machen viele Worte um wenig Bilanzierung und suchen ständig nach Bilanzierungsproblemen, die Rechnungsleger ohne sie nicht hätten. Zur Zerkleinerung von praktikablen Bilanzierungsideen huldigen sie dem internationalen Rechnungslegungsgrundsatz „Substance over Form". Danach ist die Wortsubstanz der Rechnungslegungsregeln so lange zu maximieren, bis die Regeln völlig außer Form geraten.

Die Attraktivität der geschwollenen Bastelanweisungen zur Aufstellung eines IFRS-Abschlusses liegt vor allem darin, dass sie vom Zwang der Praktikabilität befreit sind und kunstvoll die Realität ignorieren. Aus erzieherischen Gründen soll sich nach Auffassung des IASB die Realität an den vorgeschrieben Rechnungslegungsnormen ausrichten. Man darf erwarten, dass die Standardschwätzer die Rechnungslegung so lange verbessern werden, bis sie nicht mehr funktioniert.

Die IFRS-Standardsetzung ist eine ständige Flucht in das Detail. Ihre trotz aller Kleinlichkeit unvermeidbaren Lücken stellen eine permanente Herausforderung für clevere Bilanzingenieure dar, Schlupflöcher zu suchen und zur zielbewussten Verunstaltung der Jahres- und Konzernabschlüsse nutzbar zu machen. Der Fachmann nennt das „Bilanzpolitik". Ihr wichtigster Grundsatz lautet: „Risiko jetzt – Aufwand später". Unter unglücklichen Umständen gerät sie in die gefährliche Nähe des Grundsatzes „Erkenne dich selbst – belaste die Firma".

Da aber auch eine schön frisierte Bilanz einen sehr hässlichen Anblick bieten kann, versuchen mehrere Stufen der Bilanzkontrolle (Abschlussprüfung, Prüfung durch den Aufsichtsrat und Enforcement) dafür zu sorgen, dass das Make-up der Jahres- und Konzernabschlüsse nicht zu dick aufgetragen wird.

Die faszinierende Zauberformel der neumodischen Bilanzierung lautet: „Fair Value". Die vom IASB betriebene Eskalation zum „Full Fair Value" hat durch die Finanzkrise einen gravierenden Dämpfer bekommen und hat das erschrockene IASB zu halbherzigen Korrekturen veranlasst. Der Leser des vorliegenden Buches wird lernen, dass der Fair Value kein fairer Wert ist, sondern einen Marktwert repräsentieren soll, der in der Praxis unfairerweise sehr selten anzutreffen ist. Er wird begreifen, dass die überzogene Ausweitung der Fair-Value-Bewertung die verlässlichen Aussagen über die Lage und Geschäftsentwicklung des Unternehmens minimiert.

Das moderne Bilanzlatein ist für einen normalen Menschen schwer zu verstehen, weil es vornehmlich aus englischen, von humorlosen Spezialisten erfundenen Ausdrücken und Kryptogrammen besteht. Vor diesem Hintergrund ist es mutig und verdienstvoll, die „IFRS-Rechnungslegung, Grundlagen – Aufgaben – Fallstudien" in 2. Auflage zu behandeln. Der Versuch, durch Erläuterungen und Fallbeispiele auch das Unerklärliche zu erklären, kann dazu beitragen, dass die exhibitionistische IFRS-Rechnungslegung in anständiger Form präsentiert wird. Dennoch eine Mahnung zur Vorsicht: Bei der Interpretation heterogener IFRS-Standards kann man ziemlich sicher sein, dass zwei Ausleger, die sich einig sind, irren.

In dem vorliegenden Buch werden die Vielfalt der Rechnungslegungsregeln, ihre fehlende Systematik und beeindruckende Umständlichkeit sowie ihre ungeheure Dynamik, die durch ständige, für berufstätige Rechnungsleger schwer verfolgbare Ergänzungen und Änderungen gekennzeichnet ist, anhand von Aufgaben und Fallstudien erlebbar gemacht.

Das hier aufbereitete Studium der oft praxisfernen, aber stets komplizierten Anwendungsregeln der IFRS lassen den lernbegierigen Studenten oder Wirtschaftsprüferkandidaten zum Bilanzexperten heranreifen, der auch ohne Ahnung vom Geschehen im Unternehmen genau weiß, wie dieses im Jahresabschluss abzubilden ist. Die hier vermittelten Kenntnisse über die Raffinesse und undurchschaubaren Dimensionen der Enthüllungspflichten werden dem Finanzanalysten helfen, die fortwährenden Schieflagen seiner Prognosen im Nachhinein plausibel zu erklären.

Ich wünsche dem vorliegenden Buch viele lernbereite und für Rechnungslegungsfragen aufgeschlossene Leser.

Winterhude im Juni 2009

SEBASTIAN HAKELMACHER

Vorwort

Die erste Auflage dieses Buches, die von GERRIT BRÖSEL und RAINER KASPERZAK herausgegeben wurde, ist im Jahre 2004 unter dem Titel „Internationale Rechnungslegung, Prüfung und Analyse. Aufgaben und Lösungen" erschienen. Diese Auflage wurde nicht nur in der Theorie und Praxis erfolgreich angenommen, sondern sie wurde durch die „Wissenschaftliche Kommission Rechnungswesen" des Verbandes der Hochschullehrer für Betriebswirtschaftslehre e. V. (VHB) für den *Lehrbuchpreis des VHB für herausragende Lehrbücher des Jahres 2004* nominiert.

Um den veränderten Anforderungen in der Lehre sowie der Dynamik in der Praxis der internationalen Rechnungslegung gerecht zu werden, ist es – trotz des Erfolges der ersten Auflage – hinsichtlich der zweiten Auflage *erforderlich gewesen, das Konzept anzupassen*. Der Herausgeberband fokussiert nunmehr noch stärker auf die Rechnungslegung nach den International Financial Reporting Standards (IFRS). In diesem Zusammenhang kam es auch zu einer Veränderung im Hinblick auf die Herausgeber sowie zu einer Anpassung des Buchtitels.

Ziel des Sammelbandes ist, die wesentlichen Aspekte der Bilanzierung nach IFRS im Einzel- und im Konzernabschluss zu behandeln. Das Buch umfasst hierzu nunmehr 32 themenbezogene Beiträge. Innerhalb dieser Beiträge wird die jeweilige Thematik auf den einführenden Seiten zunächst hinsichtlich der gegebenenfalls zu beachtenden Normen erläutert; der zweite Teil eines Beitrags umfasst dann die beispielhafte Anwendung der Lehrinhalte. Das Buch eignet sich zur Anwendung in der (fallstudienorientierten) Lehre an Universitäten und Fachhochschulen sowie zur Fortbildung in Theorie und Praxis im Rahmen des Selbststudiums. Die Autoren der Beiträge haben hierzu den Schwerpunkt auf die didaktische Aufbereitung der Inhalte gelegt. Am Ende der einzelnen Beiträge finden sich zudem Hinweise auf relevante Literaturquellen.

Zur Erstellung des vorliegenden Werkes konnten 44 hochkarätige Autoren aus der Theorie und Praxis gewonnen werden. Unser besonderer Dank gebührt diesen Autoren für ihre fachlich anspruchsvollen und innovativen Beiträge sowie die strikte Einhaltung des engen Zeitgerüsts. Darüber hinaus sind wir Frau cand. rer. pol. SABINE PLAUMANN für die Erstellung des Stichwortverzeichnisses zu Dank verpflichtet. Schließlich danken wir Herrn WP/StB SEBASTIAN HAKELMACHER und Herrn Dr. JÜRGEN SCHECHLER, die unser Buchprojekt mit ihrem großen Engagement nachhaltig unterstützt haben.

Für Hinweise auf mögliche Fehler und sonstige Anregungen (aber auf für Lob) sind wir sehr dankbar. Diese können Sie unkompliziert an ifrs-fallstudien@kleeberg.de senden.

Ilmenau und München, Juni 2009

GERRIT BRÖSEL und CHRISTIAN ZWIRNER

Inhaltsverzeichnis

Geleitwort	V
Vorwort	IX
Abkürzungsverzeichnis	XV

1	**Grundlagen der IFRS-Rechnungslegung**		**1**
	1.1	Rahmenkonzept – Ziel, Zwecke und Grundsätze *Hartmut Bieg und Anke Käufer*	3
	1.2	Publizität, Rechenwerke und Jahresabschlussgliederung *Regine Buchheim*	21
	1.3	Bilanzpolitik *Gerrit Brösel*	37
	1.4	Bilanzanalyse *Gerrit Brösel*	53
	1.5	Umstellung der Rechnungslegung (IFRS 1) *Corinna Boecker, Michael Reuter und Christian Zwirner*	67
2	**Einzelabschluss nach IFRS**		**83**
	2.1	Aktiva	85
		2.1.1 Immaterielles Anlagevermögen *Torsten Mindermann und Berit Hartmann*	85
		2.1.2 Sachanlagevermögen *Andreas Dutzi*	101

		2.1.3	Finanzinstrumente und Sicherungsbeziehungen nach IAS 39 *André Münnich und Christian Höffken*	117
		2.1.4	Umlaufvermögen (insbesondere Vorräte, Forderungen und Umweltverschmutzungsrechte) *Peter Lorson, Erdmute Darsow, Christian Horn und Marc Toebe*	135
	2.2	Passiva		161
		2.2.1	Eigenkapital, Eigenkapitalveränderungsrechnung, EPS *Hanno Kirsch*	161
		2.2.2	Verbindlichkeiten *Gerd Waschbusch und Christof Steiner*	177
		2.2.3	Rückstellungen *Heinz Kußmaul und Christoph Niehren*	195
		2.2.4	Pensionsrückstellungen *Remmer Sassen*	211
	2.3	Übergreifende Aspekte		223
		2.3.1	Latente Steuern *Karl Petersen und Christian Zwirner*	223
		2.3.2	Leasing *Sascha H. Mölls*	241
		2.3.3	Risikoberichterstattung am Beispiel von CO_2-Zertifikaten (IFRS 7) *Sven Müller und Tobias Wagner*	257
		2.3.4	Segmentberichterstattung *Axel Haller*	269
		2.3.5	Kapitalflussrechnung *Andreas Eiselt und Karsten Paetzmann*	287
		2.3.6	Gesamtkostenverfahren versus Umsatzkostenverfahren *Michael Reuter und Christian Zwirner*	299
		2.3.7	Ertragsrealisierung und Langfristfertigung *Stephan Abée und Jochen Zimmermann*	315

Inhaltsverzeichnis   XIII

3   Konzernabschluss nach IFRS   **331**

    3.1   Konsolidierungskreis   333
          Karl Petersen, Christian Zwirner und Julia Busch

    3.2   Goodwillbilanzierung   349
          Michael Hinz

    3.3   Erwerb, Besitz, Veräußerungen von Tochterunternehmen   367
          Klaus Henselmann und Benjamin Roos

    3.4   Aufgegebene Geschäftsbereiche (Discontinued Operations)   387
          Harald Kessler und Markus Leinen

    3.5   Umgekehrter Unternehmenserwerb (Reverse Acquisition)   405
          Christian Zwirner

4   Sonstige besondere Aspekte der IFRS-Rechnungslegung   **419**

    4.1   Investment Properties (IAS 40)   421
          Dirk Hachmeister

    4.2   Bilanzierung und Bewertung von Waldvermögen   441
          Christian Forst und Sven Müller

    4.3   Bilanzierung von aktienbasierten Vergütungen   457
          Inge Wulf

    4.4   Währungsumrechnung   473
          Andreas Eiselt, Lars Haneberg und Karsten Paetzmann

    4.5   IFRS und Basel II   487
          Hartmut Bieg und Guido Sopp

    4.6   Prüfung von kapitalmarktorientierten IFRS-Konzernabschlüssen   505
          Hansrudi Lenz

    4.7   IFRS und Unternehmungsbewertung   525
          Michael Olbrich

Autoren des Bandes   535

Stichwortverzeichnis   547

Abkürzungsverzeichnis

a. F.	alte Fassung
AfS	Available for Sale
AFV	At Fair Value
AG	Aktiengesellschaft
Aufl.	Auflage
BaFin	Bundesanstalt für Finanzdienstleistungsaufsicht
BB	Betriebs-Berater
BBK	Buchführung, Bilanz, Kostenrechnung
BetrAVG	Gesetz zur Verbesserung der betrieblichen Altersversorgung (Betriebsrentengesetz)
BFuP	Betriebswirtschaftliche Forschung und Praxis
BGS	Bruttogewinnspanne
BilMoG	Gesetz zur Modernisierung des Bilanzrechts (Bilanzrechtsmodernisierungsgesetz)
BS	Buchungssatz
bspw.	beispielsweise
BuW	Betrieb und Wirtschaft
bzw.	beziehungsweise
c. p.	ceteris paribus
CC	Cost to Cost
CER	Certified Emission Reduction
CFF	Cashflow aus der Finanzierungstätigkeit
CFI	Cashflow aus der Investitionstätigkeit
CFO	Cashflow aus operativer Tätigkeit
Corp.	Corporation
CRF	Cost Recovery First
d. h.	das heißt
DAX	Deutscher Aktienindex
DB	Der Betrieb

DCF	Discounted Cash Flow
DDB	Double Declining Balance
DK	Durchschnittskurs
DP	Diskussionspapier
DStR	Deutsches Steuerrecht
EBIT	Earnings before Interest and Taxes
EBITDA	Earnings before Interest, Taxes, Depreciation and Goodwill Amortization
EPS	Earnings per Share (Gewinn je Aktie)
ERPA	Emission Reduction Purchase Agreement
EStR	Einkommensteuerrichtlinie
et al.	et alii (und andere)
etc.	et cetera
EU	Europäische Union
F.	Framework (Rahmenkonzept)
f.	folgende
FASB	Financial Accounting Standards Board
ff.	fortfolgende
FIFO	first in, first out
GBP	Great Britain Pound
GE	Geldeinheiten
gem.	gemäß
ggf.	gegebenenfalls
GKV	Gesamtkostenverfahren
GmbH	Gesellschaft mit beschränkter Haftung
GoB	Grundsätze ordnungsmäßiger Buchführung
GRL	Gewinnrücklagen
GuV	Gewinn und Verlust/Gewinn- und Verlustrechnung
HGB	Handelsgesetzbuch
HS	Hauptsatz
HTK	historischer Transaktionskurs
HtM	Held-to-Maturity
i. d. R.	in der Regel
i. e. S.	im engeren Sinne
i. S. d.	im Sinne des
i. S. v.	im Sinne von

i. V. m.	in Verbindung mit
i. w. S.	im weiteren Sinne
IAS	International Accounting Standard
IAS-VO	EU-Verordnung Nr. 1606/2002 zur Anwendung internationaler Rechnungslegungsstandards
IASB	International Accounting Standards Board
IAV	immaterielles Anlagevermögen
IFRIC	International Financial Reporting Interpretations Committee
IFRS	International Financial Reporting Standard
insb.	insbesondere
IPCC	Intergovernmental Panel on Climate Change
IPO	Initial Public Offering
IRBA	auf internen Ratings basierender Ansatz
IRZ	Zeitschrift für Internationale Rechnungslegung
ISA	International Standards on Auditing
IVSC	International Valuation Standards Committee
Jg.	Jahrgang
JÜ	Jahresüberschuss
KonÜV	Konzernabschlussüberleitungsverordnung
KoR	Zeitschrift für kapitalmarktorientierte und internationale Rechnungslegung
KSA	Kreditrisiko-Standardansatz
KWG	Kreditwesengesetz
L&R	Loans and Receivables
lt.	laut
m. w. N.	mit weiteren Nennungen
ME	Mengeneinheiten
Mio.	Millionen
Mrd.	Milliarden
n. F.	neue Fassung
o. a.	oben angegebenen
OCI	Other Comprehensive Income
p. a.	pro anno oder per annum
PDD	Project Design Document
PiR	Praxis der internationalen Rechnungslegung
PoC	Percentage of Completion

rev.	revised	
RHB	Roh-, Hilfs- und Betriebsstoffe	
Rn.	Randnummer	
Rz.	Randziffer	
S.	Seite	
SK	Stichtagskurs	
SoCI	Statement of Comprehensive Income	
sog.	so genannte/-n/-s	
SolvV	Solvabilitätsverordnung	
SoPo	Sonderposten mit Rücklageanteil	
SORIE	Statement of Recognised Income and Expense	
StuB	Steuern und Bilanzen	
StuW	Steuer und Wirtschaft	
TEHG	Gesetz über den Handel mit Berechtigungen zur Emission von Treibhausgasen	
u. a.	unter anderem	
u. E.	unseres Erachtens	
u. g.	unten genanntes	
u. U.	unter Umständen	
UKV	Umsatzkostenverfahren	
US-GAAP	United States-Generally Accepted Accounting Principles	
USt	Umsatzsteuer	
usw.	und so weiter	
vgl.	vergleiche	
WertV	Wertermittlungsverordnung	
wisu	Das Wirtschaftsstudium	
WPg	Die Wirtschaftsprüfung	
WpHG	Wertpapierhandelsgesetz	
WPK	Wirtschaftsprüferkammer	
WPO	Gesetz über eine Berufsordnung der Wirtschaftsprüfer (Wirtschaftsprüferordnung)	
WUD	Währungsumrechnungsdifferenz	
z. B.	zum Beispiel	
ZfbF	*SCHMALENBACH*s Zeitschrift für betriebswirtschaftliche Forschung	
zzgl.	zuzüglich	

Kapitel 1:
Grundlagen der IFRS-Rechnungslegung

„Mit den angelsächsischen Standardisierern muß man nachsichtig sein. Sie arbeiten dilettantisch: denn sie entbehren der theoretischen Basis. Hätten sie auch nur *Schmalenbach* zur Kenntnis genommen, so wüßten sie immerhin, daß man das Vermögen falsch ermitteln muß, um den (vergleichbaren) Gewinn richtig ermitteln zu können."

ADOLF MOXTER

(Meinungsspiegel zum Thema: Neue Vermögensdarstellung in der Bilanz, in: BFuP, 55. Jg. (2003), S. 480–490, hier S. 488 f.)

Hartmut Bieg und Anke Käufer

1.1 Rahmenkonzept – Ziel, Zwecke und Grundsätze

Überblick

Mit der Veröffentlichung des „Framework for the Preparation and Presentation of Financial Statements" (Rahmenkonzept) im Juli 1989 erhielt die IFRS-Rechnungslegung erstmals einen *offiziellen theoretischen Unterbau*. Zuvor wurden lediglich Standards zu einzelnen Rechnungslegungsfragen erarbeitet und veröffentlicht, wobei ohne eine einheitliche theoretische Grundlage immer die Gefahr inkonsistenter Regelungen bestand.

> Seit 1989 liegt der IFRS-Rechnungslegung eine zweistufige Ordnung zugrunde: das Framework und die IFRS.

Die Rangordnung zwischen Framework und den Standards gibt F.2 an. Dieser Paragraf weist darauf hin, dass das Framework keinen Standard darstellt und somit der Inhalt auch *nicht als overriding principle* für die IFRS zu verstehen ist. Dadurch stehen die Standards zwar über dem Framework, sollten allerdings nicht von diesem abweichen. Es bestehen dennoch einige Konfliktfälle zwischen dem Rahmenkonzept und den IFRS, bei denen die Regelungen der einzelnen Standards vorgehen. Ziel des IASB ist die Abschaffung solcher Divergenzen (F.3).

Mit der Verabschiedung des IAS 1 wurde erstmals eine Verbindung zwischen dem Framework und den Standards geschaffen. Denn neben den Regelungen über die Darstellung eines Abschlusses greift IAS 1 bei fehlenden oder nicht eindeutig geregelten Normen zur Bilanzierung und Bewertung auf das Framework zurück. Unter Berücksichtigung der Definitionen im Rahmenkonzept sollen dann entsprechende Sachverhalte in der Rechnungslegung bilanziert werden (IAS 1.15).

Das Rahmenkonzept verfolgt folgende *Zwecke* (F.1):

- Unterstützung des IASB bei der Entwicklung künftiger IFRS,
- Förderung einer weltweiten Harmonisierung von internationalen Rechnungslegungsnormen auf Basis der IFRS,
- Mitwirkung bei nationalen Standardsetzern bei der Entwicklung nationaler Standards,
- Hilfe für Bilanzierende bei der Aufstellung von Abschlüssen nach IFRS und Klärung eventuell auftretender Regelungslücken,
- Beistand für Jahresabschlussprüfer bei der Beurteilung, ob ein IFRS-konformer Abschluss vorliegt,
- Interpretationshilfe für Jahresabschlussadressaten der IFRS-Abschlüsse sowie
- Bereitstellung von Informationen für an der Aufstellung der Standards interessierte Gruppen.

Im Framework werden die Zielsetzung der IFRS-Rechnungslegung, allgemeine Qualitätsanforderungen an den Abschluss, die Abschlussposten, Fragen der Bilanzierungsfähigkeit, mögliche Bewertungsmaßstäbe sowie die zugrunde liegenden Kapitalerhaltungskonzeptionen behandelt. Das Framework dient somit nicht nur als konzeptionelle Grundlage für die Entwicklung neuer Standards, sondern auch als Grundlage zur Interpretation bestehender IFRS.

Die folgende Abbildung stellt den *Inhalt des Frameworks* zusammenfassend dar.

Bereich	Beschreibung
Zielsetzung	Information
Grundsätze der Rechnungslegung	Basisannahmen, Primärgrundsätze, Sekundärgrundsätze, Nebenbedingungen
Definition, Ansatz und Bewertung von Posten	Definition von Vermögenswerten, Schulden, Eigenkapital, Erträgen und Aufwendungen sowie Ansatz- und Bewertungsvorschriften
Kapitalerhaltungskonzeptionen	Finanzwirtschaftliche oder leistungswirtschaftliche Kapitalerhaltung

Abbildung 1:   Inhalte des Frameworks[1]

> Es soll noch einmal darauf hingewiesen werden: Dem Framework kommt weder der Rang eines Standards zu, noch ist das Framework für die Anwender der IFRS verbindlich (F.2). Ein Abschluss ist nämlich dann IFRS-konform und darf als IFRS-Abschluss bezeichnet werden, wenn er sämtliche Anforderungen aller anzuwendenden Standards und jeder anzuwendenden Interpretation des IFRIC erfüllt (IAS 1.16). Es ist auch nicht möglich, sich auf Regelungen des Frameworks zu berufen, um von den Vorschriften einzelner Standards abzuweichen bzw. um sie nicht anzuwenden.

---

[1] Modifiziert entnommen aus BUCHHOLZ (2008), S. 212.

Die dem Framework *übergeordneten IFRS-Standards* behandeln dagegen Einzelfragen der Rechnungslegung, wobei sich als Anknüpfungspunkte drei Kategorien unterscheiden lassen:

1. eine einzelne Bilanzposition oder eine Gruppe von Bilanzpositionen (z. B. IAS 16 „Sachanlagen"),
2. ein Einzelproblem (z. B. IAS 23 „Fremdkapitalkosten") und
3. ein Rechnungslegungsinstrument (z. B. IFRS 8 „Geschäftssegmente").

In der internationalen Rechnungslegung herrscht inzwischen die Meinung vor, dass Rechnungslegungsnormen aus Gründen der Vergleichbarkeit möglichst keine expliziten Wahlrechte enthalten sollten. Dennoch existieren derartige Wahlrechte (noch) in einigen IFRS, da sie entweder ältere Regelungen darstellen oder man sich aufgrund von Abstimmungsproblemen auf entsprechende Kompromisse geeinigt hat.

Inhalte des Frameworks

Der Zweck des Jahresabschlusses

Das IASB legt im Framework als Zielsetzung ausschließlich die *Vermittlung entscheidungsnützlicher Informationen für die Adressaten* fest (F.12). Entscheidungsnützlich sind Informationen dann, wenn sie den Adressaten helfen, die Höhe, die zeitliche Verteilung und die Unsicherheit ihrer aus der Kapitalüberlassung resultierenden Zahlungsansprüche abzuschätzen. Dies sind – häufig vergangenheitsbezogene – Informationen, die eine Abschätzung der zukünftigen Nettozahlungseingänge des Unternehmens ermöglichen, wobei vor allem zahlungswirksame (pagatorische) Ertrags- und Aufwandsgrößen von Bedeutung sind. Eine Erfolgsermittlungsaufgabe ist nicht vorgesehen, zumal sie aufgrund der Unterschiede in den Rechtssystemen einzelner Staaten und den für Unternehmen zur Verfügung stehenden Rechtsformen weltweit wohl kaum konkret ausgestaltet werden kann. Insbesondere gilt dies für die steuerliche Gewinnermittlung.

> Die Rechnungslegung nach IFRS richtet sich grundsätzlich an sämtliche *derzeitige und potenzielle Adressaten*.

Dies sind nach F.9 Investoren, Arbeitnehmer, Kreditgeber, Lieferanten und andere Kreditoren, Kunden, Regierungen und ihre Behörden sowie die Öffentlichkeit. Die zwischen diesen Gruppen bestehenden Interessenkonflikte werden zugunsten der Adressatengruppe der *Investoren* entschieden. Die Begründung findet sich in F.10: „Da Investoren dem Unternehmen Risikokapital zur Verfügung stellen, werden die Angaben aus den Abschlüssen, die ihrem Informationsbedarf entsprechen, auch den Informationsbedürfnissen der meisten anderen Adressaten entsprechen [...]". Diese Begründung kann für sich alleine *nicht überzeugen*, da sie über die nicht zu unterschätzenden Interessenkonflikte zwischen einzelnen Adressatengruppen hinweggeht. Die Entscheidung für die Adressatengruppe der Investoren wäre allerdings dann zu begrüßen, wenn zum einen mit den „Investoren" alle einflusslosen Unternehmensbeteiligten gemeint wären, also die externen Adressaten, die sich ausschließlich anhand der veröffentlichten Rechnungslegungsinstrumente informieren können, und zum anderen auf die unterschiedlichen Informationsbedürfnisse dieser einflusslosen Unternehmensbeteiligten eingegangen würde. Dies ist aber nicht der Fall, da im Framework mit „Investoren" nur Eigenkapitalgeber gemeint sind.

Wirtschaftliche Entscheidungen der Adressaten erfordern einerseits eine Beurteilung der Fähigkeit des Unternehmens, Zahlungsmittel zu erwirtschaften, andererseits erfordern sie eine Beurteilung der Nachhaltigkeit und Wahrscheinlichkeit dieser Zahlungsströme in der Zukunft (F.15 ff.). Diese Beurteilung setzt insbesondere *Informationen* voraus:

- zur Vermögens- und Finanzlage,
- zur Ertragslage sowie
- zu Veränderungen der Vermögens- und Finanzlage.

Informationen zur *Vermögens- und Finanzlage* beinhalten Angaben:

- über die wirtschaftlichen Ressourcen, die wiederum Auskunft darüber geben können, inwieweit das Unternehmen in der Lage ist, künftige Zahlungsmittel zu erwirtschaften,
- über die Vermögens- und Kapitalstruktur, die aufzeigen kann, welche künftigen Kapitalbeschaffungsmöglichkeiten (noch) bestehen und welche Ansprüche die Kapitalgeber auf zukünftige Gewinne und Mittelzuflüsse haben,
- über die Liquidität von Vermögenswerten und die Solvenz des Unternehmens, die beide Aufschluss über die künftige Zahlungsfähigkeit des Unternehmens geben können, sowie
- über die Anpassungsfähigkeit des Unternehmens an veränderte Umweltbedingungen.

Informationen zur *Ertragslage* und deren Veränderungen im Zeitablauf dienen der Beurteilung der Ertragskraft und der Rentabilität des Unternehmens. Sie sollen Auskunft geben über die Fähigkeit, künftig Zahlungsmittel aus den vorhandenen wirtschaftlichen Ressourcen zu erwirtschaften.

Informationen zu *Veränderungen der Vermögens- und Finanzlage* dienen der Beurteilung der Investitions-, Finanzierungs- und Geschäftstätigkeit des Unternehmens in der Berichtsperiode anhand der Zahlungsströme. Wichtigstes Instrument hierzu ist die Kapitalflussrechnung, die Informationen über die Herkunft und Verwendung erwirtschafteter Zahlungsmittel liefern soll.

Die Grundsätze der Rechnungslegung

Die Basisannahmen

Im Framework wird auf die folgenden beiden *Basisannahmen* abgestellt (F.22 f.):

- Unternehmensfortführung (going-concern) und
- periodengerechte Erfolgsermittlung (accrual basis).

Aufgrund des *Grundsatzes der Unternehmensfortführung* ist bei der Bilanzierung davon auszugehen, dass das bilanzierende Unternehmen weder beabsichtigt noch gezwungen wird, seine Unternehmenstätigkeit einzustellen oder deren Umfang einzuschränken. Falls dies doch der Fall sein sollte, muss das Unternehmen die Grundlagen der Bilanzierung offenlegen (F.23 i. V. m. IAS 1.25). Bei dieser Basisannahme muss die Unternehmensführung mindestens einen Zeitraum von zwölf Monaten nach dem Abschlussstichtag berücksichtigen. Bei Unternehmen, die in der Vergangenheit über einen rentablen Geschäftsbetrieb und einen schnellen Zugriff auf Finanzressourcen verfügten, kann von einer Unternehmensfortführung als Basis der Bilanzierung ausgegangen werden.

Im Rahmen der *periodengerechten Erfolgsermittlung* ist nicht der zeitliche Anfall von Ein- und Auszahlungen maßgeblich für den Zeitpunkt der erfolgswirksamen Erfassung von Geschäftsvorfällen. Vielmehr sind Erträge und Aufwendungen in der Periode, der sie wirtschaftlich zugehören, zu erfassen; sie müssen allerdings verlässlich ermittelt werden können. Dabei ist das matching principle zu beachten. Danach sind Aufwendungen, die in einem direkten Zusammenhang mit entsprechenden Erträgen stehen, in der Periode erfolgswirksam zu berücksichtigen, in der auch die Erträge erfasst werden (matching of costs with revenue). Das bedeutet, dass bspw. im Rahmen der Erfolgsermittlung bei einem Industrieunternehmen den Umsatzerlösen die Aufwendungen gegenüberzustellen sind, die zur Herstellung der Absatzmenge angefallen sind.

Die Primärgrundsätze (qualitative Anforderungen)

Um dem Abschlusszweck gerecht zu werden, sind neben den Basisannahmen bei der Abschlusserstellung auch bestimmte *Primärgrundsätze* zu beachten. Bei diesen Primärgrundsätzen handelt es sich um *qualitative Anforderungen* an die Abschlussinformationen, d. h. um Anforderungen, durch die die Abschlussinformationen für die Adressaten nützlich werden (F.24). Dazu zählen die Merkmale der Verständlichkeit, der Relevanz, der Verlässlichkeit und der Vergleichbarkeit.

Der *Grundsatz der Verständlichkeit* (understandability) fordert, dass die Abschlussinformationen für einen sachkundigen Jahresabschlussadressaten leicht zu verstehen sind. Unter einem sachkundigen Adressaten wird nach F.25 ein Adressat subsumiert, der „eine angemessene Kenntnis geschäftlicher und wirtschaftlicher Tätigkeiten und der Rechnungslegung sowie die Bereitschaft" besitzt, „die Informationen mit entsprechender Sorgfalt zu lesen". Dies bedeutet jedoch nicht, dass wichtige Informationen über komplexe Sachverhalte, wie z. B. ABS-Transaktionen, weggelassen werden können, nur weil sie für bestimmte Adressaten voraussichtlich nicht verständlich sein werden (F.25).

Der *Grundsatz der Relevanz* (relevance) besagt, dass Informationen nur dann für die Adressaten nützlich sein können, wenn sie für die wirtschaftlichen Entscheidungen der Jahresabschlussadressaten relevant sind. Informationen sind dann relevant, wenn sie die wirtschaftlichen Entscheidungen der Adressaten beeinflussen (F.26). Die Vergangenheitsdaten des Abschlusses dienen dabei als Grundlage für Zukunftsprognosen bzw. als Maßstab für die Überprüfung früherer Prognosen (F.27).

Ob eine Information relevant ist, wird durch ihre Art und Wesentlichkeit bestimmt. Nach dem *Grundsatz der Wesentlichkeit* (materiality) ist eine Information dann wesentlich, wenn ihr Weglassen oder ihre fehlerhafte Darstellung die auf der Basis des Abschlusses getroffenen wirtschaftlichen Entscheidungen der Adressaten beeinflussen könnten (F.30 i. V. m. IAS 1.7). Der Grundsatz der Wesentlichkeit relativiert demnach den Grundsatz der Relevanz. Würde das Prinzip der Relevanz nämlich uneingeschränkt zu beachten sein, würde das bedeuten, dass „alle unternehmensintern verfügbaren Informationen den Adressaten zugänglich gemacht werden müssten"[2]. Dies wäre jedoch weder aus der Sicht des Bilanzierenden noch aus der Sicht der Adressaten wünschenswert, da auf den Bilanzierenden dadurch unermesslich hohe Aufwendungen zukommen würden und den Adressaten ein so großer Umfang an Informationen zur Verfügung stehen würde, dass sie nicht mehr zwischen wichtigen und unwichtigen Informationen unterscheiden könnten (*information overload*). Demnach sind im Abschluss grundsätzlich nur relevante Informationen aufzuführen, die auch wesentlich sind. In manchen Fällen entscheidet allein schon die *Art der Information* darüber, ob es sich um eine zu berücksichtigende relevante Information handelt. Es handelt sich demnach um eine relativ allgemeine Umschreibung, wann Wesentlichkeit gegeben ist, so dass bezüglich der Auslegung dieses Grundsatzes ein entsprechender Ermessensspielraum des Bilanzierenden besteht. In der IFRS-Bilanzierungspraxis findet sich oftmals eine Wesentlichkeitsgrenze von bis zu 5% der entsprechenden Bezugsgröße, wie z. B. 5% der Bilanzsumme.[3]

Eine weitere Voraussetzung für die Nützlichkeit von Abschlussinformationen ist ihre *Verlässlichkeit* (reliability), d. h., sie müssen frei von wesentlichen Fehlern und Willkür sein. Wegen der Gefahr von Fehlinformationen sollten relevante, aber unverlässliche Daten nicht veröffentlicht werden (z. B. bei der Entscheidung über die Bildung von Rückstellungen). Die Verlässlichkeit der Rechnungslegung wird vor allem durch die Einhaltung der folgenden *Sekundäreigenschaften* gewährleistet:

- *Glaubwürdige Darstellung bzw. Richtigkeit* (faithful representation): Die Abschlussinformationen müssen die Ereignisse im Unternehmen glaubwürdig darstellen. Danach müssen u.a. sämtliche Vermögenswerte und Schulden, die die Ansatzkriterien (recognition criteria) erfüllen, bilanziert werden (F.33).
- *Wirtschaftliche Betrachtungsweise* (substance over form): Geschäfte und Ereignisse sind nach ihrem wirtschaftlichen Gehalt und nicht nach ihrer rechtlichen Gestaltung abzubilden (F.35).

---

[2] PELLENS/FÜLBIER/GASSEN/SELLHORN (2008), S. 115.

[3] Vgl. HINZ (2005), S. 64; KÜMPEL (2006), S. 1375.

1.1 Rahmenkonzept – Ziel, Zwecke und Grundsätze

- *Willkürfreiheit bzw. Neutralität* (neutrality): Informationen müssen neutral, d. h. frei von verzerrenden Einflüssen und von jeglicher Willkür sein (F.36 i. V. m. IAS 8.10). Bilanzierende dürfen Informationen nicht in der Absicht gestalten, bei den Adressaten erwünschte Ergebnisse zu erzielen.
- Ein *sachgerechtes Maß an Vorsicht* (prudence bzw. conservatism) bei der Ausfüllung von Ermessensspielräumen: Bei der Abschlusserstellung bleibt es nicht aus, dass bei bestimmten Sachverhalten Ungewissheiten bestehen, die nach dem Ermessen des Bilanzierenden zu berücksichtigen sind, wie z. B. die Bestimmung der Nutzungsdauer bei abnutzbaren Sachanlagen bzw. die Ermittlung des fair value, sofern keine Marktpreise existieren. Bei der Ausübung dieser Ermessensspielräume muss der Bilanzierende den Grundsatz der Vorsicht beachten, d. h. Erträge und Vermögenswerte dürfen nicht zu hoch, Aufwendungen und Schulden nicht zu niedrig angesetzt werden. Dieser Grundsatz der Vorsicht erlaubt jedoch nicht die gezielte Legung stiller Reserven, da dies dem Grundsatz der Neutralität und der Verlässlichkeit widersprechen würde (F.37 i. V. m. IAS 8.10).
- *Vollständigkeit* (completeness): Alle den Definitionen entsprechenden Daten sind in den Abschluss aufzunehmen (F.38).

Als letzter Primärgrundsatz ist schließlich die *Vergleichbarkeit* (comparability) zu nennen. Die Vergleichbarkeit einerseits innerhalb des Unternehmens im Zeitablauf zur Identifizierung von Trends in der wirtschaftlichen Entwicklung sowie andererseits im externen Unternehmensvergleich setzt voraus:

- die Angabe von Vorjahreszahlen,
- die grundsätzliche Beibehaltung der Ansatz- und Bewertungsmethoden und deren Offenlegung sowie
- die Darstellung von Methodenänderungen und ihrer Auswirkungen.

Der Grundsatz der Vergleichbarkeit führt aber nicht dazu, dass einmal ausgewählte Ansatz- und Bewertungsmethoden nicht geändert werden dürfen. Trotz der Berücksichtigung der *Periodenstetigkeit* (IAS 1.27) kann es aufgrund der Relevanz und Verlässlichkeit geboten sein, die bisher angewandten Methoden zu ändern.

Die Primärgrundsätze „Relevanz" und „Verlässlichkeit" werden gemäß F.43 ff. durch die folgenden *Nebenbedingungen* beschränkt (constraints on relevant and reliable information):

- Die *zeitnahe Berichterstattung* (timeliness): Da Unsicherheiten im Zeitablauf abgebaut werden, muss der Bilanzierende im Einzelfall abwägen, wie schnell über bestimmte Geschäftsvorfälle zu berichten ist. Wartet er relativ lange, dann ist die Information i. d. R. sehr verlässlich, aber u. U. für die Adressaten nicht mehr relevant. Veröffentlicht er hingegen die Information sehr schnell, dann ist sie zwar relevant, aber u. U. noch nicht verlässlich genug. Bei dieser Entscheidung des Bilanzierenden ist den Bedürfnissen des Adressaten, der wirtschaftliche Entscheidungen zu treffen hat, Rechnung zu tragen (F.43). Eine Aufstellung des Abschlusses innerhalb von sechs Monaten nach dem Abschlussstichtag ist angemessen.

- *Abwägung von Nutzen und Kosten* der Informationen (balance between benefit and cost): Der Nutzen einer Information muss größer sein als die mit ihrer Bereitstellung verbundenen Kosten, wobei diese Beurteilung nur subjektiv möglich ist (F.44). Das Framework geht aber davon aus, dass die in den IFRS geforderten Informationen grundsätzlich diesem Postulat entsprechen.

- *Ausgewogenheit der qualitativen Eigenschaften* der Abschlussinformationen (balance between qualitative characteristics): Im Falle von Zielkonflikten zwischen den einzelnen qualitativen Anforderungen sind diese so aufeinander abzustimmen, dass sie in ihrem Zusammenwirken der Zielsetzung des Abschlusses dienlich sind.

Zusammenfassend wird in F.46 aufgeführt, dass die Anwendung der eben dargestellten qualitativen Anforderungen (Primärgrundsätze) und der einzelnen Rechnungslegungsstandards i. d. R. zu einem Abschluss führt, der ein den tatsächlichen Verhältnissen entsprechendes Bild vermittelt (true and fair view/fair presentation). In der Literatur wird daher mehrheitlich die Auffassung vertreten, dass es sich bei dieser fair presentation um ein *overriding principle* handelt.[4] Dem ist u. E. jedoch *nicht zuzustimmen*, da F.46 lediglich besagt, wann ein den tatsächlichen Verhältnissen entsprechendes Bild vermittelt wird, nämlich dann, wenn alle Grundsätze und Einzelstandards beachtet werden. Dass es sich hierbei nicht um ein overriding principle handelt, wird auch daran deutlich, dass im Rahmen der Überarbeitung des Frameworks – wie noch im Abschnitt „Aktuelle Entwicklungen" gezeigt wird – die Löschung von F.46 geplant ist, da es sich hierbei lediglich um ein Ergebnis und nicht um einen Primärgrundsatz handelt. Durch die Beachtung der Standards entsteht somit ein Abschluss, der ein den tatsächlichen Verhältnissen entsprechendes Bild vermittelt.

Definition, Ansatz und Bewertung von Abschlussposten

Definition

Im Framework werden Vermögenswerte (assets), Schulden (liabilities) und Eigenkapital als Bilanzposten sowie Erträge und Aufwendungen als Posten der Gewinn- und Verlustrechnung aufgeführt.

Nach F.49(a) handelt es sich bei einem *Vermögenswert* um:

- eine in der Verfügungsmacht des Unternehmens stehende Ressource,
- die ein Ergebnis von Ereignissen der Vergangenheit darstellt und
- von der erwartet wird, dass dem Unternehmen aus ihr künftiger Nutzen zufließen wird.

Somit werden mehrere Merkmale eines Vermögenswerts konstituiert, die im Folgenden zu klären sind.

---

[4] Vgl. BOHL/MANGLIERS (2006), S. 22; BUCHHOLZ (2008), S. 215; PELLENS/FÜLBIER/GASSEN/SELLHORN (2008), S. 119 f.

Ein bilanzierungsfähiger Vermögenswert verkörpert eine *Ressource*, die gemäß F.56 sowohl einen materiellen (z. B. Sachanlagen) als auch einen immateriellen (z. B. Patente und Copyrights) Charakter haben kann. Die *Verfügungsmacht* des Unternehmens über den Vermögenswert liegt vor, wenn das Unternehmen den wirtschaftlichen Nutzen aus dem Vermögenswert zieht und seine Verwendung durch Dritte beschränken kann (IAS 38.13). Hierzu kommt es infolge des Grundsatzes der wirtschaftlichen Betrachtungsweise (substance over form) auf die wirtschaftlichen und nicht auf die rechtlichen Verhältnisse an (F.57).

Unternehmerisches Know-how kann ebenfalls das Kriterium eines Vermögenswerts erfüllen, sofern dieses durch Geheimhaltung vor Weitergabe an Dritte geschützt werden kann und damit die Verfügungsmacht über den daraus zu erwartenden Nutzen ausgeübt wird.

Die Vermögenswerte eines Unternehmens sind das *Ergebnis vergangener Ereignisse* (z. B. Kauf, Herstellung, Tausch, Schenkung). Geschäftsvorfälle oder Ereignisse, deren Eintreten für die Zukunft erwartet wird (z. B. die bloße Absicht, Gegenstände zu erwerben), begründen keine Vermögenswerte (F.58).

Der *künftige wirtschaftliche Nutzen* setzt die Entstehung eines Vorteils in Form eines direkten oder indirekten Zuflusses von Zahlungsmitteln oder Zahlungsmitteläquivalenten zum Unternehmen voraus. Der Vorteil kann auch durch die Fähigkeit, den Mittelabfluss zu verringern, zum Ausdruck kommen (F.53). Des Weiteren kann der Nutzen eines Vermögenswerts:

- durch den Einsatz des Vermögenswerts bei der Produktion von Gütern und Dienstleistungen, die vom Unternehmen verkauft werden,
- durch den Tausch des Vermögenswerts gegen andere Vermögenswerte,
- durch die Nutzung des Vermögenswerts zur Begleichung einer Schuld oder
- durch die Verteilung des Vermögenswerts an die Eigentümer des Unternehmens

realisiert werden (F.55).

Von dem Unternehmen *getätigte Ausgaben* können *als Indiz* für das Vorliegen eines Vermögenswerts gelten, da in aller Regel davon auszugehen ist, dass das Unternehmen mit den Ausgaben einen künftigen wirtschaftlichen Nutzen anstrebt. Gleichwohl kann eine Ausgabe kein schlüssiger Beweis für das Vorliegen eines Vermögenswerts sein, so wie auch umgekehrt das Nichtvorliegen einer Ausgabe das Vorliegen eines Vermögenswerts nicht ausschließen kann (F.59). Letzteres gilt, wenn dem Unternehmen z. B. Sachen geschenkt werden.

Nach F.49(b) versteht man unter einer *Schuld*:

- eine gegenwärtige Verpflichtung des Unternehmens,
- die ein Ergebnis von Ereignissen der Vergangenheit darstellt und
- bei deren Erfüllung erwartet wird, dass aus dem Unternehmen Ressourcen abfließen werden, die wirtschaftlichen Nutzen verkörpern.

Wesentliches Merkmal einer Schuld ist also das *Vorliegen einer gegenwärtigen Verpflichtung*. Diese zeichnet sich dadurch aus, dass ihr „eine Pflicht oder Verantwortung, in bestimmter Weise zu handeln oder eine Leistung zu erbringen", unterstellt wird (F.60). Dabei kann die Verpflichtung sowohl als Folge eines Vertrags als auch einer gesetzlichen Regelung oder auch „aus dem Wunsch, gute Geschäftsbeziehungen zu pflegen oder in angemessener Weise zu handeln", entstehen. *Des Weiteren ist zwischen einer gegenwärtigen und einer zukünftigen Verpflichtung zu differenzieren*. Laut F.61 führt die bloße Entscheidung bzw. die Absicht, „in der Zukunft Vermögenswerte zu erwerben, [...] nicht zu einer gegenwärtigen Verpflichtung." Somit ist die Entscheidung des Managements, einen Kredit aufzunehmen, noch keine Erfüllung der Ansatzvoraussetzung einer Schuld; erst im Zuge der tatsächlichen Kreditaufnahme kann die Schuld passiviert werden.[5]

Beim Erwerb von Vermögenswerten entsteht die Verpflichtung regelmäßig im Moment der Lieferung des Vermögenswerts oder dann, wenn das Unternehmen eine unwiderrufliche Vereinbarung über den Erwerb des Vermögenswerts abgeschlossen hat. Letzteres bedeutet, dass die wirtschaftlichen Konsequenzen des Vertragsbruchs dem Unternehmen kaum Ermessensfreiheit lassen, den Abfluss von Ressourcen an die andere Partei zu vermeiden (F.61).

Der *Abfluss von Ressourcen*, die einen wirtschaftlichen Nutzen verkörpern, kann gemäß F.62 auf verschiedene Weise erfolgen, z. B. durch:

- die Zahlung flüssiger Mittel,
- die Übertragung von Vermögenswerten,
- die Erbringung von Dienstleistungen,
- den Ersatz einer Verpflichtung durch eine andere Verpflichtung oder
- die Umwandlung einer Verpflichtung in Eigenkapital.

Rückstellungen werden ebenfalls von der Definition einer Schuld erfasst. Danach stellt eine Rückstellung eine Schuld dar, wenn sie eine gegenwärtige Verpflichtung umfasst und die sonstigen Voraussetzungen des F.49(b) erfüllt, selbst wenn der Betrag geschätzt werden muss (z. B. bei Rückstellungen für Garantieverpflichtungen sowie Pensionsrückstellungen). In diesem Zusammenhang stellt sich aber die Frage, ob der Begriff der gegenwärtigen Verpflichtung auch Innenverpflichtungen erfasst. Im Rahmen der Bestimmungen des F.60 ist keine Differenzierung zwischen *Außen- und Innenverpflichtungen* ersichtlich. Dennoch stellen die aufgeführten Beispiele ausschließlich auf Außenverpflichtungen ab. Ferner bestimmt IAS 37.17 ausdrücklich, dass eine gegenwärtige Verpflichtung *nur bei Vorliegen einer* (rechtlichen oder faktischen) *Außenverpflichtung* gegeben ist.

Als dritte Gruppe der Bilanzposten sind die *Eigenkapitalpositionen* zu nennen. Das Eigenkapital wird nach F.49(c) als der Restbetrag der Vermögenswerte des Unternehmens nach Abzug aller Schulden definiert. Damit hängt der Betrag des Eigenkapitals entscheidend von dem Ansatz und der Bewertung der Vermögenswerte und Schulden ab. Eine eigenständige

---

[5] Vgl. *PELLENS/FÜLBIER/GASSEN/SELLHORN* (2008), S. 121.

Bewertung des Eigenkapitals kann somit nicht erfolgen. Einer Untergliederung des Eigenkapitals steht aber nichts entgegen, wenn dies von gesetzlichen oder anderen Bestimmungen gefordert wird. So werden regelmäßig die Einlagen der Eigentümer sowie die Rücklagenpositionen auch nach den IFRS getrennt ausgewiesen (F.65).

Erträge stellen eine Zunahme des wirtschaftlichen Nutzens in der Berichtsperiode in Form von Zuflüssen oder Erhöhungen von Vermögenswerten oder einer Abnahme von Schulden dar, die zu einer Erhöhung des Eigenkapitals führen, welche nicht auf eine Einlage der Anteilseigner zurückzuführen ist.

Aufwendungen stellen eine Abnahme des wirtschaftlichen Nutzens in der Berichtsperiode in Form von Abflüssen oder Verminderungen von Vermögenswerten oder eine Erhöhung von Schulden dar, die zu einer Abnahme des Eigenkapitals führen, welche nicht auf Ausschüttungen an die Anteilseigner zurückzuführen ist.

Ansatz

Ein Sachverhalt ist nach F.83 in der Bilanz oder in der GuV zu berücksichtigen, wenn er die *Definition eines Abschlusspostens* erfüllt *und* wenn:

- es wahrscheinlich ist, dass dem Unternehmen ein mit dem Geschäftsvorfall verknüpfter wirtschaftlicher Nutzen zufließen oder von ihm abfließen wird, und
- die Anschaffungs- oder Herstellungskosten bzw. der Wert des Sachverhalts verlässlich ermittelt werden können.

Das *erste Ansatzkriterium* trägt der Unsicherheit Rechnung, die mit jeder Prognose über den zukünftigen Nutzenzufluss bzw. -abfluss verbunden ist. Eine *Wahrscheinlichkeit* von 100% kann demnach nicht gefordert werden; jede Bilanzierung würde sich dann erübrigen. Im Framework finden sich allerdings keine Hinweise darauf, mit welcher konkreten Wahrscheinlichkeit der künftige wirtschaftliche Nutzen zu- bzw. abfließen muss. Es wird lediglich festgelegt, dass die Beurteilung auf der Grundlage der Informationen, die bei Aufstellung des Abschlusses verfügbar sind, zu erfolgen hat (F.85). Dies hängt insbesondere von der betrachteten Basis ab. So ist z. B. eine Forderung, deren Eingang wahrscheinlich ist, als Vermögenswert zu bilanzieren, solange keine konkreten Informationen über eine drohende Zahlungsunfähigkeit des Schuldners vorliegen.

> Aus diesen Erläuterungen kann auch der Schluss gezogen werden, dass die Wahrscheinlichkeit des Zuflusses bzw. des Abflusses des wirtschaftlichen Nutzens größer sein muss als die Gegenwahrscheinlichkeit.

Dies führt nach der in der Literatur anzutreffenden Ansicht dazu, dass ein Ansatz zu erfolgen hat, wenn die Wahrscheinlichkeit des Nutzenzuflusses bzw. des Nutzenabflusses größer als 50% ist.[6] Diese konkrete Bezifferung der geforderten Wahrscheinlichkeit ist aber solange

---

[6] Vgl. *Baetge/Kirsch/Thiele* (2007), S. 186 f.; *Pellens/Fülbier/Gassen/Sellhorn* (2008), S. 124.

zweifelhaft, wie die statistischen Methoden zur Ermittlung dieser Wahrscheinlichkeit nicht festgelegt sind. Der Ermessensspielraum würde bei der Festlegung eines bestimmten Prozentsatzes nämlich lediglich auf die Auswahl und Anpassung der statistischen Methoden zur Ermittlung der Wahrscheinlichkeit übertragen. Dann müsste der Normensetzer konsequenterweise auch die statistischen Methoden verbindlich vorschreiben. Denkbar wären auf einzelne Gruppen von Vermögenswerten bzw. Schulden angepasste Risikomodelle, wie sie bereits bei Banken zur Risikosteuerung und aus aufsichtsrechtlichen Gründen angewendet werden. Allerdings wäre der damit verbundene Aufwand für die Abschlussersteller enorm, so dass die Normensetzer wahrscheinlich auch in Zukunft auf eine derartige Vorschrift verzichten werden und den daraus resultierenden Ermessensspielraum in Kauf nehmen.

Das *zweite Ansatzkriterium*, die *verlässliche Ermittlung der Anschaffungs- oder Herstellungskosten* bzw. des Werts des Sachverhalts, gilt als erfüllt, wenn sich der entsprechende Wert hinreichend genau schätzen lässt (F.86); dies entspricht dem Grundsatz der Verlässlichkeit (reliability). Für die verlässliche Ermittlung des Erfüllungsbetrags ist zu beachten, dass auch beim Ansatz von Schulden Schätzverfahren zur Anwendung kommen können. Gerade im Bereich der Rückstellungen enthalten einzelne Standards diesbezüglich Sonderregelungen.

> Sind bei einem Geschäftsvorfall zwar die Definitionskriterien, nicht aber die Ansatzkriterien erfüllt, so ist bei einer wesentlichen Bedeutung des Geschäftsvorfalls für die Vermögens-, Finanz- oder Ertragslage über ihn im *Anhang* zu berichten (F.88).

Bewertung

Die Vorschriften zur *Bewertung* von Bilanzposten und Gruppen ähnlicher Bilanzposten finden sich in den einzelnen Standards. Im Framework werden lediglich allgemeine *Wertmaßstäbe übergreifend definiert*; ihre Anwendung wird von den einzelnen IFRS konkretisiert. Die folgende Abbildung zeigt diese Wertmaßstäbe im Überblick.

Allgemeine Wertmaßstäbe des Frameworks			
Historische Kosten (historical costs)	Tageswert (current cost)	Veräußerungswert/ Erfüllungsbetrag (realisable value/ settlement value)	Barwert (present value)

Abbildung 2: Allgemeine Wertmaßstäbe des Frameworks

Die *historischen Kosten* (historical costs) stellen bei Vermögenswerten Ausgaben dar, die in Form von Zahlungsmitteln oder Zahlungsmitteläquivalenten für den Erwerb getätigt wurden. Somit entsprechen die historischen Kosten den handelsrechtlichen Anschaffungs- bzw. Herstellungskosten. Sie werden in den einzelnen Standards für bestimmte Vermögenswerte konkretisiert. Im Gegensatz zum HGB werden in den IFRS aber auch die historischen Kosten von Schulden explizit definiert. Danach handelt es sich um den Betrag, den der Abschlussersteller als Austausch für die Verpflichtung erhalten hat, oder um den Betrag, der erwartungsgemäß aufgewendet werden muss, um die Verpflichtung im normalen Geschäftsverlauf zu begleichen.

Auch beim *Tageswert* (current cost) wird zwischen Vermögenswerten und Schulden unterschieden. Im Falle von Vermögenswerten stellt der Tageswert den Betrag dar, der zum gegenwärtigen Zeitpunkt aufgewendet werden müsste, um den gleichen oder einen äquivalenten Vermögenswert zu beschaffen. Er entspricht damit den handelsrechtlichen Wiederbeschaffungskosten. Bei Schulden wird der Tageswert mit dem Betrag angesetzt, der erwartungsgemäß an nicht diskontierten Zahlungsmitteln oder Zahlungsmitteläquivalenten aufgewendet werden müsste, um die Schuld zum gegenwärtigen Zeitpunkt zu begleichen.

Der *Veräußerungswert* (realisable value) eines Vermögenswerts ist der Betrag, der für einen Vermögenswert zum gegenwärtigen Zeitpunkt im normalen Geschäftsablauf erzielt werden könnte. Muss die Annahme der Unternehmensfortführung aufgegeben werden, so ist darunter der Liquidationswert zu verstehen. IAS 2.6 versteht z. B. unter dem Veräußerungswert den Nettoveräußerungswert (net realisable value); dies ist der erwartete Verkaufspreis eines Vermögenswerts bei Veräußerung im normalen Geschäftsablauf (going-concern) nach Abzug eventuell noch anfallender Kosten bis zur Fertigstellung des Vermögenswerts und geschätzter notwendiger Verkaufskosten. Der mit dem Veräußerungswert korrespondierende Erfüllungsbetrag von Schulden (settlement value) stellt den Betrag dar, der erwartungsgemäß an nicht diskontierten Zahlungsmitteln oder Zahlungsmitteläquivalenten aufgewendet werden müsste, um die Schuld im normalen Geschäftsablauf zu begleichen.

Der *Barwert* (present value) bezeichnet den diskontierten künftigen Nettomittelzufluss, der mit einem Vermögenswert erwartungsgemäß zu erzielen ist. Der Barwert einer Schuld entspricht dem diskontierten künftigen Nettomittelabfluss, der voraussichtlich notwendig ist, um eine Schuld im normalen Geschäftsverlauf zu begleichen. Die Ermittlung des Barwerts birgt aus zwei Gründen erhebliche Ermessensspielräume in sich. Zum einen ist die Höhe der künftigen Nettomittelzuflüsse bzw. Nettomittelabflüsse zu schätzen, zum anderen kann der Abschlussersteller durch die Wahl des Diskontierungszinssatzes erheblichen Einfluss auf die Höhe des Barwerts nehmen.

Kapitalerhaltungskonzeptionen

Das Framework beschäftigt sich auch mit der Thematik der Kapitalerhaltungskonzepte; die Frage nach der Kapitalerhaltung eines Unternehmens setzt eine *Definition des Unternehmenskapitals* voraus. Dabei geht es auch um eine Verbindung zwischen der Kapitalkonzeption und der Erfolgskonzeption, um Anhaltspunkte für eine Gewinnermittlung zu liefern. Nur so ist eine Unterscheidung zwischen Kapitalertrag und Kapitalrückzahlung eines Unternehmens möglich. Rückflüsse von Vermögenswerten, die über die Erhaltung des vorhandenen Kapitals hinausgehen, dürfen als Gewinn bzw. Ertrag angesehen werden. Der Gewinn ist der positive Restbetrag nach Abzug der Aufwendungen (unter Berücksichtigung eventueller Kapitalerhaltungsanpassungen) von den Erträgen; bei einem Verlust ist der Restbetrag negativ.

In F.104 werden zwei verschiedene Kapitalerhaltungskonzepte angeführt:

- das *finanzwirtschaftliche Kapitalerhaltungskonzept*: Der Gewinn entspricht der Zunahme entweder des nominellen oder des realen Geldkapitals in der Periode;
- das *leistungswirtschaftliche Kapitalerhaltungskonzept*: Der Gewinn entspricht bei dieser in der deutschen Bilanzierungsliteratur mit „Substanzerhaltung" bezeichneten Konzeption der Erhöhung des physischen Produktionskapitals; eventuelle Scheingewinne aus Preissteigerungen sind abzuziehen.

Aktuelle Entwicklungen

Im Rahmen des Projektes Conceptual Framework wird das Framework *zurzeit überarbeitet*, um bestehende Inkonsistenzen zu beseitigen und eine einheitliche Deduktionsbasis für die Standards zu schaffen. In der ersten Phase (*Phase A*) hat sich das IASB in Zusammenarbeit mit dem US-amerikanischen Standardsetzer Financial Accounting Standards Board (FASB) mit der Zielsetzung sowie den allgemeinen Grundsätzen eines IFRS-Abschlusses befasst und dazu im Juli 2006 ein Diskussionspapier (Discussion Paper) und im Mai 2008 einen Entwurf (Exposure Draft) veröffentlicht. In diesem Exposure Draft wird weiterhin an der Vermittlung entscheidungsnützlicher Informationen als Abschlusszweck festgehalten, wobei aber nicht mehr nur eine Orientierung an den Informationsinteressen der Eigenkapitalgeber, sondern auch an den *Informationsinteressen der Fremdkapitalgeber* erfolgen soll. Dies ist zwar im Hinblick auf die Bedeutung der Informationsinteressen der Fremdkapitalgeber zu begrüßen, schafft jedoch die Frage, wie ein einziger Abschluss den unterschiedlichen Informationsinteressen der Eigen- und Fremdkapitalgeber gleichermaßen gerecht werden soll.

Während die Basisannahmen unverändert bestehen bleiben sollen, sind für die *Primärgrundsätze* einige Änderungen vorgesehen. Danach ist geplant, dass der Grundsatz der Wesentlichkeit nicht mehr nur als Unterpunkt zum Grundsatz der Relevanz zu beachten ist, sondern als Nebenbedingung zu allen Grundsätzen.

Der Grundsatz der Verlässlichkeit soll durch den bisher als Sekundäreigenschaft zur Verlässlichkeit bestehenden Grundsatz der glaubwürdigen Darstellung abgelöst werden. Diese Umformulierung ist darauf zurückzuführen, dass der Verlässlichkeitsbegriff mit Auslegungsproblemen behaftet ist. Da aber die Bedeutungsinhalte nicht verändert werden sollen, bestehen auch nach der Neuformulierung dieselben Auslegungsprobleme. Es scheint daher so, als ob der kontrovers diskutierte Begriff „Verlässlichkeit" einfach durch einen noch unbelasteten Begriff ersetzt werden soll. Unter diesem Grundsatz der glaubwürdigen Darstellung sollen auch die beiden bislang als Sekundäreigenschaften zur Verlässlichkeit bestehenden Grundsätze, die Neutralität und die Vollständigkeit, subsumiert werden.

Anstelle des bislang bestehenden Grundsatzes der Vorsicht soll der Grundsatz der Nachprüfbarkeit eingeführt werden. Um dieses Kriterium der Nachprüfbarkeit zu erfüllen, muss die Information frei von wesentlichen Fehlern und systematischen Verzerrungen sein.

Eine eigenständige Nennung des Grundsatzes der wirtschaftlichen Betrachtungsweise ist nach Ansicht des IASB unnötig, da sich die erforderliche Orientierung der Rechnungslegung anhand wirtschaftlicher Sachverhalte bereits aus dem Grundsatz der glaubwürdigen Darstellung ergäbe. Daher ist im Exposure Draft zum Framework eine Abschaffung des Grundsatzes der wirtschaftlichen Betrachtungsweise vorgesehen.

Weiterhin soll der Grundsatz der Vergleichbarkeit nicht – wie bisher – nur auf Zeitvergleiche und zwischenbetriebliche Vergleiche beschränkt, sondern auch auf ökonomische Sachverhalte ausgeweitet werden. Danach ist der Grundsatz der Vergleichbarkeit gewahrt, wenn die Abschlussadressaten anhand der Abschlussinformationen Gemeinsamkeiten und Unterschiede zwischen wirtschaftlichen Sachverhalten erkennen können. Das bedeutet, dass wirtschaftlich identische Sachverhalte auch identisch im Jahresabschluss abzubilden sind.

Weiterhin ist die Löschung des Grundsatzes der fair presentation geplant, da es sich hierbei lediglich um ein Ergebnis und nicht um einen Primärgrundsatz handelt.

Im Gegensatz zu der bisherigen Unterscheidung zwischen Basisannahmen, Primärgrundsätzen und Sekundäreigenschaften sowie Nebenbedingungen soll eine *Hierarchie der Grundsätze* eingeführt werden. An erster Stelle steht dabei das Kriterium der Relevanz, während die glaubwürdige Darstellung an zweiter Stelle gesehen wird. Zur Aufnahme einer Information müssen jedoch beide Kriterien erfüllt sein. Die Merkmale Vergleichbarkeit, Verständlichkeit, Nachprüfbarkeit und Zeitnähe verstärken lediglich die Entscheidungsnützlichkeit einer Information und sind daher den beiden anderen Merkmalen, Relevanz und glaubwürdige Darstellung, untergeordnet. Wesentlichkeit und Abwägung von Kosten und Nutzen begrenzen die Vermittlung entscheidungsnützlicher Informationen. Die neu eingeführte Hierarchie der Grundsätze zielt auf die Auflösung des Spannungsverhältnisses von Relevanz und Verlässlichkeit ab. Im Exposure Draft wird jedoch ausdrücklich auf die Abhängigkeit von Relevanz und glaubwürdiger Darstellung – und somit Verlässlichkeit – bei empirischen Messungen entscheidungsnützlicher Informationen hingewiesen, so dass Relevanz wohl doch nur in Verbindung mit der Verlässlichkeit gesehen werden kann, was jedoch an der Auflösung des Spannungsverhältnisses der beiden Kriterien zweifeln lässt.

Im Rahmen der Überarbeitung des Frameworks ist als *Phase B* geplant, auch die Definition für Vermögenswerte und Schulden zu ändern. Die bislang vorliegenden Vorschläge definieren einen *Vermögenswert* als:

- eine am Bilanzstichtag bestehende ökonomische Ressource,
- an der das Unternehmen am Bilanzstichtag ein Recht oder einen anderen Zugang hat, den Andere nicht haben.

Eine *Schuld* liegt nach den Vorschlägen vor, wenn

- es sich um eine ökonomische Verpflichtung handelt und
- das Unternehmen der Schuldner ist.

Aufgabe 1

Welche Zwecke werden mit der Erstellung eines IFRS-Abschlusses verfolgt?

Aufgabe 2

Was versteht man unter den Basisannahmen?

Aufgabe 3

In welchem Verhältnis stehen der Grundsatz der Relevanz und der Grundsatz der Wesentlichkeit zueinander?

Aufgabe 4

Welche Sekundäreigenschaften sind bei der Abschlusserstellung zu beachten, damit der Grundsatz der Verlässlichkeit gewahrt ist?

Aufgabe 5

Ein Mutterunternehmen emittiert eine Anleihe mit folgender Ausstattung:

- Nominalzins: 6%
- Ausgabekurs: 98%
- Laufzeit: 5 Jahre
- Rückzahlungskurs: 100%
- Alle Zahlungen sind nachschüssig zu leisten.

Wie groß ist der Barwert der Anleihe bei vertragsgemäßer Zahlung der Zins- und Tilgungsleistungen und einem Marktzinssatz von 6%?

Wie groß ist der Barwert der Anleihe bei vertragsgemäßer Zahlung der Zins- und Tilgungsleistungen und einem Marktzinssatz von 5%?

Lösung 1

Der Zweck des IFRS-Abschlusses besteht in der Vermittlung entscheidungsnützlicher Informationen. Entscheidungsnützlich sind Informationen dann, wenn sie den Adressaten helfen, die Höhe, die zeitliche Verteilung und die Unsicherheit ihrer aus der Kapitalüberlassung resultierenden Zahlungsansprüche abzuschätzen.

Lösung 2

Unter den Basisannahmen sind der Grundsatz der Unternehmensfortführung und der Grundsatz der periodengerechten Erfolgsermittlung zu subsumieren. Aufgrund des Grundsatzes der Unternehmensfortführung ist bei der Bilanzierung davon auszugehen, dass das bilanzierende Unternehmen weder beabsichtigt noch gezwungen wird, seine Unternehmenstätigkeit einzustellen oder deren Umfang einzuschränken. Falls dies doch der Fall sein sollte, muss das Unternehmen die Grundlagen der Bilanzierung offenlegen. Im Rahmen der periodengerechten Erfolgsermittlung ist nicht der zeitliche Anfall von Ein- und Auszahlungen maßgeblich für den Zeitpunkt der erfolgswirksamen Erfassung von Geschäftsvorfällen. Vielmehr sind Erträge und Aufwendungen in der Periode, der sie wirtschaftlich zugehören, zu erfassen; sie müssen allerdings verlässlich ermittelt werden können. Dabei ist das matching principle zu beachten. Danach sind Aufwendungen, die in einem direkten Zusammenhang mit entsprechenden Erträgen stehen, in der Periode erfolgswirksam zu berücksichtigen, in der auch die Erträge erfasst werden (matching of costs with revenue).

Lösung 3

Der Grundsatz der Wesentlichkeit relativiert den Grundsatz der Relevanz. Demnach sind im Abschluss grundsätzlich nur relevante Informationen aufzuführen, die auch wesentlich sind.

Lösung 4

Die Verlässlichkeit der Rechnungslegung wird vor allem durch die Einhaltung der folgenden Sekundäreigenschaften gewährleistet:

- Glaubwürdige Darstellung bzw. Richtigkeit (faithful representation).
- Wirtschaftliche Betrachtungsweise (substance over form).
- Willkürfreiheit bzw. Neutralität (neutrality).
- Ein sachgerechtes Maß an Vorsicht (prudence bzw. conservatism) bei der Ausfüllung von Ermessensspielräumen.
- Vollständigkeit (completeness).

Lösung 5

Zahlungsreihe aus Sicht des Anleihekäufers:

	0	1	2	3	4	5
Anschaffungseinzahlung E_0	–98					
Auszahlungen für Nominalzinsen A_t		+6	+6	+6	+6	+6
Tilgungszahlung L_5						+100

Marktzinssatz 6%: Der Barwert der Anleihe entspricht dem Nominalbetrag abzüglich der Anschaffungsauszahlung (100 – 98 = 2), da Marktzinssatz und Nominalzinssatz identisch sind.

Marktzinssatz 5%: Der Barwert der Anleihe ergibt sich wie folgt:

$$C_0 = -98 + 6 \cdot 1{,}05^{-1} + 6 \cdot 1{,}05^{-2} + 6 \cdot 1{,}05^{-3} + 6 \cdot 1{,}05^{-4} + 106 \cdot 1{,}05^{-5}$$
$$= -98 + 6 \cdot 0{,}9524 + 6 \cdot 0{,}9070 + 6 \cdot 0{,}8638 + 6 \cdot 0{,}8227 + 106 \cdot 0{,}7835$$
$$= +6{,}32.$$

Literaturhinweise

BAETGE, J./KIRSCH, H.-J./THIELE, S. (2007): Bilanzen, 9. Aufl., Düsseldorf.

BIEG, H./HOSSFELD, C./KUßMAUL, H./WASCHBUSCH, G. (2009): Handbuch der Rechnungslegung nach IFRS – Grundlagen und praktische Anwendung, 2. Aufl., Düsseldorf.

BIEG, H./KUßMAUL, H. (2009): Externes Rechnungswesen, 5. Aufl., München.

BOHL, W./MANGLIERS, O. (2006): § 2 Ansatz, Bewertung und Ausweis sowie zugrunde liegende Prinzipien, in: BOHL, W./RIESE, J./SCHLÜTER, J. (Hrsg.), Beck'sches IFRS-Handbuch – Kommentierung der IFRS/IAS, 2. Aufl., München, S. 17–55.

BUCHHOLZ, R. (2008): Grundzüge des Jahresabschlusses nach HGB und IFRS, 4. Aufl., München.

HINZ, M. (2005): Rechnungslegung nach IFRS, München.

KÄUFER, A. (2009): Die Übertragung finanzieller Vermögenswerte nach HGB und IAS 39 – Ein kritischer Vergleich unter besonderer Berücksichtigung der bilanziellen Behandlung von Factoring, Forfaitierung, ABS-Transaktionen, Pensionsgeschäften und Wertpapierleihen (Veröffentlichung in Vorbereitung).

KÜMPEL, T. (2006): Konzeptionelle Grundlagen der Rechnungslegung nach IFRS, in: WISU, 35. Jg., S. 1373–1377.

PELLENS, B./FÜLBIER, R.-U./GASSEN, J./SELLHORN, T. (2008): Internationale Rechnungslegung, 7. Aufl., Stuttgart.

Regine Buchheim

1.2 Publizität, Rechenwerke und Jahresabschlussgliederung

Publizität nach IFRS in Deutschland

Anwendungsbereich der IFRS im Jahresabschluss

Aus den IFRS selbst ergeben sich keine originären Publizitätspflichten. Diese sind vielmehr auf der nationalen Ebene kapitalmarkt- und/oder gesellschaftsrechtlich verankert. In Deutschland werden die Rechnungslegungspflichten im Wesentlichen im HGB geregelt, auf die weitere Gesetze wie beispielsweise das Genossenschaftsgesetz für die Rechtsform Genossenschaft oder das Publizitätsgesetz u. a. für große Personengesellschaften verweisen. Von Gesellschaften, deren Eigen- oder Fremdkapitaltitel an einem geregelten Markt in Deutschland notiert sind, ist zusätzlich das Wertpapierhandelsgesetz (WpHG) sowie ggf. die Börsenordnung für das betreffende Marktsegment zu beachten.

Eine deutsche Kapitalgesellschaft, die über mindestens ein Tochterunternehmen verfügt, gilt als Mutterunternehmen und muss grundsätzlich folgende Abschlüsse zum Ende jedes Geschäftsjahres aufstellen:

- *Einzelabschluss:* Für das Mutterunternehmen allein nach deutschem Recht (§§ 242 bis 288 HGB). Zu Zwecken der Offenlegung darf gemäß § 325 Abs. 2a HGB alternativ ein Einzelabschluss nach IFRS erstellt werden; insbesondere zur Bemessung der Ausschüttung ist dennoch stets ein HGB-Einzelabschluss verpflichtend.
- *Konzernabschluss:* Für den wirtschaftlichen Verbund des Mutterunternehmens und aller seiner Tochterunternehmen weltweit, um die wirtschaftliche Lage des Konzerns so darzustellen, als wäre keine juristische Trennung zwischen den Gesellschaften vorhanden. Die Pflicht oder das Wahlrecht, anstelle der §§ 290 bis 314 HGB die IFRS anzuwenden, hängt von der Kapitalmarktorientierung des Mutterunternehmens ab und wird in § 315a HGB geregelt.

Aufgrund der EU-Verordnung Nr. 1606/2002 zur Anwendung internationaler Rechnungslegungsstandards (IAS-VO) müssen Mutterunternehmen, deren Wertpapiere (Eigen- und/oder Fremdkapitaltitel) an einem geregelten Markt innerhalb der EU gehandelt werden, die IFRS auf ihren Konzernabschluss anwenden. Sie werden als kapitalmarktorientierte Mutterunternehmen bezeichnet. Da Verordnungen unmittelbar geltendes EU-Recht begründen, ist § 315a Abs. 1 HGB klarstellender Natur. Abs. 2 weitet die IFRS-Pflicht bereits auf den Zeitpunkt des Antrags der Zulassung zum Wertpapierhandel aus. Nicht kapitalmarktorientierte Mutterunternehmen haben in Deutschland dagegen gemäß § 315a Abs. 3 HGB ein Wahlrecht, die IFRS auf den Konzernabschluss anzuwenden.

	Kapitalgesellschaften und bestimmte andere Unternehmen	
	kapitalmarktorientiert	nicht kapitalmarktorientiert
Konzern-abschluss	**IFRS-Pflicht** Art. 4 IAS-VO, gilt gem. § 315a Abs. 2 HGB bereits ab Antrag der Zulassung zum Wertpapierhandel	**IFRS-Wahlrecht** § 315a Abs. 3 HGB
Einzel-abschluss	**IFRS-Verbot** HGB-Abschluss muss stets zur Ausschüttungsbemessung und sonstiger gesellschafts- und steuerrechtlicher Folgen erstellt werden. Ausnahme gem. § 325 Abs. 2a HGB: Zu Offenlegungszwecken darf alternativ (faktisch: zusätzlich) ein IFRS-Abschluss erstellt werden.	

Abbildung 1: Anwendungsbereich der IFRS in der jährlichen Rechnungslegung in Deutschland

Als Mutterunternehmen gelten dabei nicht nur Unternehmen in der Rechtsform einer Kapitalgesellschaft, sondern auch Personengesellschaften i. S. d. § 264a HGB (de facto beschränkte Haftung wie z. B. die GmbH & Co. KG), große Personengesellschaften und Einzelkaufleute gemäß § 11 PublG sowie Gesellschaften bestimmter Branchen wie z. B. Kreditinstitute und Versicherungen unabhängig von ihrer Größe und Rechtsform (§§ 340i und 341i HGB).

Ist eine IFRS-Anwendung nach der IAS-VO bzw. §§ 315a, 325 Abs. 2a HGB zwingend oder möglich, so gelten aber nur jene IFRS als internationale Rechnungslegungsstandards, die zuvor von der EU in einem Anerkennungsverfahren (sog. Endorsement) in europäisches Recht übernommen und daher in allen Amtssprachen im EU-Amtsblatt veröffentlicht wurden (sog. EU-IFRS). Da der IASB eine private Organisation ist, behält sich damit der europäische Gesetzgeber vor, neu herausgegebene oder überarbeitete Standards (IAS/IFRS) und Interpretationen (SIC/IFRIC) nur teilweise oder gar nicht in EU-Recht zu übernehmen. Im Regelfall der Übernahme eines IFRS werden nur jene Teile eines Standards bzw. einer Interpretation übernommen, die verpflichtend sind. Das Rahmenkonzept des IASB wird daher ebenso wenig in europäisches Recht übernommen wie die Anwendungsbeispiele und die Entscheidungsgrundlagen des IASB zu den Standards.

Das juristisch notwendige Endorsement-Verfahren wirft für die europäischen IFRS-Anwender praktische Probleme auf: Erstens liegt aufgrund des komplizierten Verfahrens zwischen der Veröffentlichung eines neuen/geänderten IFRS durch den IASB und der Übernahme in europäisches Recht häufig mehr als ein Jahr. In diesem Zeitraum weichen die IASB-IFRS von den EU-IFRS ab, im Falle des Widerspruchs zwischen altem (anerkanntem) und neuem IFRS ist auch die freiwillige vorzeitige Anwendung des neuen Standards nicht möglich. Zweitens bestünde bei Ablehnung der Übernahme einzelner IFRS die Gefahr, dass sich längerfristig eine Version von EU-IFRS herausbildet, die den globalen Harmonisierungsgedanken der IFRS konterkariert. So erkennt die US-amerikanische Börsenaufsicht SEC zwar seit 2007 einen IFRS-Abschluss als gleichwertig zu US GAAP an, dies gilt aber nur, wenn gemäß IAS 1.16 (überarbeitet 2007) alle vom IASB verabschiedeten Standards und Interpretationen angewendet wurden.

Zusätzlich zum Jahresabschluss auf Einzel- und/oder Konzernebene sind (außer von kleinen Kapitalgesellschaften) auf jeder Ebene Lageberichte zu erstellen, deren Inhalte in §§ 289 und 315 HGB ähnlich geregelt sind. Der (Konzern-)Lagebericht ist ein eigenständiges Berichtsinstrument, das neben dem Jahresabschluss finanzielle und nichtfinanzielle Informationen zur Lage des Unternehmens und seiner künftigen Entwicklung einschließlich der Chancen und Risiken beinhaltet. IAS 1.13 erwähnt zwar solche erläuternden und ergänzenden Berichte des Managements, diese sind jedoch nicht Bestandteil des Abschlusses nach IFRS. Der IASB plant, in 2009 unter dem Projekttitel „Management Commentary" eine Empfehlung (*Guidance*) zur Ausgestaltung eines vergleichbaren Berichtsinstruments zur internationalen Diskussion zu stellen. Aber selbst die Verabschiedung einer solchen Empfehlung durch den IASB würde nichts an der europarechtlich basierten Verpflichtung ändern, unabhängig von der IFRS-Anwendung im Jahresabschluss einen (Konzern-)Lagebericht zu erstellen.

Anwendungsbereich der IFRS in der Zwischenberichterstattung

Die IFRS legen nicht fest, welche Unternehmen und wie häufig (Halbjahresbericht oder Quartalsberichte) innerhalb des Geschäftsjahres einen Zwischenabschluss zu veröffentlichen haben. Dies wird den Börsenaufsichtsbehörden bzw. den nationalen Gesetzgebern überlassen. Schreiben diese eine Zwischenberichterstattung nach IFRS vor, regelt IAS 34, welche Mindestbestandteile sowie Erfassungs- und Bewertungsgrundsätze eingehalten werden müssen. Diese gelten auch für eine freiwillige Zwischenberichterstattung nach IFRS.

Basierend auf europarechtlichen Vorgaben der Transparenz-Richtlinie müssen Unternehmen, deren Aktien oder Schuldtitel an einer inländischen Börse notiert sind, gemäß § 37w Abs. 1 WpHG mindestens einen Halbjahresfinanzbericht erstellen. Dieser muss bei IFRS-Anwendern neben einem verkürzten Abschluss nach IAS 34 einen Zwischen-Lagebericht enthalten. Aktienemittenten müssen darüber hinaus gemäß § 37x WpHG sog. Zwischenmitteilungen der Geschäftsleitung veröffentlichen, die aber durch einen Quartalsbericht nach IAS 34 ersetzt werden können.

Neben den gesetzlichen Verpflichtungen gilt am größten Finanzplatz Deutschlands die Börsenordnung der Frankfurter Wertpapierbörse, die alle im Prime Standard notierten Unternehmen zur Quartalsberichterstattung verpflichtet. Die Unternehmen des General Standard veröffentlichen entsprechend der gesetzlichen Vorgaben mindestens einen Halbjahresfinanzbericht nach IAS 34 nebst Zwischen-Lagebericht.

Rechenwerke nach IFRS und deren Gliederung

Rechenwerke als Bestandteile des IFRS-Abschlusses

Zu einem vollständigen IFRS-Abschluss gehören nach IAS 1.10 die vier Rechenwerke

- Bilanz zum Abschlussstichtag (*statement of financial position*),
- Gesamtergebnisrechnung für die Periode (*statement of comprehensive income*),
- Kapitalflussrechnung für die Periode (*statement of cash flow*) und
- Eigenkapitalveränderungsrechnung für die Periode (*statement of changes in equity*) sowie ein
- Anhang (*notes*), der eine zusammenfassende Darstellung der wesentlichen Rechnungslegungsmethoden und sonstige Erläuterungen zu den Rechenwerken enthält.

Einen Überblick über den Zusammenhang der Pflichtbestandteile des IFRS-Abschlusses gibt folgende Abbildung:

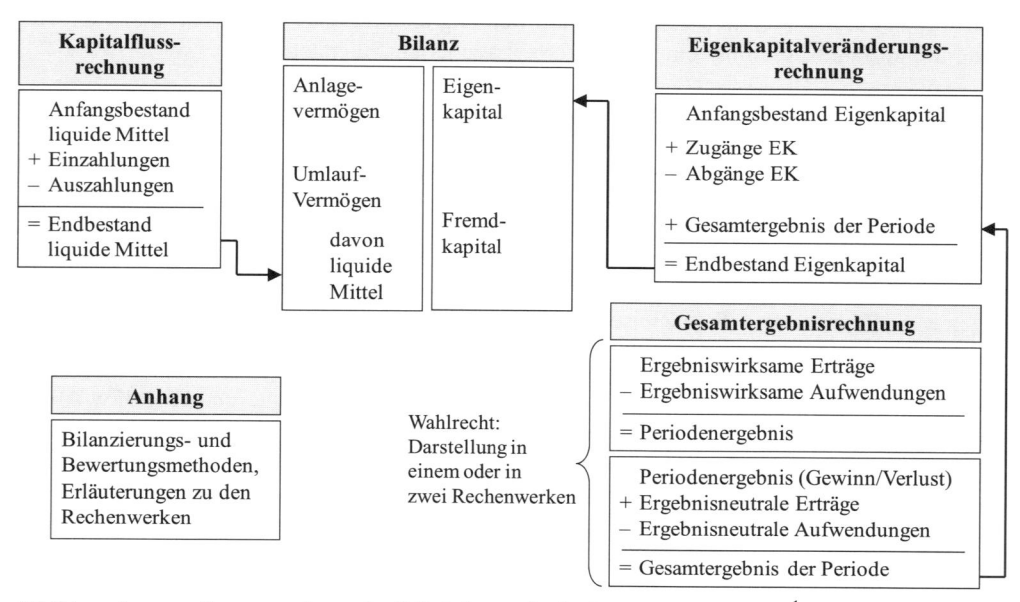

Kapitalfluss-rechnung	Bilanz		Eigenkapitalveränderungs-rechnung
Anfangsbestand liquide Mittel + Einzahlungen – Auszahlungen = Endbestand liquide Mittel	Anlage-vermögen Umlauf-Vermögen davon liquide Mittel	Eigen-kapital Fremd-kapital	Anfangsbestand Eigenkapital + Zugänge EK – Abgänge EK + Gesamtergebnis der Periode = Endbestand Eigenkapital

Anhang	Wahlrecht: Darstellung in einem oder in zwei Rechenwerken	Gesamtergebnisrechnung
Bilanzierungs- und Bewertungsmethoden, Erläuterungen zu den Rechenwerken		Ergebniswirksame Erträge – Ergebniswirksame Aufwendungen = Periodenergebnis Periodenergebnis (Gewinn/Verlust) + Ergebnisneutrale Erträge – Ergebnisneutrale Aufwendungen = Gesamtergebnis der Periode

Abbildung 2: Zusammenhang der Pflichtbestandteile des IFRS-Abschlusses[1]

Unternehmen, deren Eigen- oder Fremdkapitaltitel an einem öffentlichen Markt gehandelt werden, müssen außerdem eine Segmentberichterstattung gemäß IFRS 8 veröffentlichen; börsennotierte Aktienemittenten haben im Rahmen ihrer Gesamtergebnisrechnung zusätzlich das Ergebnis je Aktie gemäß IAS 33 anzugeben.

---

[1] In Anlehnung an *PELLENS, B. ET AL.* (2008), S. 163.

Jeder Bestandteil des Abschlusses und die Anhangangaben sind nach IAS 1.49-51 eindeutig zu bezeichnen, dieser IFRS-Abschluss ist dann klar von anderen Informationen im Geschäftsbericht zu trennen. IAS 1.10 erlaubt neuerdings auch eine andere Benennung der Bestandteile, dennoch sollen im Folgenden die oben genannten fünf Begriffe der Rechenwerke beibehalten werden. Bis auf den Begriff „Gesamtergebnisrechnung" sind diese gängig, der Begriff „Gewinn- und Verlustrechnung" wird aber nicht mehr verwendet, da das Erträge und Aufwendungen zusammenfassende Rechenwerk durch den 2007 verabschiedeten IAS 1 grundsätzlich verändert wurde.

Vergleichsinformationen im IFRS-Abschluss

Nach IAS 1.38-40 sind in allen vier Rechenwerken Vergleichsinformationen für die Vorperiode anzugeben. Wenn allerdings

- eine neue Bilanzierungsmethode retrospektiv (also rückwirkend) angewendet wurde,
- die Korrektur eines Bilanzpostens retrospektiv vorzunehmen war (Fehlerkorrektur gemäß IAS 8) oder
- zum Bilanzstichtag ein Bilanzposten reklassifiziert werden musste (Ausweisänderung bzw. Umgliederung),

so ist nach IAS 1.10 (f) außerdem eine Bilanz zum Beginn der frühesten Vergleichsperiode aufzustellen. Im Ergebnis sind dann drei Bilanzstichtage zu zeigen: Das Ende des Berichtszeitraums, das Ende des vorangegangenen Berichtszeitraum und der Beginn des vorangegangenen Berichtszeitraums. In der Praxis ist davon auszugehen, dass schon die ständige Überarbeitung der IFRS durch den IASB dazu führen wird, dass ein dritter Bilanzstichtag offen zu legen ist, da diese Änderungen in der Regel retrospektiv anzuwenden sind. Bei erstmaliger Anwendung der IFRS sind nun stets drei Bilanzstichtage offen zu legen. Diese Änderung des IAS 1 erhöht die Vergleichbarkeit innerhalb der Bilanz, in allen anderen Abschlussbestandteilen reicht aber weiterhin die Angabe der Vorperiode aus.

Gliederung der Abschlussbestandteile nach IFRS

Im Vergleich zum HGB enthalten die IFRS nur einige Mindestpositionen und keine verbindlichen Gliederungsschemata für die einzelnen Abschlussbestandteile. Die Tz. 29-31 des IAS 1 regeln die Wesentlichkeit und die Zusammenfassung, Tz. 32-35 die Saldierung von Posten. Die Darstellung hat nach IAS 1.45 stetig zu erfolgen. Vorgaben zu Struktur und Inhalt der Bilanz (Tz. 54-80), der Gesamtergebnisrechnung (Tz. 81-105), der EK-Veränderungsrechnung (Tz. 106-110) sowie des Anhangs (Tz. 112-138) finden sich im IAS 1. Zur Kapitalflussrechnung gibt es mit IAS 7 einen eigenen Standard, auf den IAS 1.111 verweist.

Einige Beispiele für die Gliederung der Bilanz, der Gesamtergebnisrechnung und der Eigenkapital-Veränderungsrechnung finden sich in der *Guidance on Implementing* IAS 1 (IAS 1.IG3-IG6), die aber aus Sicht des IASB nicht verbindlich ist und daher auch nicht in europäisches Recht übernommen wurde. Sie kann nur über den IASB bzw. entsprechende Lizenznehmer der IFRS kostenpflichtig bezogen werden.

Aufgabe 1 (= Freiwillige Publizität nach IFRS)

Beurteilen Sie für die nachfolgenden Unternehmen, welche Publizitätspflichten diese haben, ob eine freiwillige IFRS-Anwendung möglich ist und welche Bestandteile die Rechnungslegung nach IFRS umfasst (§§ HGB und Tz. der IFRS nennen)!

- a) Die Meier & Kant KG hat 6.000 Mitarbeiter, Umsatzerlöse von 120 Mio. € und im letzen Jahr eine Bilanzsumme von mehr als 65 Mio. €. Herr Meier und Herr Kant wollen freiwillig IFRS anwenden, um die Fremdkapitalaufnahme im Ausland zu erleichtern.
- b) Die Sonne AG ist nicht börsennotiert und erstellt mangels Tochterunternehmen keinen Konzernabschluss. Der Vorstand würde gern auf einen HGB-Abschluss verzichten und stattdessen die IFRS auf den Jahresabschluss anwenden.

Aufgabe 2 (= Pflicht zur Anwendung der IFRS und Rechenwerke)

Beurteilen Sie für die nachfolgend genannten Unternehmen, ob diese eine Pflicht zur Anwendung der IFRS haben, wie häufig ein IFRS-Abschluss aufzustellen ist und welche Bestandteile die Rechnungslegung nach IFRS umfasst (§§ HGB und Tz. der IFRS nennen)!

- a) Die Pixon AG, deren Aktien nicht an einer Börse notiert sind, hat drei Tochterunternehmen in der EU. Eine IFRS-Anwendung ist nicht gewollt.
- b) Die Berliner Muster GmbH hat fünf Tochterunternehmen und ist mit einer Schuldverschreibung i.H.v. € 100 Mio. € im geregelten Markt in Berlin notiert.
- c) Die Simus AG, mit 100 Tochterunternehmen weltweit, ist im Prime Standard der Frankfurter Börse notiert.

Aufgabe 3 (= Nach EU-Recht anzuwendende IFRS)

Liesel Buchmacher, Leiterin des Konzernrechnungswesens der Simus AG, ist im November 2008 erbost: Der IASB hatte bereits im September 2007 eine überarbeitete Fassung des IAS 1 verabschiedet, die laut Tz. 139 des neuen IAS 1 ab 1. Januar 2009 verpflichtend anzuwenden ist. Eine freiwillige, vorzeitige Anwendung der neuen Regelungen des IAS 1 ist laut IASB möglich. Frau Buchmacher kann aber weder im Amtsblatt der EU noch auf den Internet-Seiten der EU-Kommission eine Bestätigung finden, dass der neue IAS 1 in EU-Recht übernommen wurde. Sie würde den neuen IAS 1 gerne schon auf den Abschluss zum 31.12.2008 anwenden. Was können Sie ihr raten?

Aufgabe 4 (= Vergleichsinformationen nach IAS 1)

Die Simus AG ist auch in der Baubranche tätig und erstellt seit Sommer 2006 in der Nähe von Frankfurt/Main einen großen Gebäudekomplex, der ab 2010 als neue Hauptverwaltung langfristig genutzt werden soll. Speziell zur Finanzierung dieses Bauvorhabens wurde im Sommer 2006 ein Kredit von 2 Mio. € aufgenommen, Zinssatz 5% p.a.; bisher wurden diese Fremdkapitalkosten für den qualifizierten Vermögenswert nach IAS 23 (überarbeitet 1993) als Aufwand verbucht. Frau Buchmacher will aber den ebenfalls am 17.12.2008 in EU-Recht übernommenen neuen IAS 23 (überarbeitet 2007) gemäß IAS 23.28 freiwillig rückwirkend anwenden und so die Fremdkapitalkosten als Bestandteil der Herstellungskosten des Betriebsgebäudes aktivieren.

Welche Vergleichsinformationen sind in diesem Fall für den Konzernabschluss per 31.12.2008 anzugeben? Bestehen Unterschiede hinsichtlich der verschiedenen Rechenwerke nach IAS 1?

Aufgabe 5 (= Mindestinhalt und Gliederung der Bilanz nach IAS 1)

Der institutionelle Anleger Hans Heuschrecke erwägt, Aktien der Simus AG zu kaufen. Daher versucht er, den IFRS-Abschluss des Simus-Konzerns mit IFRS-Abschlüssen anderer Unternehmen derselben Branche zu vergleichen und verzweifelt. Bisher hatte er vor allem HGB-Abschlüsse von Unternehmen analysiert, die weitgehend vergleichbar gegliedert waren. Er fragt sich, ob es denn nach IAS 1 kein verbindliches Gliederungsschema für die Bilanz wie nach § 266 HGB gibt. Erläutern Sie ihm die Mindestpositionen und die Gliederung der Bilanz nach IAS 1!

Aufgabe 6 (= Inhalt und Aufbau der Gesamtergebnisrechnung)

Liesel Buchmacher von der Simus AG hat die EU-Übernahme von IAS 1 (überarbeitet 2007) Ende 2008 erfreut zur Kenntnis genommen. Der Vorstand hat der freiwilligen vorzeitigen Anwendung des neuen IAS 1 auf den Konzernabschluss per 31.12.2008 bereits zugestimmt, allerdings herrscht dort Unsicherheit, in welchem Rechenwerk nun die Ertragslage des Konzerns darzustellen ist und wie dieses auszusehen hat. Erläutern Sie Inhalt und Gliederung der Gesamtergebnisrechnung sowie mögliche Alternativen der Darstellung! Gehen Sie dabei davon aus, dass die Simus AG bisher das Umsatzkostenverfahren auf die Gewinn- und Verlustrechnung angewendet hat und dies auch nicht ändern will.

Aufgabe 7 (= Inhalt und Aufbau der EK-Veränderungsrechnung)

Nachdem zumindest der Finanzvorstand der Simus AG Ihre Erläuterungen zur Gesamtergebnisrechnung verstanden hat, fragt er sich, welche Sachverhalte nun noch für eine Darstellung in der Eigenkapital-Veränderungsrechnung (bzw. EK-Spiegel) übrig bleiben. Erläutern Sie ihm die Mindestbestandteile und geben Sie ihm ein Beispiel zur Darstellung!

Lösung 1 (=Freiwillige Publizität nach IFRS)

a) Die Meier & Kant KG ist eine Personengesellschaft und fällt nicht unter das Publizitätsgesetz, da die Schwellenwerte des PublG nicht überschritten werden. Der Jahresabschluss umfasst daher nach § 242 HGB lediglich die Bilanz und die GuV. Dieser muss weder geprüft noch offen gelegt werden, da §§ 316 und 325 HGB nur für Kapitalgesellschaften bzw. Personengesellschaften, die unter das PublG fallen, gelten. Mangels Tochterunternehmen ist kein Konzernabschluss aufzustellen, dies wäre auch bei vorhandenem Tochterunternehmen nicht notwendig, da diese KG nicht unter das PublG fällt. Eine Befreiung von der Aufstellung des Jahresabschlusses nach HGB durch einen IFRS-Abschluss ist nicht möglich.

Eine freiwillige IFRS-Anwendung zusätzlich zu den nationalen Publizitätspflichten ist stets möglich, z. B. um einen solchen Abschluss bei der Kredit gebenden Bank in Großbritannien einzureichen. Dabei ist zu beachten, dass dieser zusätzliche Jahresabschluss gemäß IAS 1.16 nur dann als IFRS-Abschluss bezeichnet werden darf, wenn alle auf das Unternehmen zutreffenden Standards und Interpretationen beachtet wurden. Die Meier & Kant KG muss also nicht nur die Bilanz und eine Gesamtergebnisrechnung, sondern auch einen EK-Spiegel, Kapitalflussrechnung und einen Anhang aufstellen, da dies die Mindestbestandteile eines IFRS-Abschlusses gemäß IAS 1.10 sind.

b) Da die Sonne AG eine Kapitalgesellschaft ist, umfasst ihr Jahresabschluss nach § 264 Abs. 1 HGB Bilanz, GuV und Anhang, außerdem ist ein Lagebericht gemäß § 289 HGB zu erstellen. Diese vier Bestandteile sind gemäß § 316 HGB zu prüfen und nach § 325 HGB offen zu legen.

Für die freiwillige IFRS-Anwendung im Einzelabschluss und die Bestandteile des IFRS-Abschlusses gilt dasselbe wie unter a). Nach § 325 Abs. 2a HGB kann die Offenlegung des Jahresabschlusses nach HGB durch einen IFRS-Einzelabschluss ersetzt werden, wobei durch den Verweis auf § 315a Abs. 1 HGB nur die in EU-Recht übernommenen IFRS anwendbar sind. Diese Befreiung bezieht sich jedoch nur auf die Bekanntmachung des Abschlusses im elektronischen Bundesanzeiger und damit die Offenlegung, die zusätzlich den Lagebericht umfasst. Ein Jahresabschluss nach HGB ist dennoch in vollem Umfang aufzustellen und beim elektronischen Bundesanzeiger einzureichen, dies ergibt sich aus der Einbindung des handelsrechtlichen Jahresabschlusses in das deutsche Gesellschafts- und Steuerrecht. Da auch bei freiwilliger Aufstellung und Veröffentlichung eines IFRS-Einzelabschlusses nach § 325 Abs. 2a HGB ein HGB-Jahresabschluss erstellt werden muss, hat dieses Wahlrecht in der Praxis bisher wenig Bedeutung.

Lösung 2 (= Pflicht zur Anwendung der IFRS und Rechenwerke)

a) Die Pixon AG ist nach §§ 290 ff. HGB zur Konzernrechnungslegung verpflichtet. Nach § 315a Abs. 3 HGB hat sie ein Wahlrecht, auf den Konzernabschluss die IFRS anzuwenden. Der Konzernabschluss kann also, wie von der Unternehmensleitung gewünscht, weiterhin nach HGB erstellt werden, da die Pixon AG kein kapitalmarktorientiertes Mutterunternehmen im Sinne des § 315a Abs. 1 HGB ist.

b) Die Berliner Muster GmbH ist als Kapitalgesellschaft ebenfalls nach §§ 290 ff. HGB zur Konzernrechnungslegung verpflichtet. Außerdem gilt sie als kapitalmarktorientiertes Mutterunternehmen gemäß § 315a Abs. 1 HGB, der auf Art. 4 der IAS-Verordnung verweist. Unter Art. 4 IAS-VO fallen nicht nur Mutterunternehmen, deren Anteile an einem geregelten Markt in der EU gehandelt werden, sondern auch jene, die Fremdkapitaltitel begeben haben, die an einem solchen Markt gehandelt werden. Für die GmbH ist daher zum Ende jedes Geschäftsjahres gemäß § 264 Abs. 1 S. 1 HGB ein Jahresabschluss nebst Lagebericht nach HGB erforderlich sowie ein Konzernabschluss nach IFRS nebst Konzern-Lagebericht.

Der IFRS-Konzernabschluss umfasst gemäß IAS 1.10 Bilanz, Gesamtergebnisrechnung, EK-Spiegel, Kapitalflussrechnung und Anhang. Zusätzlich ist nach IFRS 8.2b (i) eine Segmentberichterstattung für den Konzern erforderlich, da die Fremdkapitalinstrumente der Berliner Muster GmbH an einem öffentlichen Markt gehandelt werden.

Gemäß § 37w WpHG ist die GmbH aufgrund ihrer Schuldtitel-Notierung außerdem zur Zwischenberichterstattung verpflichtet. Jeweils zum 30.06. (bzw. bei vom Kalenderjahr abweichendem Geschäftsjahr jeweils sechs Monate nach Bilanzstichtag) ist ein Halbjahresfinanzbericht zu erstellen, der neben einem verkürzten Abschluss nach IAS 34 auch einen Zwischen-Lagebericht umfasst.

c) Die Pflicht zur Anwendung der IFRS auf den Konzern- sowie der HGB-Regelungen auf den Einzelabschluss entspricht der Lösung unter b).

Der IFRS-Konzernabschluss umfasst die fünf Mindestbestandteile gemäß IAS 1.10 sowie nach IFRS 8.2b (i) eine Segmentberichterstattung. Da die Simus AG eine börsennotierte Aktiengesellschaft ist, muss sie gemäß IAS 33.2b (i) zusätzlich das Ergebnis je Aktie nach IAS 33 im Rahmen der Gesamtergebnisrechnung veröffentlichen.

Die Simus AG unterliegt aufgrund der Notierung ihrer Aktien den §§ 37w und 37x WpHG und damit der Pflicht zur Zwischenberichterstattung. Da die Aktien im Prime Standard der Frankfurter Börse notiert sind, gilt außerdem die Börsenordnung der Frankfurter Wertpapierbörse, die für Emittenten des Prime Standards eine Quartalsberichterstattung nach IAS 34 vorschreibt. Zum Halbjahr ist diesem verkürzten Abschluss gemäß § 37w Abs. 2 WpHG ein Zwischen-Lagebericht beizufügen.

Lösung 3 (= Nach EU-Recht anzuwendende IFRS)

Nach § 315a Abs. 1 S. 1 HGB sind nur jene IFRS anwendbar, die nach Art. 2, 3 und 6 der IAS-VO in EU-Recht übernommen wurden. Durch das komplizierte Endorsement-Verfahren dauert die Übernahme eines neuen oder geänderten Standards oder einer Interpretation häufig länger als ein Jahr. So wurde beispielsweise der überarbeitete IAS 1 erst am 17.12.2008 übernommen und einen Tag später im EU-Amtsblatt in allen Amtssprachen der EU veröffentlicht.

Aus Sicht des Kenntnisstands von Frau Buchmacher im November 2008 wäre aber eine vorzeitige Anwendung nicht möglich, da der aus EU-Sicht gültige (alte) IAS 1 dem neuen, noch nicht übernommenen IAS 1 in einigen Regelungsbereichen widerspricht. Befindet sich ein IFRS noch im „Schwebezustand" des Endorsement-Verfahrens, kann er nur dann angewendet werden, wenn er eine bis dahin bestehende Regelungslücke in den IFRS schließt und daher keinen bereits übernommenen Standards oder Interpretationen widerspricht.

Frau Buchmacher bleibt das „Prinzip Hoffnung": Sie kann im November 2008 die Vorbereitungen für einen Konzernabschluss auf Basis des neuen IAS 1 treffen und hoffen, dass der neue IAS 1 noch rechtzeitig in EU-Recht übernommen wird. Rechtzeitig bedeutet nach Ansicht der EU-Kommission, dass der IFRS noch *vor dem Zeitpunkt der Freigabe des Abschlusses zur Veröffentlichung* übernommen wird, dies muss also nicht bereits zum Bilanzstichtag 31.12.2008 erfolgt sein. Darauf bezog sich bspw. Siemens in seinem Konzernabschluss zum 30.09.2007, der am 23.11.2007 und damit genau zwei Tage nach Veröffentlichung der Übernahme von IFRS 8 im Amtsblatt der EU zur Veröffentlichung freigegeben wurde.

Wäre aber der neue IAS 1 nicht bis zum Zeitpunkt der Freigabe des Konzernabschlusses 2008 zur Veröffentlichung in EU-Recht übernommen worden, bestünde für die Simus AG das Risiko einer Testateinschränkung durch den Abschlussprüfer. Denn besteht zwischen einem neuen/geänderten IFRS im Schwebezustand und dem nach EU-Recht gültigen bisherigen IFRS ein erheblicher materieller Unterschied und wendet das Unternehmen den neuen IFRS dennoch freiwillig an, ist mit einer Einschränkung des Testats durch den Abschlussprüfer zu rechnen. Aus diesem Grund ist in der Regel von der vorzeitigen freiwilligen Anwendung neuer/geänderter Standards und Interpretationen abzuraten, wenn ihre Übernahme in europäisches Recht noch nicht sicher absehbar ist.

Lösung 4 (= Vergleichsinformationen nach IAS 1)

Grundsätzlich sind nach IAS 1.38-40 in allen Rechenwerken Vergleichsinformationen für die Vorperiode anzugeben. Da die Simus AG hier eine neue Bilanzierungsmethode (Aktivierung der Fremdkapitalkosten von € 100.000 p.a. als Teil der Herstellungskosten des Betriebsgebäudes statt bisherige Aufwandsverbuchung) retrospektiv anwendet, ist nach IAS 1.10 (f) außerdem eine Bilanz zum Beginn der frühesten Vergleichsperiode aufzustellen. Im Ergebnis sind also für die Bilanz folgende Vergleichsperioden offen zu legen:

1.2 Publizität, Rechenwerke und Jahresabschlussgliederung   31

t = 0	t = –1	t = –2
31.12.2008	31.12.2007	01.01.2007
Bilanz zum Ende der Berichtsperiode	Bilanz zum Ende der Vorperiode	Bilanz zum Beginn der Vorperiode

Für alle anderen Rechenwerke bleibt es bei Angabe einer Vergleichsperiode.

Ebenso wären für die Bilanz die genannten zwei Vergleichsperioden notwendig, wenn die Simus AG zum 31.12.2008 einen Fehler feststellt, der nach IAS 8 stets rückwirkend zu korrigieren ist, oder einen Bilanzposten anders ausweist bzw. die Bilanzgliederung ändert.

Lösung 5 (= Mindestinhalt und Gliederung der Bilanz nach IAS 1)

IAS 1.54 enthält einen Katalog der mindestens auszuweisenden Positionen, der jedoch weder als ein bestimmtes Präsentationsformat (Konto- oder Staffelform) noch als Gliederungsvorgabe zu verstehen ist:

Aktiva	Passiva
1. Sachanlagen	1. Verbindlichkeiten aus Lieferungen und Leistungen und sonstige Verbindlichkeiten
2. Als Finanzanlagen gehaltene Immobilien	
3. Immaterielle Vermögenswerte	2. Rückstellungen
4. Finanzielle Vermögenswerte (ohne die Beträge, die unter 5., 8. und 9. ausgewiesen werden)	3. Finanzielle Verbindlichkeiten (ohne die Beträge, die unter 1. und 2. Ausgewiesen werden)
5. Nach der Equity-Methode bilanzierte Finanzanlagen	
6. Biologische Vermögenswerte	4. Steuerschulden gemäß IAS 12
7. Vorräte	5. Latente Steuerschulden gemäß IAS 12
8. Forderungen aus Lieferungen und Leistungen sowie sonstige Forderungen	6. Schulden, die den Veräußerungsgruppen zugeordnet sind, die gemäß IFRS 5 als zur Veräußerung gehalten klassifiziert sind
9. Zahlungsmittel und Zahlungsmitteläquivalente	
10. Steuerstattungsansprüche gemäß IAS 12	
11. Latente Steuererstattungsansprüche gemäß IAS 12	7. Minderheitsanteile, die im Eigenkapital dargestellt werden
12. Summe der Vermögenswerte, die gemäß IFRS 5 als zur Veräußerung gehalten klassifiziert werden, und der Vermögenswerte, die zu einer als zur Veräußerung gehalten klassifizierten Veräußerungsgruppe gehören	8. Gezeichnetes Kapital und Rücklagen, die den Anteilseignern des Mutterunternehmens zuzuordnen sind

Tabelle 1:   Mindestgliederung der Bilanz gemäß IAS 1.54

In der unverbindlichen *Implementation Guidance* zu IAS 1 findet sich ein Beispiel für die Bilanz. Nach IAS 1.55 und 1.57 sind zusätzliche Sachverhalte, Gruppenüberschriften und Zwischensummen erforderlich, wenn andere IFRS dies verlangen oder nur dadurch eine glaubwürdige Darstellung erzielt werden kann. Dies kann nach IAS 1.59 auch die Angabe weiterer Positionen in der Bilanz oder im Anhang notwendig machen, wie beispielsweise nach IAS 16 eine Unterteilung der Sachanlagen in jene Gruppen, die nach Anschaffungs- und Herstellungskostenmodell, und jene, die nach Neubewertungsmodell bewertet werden.

Die Bilanzposten können entweder nach Fristigkeit oder nach ihrer Liquidierbarkeit gegliedert werden. Beim Regelfall der Fristigkeit werden die Posten nach IAS 1.60-68 in die Kategorien kurz- und langfristige Vermögenswerte bzw. Schulden unterteilt. Als kurzfristig gelten jene Posten, die sich innerhalb eines Jahres ab Bilanzstichtag oder innerhalb eines Geschäftszyklusses realisieren. Dabei kann in Abhängigkeit von der Unternehmenstätigkeit ein Zyklus (Beginn mit Materialeinkauf, Ende mit Umsatzrealisation) weitaus länger als ein Jahr sein, z. B. im Maschinenbau und der Baubranche. Unternehmen wie Finanzdienstleistern und Mischkonzernen, die dagegen keinen eindeutigen Geschäftszyklus identifizieren können, empfiehlt IAS 1.63 die Gliederung nach der Liquiditätsnähe der Bilanzpositionen.

Wie Hans Heuschrecke bereits festgestellt hat, schränkt der Verzicht auf ein verbindliches Gliederungsschema der Bilanz die zwischenbetriebliche Vergleichbarkeit von IFRS-Abschlüssen erheblich ein. Bisher war es aber nicht möglich, sich auf globaler Ebene auf ein einheitliches Format zu einigen. Angesichts der Vielzahl von unterschiedlichen nationalen Rechnungslegungstraditionen und Gesellschaftsrechten sowie der Schwierigkeit, ein Konzernunternehmen einer bestimmten Branche eindeutig zuzuordnen, dürfte sich dies auch in Zukunft für die Adressaten der Rechnungslegung wie Herrn Heuschrecke kaum ändern.

Lösung 6 (= Inhalt und Aufbau der Gesamtergebnisrechnung)

Mit Übernahme des neuen IAS 1 ist die Gewinn- und Verlustrechnung (GuV) kein eigenständiger Bestandteil eines IFRS-Abschlusses mehr, sondern Teil der Gesamtergebnisrechnung. Damit sollen die (teilweise zunächst) erfolgsneutralen Ergebnisbestandteile nach IFRS in der Darstellung und damit der Wahrnehmung der Adressaten aufgewertet werden.

Die Gesamtergebnisrechnung ist eine Zeitraumrechnung, die die gesamte Unternehmensleistung für eine Periode darstellt. Nach IAS 1.7 gehören dazu nicht nur die erfolgswirksame Erfassung von Erträgen und Aufwendungen in der GuV, die als Saldo (Periodenergebnis: Gewinn/Verlust bzw. Jahresüberschuss/-fehlbetrag) im Eigenkapital ihren Niederschlag finden, sondern auch die erfolgsneutralen, direkt im Eigenkapital erfassten Erträge und Aufwendungen, die als „sonstiges Ergebnis" (häufig *„other comprehensive income/OCI"*) bezeichnet werden. Für die Darstellung gibt IAS 1.81-105 wie für die Bilanz kein verbindliches Gliederungsschema, sondern lediglich Mindestposten vor, die jedoch branchenspezifisch oder unternehmensindividuell modifiziert werden können. Ebenso ist die Reihenfolge der Posten nicht zwingend; die *Implementation Guidance* zu IAS 1 enthält wieder Beispiele. Nach IAS 1.88 sind alle Ertrags- und Aufwandspositionen im Gewinn bzw. Verlust (= Periodenerfolg) zu berücksichtigen, es sei denn, ein IFRS schreibt etwas anderes vor. Die GuV kann sowohl nach dem Umsatzkosten- als auch dem Gesamtkostenverfahren aufgestellt werden. Das Ergebnis ist der Periodenerfolg, der nach dem neuen IAS 1 allerdings von einer Endsumme zu einer Zwischensumme wird: Daran schließt sich nun zwingend eine „Weiterrechnung" des Gewinns bzw. Verlustes zum Gesamtergebnis an. Dieses sonstige Ergebnis (*OCI*) enthält

1.2 Publizität, Rechenwerke und Jahresabschlussgliederung

sämtliche direkt im Eigenkapital erfassten Aufwendungen und Erträge, die ebenfalls beispielhaft in der nachfolgenden Tabelle aufgeführt sind:

		31.12. 20X1	31.12. 20X0
	Umsatzerlöse		
–	Umsatzkosten		
=	Bruttoergebnis		
+	Sonstige betriebliche Erträge		
–	Vertriebskosten		
–	Verwaltungskosten		
–	Sonstige betriebliche Aufwendungen		
–	Finanzierungskosten		
+/–	Ergebnisanteil aus assoziierten Unternehmen		
=	Ergebnis vor Steuern		
–	Ertragsteuern		
=	Ergebnis aus fortgeführten Geschäftsbereichen		
+/–	Ergebnis aus aufgegebenen Geschäftsbereichen nach IFRS 5		
=	**Periodenergebnis (Gewinn bzw. Verlust)**		
+/–	Währungsumrechnungsdifferenzen aus der Konsolidierung ausländischer Geschäftsbetriebe (IAS 21.30)		
+/–	Fair Value-Bewertung von als zur Veräußerung verfügbare Wertpapiere (IAS 39.55b)		
+/–	Ergebnisneutraler Gewinn oder Verlust aus dem effektiven Teil eines Cash Flow Hedges (IAS 39.95a)		
+/–	Neubewertung von Sachanlagevermögen (IAS 16.39-40) und immateriellen Vermögenswerten (IAS 38.85-86)		
+/–	Ergebnisneutrale Bestandteile aus der Equity-Bewertung assoziierter Unternehmen (IAS 28.11)		
+/–	Versicherungsmathematische Gewinn oder Verluste aus Leistungen an Arbeitnehmer (Option nach IAS 19.93A)		
+/–	Latente Steuern aus den obigen ergebnisneutral erfassten Sachverhalten (sind nach IAS 12.61A ebenfalls ergebnisneutral zu erfassen)		
=	**Gesamtergebnis der Periode**		

Tabelle 2:   Aufbau der Gesamtergebnisrechnung bei Anwendung des Umsatzkostenverfahrens in Anlehnung an IAS 1.IG4

Sofern Minderheitsanteileigner vorhanden sind, ist sowohl das Periodenergebnis als auch das Gesamtergebnis jeweils getrennt nach den Beträgen, die den Eigentümern des Mutterunternehmens zuzurechnen, als auch die auf die Minderheitenanteile entfallenden Beträge auszuweisen.

Nach IAS 1.81 kann alternativ die Gewinn –und Verlustrechnung als eigener Teil des Abschlusses präsentiert werden (und endet dann mit dem Gewinn bzw. Verlust als Periodenergebnis), allerdings muss sie dann gemäß IAS 1.12 unmittelbar vor dem Abschlussbestandteil mit dem sonstigen Ergebnis platziert werden, der dann mit dem Posten des Periodenergebnisses beginnt und, wie in der obigen Tabelle im unteren Teil, zum Gesamtergebnis übergeleitet (sog. Verkürzte Gesamtergebnisrechnung).

Die Gesamtergebnisrechnung ist damit der zentrale Abschlussbestandteil zur Information über die Ertragslage des Unternehmens. Sie zeigt alle Veränderungen des Eigenkapitals, die nach IFRS auf die Unternehmensleistung der Periode zurückzuführen sind. Davon abzugrenzen sind Eigenkapitaltransaktionen mit den Anteilseignern sowie Anpassungen im Rahmen der Vorschriften des IAS 8; diese sind in der Eigenkapitalveränderungsrechnung zu zeigen.

Lösung 7 (= Inhalt und Aufbau der EK-Veränderungsrechnung)

Da nach dem neuen IAS 1 nicht nur das Periodenergebnis (Gewinn/Verlust), sondern auch die direkt im Eigenkapital erfassten, also erfolgsneutralen Erträge und Aufwendungen (= sonstiges Ergebnis) in der Gesamtergebnisrechnung darzustellen sind, ist nun in der EK-Veränderungsrechnung nur das Gesamtergebnis der Periode als eine Position zu zeigen. Der EK-Spiegel enthält daher nach IAS 1.106 nur noch folgende Positionen:

- Gesamtperiodenerfolg, der als Ergebnis aus der Gesamtergebnisrechnung übernommen wird, wobei ggf. erneut die Beträge, die den Eigentümern des Mutterunternehmens bzw. den Minderheitsanteilen zuzurechnen sind, getrennt auszuweisen sind;

- für jeden Eigenkapitalbestandteil getrennt die Auswirkungen von retrospektiven Änderungen gemäß IAS 8 (Änderung von Bilanzierungs- und Bewertungsmethoden und Korrektur von Fehlern);

- die Beträge der Transaktionen mit Eigentümern, die in ihrer Eigenschaft als Eigentümer handeln, wobei die Kapitalzuführungen von den Eigentümern und die Ausschüttungen an diese gesondert auszuweisen sind;

- für jeden EK-Bestandteil eine Überleitung der Buchwerte zu Beginn der Periode auf das Ende der Periode, die jede Bewegung gesondert angibt.

Weitere Positionen können sich aus anderen Standards, z.B. beim Rückkauf Eigener Anteile gemäß IAS 32.33 ergeben. Ein Beispiel für die Darstellung der EK-Veränderungsrechnung findet sich wiederum in der *Guidance on Implementing* IAS 1. Folgende Tabelle zeigt in Anlehnung an IAS 1.IG6 ein vereinfachtes Beispiel für einen EK-Spiegel ohne Angabe der Vergleichsperiode:

	Gezeich-netes Kapital	Gewinn-Rück-lagen	Available for Sale – Finanz-instru-mente	Neube-wertungs-Rücklage	**Eigen-kapital Gesamt**
Stand 1. Januar 2008					
Änderungen gem. IAS 8					
= Angepasste Werte gem. IAS 8 zum 1. Januar 2008					
Änderungen des EK in 2008:					
+ Zuführung durch Kapital-erhöhung					
− Dividenden					
+/− Gesamtergebnis 2008					
+/− Umbuchungen in die Gewinnrücklagen					
= **Stand am 31. Dezember 2008**					

Tabelle 3: *Vereinfachtes Beispiel der EK-Veränderungsrechnung in Anlehnung an IAS 1.IG6*

Literaturhinweise

BISCHOF, S./MOLZAHN, S. (2008): IAS 1 (revised 2007) „Presentation of Financial Statements", in: IRZ, 3. Jg., S. 171–178.

BUCHHEIM, R./KNORR, L./SCHMIDT, M. (2008a): Anwendung der IFRS in Europa – Die Auswirkungen des neuen Endorsement-Verfahrens auf die Rechnungslegung, in: KoR, 8. Jg., S. 373–379.

BUCHHEIM, R./KNORR, L./SCHMIDT, M. (2008b): Anwendung der IFRS in Europa – Das neue Endorsement-Verfahren, in: KoR, 8. Jg., S. 334–341.

PELLENS, B. ET AL. (2008): Internationale Rechnungslegung – IFRS 1 bis 8, IAS 1 bis 41, IFRIC-Interpretationen, Standardentwürfe, 7. Aufl., Stuttgart, S. 161–211.

WENK, M. O./JAGOSCH, C. (2008): Änderung zur Darstellung von IFRS-Abschlüssen – IAS 1 (revised 2007) „Presentation of Financial Statements", in: DStR, 46. Jg., S. 1251–1257.

ZÜLCH, H./FISCHER, D. T./ERDMANN, M.-K. (2007): Neuerungen in der Darstellung eines IFRS-Abschlusses gem. IAS 1 „Presentation of Financial Statements" (revised 2007), in: WPg, 60. Jg., S. 963–968.

Gerrit Brösel

1.3 Bilanzpolitik

Grundlagen

> *Bilanzpolitik* – auch Jahresabschlusspolitik oder Rechnungslegungspolitik genannt – ist die zielorientierte Gestaltung des Jahresabschlusses und anderer rechnungslegungsspezifischer Informationen (wie z. B. Ad-hoc-Meldungen) durch geeignete Maßnahmen des bilanzierenden Unternehmens mit materieller, formeller und zeitlicher Ausrichtung.

Die Bilanzpolitik[1] ist *Teil der Informationspolitik* eines Unternehmens und somit ein Teilaspekt der Unternehmenspolitik. Als Inhalte der Unternehmenspolitik gelten gemeinhin das Setzen von Unternehmenszielen und das Treffen von Entscheidungen, um die vorgegebenen Ziele zu realisieren. Entsprechend lassen sich die Ziele der Bilanzpolitik im Zielsystem eines Unternehmens als Unterziele der unternehmerischen Oberziele, welche sich durch die individuellen Sach- und Formalziele explizieren, auffassen. Demgemäß sollte die Bilanzpolitik dahingehend eingesetzt werden, dass die relevanten unternehmerischen Oberziele, z. B. das Ziel des Unternehmensfortbestehens, das Gewinnziel und das Liquiditätsziel, bestmöglich erreicht werden. Bilanzpolitisches Agieren ist somit kein Selbstzweck, sondern sollte vielmehr als Mittel zur Erreichung übergeordneter Ziele verstanden werden. Bilanzpolitische Ziele sind eng mit der *Hauptaufgabe und den Hauptadressaten des jeweiligen Abschlusses* verknüpft, denn im Mittelpunkt steht hauptsächlich die zielorientierte Steuerung der aus dem Jahresabschluss resultierenden (Zahlungs-)Konsequenzen (z. B. Ausschüttungen nach HGB, Steuerzahlungen auf Basis der Steuerbilanz, Gewährung von Krediten, Zuführung von Eigenkapital) und/oder die zielorientierte Steuerung des Verhaltens der Abschlussadressaten durch entsprechende Informationen. Bei internationalen Abschlüssen steht gewöhnlich die Steuerung des Verhaltens der Investoren i. S. v. Eigenkapitalgebern im Zentrum der Bilanzpolitik.

> *Primäre Ziele* der Bilanzpolitik sind die Verhaltensbeeinflussung der Abschlussadressaten und/oder die Steuerung der aus dem Abschluss resultierenden Zahlungskonsequenzen.

Sollen mit der Bilanzpolitik bestimmte *Ziele bezüglich anderer Adressaten im Sinne von „Nicht-Eigenkapitalgebern"* verfolgt werden, ist durch das bilanzierende Unternehmen zu eruieren, welcher Abschluss des Unternehmens durch die jeweiligen Adressaten, die beeinflusst werden sollen, zu Rate gezogen wird. Ist etwa die Ausweitung der Kreditlinien angestrebt, muss festgestellt werden, welche Abschlüsse den potentiellen Fremdkapitalgebern zugänglich sind oder zur Verfügung gestellt werden sollen. Es stellt sich z. B. die Frage: Trifft die „Hausbank" die Kreditentscheidungen auf Basis nationaler oder internationaler Abschlüsse?

---

[1] Siehe ausführlich zu nachfolgenden Ausführungen vor allem SCHULT/BRÖSEL (2008), S. 75 ff., m. w. N.

> *Grenzen* der bewussten Gestaltung der Jahresabschlüsse sind die jeweils zu beachtenden Rechnungslegungsnormen, weil sonst der Fall einer sog. Bilanzfälschung, -verschleierung oder -frisur vorliegt.

Die Grenzen der internationalen Bilanzpolitik bezogen auf Abschlüsse nach IFRS ergeben sich somit vor allem aus den zu beachtenden Rechnungslegungsnormen. Gesetzlich bedingte Interdependenzen zwischen der Bilanzpolitik nationaler handelsrechtlicher Abschlüsse und der Bilanzpolitik internationaler Abschlüsse bestehen jedoch grundsätzlich nicht. Zudem besteht keine Verknüpfung der internationalen Rechnungslegung mit den Steuerbilanzen.

In der Literatur werden *bilanzpolitische Gründe* gewöhnlich dahingehend unterschieden, ob infolgedessen ein tendenziell positives – im Sinne einer ergebniserhöhenden Ausrichtung – oder eher negatives Bild – im Sinne einer ergebnisvermindernden Ausrichtung – des Jahresabschlusses vermittelt werden soll. Nachfolgend werden – diesem Muster folgend – exemplarisch mögliche Gründe/Ziele genannt. Während die ergebniserhöhende Ausrichtung auch als progressive Bilanzpolitik bezeichnet wird, lautet das Synonym für die ergebnisvermindernde Orientierung konservative Bilanzpolitik.

Eine *progressive Bilanzpolitik* kann u. a. auf folgenden Zielen beruhen:

- (potentielle) Gläubiger sollen veranlasst werden, ein Kreditengagement einzugehen, zu prolongieren oder zu erweitern,
- (potentielle) Kunden, Lieferanten und Mitarbeiter sollen bestärkt werden, Geschäftsbeziehungen zum Unternehmen einzugehen, aufrechtzuerhalten oder zu intensivieren,
- (potentielle) Anteilseigner sollen angehalten werden, Unternehmensanteile zu erwerben, zu halten oder nachzukaufen,
- Übernahmen sollen provoziert werden, und/oder
- die Erhöhung der Bemessungsgrundlage bei erfolgsabhängiger Vergütung wird angestrebt.

Eine *konservative Bilanzpolitik* kann z. B. aufgrund folgender Ziele angestrebt werden:

- Verminderung des Argumentationspotentials für Verhandlungspartner z. B. im Hinblick auf anstehende Tarifverhandlungen,
- Investoren sollen von Übernahmen abgehalten werden und/oder
- es soll Risikovorsorge [z. B. unmittelbar nach dem Wechsel der Unternehmensleitung, sog. Großreinemachen („Big Bath Accounting")] betrieben werden (z. B. kann durch Bildung stiller Reserven Spielraum für die Bilanzpolitik der Folgejahre geschaffen werden).

Dabei ist zu berücksichtigen, dass sich auch eine tendenziell pessimistische Darstellung „positiv" auf die Gläubiger auswirken kann, soweit diese in der Lage sind, die ggf. vorhandenen stillen Reserven eines Unternehmens zu identifizieren. Ähnlich kann es sich auch mit den Kunden, Lieferanten oder Mitarbeitern verhalten, denen eine eher pessimistisch dargestellte Unternehmenslage vorgeben könnte, dass das bilanzierende Unternehmen keine überdimensionalen Gewinne „zu ihren Lasten" erwirtschaftet.

Aus wirtschaftlichen und zeitlichen Gründen kann als weiteres Ziel der Bilanzpolitik die *weitgehende Angleichung* der HGB-Jahresabschlüsse und der IFRS-Jahresabschlüsse gesehen werden. Insbesondere in den ersten Jahren der verpflichtenden Aufstellung internationaler Abschlüsse, nutzen viele Unternehmen die bestehenden bilanzpolitischen Spielräume aus, um den Umfang der Überleitungsrechnungen auf ein Minimum zu reduzieren.

Übliches bilanzpolitisches Agieren zielt zudem darauf, bestimmte von Adressaten oder Analysten vermeintlich gewünschte und erwartete oder in der Branche übliche („goldene") *Kennzahlen* zu erreichen, einzuhalten oder nicht zu über-/unterschreiten. Vor allem dieser Aspekt ist für die Wirksamkeit einer Bilanzanalyse und für die Aussagekraft von deren Analyseergebnissen von erheblicher Bedeutung.

Da mit dem Jahresabschluss verschiedene Adressaten angesprochen werden sollen, bestehen für das bilanzierende Unternehmen gewöhnlich mehrere Ziele, die mit der Bilanzpolitik zu verfolgen sind. In der Realität führen die unterschiedlichen bilanzpolitischen Ziele nicht selten zu *Zielkonflikten*. Während z. B. eine das Ergebnis verbessernde Darstellung der wirtschaftlichen Lage Fremdkapitalgeber beeindrucken könnte, sollte dies wiederum bei anderen Anspruchsgruppen, wie etwa den Arbeitnehmern, zu eventuell übertriebenen Erwartungen oder nachhaltigen Forderungen, beispielsweise im Hinblick auf Lohn- und Gehaltssteigerungen, führen. Diese Zielkonflikte müssen durch die Geschäftsleitung im Rahmen der Bilanzpolitik berücksichtigt werden. Das bilanzpolitische Vorgehen wird dabei *in praxi* meist einer Kompromisslösung entsprechen, wobei relevante Ziele unterschiedlich stark und/oder zu unterschiedlichen Zeitpunkten angestrebt werden. Die Ziele werden hierzu gewichtet und hierarchisiert, wobei zwingend die Oberziele des Unternehmens und die Zielinterdependenzen zu beachten sind. Besondere Bedeutung ist diesem Zielbildungsprozess in *Krisenzeiten* beizumessen, denn in solchen Situationen kann es z. B. von existentiellem Interesse sein, Kredite zu erhalten bzw. neue Eigenkapitalgeber zu finden oder anderweitig die Liquidität des Unternehmens sicherzustellen bzw. die Überschuldung des Unternehmens abzuwenden.

In diesem Zusammenhang ist auf eine weitere, wesentliche Grenze der Bilanzpolitik hinzuweisen: Aufgrund der *„Zweischneidigkeit" des Jahresabschlusses*, also der Wechselbeziehungen zwischen der Bilanz auf der einen Seite sowie der Gewinn- und Verlustrechnung auf der anderen Seite, ist zu beachten, dass sich bilanzpolitische Maßnahmen i. d. R. betragsmäßig im Zeitablauf ausgleichen. Der Totalerfolg eines Unternehmens wird – abgesehen beispielsweise von Zinseszins- und Ausschüttungseffekten – durch die bilanzpolitische Beeinflussung der Periodenergebnisse grundsätzlich nicht beeinflusst. Bilanzpolitische Maßnahmen führen weitgehend also nur zu einer zeitlichen Verschiebung der Erfolgsgrößen.

Darüber hinaus ist die Bilanzpolitik durch das Prinzip der *Stetigkeit* (z. B. Ansatz-, Bewertungs- und Ausweisstetigkeit) beschränkt. Demnach müssen vor dem Treffen bilanzpolitischer Entscheidungen, die sich auf das Berichtsjahr beziehen, auch die Auswirkungen auf zukünftige Jahresabschlüsse betrachtet werden. Bilanzpolitisches Agieren erfährt somit einen langfristigen Charakter.

Auswahlkriterien

Aus Sicht der bilanzierenden Unternehmen bedarf es in Anbetracht der Vielzahl der zur Verfügung stehenden bilanzpolitischen Instrumente zweckmäßiger Auswahlkriterien. Folgende fünf Kriterien können hierzu herangezogen werden:[2]

- *Wirksamkeit:* Hinsichtlich dieses Aspektes ist zu prüfen, ob das Instrument grundsätzlich dazu geeignet ist, die bilanzpolitischen Ziele (z. B. bezüglich des Ergebnisses sowie der Höhe des Eigenkapitals oder der Bilanzsumme) zu erreichen.
- *Erkennbarkeit:* Der Einsatz des Instrumentes sollte möglichst nicht durch den Adressaten erkennbar sein, weil dieser sonst versucht, die vorgenommene Maßnahme – soweit möglich – im Rahmen seiner Analyse zu neutralisieren, und zudem negative Schlüsse hieraus ziehen könnte. Hinsichtlich der Instrumente kann in „betragsmäßig erkennbar", „nicht betragsmäßig erkennbar" und „nicht erkennbar" unterschieden werden.
- *Bindungswirkung:* Das Kriterium zielt vor allem auf den bereits benannten Aspekt der Stetigkeit. Demnach ist zu überprüfen, inwieweit ein Rückgriff auf ein in Rede stehendes Instrument dazu führt, dass dieses auch in den folgenden Perioden (zeitliche Stetigkeit) oder für vergleichbare Sachverhalte in der aktuellen Periode (sachliche Stetigkeit) anzuwenden ist.
- *Aufschiebbarkeit:* Hier stellt sich die Frage nach der Flexibilität des Instrumentes. Ein Instrument ist flexibel, wenn es auf einen späteren Zeitpunkt verschoben werden kann, also der Einsatz nicht an einen konkreten Stichtag gebunden ist.
- *Dosierbarkeit:* Es ist zu überprüfen, inwieweit der Wirkungsumfang des Instrumentes dosiert werden kann. Kann etwa nur zwischen zwei Alternativen („Einsatz des Instrumentes" oder „Unterlassung") gewählt werden oder kann das Ausmaß eines Einsatzes beispielsweise durch Teilung, also Dosierung, reduziert werden. Im Rahmen der Dosierbarkeit ist wiederum die Bindungswirkung im Hinblick auf die sachliche Stetigkeit zu berücksichtigen.

Instrumente

Überblick

Zur gezielten und vorschriftenkonformen Gestaltung des Jahresabschlusses und anderer jahresabschlussspezifischer Unternehmensinformationen stehen – wie in der nachfolgenden *Abbildung 1*[3] dargestellt – einerseits die sachverhaltsgestaltenden und andererseits die darstellungsgestaltenden Instrumente der Bilanzpolitik zur Verfügung.

---

[2] Siehe FISCHER/KLÖPFER (2006).
[3] Entnommen aus SCHULT/BRÖSEL (2008), S. 81; in Anlehnung an LACHNIT (2004), S. 68, erstellt.

1.3 Bilanzpolitik

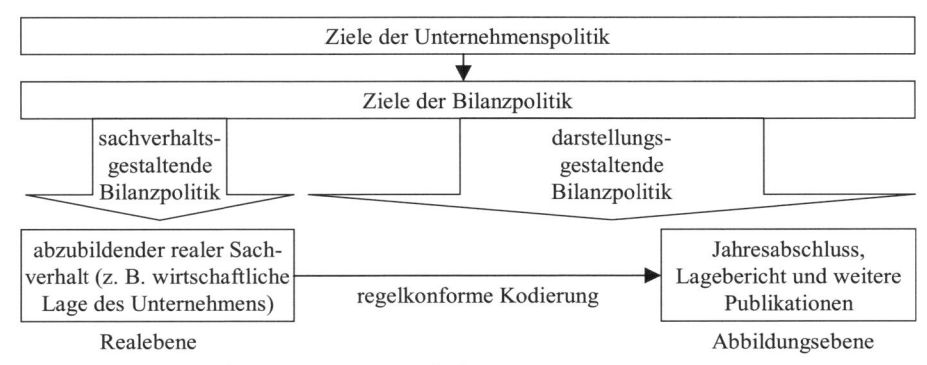

Abbildung 1:   *Angriffspunkte der Bilanzpolitik*

Der *sachverhaltsgestaltenden Bilanzpolitik* werden jene bilanzpolitisch motivierten Maßnahmen des bilanzierenden Unternehmens subsumiert, welche die tatsächlichen Verhältnisse, also die abzubildenden realen Sachverhalte, insofern verändern, als hierdurch eine Veränderung der jahresabschlussspezifischen Unternehmensinformationen erzielt wird. Im Unterschied dazu sind die tatsächlichen Verhältnisse für die *darstellungsgestaltende Bilanzpolitik* ein Datum. Diese Art der Bilanzpolitik bezieht sich „lediglich" auf die Kodierung der dann „unveränderlichen" tatsächlichen Verhältnisse zum Bilanzstichtag und deshalb vor allem auf (gestalterische) Maßnahmen, die nach dem Bilanzstichtag ansetzen. Bei diesen Instrumenten, die auch als bilanzpolitische Instrumente i. e. S. bezeichnet werden, kann es sich – wie *Abbildung 2*[4] offenbart – um explizite Wahlrechte sowie um implizite Wahlrechte handeln.

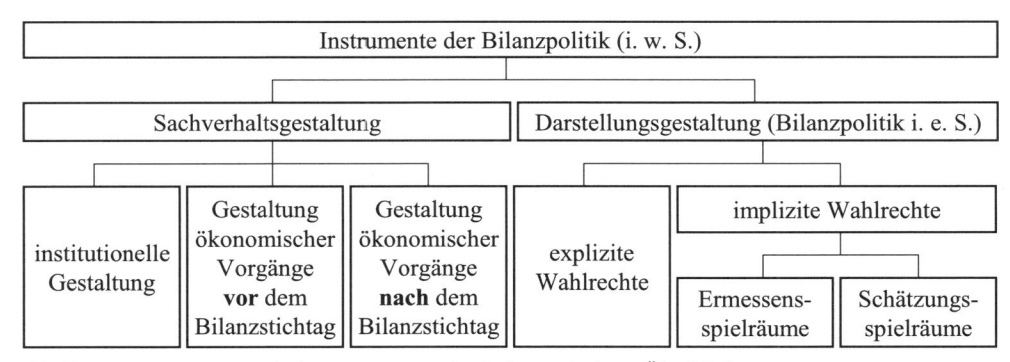

Abbildung 2:   *Wesentliche Instrumente der Bilanzpolitik im Überblick*

---

[4] Entnommen aus SCHULT/BRÖSEL (2008), S. 82; in Anlehnung an LACHNIT (2004), S. 69, erstellt.

Bilanzpolitische Instrumente können zudem materiell, formell und zeitlich ausgerichtet sein:

1. *Materielle* Instrumente nehmen vor allem Einfluss auf die Ergebnishöhe. Um im (zu beeinflussenden) Geschäftsjahr z. B. höhere Gewinne auszuweisen, sollten Bewertungswahlrechte so genutzt werden, dass möglichst ein hoher Betrag der entsprechenden Position aktiviert wird und/oder eine Passivierung anderer Sachverhalte möglichst niedrig erfolgt. Hierdurch können stille Reserven (ergebnismindernd) gebildet oder (ergebniserhöhend) vermieden bzw. aufgelöst werden. Als *stille Reserven* werden Vermögens- sowie Kapitalreserven verstanden, die sich – auf der Aktiva – als Differenz zwischen dem Buchwert und einem höheren Vergleichswert (z. B. dem Zeit- oder dem Wiederbeschaffungswert) von Vermögenspositionen sowie – auf der Passiva – als Differenz zwischen den Buchwerten und den niedrigeren „tatsächlichen" Werten von Schulden ergeben. Sind hingegen – auf der Aktiva – die Buchwerte bei einzelnen Vermögenspositionen höher als die entsprechenden Vergleichswerte und/oder – auf der Passiva – die Buchwerte niedriger als die „tatsächlichen" Werte von Schulden, liegen *stille Lasten* vor.
2. *Formelle* Instrumente konzentrieren sich primär auf das „äußere Bild" des Jahresabschlusses. Im Mittelpunkt stehen hierbei die Bilanzstruktur (z. B. Kapital- und/oder Vermögensstruktur), die Gliederung der Bilanz und der Gewinn- und Verlustrechnung, die Zuordnung bestimmter Komponenten zu den Jahresabschlusspositionen sowie die weitergehenden Erläuterungen (beispielsweise in den „Notes"/im Anhang).
3. *Zeitliche* Instrumente beziehen sich hauptsächlich auf bestimmte jahresabschlussspezifische Termine, womit i. d. R. materielle und/oder formelle Auswirkungen angestrebt sind.

Sachverhaltsgestaltende Instrumente

Zu den sachverhaltsgestaltenden Instrumenten zählen jene bilanzpolitisch motivierten Maßnahmen, welche die tatsächlichen Verhältnisse des Unternehmens verändern. Besonders problematisch für die Jahresabschlussadressaten ist hingegen, dass die Anwendung dieser Instrumente weder durch die Rechnungslegungsnormen noch durch den Abschlussprüfer eingeschränkt werden kann. Da diese Instrumente zudem nicht aus dem Jahresabschluss ersichtlich sind, erfreuen sich diese bei den Bilanzierenden einer sehr großen Beliebtheit.

Die sachverhaltsgestaltenden Instrumente werden in die grundlegenden institutionellen Instrumente sowie in die Instrumente der Gestaltung ökonomischer Sachverhalte vor und nach dem Bilanzstichtag unterschieden. Zu den *grundlegenden institutionellen Instrumenten* zählen z. B.:

- die Wahl der Rechtsform des bilanzierenden Unternehmens sowie
- die Wahl des Bilanzstichtages.

> *Beispiel: Die Wahl des Bilanzstichtages erfährt vor allem bei Unternehmen mit saisonalem Geschäft eine besondere Bedeutung, weil deren Bild der wirtschaftlichen Lage stark vom rhythmischen Betriebsablauf und von entsprechenden Bestandsentwicklungen geprägt wird. Das Instrument „Wahl des Bilanzstichtages" ist dabei hauptsächlich ein Mittel zur Beeinflussung des Bilanz-, insbesondere des Liquiditätsbildes.*

Den *Sachverhaltsgestaltungen vor dem Bilanzstichtag* können beispielsweise folgende Maßnahmen zugeordnet werden, soweit sie bilanzpolitisch motiviert sind:

- zeitliche Verlagerung von Investitionen und Desinvestitionen sowie von Finanzierungen,
- Durchführung von speziellen Investitions- und Desinvestitions- (z. B. Veräußerung von nicht betriebsnotwendigem Vermögen, Sale-and-lease-back-Geschäfte) sowie Finanzierungsaktivitäten [z. B. Kapitalumschichtungen (Umwandlung von kurzfristigen Krediten in langfristige Kredite) und Aufnahme von kurzfristigen Krediten im Sinne des „Window Dressing"],
- Auslagerung von Forschungs- und Entwicklungsarbeiten auf Beteiligungsunternehmen und der anschließende Erwerb der Resultate aus Forschung und Entwicklung von diesen Unternehmen,
- Auswahl konkreter Formen betrieblicher Altersvorsorge,
- Verschieben des Realisationszeitpunktes von Ertrags- und Aufwandsvorgängen (zeitliches Verschieben von Geschäftsvorfällen z. B. vorgezogene Lieferungen und Leistungen oder Verschiebung von Forschungs- und Werbemaßnahmen auf spätere Geschäftsjahre),
- Umstellung der Beschaffung auf „Just in Time"-Lieferungen (JIT-Lieferungen),
- Ausgestaltung von Pensionsgeschäften,
- Factoring- und Leasingmaßnahmen sowie
- Einlagen und Entnahmen des Unternehmers.

Beispiel: Durch ein sog. Window Dressing (Aufnahme eines kurzfristigen Darlehens kurz vor dem Bilanzstichtag, welches unmittelbar nach diesem wieder zurückgezahlt werden soll) kann die Eigenkapitalquote des Unternehmens vermindert werden. Zudem lassen sich die Liquiditätsgrade eines Unternehmens erhöhen, soweit diese unter 100% liegen.

Als Sachverhaltsgestaltungen nach dem Bilanzstichtag gelten z. B.:

- die Wahl des Vorlage- und des Veröffentlichungszeitpunktes des Jahresabschlusses,
- der Vorschlag zur Gewinnverwendung (Rücklagenbildung und/oder Ausschüttung) sowie
- der Beschluss über eine Gratisaktienausgabe.

Beispiel: Durch die Wahl des Vorlagezeitpunktes (innerhalb der zu beachtenden Fristen) kann der Jahresabschluss insofern beeinflusst werden, als mehr (später Vorlagezeitpunkt) oder weniger (früher Vorlagezeitpunkt) Informationen, die nach dem Jahresabschlussstichtag bekannt werden und die Verhältnisse zum Bilanzstichtag aufhellen, im Rahmen der Erstellung zu verwerten sind. Diese sog. wertaufhellenden Sachverhalte müssen – im Unterschied zu wertbegründenden/wertbeeinflussenden Tatsachen – im IFRS-Abschluss berücksichtigt werden (Prinzip der Wertaufhellung).

Darstellungsgestaltende Instrumente

Explizite Wahlrechte

Die darstellungsgestaltenden Instrumente – also jene, für welche die tatsächlichen Verhältnisse ein Datum sind – werden in die expliziten Wahlrechte einerseits sowie in die impliziten Wahlrechte andererseits unterschieden.

> *Explizite Wahlrechte* bestehen, wenn im Standard an einen genau definierten Tatbestand zwei oder mehr eindeutig bestimmte, sich gegenseitig ausschließende Rechtsfolgen anknüpfen und sich der Bilanzierende für eine dieser Rechtsfolgen entscheiden muss.

Unter die expliziten Wahlrechte fallen grundsätzlich die Aktivierungs- und die Passivierungswahlrechte – also die Ansatzwahlrechte – sowie die Bewertungs- und die Ausweiswahlrechte. Obwohl die IFRS hinsichtlich der angestrebten Vergleichbarkeit von Jahresabschlüssen auf eine Reduzierung der expliziten Wahlrechte ausgerichtet sein sollten, finden sich zahlreiche explizite Bewertungs- und Ausweiswahlrechte. Explizite Ansatzwahlrechte beinhalten die IFRS hingegen nicht.

Bedeutende *explizite Bewertungswahlrechte* nach IFRS sind z. B.:

- der mögliche Einsatz von Sammelbewertungsverfahren (z. B. IAS 2.21), zu denen z. B. das Festwertverfahren, die Gruppenbewertung und – für Vorräte – die Verbrauchsfolgeverfahren „FIFO-Methode" und „Durchschnittsmethode" zählen,
- die Wahl zwischen dem Anschaffungskosten- und dem Neubewertungsmodell bei immateriellen Vermögenswerten, welche auf aktiven Märkten gehandelt werden (IAS 38.75 i. V. m. IAS 38.8), und bei Sachanlagen (IAS 16.30 ff.),
- die Wahl zwischen dem Anschaffungskosten- und dem Neubewertungsmodell bei als Finanzinvestitionen gehaltenen Immobilien (z. B. IAS 40.35),
- die Bewertung von Finanzinstrumenten zum beizulegenden Zeitwert [z. B. IAS 39.9 (b) i. V. m. IAS 39.11A] sowie
- die Behandlung versicherungsmathematischer Gewinne und Verluste bei Pensionsrückstellungen (IAS 19).

Als wesentliche *explizite Ausweiswahlrechte* nach IFRS gelten:

- die Darstellung der Gewinn- und Verlustrechnung im Umsatz- oder Gesamtkostenverfahren (IAS 1.88),[5]
- der Ausweis von Investitionszulagen als Passivposten oder deren Verrechnung mit den Anschaffungskosten des Vermögenswertes (IAS 20.24) sowie
- die mögliche Verrechnung erfolgsbezogener Zuwendungen der öffentlichen Hand mit Aufwendungen (IAS 20.29).

---

[5] Siehe hierzu den Beitrag „2.3.6 Gesamtkostenverfahren versus Umsatzkostenverfahren" von *REUTER/ZWIRNER*.

Implizite Wahlrechte

> Bei *impliziten Wahlrechten* – auch faktische Wahlrechte genannt – handelt es sich nicht um gesetzlich fixierte Entscheidungsalternativen. Vielmehr ist das Vorgehen bezüglich Ansatz, Bewertung und/oder Ausweis der in Rede stehenden Sachverhalte nicht oder nicht eindeutig kodifiziert.

Insbesondere für die IFRS-Rechnungslegung besteht im Hinblick auf die nunmehr zu betrachtenden impliziten Wahlrechte eine nahezu unerschöpliche Auswahl bilanzpolitischer Gestaltungspotentiale. Von besonderer Flexibilität sind jene impliziten Wahlrechte, deren Einsatz bezüglich der dargestellten Auswahlkriterien im Hinblick auf die Bindungswirkung (i. S. d. Stetigkeit) und die Erkennbarkeit durch den Jahresabschlussadressaten nicht beschränkt ist.

Gründe für implizite Wahlrechte sind, dass:

- Tatbestände oder Rechtsfolgen nur unzureichend definiert sind (z. B. bei unbestimmten Rechtsbegriffen oder Unschärfen in den Definitionen und Regelungen),
- nicht alle möglichen Tatbestände und/oder Rechtsfolgen abgebildet sind sowie
- dem Bilanzierenden explizit Ermessens-, Schätzungs- und Prognosespielräume zugesprochen werden und/oder diese aufgrund der vorliegenden Unsicherheit im Hinblick auf die bei der Bilanzierung zu beurteilenden Sachverhalte bestehen.

Bedeutende *implizite Ansatzwahlrechte* nach IFRS sind z. B.:

- die Möglichkeit, nicht entscheidungsrelevante Positionen aufgrund des Wesentlichkeitspostulats (F.29 f., IAS 1.29) sofort erfolgswirksam zu verbuchen,
- die Abgrenzung von Reparatur- oder Erhaltungsaufwand und Herstellungskosten,
- die Beeinflussung des Ansatzes in Abhängigkeit der Wahrscheinlichkeit erwarteter Zu- und Abflüsse, z. B. bei Rückstellungen, sowie
- die Beeinflussung des Ansatzes von immateriellen Vermögenswerten, insbesondere von Entwicklungsaufwendungen (versus Forschungsaufwendungen), in Abhängigkeit der erforderlichen postenspezifischen Ansatzkriterien und der damit verbundenen Nachweise.

Zu den wesentlichen *impliziten Bewertungswahlrechten* nach IFRS zählen z. B.:

- die zahlreichen Schätz- und Prognosetoleranzen, z. B. bei der Einzelwertberichtigung von Forderungen, der Ermittlung des „erzielbaren Betrages" im Rahmen des Werthaltigkeitstests und von beizulegenden Zeitwerten sowie der Bewertung von Rückstellungen,
- die Durchführung von den Pauschalwertberichtigungen ähnlichen Forderungsabschreibungen, wenn die korrespondierenden Forderungen gemäß IAS 39.64 zu einem Portfolio zusammengefasst werden, weil deren Ausfallprofil übereinstimmt, und
- die Wahl der Abschreibungsmethode sowie die Bestimmung des Abschreibungsbeginns und der Abschreibungsdauer von Vermögenswerten des Anlagevermögens.

Als wichtige *implizite Ausweiswahlrechte* nach IFRS gelten u. a.:

- die mögliche Umwidmung von Vermögenspositionen, z. B. von Wertpapieren, vom Anlage- in das Umlaufvermögen und umgekehrt,
- die (nicht kodifizierten) Gliederungen von Bilanz sowie Gewinn- und Verlustrechnung,
- die Ausführlichkeit der Pflichtangaben im Anhang,
- die Erweiterung des Anhangs um Zusatzinformationen,
- die Zuordnung von Immobilien zu den Sachanlagen (IAS 16) oder zu den als Finanzinvestitionen gehaltenen Immobilien (IAS 40) sowie
- die Zuordnung spezieller Aspekte innerhalb der Kapitalflussrechnung.

Aufgabe 1

In der nachfolgenden Plan-Bilanz „vor" Bilanzpolitik sind die für das laufende Jahr noch geplanten Investitionen in das Anlagevermögen über 50.000 €, die hälftig (langfristig) fremdfinanziert werden und hälftig vom Bankguthaben bezahlt werden würden, schon berücksichtigt. Wie würde die Plan-Bilanz („nach" Bilanzpolitik) c. p. aussehen, wenn die Investitionen in die nächste Rechnungsperiode verschoben werden? Welche Auswirkungen ergeben sich auf den Gewinn und auf die Bilanzsumme, soweit Abschreibungen und jegliche Steuern – *wie auch in den nachfolgenden Aufgaben* – unberücksichtigt bleiben?

Aktiva	Plan-Bilanz („vor" Bilanzpolitik) in €		Passiva
Anlagevermögen	100.000	Eigenkapital (Periodenbeginn)	60.000
Umlaufvermögen (ohne liquide Mittel)	30.000	Jahresüberschuss	10.000
Umlaufvermögen (liquide Mittel)	20.000	Langfristiges Fremdkapital	50.000
		Kurzfristiges Fremdkapital	30.000
	150.000		150.000

Aktiva	Plan-Bilanz („nach" Bilanzpolitik) in €		Passiva
Anlagevermögen		Eigenkapital (Periodenbeginn)	
Umlaufvermögen (ohne liquide Mittel)		Jahresüberschuss	
Umlaufvermögen (liquide Mittel)		Langfristiges Fremdkapital	
		Kurzfristiges Fremdkapital	

Aufgabe 2

In der nachfolgenden Plan-Bilanz „vor" Bilanzpolitik sind noch Bürogebäude mit einem Restbuchwert von 30.000 € im Anlagevermögen enthalten, die in den nächsten 30 Jahren jeweils linear abgeschrieben werden müssten. Wie würde die Plan-Bilanz („nach" Bilanzpolitik) aussehen, wenn die Gebäude noch in diesem Jahr (zum 31. Dezember) an eine Leasinggesellschaft zum Restbuchwert gegen sofortige Banküberweisung verkauft werden würden und zeitgleich ein Leasingvertrag über 30 Jahre abgeschlossen wird (Sale-and-lease-back; Annahme: Bilanzierung bei Leasinggeber)? Welche Auswirkungen ergeben sich auf den Gewinn und auf die Bilanzsumme? Welche Art eines bilanzpolitischen Instrumentes wird hier genutzt? Können die Bilanzadressaten das bilanzpolitische Vorgehen aus dem Jahresabschluss erkennen?

Aktiva	Plan-Bilanz („vor" Bilanzpolitik) in €		Passiva
Anlagevermögen	100.000	Eigenkapital (Periodenbeginn)	60.000
Umlaufvermögen (ohne liquide Mittel)	30.000	Jahresüberschuss	10.000
Umlaufvermögen (liquide Mittel)	20.000	Langfristiges Fremdkapital	50.000
		Kurzfristiges Fremdkapital	30.000
	150.000		150.000

Aktiva	Plan-Bilanz („nach" Bilanzpolitik) in €		Passiva
Anlagevermögen		Eigenkapital (Periodenbeginn)	
Umlaufvermögen (ohne liquide Mittel)		Jahresüberschuss	
Umlaufvermögen (liquide Mittel)		Langfristiges Fremdkapital	
		Kurzfristiges Fremdkapital	

Aufgabe 3

Die nachfolgende Plan-Bilanz „vor" Bilanzpolitik betrifft den Tatbestand, dass Forschungs- und Entwicklungsleistungen durch das Unternehmen selbst erbracht werden und hierdurch Aufwendungen im in Rede stehenden Jahr i. H. v. 50.000 € anfallen werden, welche ausschließlich der Forschung zuzuordnen sind. Alternativ besteht die Möglichkeit, die Abteilung auszulagern und die Forschungs- und Entwicklungsleistungen am Jahresende von der rechtlich selbständigen ausgelagerten Abteilung entgeltlich zu erwerben (der Kaufpreis sei ebenso – wie obige Aufwendungen – sofort zahlungswirksam). Es sei angenommen, dass die erworbenen Werte, die Ansatzkriterien erfüllen. Welche Auswirkungen ergeben sich auf den Gewinn und auf die Bilanzsumme, wenn keine Abschreibungen berücksichtigt werden?

Aktiva	Plan-Bilanz („vor" Bilanzpolitik) in €		Passiva
Anlagevermögen	100.000	Eigenkapital (Periodenbeginn)	60.000
Umlaufvermögen (ohne liquide Mittel)	30.000	Jahresüberschuss	10.000
Umlaufvermögen (liquide Mittel)	20.000	Langfristiges Fremdkapital	50.000
		Kurzfristiges Fremdkapital	30.000
	150.000		150.000

Aktiva	Plan-Bilanz („nach" Bilanzpolitik) in €		Passiva
Anlagevermögen		Eigenkapital (Periodenbeginn)	
Umlaufvermögen (ohne liquide Mittel)		Jahresüberschuss	
Umlaufvermögen (liquide Mittel)		Langfristiges Fremdkapital	
		Kurzfristiges Fremdkapital	

Aufgabe 4

In der Plan-Bilanz „vor" Bilanzpolitik ist berücksichtigt, dass die betriebliche Altervorsorge durch das Unternehmen getragen wird. Die Pensionszusagen sind somit in den Rückstellungen (die innerhalb des langfristigen Fremdkapitals zu finden sind) i. H. v. 15.000 € ausgewiesen. Alternativ wird überlegt, die Leistungen (in äquivalenter Höhe) in die Pensionskasse einzuzahlen. Welche Auswirkungen ergeben sich auf Gewinn und Bilanzsumme?

Aktiva	Plan-Bilanz („vor" Bilanzpolitik) in €		Passiva
Anlagevermögen	100.000	Eigenkapital (Periodenbeginn)	60.000
Umlaufvermögen (ohne liquide Mittel)	30.000	Jahresüberschuss	10.000
Umlaufvermögen (liquide Mittel)	20.000	Langfristiges Fremdkapital	50.000
		Kurzfristiges Fremdkapital	30.000
	150.000		**150.000**

Aktiva	Plan-Bilanz („nach" Bilanzpolitik) in €		Passiva
Anlagevermögen		Eigenkapital (Periodenbeginn)	
Umlaufvermögen (ohne liquide Mittel)		Jahresüberschuss	
Umlaufvermögen (liquide Mittel)		Langfristiges Fremdkapital	
		Kurzfristiges Fremdkapital	

Aufgabe 5

Im Dezember wurde ein Vertrag über die Lieferung von Druckventilen i. H. v. netto 40.000 € (Verkaufspreis) abgeschlossen. Die nachfolgende Plan-Bilanz „vor" Bilanzpolitik berücksichtigt, dass die Lieferung im Januar des nächsten Jahres erfolgt. Zum „Plan-Bilanzstichtag" sind die Ventile als fertige Erzeugnisse (25.000 €) aktiviert. Wie sieht die alternative Plan-Bilanz aus, wenn die Auslieferung in Abstimmung mit dem Empfänger – mit Beilage einer Rechnung, worin ein Zahlungsziel im neuen Jahr angegeben ist – bereits im alten Jahr erfolgen würde? Welche Auswirkungen ergeben sich auf den Gewinn und auf die Bilanzsumme?

Aktiva	Plan-Bilanz („vor" Bilanzpolitik) in €		Passiva
Anlagevermögen	100.000	Eigenkapital (Periodenbeginn)	60.000
Umlaufvermögen (ohne liquide Mittel)	30.000	Jahresüberschuss	10.000
Umlaufvermögen (liquide Mittel)	20.000	Langfristiges Fremdkapital	50.000
		Kurzfristiges Fremdkapital	30.000
	150.000		**150.000**

Aktiva	Plan-Bilanz („nach" Bilanzpolitik) in €		Passiva
Anlagevermögen		Eigenkapital (Periodenbeginn)	
Umlaufvermögen (ohne liquide Mittel)		Jahresüberschuss	
Umlaufvermögen (liquide Mittel)		Langfristiges Fremdkapital	
		Kurzfristiges Fremdkapital	

Aufgabe 6

Inwieweit ist der Aspekt „wertaufhellender Sachverhalt" versus „wertbegründender Sachverhalt" von Bedeutung für den Jahresabschluss? Durch welche bilanzpolitische Maßnahme kann die Menge „wertaufhellender Sachverhalte" verändert werden? Erläutern Sie an folgendem Beispiel, wie die Abgrenzung „wertaufhellender Sachverhalt" versus „wertbegründender Sachverhalt" bilanzpolitisch genutzt werden kann: „Sie erhalten Ende Januar die Information über den Insolvenzantrag Ihres Kunden. Dieser hat den Antrag am 15. Januar des laufenden Jahres gestellt. Im von Ihnen noch zu erstellenden Abschluss des Vorjahres haben Sie eine wesentliche Forderung gegen diesen Kunden bilanziert."

Lösung 1

Durch die bilanzpolitisch motivierte Verschiebung der geplanten Investitionen ergibt sich die nachfolgende Plan-Bilanz („nach" Bilanzpolitik). Auswirkungen auf den Gewinn ergeben sich – weil von Abschreibungen abstrahiert wird – nicht. Die Bilanzsumme reduziert sich um 25.000 €. Es handelt sich um eine Sachverhaltsgestaltung **vor** dem Bilanzstichtag.

Aktiva	Plan-Bilanz („nach" Bilanzpolitik) in €		Passiva
Anlagevermögen	50.000	Eigenkapital (Periodenbeginn)	60.000
Umlaufvermögen (ohne liquide Mittel)	30.000	Jahresüberschuss	10.000
Umlaufvermögen (liquide Mittel)	45.000	Langfristiges Fremdkapital	25.000
		Kurzfristiges Fremdkapital	30.000
	125.000		**125.000**

Lösung 2

Nach der hier wiederum vorliegenden Sachverhaltsgestaltung **vor** dem Bilanzstichtag ergibt sich u. g. Bild der Plan-Bilanz. Die Vermögensstruktur ändert sich. Auswirkungen auf die Bilanzsumme und den Jahresüberschuss gibt es im Geschäftsjahr nicht. Für den Bilanzleser ist es nicht möglich, zu erkennen, dass diese Sale-and-lease-back-Maßnahme bilanzpolitisch motiviert ist.

Aktiva	Plan-Bilanz („nach" Bilanzpolitik) in €		Passiva
Anlagevermögen	70.000	Eigenkapital (Periodenbeginn)	60.000
Umlaufvermögen (ohne liquide Mittel)	30.000	Jahresüberschuss	10.000
Umlaufvermögen (liquide Mittel)	50.000	Langfristiges Fremdkapital	50.000
		Kurzfristiges Fremdkapital	30.000
	150.000		**150.000**

Lösung 3

Sofern die erworbenen Forschungsleistungen den Ansatzkriterien entsprechen, erhöhen sich sowohl die Bilanzsumme als auch der Jahresüberschuss, denn die bisher als Aufwand berücksichtigten Forschungsleistungen werden nunmehr aktiviert und über deren Nutzungsdauer abgeschrieben.

Aktiva	Plan-Bilanz („nach" Bilanzpolitik) in €		Passiva
Anlagevermögen	150.000	Eigenkapital (Periodenbeginn)	60.000
Umlaufvermögen (ohne liquide Mittel)	30.000	Jahresüberschuss	60.000
Umlaufvermögen (liquide Mittel)	20.000	Langfristiges Fremdkapital	50.000
		Kurzfristiges Fremdkapital	30.000
	200.000		200.000

Lösung 4

Wenn vereinfacht angenommen wird, dass die Leistungen in äquivalenter Höhe in die Pensionskasse einzuzahlen sind, dann vermindern sich sowohl das langfristige Fremdkapital (insbesondere die darin enthaltenen Rückstellungen) als auch die liquiden Mittel. Es liegt somit eine Bilanzverkürzung vor, die sich hier in einer deutlichen Erhöhung der Eigenkapitalquote niederschlägt, obwohl sich keine Auswirkungen auf den Jahresüberschuss ergeben. In der Praxis werden die Zuführungen zu den Rückstellungen und die Versicherungsprämien jedoch grundsätzlich nicht übereinstimmen.

Aktiva	Plan-Bilanz („nach" Bilanzpolitik) in €		Passiva
Anlagevermögen	100.000	Eigenkapital (Periodenbeginn)	60.000
Umlaufvermögen (ohne liquide Mittel)	30.000	Jahresüberschuss	10.000
Umlaufvermögen (liquide Mittel)	5.000	Langfristiges Fremdkapital	35.000
		Kurzfristiges Fremdkapital	30.000
	135.000		135.000

Lösung 5

Statt der fertigen Erzeugnisse in Höhe von 25.000 € werden Forderungen aus Lieferungen und Leistungen in Höhe von 40.000 € im Umlaufvermögen ausgewiesen. Dies führt zu einer Erhöhung der Aktiva um 15.000 €. Der Jahresüberschuss erhöht sich aufgrund der Realisation der Lieferung um 15.000 €. Die Bilanzsumme wächst entsprechend um diesen Betrag.

Aktiva	Plan-Bilanz („nach" Bilanzpolitik) in €		Passiva
Anlagevermögen	100.000	Eigenkapital (Periodenbeginn)	60.000
Umlaufvermögen (ohne liquide Mittel)	45.000	Jahresüberschuss	25.000
Umlaufvermögen (liquide Mittel)	20.000	Langfristiges Fremdkapital	50.000
		Kurzfristiges Fremdkapital	30.000
	165.000		165.000

Lösung 6

Als *wertaufhellende Sachverhalte* werden jene Informationen bezeichnet, die vom Bilanzierenden über die Verhältnisse zum Bilanzstichtag zwischen dem Bilanzstichtag und dem Zeitpunkt der Veröffentlichung des Jahresabschlusses gewonnen werden. Diese Informationen sind im Rahmen der Bilanzierung zu berücksichtigen.

Als *wertbegründende* (auch wertbeeinflussende) *Sachverhalte* werden hingegen jene Informationen über Tatsachen bezeichnet, die sich durch Ereignisse nach dem Bilanzstichtag auf die Verhältnisse des Unternehmens auswirken. Diese dürfen folglich im Rahmen der Bilanzierung erst zum nächsten Bilanzstichtag berücksichtigt werden. Sind diese nach dem Bilanzstichtag eintretenden Ereignisse von besonderer Bedeutung, müssen diese im Rahmen der „Notes" angegeben werden (vgl. IAS 10.21 f.).

Der Jahresabschluss kann vor diesem Hintergrund durch die Wahl des Vorlage- bzw. Veröffentlichungszeitpunktes durchaus beeinflusst werden. Je später der Vorlage- bzw. Veröffentlichungszeitpunkt gewählt wird, umso größer ist die Gefahr, dass sich eventuell negativ auf den Jahresabschluss auswirkende wertaufhellende Sachverhalte in diesem zu berücksichtigen sind. Je früher hingegen der Vorlage- bzw. Veröffentlichungszeitpunkt gewählt wird, umso weniger wertaufhellende Sachverhalte werden gewöhnlich zu berücksichtigen sein.

Aber auch im Hinblick auf die Abgrenzung „wertaufhellender Sachverhalt" versus „wertbegründender Sachverhalt" kommt es aus bilanzpolitischer Sicht auf die Argumentationsfähigkeiten des Bilanzierenden an, denn schließlich ist relevant, welches Ereignis konkret als Grund einer Wertbeeinflussung angesehen wird. Im Hinblick auf das dargestellte Beispiel, in dem der Bilanzierende Ende Januar des aktuellen Jahres die Information über den Insolvenzantrag eines Kunden erhält, den dieser am 15. Januar dieses Jahres gestellt hat, ist die Frage, welche Tatsache mit hinreichender Sicherheit zum möglichen Ausfall unserer Forderung gegen diesen Kunden führt hat. Einerseits kann der Insolvenzantrag als ein solcher Sachverhalt angesehen werden. Diesbezüglich liegt ein „wertbegründender Sachverhalt" vor, der erst zum nächsten Bilanzstichtag zu berücksichtigen ist.

Ein kreativer Bilanzbuchhalter kann andererseits nach früheren Ursachen der Insolvenz und somit des möglichen Zahlungsausfalles suchen, wenn das Ziel besteht, schon im noch zu erstellenden Abschluss des Vorjahres eine Einzelwertberichtigung hinsichtlich der in Rede stehenden Forderung vorzunehmen. Diese kann erfolgen, wenn ein „wertaufhellender Sachverhalt" vorliegt. Ist die Insolvenz unseres Kunden A z. B. weitgehend auf einen konkreten Zahlungsausfall, den der Kunde A aufgrund einer im Vorjahr erfolgten Insolvenz von dessen Kunden B zu verzeichnen hatte, zurückzuführen („Anschlussinsolvenz")? Auch wenn beispielsweise eine konkrete wirtschaftliche Fehlentscheidung unseres Kunden im Vorjahr als Ursache von dessen Insolvenz identifiziert werden kann, könnte ein „wertaufhellender Sachverhalt" gegeben sein.

Literaturhinweise

BAUER, J. (1981): Grundlagen einer handels- und steuerrechtlichen Rechnungslegungspolitik, Wiesbaden.

FISCHER, T. M./KLÖPFER, E. (2006): Bilanzpolitik nach IFRS: Sind die IFRS objektiver als das HGB?, in: KoR, 6. Jg., S. 709–719.

LACHNIT, L. (2004): Bilanzanalyse, Wiesbaden.

PFLEGER, G. (1991): Die neue Praxis der Bilanzpolitik, 4. Aufl., Freiburg et al.

SCHULT, E./BRÖSEL, G. (2008): Bilanzanalyse, 12. Aufl., Berlin.

TANSKI, J. S. (2006): Bilanzpolitik und Bilanzanalyse nach IFRS, München.

WEBER, J./WEISSENBERGER, B. (2006): Einführung in das Rechnungswesen, 7. Aufl., Stuttgart.

Gerrit Brösel

1.4 Bilanzanalyse

Grundlagen

Im Rahmen der *Bilanzanalyse*[1] – die auch als Jahresabschlussanalyse bezeichnet wird – versuchen Bilanzanalysten – also jene Personen (Subjekte), welche die Bilanzanalyse durchführen – durch Aufbereitung entsprechender Informationsquellen und unter Anwendung ausgewählter Methoden, zielorientierte Informationen über das Analyseobjekt zu ermitteln und schließlich zu beurteilen. Als Analyseobjekt kommen einzelne Unternehmen, ganze Konzerne oder seltener einzelne Unternehmens- und Konzernsegmente in Betracht.

Im Hinblick auf die *Informationsquellen* sind die Analysten dabei ausschließlich auf publizierte Quellen – insbesondere die Jahresabschlüsse eines Unternehmens (Einzelabschlüsse) oder die Abschlüsse eines Konzerns (Konzernabschlüsse) – beschränkt. Von einer *Bilanzanalyse i. e. S.* wird gesprochen, wenn die Informationsquellen lediglich die Jahresabschlüsse des Analyseobjekts – eventuell für mehrere Jahre – umfassen. Demgegenüber wird eine *Bilanzanalyse i. w. S.* durchgeführt, wenn zusätzlich weitere, möglichst zeitnähere Publikationen – insbesondere aus der freiwilligen Publizität des Unternehmens und etwa der (seriösen) Wirtschaftspresse – als Informationsquellen herangezogen werden. Die Bilanzanalyse ist von der Betriebsanalyse (Unternehmensanalyse) und der Unternehmensbewertung abzugrenzen. Während bei der Betriebsanalyse grundsätzlich auch unternehmensinterne Informationen zur Verfügung stehen, zielt die Unternehmensbewertung[2] auf die Zuordnung eines konkreten Wertes zum Bewertungsobjekt.

> Die *Bilanzanalyse* ist die Aufbereitung und Auswertung sowie die beurteilende Kommentierung publizierter Informationsquellen zur Gewinnung zielorientierter Informationen über das Analyseobjekt „Unternehmen" bzw. „Konzern".

Die *Zielsetzung der Bilanzanalyse* besteht *in allgemeiner Form* darin, einen möglichst umfassenden Einblick in die wirtschaftliche Lage des Analyseobjekts zu erhalten. Eine solche Analyse der wirtschaftlichen Lage des Unternehmens wird i. d. R. durchgeführt, um Anhaltspunkte für die zukünftige Entwicklung des Unternehmens zu erlangen.

> Die *Zielsetzung der Bilanzanalyse* muss aus der Interessenlage ihrer Adressaten abgeleitet werden. Hierzu sind die Adressaten der Bilanzanalyse zu identifizieren.

---

[1] Siehe ausführlich zu nachfolgenden Ausführungen vor allem *SCHULT/BRÖSEL* (2008), S. 1 ff., m. w. N.

[2] Siehe hierzu den Beitrag „4.7 IFRS und Unternehmungsbewertung" von *OLBRICH*.

Die Adressaten der Bilanzanalyse können mit dem Bilanzanalysten *identisch oder nicht identisch* sein. Sind die Adressaten nicht mit den Bilanzanalysten identisch, dann wird i. d. R. von einer Auftragsanalyse gesprochen. Hierbei kann zudem dahingehend unterschieden werden, ob die Adressaten der Bilanzanalyse den Bilanzanalysten bekannt oder nicht bekannt sind. Letztere Situation liegt beispielsweise bei Auftragsanalysen für die Wirtschaftspresse, die sich wiederum an einen mehr oder weniger anonymen Leserkreis richtet, vor.

Im Hinblick auf den Analysegegenstand sowie die diesbezüglich publizierten und für die Analyse vorliegenden Informationsquellen lassen sich die *(primären) Adressaten* der Bilanzanalyse ermitteln. Dies sind vorzugsweise jene Gruppen, die an dem in Rede stehenden Analyseobjekt interessiert sind und denen ausschließlich publizierte Informationsquellen zur Verfügung stehen. Vor allem aktuelle und potentielle Kleineigen- (z. B. Kleinaktionäre) sowie Kleinfremdkapitalgeber, Arbeitnehmer, Kunden und die sog. Öffentlichkeit haben also ein (unmittelbares oder primäres) Interesse an den Ergebnissen einer Bilanzanalyse. Es sind somit vor allem diejenigen, denen der Zugang zu internen Informationen verwehrt ist. Deshalb entsprechen die Adressaten der Bilanzanalyse denen der Bilanzierung.

Die Geschäftsleitung, Aufsichtsorgane des Unternehmens, Großeigenkapitalgeber (Großaktionäre), Großfremdkapitalgeber (insbesondere die Kreditinstitute und eventuell der Staat), die Finanzverwaltung sowie unter Umständen auch die Gerichte haben aufgrund rechtlicher und faktischer Machtbefugnisse gewöhnlich Zugang zu (aussagekräftigeren) internen Informationsquellen. Diese Gruppen verfügen aufgrund dieser Informationsasymmetrie nur über ein mittelbares oder *sekundäres Interesse* an den Ergebnissen einer (externen) Bilanzanalyse.

Der *Einblick* in die wirtschaftliche Lage oder die im Sinne der Zielsetzung der Bilanzanalyse gewünschten Sachverhalte ist im Hinblick auf die Datenbasis meist *erheblich getrübt*. So muss berücksichtigt werden, dass die Informationen des Jahresabschlusses einerseits vielfach historischer Natur und andererseits durch den Bilanzierenden aufgrund zahlreicher bilanzpolitischer Gestaltungsmöglichkeiten beeinflussbar sind. Diese bilanzpolitischen Instrumente werden – wie bereits betrachtet[3] – in der Praxis nicht etwa so eingesetzt, dass in erster Linie die Ziele und Intensionen der sog. Standardsetzer oder der Adressaten erreicht werden; vielmehr werden die Ziele des Unternehmens verfolgt, wodurch – aus Sicht des Bilanzanalysten und der Bilanzadressaten – die Jahresabschlüsse als „deformiert" bezeichnet werden können.

Die wesentlichen Einflussgrößen hinsichtlich des Erkenntniswertes der Bilanzanalyse sind deshalb – wie in *Abbildung 1* dargestellt – die Datenbasis und auch die Auswertungsmethoden. *Art und Quantität der Datenbasis* ergeben sich hauptsächlich aus den relevanten Rechnungslegungsnormen und der freiwilligen Publizitätsbereitschaft des in Rede stehenden Unternehmens bzw. Konzerns. Die *Qualität der Datenbasis* wird u. a. aufgrund der gesetzlichen oder auch freiwilligen Prüfung der Daten durch den Abschlussprüfer, der die Ordnungsmäßigkeit der Rechnungslegung und der dieser zugrundeliegenden Buchführung beurteilen soll, beeinflusst. Zudem wirken sich die Möglichkeiten zur Bilanzpolitik, die sich wiederum auch durch die Rechnungslegungsnormen ergeben, auf die Qualität der Datenbasis aus.

---

[3] Siehe hierzu den Beitrag „1.3 Bilanzpolitik" von *BRÖSEL*.

1.4 Bilanzanalyse

Die Auswahl der *Analysemethoden* ist freilich abhängig vom Analyseziel und von den vorhandenen Informationen. Eine noch so leistungsfähige Auswertungsmethode kann allerdings nicht die Mängel der Datenbasis beseitigen.

```
                  wesentliche Einflussgrößen der Ergebnisse einer Bilanzanalyse
                   ┌──────────────────┴──────────────────┐
                Datenbasis                         Analysemethoden
            ┌───────┴───────┐
      Art und Quantität   Qualität
```

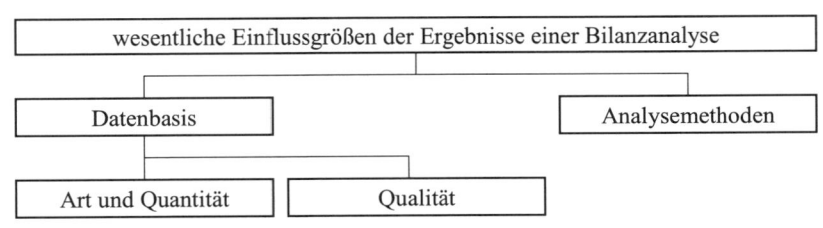

Abbildung 1:   Wesentliche Einflussgrößen auf das Ergebnis der Bilanzanalyse

Methodik

Eine allgemeingültige Methodik zur Durchführung der Bilanzanalyse existiert weder in der betrieblichen Praxis noch wurde sie bisher von der betriebswirtschaftlichen Forschung entwickelt. Sofern gewisse praktische Vorschriften oder theoretische Ansätze im Einzelfall den Anspruch auf Allgemeingültigkeit erheben, kann dies im ersten Fall aufgrund der Einfachheit und der Normierung leicht widerlegt werden; im zweiten Fall sind derartige Ansprüche tatsächlich nicht allgemein anerkannt.

In nachfolgender *Abbildung 2* wird eine Methodik zur Durchführung der Bilanzanalyse dargestellt, die sich durch ihre Zielorientierung auszeichnet. Es sei darauf hingewiesen, dass es sich hierbei nicht um das einzig mögliche Vorgehen, sondern vielmehr um einen Vorschlag handelt, wie eine Bilanzanalyse effektiv und effizient durchgeführt werden kann. Das schließt die Existenz und Berechtigung anderer Durchführungsvorschläge nicht aus.

Bei der Bilanzanalyse ist – wie bei jeder anderen Analyse – das Merkmal der Zielbezogenheit hervorzuheben. Zu Beginn einer Bilanzanalyse sind deshalb die Analyseziele zu ermitteln (*Schritt A*). Hierzu zählen die Zielformulierung, die Zieldefinition und gegebenenfalls die Zielgewichtung. Als *Zielformulierung* wird die Auswahl der Analyseziele verstanden. Da die jeweiligen Zielsetzungen auf den Interessenlagen der Adressaten der Bilanzanalyse beruhen, sind die Analyseziele grundsätzlich subjektiv begründet. Die zu formulierenden Ziele können dabei in Totalziele (z. B. die Analyse der Unternehmenszielerreichung) und Partialziele (z. B. die Analyse der Liquiditätslage, die Analyse der Erfolgslage und/oder die Analyse der Vermögenslage) differenziert werden.

Im Rahmen der *Zieldefinition* sind die hinsichtlich der formulierten Ziele relevanten Vergleichsmaßstäbe zu bestimmen, um auf Basis der Bilanzanalyse letztlich den Zielerreichungsgrad bestimmen zu können. Hierbei wird grundsätzlich in absolute und relative Zielniveaus unterschieden.

Um eine *absolute* (auch: objektive) *Zieldefinition* handelt es sich, wenn ein Urteil darüber gefällt werden soll, ob das Unternehmen in der Vergangenheit das Optimum erreicht hat bzw. inwieweit das Optimum in der Zukunft erreicht werden kann. Dieser anspruchsvollen Zielsetzung kann eine Bilanzanalyse jedoch vor allem deshalb nicht gerecht werden, weil unbestrittene Kriterien zur Festlegung eines Optimums fehlen.

Deshalb ist die *relative* (auch: subjektive) *Zieldefinition* zu bevorzugen: Die Analyse soll eine Aussage darüber ermöglichen, ob das Unternehmen ein subjektives Anspruchsniveau – also einen jeweils festzulegenden „vorteilhaften" oder „guten" Wert im Hinblick auf ein Analyseziel – in der Vergangenheit erreicht hat und/oder (auch) in der Zukunft erreichen wird. Bei der Auswahl solcher Vergleichsmaßstäbe ist immer zu prüfen, ob diese den vorteilhaften Wert jeweils „möglichst weitgehend" repräsentieren. Bei der herkömmlichen Kennzahlenanalyse sind dies im Wesentlichen Vergleichszahlen aus unterschiedlichen Perioden (*Zeitvergleich*), unterschiedlicher Unternehmen (*Betriebs- oder auch Branchenvergleich*) oder – wie auch immer ermittelte – Normzahlen (*Normvergleich*).

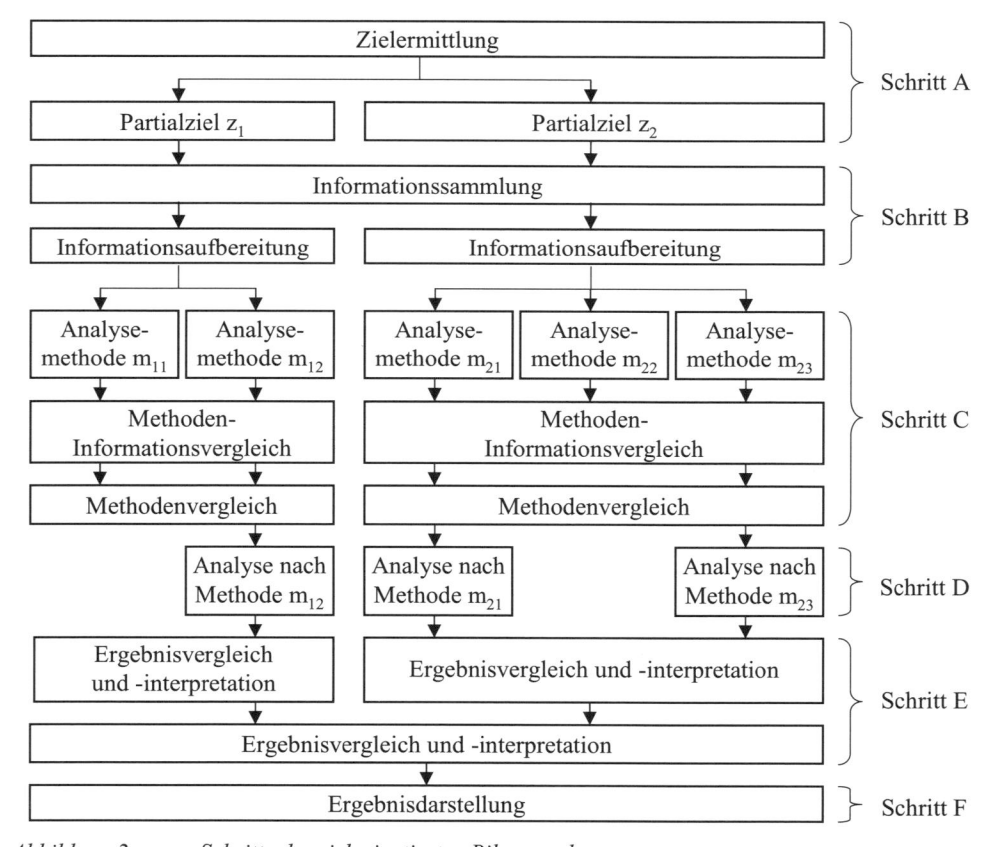

Abbildung 2: Schritte der zielorientierten Bilanzanalyse

1.4 Bilanzanalyse

Die *Zielgewichtung* umfasst die Festlegung der (Partial-)Zielhierarchie, wenn ein in Partialziele zu zerlegendes Totalziel formuliert worden ist (oder mehrere Partialziele benannt worden sind).

Die Vorbereitung der eigentlichen Bilanzanalyse wird schließlich durch die *Sammlung und Aufbereitung der Informationen (Schritt B)* entsprechend der zuvor formulierten Ziele abgeschlossen. Die für die Bilanzanalyse zur Verfügung stehenden Informationen können dahingehend unterschieden werden, ob es sich um Publikationen des Unternehmens oder um Publikationen Dritter handelt. Zu *Publikationen des Unternehmens* zählen einerseits die *pflichtgemäß* (gesetzlich oder vertraglich begründet) erfolgenden Publikationen (z. B. der Jahresabschluss als zentrales Element der Bilanzanalyse) sowie andererseits die *freiwillig* erfolgenden Publikationen (z. B. Aktionärsbriefe und Darstellungen im Internet). Die *Publikationen Dritter* sind fallweise zu eruieren und können sich auf das betrachtete Unternehmen sowie auch auf die relevante Unternehmensumwelt (z. B. hinsichtlich der Entwicklungen in der Branche, auf den Märkten und in der Volkswirtschaft) beziehen.

> Die wichtigste Informationsquelle zur Bilanzanalyse ist der publizierte Jahresabschluss.

Insbesondere für die qualitativen Bestandteile der Pflichtpublikationen sowie für alle freiwillig erfolgten Publikationen des Unternehmens ist der *Grundsatz der vorsichtigen Interpretation* von besonderer Bedeutung. Im Falle nicht eindeutig fassbarer oder beschreibbarer Sachverhalte wird die Geschäftsleitung i. d. R. versuchen, das Bild nach ihren eigenen Zielen zu gestalten. Die Aufgabe des Bilanzanalysten ist entsprechend, diese subjektiven Verzerrungen zu erkennen. Ähnliches gilt auch für den Rückgriff auf Publikationen Dritter. Die subjektive Richtung der Fachpresse kann im Allgemeinen an der Gesamttendenz des jeweiligen Organs gemessen werden. Es empfiehlt sich deshalb, Kommentierungen unterschiedlich ausgerichteter Presseorgane zu studieren, weil häufig die Schwerpunkte der Kommentare anders gesetzt sind und aus anderen Blickrichtungen geurteilt wird. Auch fehlen in derartigen Kommentaren regelmäßig die Kriterien, nach denen die Beurteilung vorgenommen wurde. Sind die Beurteilungskriterien im Einzelfall genannt (häufig sind es ausschließlich die Vorjahreszahlen), zeigt sich oft eine gewisse Oberflächlichkeit oder ein unflexibles schematisches Beurteilungsverhalten.

Da die im Jahresabschluss abgebildeten Informationen auf Rechnungslegungsnormen basieren, die einerseits einen politisch ausgehandelten Kompromiss zwischen unterschiedlichen Interessengruppen darstellen und andererseits meist mehrere Ziele erfüllen sollen, sind vor der eigentlichen Bilanzanalyse – gemäß dem *Grundsatz der betriebswirtschaftlichen Orientierung* der Bilanzanalyse – eine Reihe von *ziel- und methodenorientierten Aufbereitungsmaßnahmen* vorzunehmen. Ziel dieser Maßnahmen sollte nicht die Überleitung eines HGB-Abschlusses in einen IFRS-Abschluss (oder umgekehrt) sein, sondern die Aufbereitung der Datenbasis unter Beachtung betriebswirtschaftlicher Aspekte. Diese Aufbereitungsmaßnahmen sind erforderlich, um die Jahresabschlüsse von Unternehmen, die auf einheitlichen Rechnungslegungsnormen basieren, vergleichen und vor allem analysieren zu können.

Im Rahmen der Aufbereitung ist eine *Analyse der Bilanzpolitik* vorzunehmen. Deren Ziel ist eine weitgehende Identifikation der Art, der Richtung und des Ausmaßes der vom Unternehmen eingesetzten bilanzpolitischen Instrumente, um – nach möglichst weitgehender Eliminierung der bilanzpolitischen Einflüsse auf den jeweiligen Abschluss – einen „sachgerechten" Einblick in die wirtschaftliche Lage des zu analysierenden Unternehmens zu erhalten.

Das Ergebnis der Aufbereitungsmaßnahmen ist die sog. *Strukturbilanz*. Diese ist eine unter betriebswirtschaftlichen Aspekten aus dem normierten Jahresabschluss hergeleitete (und möglichst um bilanzpolitische Aspekte bereinigte) Gegenüberstellung des „betriebswirtschaftlichen Vermögens" einerseits sowie des „betriebswirtschaftlichen Eigen- und Fremdkapitals" andererseits. Schließlich ist es möglich, betriebswirtschaftliche Basisgrößen aus der Strukturbilanz zu entnehmen oder auf Basis der Strukturbilanz zu bilden. Diese dienen wiederum als Eingangsgrößen zur Berechnung von Kennzahlen und – darauf aufbauend – zur Bildung von Kennzahlensystemen oder zum weitergehenden Einsatz im Rahmen der Bilanzanalyse.

Anschließend wird im *Schritt C* die Auswahl geeigneter Analysemethoden mit dem sog. Methoden-Informationsvergleich und dem sog. Methodenvergleich vorgenommen, um einerseits die Informationskompatibilität (also die Ausgewogenheit zwischen den vorliegenden Informationen und den Analysemethoden) und andererseits die Zielkompatibilität (Zielentsprechung oder Zielangemessenheit) der Methoden weitgehend zu gewährleisten.

Im Rahmen des *Methoden-Informationsvergleiches* steht das Problem im Mittelpunkt, eine den Informationsmöglichkeiten entsprechende Methode zu finden. Eine allgemeine Aussage, welche Methoden bei welchen alternativen Informationsmöglichkeiten eingesetzt werden sollen, ist kaum möglich, weil keine generellen Auswahlkriterien im Rahmen des Methoden-Informationsvergleiches existieren.

> Die Aussagekraft mangel- und/oder fehlerhafter Informationen wird durch eine anspruchsvolle Methodik nicht erhöht.

Im Hinblick auf die angestrebte Zielkompatibilität sind die den Informationsbedürfnissen der Analyseadressaten konformen Methoden zu finden. Dies setzt die Kenntnis darüber voraus, wie leistungsfähig die einzelnen von Theorie und Praxis vorgeschlagenen Methoden sind und wo die Grenzen ihrer Aussagekraft liegen. Im Rahmen des *Methodenvergleiches* sind deshalb bestenfalls mehrere zieladäquate/-kompatible (und ebenso informationsadäquate/-kompatible) Methoden derart zu kombinieren, dass die Mängel der einen Methode durch die Vorteile anderer Methoden kompensiert werden.

Nachdem im *Schritt D* die Berechnung der Ergebnisse erfolgt ist, müssen diese im *Schritt E* mit den ursprünglich (im Schritt A) festgelegten Vergleichsmaßstäben und den Ergebnissen anderer im Hinblick auf das Analyseziel verwendeter Methoden verglichen sowie schließlich interpretiert werden. Gegebenenfalls sind im Rahmen einer Totalanalyse die Analyseergebnisse des einen Partialziels den Ergebnissen der Analysen weiterer Partialziele gegenüberzustellen. Letztlich umfasst der *Schritt F* die (adressatenorientierte) Darstellung der (zielorientiert ermittelten) Analyseergebnisse für die Analyseadressaten.

Besonderheiten der Analyse von IFRS-Abschlüssen

Bilanzanalysen erfolgen auch bei deutschen Unternehmen aufgrund der Internationalisierung der Rechnungslegung mittlerweile nicht mehr allein auf der Grundlage nationaler (HGB-) Jahresabschlüsse, sondern auch auf Basis internationaler (IFRS-)Jahresabschlüsse. Darüber hinaus stehen die IFRS meist im Mittelpunkt der bilanzanalytischen Betrachtung, wenn Jahresabschlüsse ausländischer Unternehmen zu analysieren sind oder z. B. für Vergleichszwecke herangezogen werden.

Vor diesem Hintergrund stellt sich die Frage nach den *Konsequenzen dieser „Internationalisierung" für die Bilanzanalyse*, wobei nicht nur hinsichtlich der dargestellten zielorientierten Methodik der Bilanzanalyse folgende Aspekte zu betrachten sind:

- Welche Auswirkungen ergeben sich für die Zielermittlung?
- Welche Auswirkungen resultieren auf die Informationssammlung und -aufbereitung?
- Welche Auswirkungen ergeben sich bezüglich der Methoden der Bilanzanalyse?
- Welche Auswirkungen resultieren auf Ergebnisvergleich, -interpretation und -darstellung?

Auf den ersten Blick ergeben sich im Rahmen der *Zielermittlung* keine Auswirkungen durch die Internationalisierung, denn die originären Ziele der Analyse werden grundsätzlich nicht durch die Informationsbasis determiniert. Doch genauso, wie eventuell die Reduktion der Ziele einer Bilanzanalyse aufgrund von Mängeln in HGB-Abschlüssen erforderlich ist, kann gegebenenfalls über ein Rückgängigmachen dieser Reduktion oder über eine andersartige Reduktion nachgedacht werden. Darüber hinaus ist bei der Zieldefinition zu beachten, dass die (überbetrieblichen) Vergleichsmaßstäbe anzupassen sind.

Durch die Internationalisierung sind die *Anforderungen an die Analytiker* weiter gestiegen, denn vor allem die Informationsaufbereitung sowie – später – auch die Interpretation der Analyseergebnisse setzen (neben der meist vorhandenen Kenntnis handelsrechtlicher Normen und bilanzpolitischer Möglichkeiten nach HGB) die Kenntnis der IFRS und der in diesem Zusammenhang bestehenden bilanzpolitischen Potentiale voraus. Da die IFRS weitaus dynamischer und komplexer als die HGB-Regelungen sind, ist eine permanente Beobachtung der aktuellen Neuregelungen erforderlich.

Im Hinblick auf Ansatz und Bewertung ist zu berücksichtigen, dass vermehrt zukunftsorientierte Informationen in IFRS-Abschlüssen zu finden sind. Nicht nur die Analysten müssen sich jedoch bewusst sein, dass die dadurch möglicherweise *erhöhte Entscheidungsrelevanz der Informationen mit dem Preis einer verminderten Verlässlichkeit erkauft* wird. Mit der Zukunftsorientierung kehren schließlich verstärkt Subjektivität, Ermessensausübung sowie Schätzungen und Prognosen (und somit Entobjektivierung) in die Bilanzierung ein. Während die HGB-Vorschriften (bisher) weitgehend durch Objektivierungserfordernisse geprägt sind (waren), wird sich mit der IFRS-Bilanzierung von der pagatorisch orientierten Rechnungslegung entfernt.

In Teilen der Literatur wird in diesem Zusammenhang versucht, die *Verantwortung auf den Abschlussprüfer zu verlagern*, ohne jedoch konkrete Lösungsvorschläge, wie der Abschlussprüfer diesen gewachsenen Anforderungen im Rahmen seiner Tätigkeit gerecht werden soll, zu präsentieren. In Anbetracht der Unsicherheit zukünftiger Ereignisse müssen sich Abschlussprüfer verstärkt damit befassen, die Plausibilität des Vorgehens bei der Ermittlung zukunftsorientierter Werte zu beurteilen und gegebenenfalls dem Bilanzadressaten die bestehenden Unsicherheiten zu kommunizieren.

Nicht nur deshalb sind die publizierten Jahresabschlüsse entsprechend dem Grundsatz der vorsichtigen Interpretation einer eingehenden Analyse der Datenbasis zu unterziehen. So hat die Analyse der Bilanzpolitik vor dem Hintergrund der diesbezüglich bestehenden Möglichkeiten zu erfolgen, denn obwohl die expliziten Wahlrechte in den IFRS geringer als im HGB sind, ergeben sich nach IFRS nicht nur aufgrund der Zukunftsorientierung neue Dimensionen der Bilanzpolitik. Im Hinblick auf die *Analyse der Bilanzpolitik*, die innerhalb des Analyseschrittes „Informationsaufbereitung" erfolgt, verschiebt sich durch die Internationalisierung der Fokus des Analysten. Schließlich sind die dominierenden Instrumente der Bilanzpolitik nach IFRS nicht die expliziten Wahlrechte, sondern vielmehr Sachverhaltsgestaltungen sowie implizite Wahlrechte, die weitaus schwieriger oder gar nicht zu identifizieren sind.

Eine gelegentlich angestrebte *sachgerechte und vollständige Überleitung* eines internationalen Abschlusses in einen HGB-Abschluss (oder auch umgekehrt) nur auf Basis der publizierten Informationen ist grundsätzlich *unmöglich*, weil die Unterschiede auf zahlreiche Einzelaspekte zurückzuführen sind, deren Ursachen sich nicht nur auf den Berichtszeitraum beschränken.

Auch die erweiterten Ausweisvorschriften wirken sich auf die *Informationssammlung und -aufbereitung* aus. Zum einen können die umfangreicheren Informationspflichten nach IFRS, z. B. im Anhang, das Datenfundament der Bilanzanalyse verbessern. Zum anderen besteht für die Analysten jedoch die Gefahr der Überflutung mit mehr oder weniger relevanten sowie mehr oder weniger verlässlichen Informationen. Darüber hinaus ergeben sich in Anbetracht der (zumindest in den „Full IFRS" noch) fehlenden detaillierten Gliederungsvorschriften Probleme der Vergleichbarkeit. Die bilanzierenden Unternehmen versuchen hinsichtlich der Gliederung ihrer internationalen Abschlüsse zumeist, ihre auf Basis der nationalen Vorschriften zustande gekommenen Einzelabschlussgliederungen an die Mindestvorschriften der IFRS anzupassen. Hieraus resultiert eine starke Beeinträchtigung der Vergleichbarkeit vor allem von Unternehmen aus verschiedenen Ländern, auch wenn diese jeweils nach IFRS bilanzieren. Diese Vergleichbarkeit muss durch erhöhte Aufmerksamkeit der Analysten auf die zielorientierte Aufbereitung der Daten im Sinne einer betriebswirtschaftlichen Orientierung (z. B. Strukturbilanz) angestrebt werden.

> Durch die Internationalisierung der Rechnungslegung ergeben sich bezüglich der Informationssammlung und der Informationsaufbereitung vor allem Auswirkungen auf die Verlässlichkeit der Datenbasis, die Analyse der Bilanzpolitik und die betriebswirtschaftlich orientierte Datenaufbereitung. Eine Überleitung der Jahresabschlüsse von HGB auf IFRS oder umgekehrt ist grundsätzlich nicht möglich und auch nicht anzustreben.

1.4 Bilanzanalyse

Für die grundlegenden *Methoden der Bilanzanalyse* resultieren aus der Internationalisierung keine wesentlichen Änderungen. Mehr oder weniger fundierte „moderne" angelsächsische Analysemethoden haben bereits in den vergangenen Jahrzehnten Einzug in die deutsche Theorie und Praxis der Bilanzanalyse gehalten. Das bisher gegebene Instrumentarium kann also beibehalten werden, wobei jedoch zukünftig eine Weiterentwicklung der Analysemethoden anzustreben ist.

> Auch bei Jahresabschlüssen, die nach internationalen Normen erstellt wurden, kann zur Bilanzanalyse auf bewährte Analysemethoden zurückgegriffen werden.

Welche Auswirkungen ruft die Internationalisierung schließlich hinsichtlich *Ergebnisvergleich, -interpretation und -darstellung* im Rahmen der Bilanzanalyse hervor? Wie bereits erläutert, wird eine Überführung der internationalen in nationale Jahresabschlüsse nicht von Erfolg gekrönt sein. Aufgrund der diametralen Rechnungslegungsphilosophien, die diesen Abschlüssen zugrunde liegen, sowie der daraus resultierenden zeitlichen Verschiebungen hinsichtlich der Erfolgs- und Bestandsgrößen, können die Ergebnisse der Analyse internationaler Abschlüsse und nationaler Abschlüsse nicht miteinander verglichen werden.

> Der mit der Internationalisierung zu verzeichnende Paradigmenwechsel erfordert vor allem ein Umdenken bei Ergebnisvergleich, -interpretation und -darstellung.

Im Rahmen des *Ergebnisvergleiches* kommen bei der Analyse von IFRS-Abschlüssen keine Vergleichszahlen in Frage, die auf handelsrechtlichen Abschlüssen beruhen. Bei der *Ergebnisinterpretation* ist z. B. zu berücksichtigen, dass das Vorsichtsprinzip im Rahmen der IFRS einerseits keinen mit dem Vorsichtsprinzip nach HGB vergleichbaren Stellenwert hat und andererseits lediglich bedeutet, dass „ein gewisses Maß an Sorgfalt bei der Ermessensausübung, die für die erforderlichen Schätzungen unter gewissen Umständen erforderlich ist, einbezogen wird, so dass Vermögenswerte oder Erträge nicht zu hoch und Schulden oder Aufwendungen nicht zu niedrig angesetzt werden" (F.37). Ein bewusst niedriger Ansatz des Vermögens und ein bewusst hoher Ansatz der Schulden, wie etwa gemäß HGB bezweckt, ist jedoch nicht mit dem Vorsichtsprinzip nach IFRS angestrebt. Im Rahmen der *Ergebnisdarstellung* ist deshalb zwingend darauf zu verweisen, ob es sich um Analyseergebnisse auf Basis von gläubigerschutz- oder investorenschutzorientierten Jahresabschlüssen handelt.

Aufgabe 1

Was wird allgemein unter dem Begriff „Bilanzanalyse" verstanden? Gehen Sie auf die Zielbezogenheit der Bilanzanalyse ein!

Aufgabe 2

Es ist plausibel, als ersten Schritt der Bilanzanalyse die Ziele des Adressaten zu formulieren und zu definieren. Wie können diese Zielsetzungen generell systematisiert werden?

Aufgabe 3

Erklären Sie ausführlich, wie geeignete Analysemethoden ausgewählt werden können!

Aufgabe 4

Nennen Sie Beispiele für die relativ große Diskrepanz zwischen dem Informationsbedürfnis der Adressaten einer Bilanzanalyse und der mit Hilfe der Bilanzanalyse erreichbaren Informationsqualität!

Aufgabe 5

Erläutern Sie strukturiert Gemeinsamkeiten und Unterschiede im Hinblick auf die Analyse von HGB-Abschlüssen einerseits und von IFRS-Abschlüssen andererseits!

Lösung 1

Unter der Bilanzanalyse wird die Gewinnung zielorientierter Informationen über ein Unternehmen oder einen Konzern durch die Aufbereitung, Auswertung und beurteilende Kommentierung ausschließlich allgemein zugänglicher (publizierter) Informationsquellen verstanden.

Wie bei einer jeden Analyse ist auch bei der Bilanzanalyse die *Zielbezogenheit* hervorzuheben. Bilanzanalysen führen nur dann zu sinnvollen Ergebnissen, wenn vorab exakt fixiert wird, welches Ziel mit der Analyse verfolgt werden soll. Bei der Durchführung der Analyse ist die Zielbezogenheit schließlich immer zu beachten. So haben vor allem die Auswahl der Informationsquellen, die Wahl der Analysemethoden und die Auswertung der Informationsquellen sowie die Interpretation der Analyseergebnisse zielbezogen zu erfolgen. Allgemein kann die Zielsetzung der Bilanzanalyse wie folgt formuliert werden: Es soll ein möglichst umfassender Einblick in die „tatsächliche" Vermögens-, Finanz- und Ertragslage – also die wirtschaftliche Lage – des zu analysierenden Unternehmens/Konzerns erlangt werden.

Lösung 2

Die Zielformulierung kann generell derart sein, dass analysiert werden soll, ob das Unternehmen in der Vergangenheit ein Optimum erreicht hat und ob es dieses auch in der Zukunft erreichen wird. Diese anspruchsvolle (absolute/objektive) Zielsetzung ist mit der Bilanzanalyse aus verschiedenen Gründen nicht zu erreichen. Die wichtigsten Gründe sind diesbezüglich die Mangelhaftigkeit der Informationsquellen und das Fehlen unbestrittener Kriterien zur Messung dieses Optimums.

Vor diesem Hintergrund ist eine weniger anspruchsvolle (relative/subjektive) Zielformulierung zu bevorzugen. Die Analyse soll eine Aussage darüber ermöglichen, ob die Geschäftsleitung eine vorteilhafte („gute") Situation in der Vergangenheit erreicht hat und eine solche auch in der Zukunft erreichen wird.

Lösung 3

Die Auswahl von Analysemethoden ist einerseits unter besonderer Berücksichtigung der Zielkompatibilität der jeweiligen Methode vorzunehmen. Andererseits ist zu beachten, dass zwischen der gewählten Methode und der Güte der jeweiligen Informationsquelle Ausgewogenheit besteht (Informationskompatibilität). Für die Methodenauswahl gilt somit die allgemeine Forderung, einen Kompromiss zwischen Informations- und Zielkompatibilität zu realisieren.

Im Rahmen des sog. Methodenvergleiches geht es im Hinblick auf die Zielkompatibilität darum, eine dem Informationsbedürfnis des Analyseadressaten entsprechende Methode zu finden. Das setzt die Kenntnis darüber voraus, wie leistungsfähig die einzelnen Methoden sind und wo die Grenzen ihrer Aussagekraft liegen. Ziel des Methodenvergleiches ist, mehrere zielkompatible Methoden möglichst so zu kombinieren, dass die Mängel der einen Methode durch die Vorteile anderer Methoden kompensiert werden.

Im Hinblick auf die Informationskompatibilität ist eine allgemeine Aussage darüber, welche Methoden bei welchen alternativen Informationsmöglichkeiten eingesetzt werden sollen, kaum möglich. Es gibt keine generellen Anwendungskriterien. Allenfalls kann der tendenzielle Hinweis gegeben werden, im Zweifel eine eher komplizierte Methode zu wählen, um einem möglichen Informationsverlust vorzubeugen. Hierbei ist jedoch zu beachten, dass die Aussagekraft mangelhafter Informationen nicht durch eine anspruchsvolle Methodik erhöht wird. Komplizierte Methoden täuschen eine besondere Analysequalität meist nur vor.

Ein anderes Kriterium für die Angemessenheit einer Methode im Rahmen des sog. Methoden-Informationsvergleiches liegt in der Verfügbarkeit der von der Methode verlangten Informationen. Sind die erforderlichen Informationen nicht verfügbar und auch nicht mit einiger Sicherheit zu schätzen, kann die jeweilige Methode nicht angewendet werden.

Lösung 4

Die Ursachen für die Diskrepanz zwischen Informationsbedürfnis und Informationsqualität im Rahmen der Bilanzanalyse liegen hauptsächlich in den Informationsquellen (z. B. bestehende Informationsasymmetrien, generelle Mangelhaftigkeit, eingeschränkte Verlässlichkeit und geringe Zukunftsbezogenheit), im Analysevorgehen (z. B. in der problematischen Wahl von Auswertungsmethoden und in den Interpretationsschwierigkeiten bei der Auswertung der Ergebnisse der Bilanzanalyse) sowie in der Person und/oder im Umfeld des Analysten.

Lösung 5

Gemeinsamkeiten und Unterschiede der Analyse von HGB- sowie von IFRS-Abschlüssen sollen nunmehr im Hinblick auf a) die Zielermittlung, b) die Informationssammlung und -aufbereitung, c) die Methoden der Bilanzanalyse sowie d) den Ergebnisvergleich, die Ergebnisinterpretation und die Ergebnisdarstellung erläutert werden.

- Zielermittlung

Die Ziele der Bilanzanalyse ergeben sich sowohl bei HGB- als auch bei IFRS-Abschlüssen aus den Interessen der Analyseadressaten. Mögliche Einschränkungen im Hinblick auf die Informationsbasis können teilweise dazu führen, dass die anspruchsvollen Ziele einer Bilanzanalyse reduziert werden müssen. Durch die Unterschiede in der Qualität und Quantität der Informationsbasis aufgrund verschiedenartiger Rechnungslegungsnormen kann sich somit ein voneinander abweichender Reduktionsbedarf ergeben. Im Hinblick auf die Zieldefinition ist zu beachten, dass sich die Vergleichsmaßstäbe nach den verwendeten Normen richten müssen.

- Informationssammlung und -aufbereitung

Bezüglich der Informationssammlung können die umfangreicheren Informationspflichten nach IFRS schnell zur Überflutung mit mehr oder weniger relevanten sowie mehr oder weniger verlässlichen Informationen führen. Auch aus den (noch) fehlenden detaillierten Gliederungsvorschriften für IFRS-Abschlüsse ergeben sich Probleme im Hinblick auf die Vergleichbarkeit von Unternehmen. Diese Vergleichbarkeit muss durch eine erhöhte Aufmerksamkeit der Analysten hinsichtlich der zielorientierte Aufbereitung der Daten im Sinne einer betriebswirtschaftlichen Orientierung (z. B. Strukturbilanz) angestrebt werden. Hierbei ist zu berücksichtigen, dass zwar die Zahl der expliziten Wahlrechte im Vergleich zur Rechnungslegung nach HGB geringer ist, die impliziten Wahlrechte jedoch umfassender sind. Darüber hinaus ist zu berücksichtigen, dass eine sachgerechte und vollständige Überleitung eines internationalen Abschlusses in einen HGB-Abschluss (oder auch umgekehrt) auf Basis der publizierten Informationen nicht möglich und somit auch nicht anzustreben ist. Schließlich sind die Unterschiede auf zahlreiche Einzelaspekte zurückzuführen. Die Ursachen der Unterschiede beschränken sich zudem nicht nur auf den Berichtszeitraum.

Darüber hinaus ist zu konstatieren, dass die Analyse von IFRS-Abschlüssen im Hinblick auf die Informationsaufbereitung erhöhte Anforderungen nach sich zieht. Gründe sind z. B. der Umfang, die Komplexität und die Dynamik der IFRS-Normen. Ferner ist zu berücksichtigen, dass den Informationen aus IFRS-Abschlüssen eine erhöhte Entscheidungsrelevanz zugesprochen wird, die jedoch – z. B. in Anbetracht der verfolgten Zukunftsorientierung der Daten – mit einer verminderten Verlässlichkeit einhergeht. Deshalb sind die publizierten Informationen vorsichtig zu interpretieren. Auch bei der erforderlichen Analyse der Bilanzpolitik ergeben sich Unterschiede, denn der Fokus des Analysten muss sich bei IFRS-Abschlüssen verstärkt auf die schwer identifizierbaren impliziten Wahlrechte richten. Im Hinblick auf die kaum zu erkennenden Sachverhaltsgestaltungen ist der Analyst meist „machtlos".

- Methoden der Bilanzanalyse

Bei der Analyse der Jahresabschlüsse, die nach internationalen Normen erstellt wurden, kann auf jene Analysemethoden zurückgegriffen werden, die im Rahmen der Analysen von HGB-Abschlüssen verwendet werden. Schließlich haben mehr oder weniger fundierte „moderne" angelsächsische Analysemethoden bereits in den vergangenen Jahrzehnten Einzug in die deutsche Theorie und Praxis der Bilanzanalyse gehalten.

- Ergebnisvergleich, -interpretation und -darstellung

Es ist zu berücksichtigen, dass die Ergebnisse der Analyse von HGB-Abschlüssen – aufgrund der unterschiedlichen Rechnungslegungsphilosophien – nicht mit den Ergebnissen der Analyse von IFRS-Abschlüssen verglichen werden können. Die Jahresergebnisse erweisen sich im Rahmen der Rechnungslegung nach IFRS als volatiler. Bei der Ergebnisinterpretation ist vor allem die unterschiedliche Bedeutung des Vorsichtsprinzips nach HGB bzw. nach IFRS zu berücksichtigen. Ein bewusst niedriger Ansatz des Vermögens und ein bewusst hoher Ansatz der Schulden, wie etwa gemäß HGB verfolgt, ist mit dem Vorsichtsprinzip nach IFRS nicht angestrebt. Somit ist bei der Ergebnisdarstellung unbedingt darauf zu verweisen, ob ein HGB- oder ein IFRS-Abschluss Basis der Analyse ist.

Literaturhinweise

BAETGE, J./KIRSCH, H.-J./THIELE, S. (2004): Bilanzanalyse, 2. Aufl., Düsseldorf.

COENENBERG, A. G. (2005): Jahresabschluss und Jahresabschlussanalyse, 20. Aufl., Stuttgart.

KÜTING, K./WEBER, C.-P. (2009): Die Bilanzanalyse, 9. Aufl., Stuttgart.

LACHNIT, L. (2004): Bilanzanalyse, Wiesbaden.

SCHULT, E./BRÖSEL, G. (2008): Bilanzanalyse, 12. Aufl., Berlin.

TANSKI, J. S. (2006): Bilanzpolitik und Bilanzanalyse nach IFRS, München.

ZWIRNER, C. (2007): IFRS-Bilanzierungspraxis, Umsetzungs- und Bewertungsunterschiede in der Rechnungslegung, Berlin.

Corinna Boecker, Michael Reuter und Christian Zwirner

1.5   Umstellung der Rechnungslegung (IFRS 1)

Hintergrund

Zur Verbesserung der Vergleichbarkeit der (Konzern-)Jahresabschlüsse von Unternehmen mit Sitz in der EU wurde die Verordnung (EG) Nr. 1606/2002 des Europäischen Parlaments und des Rates betreffend die Anwendung internationaler Rechnungslegungsstandards erlassen. Danach haben kapitalmarktorientierte Unternehmen grundsätzlich für Geschäftsjahre, die am oder nach dem 01. Januar 2005 beginnen, ihren Konzernabschluss nach den Regelungen der IFRS zu erstellen. Den einzelnen EU-Mitgliedstaaten steht es frei, sowohl nicht-kapitalmarktorientierten Unternehmen die Anwendung der IFRS in ihrem Konzernabschluss als auch eine generelle Anwendung im Einzelabschluss verbindlich vorzuschreiben oder auf freiwilliger Basis zu gestatten (sog. Mitgliedstaatenwahlrecht).

Darüber hinaus wird im Zusammenhang mit den Bonitäts- und Ratinganforderungen nach Basel II in der Literatur teilweise auch die Vorteilhaftigkeit einer (freiwilligen) Anwendung der IFRS diskutiert.

Vor diesem Hintergrund überlegt die Geschäftsführung der mittelständischen BRZ-GmbH, die vorwiegend im Automobilzulieferbereich für Bremsen, Reifen und Zylinder und im Fertigungsanlagenbau tätig ist, inwieweit eine Umstellung ihrer bisher handelsrechtlichen Rechnungslegung auf die Regelungen der IFRS den Bilanz- und Erfolgsausweis tangiert und die Umstellung im Hinblick auf ein Bonitätsrating der GmbH nützt bzw. von bilanzpolitischem Vorteil ist.

Aufgabe 1

Der Standard IFRS 1 „First-time Adoption of International Financial Reporting Standards" regelt die Vorgehensweise bei der erstmaligen Anwendung der Rechnungslegungsnormen der IFRS. Stellen Sie die wesentlichen Punkte gemäß IFRS 1 dar, die für ein Unternehmen bei einer Umstellung auf IFRS von Relevanz sind.

Aufgabe 2

Nennen und erläutern Sie kurz wesentliche Unterschiede der Bilanzierung und Bewertung einzelner Bilanzposten nach HGB und IFRS. Berücksichtigen Sie dabei auch die Änderungen durch das Bilanzrechtsmodernisierungsgesetz (BilMoG).

Aufgabe 3

Die HGB-Bilanz der BRZ-GmbH zum 31. Dezember 2009 sieht wie folgt aus:

Aktiva		Bilanz der BRZ-GmbH zum 31. Dezember 2009 nach HGB in TEuro		Passiva
Aufwendungen für die Ingangsetzung und Erweiterung des Geschäftsbetriebs		10,0	**Eigenkapital**	277,0
			Stammkapital 50,0	
			Kapitalrücklage 30,0	
			Gewinnrücklagen 177,0	
Anlagevermögen		310,0	Jahresüberschuss 20,0	
Immaterielles AV	5,0			
Sachanlagen	255,0		**SoPo**	30,0
Finanzanlagen	50,0			
			Fremdkapital	293,0
Umlaufvermögen		280,0	Rückstellungen 95,0	
Vorräte	145,0		Passive latente Steuern 3,0	
Forderungen	65,0		Verbindlichkeiten 195,0	
Wertpapiere des UV	30,0			
Zahlungsmittel	40,0			
		600,0		600,0

Abbildung 1:   *Bilanz der BRZ-GmbH zum 31. Dezember 2009 nach HGB*

Stellen Sie unter Berücksichtigung der nachfolgenden Prämissen eine IFRS-konforme Bilanz der BRZ-GmbH zum 31. Dezember 2009 für das Geschäftsjahr 2009 auf. Da die Neuregelungen durch das BilMoG zu diesem Zeitpunkt noch nicht verpflichtend anzuwenden sind, bleiben sie an dieser Stelle außen vor.

1. Zu Beginn des Jahres 2007 wurden gemäß § 269 HGB Aufwendungen für die Ingangsetzung und Erweiterung des Geschäftsbetriebs i. H. v. 40 TEuro aktiviert, die jährlich zu 25% abgeschrieben werden. Gemäß § 274 Abs. 1 HGB wurden in diesem Zusammenhang im handelsrechtlichen Jahresabschluss passive latente Steuern abgegrenzt.
2. Das immaterielle Anlagevermögen besteht aus einem erworbenen Patent, das das Unternehmen entgeltlich erworben hat. Die Abschreibung des Patents nach IFRS entspricht derjenigen nach HGB.
3. Aufwendungen des Geschäftsjahrs für selbst entwickelte Software im Zusammenhang mit der Produktentwicklung im Wert von 25 TEuro sind gemäß § 248 Abs. 2 HGB nicht aktiviert worden. Die Voraussetzungen nach IAS 38.57 sind erfüllt. Die BRZ-GmbH geht – beginnend mit dem Geschäftsjahr 2009 – von einer Nutzungsdauer von fünf Jahren aus.

1.5 Umstellung der Rechnungslegung (IFRS 1)

4. Im Geschäftsjahr 2009 ist auf die Sachanlagen zusätzlich zur linearen Abschreibung eine steuerlich zulässige Sonderabschreibung i. H. v. 50 TEuro vorgenommen worden. Dadurch verkürzt sich die (steuerliche) Nutzungsdauer von zehn Jahren auf acht Jahre. Aufgrund des wertgleichen Bilanzansatzes in Steuer- und Handelsbilanz mussten im Jahresabschluss zum 31. Dezember 2009 keine latenten Steuern abgegrenzt werden.

5. Für die langfristigen Verbindlichkeiten wurden im Geschäftsjahr 2009 Zinsen i. H. v. 15 TEuro vorschüssig gezahlt, d. h., der Gesamtbetrag für das entsprechende Jahr wurde in voller Höhe bereits zu Beginn des Geschäftsjahrs gezahlt und als Aufwand gebucht; hiervon entfallen 10 TEuro auf sog. qualifying assets (unter den Sachanlagen erfasst) und sollen nach IAS 23.8 aktiviert werden. In den Vorperioden waren die Voraussetzungen hierfür nicht erfüllt. Die Restnutzungsdauer der betreffenden qualifying assets beträgt – beginnend ab dem 01. Januar 2009 – vier Jahre.

6. Unter den Finanzanlagen wurden i. H. v. 20 TEuro jederzeit veräußerbare börsennotierte Wertpapiere (available-for-sale-Papiere) ausgewiesen, deren aktueller Börsenwert den Bilanzansatz um 15 TEuro übersteigt.

7. Die Vorräte wurden in der Bilanz zu Teilkosten aktiviert, die nicht aktivierten zurechenbaren Gemeinkostenanteile betragen 165 TEuro. 60% der betroffenen Vorräte wurden im Jahr 2009 gefertigt, 40% stellen bereits in Vorperioden produzierte Güter dar. Vom Wahlrecht des § 274 Abs. 2 HGB zum Ansatz aktiver latenter Steuern wurde kein Gebrauch gemacht. Der Vollkostenansatz nach IAS 2 entspricht auch dem steuerlichen Ansatz.

8. Wird zur Umsatz- und Ertragsrealisation die ‚percentage-of-completion-method' angewendet (im Vorjahr waren die Voraussetzungen noch nicht erfüllt), muss für ein nach HGB unter den Vorräten als ‚unfertige Leistungen' (Buchwert: 30 TEuro) ausgewiesenes, in 2009 begonnenes langfristiges Auftragsfertigungsprojekt gemäß IAS 11.22 ein Gewinnanteil berücksichtigt und damit eine (zusätzliche) Forderung i. H. v. 20 TEuro eingebucht werden.

9. Die Wertpapiere des Umlaufvermögens beinhalten ausschließlich die A- und B-Wertpapiere, deren Wertschwankungen nach IAS 39 erfolgswirksam zu behandeln sind (financial assets at fair value through profit or loss). Bei Wertpapier A (Anschaffungskosten 20 TEuro) liegt der Börsenkurs zum Bilanzstichtag 75% über den ursprünglichen Anschaffungskosten. Bei Wertpapier B (Anschaffungskosten 10 TEuro) liegt zum 31. Dezember 2009 der Börsenkurs um 3,5 TEuro über den ursprünglichen Anschaffungskosten.

10. Es bestehen steuerliche Verlustvorträge aus Vorjahren i. H. v. 25 TEuro, die nach HGB keine Berücksichtigung gefunden haben, aus denen allerdings mit 90%-iger Wahrscheinlichkeit bereits innerhalb des nächsten Jahres Steuervorteile durch eine vollständige Verwendung zu erwarten sind.

11. Im Vorjahr wurde ein ‚Sonderposten mit Rücklageanteil' (SoPo) i. H. v. 30 TEuro zwecks zukünftiger Übertragung stiller Reserven auf ein Ersatzgut (R 6.6 EStR) gebildet, der zum 31. Dezember 2009 unverändert in der Bilanz steht.

12. Die Bewertung der Pensionsrückstellungen nach der projected-unit-credit-method gemäß den Vorschriften der IFRS ergibt einen um 35 TEuro höheren Ansatz als bisher in der Handels- bzw. Steuerbilanz, wovon 5 TEuro auf das Geschäftsjahr 2009 entfallen.
13. Bei einer nach HGB mit 15 TEuro ausgewiesenen und erstmals im Geschäftsjahr 2009 gebildeten ‚sonstigen Rückstellung' handelt es sich um eine Instandhaltungsrückstellung, die steuerlich anerkannt ist.
14. Weitere 10 TEuro betreffen in der Handels- und Steuerbilanz bereits erfasste Rückstellungen für Drittverpflichtungen.

Der Steuersatz zur Berechnung latenter Steuern beträgt 30%. Wenn nicht anders angegeben, entsprechen Ansatz und Bewertung in der Handelsbilanz denen in der Steuerbilanz.

Aufgabe 4

1. Welche Veränderungen ergeben sich durch die in Aufgabe 3 vorgenommene Umstellung von HGB auf die Regelungen der IFRS für die Gewinn- und Verlustrechnung des Geschäftsjahrs 2009 der BRZ-GmbH (bei Anwendung des Gesamtkostenverfahrens) respektive für das bilanzielle Eigenkapital?
2. Hat die BRZ-GmbH unter Rating-Gesichtspunkten und bilanzpolitischen Aspekten (d. h. im Sinne von Bilanz- und Ertragskennzahlen) Vorteile aus einer Umstellung ihrer Rechnungslegung von HGB auf IFRS? Zeigen Sie anhand der Daten aus Aufgabe 3, wie sich beispielsweise die EK-Quote bzw. die EK-Rentabilität des Geschäftsjahrs 2009 verändert haben.
3. Die BRZ-GmbH möchte expandieren; dazu benötigt sie weiteres Kapital. Die Geschäftsleitung überlegt, ob eine höhere Kreditaufnahme sinnvoll ist oder sich sogar die Umwandlung in eine AG und ein anschließender Börsengang für sie lohnen. Beschreiben Sie kurz, wie eine Darlehensaufnahme und ein Börsengang nach HGB und IFRS bilanziell abgebildet würden.

Aufgabe 5

Der Anhang bzw. die notes stellen ein Berichtsinstrument dar, das im (Konzern-)Jahresabschluss Zusatzinformationen zu den Rechenwerken bereitstellt. Dabei werden dort sowohl quantitative als auch qualitative Informationen vermittelt. Mit Blick auf eine entscheidungsnützliche Darstellung der Vermögens-, Finanz- und Ertragslage sind sie von wesentlicher Bedeutung. Die Erläuterungen im Anhang bzw. in den notes weichen voneinander ab, je nachdem, ob die Grundsätze des HGB oder der IFRS zur Anwendung kommen. Stellen Sie kurz dar, welche Unterschiede sich zwischen der Konzeption des Anhangs nach HGB bzw. der notes nach IFRS ergeben.

Lösung 1

Der ursprüngliche IFRS 1 „First-time Adoption of International Financial Reporting Standards" war anzuwenden auf Geschäftsjahre, die am 01. Januar 2004 oder später beginnen. Eine frühere Anwendung war – mit entsprechender Anhangangabe – erlaubt und auch erwünscht. Mittlerweile wurde der Standard mehrfach geändert, wodurch er deutlich komplizierter wurde. Aus diesem Grund hat das IASB im November 2008 eine neu strukturierte Fassung von IFRS 1 veröffentlicht. Diese bewahrt zwar den Inhalt der Vorgängerversion, präsentiert diese aber in einer geänderten, für den Anwender besser verständlichen Form. Diese aktuelle Version des IFRS 1 gilt für am oder nach dem 01. Januar 2009 beginnende Geschäftsjahre.

IFRS 1 regelt die Vorgehensweise bei der Umstellung der (nationalen) Rechnungslegung auf die Normen der IFRS und ist entsprechend von großer Bedeutung. Grundsätzlich basieren die Regelungen auf dem Grundsatz der retrospektiven Anwendung. Dies bedeutet, dass zum Stichtag der IFRS-Eröffnungsbilanz noch schwebende Geschäftsvorfälle so neu zu beurteilen sind, als ob das Unternehmen schon immer nach IFRS Rechnung gelegt hätte.

Zur Erleichterung des Übergangs auf die neuen Bilanzierungsvorschriften sieht IFRS 1 allerdings bestimmte Erleichterungen von dem Konzept der retrospektiven Anwendung vor. Diese betreffen die folgenden Fälle:

- Anwendung von IFRS 3 auf Unternehmenszusammenschlüsse,
- Bewertung bestimmter Vermögenswerte mit dem beizulegenden Zeitwert oder mit den Ergebnissen einer Neubewertung als fiktive Anschaffungs- bzw. Herstellungskosten,
- keine verpflichtende Ermittlung versicherungsmathematischer Gewinne oder Verluste für die Zeit vor dem Übergangsstichtag bei Pensionsrückstellungen,
- keine verpflichtende Ermittlung von Fremdwährungsumrechnungsdifferenzen für die Zeit vor dem Übergangsstichtag,
- vereinfachte Darstellung des Eigenkapitals bei bestimmten zusammengesetzten Finanzinstrumenten,
- Erleichterungen hinsichtlich Ansatz und Bewertung von Vermögenswerten bzw. Schulden bei Tochter-, Gemeinschafts- und assoziierten Unternehmen,
- keine verpflichtende Anpassung der Vorjahreszahlen für Finanzinstrumente,
- Wahlrecht bei der Zuordnung von Finanzinstrumenten zu den vier Kategorien,
- keine verpflichtende vollständige retrospektive Anwendung von IFRS 2,
- keine verpflichtende retrospektive Anpassung der Vorjahreszahlen bei abgeschlossenen Versicherungsverträgen (Versicherungsunternehmen),
- keine verpflichtende Angabe von Vorjahreszahlen nach IFRS 6,
- keine verpflichtenden Vergleichsangaben für Schulden, auf die IFRS 2 angewendet wird (soweit Zeitpunkt vor dem 07. November 2002 betreffend),
- Erleichterungsvorschriften für Versicherungsverträge,

- Erleichterungen bei Veränderungen bestehender Entsorgungsverpflichtungen, die Bestandteil der Anschaffungskosten von Sachanlagen sind,
- Anwendung von IFRIC 4,
- Bewertung finanzieller Vermögenswerte oder Verbindlichkeiten beim erstmaligen Ansatz zum beizulegenden Zeitwert,
- Anwendung von IFRIC 12.

Entsprechend IFRS 1 ist dann von einer erstmaligen Anwendung der IFRS auszugehen, wenn ein Abschluss erstmals uneingeschränkt auf Grundlage dieser Normen aufgestellt wurde. Dies ist einerseits der Fall, wenn in der Vergangenheit lediglich eine Überleitungsrechnung oder nur ein IFRS-Abschluss eines Tochterunternehmens für Konsolidierungszwecke angefertigt wurde. Andererseits sind die Voraussetzungen dagegen nicht erfüllt, wenn bereits ein sog. dualer Abschluss veröffentlicht wurde. Da bei einem IFRS-Abschluss nicht nur die aktuellen Zahlen, sondern auch die Vorjahreswerte diesen Vorschriften genügen müssen, ist von einer Vorlaufzeit von zwei Jahren bis zum ersten IFRS-konformen Abschluss auszugehen. Somit ist bei einer erstmaligen Anwendung der IFRS zum 31. Dezember 2009 der relevante Übergangsstichtag (date of transition) der 31. Dezember 2007 respektive der 01. Januar 2008. Auf diesen Zeitpunkt ist dann eine Eröffnungsbilanz aufzustellen, welche aber nicht veröffentlicht werden muss. In der IFRS-Eröffnungsbilanz werden alle Vermögenswerte und Schulden nach den zum Abschlussstichtag gültigen IFRS – unter Berücksichtigung der oben genannten Erleichterungsmöglichkeiten – bewertet, etwaige Differenzen zur letzten HGB-Schlussbilanz werden erfolgsneutral in den Gewinnrücklagen erfasst.

Allerdings beinhaltet IFRS 1 in vier Fällen auch ein konkretes Verbot der retrospektiven Anwendung eines Standards. Dies betrifft zum einen finanzielle Vermögenswerte oder Schulden, die vor der Umstellung der Rechnungslegung auf internationale Normen ausgebucht wurden, aber nach IAS 39 nicht hätten ausgebucht werden dürfen. In diesen Fällen darf der Abgang für die IFRS-Eröffnungsbilanz nicht rückgängig gemacht werden. Zum anderen darf eine Sicherungsbeziehung, die nicht die Kriterien des IFRS 1 erfüllt, in der IFRS-Eröffnungsbilanz nicht angesetzt werden. Darüber hinaus sind auch im Rahmen der HGB-Bilanzierung vorgenommene Schätzungen beim Übergang auf die IFRS beizubehalten, d. h., es dürfen keine Schätzungen aufgrund besserer Erkenntnisse nachträglich geändert werden. Offensichtlich falsche Schätzungen sind hingegen zu korrigieren. Schließlich gilt im Bereich der Anwendung des IFRS 5 vor dem 01. Januar 2005, dass Vergleichszahlen für langfristige Vermögenswerte, die nach IFRS 5 schon früher als zum Verkauf stehend zu klassifizieren gewesen wären, im Rahmen der Umstellung der Rechnungslegung nicht angepasst werden dürfen.

1.5 Umstellung der Rechnungslegung (IFRS 1)

Nach IFRS 1.38 f. sind die Auswirkungen der Umstellung der Rechnungslegung auf die Bilanz, Gewinn- und Verlustrechnung sowie Kapitalflussrechnung zu erläutern. Hierzu sind folgende drei Überleitungsrechnungen zu erstellen, aus welchen die wesentlichen Umstellungseffekte ersichtlich sind:

- Überleitung des Eigenkapitals in der IFRS-Eröffnungsbilanz,
- Überleitung des Eigenkapitals auf IFRS zum Ende des letzten Geschäftsjahrs, für das noch nicht nach IFRS Rechnung gelegt wurde,
- Überleitung des Periodenerfolgs auf IFRS für das letzte Geschäftsjahr, zu dem ein Abschluss nach ‚alten' Normen vorliegt.

Lösung 2

- Aufwendungen für die Ingangsetzung und Erweiterung des Geschäftsbetriebs dürfen nach IFRS nicht aktiviert werden, sondern müssen direkt aufwandswirksam berücksichtigt werden. Mit der Streichung des § 269 HGB durch das BilMoG wurde diese Bilanzierungshilfe abgeschafft.
- Nach HGB dürfen Geschäfts- oder Firmenwerte entweder planmäßig abgeschrieben oder erfolgsneutral mit den Rücklagen verrechnet werden. Dem impairment only approach der IFRS folgend ist beides nicht zulässig. Ein Goodwill ist zu aktivieren und (mindestens) einmal jährlich im Rahmen eines impairment test auf außerplanmäßigen Abschreibungsbedarf hin zu untersuchen. Durch die Neuregelung des § 246 Abs. 1 HGB sowie des § 309 Abs. 1 HGB im Zuge des BilMoG wurde der Geschäfts- oder Firmenwert im Wege der Fiktion zum Vermögensgegenstand erhoben, der zeitlich begrenzt nutzbar und folglich planmäßig abzuschreiben ist.
- Entwicklungskosten sind entgegen § 248 Abs. 2 HGB nach IAS 38 als immaterielle Vermögenswerte zu aktivieren, sofern die Herstellung der entwickelten Produkte dem Unternehmen einen wirtschaftlichen Nutzen bringen wird. Durch das BilMoG wurde im HGB ein Wahlrecht zur Aktivierung von Entwicklungskosten verankert.
- Das bewegliche Sachanlagevermögen darf nach IFRS nur linear – nicht hingegen wahlweise auch degressiv – abgeschrieben werden. Der Abschreibung wird die betriebswirtschaftliche Nutzungsdauer und nicht eine steuerliche zugrunde gelegt; steuerliche Abschreibungen sind im IFRS-Abschluss nicht zulässig.
- Gemäß IAS 2 sind Vorräte zu Vollkosten zu bewerten; ein Ansatz zu Teilkosten, wie nach § 255 Abs. 2 HGB möglich, ist unzulässig. Das BilMoG hat auch im HGB eine deutliche Annäherung an den produktionsbezogenen Vollkostenansatz der IFRS eingeführt, indem weite Teile der Gemeinkosten ebenfalls Bestandteil der Herstellungskosten sein müssen.

- Bei Langfristfertigung werden – bei Vorliegen der Voraussetzungen von IAS 11 – nach der percentage-of-completion-method Umsätze und Erträge entsprechend dem effektiven Baufortschritt realisiert. Nach HGB und der sog. completed-contract-method dürfen Umsatz und Ertrag erst bei Erfüllung des Vertrags oder einer abgrenzbaren Teilleistung/-lieferung ausgewiesen werden.
- Während nach § 253 Abs. 1 HGB Vermögensgegenstände nicht höher als mit ihren Anschaffungskosten angesetzt werden dürfen, wird nach IFRS durch die vielfach vorgesehene Fair Value-Bewertung regelmäßig auch ein über den Anschaffungs- oder Herstellungskosten liegender Wert angesetzt.
- Der Ansatz rein steuerlich motivierter Posten (Sonderposten mit Rücklageanteil) ist nach IFRS unzulässig. Das BilMoG hat den Ansatz derartiger Posten im HGB-Abschluss ebenfalls abgeschafft.
- Die Abgrenzung von Differenzen, auf die latente Steuern zu bilden sind, ist nach IAS 12 weiter gefasst als nach den §§ 274 und 306 HGB. Ferner sind unter bestimmten Voraussetzungen nach IFRS auch aktive latente Steuern auf steuerliche Verlustvorträge zu bilden (vgl. IAS 12.34 ff.). Mit dem BilMoG wurde auch nach HGB – unter bestimmten Voraussetzungen – die Aktivierung von latenten Steuern auf steuerliche Verlustvorträge eingeführt.
- Nach HGB werden die Pensionsrückstellungen regelmäßig in Anlehnung an das steuerlich vorgeschriebene Teilwertverfahren nach § 6a EStG bewertet. Nach IAS 19 kommt hingegen das Anwartschaftsbarwertverfahren (projected-unit-credit-method) zur Anwendung, bei dem auch zukünftige Steigerungen von Renten und Gehältern zu berücksichtigen sind. Das BilMoG hat die Bewertung der Pensionsrückstellungen nach HGB konzeptionell an die Vorschriften der IFRS angenähert.
- Rückstellungen sind gemäß IAS 37 nur dann zu bilden, wenn eine externe Verpflichtung vorliegt, eine Inanspruchnahme wahrscheinlich und die Höhe der Rückstellung zuverlässig zu schätzen ist. Aufwandsrückstellungen, z. B. für unterlassene Instandhaltung, dürfen somit nach IFRS nicht gebildet werden. Das BilMoG hat die Bildung von Aufwandsrückstellungen in der HGB-Rechnungslegung erheblich eingeschränkt.

Lösung 3

Die Bilanz der BRZ-GmbH zum 31. Dezember 2009 sieht nach der Umstellung auf IFRS – unter Berücksichtigung von latenten Steuern – wie folgt aus:

Aktiva		Bilanz der BRZ-GmbH zum 31. Dezember 2009 nach IFRS in TEuro		Passiva
Anlagevermögen		402,5	**Eigenkapital**	541,2
Immaterielles AV	25,0		Stammkapital	50,0
Sachanlagen	312,5		Kapitalrücklage	30,0
Finanzanlagen	65,0		Gewinnrücklagen	239,5
			Jahresüberschuss	221,7
Umlaufvermögen		483,5		
Vorräte	280,0		**Fremdkapital**	362,8
Forderungen	115,0		Rückstellungen	115,0
Wertpapiere des UV	48,5		Passive latente Steuern	52,8
Zahlungsmittel	40,0		Verbindlichkeiten	195,0
aktive latente Steuern		18,0		
		904,0		904,0

Abbildung 2:   Bilanz der BRZ-GmbH zum 31. Dezember 2009 nach IFRS

Im Folgenden werden kurze Erläuterungen der einzelnen Geschäftsvorfälle und die entsprechenden Veränderungen der Posten der Bilanz und der Gewinn- und Verlustrechnung dargestellt sowie die einzelnen Buchungssätze (BS) angegeben. Aus Vereinfachungsgründen wurden einzelne Buchungen in den Positionen ‚sonstige betriebliche Erträge' und ‚sonstige betriebliche Aufwendungen' bzw. ‚Gewinnrücklagen' zusammengefasst. Außerdem wurden die nachfolgenden Buchungssätze zum 31. Dezember 2009 teilweise bezogen auf den jeweiligen Sachverhalt zusammengefasst.

Aus Gründen der Übersichtlichkeit werden die latenten Steuern unsaldiert dargestellt. Nach IAS 12.71 würde bei Vorliegen der Voraussetzungen ein saldierter Ausweis erfolgen. Dieser betrüge 34,8 TEuro passive latente Steuern.

Nr.	Erläuterung	Positionsveränderung/ Ergebniswirkung
1	Die zu Beginn des Geschäftsjahrs noch aktivierten Ingangsetzungsaufwendungen sind gegen die Gewinnrücklagen (GRL) aufzulösen; die im Geschäftsjahr darauf vorgenommene Abschreibung ist zugunsten des Jahresüberschusses (JÜ) zu stornieren und die damit im Zusammenhang stehenden passiven latenten Steuern sind auszubuchen.	GRL ./. 14 (= + 20 ./. 6) Ingangs.aufw. ./. 10 (= + 10 ./. 20) passive latente Steuern ./. 3 (= +3 ./. 6) Steueraufwand + 3 Abschr.aufw. ./. 10 ⇨ JÜ + 7
BS	*Gewinnrücklagen 14 an Ingangsetzungsaufwendungen 10* *Steueraufwand 3 Abschreibungsaufwand 10* *passive latente Steuern 3*	
2	Die Behandlung des erworbenen Patents nach IFRS entspricht der nach HGB.	–
3	Das immaterielle Anlagevermögen (IAV) erhöht sich um die nach IAS 38 zu aktivierenden Entwicklungskosten i. H. v. 25 TEuro abzüglich der planmäßigen Abschreibung von 5 TEuro. Da der IFRS-Wert den Wert in der Steuerbilanz übersteigt, sind passive latente Steuern abzugrenzen.	IAV + 20 (= + 25 ./. 5) passive lat. Steuern + 6 Steueraufwand + 6 Abschr.aufw. + 5 s. b. Aufw. ./. 25 ⇨ JÜ + 14
BS	*Immat. AV 20 an s. b. Aufwendungen 25* *Abschreibungsaufwand 5 passive latente Steuern 6* *Steueraufwand 6*	
4	Die steuerliche Sonderabschreibung ist nach IFRS nicht zulässig und wird zurückgedreht; dadurch erhöhen sich die Sachanlagen und die passiven latenten Steuern. Auf eine Anpassung der AfA-Dauer wurde aus Vereinfachungsgründen verzichtet.	SAV + 50 passive latente Steuern + 15 Steueraufwand + 15 Abschr.aufw. ./. 50 ⇨ JÜ + 35
BS	*Sachanlagen 50 an Abschreibungsaufwand 50* *Steueraufwand 15 passive latente Steuern 15*	
5	Die im Zusammenhang mit den *qualifying assets* stehenden Fremdkapitalzinsen sind bei den Sachanlagen zu aktivieren und abzuschreiben. Passive latente Steuern sind entsprechend anzusetzen.	SAV + 7,5 (= + 10 ./. 2,5) passive latente Steuern + 2,25 (= + 3 ./. 0,75) Steueraufwand + 2,25 (= + 3 ./. 0,75) Abschr.aufw. + 2,5 Zinsaufw. ./. 10 ⇨ JÜ + 5,25

BS	Sachanlagen	7,5	an	Zinsaufwand	10
	Abschreibungsaufwand	2,5		passive latente Steuern	2,25
	Steueraufwand	2,25			

6	Da die Finanzanlagen (FAV) nach IAS 39 erfolgsneutral an ihren Fair Value angepasst werden, sind diese ebenso wie die passiven latenten Steuern und die Gewinnrücklagen zu erhöhen. Da der IFRS-Wert den Wert in der Steuerbilanz übersteigt, sind passive latente Steuern abzugrenzen.	FAV + 15 GRL + 10,5 passive latente Steuern + 4,5 $\Rightarrow$ JÜ + 0
BS	Finanzanlagen 15 an Gewinnrücklagen 10,5 passive latente Steuern 4,5	
7	Da nach IAS 2 die Vorratsbewertung zu Vollkosten zu erfolgen hat, werden die Vorräte in der Bilanz um die zugehörigen Gemeinkostenanteile (165 TEuro) erhöht; diese Neubewertung erhöht den Jahresüberschuss um 99 TEuro (= 60% von 165 TEuro) und die Gewinnrücklagen um 66 TEuro (= 40% von 165 TEuro). Da der IFRS-Wert dem Wert in der Steuerbilanz entspricht, sind keine latenten Steuern abzugrenzen.	Vorräte + 165 GRL + 66 s. b. Aufw. ./. 99 $\Rightarrow$ JÜ + 99
BS	Vorräte 165 an Gewinnrücklagen 66 s. b. Aufwendungen 99	
8	Die weitere Umsatz- und Ertragsrealisierung von 20 TEuro führt nach IFRS zu einem Anstieg der Periodenumsätze (UE) und der Forderungen. Ansonsten handelt es sich um einen unterschiedlichen Ausweis der bereits im HGB-Abschluss aktivierten Beträge. Passive latente Steuern sind abzugrenzen.	Ford. + 50 Vorräte ./. 30 passive latente Steuern + 6 Steueraufwand + 6 UE + 20 $\Rightarrow$ JÜ + 14
BS	Forderungen 50 an Umsatzerlöse 20 Steueraufwand 6 passive latente Steuern 6 Vorräte 30	
9	Die Wertpapiere des Umlaufvermögens (Wepa des UV) sind an ihre Fair Values anzupassen und erhöhen sich ebenso wie die passiven latenten Steuern und das Periodenergebnis.	Wepa des UV + 18,5 (= 75% • 20 + 3,5) passive latente Steuern + 5,55 Steueraufwand + 5,55 s. b. Erträge + 18,5 $\Rightarrow$ JÜ + 12,95
BS	Wepa des UV 18,5 an s. b. Erträge 18,5 Steueraufwand 5,55 passive latente Steuern 5,55	

10	Nach den Regelungen von IAS 12 sind auf die vorhandenen steuerlichen Verlustvorträge aktive latente Steuern zu bilden (25 TEuro • 30% = 7,5 TEuro).	aktive latente Steuern + 7,5 Steuerertrag + 7,5 ⇨ JÜ + 7,5
BS	*aktive latente Steuern 7,5 an Steuerertrag*	*7,5*
11	Der SoPo ist nach IFRS grundsätzlich unzulässig und daher unter Bildung passiver latenter Steuern gegen die Gewinnrücklagen aufzulösen.	SoPo ./. 30 passive latente Steuern + 9 GRL + 21 ⇨ JÜ + 0
BS	*SoPo 30 an Gewinnrücklagen* *passive latente Steuern*	*21* *9*
12	Die abweichende Bewertung der Pensionsrückstellung führt bei der Umstellung auf IFRS zu einer Erhöhung der ausgewiesenen Rückstellungen (RSt) i. H. v. 35 TEuro sowie – unter Berücksichtigung latenter Steuern – einer Reduktion der Gewinnrücklagen i. H. v. 21 TEuro (6/7) und des Jahresüberschusses i. H. v. 3,5 TEuro (1/7).	RSt + 35 GRL ./. 21 (= ./. 30 + 9) aktive latente Steuern + 10,5 (= + 9 + 1,5) Steueraufwand ./. 1,5 Personalaufw. + 5 ⇨ JÜ ./. 3,5 [6/7 • 35 • (1 ./. 30%) = 21; 1/7 • 35 • (1 ./. 30%) = 3,5]
BS	*Gewinnrücklagen 21 an (Pensions-)Rückstellungen* *Personalaufwand 5 Steueraufwand* *aktive latente Steuern 10,5*	*35* *1,5*
13	Da nach IAS 37 Rückstellungen nur bei Vorliegen von sog. Drittverpflichtungen gebildet werden dürfen, ist die nach HGB gebildete Instandhaltungsrückstellung nach IFRS unzulässig und führt zu einer Reduktion i. H. v. 15 TEuro bei den Rückstellungen und einer Erhöhung des Jahresergebnisses. Zudem sind passive latente Steuern zu berücksichtigen.	RSt ./. 15 passive latente Steuern + 4,5 Steueraufwand + 4,5 s. b. Aufw. ./. 15 ⇨ JÜ + 10,5
BS	*Rückstellungen 15 an s. b. Aufwendungen* *Steueraufwand 4,5 passive latente Steuern*	*15* *4,5*
14	Die Behandlung der Rückstellungen für Drittverpflichtungen nach IFRS entspricht der nach HGB.	–

Abbildung 3:   Buchung der Geschäftsvorfälle

Folglich werden die Gewinnrücklagen in der Summe um 62,5 TEuro, der Jahresüberschuss um insgesamt 201,7 TEuro erhöht. Aus den einzelnen Buchungssätzen ergibt sich eine saldierte Erhöhung der passiven latenten Steuern um 31,8 TEuro auf 34,8 TEuro.

1.5 Umstellung der Rechnungslegung (IFRS 1)

Die HGB-Daten lassen sich wie folgt überleiten:

	HGB	Unterschied	IFRS
Jahresüberschuss	20	+ 201,7	221,7
Gewinnrücklagen	177	+ 62,5	239,5
passive latente Steuern	3	+ 31,8	34,8

Abbildung 4:   Überleitung der HGB-Daten

Lösung 4

1. Die Gewinn- und Verlustrechnung 2009 der BRZ-GmbH verändert sich durch die IFRS-Umstellung wie folgt:

Umsatzerlöse	+ 20,0
s. b. Erträge	+ 18,5
Personalaufwand	+ 5,0
Abschreibungen	./. 52,5
s. b. Aufwendungen	./. 139,0
Zinsaufwand	./. 10,0
Steuerertrag	+ 7,5
Steueraufwand	+ 40,8
Jahresüberschuss	+ 201,7

Damit steigt der Jahresüberschuss im Beispielsachverhalt durch die Umstellung auf IFRS um 201,7 TEuro.

Das bilanzielle Eigenkapital der BRZ-GmbH zum 31. Dezember 2009 verändert sich durch die IFRS-Umstellung wie folgt:

Stammkapital	unverändert
Kapitalrücklage	unverändert
Gewinnrücklagen	+ 62,5
Jahresüberschuss	+ 201,7
Eigenkapital	+ 264,2

Somit hat sich das bilanziell ausgewiesene Eigenkapital zum 31. Dezember 2009 durch die Umstellung auf IFRS im Beispielsachverhalt um 264,2 TEuro erhöht.

2. Die Umstellung von HGB auf IFRS führt zu den nachfolgenden Veränderungen in der Bilanz sowie der Gewinn- und Verlustrechnung der BRZ-GmbH:

Position	nach HGB	nach IFRS	Veränderung
Anlagevermögen	310,0	402,5	+30%
Umlaufvermögen	280,0	483,5	+73%
Eigenkapital	277,0	541,2	+95%
Fremdkapital	293,0	362,8	+24%
Bilanzsumme	600,0	904,0	+51%
Jahresüberschuss	20,0	221,7	+1.009%

Abbildung 5: Veränderungen in Bilanz sowie Gewinn- und Verlustrechnung

Daraus ergeben sich folgende bilanzanalytische Kennzahlen:

	nach HGB	nach IFRS	Veränderung
Anlagevermögen / Bilanzsumme	52%	45%	./. 13%
Umlaufvermögen / Bilanzsumme	47%	53%	+13%
Eigenkapital / Bilanzsumme	46%	60%	+30%
Fremdkapital / Bilanzsumme	49%	40%	./. 18%
Jahresüberschuss / Eigenkapital	7%	41%	+486%

Abbildung 6: Bilanzanalytische Kennzahlen und ihre Veränderung

Es zeigt sich, dass die Umstellung der Rechnungslegung auf IFRS unter Rating-Gesichtspunkten und bilanzpolitischen Aspekten im vorliegenden Fall Vorteile bringt: Das Eigenkapital wird fast verdoppelt und die Eigenkapitalquote steigt um fast ein Drittel. Obwohl das in der Bilanz ausgewiesene Fremdkapital um 24% steigt, verringert sich die Fremdkapitalquote aufgrund der um 51% gestiegenen Bilanzsumme um 18%. Der Periodenerfolg steigt sogar um 1.009%. Die Anteile von Anlage- und Umlaufvermögen an der Bilanzsumme verschieben sich zugunsten des Umlaufvermögens, woraus bilanzanalytisch unter Umständen eine schnellere Veräußerbarkeit des gebundenen Kapitals abgeleitet werden könnte. Der Anteil des Periodenerfolgs am gesamten ausgewiesenen Eigenkapital verändert sich von 7% nach HGB auf 41% nach IFRS, was einer Steigerung von 486% entspricht.

3. Nach HGB und IFRS werden Darlehen und sonstige Kredite unter der Position ‚Verbindlichkeiten' auf der Passivseite ausgewiesen. Für ein gegebenenfalls zu zahlendes Disagio besteht nach HGB ein Wahlrecht, diesen Unterschiedsbetrag entweder in voller Höhe als Zinsaufwand erfolgswirksam in der Gewinn- und Verlustrechnung zu berücksichtigen oder gemäß § 250 Abs. 3 HGB in den aktivischen Rechnungsabgrenzungsposten einzustellen und über die Laufzeit der Verbindlichkeit ratierlich erfolgswirksam aufzulösen. Nach den Regeln der IFRS ist ein Disagiobetrag in jedem Fall über die Laufzeit zu verteilen, ein Wahlrecht wie nach HGB besteht hier nicht.

In Zusammenhang mit einem Börsengang wird vielfach eine Kapitalerhöhung durchgeführt. Die dadurch erhaltenen Gelder finden auf der Aktivseite ihren Niederschlag als Zahlungsmittel (bei einer Sachkapitalerhöhung werden die entsprechenden Aktivkonten tangiert). Im Eigenkapital wird die Kapitalerhöhung auf das ‚gezeichnete Kapital' (Nenn- oder – rechnerischer – Nominalwert der ausgegebenen Aktien) und die ‚Kapitalrücklage' (Agio auf die ausgegebenen Aktien) aufgeteilt. Lediglich in Bezug auf die Behandlung der Börseneinführungskosten unterscheiden sich die Vorschriften des HGB und der IFRS. Nach den handelsrechtlichen Vorschriften sind die Kosten des Börsengangs aufgrund § 248 Abs. 1 HGB nicht aktivierungsfähig und folglich in voller Höhe erfolgswirksam als Aufwand in der Gewinn- und Verlustrechnung zu berücksichtigen. Gleiches gilt für die steuerliche Behandlung. Dahingegen werden Aufwendungen, die im Zusammenhang mit einem IPO stehen, nach IFRS erfolgsneutral – unter Berücksichtigung von Steuereffekten – gegen die Kapitalrücklage gekürzt, weil sie in unmittelbarem Zusammenhang mit der dadurch generierten Eigenkapitalerhöhung gesehen werden (vgl. IAS 32.35).

Lösung 5

Während das HGB mit den §§ 284ff. HGB konkrete Vorschriften über Inhalt und Struktur des Anhangs enthält, ergeben sich diese Anforderungen im Bereich der IFRS-Rechnungslegung aus den einzelnen Standards selbst. Diese finden sich meist am Ende jedes Standards in einem Abschnitt mit dem Titel Disclosure. Die internationalen Vorschriften nehmen auch beim Anhang – den notes – grundsätzlich keine Unterscheidung zwischen Einzel- und Konzernabschluss vor. Darüber hinaus gibt es nach IFRS auch keine größenabhängigen Angabepflichten respektive Befreiungen. Insgesamt sind die Angabe- und Erläuterungspflichten im Bereich der internationalen Rechnungslegung wesentlich detaillierter und umfangreicher als in der HGB-Konzeption, was mit der nach IFRS stärker im Vordergrund stehenden Informationsfunktion des Jahresabschlusses begründet wird. Anders als nach HGB müssen die geforderten Angaben nicht zwingend innerhalb der notes erfolgen, sondern sie dürfen grundsätzlich auch direkt an der entsprechenden Position in Bilanz, Gewinn- und Verlustrechnung, Ergebnisrechnung, Eigenkapitalveränderungsrechnung oder Kapitalflussrechnung vorgenommen werden. Generell gilt der Grundsatz der Darstellungsstetigkeit.

Nach IFRS haben die notes folgende Struktur: Zunächst wird im statement of compliance die Übereinstimung des (Konzern-)Jahresabschlusses mit den Vorschriften der IFRS bestätigt. Im Anschluss daran werden unter den accounting policies die jeweils angewandten Bilanzierungs- und Bewertungsgrundsätze dargestellt. Die Ausführlichkeit richtet sich dabei nach der

Relevanz für die Beurteilung der Vermögens-, Finanz- und Ertragslage des Unternehmens. Den größten Bereich stellen die explanatory notes dar. Dort werden einzelne Positionen der Rechenwerke näher erläutert bzw. weiter aufgegliedert, um so ein besseres Verständnis der bloßen Zahlenangaben zu ermöglichen. Entsprechende Querverweise sind dabei obligatorisch. Abschließend werden im Rahmen der supplementary information weitere Angaben finanzieller sowie nichtfinanzieller Art angegeben oder in zusätzlichen schedules ergänzende Aufstellungen vorgenommen. An dieser Stelle dürfen auch weitergehende, freiwillige Informationen aufgeführt werden. Eine Grenze für zusätzliche, nicht zwingend erforderliche, Informationen gibt es nicht, es sei denn, es käme zu einer Beeinträchtigung der Aussagekraft des (Konzern-)Jahresabschlusses.

Literaturhinweise

KÜTING, K./ZWIRNER, C. (2007): Analyse quantitativer Reinvermögenseffekte durch die Anwendung der IFRS – Modellierte Berechnungsmethodik und empirische Befunde, in: KoR, 7. Jg., S. 142–154.

KÜTING, K./ZWIRNER, C. (2007): Quantitative Auswirkungen der IFRS-Rechnungslegung auf das Bilanzbild in Deutschland – Ein Modell zur Erfassung von Unterschieden zwischen der nationalen Rechnungslegung und der IFRS-Bilanzierung, in: KoR, 7. Jg., S. 92–102.

KÜTING, K./ZWIRNER, C./REUTER, M. (2003): Latente Steuern im nationalen und internationalen Jahresabschluss: Konzeptionelle Grundlagen und synoptischer Vergleich, in: BuW, 57. Jg., S. 441–447.

PETERSEN, K./BANSBACH, F./DORNBACH, E. (2009): IFRS Praxishandbuch, 4. Aufl., München.

PETERSEN, K./ZWIRNER, C. (2009): Rechnungslegung und Prüfung im Umbruch: Überblick über das neue deutsche Bilanzrecht – Veränderte Rahmenbedingungen durch das verabschiedete Bilanzrechtsmodernisierungsgesetz (BilMoG), in: KoR, 9. Jg., Beihefter 1 zu Heft 5, S. 1–45.

REUTER, M. (2008): Eigenkapitalausweis im IFRS-Abschluss: Praxis der Berichterstattung, Berlin.

ZWIRNER, C. (2007): IFRS-Bilanzierungspraxis, Berlin.

ZWIRNER, C. (2008): Entwicklung der Rechnungslegung am deutschen Kapitalmarkt – Eine empirische Untersuchung, in: StuB, 10. Jg., S. 899–903.

ZWIRNER, C. (2009): Rezeption der IFRS bei kapitalmarktorientierten Gesellschaften und Konsequenzen bei KMU, in: MÜLLER, D. (Hrsg.), Controlling für kleine und mittlere Unternehmen, München/Wien, S. 237–274.

ZWIRNER, C./BOECKER, C./REUTER, M. (2004): Umstellung der Rechnungslegung von HGB auf IFRS – Theoretischer Überblick und Veranschaulichung in Form eines Fallbeispiels –, in: KoR, 4. Jg., S. 217–234.

Kapitel 2:
Einzelabschluss nach IFRS

„Die Fülle des Lesestoffes, die einem normalen Wirtschaftsprüfer zugemutet wird, übertrifft das menschlich Fassbare. Selbst das Institut der Wirtschaftsprüfer, das die Interessen der Wirtschaftsprüfer vertritt, produziert eine umfangreiche fachliche Verlautbarung nach der anderen. […] Schließlich habe die unablässigen Veränderungen und Ergänzungen der internationalen Rechnungslegungsgrundsätze die Situation dramatisch verschärft. Die[se] übertriebene Geschäftigkeit […] überfordert die Lesekraft des Wirtschaftsprüfers, trübt seinen Blick und bedroht seine übrige fachliche Tätigkeit. Zeitaufwendige Hobbys kann sich der Wirtschaftsprüfer ohnehin nicht leisten."

SEBASTIAN HAKELMACHER

(Das Alternative Wirtschaftsprüfer Handbuch, 2. Aufl., Düsseldorf 2006, S. 193.)

2.1 Aktiva

Torsten Mindermann und Berit Hartmann

2.1.1 Immaterielles Anlagevermögen

Ansatz

Allgemeine Definitions- und Ansatzkriterien immaterieller Vermögenswerte

> Ein immaterieller Vermögenswert wird in IAS 38.8 definiert als ein identifizierbarer, nicht monetärer Vermögenswert ohne physische Substanz.

Da diese Definition auf den Begriff des Vermögenswertes zurückgreift, müssen die Definitionsmerkmale eines Vermögenswertes gem. F.49a ebenfalls berücksichtigt werden. Somit müssen die folgenden Merkmale und Ansatzkriterien erfüllt sein, damit ein immaterieller Vermögenswert vorliegt, der in der Bilanz zu aktivieren ist:

Definition „Vermögenswert":	• Verfügungsmacht • Ergebnis vergangener Ereignisse • künftiger wirtschaftlicher Nutzen
Definition „immateriell":	• identifizierbar • nicht monetär • ohne physische Substanz
Allgemeine Ansatzkriterien:	• hinreichend wahrscheinlicher Nutzenzufluss • zuverlässige Bewertung

Tabelle 1: Definitions- und Ansatzkriterien eines immateriellen Vermögenswertes

Das Tatbestandsmerkmal der *Verfügungsmacht* liegt vor, wenn das Unternehmen die wirtschaftliche Kontrolle über das immaterielle Gut und den aus dem Gut resultierenden wirtschaftlichen Vorteil besitzt. Die Kontrolle über ein Gut übt ein Unternehmen immer dann aus, wenn es die Nutzung des Gutes durch Dritte faktisch ausschließen kann und die künftigen Zahlungsmittel nur dem bilanzierenden Unternehmen zufließen.

Der immaterielle Vermögenswert muss das *Ergebnis vergangener Ereignisse* sein. Dieses Tatbestandsmerkmal ist Ausfluss des Stichtagsprinzips und soll verhindern, dass zukünftige Ergebnisse aktiviert werden können. Somit ist es erforderlich, dass der Zugang des immateriellen Gutes zum Unternehmensvermögen bereits in der Vergangenheit stattgefunden hat. Aus diesem Grund scheidet die Aktivierung von Gütern aus, die das Unternehmen erst in der Zukunft erwerben will.

Ein wahrscheinlicher *künftiger wirtschaftlicher Vorteil* liegt immer dann vor, wenn das Potenzial eines Guts dazu beitragen kann, dem Unternehmen Zahlungsmittel oder Zahlungsmitteläquivalente zu verschaffen. Da der wirtschaftliche Vorteil aus dem zweckorientierten Einsatz des Vermögenswertes im Unternehmen entsteht, kann der Zahlungsmittelzufluss auf mehrere Arten erfolgen. So kann er direkt durch den Verkauf des Gutes oder indirekt durch dessen Einsatz bei der betrieblichen Leistungserstellung erfolgen.

Nach IAS 38.11 ist ein immaterieller Vermögenswert *identifizierbar*, wenn er vom Geschäfts- oder Firmenwert abgegrenzt werden kann. Das bedeutet, der einem immateriellen Vermögenswert anhaftende wirtschaftliche Vorteil darf nicht derartig ins Allgemeine versinken, dass er sich nur in einer Wertsteigerung des Geschäfts- oder Firmenwertes widerspiegelt.

In IAS 38 wird das Merkmal *nicht monetär* als solches nicht unmittelbar definiert, vielmehr erfolgt in IAS 38.8 lediglich eine Definition für den Begriff „monetäre Vermögenswerte". Danach erweisen sich monetäre Vermögenswerte als im Bestand befindliche Geldmittel und Vermögenswerte, für die das Unternehmen einen festen oder bestimmbaren Geldbetrag erhält. Alle anderen Vermögenswerte, die dieser Definition nicht entsprechen, sind demzufolge als „nicht monetär" zu charakterisieren. Das Kriterium dient somit zur Abgrenzung zwischen immateriellen und finanziellen Vermögenswerten.

Das Kriterium *substanzlos* ist mit Schwierigkeiten verbunden, wenn es zur Abgrenzung von Vermögenswerten benutzt werden soll, die sowohl materielle als auch immaterielle Komponenten vereinen. In diesen Fällen bestimmt IAS 38.4, dass die Zuordnung danach zu beurteilen ist, welche der beiden Komponenten die wesentlichere ist.

Damit ein immaterieller Vermögenswert in der Bilanz aktiviert werden darf, ist es nach IAS 38.18 erforderlich, dass dieser neben den Definitionsmerkmalen auch die in IAS 38.21 formulierten Ansatzkriterien erfüllt. Danach muss es erstens *wahrscheinlich* sein, dass der künftige Nutzen dem Unternehmen zufließt, und zweitens muss der Vermögenswert *zuverlässig bewertbar* sein. Von einer hinreichend hohen Wahrscheinlichkeit ist dann auszugehen, wenn die Wahrscheinlichkeit des Nutzenzuflusses größer als 50% ist. Die zuverlässige Bewertbarkeit des immateriellen Vermögenswertes ist gegeben, wenn die Anschaffungs- oder Herstellungskosten oder der Wert des Vermögenswertes zuverlässig ermittelt werden können. Die beiden Ansatzkriterien müssen jedoch nur für selbst erstellte immaterielle Vermögenswerte überprüft werden, da ihr Vorliegen im Fall eines externen Erwerbs nach IAS 38.25 stets als erfüllt angesehen wird.

Ergänzende Ansatzkriterien für selbst erstellte immaterielle Vermögenswerte

Selbst erstellte immaterielle Vermögenswerte sind *mit größerer Unsicherheit* behaftet als extern erworbene immaterielle Vermögenswerte. Zum einen ist es nicht leicht, den Zeitpunkt zu bestimmen, an dem ein selbst erstelltes immaterielles Gut die Definitionsmerkmale eines Vermögenswertes erfüllt. Zum anderen ist eine objektive Bewertung wegen des fehlenden Anschaffungsvorgangs und durch die eingeschränkte Verfügbarkeit von Marktpreisen ähnlicher Güter sehr schwierig. Aus diesem Grund stellt der IASB an die Aktivierung selbst erstellter immaterieller Vermögenswerte höher Anforderungen. Zunächst ist der Herstellungsprozess eines immateriellen Vermögenswertes in eine Forschungsphase und eine Entwicklungsphase zu unterteilen. Sollte eine Trennung der beiden Phasen nicht möglich sein, sind sämtliche Aufwendungen der Forschungsphase zuzuordnen. Der IASB versteht gem. IAS 38.8 unter Forschung die eigenständige und planmäßige Suche nach neuen wissenschaftlichen oder technischen Erkenntnissen. Für in der Forschungsphase befindliche selbst erstellte immaterielle Vermögenswerte gilt nach IAS 38.54 ein Aktivierungsverbot, so dass die Forschungsausgaben in der Periode, in der sie anfallen, sofort als Aufwand zu verrechnen sind.

Die Entwicklungsphase beinhaltet die der Forschung nachfolgenden Tätigkeiten. Nach IAS 38.8 wird Entwicklung als die Anwendung der Forschungsergebnisse oder anderen Wissens mittels eines Plans oder Entwurfs zur Gewinnung neuer oder verbesserter Materialien, Methoden oder Verfahren definiert. Die in der Entwicklungsphase getätigten Aufwendungen sind aktivierungspflichtig, wenn das bilanzierende Unternehmen die folgenden sechs Nachweise kumulativ erbringen kann:

1) *Technische Realisierbarkeit* der Fertigstellung des immateriellen Vermögenswertes, damit er zur Nutzung oder zum Verkauf zur Verfügung stehen wird.

2) Die *Absicht* des Unternehmens, den immateriellen *Vermögenswert fertig zu stellen*, um diesen intern zu nutzen oder extern zu veräußern.

3) Die *Fähigkeit* des Unternehmens, den immateriellen *Vermögenswert intern zu nutzen oder extern zu veräußern*.

4) Die *Art und Weise*, wie der immaterielle Vermögenswert einen *Nutzenzufluss* für das Unternehmen *erzeugen* wird. Der Nachweis muss bei interner Nutzung die Brauchbarkeit für das Unternehmen und bei externer Nutzung die Existenz eines Marktes belegen.

5) *Verfügbarkeit* ausreichender *technischer, finanzieller und sonstiger Ressourcen* zur Fertigstellung der Entwicklung und zur anschließenden internen Nutzung bzw. zum anschließenden externen Verkauf.

6) *Zuverlässige Bewertbarkeit* aller Ausgaben, die dem immateriellen Vermögenswert während der Entwicklung zuzurechnen sind.

Ansatz immaterieller Vermögenswerte

erworbene immaterielle Vermögenswerte	selbst erstellte immaterielle Vermögenswerte

Definitions- und Ansatzkriterien für alle immaterieller Vermögenswerte

- Definition „Vermögenswert":
  - Verfügungsmacht
  - Ergebnis vergangener Ereignisse
  - künftiger wirtschaftlicher Nutzen
- Definition „immateriell":
  - Identifizierbar
  - nicht monetär
  - ohne physische Substanz
- Allgemeine Ansatzkriterien:
  - hinreichend wahrscheinlicher Nutzenzufluss
  - zuverlässige Bewertung

ergänzende Kriterien

- technische Realisierbarkeit
- Absicht der Fertigstellung
- Fähigkeit zur Nutzung
- künftiger wirtschaftlicher Nutzen
- Verfügbarkeit von Mittel
- Bewertbarkeit

bei Erfüllung aller Kriterien: Ansatzpflicht; ansonsten Ansatzverbot

Abbildung 1: Übersicht Kriterien zum Ansatz immaterieller Vermögenswerte

Bewertung

Erstbewertung

Generell werden gem. IAS 38.24 alle einzeln angeschafften immateriellen Vermögenswerte im Fall der Erstbewertung zu *Anschaffungskosten* angesetzt.

> Die Anschaffungskosten umfassen nach IAS 38.27 den Kaufpreis, die Anschaffungsnebenkosten (wie z. B. Einfuhrzölle und nicht erstattungsfähige Umsatzsteuer) und alle direkt zurechenbaren Kosten zur Versetzung in den beabsichtigten Gebrauchszustand. Anschaffungspreisminderungen wie Rabatte, Boni oder Skonti sind im vollen Umfang abzuziehen.

2.1.1 Immaterielles Anlagevermögen

Selbst erstellte Vermögenswerte sind bei der erstmaligen Bewertung mit den *Herstellungskosten* anzusetzen. Die Herstellungskosten setzen sich aus den direkt zurechenbaren Einzelkosten und den produktionsbedingten Gemeinkosten zusammen. Aufgrund des Aktivierungsverbotes von Forschungsausgaben gem. IAS 38.54 können grundsätzlich nur die Entwicklungsausgaben in den Herstellungskosten erfasst werden. Nach IAS 38.65 können die Herstellungskosten für einen selbst erstellten immateriellen Vermögenswert erstmals zu dem Zeitpunkt aktiviert werden, ab dem der Vermögenswert alle in IAS 38 verlangten Ansatzkriterien erfüllt. Die Herstellungskosten, die vor diesem Zeitpunkt angefallen sind und bereits in zurückliegenden Abschlüssen als Aufwand erfasst worden sind, dürfen daher nicht nachaktiviert werden. Für sie gilt das Nachholverbot des IAS 38.65 i. V. m. 38.71.

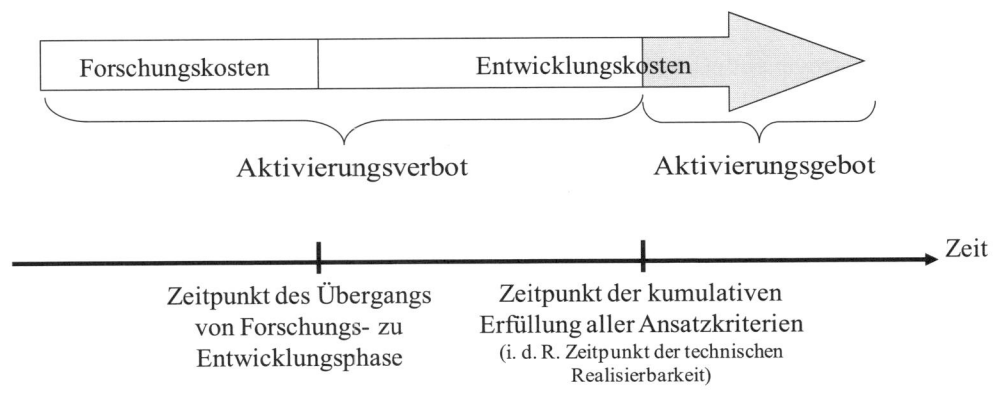

Abbildung 2:   *Umfang und Zeitpunkt der aktivierungspflichtigen Herstellungskosten*

Folgebewertung

In den Folgeperioden erfolgt die Bewertung der immateriellen Vermögenswerte grundsätzlich nach dem Anschaffungskostenmodell mit fortgeführten Anschaffungs- oder Herstellungskosten (Cost Model). *Alternativ* besteht für bereits bilanzierte immaterielle Vermögenswerte nach den IAS 38.75-87 auch die Möglichkeit einer erfolgsneutralen Neubewertung (Revaluation Model).

Bei der Folgebewertung immaterieller Vermögenswerte nach dem *Anschaffungskostenmodell* ist zunächst zu überprüfen, ob ein Vermögenswert mit einer begrenzten oder unbestimmbaren Nutzungsdauer vorliegt. Ein immaterieller Vermögenswert mit *begrenzter Nutzungsdauer* wird *planmäßig* über die Nutzungsdauer abgeschrieben. Die Abschreibungsmethode hat dabei dem erwarteten Verbrauch des zukünftigen Nutzens des immateriellen Vermögenswertes durch das Unternehmen zu entsprechen.

Sofern Anzeichen für eine außerordentliche Wertminderung vorliegen, ist zu überprüfen, ob außerordentliche Abschreibungen vorzunehmen sind (Impairment Test). *Außerordentliche Abschreibungen* sind zu berücksichtigen, wenn der erzielbare Betrag („recoverable amount") des immateriellen Vermögenswertes unter seinem Buchwert liegt. Der erzielbare Betrag ist der höhere Betrag, der sich aus dem fiktiven Verkauf des immateriellen Vermögenswertes abzüglich möglicher Veräußerungskosten (Nettoveräußerungspreis; „fair value less cost to sell") oder seiner Nutzung (Nutzungswert; „value in use") ergibt. Sofern die Gründe für die Wertminderung in einer Folgeperiode entfallen, besteht eine Wertaufholungspflicht. Obergrenze für die Wertaufholung sind die fortgeführten Anschaffungs-/Herstellungskosten.

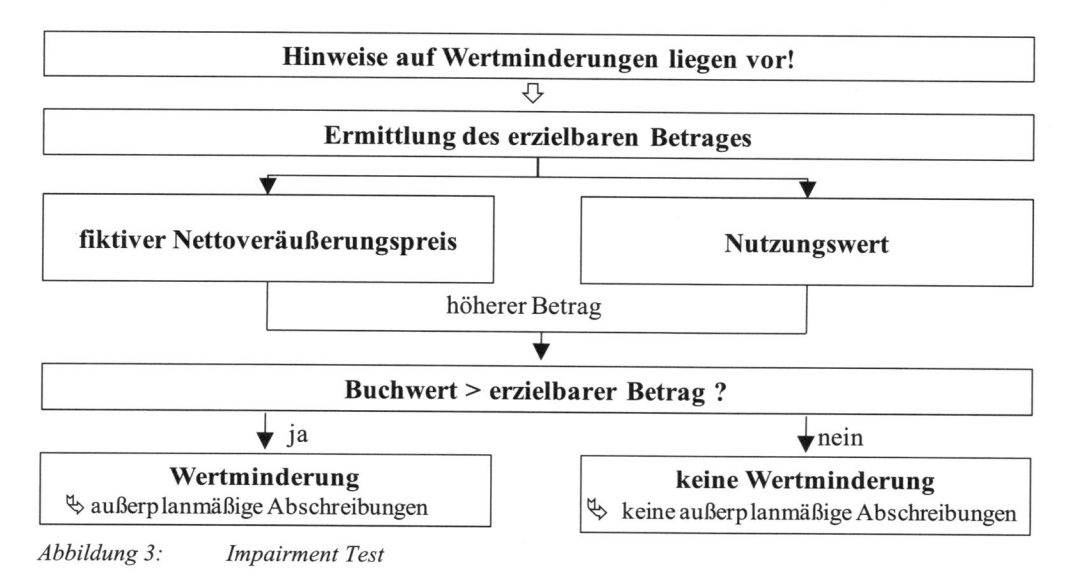

```
┌─────────────────────────────────────────────────────────────┐
│           Hinweise auf Wertminderungen liegen vor!          │
└─────────────────────────────────────────────────────────────┘
                              ⇩
┌─────────────────────────────────────────────────────────────┐
│              Ermittlung des erzielbaren Betrages            │
└─────────────────────────────────────────────────────────────┘
           ▼                                      ▼
┌──────────────────────────┐          ┌──────────────────────────┐
│ fiktiver                 │          │                          │
│ Nettoveräußerungspreis   │          │      Nutzungswert        │
└──────────────────────────┘          └──────────────────────────┘
                        höherer Betrag
                              ▼
┌─────────────────────────────────────────────────────────────┐
│              Buchwert > erzielbarer Betrag ?                │
└─────────────────────────────────────────────────────────────┘
           ▼ ja                                   ▼ nein
┌──────────────────────────┐          ┌──────────────────────────┐
│    Wertminderung         │          │    keine Wertminderung   │
│ ↳ außerplanmäßige        │          │ ↳ keine außerplanmäßige  │
│   Abschreibungen         │          │   Abschreibungen         │
└──────────────────────────┘          └──────────────────────────┘
```

Abbildung 3:   *Impairment Test*

Ein immaterieller Vermögenswert mit *unbestimmbarer Nutzungsdauer* wird *nicht planmäßig* abgeschrieben. Stattdessen hat ein *jährlicher Impairment Test* zu erfolgen. Im Fall einer Wertminderung haben sind außerplanmäßige Abschreibungen vorzunehmen. Weiterhin muss zu jedem Jahresabschlusstermin erneut überprüft werden, ob die Annahme einer unbegrenzten Nutzungsdauer immer noch gerechtfertigt ist.

Die *Neubewertungsmethode* ermöglicht es, den immateriellen Vermögenswert zum beizulegenden Zeitwert („fair value") zum Zeitpunkt der Neubewertung abzüglich kumulativer planmäßiger und außerplanmäßiger Abschreibungen anzusetzen. Wird für einen immateriellen Vermögenswert eine Neubewertung vorgenommen, muss nach IAS 38.81 die gesamte Gruppe, zu der der Vermögenswert gehört, neubewertet werden. Damit ein wesentliches Auseinanderfallen von Buch- und Zeitwert vermieden wird, muss die Neubewertung in regelmäßigen Abständen durchgeführt werden. Für immaterielle Vermögenswerte setzt die Neubewertung das Vorhandensein eines aktiven Marktes voraus. Ein *aktiver Markt* ist nach IAS 38.8 nur dann anzunehmen, wenn nur homogene Produkte gehandelt werden, zu jedem Zeitpunkt sich vertragswillige Käufer und Verkäufer finden und die Marktpreise öffentlich verfügbar sind. Da ein aktiver Markt nur in sehr wenigen Fällen für immaterielle Vermögenswerte vorliegt (z. B. Taxi- oder Fischerei-Lizenzen), kommt der Neubewertungsmethode *kaum praktische Bedeutung* zu.

2.1.1 Immaterielles Anlagevermögen

```
                    Folgebewertung
              immaterieller Vermögenswerte
                          ⇩
                       Wahlrecht
  ┌─────────────────────────┬─────────────────────────────────┐
  │ Anschaffungskostenmodell │      Neubewertungsmethode       │
  │   ↳ Fortgeführte AK/HK   │        ↳ Neubewertung           │
  │                          │ Voraussetzung: aktiver Markt,   │
  │                          │ d. h. homogene, jederzeit       │
  │                          │ veräußerbare Vermögenswerte,    │
  │                          │ deren Marktpreise öffentlich    │
  │                          │ bekannt sind                    │
  └─────────────────────────┴─────────────────────────────────┘
                          ⇩
               Bestimmung der Nutzungsdauer
              ⇩                              ⇩
    begrenzte Nutzungsdauer          unbegrenzte Nutzungsdauer
              │           ergänzt um          │
              ↓                               ↓
    planmäßige Abschreibungen      außerplanmäßige Abschreibungen
```

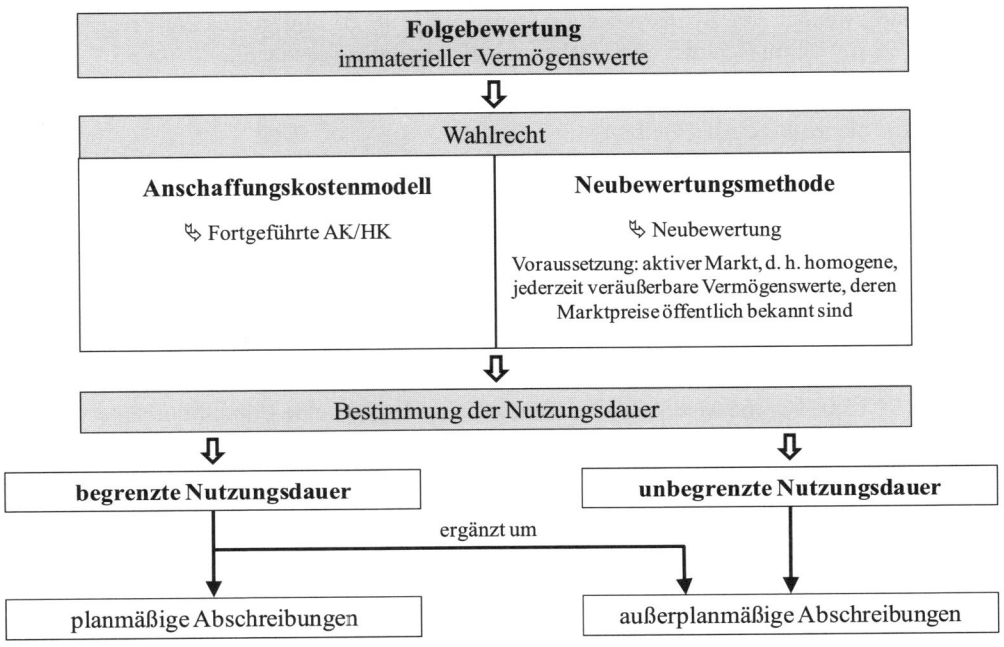

Abbildung 4:   Zusammenfassung der Folgebewertung

Fallstudie

Sie arbeiten in der Medienfirma „Medien-AG" im Konzernrechnungswesen. Sie sind zuständig für die Aufstellung des Konzern-Jahresabschlusses nach IFRS. Das Geschäftsjahresende der AG ist der 31. Dezember. Da immaterielle Vermögenswerte in der Medien-AG den wesentlichen Teil der Vermögenswerte darstellen, gehört die Klärung von bilanziellen Fragestellungen in diesem Bereich zu Ihren Hauptaufgaben. Der Leiter Konzernrechnungswesen konfrontiert sie mit verschiedenen Problemstellungen zu Ansatz und Bewertung von Filmrechten und Lizenzen im Geschäftsjahr 2008, zu denen Sie Stellung nehmen sollen. Die Medien-AG führt nur umsatzsteuerpflichtige Leistungen im Inland aus, die dem Umsatzsteuersatz von 19% unterliegen. Es ist ein voller Vorsteuerabzug möglich.

Aufgabe 1

Am 01.06.08 wurde ein Filmrecht erworben zum Anschaffungspreis von 500.000 € zzgl. 19% USt. Im Rahmen der Vertragsgestaltung fielen Kosten für Rechtsberatung und sonstige Nebenkosten in Höhe von 1.000 € zzgl. USt an. Anteilige Personalkosten sind ebenfalls mit 1.000 € zu berücksichtigen. Zusätzlich wurden 3.000 € zzgl. USt für die Synchronisation des

Filmes aufgewendet. Die Synchronisation wurde am 31.07.08 abgeschlossen. Ferner wurden 10.000 € zzgl. USt im Rahmen von Marketingmaßnahmen aufgewendet.

Zu welchen Kosten erfolgt die Erstbewertung des Filmrechts und zu welchem Zeitpunkt beginnt die planmäßige Abschreibung?

Aufgabe 2

Die Medien-AG führt in ihrem Programmvermögen sowohl Filmrechte, die mit sämtlichen Verwertungsrechten ohne eine festgelegte Laufzeit erworben wurden, als auch Filmrechte, die dem Unternehmen für eine bestimmte Anzahl an Ausstrahlungen oder für einen bestimmten vertraglich festgelegten Zeitraum zur Verfügung stehen.

a) Zum 31.12.08 hat die Medien-AG ein Nutzungsrecht über eine Filmbibliothek erworben, die nun dem Unternehmen für drei Jahre zur unbegrenzten Ausstrahlung und Nutzung zur Verfügung steht. Das Unternehmen geht davon aus, dass die Verwertung des Nutzungsrechts kontinuierlich über die Laufzeit erfolgen wird. Der Kaufpreis für den erworbenen immateriellen Vermögenswert inklusive aller zurechenbaren Nebenkosten beläuft sich auf 300.000 €.

b) Zusätzlich ist die Media-AG stolz darauf per 31.10.08 die Verwertungsrechte an einem Film erworben zu haben von dem erwartet wird, dass er als Evergreen für viele Jahre in angemessenen Abständen immer wieder ausgestrahlt werden kann. Das Eigentum an dem Filmrecht ist ohne vertragliche Laufzeit auf das Unternehmen übergegangen. Der immaterielle Vermögenswert wurde zu seinen Anschaffungskosten von 500.000 € in die Bilanz aufgenommen.

Die Medien-AG bilanziert hinsichtlich der Folgebewertung nach dem Anschaffungskostenmodell.

Wie ist die Folgebewertung der Filmrechte vorzunehmen?

Aufgabe 3

Wie Sie von der Rechtsabteilung erfahren haben, ist aufgrund neuer medienrechtlicher Einschränkungen die Einsetzbarkeit eines Ihrer Filmrechte vermindert. Dies legt die Vermutung nahe, dass das entsprechende Filmrecht einem Wertverlust unterliegt. Das Filmrecht ist in der Bilanz zum 31.12.08 mit einem Wert von 200.000 € und einer Restlaufzeit von 3 Jahren erfasst. Zwei der angestrebten Verwertungsmärkte sind durch die neue Regelung weggefallen. Unter Berücksichtigung dieser Veränderungen sind seitens der Medien-AG in den kommenden drei Jahren noch sechs Ausstrahlungen geplant. Nach Rücksprache mit der Werbeabteilung und dem Leiter Konzernrechnungswesen werden folgende Netto-Werbeeinnahmen durch die Ausstrahlungen erwartet: 100.000 € in 2009, 50.000 € in 2010 und 20.000 € in 2011. Aus Gründen der Vereinfachung sei hier davon ausgegangen, dass die Einnahmen jeweils zum Jahresende erfolgen. Der Marktzinssatz beträgt 7% vor Steuern und 5% nach Steuern. Zudem liegt der Medien-AG ein Kaufangebot für das Filmrecht in Höhe von 150.000 € vor, was aus Sicht der Konzernleitung jedoch nicht als attraktives Angebot erachtet wird.

Ist für den IFRS Jahresabschluss per 31.12.08 eine außerplanmäßige Abschreibung vorzunehmen?

Aufgabe 4

Neben dem Erwerb von Filmrechten und Lizenzen, ist die Medien-AG auch des Öfteren in die Eigenproduktion von Programmvermögen involviert. Es handelt sich hierbei um die Produktion von Filmen zur längerfristigen Eigenverwertung und somit um die Selbsterstellung eines immateriellen Vermögenswertes: dem Filmrecht.

Im Jahr 2008 hat die Medien-AG einen TV Film produziert, der vollständig in der Periode fertiggestellt wurde. Das Unternehmen erwartet sich signifikante Einnahmen aus der Eigenverwertung des Filmrechts. Die folgenden Kosten sind in 2008 im Zusammenhang mit der Produktion angefallen:

	in €:
Produktionskosten:	
• Drehbuch	100.000
• Schauspieler, Regisseure und sonstige Personalkosten	300.000
• Studiokosten und anteilige Abschreibung des Equipments	80.000
Kosten der Überarbeitung:	
• digitale Überarbeitung und Synchronisation	120.000
Marketing Kosten:	100.000

Zusätzlich sind im Vorfeld des Drehbucherwerbs im Unternehmen Kosten für Marktforschung in Höhe von 30.000 € angefallen. Ferner musste die Medien-AG einem der Regisseure 1.000 € Abschlagszahlung leisten, um sicherzustellen, dass dieser für die Filmproduktion zur Verfügung steht. Allerdings erfolgte diese Zahlung bevor im Konzern der endgültige Beschluss gefasst wurde, den Film tatsächlich zu produzieren. Die Zahlung wurde daher Anfang 2008 im Aufwand erfasst.

Ist das Filmrecht in der Bilanz zu aktivieren? Zu welchem Wert würde der immaterielle Vermögenswert dann in der Bilanz geführt?

Aufgabe 5

Die Medien-AG hat in 2008 zudem eine neue Unternehmenswebsite „gelauncht". Die Internetseite dient im Wesentlichen der Erzielung zusätzlicher Gewinne durch die Online-Vermarktung von Merchandising-Artikeln und Pay-per-View Angeboten. Die Internetseite wurde von der Medien-AG selbst erstellt. Die folgenden internen Kosten sind hierbei angefallen:

Kosten der Planungsphase: in €:
- Projektplanung 500
- Bestimmung der erforderlichen Ressourcen und Funktionalitäten 1.500

Kosten der Erstellung:
- Entwicklung der Infrastruktur und des graphischen Designs 3.000
- Entwicklung der Inhalte 2.000

geschätzte jährliche Betriebskosten: 500

Können die entstandenen Kosten vollständig oder teilweise in der Bilanz aktiviert werden?

Lösung 1

Unter IFRS bestehen grundsätzlich keine branchenspezifischen Regelungen. Die vorliegende Fragestellung zum Ansatz und der Erstbewertung eines Filmrechts ist daher nach den allgemeinen Grundsätzen des IAS 38 zu beurteilen.

Bei dem erworbenen Filmrecht handelt es sich um einen ansetzbaren immateriellen Vermögenswert. Das Unternehmen übt Verfügungsmacht über den Vermögenswert aus, da das Eigentum an dem Filmrecht aufgrund des vergangenen Ereignisses des Vertragsschlusses auf die Medien-AG übergegangen ist. Zudem ist aus der Verwertung des Filmrechts zukünftiger Nutzenzufluss zu erwarten. Da das Filmrecht separat erworben wurde, ist es identifizierbar. Es ist ohne physische Substanz und nicht monetär. Die Bewertung zu Anschaffungskosten ist verlässlich möglich, wie im Folgenden aufgezeigt wird.

Bei der Ermittlung der *Anschaffungskosten*, sind gemäß IAS 38.27 der Anschaffungspreis und alle direkt zurechenbaren Kosten, einschließlich direkt zurechenbarer Gemeinkosten, einzubeziehen, die nötig sind, um das erworbene Filmrecht in einen sendefähigen Zustand zu versetzen. Die Vorsteuer ist voll abzugsfähig und stellt daher keinen Aufwand dar.

In die Berechnung der Anschaffungskosten sind folgende Posten mit einzubeziehen:

- Anschaffungspreis 500.000 €
- direkt zurechenbare Anschaffungsnebenkosten 1.000 €
- anteilige Personalkosten 1.000 €
- Synchronisationskosten 3.000 €

Höhe der Anschaffungskosten: 505.000 €.

Die Synchronisationskosten sind Teil der notwendigen Aufwendungen, um das Filmrecht im Deutschen Markt verwerten zu können. Obwohl sie nach Vertragsabschluss anfallen, werden sie als Teil der Anschaffungsnebenkosten zum Zeitpunkt ihrer Entstehung aktiviert. Die Kosten für Marketingmaßnahmen unterliegen jedoch gemäß IAS 38.29 einem Ansatzverbot und sind daher als Aufwand in der Gewinn- und Verlustrechnung zu erfassen.

2.1.1 Immaterielles Anlagevermögen

Die Umsatzsteuern sind steuerlich voll abzugsfähig und gehen nicht in die Berechnung ein. Aus Vereinfachungsgründen werden die Umsatzsteuern daher in den folgenden Aufgaben nicht weiter thematisiert.

Die *planmäßige Abschreibung* eines immateriellen Vermögenswertes erfolgt ab dem Zeitpunkt, ab dem sich der Vermögenswert in verwertbarem Zustand befindet und sollte dem tatsächlichen Nutzenverlauf des Rechts entsprechen. Im vorliegenden Fall befindet sich das Filmrecht ab dem Zeitpunkt der Fertigstellung der Synchronisation in verwertbarem Zustand. Die Abschreibungsperiode beginnt daher am 31.07.08.

Lösung 2

Das erworbene Programmvermögen wird als immaterielles Vermögen zum Zugangszeitpunkt mit seinen Anschaffungskosten in der Bilanz angesetzt. Die Folgebewertung erfolgt grundsätzlich zu Anschaffungskosten abzüglich kumulierter Abschreibungen und etwaiger Wertminderungen. Die Abschreibungsmethodik hat dabei dem Nutzenverlauf zu entsprechen.

a) Das erworbene Nutzungsrecht an der Filmbibliothek wird per 31.12.08 mit seinen Anschaffungskosten von 300.000 € in die Bilanz aufgenommen.

Die *Abschreibungsdauer* bemisst sich gemäß IAS 38.94 grundsätzlich nach der Vertragslaufzeit von drei Jahren. Eine kürzere Abschreibungsperiode wäre angemessen, wenn das Unternehmen nicht beabsichtigte, den Vermögenswert während der gesamten Vertragslaufzeit zu nutzen. Vertragliche Verlängerungsoptionen dürften jedoch nur einbezogen werden sofern diese mit hinreichender Sicherheit und ohne wesentliche Kosten ausgeübt werden könnten. Im Vorliegenden Fall beträgt die Nutzungsdauer drei Jahre ab Erwerbszeitpunkt.

Die *Abschreibungsmethodik* ist nach dem erwarteten Nutzungsverlauf zu bestimmen. Da die Medien-AG von einer kontinuierlichen Nutzung der Filmbibliothek ausgeht, ist in diesem Fall eine lineare Abschreibung angemessen. Der Abschreibungsaufwand pro Jahr berechnet sich wie folgt:

Abschreibungsaufwand p. a. = aktivierte Anschaffungskosten / Nutzungsdauer

In den folgenden drei Jahren ist daher pro Jahr ein Abschreibungsaufwand von 100.000 € zu erfassen. Buchwert per 31.12.08: 300.000 €, per 31.12.09: 200.000 €.

Die Medien-AG ist zudem zu jedem Stichtag verpflichtet, die gewählte Abschreibungsmethodik auf ihre Angemessenheit zu überprüfen (IAS 38.104).

Anmerkung: In der Praxis wir im Bereich des Free-TV auch häufig eine degressive Abschreibung vorgenommen, da erfahrungsgemäß bei den meisten TV-Filmrechten mit der ersten Ausstrahlung der größte Nutzenverzehr auftritt.

b) Die Medien-AG ist derzeit nicht im Stande, eine zukünftige Nutzungsdauer zu bestimmen, da zum derzeitigen Zeitpunkt nicht festgestellt werden kann, für welchen Zeitraum das Filmrecht dem Unternehmen zukünftigen wirtschaftlichen Nutzen erbringen wird. Eine planmäßige Abschreibung des immateriellen Vermögenswertes ist daher nicht vorzunehmen. Stattdessen ist die Medien-AG verpflichtet, das Filmrecht mindestens einmal jährlich mittels eines Impairment Tests gemäß IAS 36 auf Wertminderung zu überprüfen. Zudem ist zu jeden Bilanzstichtag zu überprüfen ob aufgrund neuer Informationen eine Nutzungsdauer bestimmt werden kann.

Lösung 3

Eine außerplanmäßige Abschreibung ist vorzunehmen, wenn der Erzielbare Betrag eines Vermögenswertes niedriger ist als sein Buchwert in der Bilanz. Der Erzielbare Betrag ist dabei definiert als der höhere der beiden Beträge aus dem beizulegenden Zeitwert abzüglich Veräußerungskosten und dem Nutzungswert eines Vermögenswertes (IAS 36.18).

Durch das vorliegende Kaufangebot ist der Marktpreis verlässlich bestimmbar. Unter der Annahme, dass keine Veräußerungskosten anfallen, betrüge der beizulegende Zeitwert abzüglich Veräußerungskosten demnach 150.000 €. Der Nutzungswert basiert auf den unternehmensinternen Ertragserwartungen. Um diesen zu berechnen, ist der Barwert der Einzahlungsüberschüsse („cash flows") zu ermitteln. Die gegebenen Einzahlungsüberschüsse sind mit dem Zinssatz *vor Steuern* zu diskontieren (IAS 36.55). Dies ist sachgerecht, um die Vergleichbarkeit alternativer Anlageformen, über nationale Unterschiede in der Besteuerung hinweg, zu gewährleisten. Für fortführende Einzelheiten in Bezug auf die Regelungen zum Impairment Test wird an dieser Stelle auf IAS 36 verwiesen.

Die in der Aufgabe gegebenen zukünftigen Nettoeinnahmen sind mit einem Marktzins vor Steuern in Höhe von 7% zu diskontieren. Aufgrund der vereinfachten Annahme, dass die Einnahmen jeweils am Ende des Jahres erfolgen, ist die Diskontierung jeweils um ein ganzes Jahr vorzunehmen. Der Barwert errechnet sich wie folgt:

Barwert = 100.000 € / $1,07^1$ + 50.000 € / $1,07^2$ + 20.000 / $1,07^3$.

Es ergibt sich ein Nutzungswert von rund 153.455 €.

Da der beizulegende Zeitwert abzüglich Veräußerungskosten geringer ist als der Nutzungswert, entspricht der Erzielbare Betrag dem Nutzungswert in Höhe von 153.455 €.

Der Buchwert von 200.000 € ist demnach zu hoch und es ist eine außerplanmäßige Abschreibung in Höhe der Differenz von 46.545 € vorzunehmen.

Bereits mittels dieser einfachen Fragestellung wird deutlich, dass sich die Ermittlung des Erzielbaren Betrages im Rahmen eines Impairment Test insbesondere bei immateriellen Vermögenswerten sehr komplex und zeitaufwendig gestalten kann. Je spezieller der immaterielle Vermögenswert, desto schwieriger erfolgt dessen Bewertung. Zusätzliche Komplexität ergibt sich, wenn ein immaterieller Vermögenswert nicht alleinstehend bewertet werden kann, sondern nur in einer Gruppe von Vermögenswerten. Problemstellungen dieser Art können sich in der Filmbranche beispielsweise ergeben, wenn ein Filmrecht erworben wird aufgrund seines positiven Abstrahlungseffektes auf andere Vermögenswerte im Programmvermögen. Eine separate Bewertung würde hier nicht den vollen Nutzen des entsprechenden Filmrechtes widerspiegeln.

Lösung 4

Filmrechte aus Eigenproduktionen stellen selbst erstellte immaterielle Vermögenswerte da, die in der Bilanz zu ihren Herstellungskosten anzusetzen sind, sofern die in IAS 38.57 vorgegebenen zusätzlichen Ansatzkriterien kumulativ erfüllt sind.

Zunächst ist zu überprüfen, ob das Entwicklungsprojekt die *Ansatzkriterien* erfüllt und somit zum 31.12.08 in die Bilanz aufzunehmen ist. Die Medien-AG hat bereits vorher Filmprojekte ähnlicher Art abgeschlossen. Sofern sich das Unternehmen zur Produktion entscheidet, erfolgt dies aufgrund der Erwartungen, dass der Film zukünftigen Nutzen einbringen wird. Es kann davon ausgegangen werden, dass durch die in der Vergangenheit gesammelten Erfahrungen, sowie durch die regelmäßig durchgeführten Marktstudien, die meisten der in IAS 38.57 gelisteten Ansatzkriterien wie technische Realisierbarkeit oder die Fähigkeit zur Nutzung und zur Verwertung als erfüllt angesehen werden können. Auch stehen dem Unternehmen ausreichend Ressourcen zur Verfügung.

Im vorliegenden Fall besteht das zentrale Kriterium daher in der Absicht des Unternehmens, den immateriellen Vermögenswert fertigzustellen, um in anschließend zu verwerten. Sobald der Beschluss im Konzern gefasst wird, die Produktion durchzuführen, sind die anfallenden Kosten zum Zeitpunkt ihrer Entstehung in der Bilanz zu aktivieren.

Die ansetzbaren *Herstellungskosten* beinhalten dabei sämtliche Kosten die der Erstellungsphase des immateriellen Vermögenswertes direkt zurechenbar sind und die anfallen, um das Filmrecht in seinen vom Management vorgesehen, gebrauchsfertigen Zustand zu versetzen. Allerdings dürfen Kosten erst ab dem Zeitpunkt angesetzt werden, ab dem sämtliche Ansatzkriterien erfüllt sind.

Unter den Annahmen, dass das Filmrecht zum Jahresende fertiggestellt wurde und der entsprechende Film ab 2009 verwertet werden kann, ergeben sich die ansatzfähigen Herstellungskosten wie folgt:

- Produktionskosten   480.000 €
- Kosten der Überarbeitung   120.000 €

Das Filmrecht ist daher zum 31.12.08 mit einem Buchwert von 480.000 € zu bilanzieren.

Die Produktionskosten in Höhe von 480.000 € sowie die Kosten der Überarbeitung von 120.000 € sind den ansetzbaren Herstellungskosten zuzurechnen. Marketingmaßnahmen gehören jedoch nicht zu den Herstellungskosten. Gemäß IAS 38.54 unterliegen auch Forschungskosten einem Ansatzverbot.

Die geleistete Abschlagszahlung von 1.000 € wurde geleistet, bevor der endgültige Entschluss zur Produktion des Films gefasst wurde. Zu diesem Zeitpunkt waren die Ansatzkriterien demnach nicht vollständig erfüllt. Für solche Kosten besteht ein Nachholverbot, das heißt die in der GuV erfassten Aufwendungen dürfen nicht nachträglich aktiviert werden.

Lösung 5

Bei einer hausintern entwickelten Internetseite handelt es sich um einen selbst erstellten immateriellen Vermögenswert, dessen Bilanzierung nach IAS 38 in Verbindung mit SIC-32 *Immaterielle Vermögenswerte – Websitekosten* zu beurteilen ist.

Analog zu Forschungskosten, unterliegen Kosten der *Planungsphase* einem Ansatzverbot.

Kosten der *Entwicklung* einer Internetseite, wie beispielsweise die Entwicklung der Infrastruktur und des Designs (ausgenommen werbe- und vertriebsbezogene Inhalte) sind in die Bilanz aufzunehmen, sofern die Ansatzkriterien für selbst erstellte immaterielle Vermögenswerte gem. IAS 38 erfüllt sind. Besonders kritisch ist in diesem Zusammenhang die Nachweisbarkeit zukünftigen wirtschaftlichen Nutzens zu beurteilen. Die Medien-AG muss nachweisen, dass sie in der Lage ist, direkte oder indirekte zukünftige Gewinne mit der Website zu erzielen. Wird eine Internetseite hauptsächlich zu dem Zweck entwickelt, die unternehmenseigenen Produkte und Dienstleistungen zu vermarkten und zu bewerben, unterliegen die Kosten einem Ansatzverbot.

Im vorliegenden Fall ist jedoch zu erwarten, dass die Medien-AG direkte Gewinne durch die Internetseite generieren kann, durch den Online-Verkauf von Merchandising-Artikeln und Pay-per-View Angeboten.

Kosten die nach der *Fertigstellung* der Internetseite entstehen, sind bei ihrer Entstehung im Aufwand zu erfassen. Dies gilt im vorliegenden Beispiel für die geschätzten jährlichen Betriebskosten von 500 €.

Grundsätzlich ansatzfähig sind daher nur die Kosten der Erstellung der Internetseite. Einbezogen werden alle direkt zurechenbaren Ausgaben für die Erstellung und Vorbereitung der Internetseite auf ihren beabsichtigten Gebrauch.

In der Praxis ist es oft schwierig, die nicht ansatzfähigen Aufwendungen für die Entwicklung von werbungsbezogenen Inhalten zu separieren. Ausgaben für professionelle Dienstleistungen für eine verbesserte Produktpräsentation zum Beispiel wären als Aufwand zu erfassen. Die Personalkosten für die detaillierte Entwicklung des zu präsentierenden Inhaltes wären jedoch generell ansatzfähig.

Vereinfachend wird hier angenommen, dass die Kosten der Erstellung keine werbe- und vertriebsbezogenen Kosten enthalten. Die Herstellungskosten für den selbst erstellten immateriellen Vermögenswert setzen sich daher zusammen aus:

- Kosten für die Entwicklung von Infrastruktur und Design   3.000 €
- Kosten für die Entwicklung der Inhalte   2.000 €

Der erstmalige Ansatz erfolgt daher zu Herstellungskosten in Höhe von 5.000 €.

Zudem muss die Medien-AG eine bestmögliche Schätzung der Nutzungsdauer vornehmen. Auch dies gestaltet sich in der Praxis oft schwierig. Gemäß SIC-32 sollte eine möglichst kurze Nutzungsdauer bestimmt werden.

Literaturhinweise

BRÖSEL, G./ZWIRNER, C. (2004): Bilanzierung von Sportrechteverträgen nach HGB, IFRS und US-GAAP aus Sicht eines werbefinanzierten Fernsehsenders, in: MedienWirtschaft, 1. Jg., S. 21–29.

ESSER, M./HACKENBERGER, J. (2004): Bilanzierung immaterieller Vermögenswerte des Anlagevermögens nach IFRS und US-GAAP, in: KoR, 4. Jg., S. 402–414.

LANGECKER, A./MÜHLBERGER, M. (2003): Berichterstattung über immaterielle Vermögenswerte im Konzernabschluss: Vergleichende Gegenüberstellung von DRS 12, IAS 38 und IAS 38 rev., in: KoR, 3. Jg., S. 109–122.

SCHULT, E./BRÖSEL, G. (2008): Bilanzanalyse, 12. Aufl., Berlin.

WULF, I. (2008): Immaterielle Vermögenswerte nach IFRS : Ansatz, Bewertung, Goodwill-Bilanzierung, Berlin.

ZWIRNER, C. (2008): Die bilanzielle Behandlung von Filmrechten und Lizenzen – Vermögenswertspezifische Bewertungsprobleme: eine Fallstudie –, in: KoR, 8. Jg., S. 272–280.

ZWIRNER, C./REUTER, M./BUSCH, J. (2004): Die Abbildung von Verlusten im Jahresabschluss, in: *BRÖSEL, G./KASPERZAK, R.* (Hrsg.), Internationale Rechnungslegung, Prüfung und Analyse, München/Wien, S. 181–191.

Andreas Dutzi

2.1.2 Sachanlagevermögen

Bilanzierung von Sachanlagen nach IFRS

Abgrenzung und Bilanzansatz

Die Bestimmungen zur Bilanzierung von Sachanlagen (*property, plant and equipment*) sind im Wesentlichen in IAS 16 verankert. Daneben existieren Sondervorschriften für die Bilanzierung von als Finanzinvestition gehaltene Immobilien (IAS 40), für Leasingverhältnisse (IAS 17) und für Sachanlagen, die gemäß IFRS 5 als zur Veräußerung eingestuft werden. Vom Anwendungsbereich des IAS 16 sind demgegenüber ausgeschlossen:

- biologische Vermögenswerte, die mit einer landwirtschaftlichen Tätigkeit im Zusammenhang stehen;
- Mineralgewinnungsrechte, Bodenschätze und ähnliche nicht-generative Ressourcen sowie
- Aufwendungen, die zur Gewinnung (Exploration und Evaluierung) eben jener Mineralien und Ressourcen anfallen.

> Nach IAS 16.6 umfasst der Begriff Sachanlagen nur jene materielle Vermögenswerte, die ein Unternehmen für Zwecke der Herstellung oder der Lieferung von Gütern und Dienstleistungen, zur Vermietung an Dritte oder für Verwaltungszwecke besitzt.

Dabei wird angenommen, dass die Sachanlagen über ein langfristiges Nutzungspotenzial verfügen und somit voraussichtlich über eine Rechnungsperiode hinaus genutzt werden (*non current assets*). Obwohl mit IAS 16.6 eine Begriffsdefinition vorliegt, bleibt der genaue Umfang des Sachanlagevermögens dennoch unbestimmt bzw. der Einzelfallprüfung überlassen. Dies zeigt sich deutlich in der Behandlung von Ersatzteilen, Hilfsmitteln oder Wartungsgeräten. Solche Gegenstände für den laufenden Gebrauch zählen gemeinhin zu dem Vorratsvermögen, die bei ihrem Verbrauch als Aufwand zu verbuchen sind. Nach IAS 16.8 können diese Gegenstände hingegen auch Sachanlagen darstellen, sofern sie länger als eine Rechnungsperiode genutzt werden. Dies trifft insbesondere in jenen Fällen zu, in denen Ersatzteile oder Wartungsgeräte nur in Verbindung mit einem anderen Vermögenswert (z. B. Maschine) ihren Zweck erfüllen können und zum Einsatz kommen.

Eine weitere Besonderheit ist bei Austausch, Erneuerung oder Veränderung von Sachanlagen zu beachten. Die Rechnungslegung nach IFRS/IAS sieht in diesem Zusammenhang den sog. Komponentenansatz (*components approach*) vor.

> Gemäß dem Komponentenansatz (IAS 16.43) sind einzelne Teile einer Sachanlage eigenständig zu bewerten, falls ihre Anschaffungswerte im Verhältnis zum Gesamtwert der Sachanlage einen bedeutsamen Anteil darstellen.

Verfügen die Komponenten hingegen über eine ähnliche Nutzungsdauer wie die Gesamtanlage, können diese zusammengefasst werden (IAS 16.45). Der Komponentenansatz unterscheidet sich damit von den handelsrechtlichen Bestimmungen, die eine Aufteilung einer Sachanlage in ihre einzelnen Bestandteile nicht erlauben, wenn diese in einem einheitlichen Nutzungs- und Funktionszusammenhang stehen. Mit dem Rückgriff auf den Komponentenansatz wird eine teilweise Glättung von in größeren Zeitabständen anfallenden Aufwendungen einer Anlage beabsichtigt. Werden einzelne Komponenten einer Anlage im Rahmen von Inspektions- und Wartungsarbeiten regelmäßig ersetzt, so erfolgt dies bilanztechnisch durch eine Ausbuchung des Buchwerts der Altkomponente und Aktivierung des Ersatzteils. Damit übernimmt der Komponentenansatz in gewisser Weise die Funktion einer Aufwandsrückstellung,[1] die bis zur Verabschiedung des Bilanzrechtsmodernisierungsgesetzes (*BilMoG*) im Jahr 2009 nach § 249 Abs. 2 HGB gebildet werden konnte. Umgekehrt bietet auch der Komponentenansatz einen nicht unerheblichen Ermessensspielraum, da IAS 16 in Bezug auf die Messung des bedeutsamen Wertanteils keine ergänzenden Hinweise enthält. Darüber hinaus sieht IAS 16.47 ein Wahlrecht vor, nach dem auch nicht signifikante Teile einer Sachanlage eigenständig bewertet werden können.

Unter den Sachanlagen ist es gemäß IAS 16.9 ebenfalls möglich, ein Sammelausweis bzw. eine Gruppenbewertung von untergeordneten Vermögenswerten vorzunehmen. Die Abkehr vom Einzelbewertungsgrundsatz wird aus Gründen der Wirtschaftlichkeit für zulässig erachtet. Durch diese Erleichterung kann auf eine stückmäßige Inventarisierung zugunsten einer Bilanzierung von Festwerten (z. B. bei Werkzeugen) verzichtet werden. Voraussetzung hierfür ist jedoch, dass es sich um Gegenstände des Anlagevermögens und nicht um Vorratsvermögen handelt.

Zugangsbewertung

Analog zu den handelsrechtlichen Bestimmungen sind Sachanlagen bei erstmaliger Erfassung stets mit ihren Anschaffungs- oder Herstellungskosten zu bewerten (IAS 16.14). Die Anschaffungskosten umfassen den Kaufpreis einschließlich Einfuhrzölle und nicht erstattungsfähiger Erwerbssteuer sowie aller direkt zurechenbaren Kosten (Anschaffungsnebenkosten), die anfallen, um den Vermögenswert zu dem Standort und in betriebsbereiten Zustand zu versetzen. Anschaffungspreisminderungen, wie z. B. Rabatte, Boni und Skonti sind bei der Ermittlung der Anschaffungskosten abzusetzen.

Ein Unterschied zur Bilanzierung nach HGB besteht in der Behandlung von sog. Entsorgungs- oder Rekultivierungsverpflichtungen, die ein Unternehmen bspw. bei Erwerb der Sachanlage eingeht. Kosten, die für die Beseitigung bzw. den Abbruch der Sachanlage und

---

[1] Vgl. hierzu auch *WAGENHOFER* (2009), S. 186.

2.1.2 Sachanlagevermögen

die Wiederherstellung des Standorts voraussichtlich anfallen werden, sind in die Ermittlung der Anschaffungskosten einzubeziehen, soweit diese nach IAS 37 auch als Rückstellung anerkannt werden. Die künftigen Ausgaben fließen hierbei in der Regel mit ihrem Barwert in die Berechnung der Anschaffungskosten ein und sind anschließend über die Nutzungsdauer der Sachanlage zu amortisieren. Im gleichen Zuge ist gemäß IAS 37 eine Rückstellung zu bilden und in den Folgejahren aufzuzinsen.

> In die Berechnung der Anschaffungskosten dürfen nur direkt zurechenbare Kosten eingehen.

Die Formulierung in IAS 16.16 schließt damit in gewisser Weise auch sog. unechte Gemeinkosten ein, die lediglich mangels Dokumentation nicht direkt erfasst werden. Verwaltungs- und andere (echte) Gemeinkosten gehören demgegenüber nicht zur den Anschaffungskosten. Weitere Beispiele für nicht aktivierungsfähige Ausgaben sind in IAS 16.19 aufgeführt und beinhalten u. a. Aufwendungen für die Ingangsetzung des Geschäftsbetriebs oder für die Einführung neuer Produkte.

Für die Ermittlung der Herstellungskosten sind dieselben Grundsätze einschlägig, da IAS 16 nur allgemein den Oberbegriff *cost* als Gesamtdefinition nutzt und nicht zwischen den beiden Wertmaßstäben unterscheidet. Überdies wird in IAS 16.22 explizit auf die Bewertung des Vorratsvermögens in IAS 2 verwiesen, sodass für die Herstellungskosten von Sachanlagen und Vorräten die gleichen Vorschriften greifen. Danach sind bei der Ermittlung der Herstellungskosten zunächst ebenso alle direkt zurechenbaren Aufwendungen, d. h. Einzelkosten für Material und Fertigung, einzubeziehen. Durch den Verweis auf IAS 2 sind darüber hinaus auch alle variablen Produktionsgemeinkosten zwingend einzubeziehen, sodass es zu einem Ausweis der produktionsbezogenen Vollkosten kommt. Nicht zu berücksichtigen sind hingegen auch hier allgemeine Gemeinkosten der Verwaltung sowie überhöhte Kosten aus der Produktion infolge von Überkapazitäten (Leerkosten) oder Fehlarbeiten. Vertriebskosten bilden analog den handelsrechtlichen Bestimmungen keinen Bestandteil der Herstellungskosten.

Besondere Bestimmungen sind bei der Behandlung von Fremdkapitalkosten zu beachten. IAS 16.22 verweist in diesem Zusammenhang auf die Regelungen des IAS 23. Fremdkapitalkosten, die bei dem Erwerb oder der Herstellung von besonderen Vermögenswerten (sog. *qualifying assets*) anfallen, müssen als Bestandteil der Anschaffungs- oder Herstellungskosten aktiviert werden. Unter dem Begriff qualifying asset fallen Vermögenswerte insbesondere dann, wenn deren Herstellung bzw. Errichtung einen längeren, d. h. mehrjährigen Zeitraum erfordert. In dieser Hinsicht dürften gerade Sachanlagen, wie. z. B. Produktionshallen, regelmäßig die Voraussetzungen für die Einbeziehung von Fremdkapitalkosten in die Anschaffungs- oder Herstellungskosten erfüllen.

Weitere Sondervorschriften sind bei *Zuwendungen der öffentlichen Hand* für die Anschaffung oder Herstellung von Vermögenswerten zu beachten. Nach IAS 16.28 können derartige Zuwendungen als eine Minderung des Buchwerts der Sachanlage erfasst werden. Alternativ ist durch den Verweis auf IAS 20 auch die Bildung eines passiven Abgrenzungspostens zulässig. Der Abgrenzungsposten ist dann während der Nutzungsdauer der Sachanlage planmäßig erfolgswirksam aufzulösen.

Beruht der Anschaffungsvorgang einer Sachanlage auf einem *Tauschgeschäft* mit einem nicht monetären Vermögenswert oder einer Kombination aus monetären und nicht monetären Vermögenswerten, bestimmen sich die Anschaffungskosten grundsätzlich nach dem beizulegenden Zeitwert der erhaltenen Sachanlage. Ein Rückgriff auf den beizulegenden Zeitwert ist indes ausgeschlossen, sofern die Transaktion über keine wirtschaftliche Substanz verfügt oder sofern weder der beizulegende Zeitwert der erhaltenen noch des hingegebenen Gegenstands verlässlich ermittelt werden können. In diesen Fäll sind die Buchwerte der hingegebenen Vermögenswerte beizubehalten (IAS 16.25).

Ob in Zweifelsfällen eine Sachanlage als Vermögenswert zu bilanzieren ist, hängt in Übereinstimmung mit den allgemeinen Kriterien des Rahmenkonzepts (*framework*) von zwei separat zu prüfenden Bedingungen ab. Eine Sachanlage ist als Vermögenswert nur dann anzusetzen, wenn es zum einen wahrscheinlich ist, dass dem Unternehmen hierdurch ein künftiger wirtschaftlicher Nutzen zufließt. Zum anderen müssen die Anschaffungs- oder Herstellungskosten zwingend auf verlässliche Weise ermittelbar sein. In allen anderen Fällen sind die Ausgaben als Aufwand der Rechnungsperiode zu verbuchen.

Eine Ausnahme besteht ferner bezüglich der Behandlung von sog. *nachträglichen Anschaffungs- oder Herstellungskosten*. Hierbei handelt es sich um Ausgaben, die ein zusätzliches Nutzenpotenzial der Sachanlage schaffen, über das das Unternehmen künftig verfügen kann. Solche Ausgaben sind vergleichbar mit der handelsrechtlichen Bilanzierung ebenfalls zu aktivieren. Kleinreparaturen oder alltägliche Instandhaltungsaufwendungen sind hingegen weder als nachträgliche Anschaffungs- oder Herstellungskosten einer Sachanlage noch als eigenständige Komponenten aktivierbar, sondern müssen als Aufwand der Rechnungsperiode verbucht werden.

Folgebewertung – Kostenmodell

Im Rahmen der Folgebewertung von Sachanlagen sieht IAS 16.29 ein Wahlrecht zwischen dem Kostenmodell und dem Neubewertungsmodell vor. Das gewählte Bewertungsmodell ist in den Folgeperioden aufgrund des *Stetigkeitsgebots* für die einzelne Sachanlage bzw. die Gruppe jener Sachanlagen beizubehalten. Eine Änderung bzw. ein Methodenwechsel ist nach IAS 8 nur dann zulässig, sofern ein anderer Rechnungslegungsstandard bzw. eine Interpretation eine solche Vorgehensweise explizit verlangt oder sofern hierdurch eine bessere Darstellung der Vermögens-, Finanz- und Ertragslage des Unternehmens (*fair presentation*) erreicht wird.

> Entscheidet sich das Unternehmen für das *Kostenmodell* (IAS 16.30), sind die abnutzbaren Sachanlagen nach ihrem erstmaligen Ansatz zu ihren historischen Kosten abzüglich der kumulierten Abschreibungen sowie aller kumulierten Abwertungsverluste fortzuführen.

Die Bewertung zu fortgeführten Anschaffungs- bzw. Herstellungskosten entspricht somit grundsätzlich den handelsrechtlichen Bestimmungen in § 253 HGB. Da der Abschreibungsbetrag der Sachanlage bzw. ihrer wesentlichen Komponenten planmäßig über die jeweiligen Nutzungsdauern zu verteilen ist (IAS 16.50), muss zunächst ein Abschreibungsplan erstellt werden. Zu diesem Zweck muss über die folgenden Elemente entschieden werden:

1. Nutzungsdauer der einzelnen Vermögenswerte;
2. Restwerte der einzelnen Vermögenswerte;
3. Abschreibungsverfahren.

Bei der Festlegung der Nutzungsdauer gilt es zu beachten, dass sich der wirtschaftliche Nutzen eines Vermögenswerts nicht allein durch dessen Einsatz verringert, sondern auch durch andere Faktoren, wie z. B. die technische Veralterung oder die unternehmensindividuelle Investitionspolitik beeinträchtigt wird. Die voraussichtliche Nutzungsdauer kann daher deutlich von der wirtschaftlichen oder technischen Nutzungsdauer des Gegenstands abweichen. Wird die Sachanlage entsprechend des Komponentenansatzes in mehrere wesentliche Teile getrennt, muss folglich für jede Komponente eine möglichst genaue Schätzung der voraussichtlichen Nutzungsdauer vorgenommen werden. Diese Schätzungen sind zudem gemäß IAS 16.51 mindestens zum Ende jeder Rechnungsperiode zu überprüfen. Sollte sich aus der Überprüfung wesentlicher Anpassungsbedarf im Abschreibungsplan ergeben, sind die Abschreibungen der laufenden sowie aller künftigen Rechnungsperioden entsprechend anzupassen.

Die planmäßige Abschreibung (*depreciation*) der Sachanlage hat zu dem Zeitpunkt zu beginnen, in dem diese erstmalig zur Nutzung zur Verfügung steht. Nach IAS 16.55 kommt es in diesem Zusammenhang abermals nicht auf die allgemeine technische Funktionsfähigkeit an; entscheidend ist vielmehr, ob sich die Sachanlage in dem vom Management beabsichtigten betriebsbereiten Zustand befindet. Auch wenn damit ein Ermessensspielraum einhergeht, dürften die Ergebnisauswirkungen im Vergleich zu anderen Ermessensspielräumen tendenziell gering sein.[2]

Mit dem Ablauf der festgesetzten Nutzungsdauer ist das Ende der planmäßigen Abschreibung erreicht. Abschreibungen sind nach IAS 16.55 vorzunehmen, bis die Sachanlage aus der Bilanz ausgebucht wird. Sollte sich das Management vor Ablauf der Nutzungsdauer für einen vorzeitigen Verkauf der Sachanlage entscheiden, ist die planmäßige Abschreibung ebenfalls zu beenden. Der Vermögenswert ist in diesem Fall gemäß IFRS 5 als *held for sale* zu klassifizieren. Umgekehrt darf die planmäßige Abschreibung nicht allein deshalb beendet oder ausgesetzt werden, weil die Sachanlage vorübergehend nicht im Einsatz ist oder stillgelegt wurde.

---

[2] Vgl. hierzu PELLENS ET AL. (2008), S. 318.

Neben der Schätzung und regelmäßigen Überprüfung der Restwerte einzelner Komponenten bzw. der gesamten Sachanlage ist ein geeignetes Abschreibungsverfahren vorab festzulegen. IAS 16 sieht vergleichbar den Bestimmungen des HGB kein spezielles Verfahren zur Abschreibung von Sachanlagen vor. Die gewählte Methode hat gemäß IAS 16.60 jedoch den erwarteten Nutzenverlauf widerzuspiegeln. Aus diesem Grund ist ebenfalls eine regelmäßige Kontrolle ihrer Zweckmäßigkeit zum Ende der Rechnungsperiode durchzuführen. Als mögliche Abschreibungsverfahren werden in IAS 16.62 explizit die lineare (*straight-line*), die degressive (*diminishing balance*) sowie die leistungsabhängige (*units-of-production*) Abschreibung genannt. In der Praxis kommt zumeist das lineare Verfahren zur Anwendung, das den Abschreibungsbetrag (*depreciable amount*) gleichmäßig über die Nutzungsdauer verteilt:

$$\text{Abschreibungsbetrag} = \frac{(\text{Anschaffungskosten} - \text{erwarteter Restwert})}{\text{voraussichtliche Nutzungsdauer}}$$

Der Rückgriff auf das lineare Verfahren ist nicht allein auf dessen einfache Handhabung zurückzuführen. Es dürfte im direkten Vergleich auch problematischer sein, einen stetig degressiven Nutzenverlauf eines Vermögenswerts nachzuweisen, weshalb die degressiven Verfahren nur vereinzelt für spezielle Sachanlagen Verwendung finden. International verbreitet ist hierbei die sog. *double-declining-balance method* (DDB), deren Abschreibungssatz sich wie folgt ermittelt.

$$\text{Abschreibungssatz} = \left(\frac{100\%}{\text{voraussichtliche Nutzungsdauer}} \right) \cdot 2$$

Eine rein aus steuerlichen Erwägungen gewählte Abschreibungsmethode ist mit den Bestimmungen der IFRS/IAS hingegen nicht vereinbar.

Zusätzlich zu den planmäßigen Abschreibungen ist am Ende der Rechnungsperiode zu prüfen (IAS 16.63), ob Anhaltspunkte für eine *Wertminderung* gemäß IAS 36 vorliegen (*Impairmenttest*). In diesem Fall ist die Sachanlage erfolgswirksam außerplanmäßig auf den niedrigeren Wert abzuschreiben. Dieser bildet in den Folgeperioden die neue Ausgangsbasis zur Ermittlung der Abschreibungsbeträge. Umgekehrt ist eine Wertaufholung immer dann vorzunehmen, wenn die Umstände für die frühere Wertminderung entfallen sind. Die Wertaufholung darf hierbei maximal bis zu den fortgeführten Anschaffungs- oder Herstellungskosten erfolgen.

2.1.2 Sachanlagevermögen

Folgebewertung – Neubewertungsmodell

Wird anstelle einer Bewertung zu den fortgeführten Anschaffungs- oder Herstellungskosten das Neubewertungsmodell gewählt, sind die Sachanlagen im Rahmen der Folgebewertung zu ihrem Neubewertungsbetrag anzusetzen. Dieser entspricht im Zeitpunkt der Neubewertung nach IAS 16.31 dem beizulegenden Zeitwert (*fair value*) der Sachanlage abzüglich aller kumulierter planmäßiger Abschreibungen und kumulierter Wertminderungen. Die Anwendung des Neubewertungsmodells setzt voraus, dass der beizulegende Zeitwert der Sachanlage verlässlich ermittelt werden kann. Bei Grundstücken und Gebäuden sind zu diesem Zweck Marktwerte zu ermitteln, wobei auf Berechnungen hauptamtlicher Gutachter zurückgegriffen werden soll (IAS 16.32). Wird das Neubewertungsmodell hingegen auf technische Anlagen oder Gegenstände der Betriebs- und Geschäftsausstattung angewandt, soll der fair value dem geschätzten Marktwert entsprechen. In den meisten Fällen dürfte die Ermittlung jener Marktwerte mangels fehlender Transaktionen problembehaftet sein. IAS 16.33 sieht in diesen Situationen ein Rückgriff auf Schätzwerte aus Wiederbeschaffungsmethoden oder die Anwendung eines Ertragswertverfahrens vor.

Im Unterschied zum Kostenmodell muss die Neubewertung nicht zwingend einmal je Rechnungsperiode erfolgen. In IAS 16.31 wird lediglich eine regelmäßige Durchführung gefordert, wobei die Häufigkeit der Neubewertungen letztlich von den Änderungen der beizulegenden Werte der Sachanlagen abhängt. Eine Neubewertung ist jedenfalls immer dann durchzuführen, wenn der aktuelle fair value von dem Buchwert einer Sachanlage wesentlich abweicht. In dem Zusammenhang ist die ganze Gruppe der Sachanlagen neu zu bewerten, zu denen der Gegenstand gehört (IAS 16.36). Mit dieser Vorgehensweise soll vermieden werden, dass es innerhalb einer Gruppe von Vermögenswerten zu einer Vermischung von mehreren Wertmaßstäben kommt.

Infolge der Neubewertung ist zu unterscheiden, ob der neu festgestellte fair value unter oder über dem bisherigen Buchwert liegt. Führt die erstmalige Neubewertung zu einer Verringerung des Buchwerts der Sachanlage, ist der Differenzbetrag als Aufwand der Periode zu erfassen. Liegt der umgekehrte Fall vor, d. h. der neu festgestellte fair value liegt über dem bisherigen Buchwert, ist der erstmalig festgestellte Differenzbetrag dagegen erfolgsneutral im Eigenkapital unter dem Posten *Neubewertungsrücklage* auszuweisen. Sobald in Folgeperioden eine weitere Neubewertung durchgeführt wird, müssen die Ergebniseffekte aus der Vorperiode bei der Verbuchung der neuen Differenzbeträge beachtet werden. Wurde bereits in der Vergangenheit eine Wertminderung erfolgswirksam als Aufwand verbucht, ist dieser bei einer aktuellen Werterhöhung zunächst erfolgswirksam aufzulösen. Ein aus der Werterhöhung darüber hinaus bestehender Differenzbetrag ist dann wiederum erfolgsneutral in der Neubewertungsrücklage zu erfassen. Der Neubewertungsgewinn kann durch diese buchtechnische Behandlung niemals erfolgswirksam über die Anschaffungs- oder Herstellungskosten hinaus verrechnet werden. Eine ähnliche Vorgehensweise greift auch bei der Feststellung einer Wertminderung, wenn zuvor eine Werterhöhung in einer Neubewertungsrücklage erfasst wurde. In diesem Fall muss zunächst die Neubewertungsrücklage erfolgsneutral aufgelöst werden. Ein darüber hinaus bestehender Wertminderungsbedarf ist erfolgswirksam in der Gewinn- und Verlustrechnung zu erfassen.

> Unabhängig von der Durchführung einer Neubewertung muss auch bei Anwendung des Neubewertungsmodells ein Wertminderungstest (*Impairmenttest*) gemäß IAS 36 erfolgen.

Darüber hinaus kann durch die Anwendung des Neubewertungsmodells ebenso wenig auf die Ermittlung der Abschreibungen verzichtet werden. Stattdessen bildet der festgestellte Neubewertungsbetrag einer abnutzbaren Sachanlage gleichzeitig die neue Ausgangsbasis für die Abschreibungen.

Ausbuchung von Sachanlagen

Sachanlagen sind aus der Bilanz auszubuchen, sofern ein Abgang (*disposal*) oder eine dauerhafte Stilllegung stattgefunden hat und künftig kein wirtschaftlicher Nutzen aus der Anlage mehr zu erwarten ist (IAS 16.67). Der sich im Zuge der Ausbuchung ergebende Differenzbetrag aus Buchwert und Nettoveräußerungserlös ist erfolgswirksam zu behandeln, sofern das Kostenmodell angewandt wurde. Im Regelfall dürfte es sich bei diesem Ergebniseffekt um einen Verlust handeln, da vielfach anstelle eines Nettoveräußerungserlöses zusätzliche Kosten (z. B. für die Entsorgung) anfallen. Aus dem Verkauf einer Sachanlage resultieren jedenfalls keine Umsatzerlöse (*revenue*). Vielmehr ist ein etwaig erzielter Gewinn als sonstiger betrieblicher Ertrag (*other operating income*) in der Gewinn- und Verlustrechnung auszuweisen. Bei Anwendung des Neubewertungsmodells ist eine zusätzlich bestehende Neubewertungsrücklage unmittelbar in die Gewinnrücklagen zu übertragen.

Ausweis und Anhangsangaben

Nach IAS 1.66 ist das Sachanlagevermögen zwar gesondert auszuweisen, explizite Vorschriften bezüglich der Ausweisstruktur bzw. Gliederungstiefe sind in den IFRS/IAS gleichwohl nicht enthalten. Im Rahmen des Bilanzausweises ist lediglich sicherzustellen, dass alle wesentlichen Posten gesondert dargestellt werden. In dieser Hinsicht bietet die Untergliederung der Sachanlagen in IAS 16.37 einen Anhaltspunkt für einen zulässigen Bilanzausweis. Danach ist der Gesamtbetrag des Sachanlagevermögens im Einzelfall auf die folgenden Posten herunter zu brechen:

- Unbebaute Grundstücke;
- Grundstücke und Gebäude;
- Maschinen und technische Anlagen;
- Schiffe;
- Flugzeuge;
- Kraftfahrzeuge;
- Betriebsausstattung und
- Büroausstattung.

2.1.2 Sachanlagevermögen

Analog zum Bilanzausweis sind im Anhang ergänzende Informationen bezüglich der Sachanlagen zu geben (IAS 16.73). So sind für jede Gruppe von Sachanlagen die Bewertungsgrundlagen zur Ermittlung des Bruttobuchwerts der Anschaffungs- oder Herstellungskosten, die verwendeten Abschreibungsmethoden, die verwendeten Nutzungsdauern bzw. Abschreibungsraten sowie der Bruttobuchwert und die kumulierten Abschreibungen zu Beginn und Ende einer Periode zu veröffentlichen. Weitergehend ist ähnlich den handelsrechtlichen Bestimmungen in § 268 HGB ein Anlagespiegel zu erstellen, sodass die Adressaten eine ausführliche Überleitung der Buchwerte des Sachanlagevermögens zu Beginn bis zum Ende der Periode erhalten. Die Informationspflichten nach IFRS/IAS reichen gegenüber den handelsrechtlichen Bestimmungen trotz einiger Übereinstimmungen indes weiter. Nach IAS 16.74 sind im Anhang nicht nur Angaben zu geben, sofern bspw. Beschränkungen von Verfügungsrechten an Sachanlagen bestehen oder Sachanlagen als Sicherheiten für Schulden verpfändet wurden. Der Umfang der Anhangsangaben nach IFRS/IAS wird vielmehr von der gewählten Rechnungslegungsmethode innerhalb der Folgebewertung wesentlich beeinflusst. Entscheiden sich die gesetzlichen Vertreter der Gesellschaft anstelle einer Bewertung zu fortgeführten Anschaffungs- oder Herstellungskosten für das Neubewertungsmodell, sind zusätzliche quantitative wie auch qualitative Anhangsangaben bezüglich der Grundlagen dieser Neubewertung erforderlich. Dies bedingt gemäß IAS 16.77 im Einzelnen die Veröffentlichung:

- des Stichtags der Neubewertung;
- die Auskunft über die Einbeziehung unabhängiger Gutachter;
- die Methoden und wesentlichen Annahmen zur Schätzung der beizulegenden Zeitwerte;
- der Umfang, zu dem beizulegende Zeitwerte auf Basis von Marktpreisen vergangener Transaktionen oder mit Hilfe von anderen Bewertungstechniken ermittelt wurden;
- der Buchwert für jede Gruppe von Sachanlagen, der sich bei Anwendung des Kostenmodells ergeben hätte sowie
- eine Darstellung der Veränderungen der Neubewertungsrücklage mit Hinweis auf etwaig bestehende Ausschüttungsbeschränkungen.

Darüber hinaus können andere IFRS/IAS weitere Anhangsangaben bezüglich des Sachanlagevermögens vorsehen bzw. empfehlen.

Fallstudie

Die Pharmawerke Friedrich Bayer & Co. haben nach intensiver Forschung ein neues Präparat entwickelt, das sich aufgrund der erreichten Wirkstoffkombination hervorragend als Hustensaft (Atmungssedativum) sowie Schmerzmittel (Analgetikum) eignet. Um die Eigenschaften des Medikaments gegenüber den Ärzten und deren Patienten zu betonen, soll das Präparat in Anlehnung an die griechische Mythologie unter dem Markennamen HEROIN Hydrochloricum vertrieben werden.

Aufgabe 1

Um die Produktion des Medikaments möglichst bald aufnehmen zu können, plant das Management den Bau oder Erwerb einer größeren Fertigungs- und Vertriebshalle. Da das Unternehmen über keine geeigneten Grundstücke verfügt, wird ein Projektbüro mit der Suche beauftragt, das hierfür 8.000,- EUR berechnet. Nach Durchführung der Objektsondierung kauft das Management im Jahr 20XX ein bebautes Grundstück, das über eine ideale Verkehrsanbindung verfügt. Der Kaufpreis für das bebaute Grundstück beträgt insgesamt 2 Mio. EUR zzgl. 19% Umsatzsteuer, wobei 1.890.000,- EUR auf das Grundstück und 110.000,- EUR auf die Gebäude entfallen. Zusätzlich fallen 3,5% Grunderwerbsteuer, Notariatskosten in Höhe von 8.500,- EUR sowie für die Eintragung in das Grundbuch 1.500,- EUR an.

Welche Bestandteile sind in die Ermittlung der Anschaffungskosten des bebauten Grundstücks einzubeziehen?

Aufgabe 2

Die auf dem Grundstück befindlichen Gebäude sind aufgrund der schlechten Bausubstanz für die Nutzung als Fertigungs- und Vertriebshalle nicht mehr geeignet und müssen abgerissen werden. In diesem Zusammenhang fallen Kosten in Höhe von 43.500,- EUR an. Bei den Abrissarbeiten wird zudem festgestellt, dass ein Teil des Grunds von der früheren Nutzung kontaminiert wurde. Für die Entsorgung der Altlasten fallen zusätzliche Kosten in Höhe von 98.000,- EUR. Der Neubau der Fertigungs- und Vertriebshalle kostet 820.000,- EUR.

Wie ist dieser Sachverhalt in der Bilanz abzubilden?

Aufgabe 3

Die Pharmawerke erwerben zu Beginn der Rechnungsperiode für die Konfektion von Heroin-Hustensaft eine Abfüllanlage, die sofort in Betrieb genommen werden soll. In der Abfüllanlage ist ein leistungsstarker Kompressor integriert, der bei einem separaten Kauf ca. 6.000,- EUR Kosten würde. Die Anschaffungskosten für die gesamte Anlage betragen 40.000,- EUR. Der Verkäufer der Anlage bietet ein Skonto von 2,5% an, sofern die Zahlung innerhalb von 14 Tagen nach Kauf erfolgt. Das Management möchte das Skonto ausnutzen

2.1.2 Sachanlagevermögen 111

und nimmt hierfür einen Zwischenkredit in Höhe von 10.000,- EUR auf, der Zinskosten von 250,- EUR nach sich zieht. Für die Lieferung der Anlage durch einen Spediteur fallen darüber hinaus Kosten in Höhe von 2.000,- EUR an. Ferner muss die Abfüllanlage in der Halle verankert werden. Die Tätigkeiten werden von eigenen Mitarbeitern durchgeführt, wobei Lohnkosten in Höhe von 1.000,- EUR berechnet werden. Für den Kompressor fallen hingegen keine Montagekosten an.

Wie ist dieser Sachverhalt im Zugangszeitpunkt in der Bilanz abzubilden?

Aufgabe 4

Bei entsprechender Wartung kann die Abfüllanlage zwölf Jahre genutzt werden. Das Management geht jedoch davon aus, dass sich die Anlage aufgrund des technischen Fortschritts nur zehn Jahre wirtschaftlich nutzen lässt. Der Kompressor kann durch seine solide Bauweise hingegen voraussichtlich 20 Jahre genutzt werden. Während im Fall des Kompressors von einer gleichmäßigen Entwertung ausgegangen wird, lässt sich der Nutzenverlauf der Abfüllanlage nach Auffassung des Managements besser durch eine leistungsabhängige Bewertung abbilden. Die Abfüllanlage verfügt über eine Gesamtkapazität von 16 Mio. Einheiten, die im Laufe der Nutzung abgefüllt werden können. Innerhalb des ersten Jahres werden aufgrund der positiven Marktresonanz 3 Mio. Einheiten produziert und verpackt. Am Ende der jeweiligen Nutzungsdauern sind voraussichtlich keine Veräußerungserlöse für die gesamte Anlage zu erwarten.

Wie ist der Sachverhalt am Ende der ersten Rechnungsperiode in der Bilanz abzubilden?

Aufgabe 5

Am 20. März 20XX fällt der Kompressor bedingt durch einen Kabelbrand aus. Die Kosten der am 30. März 20XX vorgenommenen Reparatur der Maschine betragen 290,- EUR. Durch den Nutzungsausfall entstehen dem Unternehmen zudem Kosten in Höhe von 5.000,- EUR je Tag.

Wie sind diese zusätzlichen Kosten buchungstechnisch zu behandeln?

Aufgabe 6

Die Pharmawerke nutzen im Rahmen der Folgebewertung von Grundstücken das sog. Neubewertungsmodell. Ein Immobiliengutachter ermittelt für ein im Jahr 20XX zu 2.200.000,- EUR gekauftes Grundstück einen Marktwert in Höhe von 2.630.000,- Mio. EUR. Die anderen Grundstücke der Pharmawerke wurden zu Anschaffungskosten von 1.620.000,- EUR vor zehn Jahren erworben und sind zurzeit mit einem Buchwert von 1.250.000,- EUR in der Bilanz ausgewiesen. Der Immobiliengutachter ermittelt für diese Grundstücke aufgrund erstmalig gestiegener Immobilienpreise einen Marktwert in Höhe von 1.550.000,- EUR.

Wie sind diese Sachverhalte in der Bilanz der Pharmawerke zum Bilanzstichtag abzubilden?

Lösung 1

Bei der Ermittlung der Anschaffungskosten für das bebaute Grundstück muss der Kaufpreis zunächst aufgeteilt werden. Analog zu den handelsrechtlichen Bestimmungen handelt es sich im vorliegenden Fall um zwei verschiedenartige Vermögenswerte, die einem unterschiedlichen Nutzenverlauf sowie Verschleiß unterliegen. Ein Rekurs auf den Komponentenansatz ist in diesem Zusammenhang nicht erforderlich. Danach beträgt der Kaufpreis des Grundstücks 1.890.000,- EUR und des Gebäudes 110.000,- EUR. Die Umsatzsteuer in Höhe von 19% ist für die Ermittlung der Anschaffungskosten dann ohne Belang, wenn die Pharmawerke einen Vorsteuerabzug vornehmen können, wovon im vorliegenden Fall auszugehen ist. Wäre das Unternehmen hierzu nicht berechtigt, würden sich die Anschaffungskosten für die beiden Sachanlagen um je 359.100,- EUR bzw. 20.900,- EUR erhöhen.

Die Aufwendungen für die Objektsuche in Höhe von 8.000,- EUR dürfen hingegen nicht in die Ermittlung der Anschaffungskosten eingerechnet werden. Ihre Einbeziehung scheitert an der fehlenden direkten Zurechenbarkeit auf das konkrete bebaute Grundstück, das schlussendlich Gegenstand des Kaufvertrags war. Zwar ist anzunehmen, dass ein Teil dieser Kosten direkt auf das bebaute Grundstück zugeordnet werden können; allein hierfür wäre jedoch die Kalkulation des Projektbüros erforderlich. Die für die Objektsuche zu zahlenden Gebühren in Höhe von 8.000,- EUR sind somit als laufender Aufwand in der Gewinn- und Verlustrechnung zu verbuchen. Anders verhält es sich mit den Notariatsgebühren und den Gebühren für die Eintragung in das Grundbuch. Diese sind zusammen mit den zu zahlenden Grunderwerbsteuern als Anschaffungsnebenkosten in die Zugangsbewertung mit einzubeziehen.

Lösung 2

Da die Gebäude eine schlechte Bausubstanz aufweisen, ist eine Nutzung für die Zwecke der Produktion und des Vertriebs aus der Sicht der Pharmawerke nicht möglich. Wird angenommen, dass es sich hierbei um keinen versteckten Mangel handelt, liegt die Vermutung nahe, dass der Erwerb des bebauten Grundstücks in der Absicht eines Hallenneubaus erfolgte (sog. Erwerb mit Abbruchabsicht). Der Abriss des Altgebäudes steht insoweit in engem zeitlichen Zusammenhang mit dem Erwerb des bebauten Grundstücks. Vor diesem Hintergrund sollte im Zugangszeitpunkt keine separate Bilanzierung von Grundstück und Gebäude erfolgen. Vielmehr ist der Kaufpreis in vollem Umfang dem Grund und Boden zuzuordnen.

Die Kosten für den Abriss des Altgebäudes sowie die Räumung des kontaminierten Erdmaterials fallen entgegen des Wortlauts nicht unter die Bestimmungen des IAS 16.16(c). Diese Regelung befasst sich vielmehr mit den Kosten der späteren Beseitigung der noch zu bauenden Fertigungs- und Vertriebshalle. Eine Schätzung über jene künftigen Ausgaben lässt sich dem vorliegenden Sachverhalt jedoch nicht entnehmen. Ebenso wenig geht aus dem Sachverhalt hervor, ob das Unternehmen eine Verpflichtung bezüglich des späteren Rückbaus eingegangen ist.

Wird der sog. Wertschöpfungsgedanke für diese Fragestellung herangezogen, sind die Kosten für den Abriss des alten Gebäudes in vollem Umfang als Aufwand zu behandeln, da mit dem Abbruch keine Wertschöpfung für den Neubau einhergeht.[3] Gleiches gilt, wenn das Gebäude zunächst genutzt wird und erst später ein Abbruch erfolgt. Da das bebaute Grundstück jedoch mit der Absicht eines Hallenneubaus erworben wurde, sind die Kosten des Gebäudeabbruchs zu den Anschaffungskosten des Grundstücks zu zählen. Ähnlich verhält es sich mit den Kosten für die Entsorgung des kontaminierten Grunds. Wird die Beseitigung bzw. Reinigung des Grunds durchgeführt, dürfte sich der Marktwert des Grundstücks wesentlich erhöhen. Je nachdem wie umfangreich die Maßnahmen in diesem Zusammenhang sind, kann ohne eine entsprechende Beseitigung der Altlasten kein Neubau erfolgen. In diesem Sinne sind die Ausgaben in Höhe von 98.000,- EUR den Anschaffungskosten des Grundstücks zuzuordnen. Sie dienen ebenfalls der Standortvorbereitung für den eigentlichen Bau der Halle [IAS 16.17(b)]. In der Bilanz der Pharmawerke ist die Fertigungs- und Vertriebshalle nach Abschluss der Bauarbeiten mit einem Buchwert in Höhe von 820.000,- EUR anzusetzen.

Lösung 3

Bei dem Kauf einer Abfüllanlage mit integriertem Kompressor ist zu prüfen, ob es sich bei dem gesamten Objekt tatsächlich um eine einzelne Sachanlage handelt. Wird berücksichtigt, dass der Kaufpreis des integrierten Kompressors ca. 15% der Kosten für die gesamte Abfüllanlage darstellt, kann dieser als eine wesentliche Komponente aufgefasst werden. Eine gesonderte Bilanzierung von Abfüllanlage und Kompressor nach dem Komponentenansatz setzt wiederum eine verlässliche Bestimmung der Anschaffungskosten für beide Sachanlagen voraus. Ob dies möglich ist, hängt von der Qualifizierung der weiteren Sachverhalte ab.

Skonti sind gemäß IAS 16.16a bei der Ermittlung der Anschaffungskosten von Sachanlagen stets vom Kaufpreis abzuziehen. Im vorliegenden Fall sinkt der Kaufpreis der Gesamtanlage durch die Ausnutzung des Skontos somit insgesamt um 1.000,- EUR. Demgegenüber erhöhen sich die Anschaffungskosten durch die Anlieferung der Gesamtanlage um 2.000,- EUR durch die Spedition. Auch die Montagekosten in Höhe von 1.000,- EUR stellen direkt zurechenbare Anschaffungsnebenkosten dar. Während die Lieferkosten anteilig für beide Komponenten anfallen, sind die Kosten der Montage gleichwohl lediglich der Komponente Abfüllanlage zuzuordnen.

Finanzierungskosten können gemäß IAS 16.22 in Verbindung mit IAS 23 nur dann in die Ermittlung der Anschaffungs- oder Herstellungskosten eingerechnet werden, wenn es sich um einen sog. qualifizierten Vermögenswert handelt. Eine wesentliche Eigenart solcher Vermögenswerte liegt darin begründet, dass ihre Betriebsbereitschaft erst nach einem längeren, d. h. in der Regel mehrjährigen Zeitraum (wie z. B. beim Bau einer Fertigungshalle) vorliegt. Bei dem Kauf einer Abfüllanlage ist diese Eigenschaft offensichtlich nicht erfüllt, weshalb die Zinsen für den Zwischenkredit in Höhe von 250,- EUR unmittelbar Aufwand der Rechnungsperiode darstellen.

---

[3] Vgl. hierzu HOFFMANN (2008), S. 381.

Die Anschaffungskosten der gesamten Abfüllanlage betragen demnach 42.000,- EUR. Dabei entfallen auf die Komponente Kompressor 6.000,- EUR (Wiederbeschaffungswert), während die Komponente Abfüllanlage mit Anschaffungskosten in Höhe von 36.000,- EUR zu aktivieren ist. Eine Aufteilung der durch die Anlieferung verursachten Speditionskosten ist nicht unmittelbar möglich. Eine entsprechend der Einzelwerte vorgenommene Zuordnung dieser Nebenkosten ist willkürbehaftet und sollte vermieden werden.

Lösung 4

Entsprechend des Komponentenansatzes muss die gesonderte Bilanzierung der Sachanlagen auch in den folgenden Rechnungsperioden aufrechterhalten werden. Die Notwendigkeit zeigt sich auch in den unterschiedlichen Nutzungsverläufen für beide Komponenten. Die Anschaffungskosten der Komponenten Abfüllanlage und Kompressor sind deshalb über unterschiedliche Zeiträume zu amortisieren. Da im Fall des Kompressors von einem gleichmäßigen Verbrauch des Nutzungspotenzials ausgegangen wird, ist die lineare Abschreibungsmethode zu wählen. Die planmäßige Abschreibung für den Kompressor in der ersten Rechnungsperiode beträgt hiernach 300,- EUR, da am Ende der Nutzungsdauer, d. h. nach 20 Jahren, aus der Verwertung kein Beitrag erwartet wird.

Die Ermittlung der planmäßigen Abschreibung für die Komponente Abfüllanlage hat demgegenüber auf Basis der leistungsabhängigen Methode zu erfolgen. Dieses Verfahren scheint besser geeignet zu sein, um den erwarteten Verbrauchsverlauf des Nutzungspotenzials zu beschreiben (IAS 16.60). Die Vermutung des Managements dürfte auf Erfahrungswerten vergleichbarer Anlagen beruhen und ist nicht zu beanstanden. Zur Berechnung der leistungsabhängigen Abschreibung muss indes Klarheit über die Gesamtleistungsmenge bzw. Gesamtkapazität der Sachanlage bestehen. Ferner muss die Leistungsmenge je Periode zahlenmäßig bekannt sein, um das Verfahren anwenden zu können. Die planmäßige Abschreibung wird wie folgt ermittelt:

$$\text{Abschreibungsbetrag} = \frac{(\text{Anschaffungskosten} - \text{Restwert}) \cdot \text{Periodenleistung}}{\text{Gesamtkapazität bzw. Gesamtleistungsmenge}}$$

Im vorliegenden Sachverhalt beträgt die planmäßige Abschreibung für die Komponente Abfüllanlage somit 6.750,- EUR.

Lösung 5

Im vorliegenden Fall ist zunächst zu prüfen, ob die Kosten für die vorgenommene Reparatur in Höhe von 290,- EUR die allgemeinen Aktivierungskriterien eines Vermögenswerts erfüllen bzw. als nachträgliche Anschaffungs- oder Herstellungskosten zu aktivieren sind (IAS 16.7). Nach IAS 16.10 sind Ausgaben, die zeitlich nach dem Anschaffungs- bzw. Herstellungsvorgang anfallen, um eine Sachanlage zu erweitern, teilweise zu ersetzen oder in Betrieb zu halten, den historischen Kosten der Sachanlage zuzuordnen und zu aktivieren. Umgekehrt sind Ausgaben für die laufende Wartung bzw. Kleinreparaturen als Aufwand der Rechnungsperiode zu verbuchen. Dem dargestellten Sachverhalt lässt sich entnehmen, dass die Reparaturen am Kompressor außerhalb des regulären Wartungsintervalls vorgenommen werden mussten. Grund hierfür war ein defektes Kabel. Es handelt sich hierbei auch wertmäßig um eine Kleinreparatur, die nicht unter die Bestimmungen des IAS 16 fällt und aktiviert werden kann. Die Reparaturkosten in Höhe von 290,- EUR sind daher als Aufwand der Rechnungsperiode zu verbuchen.

Auch die durch den zehntägigen Nutzungsausfall entstandenen Kosten in Höhe von 50.000,- EUR dürfen nicht als nachträgliche Anschaffungskosten aktiviert werden. Es handelt sich aus der Sicht der Pharmawerke hierbei um Opportunitätskosten, die buchungstechnisch nicht erfasst werden können.

Lösung 6

Wird der Folgebewertung das Neubewertungsmodell zu Grunde gelegt, sind die Sachanlagen in regelmäßigen Abständen hinsichtlich ihres Wertansatzes zu überprüfen und neu zu bewerten. Dabei wird der beizulegende Zeitwert im Falle von Grund und Boden in der Regel anhand von Berechnungen hauptamtlicher Gutachter ermittelt (IAS 16.32). Im vorliegenden Sachverhalt hat das Management der Pharmawerke den fair value des im Jahr 20XX gekauften Grundstücks auf Basis eines Immobiliengutachtens ermitteln lassen. Im Vergleich zu den historischen Anschaffungskosten in Höhe von 2.200.000,- EUR ergibt sich aufgrund einer positiven Marktentwicklung eine Werterhöhung von 430.000,- EUR. Wird angenommen, dass es sich um die erste Neubewertung nach dem Anschaffungsvorgang handelt, muss der Differenzbetrag in der Bilanz unter dem Eigenkapitalposten Neubewertungsrücklage ausgewiesen werden.

Da gemäß IAS 16.36 bei der Neubewertung einer Sachanlage auch die ganze Gruppe der Sachanlagen neu zu bewerten ist, zu denen der Vermögenswert gehört, müssen zum Stichtag alle weiteren Betriebsgrundstücke einer Neubewertung unterzogen werden. Laut Sachverhalt verfügen die Pharmawerke über weitere Grundstücke, die vor zehn Jahren zu Anschaffungskosten in Höhe von 1.620.000,- EUR erworben wurden. Da innerhalb der letzten zehn Jahre die Marktpreise für Immobilien gesunken waren, sind die Grundstücke mit einem Buchwert von 1.250.000,- EUR in der Bilanz ausgewiesen. Demnach wurden in der Vergangenheit bereits 370.000,- EUR an Wertberichtigungen in der Gewinn- und Verlustrechnung als Aufwand verbucht.

Durch die veränderten Marktbedingungen haben die Grundstücke laut Immobiliengutachten nunmehr einen fair value von 1.550.000,- EUR. Der Differenzbetrag zum Buchwert in Höhe von 300.000,- EUR (Werterhöhung) ist gemäß IAS 16.39 hierbei jedoch nicht in der Neubewertungsrücklage, sondern in der Gewinn- und Verlustrechnung als Ertrag zu erfassen. Eine Erfassung des Differenzbetrags in der Neubewertungsrücklage wäre nur dann zulässig, wenn ein Wertzuwachs von über 370.000,- EUR ermittelt worden wäre.

Literaturhinweise

HOFFMANN, W.-D. (2008): Sachanlagen, in: LÜDENBACH, N./HOFFMANN, W.-D. (Hrsg.), IFRS-Kommentar – Das Standardwerk, 6. Aufl., Freiburg, S. 619–638.

HOFFMANN, W.-D. (2008): Anschaffungs- und Herstellungskosten, Neubewertung, in: LÜDENBACH, N./HOFFMANN, W.-D. (Hrsg.), IFRS-Kommentar – Das Standardwerk, 6. Aufl., Freiburg, S. 353–401.

VON KEITZ, I. (2005): Praxis der IASB-Rechnungslegung: Best practice von 100 IFRS-Anwendern, 2. Aufl., Stuttgart.

PELLENS, B./FÜLLBIER, R. U./GASSEN, J./SELLHORN, T. (2008): Internationale Rechnungslegung, 7. Aufl., Stuttgart.

SCHMIDT, M./SEIDEL, T. (2006): Planmäßige Abschreibungen im Rahmen der Neubewertung des Sachanlagevermögens gemäß IAS 16: fehlende Systematik und Verstoß gegen das Kongruenzprinzip, in: BB, 61. Jg., S. 596–601.

SOLFRIAN, G. (2004): Sachanlagen, in: WINKELJOHANN, N. (Hrsg.), Rechnungslegung nach IFRS: Ein Handbuch für mittelständische Unternehmen, Herne/Berlin, S. 85–94.

TANSKI, J. S. (2005): Sachanlagen nach IFRS: Bewertung, Bilanzierung und Berichterstattung, München.

WAGENHOFER, A. (2009): Internationale Rechnungslegungsstandards – IAS/IFRS: Grundlagen und Grundsätze – Bilanzierung, Bewertung und Angaben – Umstellung und Analyse, 6. Aufl., Frankfurt am Main.

André Münnich und Christian Höffken

2.1.3 Finanzinstrumente und Sicherungsbeziehungen nach IAS 39

Finanzinstrumente

> Finanzinstrumente werden in IAS 32.11 als Vertrag definiert, der in zwei (unabhängigen) Unternehmen gleichzeitig einerseits zu einem finanziellen Vermögenswert und andererseits zu einer finanziellen Verbindlichkeit oder einem Eigenkapitalinstrument führt.

Originäre (oder klassische) *Finanzinstrumente* können eigenkapitalbezogen oder fremdkapitalbezogen sein. Eigenkapitalbezogene originäre Finanzinstrumente sind u. a. Aktien, Stille Einlagen und Venture Capital. Fremdkapitalbezogene originäre Finanzinstrumente sind z. B. Verbindlichkeiten, Schuldverschreibungen, Pfandbriefe, Schuldscheine und Zerobonds.

Derivative Finanzinstrumente lassen sich unterscheiden in bedingte und unbedingte Termingeschäfte. Ersteres ermöglicht einer Vertragspartei die freie Entscheidung über Erfüllung oder Nichterfüllung des Kontrakts. Benannt wurden diese Termingeschäfte nach diesem Wahlrecht (Option) als Optionsgeschäfte. Beispielhaft seien hier Devisenoptionen, Zinsoptionen, Aktienoptionen und Indexoptionen genannt. Zu den unbedingten Termingeschäften zählen Kontrakte, die den Vertragsparteien kein Wahlrecht, d. h. keine an den Eintritt externer Effekte gebundene Entscheidungsmöglichkeit, einräumen. Dementsprechend hat die Erfüllung der vertraglichen Leistung von den Kontrahenten zum vereinbarten Zeitpunkt zu erfolgen.

Eingebettete derivative Finanzinstrumente sind Bestandteil eines strukturierten, hybriden Produkts (Combined Instrument), das einen nicht-derivativen Trägervertrag (Host Contract) beinhaltet, wobei dieses ähnlich wie freistehende derivative Instrumente auf Veränderungen einzelner oder mehrerer Marktparameter reagiert. Der eingebettete Bestandteil und der Trägervertrag sind rechtlich nicht trennbar und somit nicht separat veräußerbar.

Bewertung finanzieller Vermögenswerte

Die Vorschriften zur Bewertung und Bilanzierung sollen nach o. g. Darstellung unterteilt werden, in originäre, derivative und hybride Finanzinstrumente. Aufgrund der teilweise stark voneinander abweichenden Wirkungen auf das Periodenergebnis und auf den Eigenkapitalausweis sind der Kategorisierung unternehmenszielbezogene Überlegungen voranzustellen. Zunächst ist jedoch eine Definition der verwendeten Begriffe unabdingbar.

Die Folgebewertung finanzieller Vermögenswerte hat in Abhängigkeit ihrer Designation zu erfolgen. Dies kann je nach gewählter bzw. zulässiger Kategorie zu fortgeführten Anschaffungskosten (Amortised Cost) oder zum beizulegenden Wert (Fair Value) geschehen.

Die fortgeführten Anschaffungskosten werden nach folgendem Schema berechnet:

> *Ursprüngliche Anschaffungskosten (Historical Cost)*
> − *Tilgung*
> +/− *kumulierte Amortisierung eines Disagios/Agios*
> − *außerplanmäßige Abschreibung wegen Wertmilderung*
> +/− *Fremdwährungseffekte*
>
> = *fortgeführte Anschaffungskosten*

Bei der Erstbewertung sind Transaktionskosten in Abhängigkeit von der Kategorisierung einzubeziehen. Transaktionskosten sind zusätzliche, direkt dem Erwerb oder der Veräußerung eines finanziellen Vermögenswertes zurechenbare Kosten. IAS 39 nennt folgende Arten: an Vermittler, Berater, Makler und Händler gezahlte Gebühren und Provisionen, an Aufsichtsbehörden und Wertpapierbörsen zu entrichtende Abgaben und auf die Transaktion anfallenden Steuern und Gebühren. Nicht zu den Transaktionskosten zählen Agio oder Disagio bei Schuldtiteln, Finanzierungskosten und interne Verwaltungs- bzw. Haltekosten.

Bei der Bewertung von Finanzierungsinstrumenten sind Transaktionskosten nur bei Erstbewertung mit den Anschaffungskosten zu berücksichtigen. Im Rahmen der Folgebewertung zum beizulegenden Wert werden keine Transaktionskosten berücksichtigt.

Der Betrag, zu dem ein Vermögenswert zwischen sachverständigen, vertragswilligen und voneinander unabhängigen Geschäftspartnern getauscht werden könnte, ist der beizulegende Wert. Für Finanzinstrumente ist die Bewertung zum Marktwert bzw. Börsenwert anzustreben. Als Marktwert wird derjenige Betrag verstanden, der in einem aktiven Markt aus dem Verkauf eines Finanzinstruments erzielt werden könnte oder der für einen entsprechenden Erwerb zu zahlen wäre. Der Definition des Begriffs „aktiver Markt" nach IAS 36.5 wird auch in IAS 39.AG71 (2003) Folge geleistet. Demzufolge wird ein Markt als aktiv bezeichnet, wenn:

1. die auf dem Markt gehandelten Produkte homogen sind,
2. vertragswillige Käufer und Verkäufer i. d. R. jederzeit gefunden werden können und
3. die Preise der Öffentlichkeit zur Verfügung stehen.

Ist kein Marktwert verfügbar, so hat die Ermittlung des beizulegenden Wertes alternativ durch Vergleich mit im Wesentlichen identischen Finanzinstrumenten, mittels diskontierter Zahlungsströme oder Bewertungsmodelle zu erfolgen. Eine Angabe der Ermittlungsmethode ist obligatorisch vorzunehmen.

Für Finanzinstrumente gilt der beizulegende Wert dann als zuverlässig ermittelbar, wenn:

1. für Finanzinstrumente veröffentlichte Kurse einer aktiven Wertpapierbörse existieren,
2. für Schuldtitel ein Rating einer unabhängigen Ratingagentur mit vernünftig geschätzten Zahlungsströmen vorliegt und

2.1.3 Finanzinstrumente und Sicherungsbeziehungen nach IAS 39

3. für Finanzinstrumente ein geeignetes Bewertungsmodell auf Basis von Daten eines aktiven Marktes angewendet werden kann.

Ziel der Bewertung zum beizulegenden Wert ist eine zeitnahe Berücksichtigung der durch marktliche Prozesse induzierten Wertänderungen von Finanzinstrumenten.

Finanzinstrumente sind gem. IAS 36 an jedem Bilanzstichtag auf unvorhergesehene Wertminderungen zu prüfen. Dabei sind externe und interne Informationsquellen heranzuziehen. Bestehen Anzeichen für eine Wertminderung, so ist ein Impairment-Test durchzuführen. Liegt der erzielbare Betrag (Recoverable Amount) unterhalb des Buchwertes (Carrying Amount), so besteht eine Wertminderung. Es ist auf den niedrigeren Wert außerplanmäßig abzuschreiben. Der entsprechende Betrag ist erfolgswirksam zu buchen.

IAS 39.9 unterscheidet zur Systematisierung gehaltener Finanzinstrumente vier Kategorien:

- Financial Asset at Fair Value through Profit or Loss (mit der Unterkategorie „Held-for-Trading"),
- Held-to-Maturity investments,
- Loans and Receivables,
- Available-for-Sale Financial Assets.

Die Einordnung finanzieller Vermögenswerte muss zu jedem Zeitpunkt nachvollziehbar sein. Insofern ist eine aussagekräftige Dokumentation der Kategorisierung zum Erwerbszeitpunkt unabdingbar.

Kategorie	Merkmale	Beispiele
Finanzinstrumente At Fair Value (AFV)	• kurzfristige Veräußerungsabsicht; Gewinnerzielungsabsicht • Designationsentscheidung (Fair Value Option)	• Derivate • Aktien/Renten • Fondsanteile
Held-to-Maturity (HtM)	• Fälligkeitstermin, feste oder bestimmbare Zahlungen • Absicht und Fähigkeit, das Finanzinstrument bis zum Ende der Laufzeit zu halten • keine Loans and Receivables	• Renten
Loans and Receivables (L&R)	• feste oder bestimmbare Zahlungen • keine kurzfristige Veräußerungsabsicht • keine Notierung an einem aktiven Markt	• Kredite • Forderungen
Available for Sale (AfS)	• alle übrigen finanziellen Vermögenswerte	• Aktien/Renten • Fondsanteile • Forderungen

Tabelle 1: Kategorien von Finanzinstrumenten nach IAS 39

Finanzielle Vermögenswerte „*At Fair Value through Profit or Loss*" sind finanzielle Vermögenswerte, die eine der folgenden Bedingungen erfüllen:

(a) Sie werden als „*Held for Trading*" eingestuft, wenn:

- sie hauptsächlich mit der Absicht des kurzfristigen Verkaufs oder Rückkaufs erworben oder eingegangen wurden,
- sie Teil eines Portfolios von identifizierten Finanzinstrumenten sind, die gemeinsam verwaltet werden und für das Portfolio substanzielle Hinweise auf eine tatsächliche Folge von kurzfristigen Gewinnmitnahmen aus der jüngeren Vergangenheit vorliegen, oder
- es sich um derivative Finanzinstrumente handelt, die in keine effektive Sicherungsbeziehung eingebunden sind.

(b) Es können sämtliche finanziellen Vermögenswerte innerhalb des Anwendungsbereichs des Standards bei ihrer erstmaligen Erfassung der Kategorie „*At Fair Value through Profit or Loss*" zugeordnet werden, ausgenommen sind Finanzinvestitionen in Eigenkapitalinstrumente (Investments in Equity Instruments), die über keinen notierten Marktpreis auf einem aktiven Markt verfügen und deren „Fair Value" nicht verlässlich bestimmt werden kann. Mit der Kategorie „*At Fair Value through Profit or Loss*" ist es möglich, sämtliche Finanzinstrumente (mit o. g. Ausnahme) zum „Fair Value" zu bewerten. Dessen Änderungen sind stets unmittelbar erfolgswirksam im Periodenergebnis zu erfassen.

Bei „*Held-to-Maturity-Investments*" handelt es sich um nicht-derivative finanzielle Vermögenswerte mit festen oder bestimmbaren Zahlungen sowie einer festen Laufzeit, die das Unternehmen mit der Absicht und der Fähigkeit erworben hat, diese bis zur Endfälligkeit zu halten, ausgenommen:

- jene, die bei ihrer erstmaligen Erfassung in die Kategorie „*At Fair Value through Profit or Loss*" kategorisiert wurden,
- als „*Available for Sale*" eingestuft wurden und
- jene, die die Definition der Kategorie „*Loans and Receivables*" erfüllen.

Ferner besteht ein Verbot der Kategorisierung in „*Held to Maturity*", wenn im laufenden oder während der vorangegangenen zwei Geschäftsjahre mehr als ein unwesentlicher Teil des „*Held-to-Maturity*"-Bestandes vor Endfälligkeit verkauft oder umgegliedert wurde (Tainting Rule). Ausnahmen hiervon bilden Verkäufe oder Umgliederungen nahe am Fälligkeitstag, die keine wesentlichen Änderungen des „Fair Value" bewirkt hätten, sowie Verkäufe oder Umgliederungen, die nach dem Einzug des gesamten ursprünglichen Kapitalbetrags durch planmäßige oder vorzeitige Zahlungen erfolgen, oder Verkäufe oder Umgliederungen aufgrund eines einmaligen, nicht vorhersehbaren Ereignisses, dessen Kenntnis sich dem Unternehmen entzieht. Finanzinstrumente dieser Kategorie sind zu fortgeführten Anschaffungskosten unter Anwendung der Effektivzinsmethode zu bewerten.

Zur Kategorie „*Loans and Receivables*" gehören nicht-derivative finanzielle Vermögenswerte mit festen oder bestimmbaren Zahlungen, die nicht an einem aktiven Markt notiert sind. Ausgenommen hiervon sind:

- jene mit Veräußerungsabsicht erworbene Vermögenswerte (Held for Trading) und jene, die bei der erstmaligen Erfassung in die Kategorie „*At Fair Value through Profit or Loss*" eingestuft wurden,
- jene, die bei der erstmaligen Erfassung als „*Available for Sale*" eingestuft wurden,
- Forderungen aus Investitionen, für die der Gläubiger nicht sein volles Investment zurückerhält, oder
- Zinsforderungen an einem Pool.

Finanzinstrumente dieser Kategorie sind in Folgeperioden zu fortgeführten Anschaffungskosten unter Anwendung der Effektivzinsmethode zu bewerten.

Bei der Kategorie „*Available for Sale*" handelt es sich um eine Auffangkategorie für nicht-derivative finanzielle Vermögenswerte, die nicht eine der anderen Kategorien zugeordnet werden (können). Eine Einordnung von Finanzinstrumenten, die die Kriterien der Kategorien „*Loans and Receivables*" oder „*Held to Maturity*" erfüllen, können trotzdem in die Kategorie „*Available for Sale*" eingeordnet werden, sofern es dem verfolgten Unternehmensziel zuträglich ist. Veränderungen des „Fair Value" sind ergebnisneutral in einer separaten Position des Eigenkapitals (Neubewertungsrücklage) zu erfassen. Folgende *Tabelle 2* fasst die Überlegungen zu den einzelnen Kategorien übersichtlich zusammen.

	Kategorien der Aktivseite			
	Held to Maturity (HtM)	**Loans and Receivables (LaR)**	**Available for Sale (AfS)**	**At Fair Value (AFV) + Held for Trading (HfT)**
Folgebewertung	Amortised Cost	Amortised Cost	Fair Value	Fair Value
Behandlung von Fair Value Änderungen	keine	keine	erfolgsneutral	erfolgswirksam
Impairment-Test	ja (erfolgswirksam)	ja (erfolgswirksam)	ja (erfolgswirksam)	implizit über Fair Value
Reversal of Impairment	erfolgswirksam	erfolgswirksam	Schuldtitel: erfolgswirksam Eigenkapitaltitel: erfolgsneutral	

Tabelle 2:   Erst- und Folgebewertung von Finanzinstrumenten nach IAS 39

Sicherungsbeziehungen

Grundlagen zum „Hedging" und „Hedge Accounting"

> Als „Hedging" wird die finanzwirtschaftliche Absicherung einer offenen Risikoposition durch den Aufbau einer wertmäßig gegenläufigen Position verstanden. Veränderungen des Wertes bzw. der Zahlungsströme verursacht durch Marktpreisänderungen eines Grundgeschäfts (Hedged Item) sollen durch gegenläufige Positionen (Hedging Instrument) vollständig oder teilweise kompensiert werden. Die Abbildung der Sicherungsgeschäfte im Rechnungswesen der Unternehmung wird als „Hedge Accounting" bezeichnet.

Ziel des „Hedge Accounting" ist es, die Wertänderungen der Sicherungsgeschäfte und der abgesicherten Geschäfte kompensierend – erfolgswirksam oder erfolgsneutral – bilanziell darzustellen. Bei der Wahrnehmung des Wahlrechts werden die ansonsten gültigen Vorschriften gezielt außer Kraft gesetzt. Sind die Bedingungen des IAS 39.88 ausnahmslos erfüllt, ist eine Bilanzierung als Sicherungsbeziehung zulässig.

Voraussetzungen zum „Hedge Accounting"

Für die Bilanzierung als Sicherungsbeziehung nennt IAS 39.88 fünf Bedingungen, die kumulativ erfüllt sein müssen:

a) Die Sicherungsbeziehung ist ab seiner Begründung zu dokumentieren. Neben Angaben zum Risiko, Sicherungsgegenstand sowie zum Sicherungsinstrument und zu den verfolgten Zielen und Strategien sind Angaben zur Methodik der Effektivitätsmessung obligatorisch.

b) Die Sicherungsbeziehung lässt eine hohe Effektivität bei der Kompensation der „Fair Value"- oder „Cash Flow"-Änderungen erwarten. IAS 39.AG105 nennt eine Spanne zwischen 80 und 125 Prozent.

c) Im Rahmen eines „Cash Flow Hedge" besicherte zukünftige Transaktionen müssen „highly probable" sein, d. h. über eine hohe Eintrittswahrscheinlichkeit verfügen. Eine Erfüllung dieses Kriteriums wird im Standard nicht beziffert. Die Literatur sieht dieses Kriterium mit einer Wahrscheinlichkeit von 80 Prozent als erfüllt an.

d) Die Effektivität der Sicherungsbeziehung muss zuverlässig ermittelt werden können. Dies bedeutet, dass sowohl der „Fair Value" oder „Cash Flow" des Sicherungsgegenstandes als auch des Sicherungsinstruments ermittelbar ist.

e) Die Überprüfung der Effektivität der Sicherungsbeziehung hat über die gesamte Dauer zu erfolgen und ist regelmäßig – spätestens zum Ende eines Berichtszeitraumes – zu wiederholen.

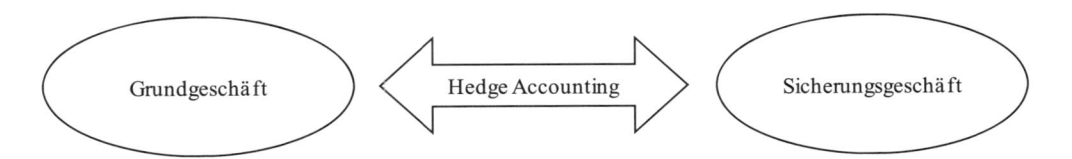

2.1.3 Finanzinstrumente und Sicherungsbeziehungen nach IAS 39

```
  Grundgeschäft  <===  Hedge Accounting  ===>  Sicherungsgeschäft
```

- Dokumentation der Sicherungsbeziehung (IAS 39.88a)
- Erwartung einer hohen Effektivität des Sicherungszusammenhangs (IAS 39.88b)
- hohe Wahrscheinlichkeit der prognostizierten zukünftigen „Cash Flows" (IAS 39.88c)
- zuverlässige Messung der Effektivität und des „Fair Value" des Sicherungsinstruments (IAS 39.88d)

Abbildung 1: Anforderungen an das „Hedge Accounting"

Die zur Messung der Effektivität anzuwendende Methode wird vom Standard nicht vorgeschrieben. Sind die o. g. Anforderungen nicht erfüllt, ist eine Bilanzierung der Sicherungsbeziehung nicht zulässig, stattdessen ist auf die Einzelbewertung des Grund- und Sicherungsgeschäfts zurückzugreifen.

IAS 39.86 nennt drei Arten des „*Hedge Accounting*", wovon die folgenden zwei Ausprägungen nunmehr betrachtet werden:

- Sicherungsgeschäfte zur Reduzierung des Risikos von Zeitwertänderungen von erfassten Vermögenswerten und Schulden (*Fair Value Hedge*),
- Sicherungsgeschäfte, die mögliche Schwankungen zukünftiger, ergebniswirksamer Zahlungsströme kompensieren (*Cash Flow Hedge*).

„Fair Value Hedge"

Die Bewertung der Sicherungsbeziehung, also sowohl das Sicherungsinstrument als auch das zu besichernde Grundgeschäft, hat erfolgswirksam zum beizulegenden Wert zu erfolgen. Wertänderungen beider Positionen finden sich demzufolge unmittelbar in der GuV wieder. Dies trifft allerdings nur auf Wertänderungen zu, die infolge der Risikoabsicherung entstanden sind.

Die Bilanzierung der Sicherungsbeziehung hat zu enden, sobald das Sicherungsinstrument ausgelaufen, verfallen, ausgeübt oder veräußert worden ist oder die o. g. Bedingungen nach IAS 39.88 nicht mehr erfüllt sind. Das Grundgeschäft ist ab dato zum Zeitwert zu bewerten. Die Beendigung ist nicht erforderlich, sofern entsprechende Sicherungsinstrumente planmäßig revolvierend eingesetzt werden.

„Cash Flow Hedge"

Sofern die o. g. Bedingungen des IAS 39.88 erfüllt sind, ist eine Sicherungsbeziehung zukünftiger Zahlungsströme (Cash Flows) wie folgt zu bilanzieren: Der effektive Teil der Veränderung des Absicherungsinstruments ist erfolgsneutral im Eigenkapital auszuweisen. Der ineffektive Teil ist entsprechend der Kategorisierung des nicht-derivativen Finanzinstruments zu behandeln. Bei derivativen Finanzinstrumenten ist der ineffektive Teil sofort ergebniswirksam zu erfassen.

Bei der Bestimmung des effektiven Teils ist auf den kumulativen periodenübergreifenden Effektivitätsbegriff zurückzugreifen, wonach die Eigenkapitalposition (*Cash Flow Hedge Reserve*) entsprechend des absolut niedrigeren Wertes der kumulativen Änderung der erwarteten Zahlungsströme oder des Sicherungsinstruments anzupassen ist. Die in diesem Zusammenhang gebildete Eigenkapitalposition ist gemeinsam mit den ergebniswirksamen Zahlungsströmen des Grundgeschäfts aufzulösen. Im Fall von direkt ergebniswirksamen Zahlungen hat die Auflösung sofort zu erfolgen. Bei nicht ergebniswirksamen Zahlungen ist die Rücklage erst aufzulösen, wenn es zu einer Ergebniswirkung kommt, z. B. in Form von Abschreibungen. Für nicht-finanzielle Vermögenswerte oder Schulden besteht ein Wahlrecht, wonach die Rücklage aufzulösen und den Anschaffungskosten bzw. dem Buchwert des Vermögenswertes oder der Schuld zurechenbar ist. Sofern ein Unternehmen von diesem Wahlrecht Gebrauch macht, ist es konsistent anzuwenden.

Die Bilanzierung der Sicherungsbeziehung ist zu beenden, sobald das Sicherungsinstrument verfällt oder verkauft wird und nicht umgehend ersetzt wird. Des Weiteren hat die Bilanzierung zu enden, wenn die Bedingungen des IAS 39.88 nicht mehr erfüllt sind.

Effektivitätstests

Gemäß IAS 39 ist die Wirksamkeit jeder eingegangenen Sicherungsbeziehung bereits bei Designation und mindestens zu jedem Berichtszeitpunkt, nachzuweisen. Die Methode zur Berechnung der Effektivität wird vom Standard nicht vorgeschrieben, vielmehr obliegt es dem Unternehmen, eine seinem Risikomanagement entsprechende Methode auszuwählen. Jedoch ist die gewählte Methode für vergleichbare Geschäfte konsistent anzuwenden. Der Nachweis der Effektivität der Sicherungsbeziehung hat prospektiv (ex ante) und retrospektiv (ex post) zu erfolgen. Die wichtigsten mathematischen und statistischen Methoden werden im Folgenden dargestellt.

Methoden zur Effektivitätsmessung bei „*Fair Value Hedges*"

„Dollar-Offset"-Methode

Die „Dollar-Offset"-Methode ist als retrospektiver Effektivitätstest vergleichsweise einfach durchzuführen. Die Wirksamkeit der Sicherungsbeziehung wird als Quotient aus Veränderung des gesicherten „Fair Value" des Grundgeschäfts und der Veränderung des „Fair Value" des Sicherungsgeschäfts berechnet.

$$\text{Effektivität} = \frac{\text{Wertänderung des Hedge Fair Value des Grundgeschäfts}}{\text{Wertänderung des Fair Value des Sicherungsgeschäfts}}$$

Die Sicherungsbeziehung ist dann als effektiv einzustufen, wenn die Berechnungen Ergebnisse zwischen 80 und 125 Prozent liefern. Problematisch ist die Anwendung dieser Methode in volatilen Märkten, wenn kurzfristige Wertschwankungen des Grundgeschäfts zu einer Ineffektivität der Sicherungsbeziehung führen. Demnach wäre die Sicherungsbeziehung aufzulösen. Abhilfe schafft eine kumulative Vorgehensweise der „Dollar-Offset"-Methode bezogen auf die gesamte Laufzeit der Sicherungsbeziehung. Dabei werden derartige Kursschwankungen geglättet und die Sicherungsbeziehung als effektiv dargestellt.

Zudem ist eine Betrachtung der Veränderungen unabhängig vom Volumen der Gesamtposition mit Problemen verbunden. So können marginale Veränderungen einer Position in Millionenhöhe zu Ineffektivität führen. Etwaige prozentuale oder absolute Toleranzgrenzen könnten die Anwendung dieser Methode in solchen Fällen erleichtern. Im Falle von Laufzeitunterschieden zwischen dem Basis- und dem Sicherungsinstrument kann die Anwendung der einfachen „Dollar-Offset"-Methode zu Ineffektivitäten führen. Dies ist insbesondere bei kurzen Restlaufzeiten der Fall, bei Laufzeiten über mehrere Jahre fallen diese Unterschiede kaum ins Gewicht. Die „Dollar-Offset"-Methode wird zur Berechnung der retrospektiven Effektivität empfohlen.

<u>Regressionsanalyse</u>

Die Regressionsanalyse ist ein statistisches Verfahren, das quantitative Informationen über den Zusammenhang von zwei oder mehreren Variablen liefert. Dabei bilden Vergangenheitswerte von Grund- und Sicherungsgeschäft die Basis der Berechnung. Zur Berechnung der Effektivität wird eine lineare Regression nach der Form $y = a \cdot x + b$ verwendet, wobei x die Wertänderung des Sicherungsderivates, y die Wertänderung des Grundgeschäfts, b den Schnittpunkt mit der Ordinate und a den Anstieg der Geraden darstellen. Letzteres sollte Werte zwischen –0,8 und –1,25 (im Falle eines „Perfect Hedge" –1) einnehmen, um die Effektivitätskriterien zu erfüllen.

Der Berechnungsaufwand der Regressionsanalyse ist gegenüber der „Dollar-Offset"-Methode höher, liefert jedoch bessere Ergebnisse. Probleme bei der Anwendung dieser Methode liegen dann vor, wenn bei Begründung einer Sicherungsbeziehung deren Effektivität nachgewiesen werden soll. Die notwendige Datenbasis ist zu diesem Zeitpunkt noch nicht vorhanden. Der Bezug zu fiktiven historischen Werten ist denkbar und wird vom Standard nicht ausgeschlossen. Jedoch sollten hierbei Daten gewählt werden, die auf die erwartete Marktentwicklung zutreffen. Eine rein quantitative Betrachtung ist nicht hinreichend, die Qualität der Daten ist entscheidend. Die Regressionsanalyse wird daher als Methode zur Berechnung der prospektiven Effektivität empfohlen.

Methoden zur Effektivitätsmessung bei „*Cash Flow Hedges*"

Die Methoden zur Ermittlung der Effektivität einer Absicherung zukünftiger Zahlungsströme basieren auf der „Dollar-Offset"-Methode. Demnach gilt analog zum Verfahren bei „Fair Value Hedges" die Sicherungsbeziehung dann als effektiv, wenn Werte zwischen 0,8 und 1,25 erreicht werden.

„Change in Fair Value"-Methode

Hierbei werden die kumulierten absoluten Änderungen der diskontierten Zahlungsströme des Sicherungsgegenstandes mit den kumulierten absoluten Änderungen der diskontierten Zahlungsströme des Sicherungsinstruments ins Verhältnis gesetzt.

$$Effektivität = \frac{\sum | \text{Änderung des Fair Value zukünftiger Cash Flows des Grundgeschäfts} |}{\sum |\text{Änderung des Fair Value zukünftiger Cash Flows des Sicherungsgeschäfts}|}$$

Anmerkungen zum Effektivitätstest

Von den weiter oben genannten vom Standard vorgeschriebenen Intervallen, in denen Effektivitätstests durchzuführen sind, kann dahingehend abgewichen werden, als ein kürzerer Abstand zwischen zwei Tests die Qualität der Sicherungsbeziehung bzw. dessen Dokumentation erhöht. So sind monatliche, wöchentliche oder sogar tägliche Tests möglich, sofern dies in der Dokumentation zur Sicherungsbeziehung festgehalten wurde. Diese Frequenzerhöhung führt tendenziell zu einer Verringerung der GuV-Auswirkungen bei Eintreten von Ineffektivität, da im Bedarfsfall auf Werte des Vormonats, der Vorwoche oder sogar des Vortags zurückgegriffen werden kann. Eine – theoretisch denkbare – retrograde Ermittlung der letztmaligen Effektivität wird vom Standard weder gebilligt noch untersagt, widerspricht allerdings den Anforderungen des IAS 39.88, wonach die Häufigkeit der Effektivitätsmessung im Vorhinein dokumentiert werden soll.

Fallstudie

Sie sind in dem Unternehmen ABC in dem Bereich „Rechnungswesen/Treasury" für das Management und die IFRS-Bilanzierung von Liquiditätsfaszilitäten verantwortlich. Im Rahmen dessen legen Sie für das Unternehmen ABC von Zeit zu Zeit frei verfügbare liquide Mittel in besser verzinste Finanzinstrumente. Bei der Anlage der Liquiditätsfaszilitäten ist die oberste Prämisse zu beachten, dass die IFRS-Effekte auf die Bilanz sowie die Gewinn- und Verlustrechnung des Unternehmens ABC aus den unrealisierten Wertschwankungen der Finanzinstrumente möglichst gering ausfallen sollten.

Um sich selbst über die erwarteten IFRS-Effekte auf die Bilanz sowie auf die Gewinn- und Verlustrechnung (GuV) des Unternehmens ABC Klarheit zu verschaffen und um diese dem Leiter Rechnungswesen zu verdeutlichen, erstellen Sie regelmäßig für die Finanzinstrumente eine Aufstellung in tabellarischer Form. Diese enthält die von Ihnen zukünftig erwarteten Zahlungsströme und IFRS-Effekte auf einer jährlichen Basis, die aus dem jeweiligen Finanz-

2.1.3 Finanzinstrumente und Sicherungsbeziehungen nach IAS 39   127

instrument ab dem Erwerbszeitpunkt über die komplette (Rest-) Laufzeit resultieren werden. Grundsätzlich enthält Ihre tabellarische Aufstellung die Ausgestaltungsmerkmale des jeweiligen Finanzinstruments, sowie die Bilanz- und GuV-Effekte, welche sich aus der IFRS-Kategorisierung ergeben werden. Die jeweils zu wählende IFRS-Kategorisierung beruht dabei auf der obersten Bilanzierungsprämisse des Unternehmens ABC, der Kaufintention, welche zum Erwerbszeitpunkt der Investition vorlag, sowie den Charakteristika des jeweiligen Finanzinstruments. Soweit eine „Fair Value"-Bewertung erforderlich ist, gehen Sie von einer linearen Wertentwicklung des Finanzinstruments ab dem Erwerbszeitpunkt bis zu dessen Endfälligkeit aus.

Aufgabe 1

Sie legen für das Unternehmen ABC am 01.03.20X1 Liquidität in Höhe von EUR 484.600,00 (inklusive Transaktionsnebenkosten) in EUR 500.000 Nominale einer nicht börsennotierten Schuldverschreibung XY an. Der Endfälligkeitszeitpunkt der Schuldverschreibung XY ist der 31.12.20X5, an dem diese zu 100% des Nominalbetrags mit einer Tilgung vom Emittenten zurückgezahlt wird. Der Nominalzinssatz in Höhe von 6,50% ist über die gesamte Laufzeit fixiert und wird jährlich nachschüssig beglichen, wobei als Berechnungsmethodik 30/360 verwendet wird (12 Monate mit jeweils 30 Zinsberechnungstagen). Sie beabsichtigen zum Erwerbszeitpunkt die Schuldverschreibung XY aufgrund der guten Verzinsung für einen längeren Zeitraum für das Finanzportfolio des Unternehmens ABC zu halten, können aber für den Fall einer angespannten Liquiditätslage des Unternehmens ABC für die Zukunft einen Verkauf vor Endfälligkeit der Schuldverschreibung XY nicht ausschließen.

Stellen Sie anhand der Bilanzierungsprämissen des Unternehmens ABC die erwarteten bilanziellen Auswirkungen aus der Schuldverschreibung XY tabellarisch dar!

Aufgabe 2

Am 01.04.20X1 erwerben Sie für das Unternehmen ABC EUR 800.000 Nominale einer weiteren festverzinslichen Schuldverschreibung YZ zu einem Kaufkurs in Höhe von 98,97% über den amtlichen Handel an der Frankfurter Börse. Die Schuldverschreibung YZ ist mit einem Nominalzinssatz von 4,60% ausgestattet, welcher quartalsweise zum 31.03., 30.06., 30.09. und 31.12. nachschüssig beglichen wird. Die für die Abgrenzung des Zinsanspruchs relevante Berechnungsmethode ist 30/360. An dem Endfälligkeitstermin 31.12.20X4 wird die Schuldverschreibung YZ zum Nominalwert in Gänze mit einer Zahlung getilgt. Der Anlagehorizont, den Sie für diese Anleihe zum Erwerbszeitpunkt zu Grunde legen, ist 1 bis 1,5 Jahre.

Stellen Sie anhand der Bilanzierungsprämissen des Unternehmens ABC die erwarteten bilanziellen Auswirkungen aus der Schuldverschreibung YZ tabellarisch dar!

Aufgabe 3

Am 31.12.20X1 ist der Börsenkurs der Schuldverschreibung YZ auf 99,14% gestiegen. Sie haben zu diesem Zeitpunkt die Intention, die Schuldverschreibung YZ doch 1,5 Jahre länger als zum Erwerbszeitpunkt geplant zu halten. Für die Zukunft erwarten Sie jedoch eine negative Kursentwicklung für die Schuldverschreibung YZ. Um den Einfluss aus den zukünftig erwarteten negativen Wertschwankungen auf die Bilanz und GuV des Unternehmens ABC einzuschränken, schließen Sie zum 01.01.20X2 einen „Payer SWAP" ab. Dieser sieht den Austausch von Zinszahlungen auf Basis eines Nominalbetrags von EUR 800.000 ab dem Erwerbszeitpunkt bis zum 31.12.20X3 vor. Der Austausch der nachschüssigen Zahlungsströme der Kontrahenten wird quartalsweise zum 31.03., 30.06., 30.09. und 31.12. vereinbart. Im Rahmen dessen hat das Unternehmen ABC die Verpflichtung, einen festen Nominalzinssatz von 4,60% zu leisten. Die Ausgleichszahlung des SWAP-Kontrahenten, welche das Unternehmen ABC dafür erhält, orientiert sich am 3-Monats-EURIBOR zzgl. eines Aufschlags von 150 Basispunkten (1,5%-Punkte). Der 3-Monats-EURIBOR notiert am 01.01.20X2 bei 3,30%. Für die tabellarische Aufstellung des SWAPS und die darauf basierende Bestimmung der Ausgleichszahlung zwischen den Kontrahenten, gehen Sie für diesen Zweck von einem konstanten 3-Monats-EURIBOR aus.

Erstellen Sie zusätzlich anhand der vorliegenden Fakten für die Dokumentationszwecke des „Hedge Accounting" eine prospektive Sensitivitätsanalyse pro Zahlungsausgleichstermin auf Basis der „Dollar-Offset"-Methode ab dem Erwerbszeitpunkt des SWAP in Relation zu der Schuldverschreibung YZ! Im Rahmen dessen gehen Sie von einem 3-Monats-EURIBOR von 3,20% aus. Um welche Art von „Hedge Accounting" handelt es sich in diesem Fall der Absicherung der Schuldverschreibung YZ mit einem Payer SWAP?

Aufgabe 4

Wider Erwarten ist der 3-Monats-EURIBOR unmittelbar nach Erwerb auf 3,25% gefallen, welcher auch direkt für das 1 Quartal 20X2, sowie für den Rest des Jahres 20X2 für die Ausgleichszahlungen zu Grunde gelegt wurde. Ab dem 01.01.20X3 rechnen Sie mit einem Anstieg des 3-Monats-EURIBOR auf 3,40%, welcher für das komplette Jahr 20X3 anhalten sollte.

Erstellen Sie für den Jahresabschluss 31.12.20X2 anhand der beiden 3-Monats-EURIBOR-Sätze eine retrospektive und eine prospektive tabellarische Aufstellung der Sensitivitätsanalyse pro Zahlungsausgleichstermin auf Basis der „Dollar-Offset"-Methode, um die Effektivität der Sicherungsbeziehung nachzuweisen!

Lösung 1

Die Schuldverschreibung XY wird aufgrund der fehlenden Börsennotierung, aber grundsätzlichen Verkaufsbereitschaft vor Endfälligkeit, in die Kategorie „Loans and Receivables" eingestuft, da in dieser die Bilanzierung zu „Amortised Cost" vorgeschrieben ist. Im Rahmen dessen beeinflussen lediglich die Amortisierung und ggf. „Impairments" die Bilanz und Gewinn- und Verlustrechnung, zusätzlich zu den erwarteten Zinszahlungen. Für die Amortisationsberechnung können die beiden folgenden Formeln verwendet werden:

kaufmännische Näherungsformel:
$$i^n = \frac{\left(K + \frac{(T - P_0)}{mRLZ}\right)}{P_0}$$

$$mRLZ = \frac{n_{tilgungsfrei} + (n_{Tilgung} + 1)}{2}$$

exakte Berechnungsformel:
$$P_0 = \frac{K+T}{(1+i)^1} + \frac{K+T}{(1+i)^2} + ... + \frac{K+T}{(1+i)^n}$$

i	=	Effektivzinssatz	r	=	Marktzinssatz
n	=	Laufzeit (in Jahren)	K	=	absolute Kuponzahlung
T	=	Tilgungsbetrag	P_0	=	Anschaffungskosten
mRLZ	=	mittlere Restlaufzeit			

Die Amortisationsberechnung für die Schuldverschreibung XY erfolgt dementsprechend:

Nominale (in EUR): 500.000
Nominalzinssatz: 6,50%
Kaufbetrag (in EUR): 484.600,00
Rückzahlung: 100%
Kaufzeitpunkt: 01.03.20X1
Endfälligkeitstermin: 31.12.20X5

Zeitpunkt	Nominale	Nominalzinsertrag	Amortisation	Summe Zinsertrag	Effektivzinssatz	Amortised Cost
01.03.20X1	500.000				7,1493%	484.600,00
31.12.20X1	500.000	27.083,33	2.622,09	29.705,42	7,1493%	487.222,09
31.12.20X2	500.000	32.500,00	3.163,53	35.663,53	7,1493%	490.385,62
31.12.20X3	500.000	32.500,00	3.184,07	35.684,07	7,1493%	493.569,69
31.12.20X4	500.000	32.500,00	3.204,75	35.704,75	7,1493%	496.774,44
31.12.20X5	500.000	32.500,00	3.225,56	35.725,56	7,1493%	500.000,00

Lösung 2

Die Schuldverschreibung YZ weist eine Börsennotierung auf, so dass eine Einstufung in die Kategorie „Loans and Receivables" nicht in Frage kommt. Aufgrund der Halteabsicht von 1 bis 1,5 Jahren zum Kaufzeitpunkt kann nicht von einer kurzfristigen Handelsabsicht ausgegangen werden, jedoch von einer Verkaufsabsicht vor dem Endfälligkeitstermin. Dementsprechend wird eine Einstufung der Schuldverschreibung YZ in die Kategorie „Available for Sale" vorgenommen. Dies führ einerseits zu einer „Fair Value"-Bilanzierung der Schuldverschreibung, jedoch zu einem erfolgsneutralen Ausweis der unrealisierten Wertschwankungen, außerhalb der Gewinn- und Verlustrechnung in einem Unterkonto des Eigenkapitals, der Neubewertungsrücklage (NBRL). Die Gewinn- und Verlustrechnung wird somit, zusätzlich zu den erwarteten Zinszahlungen, lediglich aus Effekten von der Amortisierung und ggf. „Impairments" beeinflusst. Die tabellarische Darstellung der erwarteten Effekte sähe dementsprechend folgendermaßen aus:

Nominale (in EUR): 800.000
Nominalzinssatz: 4,60%
Kaufbetrag (in EUR): 794.400,00
Rückzahlung: 100%
Kaufzeitpunkt: 01.04.20X1
Endfälligkeitstermin: 31.12.20X4
Effektivverzinsung: 4,78749%

Zeitpunkt	Nominale	Nominalzinsertrag	Amortisation	Amortised Cost	Fair Value	NBRL
01.04.20X1	800.000			794.400,00	794.400,00	0,00
31.12.20X1	800.000	27.600,00	1.117,07	795.517,07	795.520,00	2,93
31.12.20X2	800.000	36.800,00	1.491,51	797.008,58	797.013,33	4,75
31.12.20X3	800.000	36.800,00	1.494,31	798.502,89	798.506,67	3,78
31.12.20X4	800.000	36.800,00	1.497,11	800.000,00	800.000,00	0,00

Lösung 3

Die Ausgleichszahlung für den SWAP ist anhand der unterschiedlichen Zahlungsströme zwischen dem Unternehmen ABC (Payer) und dessen Kontrahenten (Receiver) zu berechnen. Dabei weisen die zwischen den SWAP-Kontrahenten zum Abschlusszeitpunkt vereinbarten und gültigen Zinssätze, i. H. v. 4,60% für den „Payer" und i. H. v. 4,80% (= 3,30% + 1,50%) für den „Receiver", eine Zahlungsdifferenz von 0,2% auf.

2.1.3 Finanzinstrumente und Sicherungsbeziehungen nach IAS 39

Nominale (in EUR): 800.000
Nominalzins (Payer): 4,60%
Nominalzins (Receiver): 4,80% (3-Monats-EURIBOR zzgl. 150 Basispunkte)
Abschlusstag: 01.01.20X2
Endfälligkeitstermin: 31.12.20X3

	31.03. 20X2	30.06. 20X2	30.09. 20X2	31.12. 20X2	31.03. 20X3	30.06. 20X3	30.09. 20X3	31.12. 20X3
Payer	9.200,00	9.200,00	9.200,00	9.200,00	9.200,00	9.200,00	9.200,00	9.200,00
Receiver	9.600,00	9.600,00	9.600,00	9.600,00	9.600,00	9.600,00	9.600,00	9.600,00
Differenz	400,00	400,00	400,00	400,00	400,00	400,00	400,00	400,00
Barwert der Differenz	395,34	390,73	386,18	381,68	377,23	372,84	368,49	364,20

Das Unternehmen ABC würde basierend auf dem aktuellen Marktzinssatz i. H. v. 4,80% quartalsweise einem Betrag von EUR 400,00 erhalten. Durch eine quartalsgenaue Abzinsung dieser erwarteten Zahlungsmittelzuflüsse für das Unternehmen ABC (mit dem derzeitigen Marktzins i. H. v. 4,80%) lässt sich ein Barwert des SWAP i. H. v. EUR 3.036,69 zum Abschlusszeitpunkt bestimmen. Dieser ist als Ausgleichszahlung für die zukünftig erwarteten Zahlungseingänge am 01.01.20X2 von dem Unternehmen ABC zu leisten, damit zum Abschlusszeitpunkt der Wert der zwischen den Kontrahenten vereinbarten Leistungen EUR 0,00 beträgt.

Der prospektive Effektivitätstest zum Designationszeitpunkt stellt eine notwendige Voraussetzung für die Anerkennung einer Sicherungsbeziehung dar. Dabei ist ab dem Designationszeitpunkt über die gesamte Laufzeit des „Hedging Instrument" eine Effektivität von 80% bis 125% nachzuweisen. Für den an dieser Stelle durchzuführenden prospektiven Effektivitätstest ist von einem durchschnittlichen Marktzinssatz i. H. v. 4,70% über die Laufzeit des SWAP auszugehen. Dieser ist ebenfalls für die Barwertbetrachtung der zukünftigen Zahlungsströme in Zusammenhang mit dem SWAP und der „Fair Value"-Änderung der Schuldverschreibung YZ heranzuziehen. Die Berechnung der „Fair Value"-Änderung der Schuldverschreibung YZ, beruht auf der Veränderung des aktuellen Marktzinssatzes i. H. v. 4,80%, auf einen erwarteten durchschnittlichen Marktzinssatz i. H. v. 4,70%, was zu einer Erhöhung des „Fair Value" der Schuldverschreibung YZ in Höhe des Deltas von 0,1% führen sollte.

	31.03. 20X2	30.06. 20X2	30.09. 20X2	31.12. 20X2	31.03. 20X3	30.06. 20X3	30.09. 20X3	31.12. 20X3
SWAP Δ Zahlungen	197,72	195,46	193,23	191,02	188,84	186,69	184,55	182,45
SWAP Auflösung Ausgleichsz.	−395,34	−390,73	−386,18	−381,68	−377,23	−372,84	−368,49	−364,20
SWAP Fair Value	−197,62	−195,27	−193,23	−191,02	−188,84	−186,69	−184,55	−182,45
SV YZ Δ Fair Value	197,72	195,46	193,23	191,02	188,84	186,69	184,55	182,45

Um die Effektivität der Sicherungsbeziehung zu bestimmen, ist die „Fair Value"-Änderung des SWAP, welche sich aus der Differenz zwischen der Ausgleichszahlung und dem Barwert des SWAP ergibt, sowie dem aktuellen (EUR 793.120,00 = 800.000 • 99,14%) und dem erwarteten „Fair Value" der Schuldverschreibung YZ abzuleiten. Diese sind anschließend betragsmäßig mit Hilfe der „Dollar Offset"-Methode miteinander ins Verhältnis zu setzen.

Hedge Effektivität = [Δ Fair Value SWAP / Δ Fair Value Schuldverschreibung XY]

[(1.516,73 − 3.036,69) / (794.936,95,00 − 793.120,00)] = 100%

Der Barwert der zukünftig erwarteten Zahlungsströme aus dem SWAP und die „Fair Value"-Änderung der Schuldverschreibung YZ sind gegenläufig und heben sich somit auf. Dies spiegelt sich ebenfalls in den zu erwartenden „Fair Value"-Änderungen der beiden Finanzinstrumente wider, so dass zum Zeitpunkt 01.01.20X2 prospektiv von einer 100%-igen „Hedge"-Effektivität zwischen der Schuldverschreibung YZ und dem SWAP auszugehen ist.

Lösung 4

Im Rahmen der retrospektiven Sensitivitätsanalyse zum 31.12.20X2 sind die „Fair Value"-Änderungen des SWAP und der Schuldverschreibung YZ gegenüber zu stellen. Um die „Fair Value"-Änderung des SWAP zu bestimmen, erfolgt eine Betrachtung der Zahlungsströme des SWAP anhand des für das Jahr 20X2 3-Monats-EURIBOR i. H. v. 3,25% + 1,50% Basisaufschlag (= 4,75%), zuzüglich der erfolgwirksamen anteiligen Auflösung der geleisteten Ausgleichszahlung (siehe Lösung 3 – Gesamthöhe zum Abschlusszeitpunkt EUR 3.036,69) im Laufe des Jahres 20X2. Die rechnerische „Fair Value"-Änderung der Schuldverschreibung YZ basieren auf der Differenz zwischen dem durchschnittlichen Marktzinssatz i. H. v. 4,75% des Jahres 20X2 und dem zum 31.12.20X1 vorgelegenen Marktzinssatz i. H. v. 4,80%.

2.1.3 Finanzinstrumente und Sicherungsbeziehungen nach IAS 39

Sensitivitätsanalyse retrospektiv für das Jahr 20X2:

	31.03. 20X2	30.06. 20X2	30.09. 20X2	31.12. 20X2	Summe
SWAP Δ erwartete Zahlungen	296,49	293,02	289,60	286,21	1.165,32
Auflösung Ausgleichszahlung SWAP	−395,34	−390,73	−386,18	−381,68	−1.553,93
SWAP Δ Fair Value	−98,80	−97,61	−96,44	−95,28	−388,13
SV YZ Δ Fair Value	98,85	97,71	96,58	95,47	388,61

Hedge Effektivität = [(−388,13) / (388,61)] = 99,88%

Für die prospektive Sensitivitätsanalyse zum 31.12.20X2 sind ebenfalls wie bei der retrospektiven die „Fair Value"-Änderungen des SWAP und der Schuldverschreibung YZ gegenüber zu stellen. Dabei ist der für das Jahr 20X3 erwartete durchschnittliche 3-Monats-EURIBOR i. H. v. 3,40% bzw. ein Marktzinssatz i. H. v. 4,90% zu Grunde zu legen.

Sensitivitätsanalyse prospektiv für das Jahr 20X3:

	31.03. 20X3	30.06. 20X3	30.09. 20X3	31.12. 20X3	Summe
SWAP Δ Zahlungen	592,87	585,82	578,85	571,97	2.329,51
Auflösung Ausgleichszahlung SWAP	−377,23	−372,84	−368,49	−364,20	−1.482,76
SWAP Δ Fair Value	215,64	212,98	210,36	207,78	846,76
SV YZ Δ Fair Value	−197,62	−195,27	−192,95	−190,66	−776,50

Hedge Effektivität = [(846,76) / (−776,50)] = 109,05%

Mit Hilfe der „Dollar-Offset"-Methode lässt sich für den retrospektiven Effektivitätstest der Sicherungsbeziehung für das Jahr 20X2 eine Effektivität von annähernd 100% nachweisen. Problematisch erscheint jedoch das Ergebnis des prospektiven Effektivitätstests für das Jahr 20X3, welches bei 109,05% und somit nicht nahe bei 100% liegt. Dies ist im Wesentlichen durch den Barwerteffekt bei der Auflösung der Ausgleichszahlung für den SWAP bedingt. Im Vergleich ergibt sich zwischen der Summe des Auflösungseffekts des Jahres 20X2 (EUR −1.553,93) und 20X3 (EUR −1.482,76) eine Differenz i. H. v. EUR −71,17. Um diesen Zinseffekt bereinigt, würde sich auch in der prospektiven Betrachtung der Sicherungsbeziehung eine annähernd 100%ige Effektivität [(775,58) / (−776,50)] ergeben. Demzufolge ist auch für das Jahr 20X3 von einer effektiven Sicherungsbeziehung auszugehen, so dass diese weiterhin aufrecht erhalten werden darf.

Literaturhinweise

BARCKOW, A. (2004): Die Bilanzierung von derivativen Finanzinstrumenten und Sicherungsbeziehungen, Düsseldorf.

BARZ, K./ECKES, B./WEIGEL, W./PRICEWATERHOUSECOOPERS AG (2008): IFRS für Banken, 4. Aufl., Frankfurt.

BIEKER, M./NEGARA, L. (2008): Bilanzierung von portfolio hedges zur Absicherung von Zinsänderungsrisiken nach IAS 39, in: KoR, 8. Jg., S. 702–714.

HITZ, M. (2005): Rechnungslegung zum Fair Value: Konzeption und Entscheidungsnützlichkeit, Frankfurt.

KUHN, S./SCHARPF, P. (2006): Rechnungslegung von Financial Instruments nach IFRS: IAS 32, IAS 39 und IFRS 7, 4. Aufl., Stuttgart.

PETERSEN, K./BANSBACH, F./DORNBACH, E. (2009): IFRS Praxishandbuch, 4. Aufl., München.

SCHILDBACH, T. (2008): Was bringt die Lockerung der IFRS für Finanzinstrumente?, in: DStR, 46. Jg., S. 2381–2385.

SCHWARZ, C. (2006): Derivative Finanzinstrumente und hedge accounting: Bilanzierung nach HGB und IAS 39, Berlin.

Peter Lorson, Erdmute Darsow, Christian Horn und Marc Toebe

2.1.4 Umlaufvermögen (insbesondere Vorräte, Forderungen und Umweltverschmutzungsrechte)

Vorbemerkung

Dieser Beitrag behandelt die bilanzielle Abbildung von Umlaufvermögen im Abschluss gemäß den von der EU übernommenen IAS/IFRS – ohne Erörterung des IFRS-spezifischen Wesentlichkeitsvorbehalts, zugehöriger latenter Steuern sowie des Gebots zur Gliederung der Bilanz nach Fristigkeiten. Etwaige Unterschiede zu dem aktuell diskutierten Entwurf der IFRS für Kleine und Mittlere Unternehmen bleiben ebenfalls außer Betracht. Die erste Schwierigkeit besteht darin, den handelsrechtlichen Begriff des Umlaufvermögens IFRS-konform auszufüllen. Diese Abgrenzung erfolgt in einem ersten Schritt.

Im Ergebnis werden:

- selbsterstellte Vorräte und zugehörige Roh-, Hilfs- und Betriebsstoffe,
- Forderungen aus Lieferungen und Leistungen sowie
- bestimmte Umweltverschmutzungsrechte, die nach einer maßgeblichen Meinung im Schrifttum zum deutschen Bilanzrecht als Vorräte nach HGB auszuweisen sind,

betrachtet.

Ausgeklammert bleiben insbesondere folgende Posten des Umlaufvermögens nach § 266 Abs. 2B HGB:

- Sonstige Vermögensgegenstände.
  Diese sind unter „Forderungen aus Lieferungen und Leistungen und sonstige Forderungen" [„trade and other receivables"; vgl. nur IAS 1.68 (h)] zu subsumieren. Gegebenenfalls sind sie aber auch den zur Veräußerung gehaltenen langfristigen Vermögenswerten und aufgegebenen Geschäftsbereichen (IFRS 5) zuzuordnen.
- Wertpapiere des Umlaufvermögens.
  Diesbezüglich wird auf IAS 39 bzw. auf IAS 27, 31 sowie 28 (Sonderregelungen betreffend Anteile an verbundenen Unternehmen im Einzelabschluss bzw. Separate Financial Statement des Mutterunternehmens) verwiesen.
- Eigene Anteile.
  Diese sind offen – künftig auch nach HGB – vom Eigenkapital abzusetzen (vgl. IAS 32.31 f.).
- Zahlungsmittel/Zahlungsmitteläquivalente.
  Der Bilanzposten „Kassenbestand, Bundesbankguthaben, Guthaben bei Kreditinstituten und Schecks" ist nach IFRS dem weiter gefassten Posten „Zahlungsmittel und Zahlungsmitteläquivalente" [„cash and cash equivalents", vgl. nur IAS 1.68 (i)] zuzuordnen.

- Latente Steuerforderungen.

  Latente Steuern sind nach IFRS getrennt von anderen Vermögenswerten als langfristige Vermögenswerte („non-current") auszuweisen (vgl. IAS 12.69 f., 1.70).

Hinsichtlich dieser Sachverhalte im Abschluss nach IFRS wird von eigenständigen Aufgaben abgesehen und auf andere Fallstudien in diesem Buch verwiesen.[1]

Vorräte

Relevante Bilanzierungskategorien

IAS 2.6 definiert Vorräte als Vermögenswerte (Assets), die entweder im Rahmen der gewöhnlichen Geschäftstätigkeit veräußert werden sollen oder sich mit dieser Zweckbestimmung noch im Herstellungsprozess befinden oder als Roh-, Hilfs-, Betriebsstoffe bzw. bezogene Teile dazu bestimmt sind, im Rahmen des Herstellungsprozesses oder bei der Erbringung von Dienstleistungen verbraucht zu werden. Diese produktionsbezogenen Vorräte werden im Folgenden betrachtet.

Nicht betrachtet werden die Ausnahmen aus dem Anwendungsbereich von IAS 2: Vorräte, die vollständig ausgenommen sind (vgl. IAS 2.2), sowie solche Vorräte, deren Bewertung nach anderen Normen erfolgt (vgl. IAS 2.3 ff.). Beispiele bilden: unfertige Leistungen im Rahmen von Fertigungsaufträgen (IAS 11); Finanzinstrumente (IAS 32, 39, IFRS 7); Biologische Vermögenswerte im Rahmen einer landwirtschaftlichen Tätigkeit sowie landwirtschaftliche Erzeugnisse zum Zeitpunkt der Ernte (IAS 41); Vorräte von Erzeugern land- und forstwirtschaftlicher Produkte, landwirtschaftliche Erzeugnisse nach der Ernte sowie Mineralien und mineralische Produkte, soweit diese nach anerkannter (Branchen-)Praxis erfolgswirksam zum unternehmensspezifischen Nettoveräußerungswert (net realizable value) zu bewerten sind; Vorräte von Warenhändlern/-maklern, die ihr Vorratsvermögen erfolgswirksam mit dem Fair Value less Cost to Sell bewerten.

Die Zuordnung von IFRS-Bewertungskategorien zu den Vorratsposten nach HGB illustriert insgesamt die nachfolgende Übersicht:[2]

---

[1] Die nachfolgenden Ausführungen basieren grundsätzlich auf LORSON (2008) sowie LORSON/TOEBE (2008).

[2] Entnommen aus LORSON (2008), S. 13. Vgl. auch BIEG/HOSSFELD/KUßMAUL/WASCHBUSCH (2006), S. 187.

2.1.4 Umlaufvermögen

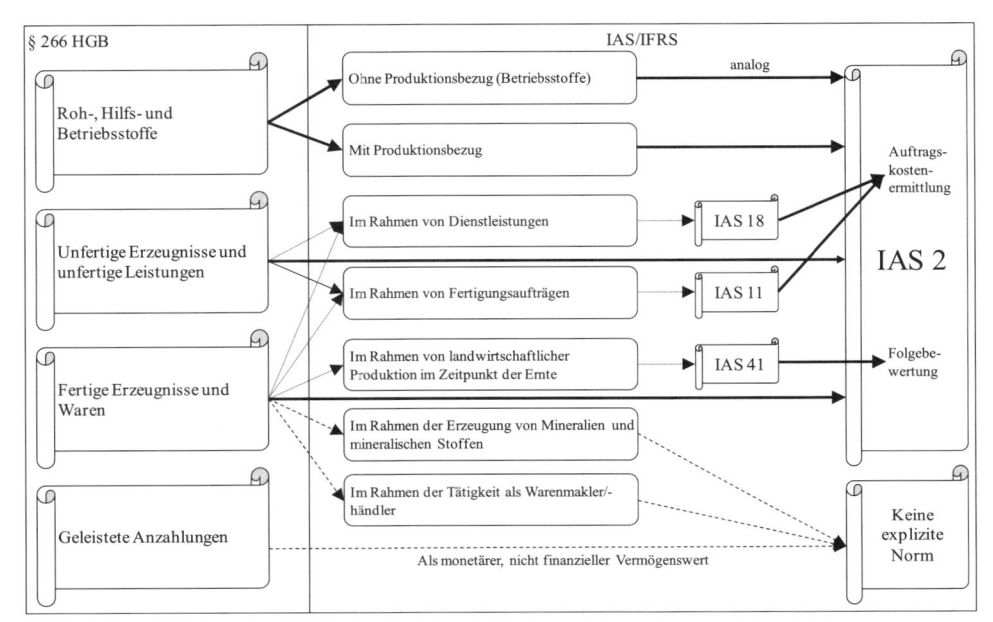

Abbildung 1: Ableitung der IFRS-Bewertungskategorien aus dem HGB-Bilanzgliederungsschema

Bewertungskonzeption

Absatzbestimmte Vorräte sind entweder mit ihren Anschaffungs- bzw. Herstellungskosten oder ihrem niedrigeren Nettoveräußerungswert zu bewerten (IAS 2.9). Hieraus lassen sich drei Merkmale der Bewertungskonzeption ableiten:

- Absatzmarkt- bzw. Verwertungsbezug,
- strenges Niederstwertprinzip und
- Zuschreibungsgebot maximal bis zur Höhe der historischen Anschaffungs- oder Herstellungskosten.

Ein generelles Niederstwertprinzip für die Bewertung zugehöriger Roh-, Hilfs- und Betriebsstoffe ist nicht vorgesehen.

Zugangsbewertung

Zu den Anschaffungs- und Herstellungskosten von Vorräten zählen „alle Kosten des Erwerbs und der Herstellung sowie sonstige Kosten […], die angefallen sind, um die Vorräte an ihren derzeitigen Ort und in ihren derzeitigen Zustand zu verbringen" (IAS 2.10).

Die Anschaffungskosten ergeben sich also als Summe aus Anschaffungspreis, nicht erstattungsfähigen Zöllen und Steuern sowie Anschaffungsnebenkosten nach Kürzung um Preisnachlässe. Als Herstellungskosten zu aktivieren sind in einer Kurzformel produktionsbezogene Vollkosten bei Normalbeschäftigung, wobei die Istkosten nicht überschritten werden dürfen. Ein auf relevante Fälle vereinfachtes Berechnungsschema zeigt die nachfolgende Abbildung.

Aufwandsarten	IAS 2 und 23
Materialeinzelkosten	Pflicht
Fertigungseinzelkosten	Pflicht
Sondereinzelkosten der Fertigung	Pflicht
Materialgemeinkosten	Pflicht
Fertigungsgemeinkosten	Pflicht
Sondergemeinkosten der Fertigung	Pflicht
Fertigungsbedingter Wertverzehr des Anlagevermögens	Pflicht
Kosten der allgemeinen Verwaltung	Pflicht, sofern produktionsbezogen*
Freiwillige soziale Aufwendungen	Pflicht, sofern produktionsbezogen*
Aufwendungen für betriebliche Altersversorgung	Pflicht, sofern produktionsbezogen*
Vertriebskosten	Verbot

* Andere: Verbot

Generell: Aktivierungsfähig sind die Teile der Ist-Aufwendungen, die
- auf den Zeitraum der Herstellung entfallen und
- nicht unangemessen hoch sind.

IFRS:
- Aufwendungen sind nach der Normalbeschäftigung zu bemessen,
- sofern diese die Istbeschäftigung nicht unterschreitet.

Abbildung 2: Herstellungskosten nach IAS 2.12 ff.

Strengere Regeln [Nichteinbezug von Verwaltungs- und (bestimmten) sonstigen Gemeinkosten] gelten für Herstellungskosten von Vorräten bei Dienstleistungsunternehmen (vgl. IAS 2.19) sowie selbsterstellten immateriellen Vermögenswerten (vgl. IAS 38.29). Eigens geregelt ist auch der Fall der Kuppelkalkulation (vgl. IAS 2.14). Für die Zurechnung der Kosten des Kuppelprozesses und etwaiger Vernichtungskosten auf die absatzfähigen Leistungen kommen hier das Restwertverfahren bzw. ein Äquivalenzziffernverfahren in Betracht.[3] Kann ein Hauptprodukt bestimmt werden, sind diesem die um Verwertungsüberschüsse von Nebenprodukten (Preis abzüglich direkt zurechenbare Kosten) gekürzten Summe der oben genannten Kosten zuzurechnen (sog. Restwertverfahren). Anderenfalls wird die ungekürzte Summe nach Maßgabe von Äquivalenzziffern, wie zum Beispiel Verwertungsüberschüsse, auf die absatzfähigen Erzeugnisse – nach dem Tragfähigkeitsprinzip – verteilt.

---

[3] Vgl. zu einem ausführlichen Beispiel nur LORSON (2008), S. 28 ff. m. w. N.

Als vereinfachte Bewertungsverfahren erlaubt IAS 2 die Ermittlung von Herstellungskosten auf Basis von Standardkosten, sofern diese Bewertung regelmäßig überprüft wird und approximativ mit zulässigen Istherstellungskosten übereinstimmt (IAS 2.21).

Sofern ein anderes Verfahren nicht wirtschaftlich durchführbar bzw. vertretbar ist, dürfen Unternehmen des Einzelhandels die Anschaffungskosten von in großer Zahl vorhandenen Vorratsposten, die rasch wechseln und vergleichbare Bruttogewinnspannen aufweisen, durch Herausrechnen dieser Spanne aus den Verkaufspreisen ermitteln (vgl. IAS 2.22).

Eine Einzelbewertung erlaubt IAS 2 nur für nicht austauschbare Vorräte. Sind die Vorräte hingegen austauschbar, wird zur Prävention von einer bewussten Wertsteuerung durch Einzelbewertung für die Anschaffungswertermittlung ein Wahlrecht zwischen dem Fifo-Verfahren (Bewertung nach der Verbrauchsfolgefiktion: First-in-First-out) oder der Durchschnittsmethode eingeräumt (vgl. IAS 2.25).

Folgebewertung

Sind die Anschaffungswerte von Vorräten (Anschaffungs- oder Herstellungskosten) nicht mehr werthaltig, weil die Vorräte beschädigt oder veraltet sind oder ihr Verkaufspreis gesunken oder die geschätzten Kosten der Fertigstellung bis zum Verkauf gestiegen sind, dürfen sie maximal zu den unter den Anschaffungswerten liegenden durch Verkauf oder Gebrauch voraussichtlich realisierbaren Werten angesetzt werden (IAS 2.28).

Die Wertminderungsprüfung von fertigen und unfertigen Erzeugnissen zielt also auf deren verlustfreie Bewertung. Der Nettoveräußerungswert ist durch Reduktion des – gegebenenfalls vorsichtig zu schätzenden – Veräußerungserlöses um die noch nicht angefallenen Teile der geschätzten Selbstkosten sowie um zu erwartende Erlösminderungen zu reduzieren (IAS 2.30f.). Daraus ergibt sich als Ermittlungsschema für den Nettoveräußerungserlös:

    Vorsichtig geschätzter oder vertraglich vereinbarter Verkaufspreis
    – Erlösschmälerungen (Rabatte, Skonti)
    – Verpackungs- und Frachtkosten
    – sonstige Vertriebskosten
    – noch anfallende Verwaltungskosten
    – noch anfallende Herstellungskosten
    = **Nettoveräußerungserlös**

Roh-, Hilfs- und Betriebsstoffe (RHB), die für die Herstellung von Erzeugnissen bestimmt sind, dürfen dann nicht auf einen unter ihren Anschaffungs- oder Herstellungskosten liegenden Wert abgewertet werden, wenn die Fertigerzeugnisse, in die sie eingehen, voraussichtlich zu den Herstellungskosten oder darüber verkauft werden können. Eine Wertminderung bei den Roh-, Hilfs- und Betriebsstoffen (RHB) ist daher grundsätzlich nur dann vorzunehmen, wenn außerplanmäßige Abschreibungen bei fertigen oder unfertigen Erzeugnissen (Verlustprodukten) erfasst werden mussten (vgl. IAS 2.32).

Unabhängig davon ist zu prüfen, ob ein Preisrückgang bei den RHB darauf hindeutet, dass auch der Nettoveräußerungswert der jeweiligen Fertigerzeugnisse beeinflusst wird. Hierbei wird unterstellt, dass ein Marktpreisrückgang der RHB als ein Indiz für eine künftige Abwertungspflicht der daraus hergestellten Erzeugnisse fungiert. Dies wird regelmäßig aber nur bei materialintensiver Produktion der Fall sein. Ausnahmsweise fungieren in diesem Fall die Wiederbeschaffungskosten der RHB als bester Schätzer für deren Nettoveräußerungswert. Eine Wertminderung darf dann aber nur für jenen Teil der RHB erfolgen, der voraussichtlich für die künftige Produktion dieser Erzeugnisse genutzt werden soll. Deren Abwertung führt am Abschlussstichtag zu einer Verlustantizipation, da insoweit die künftigen Herstellungskosten dieser Erzeugnisse gemindert werden.

Die Bilanzierung von Vorräten nach IFRS ist Gegenstand der *Aufgaben 1 bis 6*.

Forderungen

Relevante Bilanzierungskategorien

Der Ansatz von Forderungen richtet sich neben IAS 39 in erster Linie nach IAS 18, „Erträge". Im Einzelfall können aber auch andere Normen relevant sein, wie IAS 11, „Fertigungsaufträge", oder IAS 17, „Leasingverhältnisse", sowie im Falle von Forderungen aus Erstattungsansprüchen IAS 19, „Leistungen an Arbeitnehmer", und IAS 37, „Rückstellungen, Eventualverbindlichkeiten und Eventualforderungen". Wegen des nur subsidiären Geldforderungscharakters sind geleistete Anzahlungen bei den jeweiligen Kategorien, auf die sich der Lieferanspruch bezieht, auszuweisen.

Die Folgebewertung bzw. Wertminderungsprüfung von Finanzforderungen (finanzielle Vermögenswerte) richtet sich ungeachtet der bei Zugang relevanten Norm nach IAS 39.

Bewertungskonzeption

Nicht zu Handelszwecken erworbene Forderungen gehen grundsätzlich mit den Fair Value des Gegenleistungsanspruchs zu (IAS 18.9). Die fortgeführten Anschaffungskosten werden regelmäßig durch Anwendung der Effektivzinsmethode ermittelt. Ein hiervon abweichender Wertminderungs- bzw. Zuschreibungsbedarf ist nach dem Einzelbewertungsprinzip zu bemessen.

Zugangsbewertung

Grundsätzlich ist die Ertragsrealisierung nach IAS 18 nur rudimentär geregelt. Unterschieden werden grundsätzlich drei Arten von Geschäftsvorfällen (Verkauf von Gütern, Erbringen von Dienstleistungen und Nutzung von Vermögenswerten durch Dritte gegen Zinsen, Nutzungsentgelte und Dividenden; IAS 18.1). Für den Verkauf von Gütern sind weitergehend fünf allgemeine Prinzipien relevant (IAS 18.14):

- Maßgebliche Risiken und Chancen aus dem Eigentum sind auf den Käufer übergegangen.
- Dem Käufer verbleibt weder ein Verfügungsrecht (managerial involvement) noch eine Verfügungsmacht.
- Die Höhe der Erlöse kann verlässlich bestimmt werden.
- Der Nutzenzufluss ist hinreichend wahrscheinlich (probable).
- Angefallene/anfallende Kosten sind verlässlich (reliable) bestimmbar.

Hinsichtlich weitergehender Ansatzfragen wird insbesondere auf die Ausführungen zur Umsatzrealisierung, die oben genannten Normen sowie darauf verwiesen, dass IAS 18 derzeit grundlegend reformiert wird.[4]

Erträge sind grundsätzlich nach dem Fair Value des Gegenleistungsanspruchs zu bemessen (IAS 18.9).

Folgebewertung

Die Folgebewertung von Finanzforderungen richtet sich nach IAS 39.45 ff. Demnach ergeben sich folgende Wertansätze am Bilanzstichtag:

- Forderungen ohne feste Laufzeit:
    - Anschaffungskosten (IAS 39.66 f.): Fair Value der erbrachten Leistung zzgl. Transaktionskosten;
- Kurzfristige Forderungen ohne festgelegten Zinssatz:
    - ursprünglicher Rechnungsbetrag, sofern der Unterschiedsbetrag zum Barwert unwesentlich ist;
- Sonstige Forderungen (und sonstige Vermögensgegenstände):
    - fortgeführte Anschaffungskosten, die bei fester Laufzeit nach der Effektivzinsmethode ermittelt werden.

Einen Sonderfall bilden Fremdwährungsforderungen (IAS 21). Sie gehen grundsätzlich zum Kassakurs im Transaktionszeitpunkt (spot rate) zu (IAS 21.9) und sind am Bilanzstichtag erfolgswirksam (IAS 21.15) zum Geldkurs am Stichtag (closing rate) [IAS 21.11(a)] umzubewerten.

Wertminderungen der zu fortgeführten Anschaffungskosten bewerteten Forderungen müssen unter den Voraussetzungen von IAS 39.58 ff. erfasst werden, wenn der erzielbare Betrag einer Forderung unter deren Buchwert liegt. Der Wertminderungsbedarf ergibt sich als Saldo aus Buchwert und dem Barwert der mit dem ursprünglichen effektiven Zinssatz abgezinsten erwarteten Cash flows (recoverable amount). Sofern die verringerte Wertminderung objektiv

---

[4] Gemeinschaftsprojekt des IASB und des US FASB, das gemäß zugrundeliegendem *Memorandum of Understanding* im Jahr 2011 beendet werden soll.

auf einen später eingetretenen Umstand zurückzuführen ist, ist zuzuschreiben. Die Bewertungsobergrenze bilden die planmäßig fortgeführten Anschaffungskosten (IAS 39.63 ff.).

IAS 39 sieht die Einzelwertberichtigung von Forderungen vor. Eine Sammelbewertung ist nur für gleichartige finanzielle Vermögenswerte auf Basis homogener Portfolien möglich. Solchermaßen pauschalierte Einzelwertberichtigungen dürfen nur in Höhe statistisch ermittelter Erfahrungssätze (z. B. mahnstufendifferenziert) erfolgen. Nicht erlaubt sind Pauschalwertberichtigungen ohne Vorliegen gesicherter Erfahrungswerte, das heißt auf Basis gegriffener Abwertungssätze (vgl. *Abbildung 3*).

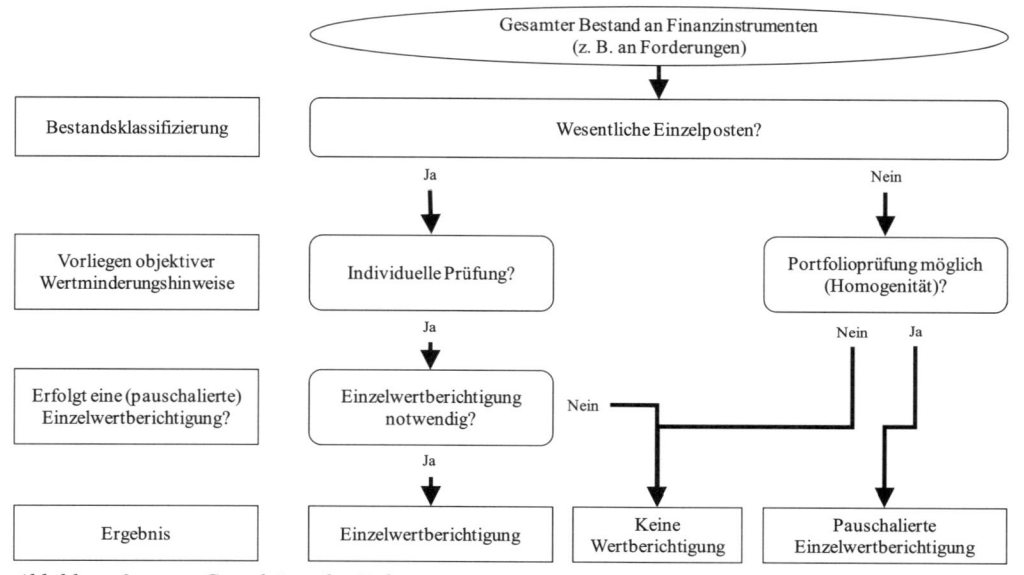

Abbildung 3:   *Grundsätze der Erfassung von Wertminderungsrisiken (IAS 39.58 ff.)*

Zulässig ist c. p. die Verwendung des folgenden Berechnungsschemas (sog. aging method of estimating bad debts):

      [Brutto-Forderungen (< 30 Tage) • Ausfallprozentsatz (< 30 Tage)]
+ [Brutto-Forderungen (30 – 90 Tage) • Ausfallprozentsatz (30 – 90 Tage)]
+ [Brutto-Forderungen (> 90 Tage) • Ausfallprozentsatz (> 90 Tage)]
− Wertberichtigung zum Ende des Vorjahrs
= **Anpassungsbetrag der Wertberichtigung auf Forderungen**

Die Bilanzierung von Forderungen ist Gegenstand der *Aufgabe 7*.

Sonderfall: Bilanzierungsfeld Umweltverschmutzungsrechte

Grundlagen

Im Zuge der Umsetzung des Kyoto-Protokolls zur Reduzierung von Treibhausgas-Emissionen wurde ein Cap-and-Trade-System für Umweltverschmutzungsrechte eingeführt. Gemäß einem nationalen Zuteilungsplan mit sinkenden Ausstoßmengen (sog. *Cap*) werden unentgeltlich Emissionsberechtigungen an die zum Klimaschadstoffausstoß berechtigten Unternehmen (gemäß § 4 Abs. 2 TEHG) ausgegeben. Diese sind übertragbar (veräußerbar), aber keine Finanzinstrumente i. S. von § 1 Abs. 11 des Kreditwesengesetzes (§ 15 TEHG). Die begünstigten Anlagenbetreiber müssen im Folgejahr Emissionsberechtigungen nach Maßgabe berichteter (§ 4 Abs. 2 TEHG) oder behördlich geschätzter (§ 18 Abs. 2 TEHG) Istausstoßmengen an die Regulierungsbehörde abgeben. Ausgabe, Besitz, Übertragung und Abgabe werden in einem Emissionshandelsregister verzeichnet. Die Abgabepflicht kann mit zugeteilten oder zugekauften Emissionsberechtigungen, aber auch mit Emissionsreduktionseinheiten und zertifizierten Emissionsreduktionen anderer Staaten erfüllt werden. Für Pflichtverletzungen drohen Strafen (§ 18 TEHG; vgl. *Abbildung 4* in Bezug zu Emission(-sberechtigung)en in Periode t_1), wie Sperrung des Kontos, Säumniszuschlag in Höhe von 100 € je nicht fristgerecht – bis zum 30. April des auf den Schadstoffausstoß folgenden Jahres – abgegebene Emissionsberechtigung, namentliche Veröffentlichung des Pflichtenverstoßes im Bundesanzeiger (§ 18 Abs. 4 TEHG) und Kürzung des Zuteilungsanspruchs einer späteren Periode (sog. Nachholpflicht; § 18 Abs. 3 TEHG).

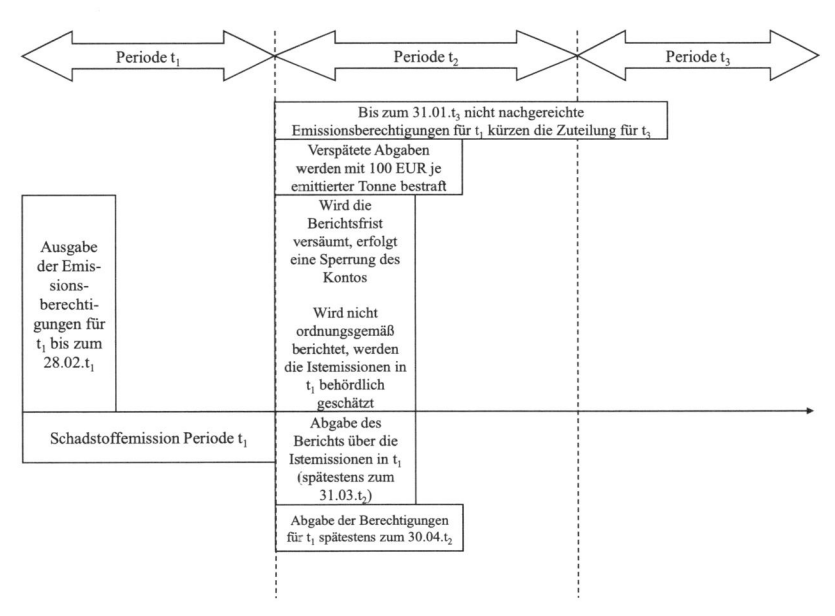

Abbildung 4:   *Zeitstrahl – Zuteilung und Sanktionen nach TEHG*

Relevante IFRS-Normen

Die folgenden Ausführungen haben zunächst die Abbildung von immateriellen Vermögenswerten (nach IFRS) zum Gegenstand, die im deutschen Bilanzrecht Hilfsstoffen gleichgestellt werden.[5] Zudem werden die damit verbundenen Verpflichtungen betrachtet.

(Offiziell) existiert im Normenwerk der IFRS keine explizite Norm zur Abbildung des Bilanzierungsfeldes Emissionsrechtehandel. Daher werden im Schrifttum unterschiedliche Vorgehensweisen vertreten.[6] Wie diese Regelungslücke ausgefüllt werden kann, leiten die meisten Autoren aus den IFRS ab. Eine Mindermeinung präferiert die analoge Anwendung von IDW RS HFA 15.[7] Wie aus *Abbildung 5* ersichtlich, erarbeitet das Schrifttum drei IFRS-Lösungen im engeren Sinne, wobei ergänzend IAS 37 heranzuziehen ist.

```
                    Betrachtete Normen zum Bilanzierungsfeld
                    Emissionsrechtehandel im Abschluss nach IFRS
                                    │
                ┌───────────────────┴───────────────────┐
        IFRS-Lösungen im                        IFRS-Lösungen im
          engeren Sinne                           weiteren Sinne
                │
        ┌───────┴────────┐
      IFRIC 3*     IAS 20.23 bzw. IAS 38.44
                          │
                  ┌───────┴────────┐
         Government Grant    Bilanzierung zum         IDW HFA RS 15***
           Approach**         Erinnerungswert**
```

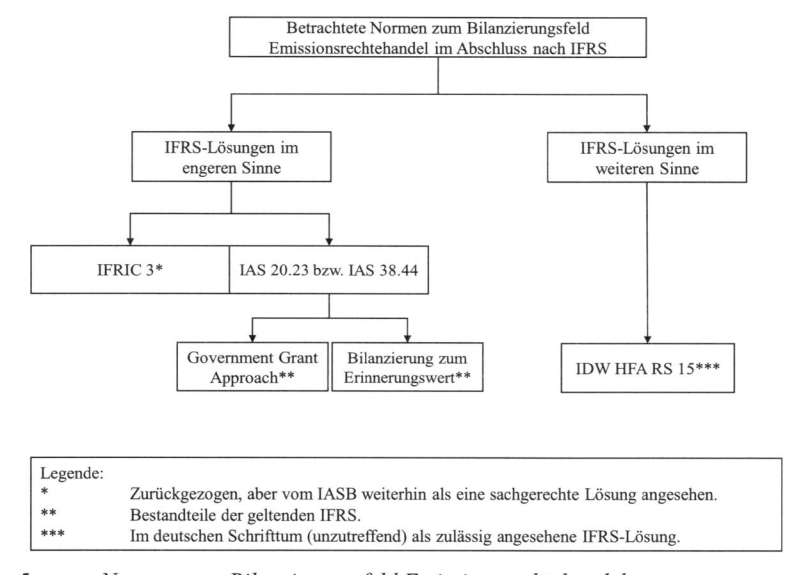

Legende:
*   Zurückgezogen, aber vom IASB weiterhin als eine sachgerechte Lösung angesehen.
**   Bestandteile der geltenden IFRS.
***   Im deutschen Schrifttum (unzutreffend) als zulässig angesehene IFRS-Lösung.

Abbildung 5: Normen zum Bilanzierungsfeld Emissionsrechtehandel

Abbildung 5 fasst die Darlegungen zu den drei „alternativen" IFRS-Lösungen im engeren Sinne synoptisch zusammen. Sie verdeutlicht unter anderem, dass die vorrangig relevanten Normen (insbesondere IAS 20, 38 und 37) hinreichend konkret sind, um als relevant und verlässlich geltende *accounting policies* zu identifizieren (IAS 8.10). Insofern besteht keine Notwendigkeit, auf nachrangig zu betrachtende Lösungsansätze auszuweichen.

---

[5] Vgl. IDW RS HFA 15, S. 574.

[6] Vgl. z. B. HERMES/JÖDICKE (2004), S. 287–298; HOMMEL/WOLF (2005), S. 315–321 und S. 1782–1788; ROGLER (2005), S. 255–263, JANSEN (2006); PAKET (2006), S. 1152–1160.

[7] Vgl. PETERSEN/BANSBACH/DORNBACH (2008), S. 163.

2.1.4 Umlaufvermögen

	IFRIC 3	GGA	NAA
Basis der *Accounting Policy*	Nachrangige Relevanz[*)]	Primär relevante Normen	Primär relevante Normen
Emissionsrechte			
• Zugangsbewertung	AK bei entgeltlichem Erwerb Sonst: Zeitwert in Verbindung mit passiver Abgrenzung	AK bei entgeltlichem Erwerb Sonst: Zeitwert in Verbindung mit passiver Abgrenzung	AK bei entgeltlichem Erwerb Sonst: Erinnerungswert
• Folgebewertung	Anschaffungsmodell oder erfolgsneutrales Neubewertungsmodell Außerplanmäßige Abschreibungen erfolgen ohne Anpassung des Passivpostens	Anschaffungsmodell oder erfolgsneutrales Neubewertungsmodell Außerplanmäßige Abschreibungen erfolgen ohne Anpassung des Passivpostens	Anschaffungsmodell oder erfolgsneutrales Neubewertungsmodell
• Veräußerung zugeteilter Emissionsrechte	Gewinnrealisierung	Gewinnrealisierung	Gewinnrealisierung
Eigene Emissionen			
• Bilanzierung	Verbindlichkeitsrückstellung	Verbindlichkeitsrückstellung	Verbindlichkeitsrückstellung
• Bewertung	Zeitwert der abzugebenden Emissionsrechte, wobei der Dotierungsaufwand durch erfolgswirksame Auflösung des Passivpostens kompensiert wird. Eine Saldierung ist nicht geregelt	Zeitwert der noch zu beschaffenden Emissionsrechte (Net Liability Method), wobei der Dotierungsaufwand durch erfolgswirksame Auflösung des Passivpostens kompensiert wird. Eine Saldierung ist zulässig	Zeitwert der noch zu beschaffenden Emissionsrechte (Net Liability Method)
Legende: GGA: *government grant approach*; NAA: *nominal amount approach* (Erinnerungswertbilanzierung); AK: *Anschaffungskosten* [*)] Da nicht effektiv, handelt es sich weder um eine einschlägige noch eine analog anwendbare Norm, sondern vereinfachend um eine sonstige Rechnungslegungsverlautbarung			

Abbildung 6:   *Synoptischer Vergleich der Bilanzierungsalternativen*

Wie aus *Abbildung 6* ersichtlich ist, entsprechen die Grundsätze von IFRIC 3 dem in der Praxis angewandten *„government grant approach"* (GGA). Danach sind Emissionsrechte als immaterielle Vermögenswerte zum beizulegenden Zeitwert anzusetzen und passivisch abzugrenzen (IAS 38.44, IAS 20.13). Ein erfolgswirksam zu erfassender Ertrag aus der Auflösung des Abgrenzungspostens hat für die Perioden zu erfolgen, die durch Aufwendungen infolge der Erfüllung der Verpflichtung belastet werden. Fraglich ist, ob dieser Ertrag gesondert auszuweisen oder mit den entsprechenden Aufwendungen zu saldieren ist. In dieser Frage scheint bei Emissionsrechten IAS 20.29 anwendbar zu sein. Dieser gewährt in Bezug auf die Erfassung sog. erfolgsbezogener Zuschüsse in der Gewinn- und Verlustrechnung das Wahlrecht zum Ertragsausweis oder zur Saldierung mit den entsprechenden Aufwendungen. Alternativ könnte eine Saldierung damit begründet werden, dass es sich bei Erfüllung der Abgabepflicht nach § 6 Abs. 1 TEHG um einen Geschäftsvorfall handelt, der selbst zu keinen Erträgen führt, aber zusammen mit den Hauptumsatzträgern verursacht wird. Die Ergebnisse solcher Geschäftsvorfälle sind nach IAS 1.34 durch die Saldierung der Erträge mit den Aufwendungen darzustellen, soweit diese Darstellung den Gehalt des Geschäftsvorfalles oder Ereignisses widerspiegelt.

Im Gegensatz zu IFRIC 3 erfolgt die Bilanzierung der Verpflichtung zur Abgabe von Emissionsberechtigungen im Rahmen von GGA nicht brutto, sondern netto (sog. net liability method). Der Wert der Rückstellung am Bilanzstichtag bemisst sich nach den im Folgejahr noch zu beschaffenden Emissionsberechtigungen (sog. „offene Position"), bewertet zum Marktpreis am Bilanzstichtag.

Alternativ zum GGA kann für den Ansatz zum Erinnerungswert im Zugangszeitpunkt optiert werden (nominal amount approach; NAA). In diesem Fall betragen die Anschaffungskosten Null EUR (IAS 20.23 Satz 2 i. V. m. IAS 38.44 Satz 4), eine passive Abgrenzung entfällt. Bei der Folgebewertung kann wiederum zwischen dem Anschaffungskostenmodell (IAS 38.74) und dem Neubewertungsmodell gewählt werden (IAS 38.77 Satz 2). Werden Emissionsberechtigungen im Geschäftsjahr veräußert, gelten die Gewinne als realisiert. In Bezug auf die Verpflichtung zur Abgabe von Emissionsberechtigungen gelten die Grundsätze gemäß government grant approach.

In allen drei Fällen ist die Zahlungsverpflichtung aufgrund der versäumten Abgabefrist ebenfalls als Rückstellung (wegen versäumter Abgabe von Emissionsberechtigungen) zu passivieren (IAS 37.10, 37.14), deren Wert bestmöglich zu schätzen ist (IAS 37.36). In diesem Fall ist der Wert gesetzlich fixiert (100 € je emittierter Tonne Kohlendioxidäquivalent).

Die Abbildung des Bilanzierungsfelds Umweltverschmutzungsrechte nach dem hier präferierten GGA ist Gegenstand der *Aufgabe 8*.

2.1.4 Umlaufvermögen

Aufgabe 1: Herstellungskosten

Die A-AG stellt unter anderem Krananlagen her. Im abgelaufenen Geschäftsjahr sind in diesem Segment annahmegemäß folgende Kosten angefallen:

Kostenarten:	GE
Materialeinzelkosten	50.000
variable Materialgemeinkosten	25.000
fixe Materialgemeinkosten	40.000
Fertigungseinzelkosten	30.000
variable Fertigungsgemeinkosten	40.000
fixe Fertigungsgemeinkosten	100.000
Sondereinzelkosten der Fertigung	32.000
Verwaltungsgemeinkosten	50.000
Sondereinzelkosten des Vertriebs	7.000
Vertriebskostengemeinkosten	13.000
lineare Abschreibungen	5.000
Lagerkosten	20.000

Abbildung 7:   *Kostenaufstellung zu Aufgabe 1*

Die Kapazitätsauslastung lag aufgrund von Kurzarbeit bezogen auf die Normalauslastung (80%) bei nur 60%. Zudem sind Zwischenlagerungskosten von 6.000 GE angefallen. Der Posten „Verwaltungsgemeinkosten" beinhaltet 25.000 GE produktionsbezogene Verwaltungsgemeinkosten. Außerdem sind in den Vertriebsgemeinkosten 10.000 GE für die direkte Auslieferung der Krananlagen enthalten.

Ermitteln Sie die Herstellungskosten der Krananlagen!

Aufgabe 2: Herstellungskosten bei Kuppelkalkulation

Die B-AG stellt bedingt durch den Produktionsprozess vier Produkte gleichzeitig her. Dabei fallen für die betrachtete Periode Herstellungskosten in Höhe von 698.000 GE an. Folgendes ist bekannt:

Produkt	produzierte/abgesetzte Mengeneinheiten (ME)	Netto-Verkaufspreis GE/ME	SEK des Vertriebs GE/ME
1	1.500	165,00	5,00
2	1.500	82,00	2,00
3	2.000	62,50	2,50
4	5.000	67,00	3,00

Abbildung 8:   *Angaben zu den Kuppelprodukten Aufgabe 2*

Ermitteln Sie die Herstellungskosten für den Fall, dass

a) Produkt 1 als Hauptprodukt hergestellt wird,
b) kein Hauptprodukt identifizierbar ist!

Aufgabe 3: Standardkostenverfahren

Die C-AG hat Bettengestelle des Typs Robust im abgelaufenen Geschäftsjahr hergestellt. Ausschussquote sowie Maschinenauslastung blieben unverändert gegenüber den Vorjahren.

Am Bilanzstichtag befinden sich 1.200 Bettgestelle auf Lager. Die durchschnittlichen Kosten bezüglich der letzten fünf Jahre setzen sich wie folgt zusammen:

Materialeinzelkosten:	GE je 100 Bettgestelle
Holz	3.000
Schrauben	75
Fertigungseinzelkosten	1.000
Maschinenkosten	2.000

Abbildung 9: *Durchschnittskosten Bettgestelle Typ Robust*

Die Maschinenkosten beinhalten aus Vereinfachungsgründen nur Abschreibungen und wurden auf kalkulatorischer Basis ermittelt (linearer Abschreibungsbetrag = Wiederbeschaffungskosten / Restnutzungsdauer). Deswegen liegen die Maschinenkosten 8% über dem pagatorischen Abschreibungsbetrag.

Bestimmen Sie die Herstellungskosten nach der Standardkostenmethode! Gehen Sie dabei zunächst auf maßgebliche Überlegungen ein!

Aufgabe 4: Verbrauchsfolgeverfahren

Die D-AG stellt unter anderem Segel verschiedenster Art her. Die nachfolgende Tabelle zeigt die Entwicklung der Vorräte an Segeltuch Typ A für die Berichtsperiode:

	Datum	Menge in m	Preis je ME in GE	Gesamtwert in GE
Anfangsbestand	01.01.	600	45,00	27.000,00
Abgang 1	15.02.	300		
Zugang 1	30.05.	3.000	35,00	105.000,00
Abgang 2	15.06.	2.500		
Zugang 2	30.09.	2.000	40,00	80.000,00
Abgang 3	15.10.	2.600		
Zugang 3	22.12.	1.500	48,00	72.000,00
Inventurbestand	31.12.	1.700		

Abbildung 10: Angaben zum Rohstoff Aufgabe 4

Ermitteln Sie mit Hilfe der Angaben den Wertansatz des Vorratspostens zum Ende der Berichtsperiode!

Aufgabe 5: Retrograde Methode

Die E-AG verkauft in ihren Märkten u. a. Bälle. Auf Grund von sinkenden Verkaufszahlen startete die E-AG im abgelaufen Geschäftsjahr eine Sonderpreisaktion, welche zu einer Verkaufswertminderung von insgesamt 8.000 GE führte. Die übliche Gewinnspanne des gesamten Sortiments der E-AG beträgt 18%.

Folgende weitere Daten liegen für die Warengruppe „Bälle" vor:

	Anschaffungskosten in GE	Verkaufspreis in GE
Anfangsbestand (AB)	30.000	36.000
Zugang der Periode	60.000	72.000
Umsatzerlöse		80.000

Abbildung 11: Angaben zu Aufgabe 5

Ermitteln Sie den Endbestand des Vorratspostens „Bälle" mit Hilfe der retrograden Methode! Machen Sie, soweit möglich, quantitative Angaben!

Aufgabe 6: Niederstwertprinzip

Die F-AG produziert unter anderem Waschmaschinen und Trockner (verarbeitungsintensive Produktion), die sowohl über den Groß- als auch den Einzelhandel vertrieben werden. Folgendes ist bekannt (alle Angaben in GE):

Produkt	Waschmaschinen		Trockner	
Vertriebsweg	Einzelhandel	Großhandel	Einzelhandel	Großhandel
Verkaufspreis	250	230	270	250
Herstellungskosten	150	150	200	200
Endmontagekosten	30	30	30	30
Verpackungskosten	5	5	5	5
Transportkosten	35	35	35	35
Ebenfalls auf Lager befinden sich noch Antriebsmotoren, die in beiden Geräten eingebaut werden können. Anschaffungskosten: 30 GE; Nettoveräußerungswert zum Bilanzstichtag: 27 GE.				

Abbildung 12: Erlös- und Kostenangaben zu Aufgabe 6

Mit welchem Betrag sind die auf Lager verbliebenen Geräte zum Bilanzstichtag anzusetzen?

Aufgabe 7: Folgebewertung von Forderungen aus Lieferung und Leistungen

Die Forderungen der G-AG belaufen sich am Bilanzstichtag auf 2.975.000 GE. Davon entfallen 1.785.000 GE auf Stammkunden, der Restbetrag entfällt auf Gelegenheitskäufer.

In beiden Kundengruppen sind jeweils 70% der Forderungen noch nicht fällig. Einen Monat überfällig sind 20% der Forderungen. 10% des Bestands hingegen sind länger als einen Monat überfällig und wurden bereits gemahnt.

Für die Stammkunden liegen folgende Daten vor:

- Ausfallrisiko: innerhalb der Zahlungsfrist 0,5%, wenn überfällig 1,5%, wenn überfällig und gemahnt 2%.
- Ein Stammkunde hat Insolvenz angemeldet, dadurch sind 50.000 GE aus den Forderungen aus Lieferung und Leistung uneinbringlich. Die Forderung vom Stammkunden war noch nicht überfällig.

Das Ausfallrisiko bei Gelegenheitskäufern ist erfahrungsgemäß doppelt so hoch wie bei Stammkunden.

Desweiteren hat ein Gelegenheitskäufer Insolvenz angemeldet (ursprüngliche Forderung 33.000 GE), die Insolvenzquote beträgt 60%. Die Forderung war zum Zeitpunkt der Insolvenz bereits überfällig, jedoch wurde der Käufer noch nicht gemahnt.

2.1.4 Umlaufvermögen

Für den gesamten Forderungsbestand (einschließlich Umsatzsteuer 19%) hat die G-AG ein Beitreibungsrisiko von 1% ermittelt.

Auf Grund der Kraftstoffpreissenkungen rechnet die G-AG ab dem nächsten Geschäftsjahr mit einem niedrigeren Ausfallrisiko (Senkung um ein Prozent) für alle Kundengruppen.

Ermitteln Sie den Wertberichtigungsbedarf für die Forderungen aus Lieferung und Leistung zum Bilanzstichtag!

Aufgabe 8: Bilanzierung von Emissionsberechtigungen

Die H-AG erhielt erstmalig im Februar des Geschäftsjahrs vom 01.01.–31.12.t_1 Emissionsberechtigungen für die Zuteilungsperiode t_1 bis t_3 gemäß Antragsverfahren (§ 9 Abs. 2 TEHG) für ein Emissionsvolumen von 102,446 Mio. Tonnen (t). Der Zeitwert je CO_2-Zertifikat beträgt am Ausgabetag 8 GE/Stück und steigt kurz darauf auf 22 GE/Stück.

In der Folgezeit sind jeweils zum 01.03., spätestens bis zum 31.03., die durch die Tätigkeit in einem Kalenderjahr verursachten Emissionen zu ermitteln und der zuständigen Behörde zu berichten (§ 5 Abs. 1, § 9 Abs. 1 TEHG) sowie bis zum 30.04. eine Anzahl von Berechtigungen an die zuständige Behörde abzugeben, die den durch die Tätigkeit im vorangegangenen Kalenderjahr verursachten Emissionen entspricht.

An den drei nachfolgenden Bilanzstichtagen (31.12.) soll Folgendes gelten:

	t_1	t_2	t_3
Zeitwert je CO_2-Zertifikat in GE (gültig für eine Periode)	22,00	24,00	19,00
Emissionsmenge pro Perioden (in Mio. t)	34,35	34,00	–
kumulierte Emissionsmenge (in Mio. t)	34,35	68,35	105,35
Anzahl verkaufter Berechtigungen (in Mio. Stück)	–	6,00	–
Anzahl gekaufter Berechtigungen (in Mio. Stück)	–	–	8,00

Abbildung 13: Angaben zum Fallbeispiel Aufgabe 8

Erläutern Sie die bilanziellen Auswirkungen, die sich aufgrund der obigen Angaben für die Perioden t_1 bis t_3 gemäß den Grundsätzen des government grant approach ergeben! Eine Neubewertung der Emissionsberechtigungen zu den Abschlussstichtagen soll unterbleiben.

Lösung 1: Herstellungskosten

- Fixe Produktionsgemeinkosten fallen, unabhängig vom Produktionsvolumen, konstant an (z. B. Abschreibungen). Die Zurechnung fixer Produktionsgemeinkosten zu den Herstellungskosten basiert auf der Normalkapazität der Produktionsanlage. Falls die tatsächliche Kapazität von der Normalkapazität zu stark abweicht, sind die tatsächlichen fixen Produktionsgemeinkosten zu berücksichtigen (IAS 2.13).
- Allgemein sind die produktionsbezogenen Vollkosten bei Normalbeschäftigung zu aktivieren, darunter fallen auch die:
    - produktionsbezogenen allgemeinen Verwaltungskosten [IAS 2.16(c)];
    - produktionsbedingten Lagerkosten [IAS 2.16(b)].
- Aktivierungsverbot besteht für sämtliche Vertriebskosten [IAS 2.15(d)].

Kostenart	GE	%	GE
Materialeinzelkosten	50.000	100,00%	50.000
variable Materialgemeinkosten	25.000	100,00%	25.000
fixe Materialgemeinkosten	40.000	60,00%	24.000
Fertigungseinzelkosten	30.000	100,00%	30.000
variable Fertigungsgemeinkosten	40.000	100,00%	40.000
fixe Fertigungsgemeinkosten	100.000	60,00%	60.000
Sondereinzelkosten der Fertigung	32.000	100,00%	32.000
Verwaltungsgemeinkosten	25.000	60,00%	15.000
Sondereinzelkosten des Vertriebs	7.000	0,00%	0
Vertriebskostengemeinkosten	13.000	0,00%	0
lineare Abschreibungen	5.000	60,00%	3.000
Lagerkosten	6.000	60,00%	3.600
Herstellungskosten			282.600

Abbildung 14: Ermittlung der Herstellungskosten der Krananlagen

Lösung 2: Herstellungskosten bei Kuppelkalkulation

- Nach IAS 2.14 sind zur Feststellung der Herstellungskosten eines jeden Produktes bei Kuppelproduktion je nach Beziehung der Produkte zueinander zwei Verfahren anwendbar. Ist ein Hauptprodukt identifizierbar, so wird das Restwertverfahren angewendet, ansonsten erfolgt die Zurechnung auf Basis von Äquivalenzziffern (z. B. Verkaufswerte bzw. Verwertungsüberschüsse).

Die Herstellungskosten nach dem Restwertverfahren (a) errechnen sich wie folgt:

- Der Nettoerlös der Nebenprodukte 2 bis 4 beträgt 560.000 GE und errechnet sich als Summe der (einzelnen Nettoverkaufspreise – Sondereinzelkosten des Vertriebs) • jeweilige Menge (80,00 • 1.500 + 60,00 • 2.000 + 67,00 • 5.000).
- Der zurechenbare Restwert der Herstellungskosten für Produkt 1 beträgt 138.000 GE (gesamte Herstellungskosten minus Nettoerlös der Nebenprodukte), d. h. je Mengeneinheit 92,00 GE.
- Die Nettoveräußerungswerte (Verwertungsüberschüsse) der Nebenprodukte 2 bis 4 stellen deren Herstellungskosten dar (Nettoverkaufspreis – SEK des Vertriebs).

Die Zurechnung der Herstellungskosten auf Basis der jeweiligen Verkaufswerte bzw. Verwertungsüberschüsse (b) sieht wie folgt aus:

- Die Summe aller Verwertungsüberschüsse beträgt 800.000 GE, wobei sich der Verwertungsüberschuss je Produkt wie folgt berechnet: (Nettoverkaufspreis – SEK des Vertriebs) • jeweilige Menge.
- Für Produkt 1 ergeben sich Kuppelprozesskosten von 209.400 GE. Es werden die gesamten Herstellungskosten (698.000 GE) multipliziert mit dem Verwertungsüberschuss von Produkt 1 (240.000 GE) und dividiert durch die Summe aller Verwertungsüberschüsse (800.000 GE). Je Mengeneinheit von Produkt 1 fallen also 139,60 GE Herstellungskosten an.
- Analog ergeben sich für die übrigen Produkte folgende Herstellungskosten: für Produkt 2 104.700 GE, d. h. 69,80 GE/ME; für Produkt 3 ebenfalls 104.700 GE, d. h. 52,35 GE/ME; für Produkt 4 279.200 GE, d. h. 55,84 GE/ME.

Lösung 3: Standardkostenverfahren

Vorüberlegung:

- Die Ergebnisse des Standardkostenverfahrens sollen annähernd den tatsächlichen Anschaffungs- und Herstellungskosten entsprechen (IAS 2.21). Plangrößen wie Preis, Materialverbrauch und Personaleinsatz sind daher regelmäßig zu überprüfen und gegebenenfalls zu aktualisieren. Dabei ist das Stetigkeitsprinzip zu beachten.

Ermittlung der Herstellungskosten:

- Die Kostengrößen entsprechen in diesem Fall den aktuellen Gegebenheiten, somit ist die Bewertung des Vorratsvermögens mit Hilfe des Standardkostenverfahrens zulässig.
- Nach dem Verfahren der fortgeführten Anschaffungskosten müssen sämtliche kalkulatorische Komponenten in den Herstellungskosten eliminiert werden (im Beispiel aus den Maschinenkosten).

- Die Maschinenkosten betragen abzüglich der kalkulatorischen Komponenten 1.851,85 GE. Insgesamt ergeben sich damit Herstellungskosten in Höhe von 71.122,20 GE.
- Falls die Bewertung der Maschinen nach der erfolgsneutralen Neubewertungsmethode erfolgt, müssen die kalkulatorischen Kosten nicht eliminiert werden. Somit ergeben sich Herstellungskosten in Höhe von 72.900 GE.

Lösung 4: Verbrauchsfolgeverfahren

- Rohstoffe sind ansatzpflichtig (vgl. IAS 2.8) und werden zusammen mit Hilfs- und Betriebsstoffen im Vorratsvermögen ausgewiesen. Zur Ermittlung der Anschaffungskosten für austauschbare Vorräte, die in großer Zahl vorliegen, sind nach IAS 2.25 und 2.27 das FIFO-Verfahren oder das Durchschnittsverfahren [entweder einfach (Periodenverfahren) oder gleitend (permanent)] anzuwenden (abweichend zum Einzelbewertungsgrundsatz). Dabei ist das Stetigkeitsprinzip zu beachten. Eine Anwendung des Niederstwertprinzips ist nicht zu prüfen, sofern die Fertigerzeugnisse, in die der Rohstoff eingeht, voraussichtlich mindestens zu Herstellungskosten verkauft werden können (IAS 2.32).
- Der Endbestand nach dem einfachen FiFo-Verfahren beträgt 80.000 GE, d. h., die am Ende der Periode verbleibenden Vorräte sind die unmittelbar vorher gekauften Vorratsposten (1.500 m • 48,00 GE + 200 m • 40,00 GE).
- Der Endbestand nach dem gleitenden FiFo-Verfahren führt hier zum gleichen Ergebnis wie das einfache FiFo-Verfahren.
- Der Endbestand nach dem Periodendurchschnittsverfahren beträgt 68.000 GE (Durchschnittspreis • Inventurbestand). Für die Berechnung des Durchschnittspreises von 40,00 GE wird die Summe der wertmäßigen Zugänge plus Anfangsbestand durch die Summe der mengenmäßigen Zugänge plus Anfangsbestand dividiert.
- Der Endbestand nach dem permanenten Durchschnittsverfahren beträgt 79.764 GE. Nach jedem Zugang wird ein neuer Durchschnittspreis gebildet.
  - Durchschnittspreis nach Zugang 1: 35,91 GE = [(3.000 m • 35,00 GE) + (300 m • 45,00 GE)] / (3.000 m + 300 m)
  - Durchschnittspreis nach Zugang 2: 38,83 GE = [(2.000 m • 40,00 GE) + (800 m • 35,91 GE)] / 2.800 m
  - Durchschnittspreis nach Zugang 3: 46,92 GE = [(1.500 m • 48,00 GE) + (200 m • 38,83 GE)] / 1.700 m
  - Mit dem Durchschnittspreis von 46,92 GE wird der Inventurbestand bewertet.

Lösung 5: Retrograde Methode

- Das retrograde Verfahren wird vor allem im Einzelhandel angewendet, um Vorratsposten mit einer großen Stückzahl und hohen Umschlagshäufigkeit zu bewerten. Andere Verfahren zur Bestimmung der Anschaffungskosten sind in diesem Zusammenhang nicht praktikabel (IAS 2.22). Weiterhin darf die Anwendung der retrograden Methode nur im Rahmen des Stetigkeitsprinzips erfolgen.
- Im Beispiel wird davon ausgegangen, dass die Anwendungsvoraussetzungen für die retrograde Methode erfüllt sind. Somit kann der Endbestand der Vorräte indirekt ermittelt werden, indem vom Verkaufspreis der Vorräte eine angemessene prozentuale Bruttogewinnspanne abgezogen wird. Dabei ist zu beachten, dass die Bruttogewinnspanne um die Auswirkungen von Verkaufspreisvariationen zu korrigieren ist (IAS 2.22).
- Gemäß IAS 2.22 darf auch die durchschnittliche Bruttogewinnspanne für eine ganze Warengruppe verwendet werden. Im Beispiel ist jedoch nur die Bruttogewinnspanne für das gesamte Sortiment angegeben; somit darf diese nicht angewendet werden. Deswegen muss die Bruttogewinnspanne (BGS) im Beispiel zunächst nach folgender Formel bestimmt werden:

BGS = 1 – (Anschaffungswert/Verkaufswert)

		Anschaffungskosten in GE	Verkaufspreis in GE
	Anfangsbestand (AB)	30.000	36.000
+	Zugang der Periode	60.000	72.000
+/–	Preiseffekte	–	8.000
=	Zwischensumme	90.000	100.000
–	Umsatzerlöse		80.000
=	Endbestand	18.000[*)]	20.000

Abbildung 15:   Retrograde Anschaffungskostenermittlung

[*)] 20.000 • (1 – BGS) = 20.000 • (90.000 / 100.000)

Lösung 6: Niederstwertprinzip

- Handelswaren sind ansatzpflichtig (IAS 2.8) und werden im Vorratsvermögen ausgewiesen. Nach IAS 2.9 sind Vorräte mit dem niedrigeren Wert aus Herstellungs-/Anschaffungskosten und Nettoveräußerungswert zu bewerten. Dieses Niederstwertprinzip ist absatzmarktbezogen (IAS 2.28); Wiederbeschaffungspreise/-kosten spielen dabei keine Rolle und die Einzelwertberichtigung hat Vorrang (IAS 2.29). Für die Ermittlung des Nettoveräußerungswertes kommt eine progressive oder retrograde Berechnung in Betracht (IAS 2.28).

- Eine Abwertung der Vorräte nach progressiver Berechnung erfolgt bei einem Überschuss der Selbstkosten über den (zurückgegangenen) Verkaufspreis.

| | Waschmaschinen | | Trockner | |
	Einzelhandel	Großhandel	Einzelhandel	Großhandel
Verkaufspreis	250 GE	230 GE	270 GE	250 GE
Selbstkosten	220 GE	220 GE	270 GE	270 GE
Abwertung?	Nein	Nein	Nein	Ja, –20 GE

Abbildung 16: *Progressive Ermittlung des Nettoveräußerungswertes*

- Eine Abwertung nach retrograder Berechnung erfolgt bei einem Überschuss der Herstellungskosten über den Nettoveräußerungserlös (Verkaufspreis – geschätzte Kosten der Fertigstellung bzw. geschätzte, bis zum Verkauf anfallende Kosten).

| | Waschmaschinen | | Trockner | |
	Einzelhandel	Großhandel	Einzelhandel	Großhandel
Herstellungskosten	150 GE	150 GE	200 GE	200 GE
künftige, noch anfallende Kosten	70 GE	70 GE	70 GE	70 GE
Nettoveräußerungserlös	180 GE	160 GE	200 GE	180 GE
Abwertung?	Nein	Nein	Nein	Ja, –20 GE

Abbildung 17: *Retrograde Ermittlung des Nettoveräußerungswertes*

- Die Trockner für den Großhandel sind mit dem (niedrigeren) Nettoveräußerungserlös anzusetzen, d. h. um 20 GE je Trockner abzuwerten.
- Nach IAS 2.32 müssen auch die Antriebsmotoren abgeschrieben werden, soweit sie auf den Einbau für Trockner entfallen, die für den Großhandel bestimmt sind, da der Nettoveräußerungserlös (27 GE/Stück) unter die Anschaffungskosten (30 GE/Stück) gesunken ist. Gleichzeitig ist zu prüfen, inwieweit die Abschreibung zu begrenzen ist, soweit die Anschaffungskosten über den Erlös des Fertigprodukts realisiert werden können. Die Aufteilung des Abwertungsbetrags (20 GE) ergibt folgenden Abschreibungsbetrag: 30 GE / 200 GE • 20 GE = 3 GE. Insoweit ergibt sich ein Betrag von 27 GE (30 GE – 3 GE), der den betreffenden Motoren pro Stück am Bilanzstichtag beizulegen ist. Dieser entspricht in diesem Fall auch dem Nettoveräußerungserlös.
- Die Abwertung auf den Nettoveräußerungserlös muss in jeder Folgeperiode neu ermittelt werden.

Lösung 7: Folgebewertung von Forderungen aus Lieferung und Leistungen

- Im Beispiel können homogene Bewertungsgruppen nach Kundengruppen und Mahnstufen gebildet werden.
- Ausfallraten nach dem Bilanzstichtag, die nicht empirisch nachweisbar sind, wie im Beispiel die Folgen der Kraftstoffpreissenkung, sind für die Bewertung irrelevant.
- Einzelwertberichtigung Stammkunde: 42.016 GE (50.000 GE / 1,19) müssen wertberichtigt werden, da die Forderung uneinbringlich geworden ist.
- Einzelwertberichtigung Gelegenheitskäufer: 11.193,28 GE [(33.300 GE / 1,19) GE • 0,4] müssen wertberichtigt werden, da der Teil der Forderung uneinbringlich geworden ist.
- Um den Wertminderungsbedarf für das Beitreibungsrisiko und das Ausfallrisiko ermitteln zu können, müssen zunächst die einzelbewerteten Forderungen, wie die des Stammkunden (50.000 GE) und des Gelegenheitskäufers (33.300 GE), vom Forderungsbestand abgezogen werden (2.975.000 GE – 83.300 GE = 2.891.700 GE).
- Das Beitreibungsrisiko bezieht sich auf den Bruttoforderungsbetrag (2.891.700 GE • 1% = 28.917 GE).
- Das Ausfallrisiko bezieht sich auf die Nettoforderungsbeträge der Stammkunden und Gelegenheitskäufer:
  - Wertminderungsbedarf für Stammkunden innerhalb der Zahlungsfrist = [(1.785.000 GE • 70% – 50.000 GE) / 1,19] • 0,5%
  - Wertminderungsbedarf für Stammkunden innerhalb der Zahlungsfrist = [(1.190.000 GE • 70%) / 1,19] • 1%

Ausfallrisiko unzweifelhafter Forderungen gegenüber Stammkunden			
	Forderungsbestand brutto [GE]	Forderungsbestand netto [GE]	Wertminderungsbedarf [GE]
innerhalb der Zahlungsfrist	1.199.500	1.007.983	5.040
überfällig	357.000	300.000	4.500
überfällig und gemahnt	178.500	150.000	3.000

Abbildung 18: Wertminderung von Forderungen (Stammkunden)

Ausfallrisiko unzweifelhafter Forderungen gegenüber Gelegenheitskäufern			
	Forderungsbestand brutto [GE]	Forderungsbestand netto [GE]	Wertminderungsbedarf [GE]
innerhalb der Zahlungsfrist	833.000	700.000	7.000
überfällig	204.700	172.017	5.161
überfällig und gemahnt	119.000	100.000	4.000

Abbildung 19: Wertminderung von Forderungen (Gelegenheitskäufer)

- Insgesamt besteht bei den Forderungen aus Lieferung und Leistung ein Wertberichtigungsbedarf im Zuge der Einzel- und Gruppenbewertung in Höhe von 118.811 GE.

Lösung 8: Bilanzierung von Emissionsberechtigungen

Bilanzierung gemäß government grant approach

Geschäftsjahr 01.01.–31.12.t_1

- Zunächst hat die H-AG die 102,446 Mio. Stück Emissionsberechtigungen im Zeitpunkt der Zuteilung zum beizulegenden Zeitwert von 819,57 Mio. GE (102,446 Mio. Stück à 8 GE/Stück) als kurzfristige immaterielle Vermögenswerte (IAS 1.57; 1.68c) anzusetzen und passivisch durch den Ausweis eines Abgrenzungspostens erfolgsneutral abzugrenzen.
- Am Bilanzstichtag ist die bis dahin verursachte Emission (34,35 Mio. Stück) nicht durch Rückstellungsbildung zu berücksichtigen, da die AG über ausreichende Emissionsberechtigungen verfügt (102,446 Mio. Stück) (net liability method).
- Der passive Abgrenzungsposten ist nicht aufzulösen.

Geschäftsjahr 01.01.–31.12.t_2

- Aufgrund der bis zum 30.04. an die zuständige Behörde abzugebenden Emissionsberechtigungen im Umfang von 34,35 Mio. Stück sinkt der bewertete Bestand an CO2-Zertifikaten ebenso um 274,80 Mio. GE (34,35 Mio. Stück à 8 GE/Stück) wie der passive Abgrenzungsposten, so dass sich ein Betrag von jeweils 544,77 Mio. GE ergibt.
- Aus der Veräußerung von 6 Mio. Stück Berechtigungen zu einem Preis von 24 GE/Stück ergibt sich ein sonstiger betrieblicher Ertrag von 96,00 Mio. GE [6 Mio. Stück à 16 GE/Stück (24 – 8 GE/Stück)]. Der Abgang ist zu berücksichtigen; der bewertete Bestand an Emissionsberechtigungen sinkt um 48,00 Mio. GE (6 Mio. Stück • 8 GE/Stück) auf nun 496,77 Mio. GE (544,77 Mio. GE – 48 Mio. GE).
- Die bis zum Bilanzstichtag verursachte Emission (34,00 Mio. Stück) ist nicht durch Rückstellungsbildung zu berücksichtigen, da die AG über Emissionsberechtigungen im Umfang von 62,096 Mio. Stück (102,446 Mio. Stück – 34,35 Mio. Stück – 6 Mio. Stück) verfügt.

Geschäftsjahr 01.01.–31.12.t_3

- Aufgrund der bis zum 30.04. an die zuständige Behörde abzugebenden Emissionsberechtigungen im Umfang von 34,35 Mio. Stück sinkt der bewertete Bestand an CO2-Zertifikaten ebenso um 274,80 Mio. GE (34,35 Mio. Stück à 8 GE/Stück) wie der passive Abgrenzungsposten, so dass sich ein Betrag von jeweils 544,77 Mio. GE ergibt.
- Der bewertete Bestand an CO2-Zertifikaten sinkt um 272,00 Mio. GE (34 Mio. Stück à 8 GE/Stück) auf den Betrag von 224,77 Mio GE (Abgabe von 34 Mio. Stück Emissionsberechtigungen). Der passive Abgrenzungsposten, der um den gleichen Betrag sinkt, weist nun einen Betrag von 272,9 Mio. GE (544,9 Mio. GE – 272 Mio. GE) auf.
- Die STAHL AG erwirbt 8 Mio. Stück Berechtigungen zu einem Preis von 19 GE/Stück. Der Zugang ist zu berücksichtigen; der bewertete Bestand an Emissionsberechtigungen steigt um 152,00 Mio. GE (8 Mio. Stück • 19 GE/Stück) auf nun 376,77 Mio. GE (224,77 Mio GE + 152 Mio. GE).

2.1.4 Umlaufvermögen

- Die bis zum Bilanzstichtag verursachte Emission (37,00 Mio. Stück) ist nur teilweise durch Rückstellungsbildung zu berücksichtigen, da die AG über Emissionsberechtigungen im Umfang von 36,096 Mio. Stück (102,446 Mio. Stück − 34,35 Mio. Stück − 6 Mio. Stück − 34,00 Mio. Stück + 8 Mio. Stück) verfügt.
- Der Wertansatz der Rückstellung berücksichtigt nur den Teil der verursachten Emission, der nicht durch die im Besitz befindlichen Emissionsrechte gedeckt ist, bewertet zum Marktpreis am Stichtag. Es ergibt sich ein Rückstellungsbetrag von 17,18 Mio. GE [(37,00 Mio Stück − 36,904 Mio. Stück) à 19 GE/Stück]. Die Zuführung wird unter Materialaufwand erfasst.

Literaturhinweise

ADLER, H./DÜRING, H./SCHMALTZ, K. (1995): Rechnungslegung und Prüfung der Unternehmen, 6. Aufl., Stuttgart, Kommentierung des § 253 HGB.

BAETGE, J. et al. (Hrsg.) (2006): Rechnungslegung nach IFRS, 2. Aufl., Stuttgart.

BALLWIESER, W. (2006): IFRS-Rechnungslegung, München.

BIEG, H./HOSSFELD, C./KUßMAUL, H./WASCHBUSCH, G. (2006): Handbuch der Rechnungslegung nach IFRS – Grundlagen und praktische Anwendung, Düsseldorf.

HERMES, O./JÖDICKE, R. (2004): Bilanzierung von Emissionsrechten nach IFRS, in: KoR, 4. Jg., S. 287–298.

HOMMEL, M./WOLF, S. (2005): IFRIC 3: Bilanzierung von Emissionsrechten nach IFRS – mehr Schadstoffe im Jahresabschluss, in: BB, 60. Jg., S. 315–321.

HOMMEL, M./WOLF, S. (2005): Emissionshandel im handelsrechtlichen Jahresabschluss – eine kritische Würdigung des Entwurfs der IDW-Stellungnahme vom 02.03.2005, in: BB, 60. Jg., S. 1782–1788.

IDW RS HFA 15 (2006): Bilanzierung von Emissionsberechtigungen nach HGB, in: WPg, 59. Jg., S. 574–576.

JANSEN, F. (2006): Emissionsberechtigungen in der Rechnungslegung nach HGB und IFRS, Dissertation Göttingen, Norderstedt.

KPMG DEUTSCHE TREUHAND-GESELLSCHAFT (HRSG.) (2008): IFRS visuell. Die IFRS in strukturierten Übersichten, 3. Aufl., Stuttgart.

KUHN, S./SCHARPF, P. (2006): Rechnungslegung von Financial Instruments nach IFRS. IAS 32, IAS 39 und IFRS 7, 3. Aufl., Stuttgart.

LORSON, P. (2008): Vorräte, Forderungen, sonstiges Umlaufvermögen und Verbindlichkeiten (Lektion 3), in: BUSSE VON COLBE, W. (Fachliche Leitung): Schriftlicher Lehrgang IAS/IFRS, 9. Aufl., Düsseldorf [unter Mitarbeit von M. TOEBE].

LORSON, P./TOEBE, M. (2008): Bilanzierungsfeld Emissionsrechtehandel – Eine Fallstudie zur Abbildung nach IFRS (und IDW HFA RS 15) –, in: KoR, 8. Jg., S. 498–510.

PAKET, G. (2006): Bilanzierung von Schadstoff-Emissionsrechten und Emissionsrechte-Abgabepflichten nach HGB, in: WPg, 59. Jg., S. 1152–1160.

PELLENS, B./FÜLBIER, R. U./GASSEN, J./SELLHORN, T. (2007): Internationale Rechnungslegung, 7. Aufl., Stuttgart.

PETERSEN, K./BANSBACH, F./DORNBACH, E. (2008): IFRS-Praxishandbuch, 3. Aufl., München.

ROGLER, S. (2005): Bilanzierung von CO_2-Emissionsrechten, in: KoR, 5. Jg., S. 255–263.

WAGENHOFER, A. (2005): Internationale Rechnungslegungsstandards – IAS/IFRS, 5. Aufl., Frankfurt.

2.2 Passiva

Hanno Kirsch

2.2.1 Eigenkapital, Eigenkapitalveränderungsrechnung, EPS

Eigenkapital – Definition, Abgrenzung und bilanzieller Ausweis

Das Rahmenkonzept („Framework") verzichtet auf eine eigenständige, von anderen Rechnungslegungsposten losgelöste Definition und definiert in F.49c das Eigenkapital als *Überschuss der Vermögenswerte über die Schulden*. Daher wirken sich die Ansatz- und Bewertungsvorschriften der IFRS unmittelbar auf die Höhe des ausgewiesenen Eigenkapitals aus.

Kritisch für die *Abgrenzung des Eigenkapitals* kann – insbesondere bei *Personenhandelsgesellschaften und Genossenschaften* – seine Abgrenzung vom Fremdkapital des Unternehmens sein. Im Gegensatz zum Handelsrecht, welches sich für die Unterteilung zwischen Eigen- und Fremdkapital auf mehrere Funktionen stützt, die typischerweise das Eigenkapital erfüllen soll (Haftungs-, Verlustausgleichs-, Gewinnbeteiligungs-, Arbeits- bzw. Kontinuitäts- und Geschäftsführungsfunktion), steht in der IFRS-Rechnungslegung für die Klassifikation als Eigenkapital primär die *Nachhaltigkeit der Kapitalüberlassung* im Mittelpunkt.[1] Um das Problem der Einordnung von Haftungskapital bei Personenhandelsgesellschaften und Genossenschaften kurzfristig zu lösen, hat das IASB in Form eines Amendments zu IAS 32 – entgegen den bisherigen IFRS-Grundsätzen – eine Ausnahmeregelung von seinen methodischen Grundsätzen geschaffen. Gemäß den Amendments zu IAS 32 (vgl. IAS 32.16A und IAS 32.16B) sind kündbare Finanzinstrumente ausnahmsweise dann als Eigenkapital zu klassifizieren, wenn es sich um Kapital der letzten Rangklasse handelt und alle Instrumente dieser Rangklasse die gleichen Ansprüche haben; weiterhin dürfen die Inhaber dieser kündbaren Finanzinstrumente während der Laufzeit keinen Anspruch auf Zahlungen haben, die nicht abhängig vom Gewinn, von den Änderungen des realisierten Nettovermögens oder von Änderungen des Zeitwertes sind. Allerdings ist zum gegenwärtigen Zeitpunkt noch nicht absehbar, wie lange diese methodisch unsystematische Regelung Bestand haben wird, weil die Abgrenzung zwischen Eigenkapital- und Fremdkapitalinstrumenten Gegenstand eines gemeinsamen Research-Projekts mit dem FASB bildet.

Sofern ein Finanzinstrument sowohl eine Eigenkapital- als auch eine Fremdkapitalkomponente enthält (z. B. Wandel- oder Optionsschuldverschreibung), ist dieses *strukturierte Instrument* bei Anschaffung – nach *Maßgabe der beizulegenden Zeitwerte* – in seine Bestand-

---

[1] Vgl. RÜCKLE (2008), S. 229.

teile zu zerlegen und die *Komponenten* sind *getrennt zu bilanzieren* (vgl. IAS 32.29). Da zumeist der beizulegende Zeitwert der Eigenkapitalkomponente schwerer oder weniger verlässlich zu bestimmen ist, kann die Eigenkapitalkomponente bei erstmaligem Ansatz des Finanzinstruments auch dadurch ermittelt werden, dass sich deren beizulegender Zeitwert als Differenz aus dem Gesamtwert des Finanzinstruments abzüglich des beizulegenden Zeitwertes der Fremdkapitalkomponente errechnet (vgl. IAS 32.32).

IAS 1.54 schreibt als *Mindestausweis* für das Eigenkapital in der Bilanz nur eine Untergliederung in „gezeichnetes Kapital und Rücklagen" sowie „Minderheitsanteile" vor; da Letztgenannte im Einzelabschluss nicht vorkommen, sieht der IFRS-Mindestausweis in der Einzelbilanz keine Untergliederung des Eigenkapitals vor.

Eigenkapitalveränderungsrechnung

Gemäß IAS 1.10 besteht ein vollständiger IFRS-Abschluss stets aus Bilanz, Gesamtergebnisrechnung, Eigenkapitalveränderungsrechnung, Kapitalflussrechnung und Anhang. Für die Eigenkapitalveränderungsrechnung schreibt IAS 1.106 folgende *Inhalte* zwingend vor:

- Gesamtergebnis,
- Auswirkung von Änderungen der Bilanzierungs- und Bewertungsmethoden und der Berichtigung wesentlicher Fehler,
- Kapitaltransaktionen mit Anteilseignern und Ausschüttungen an Anteilseigner sowie
- Überleitungsrechnung der Buchwerte jeder Kategorie des gezeichneten Kapitals, des Agios und sämtlicher Rücklagen zu Beginn und am Ende der Periode, die jede Bewegung gesondert angibt.

Sofern die Bilanzierung des Rückkaufs der eigenen Anteile nach der sog. Cost-Methode erfolgt, sind im Einzelnen folgende Bestandteile des Eigenkapitals im Jahresabschluss *vom Anfangs- zum Endbestand* überzuleiten:

1. Gezeichnetes Kapital,
2. Kapitalrücklage,
3. Gewinnrücklagen,
4. Eigene Anteile,
5. Bewertungsergebnis aus zur Veräußerung verfügbaren finanziellen Vermögenswerten,
6. Bewertungsergebnis aus dem effektiven Teil von Cashflow-Hedges sowie
7. Neubewertungsrücklage.

Die Bewertungsergebnisse aus zur Veräußerung verfügbaren finanziellen Vermögenswerten und die Bewertungsergebnisse aus dem effektiven Teil von Cashflow-Hedges können auch zur Rücklage aus der Zeitbewertung (sog. „Fair Value"-Rücklage) zusammengefasst werden. *Tabelle 1* stellt unter der Voraussetzung der Bilanzierung der eigenen Anteile nach der Cost-Methode den Musteraufbau der Eigenkapitalveränderungsrechnung dar.

2.2.1 Eigenkapital, Eigenkapitalveränderungsrechnung, EPS

	Gezeichnetes Kapital	Kapitalrücklage	Gewinnrücklagen	Eigene Anteile	Rücklage für Zeitbewertung	Neubewertungsrücklage	Summe
Eigenkapital zu Beginn des Geschäftsjahres 01	X	X	X	X	X	X	X
Auswirkung der retrospektiven Änderung von Bilanzierungs- und Bewertungsmethoden auf das Eigenkapital zu Beginn des Geschäftsjahres 01	(X)	(X)	X	(X)	(X)	(X)	X
Auswirkung der retrospektiven Korrektur von wesentlichen Fehlern auf das Eigenkapital zu Beginn des Geschäftsjahres 01	(X)	(X)	X	(X)	(X)	(X)	X
Korrigiertes Eigenkapital zu Beginn des Geschäftsjahres 01	X	X	X	X	X	X	X
Kapitalerhöhung/-rückzahlung in 01	X	X					X
Dividenden in 01			X				X
Ausgabe neuer Anteile in 01	X	X					X
Erwerb eigener Anteile in 01				X			X
Einziehung eigener Anteile in 01	X	X	X	X			X
Gesamtergebnis 01			X		X	X	X
Umklassifizierung von Neubewertungsrücklagen in Gewinnrücklagen in 01			X			X	X
Eigenkapital zum Ende des Geschäftsjahres 01/ Beginn des Geschäftsjahres 02	X	X	X	X	X	X	X
Kapitalerhöhung/-rückzahlung in 02	X	X					X
Dividenden in 02			X				X
Ausgabe neuer Anteile in 02	X	X					X
Erwerb eigener Anteile in 02				X			X
Einziehung eigener Anteile in 02	X	X	X	X			X
Gesamtergebnis 02			X		X	X	X
Umklassifizierung von Neubewertungsrücklagen in Gewinnrücklagen in 02			X			X	X
Eigenkapital zum Ende des Geschäftsjahres 02	X	X	X	X	X	X	X

Tabelle 1: *Struktur der Eigenkapitalveränderungsrechnung im Jahresabschluss*

Ebenfalls sind gem. IAS 1.107 innerhalb der Eigenkapitalveränderungsrechnung oder in den sie begleitenden Anhangangaben neben den Dividenden die *Dividenden je Aktie* (bzw. je Anteil) separat darzustellen.

Erfolgsneutrale Eigenkapitalveränderungen

Anpassungen des Anfangsbestands der Gewinnrücklagen

In drei Fällen kann es zu einer erfolgsneutralen Anpassung des Anfangsbestands der Gewinnrücklagen eines nach IFRS bilanzierenden Unternehmens kommen:

1. Umstellung auf die IFRS-Rechnungslegung,
2. Änderung von Bilanzierungs- und Bewertungsmethoden und
3. Korrektur wesentlicher Fehler.

Sofern ein Unternehmen seine Rechnungslegung auf die *IFRS-Rechnungslegung umstellt*, ist grundsätzlich (Ausnahmen IFRS 1.13 und 1.26) so zu bilanzieren, als ob das Unternehmen bereits immer (d. h. seit seiner Gründung) die IFRS, welche zum Zeitpunkt des erstmals vollständig offen gelegten IFRS-Abschlusses gelten (vgl. IFRS 1.7 Satz 2), angewendet hätte. Die Eigenkapitaleffekte, welche sich aus der Anpassung der jeweiligen Eröffnungsbilanzwerte ergeben, sind dabei stets in der Eigenkapitalkategorie abzubilden, in der sie sich bei *retrospektiver Bilanzierung* (d. h. bei hypothetischer rückwirkender Bilanzierung nach IFRS) niedergeschlagen hätten. Sofern es sich um Vorgänge handelt, die bei retrospektiver Betrachtung nach IFRS erfolgswirksam zu behandeln gewesen wären, ist zum Zeitpunkt des Übergangs auf die IFRS der *Anfangsbestand der Gewinnrücklagen* anzupassen (vgl. IFRS 1.11).

Eine *Änderung von Bilanzierungs- und Bewertungsmethoden* ist nach IAS 8.14 nur dann zulässig, wenn dies von einer Satzung oder einem „Standardsetter" gefordert wird oder diese Änderung zu einer besseren Darstellung von Ereignissen und Geschäftsvorfällen in den Abschlüssen des Unternehmens führt. Um eine möglichst gute Vergleichbarkeit der im IFRS-Abschluss dargestellten Perioden zu erreichen, sind die Bilanzierungs- und Bewertungsmethoden – soweit dies verlässlich möglich ist – rückwirkend anzupassen, so dass der Jahresabschlussleser auf Basis der nunmehr angewendeten Bilanzierungs- und Bewertungsmethoden Informationen über alle im Abschluss dargestellten Perioden erhält. Dementsprechend ist bei einer retrospektiven Durchführung der Änderung von Bilanzierungs- und Bewertungsmethoden der Umstellungseffekt aus der Anwendung der nunmehr berücksichtigten Bilanzierungs- und Bewertungsmethoden zu Beginn der ersten im Abschluss dargestellten Berichtsperiode im Anfangsbestand der jeweils betroffenen Eigenkapitalkomponente abzubilden (vgl. IAS 8.22). Sofern es sich um Änderungen handelt, die bei retrospektiver Betrachtung nach IFRS erfolgswirksam zu behandeln gewesen wären (Regelfall), ist der *Anfangsbestand der Gewinnrücklagen* anzupassen.

Wenn der Bilanzierende *wesentliche Fehler* (Rechen-, Methoden- oder Sachverhaltsfehler) entdeckt, die sich auf eine vergangene Periode beziehen, sind diese gem. IAS 8.42 grundsätzlich bis zum Ursprung zu korrigieren. Falls der Fehler in einer im Abschluss dargestellten Berichtsperiode liegt, sind die Jahresabschlüsse der Berichtsperioden so anzupassen, als ob in der Vergangenheit kein Fehler gemacht worden wäre. Liegt der Fehler in einer Periode vor der ersten im Abschluss dargestellten Berichtsperiode, sind – unter der Voraussetzung einer verlässlich möglichen retrospektiven Korrektur – die entsprechenden Bilanzwerte einschließ-

2.2.1 Eigenkapital, Eigenkapitalveränderungsrechnung, EPS

lich des Eigenkapitals so anzupassen, als ob in der Vergangenheit kein Fehler gemacht worden wäre. Sofern die Fehlerkorrektur zu abweichenden Periodenerfolgen geführt hätte, ist der auf das Eigenkapital entfallende Anpassungseffekt im *Anfangsbestand der Gewinnrücklagen* der ersten im Abschluss dargestellten Berichtsperiode abzubilden.

Sonstiges Gesamtergebnis

In der Eigenkapitalveränderungsrechnung ist das Gesamtergebnis einer Periode, welches sich aus dem erfolgswirksam über die GuV-Rechnung erfassten Periodenergebnis und dem nicht erfolgswirksam erfassten sonstigen Gesamtergebnis zusammensetzt, auf die einzelnen Eigenkapitalkomponenten aufzuteilen. Während das Periodenergebnis stets in den Gewinnrücklagen erfasst wird, können die Bestandteile des sonstigen Gesamtergebnisses in anderen Eigenkapitalpositionen erfasst werden. Im Einzelnen kann das sonstige Gesamtergebnis im Jahresabschluss folgende Komponenten beinhalten:

1. Bewertungsergebnis aus zur Veräußerung verfügbaren finanziellen Vermögenswerten und aus dem effektiven Teil von Cashflow-Hedges,
2. Veränderungen der Neubewertungsrücklage sowie
3. versicherungsmathematische Gewinne und Verluste aus leistungsorientierten Versorgungsplänen.

Die *Bewertungsergebnisse aus zur Veräußerung verfügbaren finanziellen Vermögenswerten* zum beizulegenden Zeitwert (vgl. IAS 39.55b) sowie die Bewertungsergebnisse aus *Cashflow-Hedges* zum beizulegenden Zeitwert, soweit das „Hedge" effektiv ist (vgl. IAS 39.95a), sind Bestandteile des sonstigen Gesamtergebnisses. Die Eigenkapitaleffekte können bilanziell entweder unter separaten Positionen abgebildet oder in einer Sammelposition („Rücklage für Zeitbewertung") dargestellt werden.

Das nach IFRS bilanzierende Unternehmen hat das grundsätzliche Wahlrecht, Vermögenswerte des *Sachanlagevermögens* (ausgenommen Finanzinvestitionen i. S. d. IAS 40) und des *immateriellen Vermögens* zu fortgeführten Kosten oder zu Neuwerten zu bewerten (vgl. IAS 16.31 bzw. IAS 38.75). In der Neubewertungsrücklage sind in bilanzieller Betrachtung die *kumulierten Wertanpassungen* der der Neubewertung unterliegenden Vermögenswerte abzubilden (vgl. IAS 16.39 bzw. IAS 38.85), sofern der Neuwert des einzelnen neubewerteten Vermögenswertes seine fortgeführten Kosten überschreitet.

Falls zu einem Zeitpunkt die fortgeführten Kosten eines der Neubewertungsmethode unterliegenden Vermögenswertes seinen Neuwert überschreiten, ist eine gegebenenfalls von einer früheren Neubewertung noch bestehende Neubewertungsrücklage zunächst erfolgsneutral aufzulösen; die Differenz zwischen fortgeführten Kosten und dem nunmehr beizulegenden Neuwert ist dann als Wertminderung in der GuV-Rechnung zu erfassen (vgl. IAS 16.40 bzw. IAS 38.86). Eine gegebenenfalls spätere Werterhöhung ist bis zu den fortgeführten Kosten zunächst erfolgswirksam als Wertaufholung (bzw. Rückgängigmachung einer früher erfassten Wertminderung) zu erfassen; darüber hinausgehende Werterhöhungen sind dann erfolgsneutral in die Neubewertungsrücklage einzustellen.

Die *Veränderungen der Neubewertungsrücklage* sind grundsätzlich als *Komponente des sonstigen Gesamtergebnisses* abzubilden. Einzige Ausnahme bildet der Abgang eines neubewerteten Vermögenswertes. Gemäß IAS 16.41 bzw. IAS 38.87 kann im Falle einer Veräußerung bzw. eines sonstigen Abgangs die Neubewertungsrücklage unmittelbar zu Gunsten der Gewinnrücklagen ausgebucht werden, ohne dass eine Ausbuchung über das Gesamtergebnis erfolgt.

IAS 19.93A räumt dem IFRS-Bilanzierenden das Wahlrecht ein, *versicherungsmathematische Gewinne und Verluste aus leistungsorientierten Versorgungsplänen* erfolgsneutral (innerhalb des Gesamtergebnisses) *gegen die Gewinnrücklagen* zu verrechnen. Entschließt sich der Bilanzierende, von diesem Wahlrecht Gebrauch zu machen, ist dieses Wahlrecht *einheitlich für alle Versorgungspläne* und *alle versicherungsmathematischen Gewinne und Verluste* anzuwenden. Da es sich bei Ausübung dieses Wahlrechts um die Änderung einer Bewertungsmethode handelt, ist diese Methode grundsätzlich *retrospektiv* gem. IAS 8.19 ff. anzuwenden.

Ausgabe und Rückkauf eigener Anteile

Ebenso wie im deutschen Handelsrecht ist die Ausgabe eigener Anteile (bzw. Finanzinstrumente) als unmittelbare Erhöhung des eingezahlten Eigenkapitals (Gezeichnetes Kapital und bei Ausgabe mit einem Aufgeld der Kapitalrücklagen) darzustellen. Im Gegensatz zum deutschen Handelsrecht werden jedoch *Kosten*, welche *unmittelbar der Eigenkapitalbeschaffung* zugerechnet und die andernfalls hätten vermieden werden können, unmittelbar vom *eingeworbenen Eigenkapital* abgezogen, sofern die Einwerbung des Eigenkapitals erfolgreich war (vgl. IAS 32.37). Hierzu zählen beispielsweise Registerkosten, behördliche Gebühren sowie von Wirtschaftsprüfern, Steuerberatern und Rechtsanwälten in Rechnung gestellte Gebühren, Druckkosten, Börsenumsatzsteuer und an Finanzdienstleister gezahlte Entgelte für die Platzierung der Eigenkapitalinstrumente. Demgegenüber sind die internen Kosten für die Eigenkapitalbeschaffung (z. B. die der unternehmenseigenen Finanz-, Rechts- und Steuerabteilung) sowie externe Vorbereitungskosten einer zunächst beabsichtigten Ausgabe von Eigenkapitalinstrumenten als Periodenaufwand in der GuV-Rechnung zu erfassen.

Ausnahmsweise ist die Ausgabe von eigenen Anteilen erfolgswirksam, wenn die eigenen Anteile (echte Eigenkapitalinstrumente) als Vergütung für gegenüber dem diese Anteile ausgebenden Unternehmen erbrachte Leistungen ausgegeben werden (vgl. IFRS 2).

Die *Bilanzierung des Rückkaufs eigener Anteile* richtet sich nach IAS 32.33; im Zeitpunkt des Erwerbs erfolgt eine unmittelbare Kürzung des Eigenkapitals um die Anschaffungskosten der eigenen Anteile. Die IFRS-Rechnungslegung enthält keine spezifischen Vorschriften zur Abbildung des Rückkaufs eigener Anteile. Als grundsätzliche Möglichkeiten kommen die Cost-Methode oder die Par-Value-Methode in Betracht.

Nach der *Cost-Methode* sind die Anschaffungskosten der zurück erworbenen Anteile in einem eigenen Abzugsposten innerhalb des Eigenkapitals darzustellen. Sofern zu einem späteren Zeitpunkt die eigenen Anteile wieder emittiert werden, ist dieser Abzugsposten (gesamt-) ergebnisneutral aufzuheben. Übersteigt der spätere Wiederausgabepreis die früheren Anschaffungskosten, ist der die Anschaffungskosten übersteigende Erlös als Erhöhung der Kapitalrücklage abzubilden. Bei einem die früheren Anschaffungskosten unterschreitenden Wiederausgabepreis, ist der Differenzbetrag zunächst der Kapitalrücklage zu belasten; reicht diese nicht aus, so ist der die Kapitalrücklage übersteigende Betrag als Verminderung der Gewinnrücklagen darzustellen. Im Falle der Einziehung eigener Anteile wird der Nennwert der eingezogenen Anteile mit dem gezeichneten Kapital verrechnet; darüber hinausgehende Anschaffungskosten werden gegen die Kapital- oder Gewinnrücklagen gekürzt.

Die sog. *Par-Value-Methode* ist dadurch gekennzeichnet, dass bereits bei Erwerb der eigenen Anteile eine Aufteilung der Anschaffungskosten auf die einzelnen Eigenkapitalkomponenten (z. B. Gezeichnetes Kapital, Kapitalrücklage, Gewinnrücklagen) stattfindet. Damit erfolgt bereits bei Rückkauf der eigenen Anteile eine anteilige Kürzung des auf die zurückgekauften Anteile entfallenden Eigenkapitals, ohne dass eine Einziehungsabsicht für diese Anteile vorliegen muss. Dementsprechend ist die Wiederausgabe vormals zurückgekaufter Anteile grundsätzlich wie eine Neuemission darzustellen.

EPS (Earnings per share)

IAS 33 fordert von den nach IFRS bilanzierenden Unternehmen die Angabe des *unverwässerten und des verwässerten Ergebnisses je Aktie* in der Gesamtergebnisrechnung bzw. GuV-Rechnung. Darüber hinaus dürfen die nach IFRS bilanzierenden Unternehmen auch das *unverwässerte und verwässerte Ergebnis aus fortgeführten Geschäftsbereichen je Aktie* veröffentlichen (vgl. IAS 33.9 bzw. 33.30). Trotz Ersatz der GuV-Rechnung durch die Gesamtergebnisrechnung als Abschlussbestandteil durch das „Financial Statement Presentation Project" ist die Veröffentlichung eines Gesamtergebnisses pro Aktie bislang weder vorgeschrieben noch gestattet.

Das unverwässerte Ergebnis je Aktie ermittelt sich wie folgt:

$$\text{unverwässertes Ergebnis je Aktie} = \frac{\text{Periodenerfolg} - \text{Dividende an Vorzugsaktionäre}}{\varnothing \text{ Anzahl ausstehender Stammaktien während des Geschäftsjahres}}$$

Vorzugsaktionäre im Sinne dieser Formel sind nur solche, die keinen nachrangigen Anspruch auf Dividenden und auf den Liquidationserlös haben. Sofern während eines Geschäftsjahres im Rahmen einer *Kapitalerhöhung neue Stammaktien gegen Erhalt von Ressourcen* ausgegeben werden, sind die neuen Stammaktien vom jeweiligen Ausgabezeitpunkt ab zu berücksichtigen (vgl. IAS 33.21); entsprechend sind bei einem Aktienrückkauf ab diesem Zeitpunkt die Zahl der ausstehenden Stammaktien zu korrigieren. Die Ausgabe von *Gratisaktien* führt zu einer rückwirkenden Korrektur der Anzahl der ausgegebenen Aktien der Vorperioden (vgl. IAS 33.26 i. V. m. IAS 33.27), damit ein Periodenvergleich der Ergebnisse je Aktie auf Basis der nach der Gewährung von Gratisaktien ausstehenden Aktien stattfinden kann.

Das *verwässerte Ergebnis je Aktie* ermittelt ein hypothetisches Ergebnis je Aktie, das sich ergeben würde, wenn sämtliche Verträge, welche ein Recht auf Aktienbezug in der Zukunft einräumen, tatsächlich ausgeübt würden (vgl. IAS 33.32). Die zusätzlich zu den Stammaktien zu berücksichtigenden *potenziellen Stammaktien* sind dadurch charakterisiert, dass eine

Umtauschmöglichkeit in Stammaktien besteht, diese aber noch nicht stattgefunden hat (z. B. Umtausch erst in einer zukünftigen Periode, Umtausch aufgrund der Wertverhältnisse ökonomisch derzeit nicht sinnvoll); der Umtausch darf allerdings – ausgenommen einer Sperrfrist (d. h. Eintritt der Umtauschmöglichkeit alleine durch Zeitablauf) – nicht von künftigen noch nicht erfüllten Bedingungen (z. B. bestimmte Aktienkursperformance) abhängen. Zu den potenziellen Stammaktien können insbesondere Wandelschuld- und Optionsschuldverschreibungen sowie die Ausgabe von Aktienoptionen als Leistungsentgelt oder Entgelt für andere an das Unternehmen erbrachte Leistungen (z. B. Aktienoptionen für erbrachte Unternehmensberatungsleistungen) zählen.

Aufgrund dieser hypothetischen Betrachtungsweise wird regelmäßig nicht nur die Anzahl der Aktien im Nenner, sondern auch das Periodenergebnis im Zähler angepasst. Beispielsweise führt die Umwandlung einer Wandelschuldverschreibung nicht nur zu einer Erhöhung der Anzahl der Aktien, sondern auch zu einer das Ergebnis erhöhenden Zinsersparnis für die dann nicht mehr vorhandene Wandelschuldverschreibung (vgl. IAS 33.35).

Sofern für die *Ausübung von Optionen eine Zuzahlung* geleistet werden muss, besteht ein Verwässerungseffekt nur dann, wenn eine Ausgabe unterhalb des aktuellen Marktwertes der Aktien (Durchschnittskurs einer Berichtsperiode) erfolgt (vgl. IAS 33.46). Die Berechnung des Verwässerungseffektes erfolgt dergestalt, dass unterstellt wird, die gesamte Zuzahlung würde für den Erhalt einer bestimmten Anzahl von Stammaktien zu ihrem durchschnittlichen Marktwert aufgewendet; die darüber hinaus erhaltene Anzahl von Stammaktien wird als potenzielle Stammaktien, von denen eine Verwässerungswirkung ausgeht, behandelt (vgl. IAS 33.45).

Im Falle der Ausgabe von Aktienoptionen als Entgelt an die Mitarbeiter, deren einzige Bedingung für die Ausübung der Verbleib der Mitarbeiter im Unternehmen für eine bestimmte Zeit ist, wird der beizulegende Zeitwert der voraussichtlich ausgeübten Optionen (auf Basis der Bewertung der Optionen am Zusagetag der Optionen) auf die Erdienungsperiode verteilt (vgl. IFRS 2, insb. IFRS 2.10). Demgegenüber geht IAS 33 für die Kalkulation des verwässerten Ergebnisses zum einen davon aus, dass bereits zum jeweils aktuellen Bilanzstichtag sämtliche noch ausstehenden Optionen ausgeübt werden (d. h. es wird das Ende der festgelegten Wartezeit am Bilanzstichtag unterstellt[2]), zum anderen wird der hierfür in der Zukunft noch zu erfassende Personalaufwand gem. IAS 33.47A als einmalige Zuzahlung der Mitarbeiter behandelt.

Weiterhin sind bei der Berechnung des verwässerten Ergebnisses je Aktie nur solche potenziellen Stammaktien zu berücksichtigen, für die auch ein *Minderungseffekt für das Ergebnis je Aktie*, d. h. ein Verwässerungseffekt, vorliegt (vgl. IAS 33.41). Bei Zusammentreffen mehrerer Verwässerungseffekte ist stets die maximal mögliche Verwässerung zu berechnen; hierbei kann die *Reihenfolge der Berücksichtigung der Verwässerungseffekte* bedeutsam sein.[3]

---

[2] Vgl. *LÜDENBACH/HOFFMANN* (2008), § 35 Rn. 29.

[3] Vgl. *PELLENS/FÜLBIER/GASSEN/SELLHORN* (2008), S. 869.

2.2.1 Eigenkapital, Eigenkapitalveränderungsrechnung, EPS

Fallstudie

Nach erfolgreichem Abschluss Ihres Studiums werden Sie als Verantwortlicher für die Erstellung des IFRS-Abschlusses der Nordinvest-AG eingestellt. Sie haben die Aufgabe den von Ihrem Kollegen vorbereiteten HGB-Abschluss per 31.12.02 in einen IFRS-Abschluss per 31.12.02 überzuleiten. Der für den HGB-Abschluss verantwortliche Kollege übergibt Ihnen den HGB-Abschluss als Grundlage und weist Sie auf die folgenden Geschäftsvorfälle gesondert hin. Der per 31.12.02 offen gelegte IFRS-Abschluss beinhaltet die Geschäftsjahre 02 (01.01.02–31.12.02) und 01 (01.01.01–31.12.01). Von Besteuerung (einschließlich latenten Steuern) sei abgesehen.

Aufgabe 1

Die Nordinvest-AG hat zum 01.01.02 eine Wandelschuldverschreibung begeben. Das Emissionsvolumen beträgt 50 Mio. €, der Nominalzins 4% p. a. und die Laufzeit fünf Jahre. Die Ausgabe erfolgte zu *pari*. Die Zinszahlung erfolgt einmal jährlich, jeweils nachschüssig. Am Ende der Laufzeit ist eine Wandlung in 100 Stammaktien je 1.000 € Schuldverschreibung möglich. Der zum Emissionszeitpunkt vergleichbare Marktzins für Schuldverschreibungen vergleichbarer Bonität und gleicher Laufzeit beträgt 5,5% p. a. Die Nordinvest-AG hat die Wandelschuldverschreibung im HGB-Abschluss vollständig als Fremdkapital qualifiziert und die in 02 angefallenen Zinszahlungen als Aufwand gebucht.

Die Nordinvest-AG hat in 02 durchschnittlich 10 Mio. Stammaktien ausgegeben. In 02 beträgt das HGB-Periodenergebnis 10 Mio. €.

a) Ist die Wandelschuldverschreibung nach IFRS ebenfalls als Fremdkapital zu qualifizieren?
b) Welche Anpassungsbuchungen sind zur Überleitung vom HGB- auf den IFRS-Abschluss vorzunehmen?
c) Ermitteln Sie das unverwässerte und das verwässerte IFRS-Ergebnis für 02!
d) Ermitteln Sie das verwässerte IFRS-Ergebnis für 02, wenn durch nachträgliche Korrekturen Ihres für den HGB-Abschluss verantwortlichen Kollegen das HGB-Ergebnis für 02 nur 2 Mio. € beträgt!

Aufgabe 2

Die Nordinvest-AG wendet – beginnend ab der Periode 02 – die Zeitbewertungsmethode für die unbebauten Grundstücke an, die sie zu Anlagezwecken in ihrem Portfolio hält. Hierzu hat die Nordinvest-AG per 31.12.02 erstmals ein Gutachten eingeholt. Der beizulegende Zeitwert dieser Grundstücke beträgt 18 Mio. €, die im HGB-Abschluss bislang ausgewiesenen Anschaffungskosten betragen 12 Mio. €.

Ermitteln Sie die Anpassungsbuchung zur Überleitung auf den IFRS-Abschluss per 31.12.02!

Aufgabe 3

Zur Motivation ihrer Führungskräfte hat die Nordinvest-AG zum 01.01.02 ein Aktienoptionsprogramm aufgelegt. Die 20 ausgewählten Führungskräfte erhalten unter der Voraussetzung, dass sie drei Jahre im Unternehmen verbleiben, das Recht, ab 01.01.05 jeweils 20.000 Aktien der Nordinvest-AG zu einem Optionsausübungspreis von 8 € zu erwerben (Nennwert 1 €). Der „Fair Value" jeder Option wird zum Zusagezeitpunkt mittels eines anerkannten Optionspreismodells auf 3 € geschätzt. Die Nordinvest-AG geht sowohl bei Zusage der Optionen als auch am 31.12.02 davon aus, dass alle Führungskräfte die für die Ausübung der Option notwendigen drei Jahre im Unternehmen verbleiben. Der durchschnittliche Kurswert der Stammaktie der Nordinvest-AG beträgt 12 € in 02.

Dieser Vorgang wurde im HGB-Abschluss nicht erfasst.

a) Welche Buchung ist im IFRS-Abschluss zur Abbildung des Aktienoptionsplans per 31.12.02 vorzunehmen?

b) Ermitteln Sie unter der Annahme, dass das HGB-Ergebnis für 02 der Nordinvest-AG 10 Mio. € bei 10 Mio. ausgegebenen Stammaktien beträgt, das unverwässerte und das verwässerte IFRS-Ergebnis je Aktie für 02! *Nachrichtlich:* Weitere Verwässerungseffekte sind ausgeschlossen.

Aufgabe 4

Der für den HGB-Abschluss verantwortliche Kollege weist Sie auf den in 02 stattgefundenen Aktienverkauf der Westimmobilien-AG hin. In 02 hat die Nordinvest-AG 10.000 Aktien der Westimmobilien-AG zu einem Preis von 28 € je Stück verkauft.

In 01 erwarb die Nordinvest-AG 15.000 Aktien zu einem Preis von durchschnittlich 12 € je Aktie. Am 31.12.00 betrug der Kurswert 15 € je Aktie, am 31.12.01 ist der Kurswert auf 20 € je Aktie gestiegen. Zum 31.12.02 beträgt der Kurswert 18 € je Aktie. Die Aktien wurden sowohl in den HGB- als auch in den IFRS-Abschlüssen 00 und 01 jeweils zu Anschaffungskosten bewertet. Der als Grundlage für den IFRS-Abschluss zu verwendende HGB-Abschluss enthält für 02 einen unter den sonstigen betrieblichen Erträgen erfassten Veräußerungsgewinn in Höhe von 160.000 €; ansonsten ist der Bestand an Aktien der Westimmobilien-AG per 31.12.02 zu Anschaffungskosten (60.000 €) bewertet.

a) Ist die Bewertung der Aktien an der Westimmobilien-AG zu Anschaffungskosten im IFRS-Abschluss zulässig?

b) Wie lauten die Korrekturbuchungen zur Überleitung vom HGB- zum IFRS-Abschluss?

c) Wie hoch ist die Rücklage für Zeitbewertung per 31.12.02?

Aufgabe 5

Die Nordinvest-AG plant den Erwerb einer Beteiligung in Großbritannien. Zu diesem Zweck sichert sie sich in 02 den voraussichtlichen Kaufpreis in Höhe von 10 Mio. GBP durch Terminkauf. Am 31.12.02 beträgt der Wert des Termingeschäfts aufgrund des zum Jahresende gesunkenen GBP-Kurses –250.000 €. Im HGB-Abschluss ist hierfür eine Drohverlustrückstellung zu Lasten der sonstigen betrieblichen Aufwendungen in Höhe von 250.000 € gebildet worden.

Welche Anpassungsbuchung ist zur Überleitung vom HGB- auf den IFRS-Abschluss per 31.12.02 vorzunehmen?

Lösung 1

a) Nach IAS 32.29 ist die Wandelschuldverschreibung in ihre Fremdkapital- und ihre Eigenkapitalkomponente zu zerlegen. Die Aufteilung erfolgt nach Maßgabe der beizulegenden Zeitwerte (vgl. IAS 32.31).

b) Gemäß IAS 32.32 ist zunächst der beizulegende Zeitwert der Verbindlichkeitskomponente zu ermitteln. Hierzu sind die Zahlungen aus der Wandelschuldverschreibung (ohne Berücksichtigung der Wandlungsmöglichkeit zum 01.01.07) mit dem marktüblichen Zinssatz abzuzinsen.

$$\text{beizulegender Zeitwert des Fremdkapitals per 01.01.02} = \frac{2\text{ Mio. }€}{1{,}055} + \frac{2\text{ Mio. }€}{1{,}055^2} + \frac{2\text{ Mio. }€}{1{,}055^3} + \frac{2\text{ Mio. }€}{1{,}055^4} + \frac{52\text{ Mio. }€}{1{,}055^5} = 46.797.287\text{ €}$$

Der beizulegende Zeitwert der Eigenkapitalkomponente per 01.01.02 ermittelt sich als Differenz aus dem Gesamtwert des Finanzinstruments (50 Mio. €) und dem beizulegenden Zeitwert des Fremdkapitals zu diesem Zeitpunkt (46.797.287 €). Damit ist zur Überleitung per 01.01.02 vom HGB- zum IFRS-Abschluss folgende Buchung vorzunehmen:

Fremdkapital   3.202.713 €   an   *Eigenkapital, Kapitalrücklage*   3.202.713 €

Per 31.12.02 ist die Verbindlichkeitskomponente der Schuldverschreibung auf Basis des bei der Aufteilung verwendeten Marktzinssatzes fortzuschreiben. Bei einem Zinssatz von 5,5% p. a. müssen in 02 Zinsaufwendungen in Höhe von 2.573.851 € erfasst werden und der beizulegende Wert der Verbindlichkeit steigt entsprechend um 573.851 € auf 47.371.138 €. Daher ist per 31.12.02 noch folgende Korrekturbuchung zum HGB-Abschluss, welcher für 02 nur die effektiv angefallenen Zinszahlungen als Zinsaufwand erfasste, im IFRS-Abschluss 02 vorzunehmen:

Zinsaufwand   573.851 €   an   *Fremdkapital*   573.851 €

c) Die unter 1b) vorgenommene Korrektur führt dazu, dass das Periodenergebnis um 573.851 € gegenüber dem HGB-Ergebnis sinkt. Das IFRS-Ergebnis 02 beträgt somit 9.426.149 €. Hieraus errechnet sich ein unverwässertes IFRS-Ergebnis je Aktie für 02 von 0,94 €.

Die Wandelschuldverschreibung stellt eine potenzielle Stammaktie dar. Im Falle der Wandlung in Stammaktien nimmt die Anzahl der Stammaktien von 10 Mio. Stück um 5 Mio. Stück [50 Mio. € Nominalwert Wandelschuldverschreibung x Wandlungsverhältnis (100 Stück / 1.000 €)] auf 15 Mio. Stück zu. Gleichzeitig entfällt für die Nordinvest-AG damit jedoch die Zinszahlung in Höhe von 2.573.851 € – siehe 1b).

Hieraus lässt sich das verwässerte Ergebnis 01 ableiten, das davon ausgeht, dass sämtliche potenzielle Stammaktien, welche einen Verwässerungseffekt (d. h. einen das Ergebnis je Aktie senkenden Effekt) haben, ausgeübt werden:

$$\frac{\text{verwässertes Ergebnis}}{\text{je Aktie}} = \frac{9.426.149 \text{ €} + 2.573.851 \text{ €}}{10.000.000 \text{ Stück} + 5.000.000 \text{ Stück}} = 0,80 \text{ €}$$

Da das verwässerte Ergebnis je Aktie (0,80 €) niedriger ist als das unverwässerte Ergebnis je Aktie (0,94 €), liegt ein Verwässerungseffekt vor. Das verwässerte IFRS-Ergebnis je Aktie für 02 beträgt 0,80 €.

d) Beträgt das HGB-Ergebnis 01 nur 2.000.000 €, so ermittelt sich ein IFRS-Ergebnis 01 von 1.426.149 €. Daraus leitet sich das unverwässerte IFRS-Ergebnis für 02 zu 0,14 € je Stammaktie ab. Wendet man die unter 1c) angestellten Überlegungen analog auf die nun vorliegende Datenkonstellation an, ermittelt sich – rein rechnerisch – für das verwässerte Ergebnis je Aktie:

$$\frac{\text{verwässertes Ergebnis}}{\text{je Aktie}} = \frac{1.426.149 \text{ €} + 2.573.851 \text{ €}}{10.000.000 \text{ Stück} + 5.000.000 \text{ Stück}} = 0,2666 \text{ €}$$

Da das rechnerische verwässerte Ergebnis je Aktie (0,27 €) das unverwässerte Ergebnis je Aktie (0,14 €) übersteigt, liegt kein Verwässerungseffekt vor (vgl. IAS 33.41).

Lösung 2

Nach dem geschilderten Sachverhalt handelt es sich bei den unbebauten Grundstücken um *Finanzinvestitionen*; dies sind gem. IAS 40.5 Grundstücke und Gebäude, die entweder vom Eigentümer oder Leasingnehmer im Rahmen eines Finanzierungsleasings zur Erzielung von Mieteinnahmen oder zur Wertsteigerung gehalten werden. Nach IAS 40.30 hat der Bilanzierende ein Wahlrecht, ob er die Finanzinvestitionen zu fortgeführten Anschaffungs- oder Herstellungskosten oder zum beizulegenden Zeitwert bewertet. Die Voraussetzungen für die Anwendung der Zeitwertbewertung, insb. ein entsprechendes Zeitwertgutachten (vgl. IAS 40.38 ff.), sind erfüllt. Allerdings sind die Zeitwertanpassungen erfolgswirksam in der GuV-Rechnung zu erfassen (vgl. IAS 40.35); es handelt sich nicht um einen in der Neubewertungsrücklage abzubildenden Sachverhalt (nur Sachanlagen und immaterielle Vermögenswerte). Daher lautet die Anpassungsbuchung für die Zeitbewertung:

2.2.1 Eigenkapital, Eigenkapitalveränderungsrechnung, EPS 173

Finanzinvestitionen,
unbebaute Grundstücke   6 Mio. €   an   sonstige Erträge   6 Mio. €

Lösung 3

a) Die Gewährung von Aktienoptionen stellt eine Vergütungskomponente dar und ist dementsprechend als Personalaufwand über den Erdienungszeitraum (01.01.02–31.12.05) zu erfassen. Die Bewertung der Optionen erfolgt mit dem „Fair Value" zum Zeitpunkt der Zusage der Optionen (vgl. IFRS 2.10). Der gesamte über drei Jahre zu verteilende Personalaufwand errechnet sich als Produkt aus den wahrscheinlich auszugebenden Optionen (20 x 20.000 Stück) und dem „Fair Value" (3 €) im Zusagezeitpunkt. Dieser Personalaufwand ist gleichmäßig über den Erdienungszeitraum von drei Jahren zu verrechnen. Daher wird in 02 ein anteiliger Personalaufwand 400.000 € erfasst. Somit lautet die Buchung:

Personalaufwand   400.000 €   an   *Kapitalrücklage*   400.000 €

b) Das unverwässerte IFRS-Ergebnis je Aktie für 02 beträgt 0,96 € (= 9.600.000 € / 10.000.000 Stammaktien).

Zur Ermittlung des Verwässerungseffektes bei der Ausgabe von Optionen ist im ersten Schritt der korrigierte Ausübungspreis zu bestimmen (vgl. IAS 33 Illustrative Examples, Example 5 A):

	Bar-Zuzahlung (Ausübungspreis je Option 8 €)	3.200.000 €
+	Zuzahlung in Gestalt ausstehender, noch nicht als Aufwand erfasster Arbeitsleistungen (20 x 20.000 x 3 € – 400.000 €)	800.000 €
=	Zuzahlung für gewährte Optionen	4.000.000 €

Damit beträgt der Ausübungspreis für eine Option 10 €. Der Verwässerungseffekt, der durch die Gewährung der Optionen eintritt, besteht nur in der Differenz zwischen dem durchschnittlichen Marktpreis der Aktien 12 € und dem Ausübungspreis von 10 €. Entsprechend IAS 33.45 erfolgt eine „Umrechnung" dieses Verwässerungseffektes in potenzielle Stammaktien, die „ohne Gegenleistung" erbracht werden, währenddessen unterstellt wird, die anderen Optionen würden zum durchschnittlichen Marktpreis ausgegeben (vgl. IAS 33.45):

$$\text{potenzielle Stammaktien} = \frac{(12\ € - 10\ €) \times 400.000}{12\ €} = 66.667$$

$$\text{verwässertes Ergebnis 02 je Aktie} = \frac{9.600.000\ €}{10.000.000\ \text{Stück} + 66.667\ \text{Stück}} = 0{,}95364\ €$$

Das verwässerte (IFRS-)Ergebnis je Aktie für 02 beträgt 0,95 €.

Lösung 4

a) Nein. Da der beizulegende Zeitwert aufgrund der Markt- bzw. Kursnotierung verlässlich feststellbar ist, hat die Bewertung an den Abschlussstichtagen zwingend zum beizulegenden Zeitwert zu erfolgen (vgl. IAS 39.46).

b) Da offensichtlich keine Designation als „financial assets at fair value through profit or loss" erfolgte, sind die Aktien an der Westimmobilien-AG zwingend als zur Veräußerung gehaltene Finanzinstrumente (vgl. IAS 39.9) einzustufen.

Es liegt offensichtlich ein Bilanzierungsfehler vor, der aufgrund der vorliegenden Informationen retrospektiv zu korrigieren ist (vgl. IAS 8.42). Da die Geschäftsjahre 01 und 02 in dem zum 31.12.02 veröffentlichten Abschluss darzustellen sind, ist zunächst die Korrekturbuchung per 01.01.01 gegen die Eigenkapitalposition vorzunehmen, in welcher sich bei hypothetisch nicht erfolgtem Fehler der Bewertungseffekt aus den Wertpapieren niedergeschlagen hätte. Die Korrekturbuchung per 01.01.01 lautet somit:

Wertpapiere   45.000 €   *an Rücklage für Zeitbewertung*   45.000 €

Für die Berichtsperiode 01 ist per 31.12.01 entsprechend noch folgende Korrekturbuchung (Bewertung der Wertpapiere zum beizulegenden Zeitwert) vorzunehmen:

Wertpapiere   75.000 €   *an sonstiges Gesamtergebnis,*
                                                  Gewinne aus der Zeitbewertung
                                                  von zur Veräußerung verfüg-
                                                  baren Finanzinstrumenten   75.000

Per 31.12.01 beträgt somit die Rücklage für Zeitbewertung 120.000 €.

Für den IFRS-Abschluss 02 sind zwei Sachverhalte zu erfassen:

1. Auflösung der per 31.12.01 gebildeten Zeitwertabgrenzung, soweit sie auf die in 02 veräußerten Wertpapiere entfällt, sowie

2. Fortschreibung der Zeitwertbewertung per 31.12.02 für die weiter im Bestand befindlichen Wertpapiere.

Daraus ergeben sich die folgenden Buchungssätze im IFRS-Abschluss 02:

Sonstiges Gesamtergebnis,
Abgang von Gewinnen aus
der Zeitbewertung von zur
Veräußerung verfügbaren
Finanzinstrumenten   80.000 €   *an Wertpapiere*   80.000 €

Sonstiges Gesamtergebnis,
Verluste aus der Zeitbewertung
von zur Veräußerung verfüg-
baren Finanzinstrumenten   10.000 €   *an Wertpapiere*   10.000 €

Der Abgang der Gewinne aus der Zeitbewertung sowie die Verluste aus der Zeitbewertung im sonstigen Gesamtergebnis mindern die per 31.12.01 abgegrenzte Rücklage für Zeitbewertung.

Der im HGB-Abschluss bereits erfasste Veräußerungsgewinn 02 ist aus Sicht des IFRS-Abschlusses nicht zu korrigieren, weil bei den zur Veräußerung verfügbaren Finanzinstrumenten die Ertragsrealisation im IFRS-Abschluss – ebenso wie im HGB – erst mit der Veräußerung erfolgt.

c) Per 31.12.02 beträgt die Rücklage für Zeitbewertung 30.000 € (siehe Fortschreibung unter 4b). *Probe:*

	beizulegender Zeitwert per 31.12.02 (5.000 Stück x 18 €)	90.000 €
–	Anschaffungskosten (5.000 Stück x 12 €)	60.000 €
=	Rücklage für Zeitbewertung	30.000 €

Lösung 5

Bei dem abgeschlossenen Termingeschäft handelt es sich um die Absicherung der erwarteten Zahlung aus dem Erwerb einer Beteiligung in Form einer „forecast transaction". Dieses Sicherungsgeschäft ist nach IFRS als Cashflow-Hedge abzubilden, sofern die übrigen Voraussetzungen für ein Hedge-Accounting vorliegen und diese auch dokumentiert werden (vgl. IAS 39.88). Dementsprechend ist der Verlust aus der für die Nordinvest-AG nachteiligen Sicherung erfolgsneutral zu Lasten des sonstigen Gesamtergebnisses zu bilanzieren (vgl. IAS 39.95). Daher ist die im HGB vorgenommene erfolgswirksame Einbuchung zu stornieren; stattdessen ist der Verlust innerhalb des sonstigen Gesamtergebnisses zu erfassen. Die Korrekturbuchung zur Überleitung vom HGB- zum IFRS-Abschluss lautet daher:

sonstiges Gesamtergebnis,
Verluste aus der Zeitwert-
bewertung von Cashflow-Hedges   *250.000 €*   an   sonstige betriebliche
                                                                                              Aufwendungen   *250.000 €*

Rückstellungen für
Drohverluste   *250.000 €*   an   Finanzinstrument (mit
                                                                                       negativem Marktwert)   *250.000 €*

Der Verlust im sonstigen Gesamtergebnis wird bilanziell als negative Rücklage für Zeitbewertung abgebildet.

Literaturhinweise

HEUSER, P./THEILE, C. (2007): IFRS-Handbuch, Einzel- und Konzernabschluss, 3. Aufl., Köln.

KIRSCH, H. (2008): Einführung in die internationale Rechnungslegung nach IFRS, 5. Aufl., Herne/Berlin.

KIRSCH, H. (2008): Übungen zur internationalen Rechnungslegung nach IFRS, 2. Aufl., Herne/Berlin.

LÜDENBACH, N./HOFFMANN, W.-D. (2008): Haufe IFRS-Kommentar, 6. Aufl., Freiburg.

PELLENS, B./FÜLBIER, R.-U./GASSEN, J./SELLHORN, T. (2008): Internationale Rechnungslegung, 7. Aufl., Stuttgart.

RÜCKLE, D. (2008): Das Eigenkapital der Personengesellschaften, in: IRZ, 3. Jg., S. 227–234.

SCHMIDT, M. (2008): Die drei Ansätze des FASB zur Abgrenzung zwischen Eigen- und Fremdkapitalinstrumenten, in: IRZ, 3. Jg., S. 235–243.

ZÜLCH, H./FISCHER, D. (2007): Die Neuregelungen des überarbeiteten IAS 1 – Financial Statement Presentation, in: PiR, 3. Jg., S. 257–260.

Gerd Waschbusch und Christof Steiner

2.2.2 Verbindlichkeiten

Definition von Schulden

Abschlüsse nach IFRS haben die Vermögens-, Finanz- und Ertragslage sowie die Zahlungsströme eines Unternehmens den tatsächlichen Verhältnissen entsprechend darzustellen (IAS 1.9 rev. 2007). Die Darstellung der Vermögenslage eines Unternehmens bezieht sich hierbei sowohl auf das Vermögen als auch auf die Schulden eines Unternehmens.

> Schulden sind im IFRS-Rahmenkonzept gemäß F.49(b) definiert als gegenwärtige Verpflichtungen des Unternehmens, die aus Ereignissen der Vergangenheit entstehen und deren Erfüllung für das Unternehmen erwartungsgemäß mit einem Abfluss von Ressourcen mit wirtschaftlichem Nutzen verbunden ist.

Vorliegen einer Schuld (abstrakte Bilanzierungsfähigkeit)

Wesentliches Merkmal einer Schuld ist zunächst das *Vorliegen einer Verpflichtung* (F.60). Diese zeichnet sich dadurch aus, dass ihr entweder eine Pflicht oder eine Verantwortung, in einer bestimmten Art und Weise zu handeln oder eine Leistung zu erbringen, zugrunde liegt (F.60). Verpflichtungen entstehen aus einem bindenden Vertrag (z. B. für Beträge, die für erhaltene Waren oder Dienstleistungen zu zahlen sind), einer gesetzlichen Vorschrift, aus dem üblichen Geschäftsgebaren, aus den Usancen oder aus dem Wunsch, gute Geschäftsbeziehungen zu pflegen oder in angemessener Weise zu handeln (F.60). Entscheidet sich also ein Unternehmen im Rahmen seiner Unternehmenspolitik beispielsweise dafür, Fehler an den von ihm hergestellten Produkten auch dann zu beheben, wenn diese erst nach Ablauf der Garantiezeit auftreten, so sind die Beträge, die erwartungsgemäß für bereits verkaufte Waren aufzuwenden sind, Schulden (F.60).

Das Merkmal des Vorliegens einer Verpflichtung begründet allerdings nach IFRS für sich allein noch keine Schuld. Bei der Verpflichtung muss es sich vielmehr um eine *gegenwärtige Verpflichtung am Abschlussstichtag* handeln. Die bloße Entscheidung bzw. die Absicht des Managements, in der Zukunft einen Vermögenswert zu erwerben, führt also an sich noch nicht zu dem Vorliegen einer gegenwärtigen Verpflichtung und damit auch nicht zur Passivierung einer Schuld; erst im Moment der Lieferung des Vermögenswerts oder bei einer unwiderruflichen Vereinbarung über den Erwerb des Vermögenswerts liegt eine gegenwärtige Verpflichtung und demzufolge eine Schuld vor (F.61). Letzteres bedeutet, dass die wirtschaftlichen Konsequenzen eines Vertragsbruchs (z. B. aufgrund einer wesentlichen Vertragsstrafe) dem Unternehmen kaum eine Ermessensfreiheit belassen, den Abfluss von Ressourcen an die andere Partei zu vermeiden (F.61).

Mit der zukünftigen Erfüllung einer gegenwärtigen Verpflichtung ist im Regelfall ein Abfluss von Ressourcen an eine andere Partei verbunden, die einen wirtschaftlichen Nutzen verkörpern. Ein derartiger *Abfluss von Ressourcen* kann gemäß F.62 auf verschiedene Weise erfolgen, z. B. durch:

a die Zahlung flüssiger Mittel,
b die Übertragung anderer Vermögenswerte,
c die Erbringung von Dienstleistungen,
d den Ersatz der zu erfüllenden Verpflichtung durch eine andere Verpflichtung oder
e die Umwandlung der Verpflichtung in Eigenkapital.

Eine Verpflichtung kann aber auch auf einem anderen Wege beglichen werden, wenn beispielsweise ein Gläubiger auf seine Ansprüche verzichtet oder er diese Ansprüche verliert.

Neben den bereits angesprochenen Aspekten müssen die gegenwärtigen Verpflichtungen, um als Schulden passiviert werden zu können, aus vergangenen Geschäftsvorfällen oder anderen Ereignissen der Vergangenheit stammen (F.63). Durch den Erwerb von Waren oder die Inanspruchnahme von Dienstleistungen entstehen beispielsweise Verbindlichkeiten aus Lieferungen und Leistungen (sofern sie nicht im Voraus oder bei Lieferung bezahlt wurden) (F.63). Auch der Erhalt eines Bankdarlehens führt zu einer Verbindlichkeit, nämlich das Darlehen zurückzahlen zu müssen (F.63). Ein Unternehmen verfügt zudem über die Möglichkeit, zukünftige Preisnachlässe auf jährliche Einkäufe durch Kunden als Schulden zu passivieren. In diesem Fall stellt der Verkauf der Waren in der Vergangenheit denjenigen Geschäftsvorfall dar, der die Schulden verursacht hat (F.63).

Passivierung einer Schuld (konkrete Bilanzierungsfähigkeit)

Aufgrund der zweistufigen Ansatzkonzeption der IFRS erfordert die *Passivierung von Schulden* neben der Erfüllung der Definitionskriterien einer Schuld gemäß F.49(b) auch das kumulative Vorliegen der beiden folgenden Ansatzkriterien (F.91):

- Es muss wahrscheinlich sein, dass sich aus der zukünftigen Erfüllung der gegenwärtigen Verpflichtung ein direkter Abfluss von Ressourcen ergibt, die wirtschaftlichen Nutzen beinhalten.
- Der zukünftige Erfüllungsbetrag muss verlässlich ermittelt werden können.

Das erste Ansatzkriterium bezieht sich auf den Umstand, dass jede Prognose über einen zukünftigen Nutzen- bzw. Mittelabfluss mit Unsicherheit behaftet ist und daher eine Wahrscheinlichkeit von 100% nicht gefordert werden kann; jede Bilanzierung würde sich in einem solchen Fall erübrigen. Üblicherweise hat daher ein Ansatz von gegenwärtigen Verpflichtungen dann zu erfolgen, wenn die Nutzenabflusswahrscheinlichkeit größer als 50% ist. Das zweite Ansatzkriterium, die verlässliche Ermittlung des zukünftigen Erfüllungsbetrags, gilt als gegeben, wenn sich der entsprechende Wert hinreichend genau schätzen lässt. Hinreichend genaue Schätzungen sind gemäß F.86 ein wesentlicher Teil der Aufstellung eines IFRS-Abschlusses.

2.2.2 Verbindlichkeiten

Sind sowohl die Definitionskriterien als auch die beiden Ansatzkriterien kumulativ erfüllt, liegt eine passivierungspflichtige Schuld vor. Zeigt sich dagegen, dass zwar die Definitionskriterien erfüllt sind, aber eine Passivierung aufgrund einer zu geringen Wahrscheinlichkeit des Abflusses von Ressourcen mit einem wirtschaftlichen Nutzen oder einer nicht zuverlässigen Ermittlung des zukünftigen Erfüllungsbetrags nicht möglich ist, liegt eine Eventualschuld vor. Für die Erfassung von Eventualschulden müssen allerdings nicht zwingend die Definitionskriterien einer Schuld erfüllt sein.

Systematisierung von passivierungspflichtigen Schulden

Hinsichtlich der Erfassung von *passivierungspflichtigen Schulden* enthalten die IFRS keine einheitlichen Ansatzvorschriften. Unter Berücksichtigung der Definitions- und Ansatzkriterien im Rahmenkonzept und der entsprechenden Regelungen in den IFRS ergibt sich allerdings anhand der Merkmale von Schulden die folgende Systematisierung:

passivierungspflichtige Schulden
- gegenwärtige Verpflichtungen des Unternehmens, die aus vergangenen Geschäftsvorfällen oder anderen Ereignissen der Vergangenheit resultieren und deren zukünftige Erfüllung für das Unternehmen erwartungsgemäß mit einem Abfluss von Ressourcen mit einem wirtschaftlichen Nutzen verbunden ist
- gegenwärtige Verpflichtungen, deren zukünftige Erfüllung mit einer Wahrscheinlichkeit von mehr als 50% zu einem Abfluss von Ressourcen mit einem wirtschaftlichen Nutzen führt
- gegenwärtige Verpflichtungen, deren zukünftiger Erfüllungsbetrag sich verlässlich ermitteln lässt

↓ ↓ ↓

| Verbindlichkeiten | abgegrenzte Schulden | Rückstellungen |

↓

| finanzielle Verbindlichkeiten | sonstige Verbindlichkeiten |

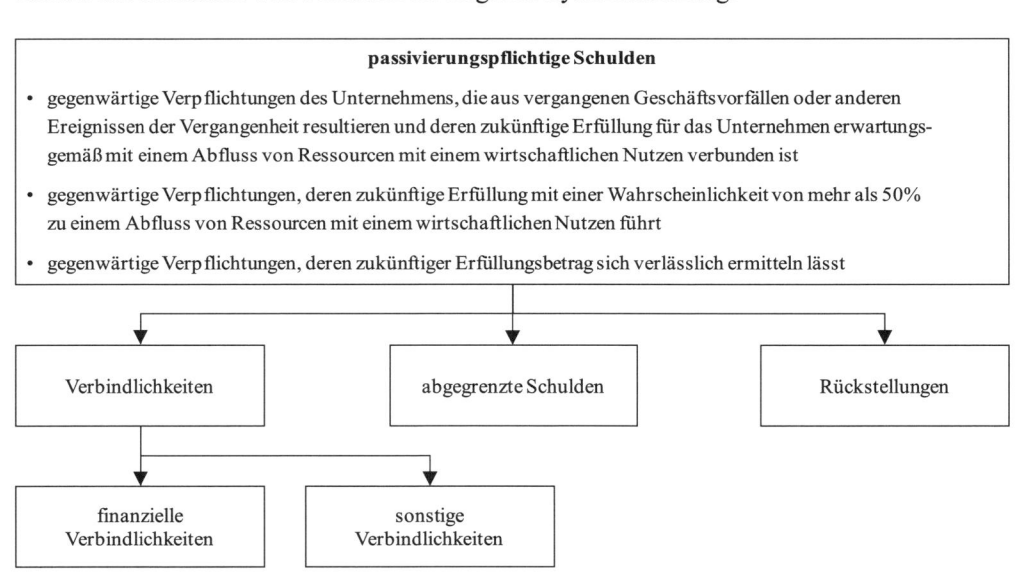

Abbildung 1:   *Systematisierung passivierungspflichtiger Schulden*

Nachfolgend wird lediglich auf die finanziellen Verbindlichkeiten und auf die sonstigen Verbindlichkeiten eingegangen.

Abgrenzung zwischen finanziellen Verbindlichkeiten und sonstigen Verbindlichkeiten

Gemäß IAS 32.11 umfassen *finanzielle Verbindlichkeiten* jede vertragliche Verpflichtung, die beinhaltet,

- flüssige Mittel oder einen anderen finanziellen Vermögenswert an ein anderes Unternehmen abzugeben oder
- finanzielle Vermögenswerte oder finanzielle Verbindlichkeiten mit einem anderen Unternehmen unter potenziell nachteiligen Bedingungen auszutauschen.

Darüber hinaus resultieren finanzielle Verbindlichkeiten aus Verträgen, bei denen der Erfüllungsbetrag durch die Hingabe von Eigenkapitalinstrumenten des Unternehmens beglichen wird oder beglichen werden kann und bei denen es sich um

- ein nicht derivatives Finanzinstrument handelt, das eine vertragliche Verpflichtung des Unternehmens beinhaltet oder beinhalten kann, eine variable Anzahl von Eigenkapitalinstrumenten des Unternehmens abzugeben, oder
- ein derivatives Finanzinstrument handelt, das auf eine andere Weise als durch den Austausch eines festen Betrags an flüssigen Mitteln oder anderen finanziellen Vermögenswerten gegen eine feste Anzahl von Eigenkapitalinstrumenten des Unternehmens erfüllt werden wird oder kann.

Beispiele für finanzielle Verbindlichkeiten, die eine vertragliche Verpflichtung zur Abgabe flüssiger Mittel zu einem zukünftigen Zeitpunkt beinhalten, sind

- Verbindlichkeiten aus Lieferungen und Leistungen,
- Wechselverbindlichkeiten,
- Darlehensverbindlichkeiten,
- Anleiheverbindlichkeiten,
- Verbindlichkeiten gegenüber verbundenen Unternehmen und Verbindlichkeiten gegenüber Unternehmen, mit denen ein Beteiligungsverhältnis besteht,
- börsennotierte und nicht börsennotierte Schuldtitel,
- Verbindlichkeiten gegenüber Kreditinstituten,
- negative Marktwerte von derivativen Finanzinstrumenten.

Die *sonstigen Verbindlichkeiten* ergeben sich als Residualgröße zu den finanziellen Verbindlichkeiten und erfassen (außer bei Banken und Finanzdienstleistungsunternehmen) alle Verbindlichkeiten, die die Kriterien einer finanziellen Verbindlichkeit nicht erfüllen. Unter die sonstigen Verbindlichkeiten fallen zum einen Rechnungsabgrenzungsposten. Zum anderen werden den sonstigen Verbindlichkeiten bspw. Sach- und Dienstleistungsverpflichtungen, erhaltene Anzahlungen auf Bestellungen, Warentermingeschäfte (sofern diese wahrscheinlich durch eine Lieferung beglichen werden) sowie Verpflichtungen ohne vertragliche Grundlagen (z. B. Steuern, außer Ertragsteuern) zugeordnet.

Finanzielle Verbindlichkeiten

Ansatz

Finanzielle Verbindlichkeiten sind gemäß IAS 39.14 in der Bilanz dann und nur dann anzusetzen, wenn das Unternehmen Vertragspartei von vertraglichen Regelungen über ein Finanzinstrument geworden ist. Die Passivierung einer finanziellen Verbindlichkeit ist damit dann verpflichtend, wenn das Unternehmen als Vertragspartei zu einer Gegenleistung verpflichtet werden kann. Das Vorliegen eines Vertrags und die sich aus dem Vertrag ergebenden vertraglichen Pflichten des Unternehmens als Vertragspartei sind insofern für den Ansatz von finanziellen Verbindlichkeiten von entscheidender Bedeutung. Derartige Verträge lassen sich mündlich, telefonisch oder schriftlich (auch mittels Fax oder E-Mail) schließen; die Vertragsform ist demzufolge unwichtig.

Bewertung

Bewertungskategorien finanzieller Verbindlichkeiten

Die finanziellen Verbindlichkeiten eines Unternehmens sind – wie auch *Abbildung 2* zeigt – einer der beiden folgenden Bewertungskategorien zuzuordnen:

- finanzielle Verbindlichkeiten, die erfolgswirksam zum beizulegenden Zeitwert bewertet werden (*financial liabilities at fair value through profit or loss*), und
- andere finanzielle Verbindlichkeiten (*other financial liabilities*).

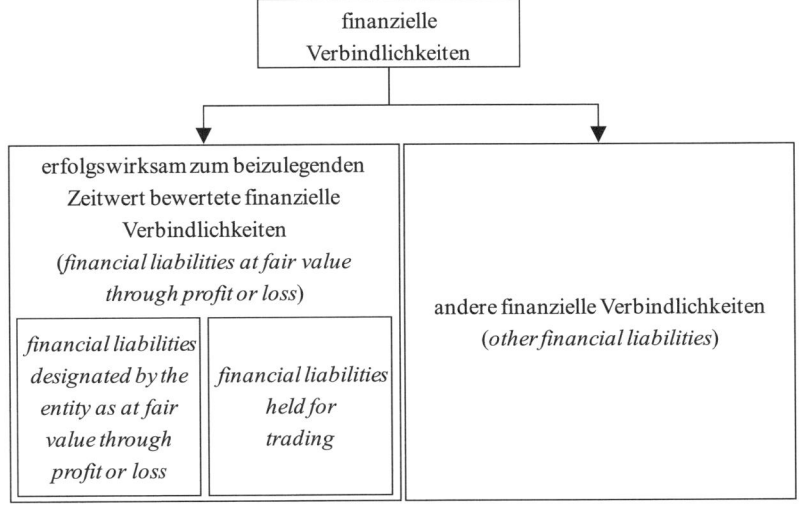

Abbildung 2:   *Abgrenzung finanzieller Verbindlichkeiten*

Die finanziellen Verbindlichkeiten, die erfolgswirksam zum beizulegenden Zeitwert bewertet werden, lassen sich wiederum in solche unterteilen, die zu Handelszwecken gehalten werden (*financial liabilities held for trading*) oder die nach dem zum Zeitpunkt ihres Zugangs dokumentierten Willen des Unternehmens erfolgswirksam zum beizulegenden Zeitwert zu bewerten sind (*financial liabilities designated by the entity as at fair value through profit or loss*).

Gemäß IAS 39.9 umfasst die Kategorie „*zu Handelszwecken gehaltene finanzielle Verbindlichkeiten*" alle Finanzinstrumente, die mit der Absicht eingegangen wurden, aus kurzfristigen Preisschwankungen Gewinne zu erzielen (z. B. Lieferverpflichtungen aus Leerverkäufen von Wertpapieren oder nicht zu Sicherungszwecken eingesetzte Derivate mit negativem Marktwert). Die Gewinnerzielungsabsicht kann dabei als maßgebliches Abgrenzungskriterium zur Kategorie der anderen finanziellen Verbindlichkeiten dienen. Unabhängig davon können sämtliche finanzielle Verbindlichkeiten durch ausdrückliche Designation (Erklärung) im Zugangszeitpunkt unwiderruflich als *financial liabilities at fair value through profit or loss* kategorisiert werden (IAS 39.9).

Die anderen finanziellen Verbindlichkeiten erfassen im Sinne der Bewertung alle finanziellen Verbindlichkeiten, die nicht als zu Handelszwecken gehalten kategorisiert oder freiwillig zum beizulegenden Zeitwert bewertet werden. Bei Industrie- und Handelsunternehmen zählen zu dieser Bewertungskategorie nahezu alle finanziellen Verbindlichkeiten. Da es sich also bei den finanziellen Verbindlichkeiten von Industrie- und Handelsunternehmen fast ausschließlich um andere finanzielle Verbindlichkeiten handelt, wird im Nachfolgenden diesem Umstand Rechnung getragen und lediglich auf die anderen finanziellen Verbindlichkeiten ausführlich eingegangen.

Erstbewertung anderer finanzieller Verbindlichkeiten

Agien und Disagien

Die vertraglichen Regelungen über ein Finanzinstrument enthalten zum Teil die Vereinbarung eines Agios (Aufgelds) oder eines Disagios (Abgelds). Ein Agio bzw. Disagio ist der Unterschiedsbetrag zwischen dem beizulegenden Zeitwert der erhaltenen Gegenleistung vor der Berücksichtigung von Emissions- und Transaktionskosten und dem Nennbetrag bzw. dem Rückzahlungsbetrag. Der Nennbetrag stimmt üblicherweise mit dem Rückzahlungsbetrag überein.

Beispielsweise entspricht bei der Aufnahme eines Darlehens gegen Barmittel der beizulegende Zeitwert der erhaltenen Gegenleistung vor der Berücksichtigung von Emissions- und Transaktionskosten im Regelfall dem zufließenden Geldbetrag (Auszahlungsbetrag). Ein Agio stellt in diesem Fall den Unterschiedsbetrag zwischen dem höheren Auszahlungsbetrag und dem geringeren Nennbetrag dar. Ein Disagio entspricht dagegen dem Unterschiedsbetrag zwischen dem höheren Nennbetrag und dem geringeren Auszahlungsbetrag. Bei einer Übereinstimmung des Auszahlungsbetrags mit dem Nennbetrag eines Finanzinstruments ergibt sich daher grundsätzlich weder ein Agio noch ein Disagio.

Im Rahmen der Erstbewertung finanzieller Verbindlichkeiten ist demzufolge nicht wie nach HGB der Erfüllungsbetrag, sondern es ist vielmehr der Auszahlungsbetrag ggf. unter Berücksichtigung von Emissions- und Transaktionskosten – wie im nachfolgenden Gliederungspunkt beschrieben – anzusetzen.

Emissions- und Transaktionskosten

Gemäß IAS 39.43 sind die anderen finanziellen Verbindlichkeiten bei ihrem erstmaligen Ansatz mit ihrem *beizulegenden Zeitwert* zu bewerten. Bei der Aufnahme eines Darlehens gegen Barmittel entspricht der beizulegende Zeitwert beispielsweise regelmäßig dem zufließenden Geldbetrag (Auszahlungsbetrag).

Emissions- und Transaktionskosten, die direkt dem Entstehen einer finanziellen Verbindlichkeit zugerechnet werden können, sind bei der Ermittlung des beizulegenden Zeitwerts zu berücksichtigen (IAS 39.43). Entstandene Transaktionskosten im Zusammenhang mit anderen finanziellen Verbindlichkeiten sind von der Hauptverbindlichkeit abzuziehen und sukzessive über die Restlaufzeit aufzuzinsen. Eine unmittelbare erfolgswirksame Behandlung von Transaktionskosten bei der Erstbewertung ist damit verboten. Die entstandenen Transaktionskosten sind vielmehr unter Verwendung der Effektivzinsmethode auf die Restlaufzeit der anderen finanziellen Verbindlichkeiten zu verteilen.

Folgebewertung anderer finanzieller Verbindlichkeiten

Ein Unternehmen hat die anderen finanziellen Verbindlichkeiten unter Berücksichtigung von IAS 39.47 mit den fortgeführten Anschaffungskosten unter Anwendung der Effektivzinsmethode zu bewerten.

Die fortgeführten Anschaffungskosten der anderen finanziellen Verbindlichkeiten ermitteln sich hierbei folgendermaßen:

	Auszahlungsbetrag (liegt entweder über oder unter dem Nennbetrag oder entspricht dem Nennbetrag)
−	Tilgungen
−	anteilige über die erwartete Laufzeit verteilte Emissions- und Transaktionskosten
+	anteiliges über die erwartete Laufzeit verteiltes Disagio
−	anteiliges über die erwartete Laufzeit verteiltes Agio
=	fortgeführte Anschaffungskosten (entspricht zum Ende der Laufzeit regelmäßig dem Rückzahlungsbetrag)

Emissions- und Transaktionskosten sowie ein Agio oder ein Disagio werden unter Anwendung der Effektivzinsmethode über die erwartete Laufzeit des Finanzinstruments verteilt (IAS 39.AG6). Beziehen sich die Emissions- und Transaktionskosten sowie ein Agio oder ein Disagio auf einen kürzeren Zeitraum, so ist dieser zu verwenden (IAS 39.AG6). Ein solcher Fall liegt beispielsweise vor, wenn sich ein Agio oder ein Disagio auf ein variabel verzinstes Finanzinstrument bezieht und der variable Zinssatz vor der voraussichtlichen Fälligkeit des Finanzinstruments an die veränderten Marktbedingungen angepasst wird (IAS 39.AG6). Es ist dann als angemessene Amortisationsperiode der Zeitraum bis zum nächsten Zinsanpassungstermin zu verwenden, da ein Agio oder ein Disagio in einem solchen Fall nur für den Zeitraum bis zum nächsten Zinsanpassungstermin gilt (IAS 39.AG6).

Im Rahmen der Folgebewertung anderer finanzieller Verbindlichkeiten mit den fortgeführten Anschaffungskosten unter Anwendung der Effektivzinsmethode ist darüber hinaus noch die Ermittlung der periodischen Zinsaufwendungen von Bedeutung. Diese lassen sich folgendermaßen bestimmen:

	Zinszahlungen gemäß der Kuponverzinsung des Nennbetrags (Nominalverzinsung)
−	anteilige über die erwartete Laufzeit verteilte Emissions- und Transaktionskosten
+	anteiliges über die erwartete Laufzeit verteiltes Disagio
−	anteiliges über die erwartete Laufzeit verteiltes Agio
=	Zinsaufwendungen der Periode

Sonstige Verbindlichkeiten

Ansatz

Die IFRS enthalten keine eigenständigen Regelungen zum Ansatz sonstiger Verbindlichkeiten. Der Ansatz sonstiger Verbindlichkeiten erfolgt daher gemäß den allgemeinen Definitions- und Ansatzkriterien im Rahmenkonzept wie in den ersten drei Gliederungspunkten dieses Beitrags beschrieben.

Erst- und Folgebewertung

Hinsichtlich der Bewertung von sonstigen Verbindlichkeiten enthält das Rahmenkonzept grundsätzlich die folgenden vier unterschiedlichen Bewertungsmaßstäbe:

- Historische Anschaffungskosten (*historical cost*): Bei Schulden handelt es sich hierbei um den Betrag, den der Abschlussersteller als Austausch für die Verpflichtung erhalten hat, oder um den Betrag, der erwartungsgemäß aufgewendet werden muss, um die Verpflichtung im normalen Geschäftsverlauf zu begleichen.
- Tageswert (*current cost*): Bei Schulden wird der Tageswert mit dem Betrag angesetzt, der erwartungsgemäß an nicht diskontierten Zahlungsmitteln oder Zahlungsmitteläquivalenten aufgewendet werden müsste, um die Schuld zum gegenwärtigen Zeitpunkt zu begleichen.
- Veräußerungswert (*realisable value*): Der Veräußerungswert für Vermögenswerte korrespondiert mit dem Erfüllungsbetrag (*settlement value*) für Schulden. Der Erfüllungsbetrag stellt denjenigen Betrag dar, der erwartungsgemäß an nicht diskontierten Zahlungsmitteln oder Zahlungsmitteläquivalenten aufgewendet werden müsste, um die Schuld im normalen Geschäftsablauf zu begleichen.
- Barwert (*present value*): Der Barwert einer Schuld entspricht dem diskontierten künftigen Nettomittelabfluss, der voraussichtlich notwendig ist, um eine Schuld im normalen Geschäftsverlauf zu begleichen.

In welchem Fall welcher Bewertungsmaßstab zur Anwendung gelangt, ergibt sich nicht aus dem Rahmenkonzept; dies eröffnet einen gewissen Ermessensspielraum. Regelmäßig zeigen sich aber im Zusammenhang mit der Bewertung von sonstigen Verbindlichkeiten keine Schwierigkeiten, da auf entsprechende Unterlagen wie Bescheide, Verträge usw. zurückgegriffen werden kann. Eine Ausnahme hiervon könnte sich lediglich in Verbindung mit der Bewertung von Sachleistungsverpflichtungen – wie beispielsweise bei der Bewertung von Sachgewährleistungsverpflichtungen bei Herstellungs- oder anderen Produktfehlern – ergeben. Allerdings gilt auch bei einer ggf. erforderlichen Schätzung das notwendige Ansatzkriterium der verlässlichen Bewertbarkeit als erfüllt (F.86).

Hinsichtlich der Folgebewertung von sonstigen Verbindlichkeiten finden sich keine Vorschriften im Rahmenkonzept. Die Folgebewertung von sonstigen Verbindlichkeiten richtet sich daher nach den allgemeinen Grundprinzipien, insbesondere nach dem Grundprinzip der sachgerechten Periodenabgrenzung sowie nach dem Grundprinzip der Unternehmensfortführung. Ergeben sich im Rahmen der Folgebewertung von sonstigen Verbindlichkeiten Wertveränderungen, so sind diese erfolgswirksam in der Gewinn- und Verlustrechnung zu erfassen.

Aufgabe 1

Das Unternehmen „Stein" nimmt zum Ende des Geschäftsjahrs 01 ein Darlehen bei einem Kreditinstitut mit den folgenden Konditionen auf:

- 150.000 EUR Auszahlungsbetrag,
- 150.000 EUR Nennbetrag (= Rückzahlungsbetrag),
- Laufzeit 3 Jahre,
- Nominalzinssatz 6% p. a.,
- jährliche Zinszahlung zum Ende des Geschäftsjahrs,
- Ratentilgung in Höhe von drei gleichmäßigen Tilgungsraten zum Ende eines jeden Geschäftsjahrs.

In welcher Höhe ist das Darlehen zum Ende der Geschäftsjahre 01 bis 04 in der Bilanz des Unternehmens „Stein" bei einer Bewertung zu fortgeführten Anschaffungskosten unter Anwendung der Effektivzinsmethode zu erfassen? Geben Sie jeweiligen die Buchungssätze an!

Aufgabe 2

Das Unternehmen „Eins plus Eins" emittiert zum Ende des Geschäftsjahrs am 31.12.00 einen Zero-Bond (eine Null-Kupon-Anleihe) mit einem Ausgabebetrag (Ausgabekurs) in Höhe von 784 TEUR. Die Laufzeit dieses Wertpapiers beträgt fünf Jahre. Der Rückzahlungsbetrag beträgt 1.000 TEUR.

a) Ermitteln Sie den Effektivzinssatz des Wertpapiers! Stellen Sie anschließend in einer Tabelle die zu erwartende Kursentwicklung des Wertpapiers über die Laufzeit sowie die jeweiligen impliziten Zinsaufwendungen dar! Wie ist der Zero-Bond über die Laufzeit in der Bilanz des Unternehmens „Eins plus Eins" innerhalb der Kategorie der anderen finanziellen Verbindlichkeiten abzubilden? Geben Sie die Buchungssätze an!

b) Aufgrund einer unerwarteten Marktzinssenkung steigt der Kurs des Zero-Bonds zum Bilanzstichtag am 31.12.01 auf 850 TEUR. Wie ist dieser Sachverhalt bei dem Unternehmen „Eins plus Eins" bilanziell zu berücksichtigen?

c) Im Vergleich zur Teilaufgabe b) sinkt der Kurs des Zero-Bonds vorübergehend zum Bilanzstichtag am 31.12.01 aufgrund einer unerwarteten Marktzinserhöhung auf 800 TEUR. Zum Bilanzstichtag 31.12.02 steigt der Kurs des Zero-Bonds auf 900 TEUR. Wie ist dieser Sachverhalt bei dem Unternehmen „Eins plus Eins" bilanziell zu berücksichtigen?

Aufgabe 3

Am Ende des Geschäftsjahrs 04 emittiert das Unternehmen „Gut und Günstig" ein festverzinsliches Wertpapier mit einem Nennbetrag von 500 TEUR, einer nachschüssig zu zahlenden Nominalverzinsung in Höhe von 8% p. a., einer Laufzeit von neun Jahren und einer endfälligen Rückzahlung in Höhe des Nennbetrags. Das Disagio zum Zeitpunkt der Emission beträgt 3%. Zeigen Sie die Abbildung dieses festverzinslichen Wertpapiers in der Bilanz des Unternehmens „Gut und Günstig" an den Bilanzstichtagen der Geschäftsjahre 04 bis 13, wenn das Wertpapier zu fortgeführten Anschaffungskosten unter Anwendung der Effektivzinsmethode erfasst wird!

Aufgabe 4

Das Unternehmen „Schlau" nimmt bei einem Kreditinstitut am 01.01.01 ein Darlehen mit den folgenden Konditionen auf:

- Nennbetrag 1.000.000 EUR (= Rückzahlungsbetrag),
- Agio in Höhe von 3%,
- Nominalzins 5% p. a. (nachschüssig zu zahlen),
- Laufzeit 5 Jahre,
- Annuitätentilgung jeweils zum Ende des Geschäftsjahrs.

Gebühren für den Abschluss des Darlehens fallen am 01.01.01 in Höhe von insgesamt 50.000 EUR an.

Zeigen Sie die Abbildung dieses Darlehens in der Bilanz des Unternehmens „Schlau" an den Bilanzstichtagen der Geschäftsjahre 00 bis 05, wenn das Darlehen zu fortgeführten Anschaffungskosten unter Anwendung der Effektivzinsmethode erfasst wird!

Lösung 1

Der Auszahlungsbetrag stimmt mit dem Nennbetrag (= Rückzahlungsbetrag) überein. Da zudem keine Emissions- bzw. Transaktionskosten vorliegen, entspricht der Nominalzinssatz dem Effektivzinssatz. Das Darlehen ist daher in der Bilanz des Unternehmens „Stein" zum Ende des Geschäftsjahrs 01 in Höhe von 150.000 EUR, zum Ende des Geschäftsjahrs 02 in Höhe von 100.000 EUR sowie zum Ende des Geschäftsjahrs 03 in Höhe von 50.000 EUR zu passivieren. Am Ende des Geschäftsjahrs 04 ist das Darlehen insgesamt getilgt. Die in den einzelnen Geschäftsjahren zu zahlenden Nominalzinsen beziehen sich jeweils auf die Restschuld des Vorjahres.

Buchungssätze:

31.12.01

Kontokorrent-konto	*150.000 EUR*	*an*	*Verbindlichkeiten gegenüber Kredit-instituten*	*150.000 EUR*

31.12.02

Zinsaufwand	*9.000 EUR*	*an*	*Kontokorrentkonto*	*9.000 EUR*
Verbindlichkeiten gegenüber Kredit-instituten	*50.000 EUR*	*an*	*Kontokorrentkonto*	*50.000 EUR*

31.12.03

Zinsaufwand	*6.000 EUR*	*an*	*Kontokorrentkonto*	*6.000 EUR*
Verbindlichkeiten gegenüber Kredit-instituten	*50.000 EUR*	*an*	*Kontokorrentkonto*	*50.000 EUR*

31.12.04

Zinsaufwand	*3.000 EUR*	*an*	*Kontokorrentkonto*	*3.000 EUR*
Verbindlichkeiten gegenüber Kredit-instituten	*50.000 EUR*	*an*	*Kontokorrentkonto*	*50.000 EUR*

Lösung 2

a) Bei einem Zero-Bond (einer Null-Kupon-Anleihe) sind keine periodischen Zinszahlungen basierend auf dem Nennbetrag des Wertpapiers vereinbart. Die Verzinsung eines Zero-Bonds ergibt sich vielmehr aus der Differenz zwischen dem Ausgabebetrag (Ausgabekurs) und dem Rückzahlungsbetrag. Aus diesem Grund ist zunächst der Effektivzinssatz des Zero-Bonds zu ermitteln:

$$i_{\text{eff}} = \sqrt[n]{\frac{\text{Rückzahlungsbetrag}}{\text{Ausgabebetrag}}} - 1$$

$$= \sqrt[5]{\frac{1.000 \text{ TEUR}}{784 \text{ TEUR}}} - 1 = 0{,}049873$$

Der Effektivzinssatz des Zero-Bonds beträgt 4,9873%.

Die zu erwartende Kursentwicklung des Wertpapiers über die Laufzeit sowie die jeweiligen impliziten Zinsaufwendungen stellen sich wie folgt dar (Beträge in TEUR):

Bilanz-stichtag	31.12.00	31.12.01	31.12.02	31.12.03	31.12.04	31.12.05	Summe Zinsaufwendungen
Kursentwicklung	784,00	823,10	864,15	907,25	952,50	1.000,00	–
Zinsaufwendungen	–	39,10	41,05	43,10	45,25	47,50	216,00

Die in der Zeile „Kursentwicklung" enthaltenen Beträge stellen die jeweiligen Buchwerte des Zero-Bonds zum entsprechenden Abschlussstichtag dar. Die dazugehörigen Buchungssätze lauten wie folgt:

31.12.00:

| *Guthaben bei Kreditinstituten* | *784,00 TEUR* | *an* | *Verbindlichkeiten aus der Emission eines Zero-Bonds* | *784,00 TEUR* |

31.12.01:

| *Zinsaufwand* | *39,10 TEUR* | *an* | *Verbindlichkeiten aus der Emission eines Zero-Bonds* | *39,10 TEUR* |

31.12.02:

| *Zinsaufwand* | *41,05 TEUR* | *an* | *Verbindlichkeiten aus der Emission eines Zero-Bonds* | *41,05 TEUR* |

31.12.03:

| *Zinsaufwand* | *43,10 TEUR* | *an* | *Verbindlichkeiten aus der Emission eines Zero-Bonds* | *43,10 TEUR* |

31.12.04:

Zinsaufwand	45,25 TEUR	an	Verbindlichkeiten aus der Emission eines Zero-Bonds	45,25 TEUR	

31.12.05:

Zinsaufwand	47,50 TEUR	an	Verbindlichkeiten aus der Emission eines Zero-Bonds	47,50 TEUR	
Verbindlichkeiten aus der Emission eines Zero-Bonds	1.000,00 TEUR	an	Guthaben bei Kreditinstituten	1.000,00 TEUR	

Bei nominal unverzinslichen Verbindlichkeiten wie bei einem Zero-Bond wird die Differenz zwischen dem Ausgabekurs (Barwert = beizulegender Zeitwert) und dem Rückzahlungsbetrag über die Laufzeit des Wertpapiers unter Anwendung der Effektivzinsmethode verteilt. Dadurch lässt sich der Zinsaufwand periodengerecht erfolgswirksam über die Laufzeit des Wertpapiers verteilen und der Buchwert der finanziellen Verbindlichkeit erhöht sich bis zur Höhe des Rückzahlungsbetrags sukzessive über die Laufzeit des Wertpapiers.

b) Die Kurssteigerung des Zero-Bonds zum Bilanzstichtag am 31.12.01 aufgrund einer unerwarteten Marktzinssenkung darf bei der Bewertung von anderen finanziellen Verbindlichkeiten zu fortgeführten Anschaffungskosten im Buchwert nicht berücksichtigt werden. Die Kurssteigerung des Zero-Bonds hat daher keine Auswirkungen auf die Abbildung des Zero-Bonds in der Bilanz des Unternehmens „Eins plus Eins".

c) Die Kurssenkung des Zero-Bonds zum Bilanzstichtag am 31.12.01 aufgrund einer unerwarteten Marktzinserhöhung darf bei der Bewertung von anderen finanziellen Verbindlichkeiten zu fortgeführten Anschaffungskosten im Buchwert ebenfalls nicht berücksichtigt werden. Die Kurssenkung des Zero-Bonds hat daher keine Auswirkungen auf die Abbildung des Zero-Bonds in der Bilanz des Unternehmens „Eins plus Eins". Gleiches gilt für die Kurssteigerung des Zero-Bonds zum Bilanzstichtag am 31.12.02 [siehe dazu die Lösung zu Teilaufgabe b)].

Lösung 3

Aus der Sicht des Unternehmens „Gut und Günstig" resultieren über die gesamte Laufzeit des festverzinslichen Wertpapiers die folgenden Zahlungsströme (Beträge in TEUR):

Bilanzstichtag	31.12.04	31.12.05	31.12.06	31.12.07	31.12.08
Zahlungen (Z_t)	+ 485,00	− 40,00	− 40,00	− 40,00	− 40,00

Bilanzstichtag	31.12.09	31.12.10	31.12.11	31.12.12	31.12.13
Zahlungen (Z_t)	− 40,00	− 40,00	− 40,00	− 40,00	− 540,00

Unter Berücksichtigung der vorstehend aufgestellten Zahlungsreihe lässt sich der Effektivzinssatz dieses festverzinslichen Wertpapiers folgendermaßen ermitteln:

$$C_0 = \sum_{t=0}^{n} Z_t \cdot (1+r)^{-t} = 0$$

Unter Verwendung des Rentenbarwertfaktors $\dfrac{(1+i)^n - 1}{i \cdot (1+i)^n}$, der von dem Zinssatz (i) und von der Laufzeit (n) abhängt, ergibt sich folgende Gleichung (Beträge in TEUR):

$$C_0 = 485 - 40 \cdot \frac{(1+r)^8 - 1}{r \cdot (1+r)^8} - 540 \cdot (1+r)^{-9} = 0$$

Um eine approximative Lösung dieser Gleichung zu bestimmen, kann auf die Methode der linearen Interpolation zurückgegriffen werden. Im Rahmen dieses Näherungsverfahrens wird zunächst der Kapitalwert (C_{01}) für einen Kalkulationszinssatz (i_1) in der vermuteten Nähe des internen Zinssatzes (Effektivzinssatzes) ermittelt. Ist der Kapitalwert aus der Anwendung dieses ersten Kalkulationszinssatzes positiv (negativ), so wird ein zweiter Kapitalwert (C_{02}) mit einem niedrigeren (höheren) Kalkulationszinssatz (i_2) berechnet. Unter Verwendung der beiden auf diese Weise bestimmten Kapitalwerte kann dann eine erste Näherungslösung $\hat{r}$ für den internen Zinssatz unter Zuhilfenahme der Methode der linearen Interpolation bestimmt werden:

$$\hat{r} = i_1 - C_{01} \cdot \frac{i_2 - i_1}{C_{02} - C_{01}}$$

Probierzinssätze: $i_1 = 8{,}0\%$; $i_2 = 8{,}6\%$.

Mit diesen beiden Probierzinssätzen wird nun jeweils der Kapitalwert der obigen Zahlungsreihe ermittelt und man erhält:

$$C_{01} = -15 \text{ TEUR}, \quad C_{02} = +3{,}2819559 \text{ TEUR}$$

Werden nun die Probierzinssätze sowie die dazugehörigen Kapitalwerte der Zahlungsreihe in die lineare Interpolationsgleichung eingesetzt, ergibt sich ein interner Zinssatz (Effektivzinssatz) von ungefähr 8,49%.

$$\hat{r} = 0{,}08 + 15 \cdot \frac{0{,}086 - 0{,}08}{3{,}2819559 + 15} = 0{,}0849229$$

Unter Anwendung des Effektivzinssatzes von 8,49% resultiert der folgende Bilanzansatz des festverzinslichen Wertpapiers zu den entsprechenden Bilanzstichtagen (Beträge in TEUR):

(0)	(1)	(2)	(3)	(4)
Bilanz-stichtag	Gesamtzinsaufwand während der Periode	davon: Nominalzins	davon: Disagio	Bilanzausweis des festverzinslichen Wertpapiers
	(1) = (4) der Vorperiode · 0,0849	(2) = 500,00 · 0,08	(3) = (1) – (2)	(4) = (4) der Vorperiode + (3)
31.12.04	–	–	–	485,00
31.12.05	41,18	40,00	1,18	486,18
31.12.06	41,28	40,00	1,28	487,46
31.12.07	41,38	40,00	1,38	488,84
31.12.08	41,50	40,00	1,50	490,34
31.12.09	41,63	40,00	1,63	491,97
31.12.10	41,77	40,00	1,77	493,74
31.12.11	41,92	40,00	1,92	495,66
31.12.12	42,08	40,00	2,08	497,74
31.12.13	42,26	40,00	2,26	500,00
Kontrollsumme	375,00	360,00	15,00	–

Lösung 4

Zunächst ist die Höhe der jährlich gleichbleibenden Annuität des aufgenommenen Darlehens zu ermitteln. Zur Bestimmung eines äquivalenten gleichbleibenden Zahlungsstroms aus einem vorgegebenen Rückzahlungsbetrag lässt sich der Kapitalwiedergewinnungsfaktor verwenden. Unter Verwendung des Kapitalwiedergewinnungsfaktors $\frac{i \cdot (1+i)^n}{(1+i)^n - 1}$, der von dem Zinssatz (i) und von der Laufzeit (n) abhängt, ergibt sich gerundet folgende Annuität:

$$1.000.000 \text{ EUR} \cdot \frac{0,05 \cdot (1+0,05)^5}{(1+0,05)^5 - 1} = 230.974,77 \text{ EUR}$$

Aus der Sicht des Unternehmens „Schlau" resultiert für die Rückzahlung des aufgenommenen Darlehens unter Anwendung der vorstehend ermittelten Annuität folgender Tilgungsplan (Beträge in EUR gerundet):

Bilanz-stichtag	Annuität	davon: Tilgung	davon: Zinsen	Restschuld
01.01.01 (= 31.12.00)	–	–	–	1.000.000,00
31.12.01	230.974,77	180.974,77	50.000,00	819.025,23
31.12.02	230.974,77	190.023,51	40.951,26	629.001,72
31.12.03	230.974,77	199.524,68	31.450,09	429.477,04
31.12.04	230.974,77	209.500,92	21.473,85	219.976,12
31.12.05	230.974,77	219.975,96	10.998,81	0,16 (Rundungsdifferenz)

Da ein Agio in Höhe von 30.000 EUR (= 1.000.000 EUR · 0,03) vereinbart wurde sowie Gebühren in Höhe von 50.000 EUR angefallen sind, ist nun der Effektivzinssatz des aufgenommenen Darlehens zu ermitteln. Dazu ist zunächst die folgende Zahlungsreihe aufzustellen (Beträge in EUR):

Bilanzstichtag	Zahlungen (Z_t)
01.01.01 (= 31.12.00)	+ 1.000.000 + 30.000 – 50.000 = + 980.000
31.12.01	– 230.974,77
31.12.02	– 230.974,77
31.12.03	– 230.974,77
31.12.04	– 230.974,77
31.12.05	– 230.974,77

Unter Berücksichtigung der vorstehend aufgestellten Zahlungsreihe lässt sich der Effektivzinssatz folgendermaßen ermitteln:

$$C_0 = \sum_{t=0}^{n} Z_t \cdot (1+r)^{-t} = 0$$

Unter Verwendung des Rentenbarwertfaktors $\frac{(1+i)^n - 1}{i \cdot (1+i)^n}$, der von dem Zinssatz (i) und von der Laufzeit (n) abhängt, ergibt sich folgende Gleichung (Beträge in EUR):

$$C_0 = 980.000 - 230.974,77 \cdot \frac{(1+r)^5 - 1}{r \cdot (1+r)^5} = 0$$

Um eine approximative Lösung dieser Gleichung zu bestimmen, kann auf die Methode der linearen Interpolation zurückgegriffen werden. Im Rahmen dieses Näherungsverfahrens wird zunächst der Kapitalwert (C_{01}) für einen Kalkulationszinssatz (i_1) in der vermuteten Nähe des internen Zinssatzes (Effektivzinssatzes) ermittelt. Ist der Kapitalwert aus der Anwendung dieses ersten Kalkulationszinssatzes positiv (negativ), so wird ein zweiter Kapitalwert (C_{02}) mit einem niedrigeren (höheren) Kalkulationszinssatz (i_2) berechnet. Unter Verwendung der beiden auf diese Weise bestimmten Kapitalwerte kann dann eine erste Näherungslösung $\hat{r}$ für den internen Zinssatz unter Zuhilfenahme der Methode der linearen Interpolation bestimmt werden:

$$\hat{r} = i_1 - C_{01} \cdot \frac{i_2 - i_1}{C_{02} - C_{01}}$$

Probierzinssätze: $i_1 = 5{,}5\%$; $i_2 = 6\%$.

Mit diesen beiden Probierzinssätzen wird nun jeweils der Kapitalwert der obigen Zahlungsreihe ermittelt und man erhält:

$C_{01} = -6.327{,}96$ EUR, $C_{02} = +7.050{,}20$ EUR

Werden nun die Probierzinssätze sowie die dazugehörigen Kapitalwerte der Zahlungsreihe in die lineare Interpolationsgleichung eingesetzt, ergibt sich ein interner Zinssatz (Effektivzinssatz) von ungefähr 5,7365%.

$$\hat{r} = 0{,}055 + 6.327{,}96 \cdot \frac{0{,}06 - 0{,}055}{7.050{,}20 + 6.327{,}96} = 0{,}057365034$$

Unter Anwendung des Effektivzinssatzes von 5,7365% resultiert der folgende Bilanzansatz des Darlehens zu den entsprechenden Bilanzstichtagen (Beträge in EUR gerundet):

Bilanz-stichtag	(1) Bilanzansatz des Vorjahres	(2) Tilgung (s. Tilgungsplan)	(3) Bilanzsatz vor Agio und Gebühren (3) = (1) − (2)	(4) Nominalzinsen + Agio + Gebühren (4) = (1) des Vorjahres · 0,057365
01.01.01 (= 31.12.00)	–	–	–	–
31.12.01	980.000,00	180.974,77	799.025,23	56.217,70
31.12.02	805.242,93	190.023,51	615.219,42	46.192,76
31.12.03	620.460,92	199.524,68	420.936,24	35.592,74
31.12.04	425.078,89	209.500,92	215.577,97	24.384,65
31.12.05	218.488,77	219.975,96	− 1.487,19	12.533,61

Bilanz-stichtag	(5) Nominalzinsen (s. Tilgungsplan)	(6) Gebühren + Agio (6) = (4) – (5)	(7) Bilanzansatz (7) = (3) + (6)
01.01.01 (= 31.12.00)	–	–	980.000,00
31.12.01	50.000,00	6.217,70	805.242,93
31.12.02	40.951,26	5.241,50	620.460,92
31.12.03	31.450,09	4.142,65	425.078,89
31.12.04	21.473,85	2.910,80	218.488,77
31.12.05	10.998,81	1.534,80	47,61 (Rundungsdifferenz)

Literaturhinweise

BIEG, H./HOSSFELD, C./KUßMAUL, H./WASCHBUSCH, G. (2009): Handbuch der Rechnungslegung nach IFRS, 2. Aufl., Düsseldorf.

BRUNS, C. (2006): Übung 10 – Originäre Finanzinstrumente, in: BRUNS, C. (Hrsg.), Fälle mit Lösungen zur Bilanzierung nach IFRS und US-GAAP, 3. Aufl., Herne/Berlin, S. 69–70.

HACHMEISTER, D. (2006): Verbindlichkeiten nach IFRS, München.

PELLENS, B./FÜLBIER, R.-U./GASSEN, J./SELLHORN, T. (2008): Internationale Rechnungslegung, 7. Aufl., Stuttgart.

PETERSEN, K./BANSBACH, F./DORNBACH, E. (2009): IFRS Praxishandbuch, 4. Aufl., München.

WINKELJOHANN, N. (2006): Rechnungslegung nach IFRS, 2. Aufl., Herne/Berlin.

Heinz Kußmaul und Christoph Niehren

2.2.3 Rückstellungen

Einleitende Bemerkungen

Im System der IFRS sind die nach handelsrechtlichen Begriffen als Rückstellungen bezeichneten Bilanzpositionen unter dem allgemeinen Ausdruck *„Schulden" (liabilities)* subsumiert. Die wesentlichen Regelungen für die Bilanzierung von Rückstellungen sind hauptsächlich in IAS 37 „provisions, contingent liabilities and contingent assets" (Rückstellungen, Eventualschulden und Eventualforderungen) kodifiziert.

Von den Regelungen des IAS 37 ausgenommen sind gemäß IAS 37.1 alle Rückstellungen, die aus noch zu erfüllenden Verträgen resultieren (schwebende Geschäfte), sowie diejenigen Rückstellungsarten, die durch einen anderen Standard geregelt werden.

Folgende Rückstellungsarten werden nach IAS 37.5 durch andere IFRS-Regelungen abgedeckt:

- langfristige Fertigungsaufträge (IAS 11),
- tatsächliche und latente Steuerschulden (IAS 12),
- Rückstellungen für Leasingverhältnisse (IAS 17),
- Rückstellungen für Leistungen an Arbeitnehmer (IAS 19) sowie
- Versicherungsverträge (IFRS 4).

Ansatzkriterien

Gemäß IAS 37.14 gilt eine der zeitlichen Entstehung und/oder der Höhe und der Fälligkeit nach unsichere Verbindlichkeit (liability) als Rückstellung.

Neben der Unsicherheit über Höhe und Fälligkeit müssen folgende drei Kriterien *kumulativ* erfüllt sein, damit eine Rückstellung im Sinne von IAS 37 vorliegt und in der Bilanz Eingang findet:

- Vorliegen einer aus einem vergangenen Ereignis *gegenwärtigen* – rechtlichen oder faktischen – *Außenverpflichtung* (present obligation);
- *wahrscheinlicher* Abfluss von Ressourcen des Unternehmens (outflow of resources);
- *verlässliche* Schätzung der Höhe der Verpflichtung ist möglich.

Abbildung 1 verdeutlicht die bilanzielle Abbildung für unsichere Verbindlichkeiten.

```
                    ┌─────────┐
                    │  START  │
                    └────┬────┘
                         ▼
    ┌──────────────────────┐      NEIN     ┌──────────────────┐   NEIN
    │ Vorliegen einer gegen-│──────────────▶│ Entsteht eine   │──────────┐
    │ wärtigen Verpflichtung│               │ mögliche zukünftige│         │
    │ aufgrund eines ver-   │               │ Verpflichtung?  │         │
    │ gangenen Ereignisses? │               └────────┬─────────┘         │
    └──────────┬────────────┘                        │ JA                │
               │ JA                                  ▼                   │
    ┌──────────────────────┐   NEIN    ┌──────────────────────┐   JA    │
    │ Wahrscheinlicher Ab-  │──────────▶│ Wahrscheinlichkeit   │─────────┤
    │ fluss von Ressourcen  │           │ des Ressourcen-      │         │
    │ (> 50 %)?             │           │ abflusses ist gering?│         │
    └──────────┬────────────┘           └──────────┬───────────┘         │
               │ JA                                │ NEIN                │
    ┌──────────────────────┐    NEIN               │                     │
    │ Verlässliche Schätzbar-│──────────────────────┤                     │
    │ keit der Verpflichtungs-│                    │                     │
    │ höhe möglich?         │                      │                     │
    └──────────┬────────────┘                      │                     │
               │ JA                                │                     │
               ▼                                   ▼                     ▼
    ┌──────────────────┐            ┌──────────────────┐    ┌──────────────────────┐
    │ Ansatz einer     │            │ Eventualschuld im│    │ Keine Abbildung im   │
    │ Rückstellung     │            │ Anhang           │    │ Jahres- oder Konzern-│
    └──────────────────┘            └──────────────────┘    │ abschluss nach       │
                                                            │ IAS 37               │
                                                            └──────────────────────┘
```

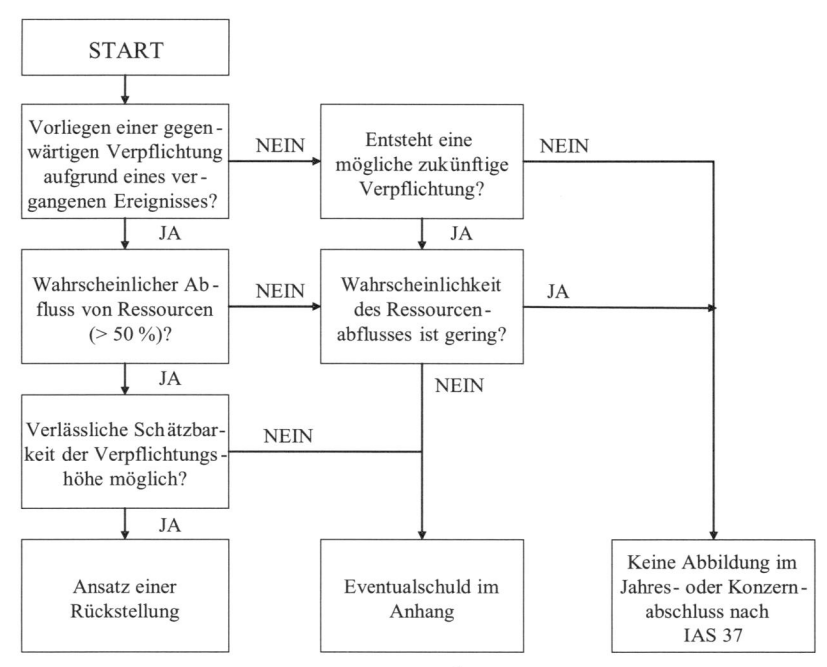

Abbildung 1:   *Entscheidungsdiagramm des IAS 37*[1]

Außenverpflichtung

Voraussetzung für die Bildung einer Rückstellung ist zunächst, dass bei der bilanzierenden Unternehmung eine *gegenwärtige Verpflichtung* (present obligation) gegenüber einer Person oder einem Personenkreis vorliegt. Nicht von Bedeutung ist hierbei, ob die Verpflichtung juristisch – also mittels Vertrag – durchsetzbar ist. Ausreichend ist bereits, dass die Erfüllung der Verbindlichkeit wirtschaftlich und damit faktisch erzwungen werden kann. Von einer faktischen Verpflichtung ist gemäß IAS 37.10 auszugehen, wenn durch bisher übliches Geschäftsgebaren, öffentlich angekündigte Maßnahmen oder eine ausreichend bestimmte, zeitnahe Aussage gegenüber Dritten die gerechtfertigte Erwartung geweckt wird, dass die Unternehmung dieser Verpflichtung nachkommen wird. Reine Innenverpflichtungen der Unternehmung sind nicht als Rückstellung bilanzierbar. Folglich unterliegen die im Handelsrecht passivierbaren Aufwandsrückstellungen im IFRS-Abschluss einem Ansatzverbot.

---

[1] Modifiziert entnommen aus *BIEG/HOSSFELD/KUßMAUL/WASCHBUSCH* (2006), S. 220.

2.2.3 Rückstellungen

Verpflichtung aufgrund von Ereignissen der Vergangenheit

Des Weiteren ist für die Rückstellungsbildung maßgebend, dass die gegenwärtige Verpflichtung aus einem *Ereignis der Vergangenheit* resultiert. Zukünftige verpflichtende Ereignisse, welche in der betrachteten Periode bereits bekannt sind, dürfen also nicht als Rückstellung bilanziert werden. Somit sind zum Beispiel Verpflichtungen, die nur auf einer Entscheidung der Unternehmensleitung beruhen oder die der Absicherung künftiger geschäftlicher Risiken dienen, grundsätzlich nicht passivierbar. Eine Ausnahme hierzu stellen die sogenannten *Restrukturierungsaufwendungen*[2] dar.

Nach IAS 37.66 liegt eine gegenwärtige Verpflichtung auch dann vor, wenn die mit der zukünftigen Erfüllung eines bereits geschlossenen Vertrages verbundenen Nachteile – zum Beispiel Kosten – den wirtschaftlichen Nutzen, sprich die Erträge dieses Vertrages, übersteigen. Für Verluste aus belastenden Verträgen (onerous contracts) ist also grundsätzlich eine *Drohverlustrückstellung* anzusetzen.

Wahrscheinlicher Abfluss von Ressourcen

Damit eine Verpflichtung als Rückstellung angesetzt werden kann, muss mehr für als gegen den *zukünftigen Abfluss von Ressourcen* sprechen (IAS 37.23). Daraus folgt unmittelbar, dass für die Inanspruchnahme eines zukünftigen Abflusses von Ressourcen eine Mindestwahrscheinlichkeit > 50% gegeben sein muss. Gemäß IAS 37.24 muss dieser Ressourcenabfluss allerdings nicht für jede einzelne Verpflichtung eingestuft werden. Es besteht vielmehr die Möglichkeit bei einer Gruppe von gleichartigen Verpflichtungen, eine Ressourcenabflusswahrscheinlichkeit zu bestimmen.

Sollte mehr gegen als für das Bestehen einer gegenwärtigen Verpflichtung sprechen, d. h. die Eintrittswahrscheinlichkeit wäre kleiner oder gleich 50%, dann ist nach IAS 37.23 keine Rückstellung abzubilden, sondern eine Eventualschuld im Anhang anzugeben.

Verlässliche Schätzung der Verpflichtung

Abschließend fordert IAS 37.14, dass für die Höhe der betreffenden Verpflichtung eine *zuverlässige Schätzung* erfolgen kann. Es ist ausreichend, wenn das bilanzierende Unternehmen den erwarteten Umfang der Verpflichtung aus einer Bandbreite potenzieller Werte ableiten kann (IAS 37.25).

Abbildung 2 zeigt die Rückstellungsarten nach IFRS systematisch auf.

---

[2] Siehe hierzu den Abschnitt „Restrukturierungsrückstellungen".

Rückstellungskategorie	Ansatz
Schuldrückstellungen	
➢ Verbindlichkeitsrückstellungen	
▪ *Rechtliche Verpflichtungen*	Pflicht
▪ *Faktische Verpflichtungen*	Pflicht
▪ *Pensionsrückstellungen*	Pflicht
➢ Drohverlustrückstellungen	Pflicht
Aufwandsrückstellungen	
➢ Aufwendungen für unterlassene Instandhaltung	Verbot
➢ Aufwendungen für bestimmte konkretisierte Zukunftsausgaben	Verbot

Abbildung 2: Rückstellungsarten nach IFRS[3]

Bewertung

Erstbewertung

Ausgangspunkt für die Bewertung von Rückstellungen nach IAS 37.36 ist die *bestmögliche Schätzung* (best estimate). Als bestmögliche Schätzung gilt gemäß IAS 37.37 der Betrag, den die Unternehmung am jeweiligen Bilanzstichtag bei vernünftiger Betrachtungsweise zu zahlen bereit wäre

- für die sofortige *Erfüllung* der Verpflichtung oder
- für die sofortige *Übertragung* auf einen Dritten.

Für *singuläre* Verpflichtungen bedeutet dies nach IAS 37.40 eine Bewertung zum wahrscheinlichsten Wert (Ergebnis mit der höchsten Einzelwahrscheinlichkeit), *kollektive* Verpflichtungen werden mit dem Erwartungswert (expected value) angegeben (IAS 37.39), d. h. alle denkbaren Ereignisse werden mit ihrer Wahrscheinlichkeit gewichtet. Falls die Höhe der Verpflichtung nicht zuverlässig schätzbar ist, darf für die Verpflichtung keine Rückstellung in der Bilanz ausgewiesen werden, sondern es ist im Anhang über die Verpflichtung zu berichten.

---

[3] Modifiziert entnommen aus PETERSEN/BANSBACH/DORNBACH (2009), S. 238.

Nach IAS 37.45 müssen Rückstellungen bei einem *Zinseffekt*, der den Wertansatz der Rückstellung oder das Jahresergebnis *wesentlich* beeinflusst, grundsätzlich abgezinst werden, was insbesondere auf langfristige Rückstellungen zutreffen dürfte. Überwiegend wird deshalb im Schrifttum die Meinung vertreten, dass für alle nach mehr als zwölf Monaten fälligen Verpflichtungen die Wesentlichkeit des Zinseffektes zu unterstellen ist, sodass eine Abzinsung von Rückstellungen erst für Verpflichtungen, die eine Laufzeit von mehr als zwölf Monaten haben, durchgeführt werden muss.[4] Nach *SENGER/BRUNE* sind für die Wesentlichkeitsbeurteilung neben dem Kriterium der Fristigkeit aber auch die Kriterien „absolute Höhe der Verpflichtung" sowie „Höhe des Zinssatzes" von Bedeutung, sodass unter Umständen auch eine Rückstellung mit einer Laufzeit von weniger als zwölf Monaten, wenn der aufgrund der Rückstellungshöhe resultierende Effekt aus der Abzinsung wesentlich ist, abgezinst werden muss. Als Begründung für die Abzinsungspflicht von Rückstellungen wird in IAS 37.46 ausgeführt, dass wegen des Zeitwertes des Geldes (time value of money) zukünftige Auszahlungen weniger belastend sind als aktuell fällige und infolgedessen durch die Abzinsung eine Überbewertung der Rückstellung vermieden werden soll.[5] Der Zinssatz soll gemäß IAS 37.47 ein Vorsteuer-Zinssatz sein, welcher die der Verpflichtung innewohnenden spezifischen Risiken und Markterwartungen der Unternehmung widerspiegelt.

Darüber hinaus sind bei der Berechnung des Rückstellungsbetrages neben den Zinseffekten auch *zukünftige Ereignisse* in Betracht zu ziehen, sofern diese die Höhe des Erfüllungsbetrages einer Verpflichtung (z. B. aufgrund von Preisänderungen) beeinflussen und soweit deren Eintritt sich durch objektive und belastbare Hinweise nachweisen lässt (IAS 37.48).

Folgebewertung

Einmal bilanzierte Rückstellungen müssen zu jedem Abschlussstichtag hinsichtlich ihres Ansatzes und ihrer Höhe überprüft und gegebenenfalls angepasst werden (IAS 37.59).

Wird von der Unternehmung eine Verpflichtung, der eine Rückstellung zu Grunde liegt, beglichen, so muss die Auflösung der Rückstellung grundsätzlich *erfolgsneutral* erfolgen. Sollte allerdings der Grund für die Rückstellungsbildung entfallen sein bzw. führt die an jedem Abschlussstichtag durchzuführende Bewertung des Verpflichtungsbetrages dazu, dass die neue Rückstellungshöhe unter oder über dem bisherigen Betrag liegt, ist die Rückstellung bzw. der betroffene Teil der Rückstellung *erfolgswirksam* in der Gewinn- und Verlustrechnung zu erfassen.[6]

---

[4] Anderer Ansicht *SENGER/BRUNE* (2008), IAS 37, Rz. 59.
[5] Vgl. *PELLENS/FÜLBIER/GASSEN/SELLHORN* (2008), S. 424.
[6] Vgl. *SENGER/BRUNE* (2008), IAS 37, Rz. 88 ff.

Restrukturierungsrückstellungen

Eine Ausnahme vom Erfordernis der gegenwärtigen Verpflichtung sieht IAS 37 für *Restrukturierungsaufwendungen* vor. Diese müssen gemäß IAS 37.71 – bei Erfüllung der allgemeinen Ansatzkriterien für Rückstellungen – passiviert werden. Beispielhaft für Restrukturierungsmaßnahmen sind in IAS 37.70 der Verkauf oder die Beendigung eines Geschäftszweiges, die Stilllegung oder die Verlegung von Standorten in ein anderes Gebiet, die Änderung der Managementstruktur oder die grundsätzliche Reorganisation mit wesentlichen Auswirkungen auf die Geschäftstätigkeit aufgeführt.

IAS 37.72 enthält konkrete Vorgaben, die für die Passivierung von Restrukturierungsmaßnahmen unbedingt notwendig sind. Namentlich sind dies:

- die Aufstellung eines hinreichend detaillierten und formalen Restrukturierungsplans und
- bei den von der Restrukturierung Betroffenen muss die gerechtfertigte Erwartung geweckt werden, dass die Restrukturierungsmaßnahmen gegenüber dem Betroffenen durchgeführt werden.

Ein hinreichend detaillierter *Restrukturierungsplan* ist dadurch gekennzeichnet, dass zumindest die betroffenen Geschäftsbereiche und Standorte, die Anzahl und Funktion der Arbeitnehmer inklusive deren Abfindungsansprüchen, die zu erwartenden Ausgaben und der Umsetzungszeitpunkt beschrieben werden müssen.

Nicht in eine Restrukturierungsrückstellung eingestellt werden dürfen Aufwendungen, die nicht unmittelbar in Zusammenhang mit der Restrukturierung stehen (IAS 37.80). Insbesondere dürfen keine Ausgaben einbezogen werden, die der künftigen Geschäftstätigkeit zuzurechnen sind. Dazu gehören beispielsweise die Umschulung oder Versetzung weiterbeschäftigter Mitarbeiter und die Aufwendungen für Marketing oder für Investitionen in neue Vertriebssysteme (IAS 37.81).

Aufgabe 1[7]

Am Ende des Geschäftsjahres 01 wird bei der Zugfahr AG durch ein starkes Unwetter das Dach eines Bahnhofes schwer beschädigt. Die voraussichtlichen Kosten für die Behebung des Schadens betragen 100.000 €. Die Reparatur des Daches wird allerdings auf den Juni des folgenden Geschäftsjahres verschoben.

a) Muss die Zugfahr AG diesen Sachverhalt in ihrem Jahresabschluss des Jahres 01 berücksichtigen?

b) Wie wirkt sich der Vorfall auf den Jahreserfolg der Zugfahr AG im Geschäftsjahr 01 und im Geschäftsjahr 02 aus?

Aufgabe 2[8]

Die Outdoor AG hat ein völlig neuwertiges Modell eines Geländefahrrads entwickelt. Aufgrund einer aggressiven Werbekampagne, welche die Vorzüge des neuen Modells – insbesondere die lange Lebensdauer auch bei sehr hoher Belastung – anpreist, werden die Fahrräder von Kundenseite sehr stark nachgefragt. Die Outdoor AG übernimmt die gesetzlich verbindliche Gewährleistungsfrist für einen Zeitraum von zwei Jahren auf die von ihr hergestellten Fahrräder.

Aus vergangenheitsbezogenen Daten lassen sich für aus der Gewährleistungspflicht ergebende Reparaturen folgende Wahrscheinlichkeiten ermitteln (pro verkauftes Fahrrad):

Eintrittswahrscheinlichkeit	17%	4%	1%
Reparaturkosten	250 €	400 €	900 €

Zum Leidwesen der Unternehmung stellt die Forschungsabteilung Ende des Geschäftsjahres 01 fest, dass die hergestellten Fahrräder aufgrund eines Konstruktionsfehlers bei starker Belastung bereits nach drei Jahren unbrauchbar werden. Daraufhin werden keine weiteren Fahrräder dieses Typus hergestellt und vertrieben.

Diesen Konstruktionsfehler stellt auch ein unabhängiges sehr renommiertes Institut, welches sich auf Tests von Fahrrädern spezialisiert hat, fest und veröffentlicht diesen Umstand in ihrer monatlich herausgegebenen Zeitschrift. Nach der Veröffentlichung des Testergebnisses kommt es zu einem massiven Kundenschwund bei der Outdoor AG. Um einer weiteren Abwanderung von Kunden zu Konkurrenzunternehmen entgegenzuwirken, verpflichtet sich die Outdoor AG bei Schäden, die nach der Gewährleistungsfrist bis Ende des dritten Jahres auftreten, die vollständigen Reparaturkosten zu übernehmen sowie gegebenenfalls ein Ersatzmodell eines anderen Typs zu liefern.

---

[7] Modifiziert entnommen aus *HARMS/MARX* (2008), S. 241 ff.
[8] Stark modifiziert entnommen aus *HARMS/MARX* (2008), S. 243 ff.

Die Kalkulationsabteilung der Outdoor AG errechnet sich voraussichtlich ergebende Aufwendungen in Höhe von 800.000 € für diese Kulanzleistung. Bei einem „Worst case"-Szenario würden sich für die Outdoor AG sogar Aufwendungen in Höhe von 980.000 € ergeben.

Ist die Oudoor AG dazu verpflichtet, diesen Sachverhalt im Jahresabschluss des Geschäftsjahres 01 zu berücksichtigen?

Aufgabe 3

Im Geschäftsjahr 01 hat die Förderband AG einen Liefervertrag mit der XY-GmbH geschlossen. Dieser beinhaltet die Lieferung von zehn Förderbändern zu 15.000 €/Förderband zum Ende des Geschäftsjahres 02. Sollte die Förderband AG ihrer Verpflichtung zur Lieferung der Förderbänder nicht nachkommen, droht eine Vertragsstrafe in Höhe von 20.000 €. Infolge der Rohstoffverteuerung steigen die Kosten für die Herstellung eines Förderbandes von ursprünglich 13.500 € auf 16.200 €.

Wie ist dieser Sachverhalt am Abschlussstichtag 01 zu beurteilen?

Aufgabe 4[9]

Die Förderband AG stellt Förderbänder für vielfältige Anwendungsmöglichkeiten her. Im Rahmen eines Rechtsstreits mit einem Kunden ist strittig, ob die Zerstörung eines der vom Kunden gekauften Förderbänder auf einen Konstruktionsfehler der Förderband AG oder auf die falsche Bedienung des Kunden zurückzuführen ist. Der Vorstand der Förderband AG schätzt im Geschäftsjahr 01 die Chance, den Prozess gegen den Kunden zu gewinnen, mit 85% ein.

Am Jahresende des Geschäftsjahres 02 gehen die Anwälte der Unternehmung jedoch davon aus, dass die Förderband AG aufgrund der jüngsten Entwicklungen des Falls sehr wahrscheinlich den Prozess verlieren wird. Daraufhin erstellen die Anwälte ein Gutachten und schätzen die Schadenssumme auf 1,25 Mio. €.

Wie ist der vorliegende Sachverhalt bei der Jahresabschlusserstellung des Geschäftsjahres 01 und des Geschäftsjahres 02 zu beurteilen?

---

[9] Modifiziert entnommen aus *FRIEDRICH/SCHMIDT* (2008), S. 392.

Aufgabe 5

Die Ostwald AG ist aufgrund von Verstößen gegen gesetzliche Vorschriften zu einer Bußgeldzahlung verurteilt worden.

Die Unternehmung rechnet mit möglichen nachfolgend aufgeführten Strafzahlungen:

Eintrittswahrscheinlichkeit	49%	31%	20%
Bußgeldhöhe	2,5 Mio. €	3,5 Mio. €	5 Mio. €

Wie ist dieser Sachverhalt in der Bilanz der Ostwald AG darzustellen?

Aufgabe 6

Nach dem Ende seiner aktiven Laufbahn als Profifußballer hat Alexander Lederball eine Umschulung zum Controller absolviert und wird infolgedessen bei der in München ansässigen Sporting AG als Controller eingestellt. Zu seinem Aufgabengebiet gehört u. a., die finanziellen Risiken, die sich aus der zweijährigen gesetzlichen Gewährleistungspflicht ergeben, zu ermitteln.

Unter Zuhilfenahme von Daten aus der Vergangenheit stellt Alexander Lederball bezüglich Mängel, prozentualem Anteil und Kosten pro Mangelart Folgendes fest:

mängelfrei	kleinere Mängel	größere Mängel	Totalausfall
60%	28%	11%	1%
0 €	7 €/Sportartikel	25 €/Sportartikel	90 €/Sportartikel

Am Ende des Geschäftsjahres sind 1 Mio. Sportartikel verkauft worden.

In welcher Höhe ist die ggf. anzusetzende Rückstellung auszuweisen?

Aufgabe 7[10]

Die Korallenriff AG hat einen Pachtvertrag mit einer Laufzeit von zehn Jahren für ein am Strand gelegenes Grundstück abgeschlossen. Das von der Korallenriff AG auf dem Grundstück errichtete Gebäude muss nach Ablauf des Pachtvertrages abgerissen werden.

Die daraus resultierenden Kosten in Höhe von 225.000 € müssen von der Korallenriff AG getragen werden.

Wie ist dieser Sachverhalt in der Bilanz der Korallenriff AG abzubilden?

---

[10] Modifiziert entnommen aus FREIBERG/LÜDENBACH (2007), S. 330.

Aufgabe 8[11]

Die Kernschmelze AG hat zum 01.01.2009 eine Anlage für 500.000 € mit einer Nutzungsdauer von zwei Jahren gekauft, die von der Unternehmung am 01.01.2011 wieder umweltgerecht entsorgt werden muss. Die voraussichtlichen Kosten für diese Rückbaumaßnahme belaufen sich auf 100.000 €. Die Inflationsrate beträgt 2% und der zugrunde zu legende Diskontierungssatz beläuft sich auf 5%.

Zum Ende des Geschäftsjahres 2009 sowie 2010 haben sich keine Änderungen bezüglich der zu erwartenden Stilllegungskosten, der zu Grunde gelegten Nutzungsdauer, der Inflationsrate und des Diskontierungssatzes ergeben.

a) Wie stellt sich der Sachverhalt zum Zeitpunkt der Anschaffung der Anlage in der Bilanz der Korallenriff AG dar?

b) Wie stellt sich die Entwicklung der Rückstellung zum Ende des Geschäftsjahres 2009 und zum Ende des Geschäftsjahres 2010 dar?

Geben Sie auch die jeweiligen Buchungssätze an!

Lösung 1

a) Im vorliegenden Sachverhalt fehlt es an der sog. *Außenverpflichtung*. Die Bilanzierung von reinen Innenverpflichtungen, in diesem Fall eine Rückstellung für Instandhaltung, ist im IFRS-Abschluss *nicht* möglich.

b) Der Jahresüberschuss der Zugfahr AG wird im Jahr 01 nicht tangiert, da die Bildung einer derartigen Rückstellung im IFRS-Abschluss nicht zulässig ist.

Im folgenden Geschäftsjahr, also im Jahr der Reparatur des Bahnhofsdaches, werden die diesbezüglichen Zahlungen als Aufwand erfasst.

Lösung 2

Die gesetzlich übernommene Gewährleistungsfrist begründet eine *rechtliche Verpflichtung* (legal obligation) für den Zeitraum von zwei Jahren. Es liegt eine gegenwärtige Verpflichtung gegenüber Dritten vor, der Abfluss von Ressourcen mit wirtschaftlichem Nutzen ist gegeben und über die vergangenheitsbezogenen Erfahrungswerte ist auch eine zuverlässige Schätzung der Rückstellungshöhe möglich.

Die Bewertung von Rückstellungen orientiert sich an der *bestmöglichen Schätzung* der Ausgaben (IAS 37.36). Gemäß IAS 37.39 ist eine Verpflichtung, die eine große Anzahl von Positionen umfasst, mit dem *Erwartungswert* der Verpflichtung zu bewerten.

---

[11] Stark modifiziert entnommen aus *FREIBERG/LÜDENBACH* (2007), S. 333.

Somit ergibt sich folgende Berechnung für den Erwartungswert der Verpflichtung:

$17\% \cdot 250{,}00 \text{ €} + 4\% \cdot 400{,}00 \text{ €} + 1\% \cdot 900{,}00 \text{ €} = 67{,}50 \text{ €}$

Demzufolge muss eine *Rückstellung für Gewährleistungsverpflichtungen* in Höhe von 67,50 € pro verkauftem Fahrrad in der Bilanz gebildet werden.

Als Rückstellungen sind nicht nur rechtliche Verpflichtungen anzusetzen, sondern auch *faktische Verpflichtungen* (constructive obligations), denen sich der Kaufmann aufgrund von wirtschaftlichen Zwängen nicht entziehen kann. Die faktische Verpflichtung wird im vorliegenden Sachverhalt wie folgt begründet: für die Outdoor AG besteht keine rechtliche Verpflichtung, durch die sie angehalten wird, Gewährleistungen nach Ablauf von zwei Jahren zu erbringen. Allerdings ergibt sich durch die Bekanntmachung der Übernahme der Reparaturkosten bzw. der Neulieferung eines Geländefahrrades eines anderen Typus, dass das Unternehmen eine ausreichend spezifische und aktuelle Aussage gegenüber der Öffentlichkeit getroffen hat, diesen Verpflichtungen nachzukommen [IAS 37.10 (a)]. Somit wird gegenüber den Kunden der Outdoor AG die Erwartungshaltung hervorgerufen, dass diese Verpflichtungen von der Unternehmung getragen werden [IAS 37.10 (b)].

Eine lediglich innerhalb der Outdoor AG getroffene Entscheidung zur Erbringung von Kulanzleistungen wäre nicht ausreichend, um eine Rückstellung für Kulanzleistungen passivieren zu können.

Ein Abfluss von Ressourcen mit wirtschaftlichem Nutzen ist wahrscheinlich, da die eigene Forschungsabteilung den Konstruktionsfehler bei dem Geländefahrrad aufgedeckt hat und somit damit zu rechnen ist, dass Forderungen bzw. Ersatzleistungen auf die Unternehmung zukommen werden.

Die Rückstellungshöhe bemisst sich nach der bestmöglichen Schätzung des Aufwandes der Reparaturkosten bzw. der Ersatzlieferungen. Daraus ergibt sich, dass die Outdoor AG eine Rückstellung in Höhe von 800.000 € – unter Berücksichtigung der Ansatzvoraussetzungen des IAS 37.14 – bilanziell abbilden muss. 980.000 € können nicht als Rückstellung angesetzt werden, da dies nicht dem wahrscheinlichsten Wert der Verpflichtung entspricht, sondern lediglich den „worst case" widerspiegelt.

Sollte eine verlässliche Schätzung der Rückstellungshöhe nicht möglich sein oder ist der Abfluss von Ressourcen mit wirtschaftlichem Nutzen nicht wahrscheinlich, so ist gemäß IAS 37.14 eine Rückstellung nicht anzusetzen. Somit kommt allenfalls die Angabe einer Eventualschuld im Anhang gemäß IAS 37.28, wenn eine Inanspruchnahme nicht unwahrscheinlich ist, in Betracht.

Eine etwaige Abzinsungspflicht der Rückstellung wird hier vernachlässigt.

Lösung 3

Bei den zum Bilanzstichtag noch ausstehenden Lieferungen handelt es sich um ein *schwebendes Geschäft*. Diese sind grundsätzlich nicht bilanzierbar. Allerdings gilt, dass für *belastende Verträge* aus schwebenden Geschäften sog. *Drohverlustrückstellungen* – unter der Voraussetzung der Erfüllung der Passivierungskriterien des IAS 37.14 – zu bilanzieren sind (IAS 37.66).

Durch den Vertragsabschluss über den Kauf der Förderbänder liegt ein verpflichtendes Ereignis in der Vergangenheit vor. Sowohl die gegenwärtige Verpflichtung gegenüber Dritten als auch ein wahrscheinlicher Abfluss von Ressourcen ist gegeben. Aufgrund des abgeschlossenen Vertrages ist eine zuverlässige Schätzung der Höhe der Rückstellung möglich.

Gemäß IAS 37.10 liegt ein belastender Vertrag vor, wenn die unvermeidbaren Kosten zur Erfüllung der vertraglichen Verpflichtung höher sind als der erwartete wirtschaftliche Nutzen.

Da für jedes zu liefernde Förderband ein Verlust in Höhe von 1.200 € pro Förderband zu erwarten ist, muss also eine *Drohverlustrückstellung* bilanziert werden (IAS 37.66).

Die unvermeidlichen Kosten, die sich aus dem geschlossenen Liefervertrag ergeben, beziffern sich auf den niedrigeren Betrag aus der Vertragsstrafe und dem zu erwartenden Verlust, welcher sich bei Einhaltung der vertraglichen Verpflichtung ergibt.

Der Verlust bei Vertragserfüllung beläuft sich auf 12.000 € (10 x 1.200 €). Die zu zahlende Strafe beträgt 20.000 €.

Somit muss die Förderband AG in ihrer Bilanz des Geschäftsjahres 01 eine Rückstellung in Höhe von 12.000 € bilden.

Lösung 4

IAS 37.15 führt aus, dass es in vereinzelten Fällen unsicher sein kann, ob eine gegenwärtige Verpflichtung vorliegt. In diesen Fällen führt ein Ereignis der Vergangenheit zu einer gegenwärtigen Verpflichtung, wenn unter Beachtung aller substanziellen Hinweise am jeweiligen Bilanzstichtag mehr für als gegen das Bestehen einer gegenwärtigen Verpflichtung spricht.

1. Im vorliegenden Sachverhalt geht der Vorstand davon aus, dass eine größere Chance besteht, den anstehenden Prozess zu gewinnen als zu verlieren. Liegt also wie in diesem Fall die Unterlegenswahrscheinlichkeit unter 50%, ist nach IAS 37.15 grundsätzlich keine Rückstellung anzusetzen. Auf der Grundlage der zum Ende des Geschäftsjahres 01 vorliegenden substanziellen Hinweise besteht also keine Verpflichtung aufgrund eines Ereignisses der Vergangenheit.

    Die Angelegenheit wird zum Bilanzstichtag des Geschäftsjahres 01 als Eventualschuld angegeben, sofern der Abfluss von wirtschaftlichen Ressourcen nicht als unwahrscheinlich gilt (IAS 37.16 in Verbindung mit IAS 37.86).

2. Auf der Grundlage der verfügbaren substanziellen Hinweise im Geschäftsjahr 02 besteht eine gegenwärtige Verpflichtung. Zudem ist der Abfluss von Ressourcen mit wirtschaftlichem Nutzen bei der Erfüllung als wahrscheinlich einzustufen (voraussichtlich geht der Prozess verloren, was zu Auszahlungen führen wird).

Deshalb muss die Unternehmung zum Bilanzstichtag eine Rückstellung in Höhe der bestmöglichen Schätzung des zur Erfüllung der Verpflichtung erforderlichen Betrags ansetzen. Die Anwälte der Unternehmung haben die Schadenssumme auf 1,25 Mio. € geschätzt. Da die Ermittlung des Schätzbetrages auf einem Gutachten beruht, ist diese eine ausreichende Begründung für den Wertansatz der Rückstellung (IAS 37.38). Die Bewertung eines einzelnen Risikos beruht gemäß IAS 37.40 auf dem wahrscheinlichsten Wert.

Zum Bilanzstichtag des Geschäftsjahres 02 ist die Rückstellung folglich mit 1,25 Mio. € in der Bilanz zu passivieren.

Eine etwaige Abzinsungspflicht der Rückstellung wird hier vernachlässigt.

Lösung 5

Hierbei handelt es sich um ein *Einzelrisiko*; für Einzelrisiken ist die Bildung eines Erwartungswertes nicht möglich. Gemäß IAS 37.40 ist der jeweils *wahrscheinlichste* Wert zur Rückstellungsdotierung heranzuziehen. Da im vorliegenden Fall der Betrag von 2,5 Mio. € die größte Einzelwahrscheinlichkeit besitzt, ist dieser zu Grunde zu legen.

Bei hohen Abweichungen innerhalb der Eintrittswahrscheinlichkeiten der ermittelten Werte ist ein *Risikozuschlag* (risk adjustment) bzw. Risikoabschlag erforderlich. Im vorliegenden Sachverhalt müsste ein Risikozuschlag berücksichtigt werden, da das Risiko für eine höhere Inanspruchnahme nicht unerheblich ist. Diese in IAS 37.40 geregelte zusätzliche Korrektur des wahrscheinlichsten Wertes eröffnet den Unternehmungen einen nicht unerheblichen Ermessensspielraum bei der festzustellenden Höhe der Rückstellung.

Somit muss mindestens eine Rückstellung in Höhe von 2,5 Mio. € bilanziell abgebildet werden.

Lösung 6

Die gesetzlich übernommene Gewährleistungsfrist begründet eine rechtliche Verpflichtung für den Zeitraum von zwei Jahren. Infolgedessen ist eine Rückstellung zu passivieren.

Die Bewertung der Rückstellung hat bei einer Vielzahl von gleichartigen Verpflichtungen, was gerade bei Gewährleistungsverpflichtungen der Fall ist, mit dem Erwartungswert zu erfolgen.

Somit ergibt sich folgende Rückstellungshöhe:

$$(0{,}6 \cdot 0\ € + 0{,}28 \cdot 7\ € + 0{,}11 \cdot 25\ € + 0{,}01 \cdot 90\ €) \cdot 1\ \text{Mio. Stück} = 5.610.000\ €$$

Lösung 7

Ein Sonderfall der Rückstellungen sind die sogenannten *Entsorgungs-, Rekultivierungs- und Rückbauverpflichtungen*. Im vorliegenden Fall handelt es sich um eine *Entsorgungs- bzw. Rückbauverpflichtung*. Diese ergeben sich bei vielen Unternehmungen durch die Stilllegung bestimmter Vermögenswerte oder auch kostspieliger Entsorgungs- und Rückbaumaßnahmen. Die betroffenen Sachverhalte erfüllen die Passivierungsvoraussetzungen des IAS 37 und sind somit in entsprechender Höhe in die Bilanz einzustellen.

Im vorliegenden Fall könnte die Unternehmung gegen eine sofortige Zahlung an den Grundstückseigentümer sich seiner Rückbauverpflichtung entziehen. Legt man nun IAS 37.37 zu Grunde, der auf eine vernünftige Betrachtungsweise der Unternehmung hinsichtlich der zu erwarteten Kosten abzielt, wird die Korallenriff AG nicht bereit sein, dem Grundstückseigentümer eine Zahlung in Höhe von 225.000 € zu leisten. Vielmehr wird die Unternehmung unter Berücksichtigung des Zeitwerts des Geldes lediglich dazu bereit sein, den diskontierten Betrag als sofortige Ablöse zu zahlen.

Darüber hinaus ist – zumindest fiktiv – die Möglichkeit gegeben, die Verpflichtung auf einen Dritten zu übertragen, der gegen sofortige Zahlung die Rückbauverpflichtung von der Korallenriff AG übernehmen würde.

Nimmt die Unternehmung nicht eine der beiden oben aufgeführten Möglichkeiten für sich in Anspruch, muss eine Rückstellung in Höhe der voraussichtlichen Kosten – unter Beachtung von Zinseffekten – in der Bilanz passiviert werden.

Lösung 8

a) Neben den Anschaffungskosten der Anlage müssen die Rückbaukosten mit ihrem Barwert mit aktiviert werden (Anschaffungsnebenkosten). Der Barwert errechnet sich wie folgt:

Zunächst werden die voraussichtlichen Rückbaukosten unter Zugrundelegung des Inflationszinssatzes berechnet.

$$100.000\ \text{€} \cdot 1{,}02^2 = 104.040\ \text{€}$$

Anschließend wird der Barwert unter Zugrundelegung des Diskontierungssatzes berechnet, was auch gleichzeitig die Höhe der Rückstellung darstellt.

$$104.040\ \text{€} \cdot 1{,}05^{-2} = 94.367\ \text{€}$$

Der Buchungssatz lautet:

Sachanlage	594.367,00 €	an *Bank*	500.000,00 €
		Rückstellungen	94.367,00 €

2.2.3 Rückstellungen

b) Am Abschlussstichtag 2009 wird die Anlage planmäßig über die Nutzungsdauer abgeschrieben. Die Aufzinsung der Rückstellung muss als Zinsaufwand erfasst und verbucht werden.

Bei linearer Abschreibung beträgt diese jährlich:

$$\frac{594.367\ €}{2} = 297.183{,}50\ €.$$

Die Aufzinsung der bilanzierten Rückstellung erfolgt mit dem Diskontierungssatz, also 5%.

$94.367\ € \cdot 0{,}05 = 4.718\ €$

Die Buchungssätze lauten:

Abschreibung auf Sachanlage *an Sachanlage* *297.183,50 €*

Zinsaufwand *an Rückstellungen* *4.718,00 €*

Die Rückstellung entwickelt sich im Jahr 2009 wie folgt:

01.01.2009	Aufzinsung mit 5%	31.12.2009
94.367 €	4.718 €	99.085 €

Da sich im Geschäftsjahr 2010 keine Veränderungen bezüglich der Ausgangsprämissen ergeben, wird die Anlage weiterhin planmäßig abgeschrieben. Die Abschreibung beträgt weiterhin 297.183,50 €. Die Rückstellung erhöht sich um den Zinsaufwand der Periode.

Somit stellt sich die Rückstellung zum Ende des Geschäftsjahres 2010 folgendermaßen dar:

01.01.2010	Aufzinsung mit 5%	31.12.2010
99.085 €	4.954 €	104.039 €

Die Abweichung von einem Euro bezüglich der am Anfang berechneten Rückstellungshöhe von 104.040 € ergibt sich aus Rundungsdifferenzen.

Literaturhinweise

BIEG, H./HOSSFELD, C./KUßMAUL, H./WASCHBUSCH, G. (2006): Handbuch der Rechnungslegung nach IFRS, Wiesbaden, Düsseldorf.

FREIBERG, J./LÜDENBACH, N. (2007): Die risiko- und laufzeitäquivalente Diskontierung von sonstigen Rückstellungen nach IAS 37, in: PiR, 3. Jg., S. 329–338.

FRIEDRICH, R./SCHMIDT, J. (2008): Die Bilanzierung von Rückstellungen nach IAS 37, in: IRZ, 3. Jg., S. 391–392.

HARMS, J. E./MARX, F. J. (2008): Bilanzrecht in Fällen, 9. Aufl., Herne.

LÜDENBACH, N./HOFFMANN, W.-D. (2008): Haufe IFRS-Kommentar, 6. Aufl., Freiburg.

PELLENS, B./FÜLBIER, R.-U./GASSEN, J./SELLHORN, T. (2008): Internationale Rechnungslegung, 7. Aufl., Stuttgart.

PETERSEN, K./BANSBACH, F./DORNBACH, E. (2009): IFRS Praxishandbuch, 4. Aufl., München.

SENGER, T./BRUNE, J. W. (2009): IAS 37, in: HENNRICHS, J./KLEINDIEK, D./WATRIN, C. (Hrsg.), Münchener Kommentar zum Bilanzrecht, München.

Remmer Sassen

2.2.4 Pensionsrückstellungen

Grundlagen

Die Bilanzierung von Pensionsverpflichtungen nach IFRS ist in IAS 19 (Leistungen an Arbeitnehmer) geregelt. Aufgrund der hohen Komplexität dieses Standards wird nachfolgend nur auf grundsätzliche Konzeptionen eingegangen.

Generell ist für Leistungen nach Beendigung des Arbeitsverhältnisses (Versorgungsleistungen) in beitrags- und leistungsorientierte Pläne zu unterscheiden (IAS 19.7). Hierunter fallen keine Zahlungen aus Anlass der Beendigung des Arbeitsverhältnisses. Beispiele sind Leistungen der betrieblichen Altersversorgung wie Renten und andere Verpflichtungen (z. B. aus Lebensversicherungen oder für medizinische Versorgung). Die entsprechenden Vereinbarungen zwischen Unternehmen und Arbeitnehmer werden als Pläne bezeichnet (IAS 19.24). Gemeinschaftliche Pläne mehrerer Arbeitgeber sind nach Maßgabe des Plans entweder als leistungs- oder beitragsorientiert einzustufen (IAS 19.29-33). Analoges gilt für staatliche Pläne (IAS 19.36-38). Nicht eingegangen wird im Folgenden auf in der Praxis zu konstatierende fließende Übergänge zwischen Beitrags- und Leistungszusagen.

Grundsätzlich sind Pensionsverpflichtungen gekennzeichnet durch eine bestimmte oder zumindest bestimmbare Höhe, die jedoch i. d. R. aufgrund von Schätzungen unsicher ist. Die zugrunde liegenden Prämissen haben insofern starken Einfluss auf die Höhe der zu bilanzierenden Verpflichtungen. Zur Transparenzerhöhung sind daher diverse Anhangangaben notwendig.

Planarten

Beitragsorientierte Pläne („defined contribution plans")

> „Beitragsorientierte Pläne sind Pläne für Leistungen nach Beendigung des Arbeitsverhältnisses, bei denen ein Unternehmen festgelegte Beiträge an eine eigenständige Einheit (z. B. einen Fonds) entrichtet und weder rechtlich noch faktisch zur Zahlung darüber hinausgehender Beiträge verpflichtet ist, wenn der Fonds nicht über ausreichende Vermögenswerte verfügt, um alle Leistungen in Bezug auf Arbeitsleistungen der Arbeitnehmer in der Berichtsperiode und früheren Perioden zu erbringen." (IAS 19.7)

Das Risiko derartiger Pensionszusagen liegt primär beim Arbeitnehmer. Das Unternehmen verpflichtet sich dabei zur Zahlung festgelegter Beträge an externe Versorgungsträger (z. B. prozentualer Betrag vom Bruttogehalt). Gemäß § 1 Abs. 1 BetrAVG haftet der Arbeitgeber in Deutschland i. d. R. nur für die eingezahlten Beträge (sog. Subsidiärhaftung). Der externe Versorgungsträger wiederum leistet die später fälligen Pensionsleistungen.

Hinsichtlich der Rechnungslegung ergeben sich grundsätzlich keine Probleme. Der für die Periode zu zahlende Beitrag ist als Pensionsaufwand zu erfassen. Bei Zeitversatz zwischen Zahlungs- und Aufwandszeitpunkt ist abzugrenzen.

Leistungsorientierte Pläne („defined benefit plans")

> „Leistungsorientierte Pläne sind Pläne für Leistungen nach Beendigung des Arbeitsverhältnisses, die nicht unter die Definition der beitragsorientierten Pläne fallen." (IAS 19.7)

Im Falle der Leistungszusage verpflichtet sich der Arbeitgeber im Gegensatz zur Beitragszusage selbst zu einer Pensionsleistung. Diese ist i. d. R. abhängig von der Gehaltshöhe und/oder der Anzahl der Dienstjahre des Mitarbeiters. Das Risiko solcher Zusagen liegt insofern primär beim Arbeitgeber. Die Ansammlung der zukünftig benötigten Mittel kann *sowohl unternehmensintern* mit der Folge einer entsprechenden Rückstellungsbildung *als auch unternehmensextern* erfolgen, wobei im Folgenden insbesondere auf Letzteres eingegangen wird. In diesem Fall trägt das Unternehmen das Schuldnerrisiko (falls die faktischen Pensionszahlungen die Erwartungen übersteigen) und das Anlegerrisiko (Wertentwicklung des Fondsvermögens). In diesem Zusammenhang stellen sich u. a. die Fragen, wie die Pensionsverpflichtung, das angesammelte Planvermögen und der periodische Aufwand ermittelt werden.

Einzelheiten zu den leistungsorientierten Plänen

Ermittlung der Pensionsverpflichtung

Die Bewertung der Pensionsverpflichtung erfolgt nach versicherungsmathematischen Grundsätzen, wobei u. a. Annahmen zu folgenden demographischen und finanziellen Aspekten (IAS 19.73) zugrunde gelegt werden müssen:

- Sterblichkeit der Begünstigten,
- Fluktuationsraten,
- Invalidisierungsraten,
- Frühpensionierungsverhalten,
- Anteil der begünstigten Arbeitnehmer mit Angehörigen, die ggf. Leistungen in Anspruch nehmen können,
- Raten der Inanspruchnahme von Leistungen aus Plänen zur medizinischen Versorgung,

2.2.4 Pensionsrückstellungen

- Zinssatz für die Abzinsung [(IAS 19.78-82), grundsätzlich die Marktverzinsung erstrangiger, festverzinslicher Industrieanleihen, deren Laufzeiten und Währungen, denen der Pensionsverpflichtung entsprechen sollen],
- künftiges Gehalts- und Lohnniveau (IAS 19.83-87),
- Kostentrends im Bereich der medizinischen Versorgung (IAS 19.88-91),
- erwartete Erträge aus Planvermögen (IAS 19.105-107).

Im Zuge der Bewertung der Pensionsverpflichtung wird zunächst auf Basis der Vereinbarungen die zukünftige absolute Höhe der Verpflichtung gegenüber dem Arbeitnehmer geschätzt und auf den *Pensionseintrittstermin* abgezinst. Dieser Rentenbarwert wird wiederum auf die aktive Dienstzeit (Zeitraum von der Pensionszusage bis zum Pensionseintrittstermin) verteilt [einer bestimmten Planformel folgend oder linear (IAS 19.67)]. Der bereits erarbeitete Teil wird auf den *Bilanzstichtag* diskontiert und stellt somit den Barwert der leistungsorientierten Verpflichtung dar. Der *zu erfassende Pensionsaufwand* beinhaltet daher mindestens den laufenden Dienstzeit- und Zinsaufwand. Dies Verfahren wird auch als Methode der laufenden Einmalprämien („projected unit credit method") bezeichnet.

Periode (Beträge in Geldeinheiten – GE)	**1**	**2**	**3**	**4**	**5**
Leistung erdient in früheren Berichtsjahren	0	131	262	393	524
Leistung erdient im laufenden Dienstjahr (z. B. 1% des Endgehalts)	131	131	131	131	131
Summe	**131**	**262**	**393**	**524**	**655**
Verpflichtung zu Beginn des Berichtszeitraums	**0**	**89**	**196**	**324**	**476**
Zinsen (10%)	0	9	20	33	48
laufender Dienstzeitaufwand	89	98	108	119	131
Verpflichtung am Ende des Berichtszeitraums	**89**	**196**	**324**	**476**	**655**

Tabelle 1:   Beispiel in Anlehnung an IAS 19.65

Dem Beispiel liegt ein fünfjähriger Zeitraum von der Leistungszusage bis zum Pensionseintrittstermin (Rentenbarwert in diesem Zeitpunkt = 655 GE) zugrunde. Der laufende Dienstzeitaufwand der jeweiligen Periode ergibt sich aus einer Abzinsung (hier 10%) des Wertes der im laufenden Dienstjahr erdienten Leistung [in diesem Fall lineare Verteilung, d. h. 655 GE / 5 = 131 GE und damit laufender Dienstzeitaufwand: 131 GE / $(4 \times 1{,}10^{-4})$ = 89 GE]. Im Falle der erstmaligen Bilanzierung der Pensionsverpflichtung entsteht insofern kein Zinsanteil bei der Berechnung des Pensionsaufwands. In den folgenden Perioden steigt dieser aufgrund der vorgenommenen Abzinsung an.

Behandlung des Planvermögens

Das extern angesammelte Planvermögen (z. B. langfristig ausgelegte Fonds oder qualifizierte Versicherungspolicen) ist nach IAS 19.102-104 zum beizulegenden Zeitwert zu bewerten. Falls kein Marktwert ermittelbar ist, sind Schätzungen vorzunehmen. Dies kann beispielsweise durch Diskontierung der erwarteten künftigen Cashflows unter Berücksichtigung eines Zinssatzes, der die mit dem Planvermögen verbundenen Risiken und Veräußerungsdaten sowie Rückzahlungstermine beachtet, erfolgen. Im Optimalfall (nicht die Regel) deckt sich das Planvermögen mit der Pensionsverpflichtung. Der zu bilanzierende Differenzbetrag wäre in diesem Fall nicht existent.

Pensionsaufwand

Der Nettopensionsaufwand ergibt sich aus den zu berücksichtigenden Aufwands- und Ertragskomponenten (z. B. Fondserträge) einer Periode und berechnet sich grundsätzlich wie folgt:[1]

   Veränderung des Barwertes der Pensionsverpflichtung im Berichtszeitraum
 − Veränderung des beizulegenden Zeitwertes des Planvermögens im Berichtszeitraum
 = **Pensionsaufwand**

Versicherungsmathematische Gewinne und Verluste

Versicherungsmathematische Gewinne und Verluste (IAS 19.92-95) können im Wesentlichen infolge unerwarteter tatsächlicher Entwicklungen (z. B. hoher bzw. niedriger Fluktuationsfälle, vorzeitiger Pensionierungen oder Todesfälle) bzw. aufgrund einer Änderung der zugrunde liegenden Annahmen auftreten. Alternativ kann der tatsächliche Ertrag des Planvermögens von den erwarteten Erträgen abweichen. In der Behandlung der versicherungsmathematischen Gewinne lässt IAS 19 drei Methoden zu:

- sofortige erfolgswirksame Erfassung (per Aufwand an Schuld o. u.),
- sofortige bilanzielle Erfassung (per Eigenkapital an Schuld o. u.),
- Nichterfassung, soweit ein 10%-Korridor eingehalten wird, darüber hinausgehend Verteilung auf die durchschnittliche Restdiendauer.

Bei Einsatz der sog. *Korridormethode* (IAS 19.95) werden versicherungsmathematische Gewinne und Verluste innerhalb eines Korridors lediglich in einer Nebenrechnung erfasst. Falls deren kumulierter Gesamtbetrag 10% des Barwertes der leistungsorientierten Verpflichtung oder des Planvermögens zum Ende der Vorperiode übersteigt, sind die darüber hinausgehenden Beträge ergebniswirksam zu erfassen, wobei eine Verteilung dieser Beträge über die durchschnittliche Restlebensarbeitszeit der vom Plan erfassten Arbeitnehmer vorzunehmen ist. Die Nebenrechnung ist in den Folgejahren fortzuführen und wiederum dem Korridorverfahren zu unterziehen.

---

[1] Die aus dieser Konzeption resultierenden Einzelbestandteile des Pensionsaufwands werden schließlich im Abschnitt „Anhangangaben" im Detail aufgezeigt.

2.2.4 Pensionsrückstellungen

Weitere Einflüsse

Des Weiteren können folgende Aspekte Auswirkungen auf die Bilanzierung von Pensionsverpflichtungen haben:

- *Nachzuverrechnender Dienstzeitaufwand* kann entstehen, wenn ein Unternehmen rückwirkend neue leistungsorientierte Pensionspläne einführt oder bestehende ändert (IAS 19.96-101). Hier sind ggf. Ergebnisglättungen zu berücksichtigen.
- *Plankürzungen oder Abgeltungen* (z. B. aufgrund der Aufgabe eines Geschäftsbereiches) können zu Gewinnen oder Verlusten führen, die sofort ergebniswirksam zu berücksichtigen sind (IAS 19.109-115).
- *Unternehmenszusammenschlüsse* können ebenfalls zu einer veränderten Erfassung der Verpflichtungen führen (IAS 19.108).

Bilanzausweis

IAS 19.54 sieht einen Nettoausweis vor. Dieser ergibt sich aus dem Differenzbetrag des Barwertes der leistungsorientierten Verpflichtung und dem beizulegenden Zeitwert des Planvermögens. Weitere mögliche Bestandteile der Berechnung sind der im Anhang anzugebenden Überleitungsrechnung[2] zu entnehmen. Das zweckgebundene, rechtlich selbstständige Planvermögen wird insofern nicht aktiviert.

Anhangangaben

Nach IAS 19.120A sind diverse Anhangangaben hinsichtlich der Pensionsverpflichtungen vorzunehmen. Zunächst sind die Pensionspläne allgemein zu beschreiben, wobei u. a. die angewandte Methode zur Erfassung versicherungsmathematischer Gewinne (Korridormethode, ergebniswirksam oder -neutral) anzugeben ist. Darüber hinaus sind beispielsweise noch Aussagen mit Bezug auf die Eigenkapitalveränderungsrechnung zu treffen, ein Fünf-Jahres-Rückblick aufzustellen oder Schätzungen hinsichtlich der Beträge der laufenden Berichtsperiode vorzunehmen. Im Folgenden sollen lediglich die wichtigsten Anhangangaben mittels geforderter Überleitungsrechnungen oder in stichpunktartiger Form zur Konkretisierung der vorstehenden Ausführungen aufgezeigt werden.

---

[2] Siehe hierzu wiederum die Ausführungen im nachfolgenden Abschnitt „Anhangangaben".

Überleitungsrechnung und Angaben zur Ermittlung der künftigen Verpflichtung:

> **Barwert der künftigen Verpflichtung zum Beginn des Geschäftsjahres**

+   laufender Dienstzeitaufwand
+   Zinsaufwand
+   Beiträge der Teilnehmer des Plans
+/– versicherungsmathematische Gewinne oder Verluste
+/– Wechselkursänderungen
–   gezahlte Versorgungsleistungen
+   nachzuverrechnender Dienstzeitaufwand
+/– Auswirkungen von Unternehmenszusammenschlüssen
+/– Planänderungen

=   **Barwert der künftigen Verpflichtung zum Ende des Geschäftsjahres**

- Analyse der künftigen Verpflichtung hinsichtlich der Finanzierung (ganz, teilweise oder nicht aus ausgelagertem Planvermögen finanziert).

Überleitungsrechnung und Angaben zum Planvermögen (bei ganz oder teilweise ausgelagertem Vermögen):

> **Beizulegender Zeitwert des Planvermögens sowie einer aktivierten Erstattungsforderung zum Beginn des Geschäftsjahres**

+   erwartete Erträge aus dem Planvermögen
+/– versicherungsmathematische Gewinne oder Verluste
+/– Wechselkursänderungen
+   Beiträge des Arbeitgebers
+   Beiträge der Teilnehmer des Plans
–   gezahlte Versorgungsleistungen
+/– Auswirkungen von Unternehmenszusammenschlüssen
+/– Planänderungen

=   **Beizulegender Zeitwert des Planvermögens sowie einer aktivierten Erstattungsforderung zum Ende des Geschäftsjahres**

- Betrag oder Prozentsatz des beizulegenden Zeitwerts der Hauptkategorien des Planvermögens (mindestens Eigenkapital- und Schuldinstrumente, Immobilien und andere Vermögensinstrumente).
- Für jede Kategorie die im beizulegenden Zeitwert enthaltenen Beträge eigener (vom Unternehmen emittierter) Finanzinstrumente, selbst genutzter Immobilien oder anderer Vermögenswerte des Unternehmens.

2.2.4 Pensionsrückstellungen

- Grundlage der Bestimmung der erwarteten Rendite des Planvermögens und Auswirkungen auf die Hauptkategorien des Planvermögens.
- Tatsächliche Erträge aus einem aktivierten Erstattungsanspruch.

Überleitungsrechnung und Angaben zur Ermittlung der bilanzierten Größe:

	beizulegender Zeitwert des Planvermögens
+/–	Saldo der noch nicht in der Bilanz angesetzten versicherungsmathematischen Gewinne und Verluste
–	noch nicht in der Bilanz angesetzter nachzuverrechnender Dienstzeitaufwand
+	Beiträge, die aufgrund eines sog. asset ceiling gem. IAS 19.58(b) nicht als Vermögenswert angesetzt werden dürfen [aktiver Saldo des zu aktivierenden Restvermögens (s. u.) ist in der Höhe begrenzt (vgl. IFRIC 14)]
+	beizulegender Zeitwert eines aktivierten Erstattungsanspruchs
+/–	alle anderen in der Bilanz angesetzten Beiträge
=	**Barwert der leistungsorientierten Verpflichtung**

Der Differenzbetrag zwischen dem beizulegendem Zeitwert des Planvermögens und dem Barwert der künftigen Verpflichtung entspricht der zu bilanzierenden Größe, die sowohl positiv (zu aktivierendes Restvermögen) als auch negativ (zu passivierende Restschuld) sein kann, und wird wie folgt ermittelt:

	beizulegender Zeitwert des Planvermögens
–	Barwert der leistungsorientierten Verpflichtung
=	**zu bilanzierende Größe (zu aktivierendes Restvermögen/zu passivierende Restschuld)**

Angaben zum Pensionsaufwand und dessen Ermittlung (ergebniswirksam erfasste Beträge unter Bezeichnung der GuV-Position):

	laufender Dienstzeitaufwand	Personalaufwand
+	Zinsaufwand	Sonstiges Finanzergebnis
–	erwartete Erträge aus Planvermögen	Sonstiges Finanzergebnis
–	erwartete Erträge aus aktivierten Erstattungsansprüchen	Sonstiges Finanzergebnis
+/–	ergebniswirksam erfasste versicherungsmathematische Gewinne oder Verluste	Sonstiges Finanzergebnis
+	nachzuverrechnender Dienstzeitaufwand	Personalaufwand
+/–	Auswirkungen von Planänderungen	Personalaufwand/ Sonstiges Finanzergebnis
+/–	Auswirkungen eines sog. Asset ceiling gem. IAS 19.58(b)	Sonstiges Finanzergebnis
=	**Pensionsaufwand**	

Versicherungsmathematische Annahmen:

- Abzinsungssätze,
- erwartete Rendite des Planvermögens,
- erwartete Rendite eines ggf. aktivierten Erstattungsanspruchs,
- erwartete Lohn- und Gehaltssteigerungen und Änderungen von Indizes oder anderen Variablen, die für die Erhöhung künftiger Leistungen maßgeblich sind,
- Kostentrends im Bereich der medizinischen Versorgung,
- alle anderen verwendeten wesentlichen versicherungsmathematischen Annahmen.

Diskussionspapier des IASB vom 27.03.2008

Derzeit wird über eine Änderung des IAS 19 nachgedacht. Das Diskussionspapier des IASB vom 27.03.2008 sieht dabei folgende zentrale Anpassungen, deren Umsetzung jedoch abzuwarten bleibt, vor:[3]

- Abschaffung der sog. Korridormethode,
- Einführung der Kategorie „beitragsbasierte Pensionszusagen" („contribution based promises"). Hiermit soll die bisherige Kategorie „Beitragszusage" verallgemeinert werden.

Zusammenfassung

Die Bilanzierung von Pensionsverpflichtungen stellt sich extrem komplex dar. Zunächst ist nach der Art der Pensionsverpflichtung in Beitrags- und Leistungspläne zu unterscheiden. Bei Letzteren sind mehrere Aspekte zu beachten. Im Wesentlichen muss die Pensionsverpflichtung unter Berücksichtigung versicherungsmathematischer Annahmen ermittelt werden. Des Weiteren spielt bei der Ermittlung des Pensionsaufwands und der zu bilanzierenden Größe i. d. R. die Bewertung des Planvermögens eine entscheidende Rolle. Gleiches gilt für die Berücksichtigung versicherungsmathematischer Gewinne und Verluste sowie die damit zusammenhängenden Annahmen. Von besonderer Bedeutung sind daher die umfangreichen Anhangangaben. Verschiedene Überleitungsrechnungen verdeutlichen die ermittelten Größen und sorgen für Transparenz bei der komplexen Behandlung von Pensionsverpflichtungen.

---

[3] Vgl. zu einer kritischen Auseinandersetzung mit dem Diskussionspapier und weiteren Aspekten beispielsweise BERGER/WALTER (2008); RHIEL (2008); TONNE (2008).

2.2.4 Pensionsrückstellungen

Aufgabe 1

Berechnen Sie erstmalig eine Pensionsverpflichtung. Der Rentenbarwert zum Pensionseintrittstermin beträgt 1.000 GE und ist linear zu verteilen. Legen Sie einen Zeitraum von fünf Jahren von der Leistungszusage bis zum Pensionseintrittstermin und einen Abzinsungssatz von 8% zugrunde.

Aufgabe 2

Der in Aufgabe 1 ermittelten Pensionsverpflichtung steht ein extern angesammeltes Planvermögen gegenüber. Dies stellt sich in den jeweiligen Perioden folgendermaßen dar:

Periode	1	2	3	4	5
Planvermögen in GE	146	315	512	739	998

Erstellen bzw. ermitteln Sie für die Aufstellung des Anhangs unter Berücksichtigung der Teilergebnisse aus Aufgabe 1 für Periode 3:

- die Überleitungsrechnung und Angaben zur Ermittlung der künftigen Verpflichtung,
- die Überleitungsrechnung und Angaben zum Planvermögen (bei ganz oder teilweise ausgelagertem Vermögen),
- die Überleitungsrechnung und Angaben zur Ermittlung der bilanzierten Größe,
- die Höhe und Art der zu bilanzierenden Größe sowie
- Angaben zum Pensionsaufwand und dessen Ermittlung (ergebniswirksam erfasste Beträge unter Bezeichnung der GuV-Position).

Weitere Hinweise:

- Die erwarteten Erträge des Planvermögens in Periode 3 werden mit 25 GE beziffert. Nicht erwartete Planvermögenserfolge ergeben sich aus Wechselkursänderungen.
- Die Beiträge des Arbeitgebers zum Planvermögen sind deckungsgleich mit dem laufenden Dienstzeitaufwand und betragen in der dritten Periode 171 GE.

Lösung 1

Periode (Beträge in GE)	1	2	3	4	5
Leistung erdient in früheren Berichtsjahren	0	200	400	600	800
Leistung erdient im laufenden Dienstjahr	200	200	200	200	200
Summe	**200**	**400**	**600**	**800**	**1.000**
Verpflichtung zu Beginn des Berichtszeitraums	0	147	318	514	740
Zinsen (8%)	0	12	25	41	60
Laufender Dienstzeitaufwand	147	159	171	185	200
Verpflichtung am Ende des Berichtszeitraums	**147**	**318**	**514**	**740**	**1.000**

Der Rentenbarwert zum Pensionseintrittstermin beträgt 1.000 GE. Der laufende Dienstzeitaufwand der jeweiligen Periode ergibt sich aus einer Abzinsung (8%) des Wertes der im laufenden Dienstjahr erdienten Leistung [in diesem Fall lineare Verteilung, d. h. 1.000 GE / 5 = 200 GE und damit laufender Dienstzeitaufwand: 200 GE / (4 x $1,08^{-4}$) = 147 GE]. Im Falle der erstmaligen Bilanzierung der Pensionsverpflichtung entsteht insofern kein Zinsanteil bei der Berechnung des Pensionsaufwands. In den folgenden Perioden ergibt sich der Zinsanteil aus der Verpflichtung zu Beginn des Berichtszeitraums multipliziert mit dem Abzinsungssatz (in der 2. Periode: 147 GE x 0,08 = 12 GE).

Lösung 2

Überleitungsrechnung und Angaben zur Ermittlung der künftigen Verpflichtung:

	Barwert der künftigen Verpflichtung zum Beginn des Geschäftsjahres	318 GE
+	laufender Dienstzeitaufwand	171 GE
+	Zinsaufwand	25 GE
=	**Barwert der künftigen Verpflichtung zum Ende des Geschäftsjahres**	**514 GE**

2.2.4 Pensionsrückstellungen

Überleitungsrechnung und Angaben zum Planvermögen (bei ganz oder teilweise ausgelagertem Vermögen):

	Beizulegender Zeitwert des Planvermögens sowie einer aktivierten Erstattungsforderung zum Beginn des Geschäftsjahres	315 GE
+	erwartete Erträge aus dem Planvermögen	25 GE
+	Wechselkursänderungen	1 GE
+	Beiträge des Arbeitgebers	171 GE
=	Beizulegender Zeitwert des Planvermögens sowie einer aktivierten Erstattungsforderung zum Ende des Geschäftsjahres	512 GE

Überleitungsrechnung und Angaben zur Ermittlung der bilanzierten Größe:

	beizulegender Zeitwert des Planvermögens	512 GE
+	alle anderen in der Bilanz angesetzten Beiträge	2 GE
=	Barwert der leistungsorientierten Verpflichtung	514 GE

Im Umkehrschluss ergibt sich die zu bilanzierenden Größe folgendermaßen:

	beizulegender Zeitwert des Planvermögens	512 GE
–	Barwert der leistungsorientierten Verpflichtung	–514 GE
=	zu bilanzierende Größe	–2 GE

Bei der zu bilanzierenden Größe handelt es sich um eine zu passivierende Restschuld.

Angaben zum und Ermittlung des Pensionsaufwand (ergebniswirksam erfasste Beträge unter Bezeichnung der GuV-Position):

	laufender Dienstzeitaufwand	Personalaufwand	171 GE
+	Zinsaufwand	Sonstiges Finanzergebnis	25 GE
–	Verminderung der zu bilanzierenden Restschuld [von 3 GE (= 318 ./. 315) in Periode 2 auf 2 GE (= 514 ./. 512) in Periode 3] infolge der Wechselkursänderungen	Personalaufwand/ Sonstiges Finanzergebnis	–1 GE
=	**Pensionsaufwand**		**195 GE**

Literaturhinweise

BERGER, J./WALTER, R. (2008): Das Diskussionspapier des IASB zur Bilanzierung von Altersversorgungsleistungen – Darstellung der vorgeschlagenen Regelungen und kritische Würdigung der praktischen Implikationen, in: DB, 61. Jg., S. 1277–1282.

GRÜNBERGER, D. (2009): IFRS 2009. Ein systematischer Praxisleitfaden, 7. Aufl., Herne.

KIRSCH, H. (2008): Einführung in die internationale Rechnungslegung nach IFRS, 5. Aufl., Herne.

PELLENS, B./FÜLBIER, R. U./GASSEN, J./SELLHORN, T. (2008): Internationale Rechnungslegung, 7. Aufl., Stuttgart.

RHIEL, R. (2008): Das Diskussionspapier des IASB zur Bilanzierung von Pensionen, in: PiR, 4. Jg., S. 156–161.

SASSEN, R. (2008): Bilanzierung von Pensionsverpflichtungen nach IAS 19, in: PiR, 4. Jg., S. 408–411.

TONNE, K. (2008): Diskussionspapier des IASB zur Pensionsbilanzierung – Großer Wurf oder Stückwerk?, in: WPg, 61. Jg., S. 705–708.

2.3 Übergreifende Aspekte

Karl Petersen und Christian Zwirner

2.3.1 Latente Steuern

Notwendigkeit der Abgrenzung latenter Steuern

In der Erfolgsrechnung eines Unternehmens wird das Ergebnis vor Steuern um den Steueraufwand oder mögliche Steuererstattungsbeträge korrigiert, so dass sich daraus das Ergebnis nach Steuern als (Konzern-)Jahresergebnis ergibt. Da das – gegebenenfalls um Minderheitenanteile weiter berichtete – Konzernergebnis als Ausgangsgröße vieler bilanzanalytischer und ebenso kapitalmarktrelevanter Kennzahlen – bspw. der Earnings per Share-Angaben – dient, ist die Berücksichtigung latenter Steuern für diese Erfolgsgröße unter Umständen von erheblicher Bedeutung. Der in der IFRS-Bilanz ausgewiesene Ertragsteueraufwand wird ursprünglich nur aus dem zu versteuernden Einkommen respektive aus der Steuerbilanz abgeleitet. In der Regel wird es aufgrund verschiedener Ansatz- und Bewertungsvorschriften und einer vielfach damit verbundenen unterschiedlichen Periodisierung von Aufwendungen und Erträgen zu Differenzen zwischen den in den beiden genannten Rechenwerken ermittelten Erfolgsgrößen kommen. Folglich wird der nach der Steuerbilanz ermittelte Ertragsteueraufwand regelmäßig nicht mit dem ausgewiesenen Jahreserfolg des IFRS-Abschlusses korrespondieren. Der Versuch, mittels eines Blicks in die Gewinn- und Verlustrechnung (GuV) eines Unternehmens dessen Ertragsteuerbelastung festzustellen, schlägt somit regelmäßig fehl. Mit Hilfe der Abgrenzung von latenten Steuern soll ein richtiger Ausweis der Steuererstattungsansprüche und -verbindlichkeiten in der IFRS-Bilanz erreicht werden. Zudem leitet die im IFRS-Anhang abzubildende steuerliche Überleitungsrechnung den auf Grundlage der Earnings before Taxes (EBT) nach IFRS erwarteten Steueraufwand auf den in der IFRS-GuV tatsächlich gebuchten Steueraufwand über.

Grundlagen der Abgrenzung latenter Steuern

Bei der *bilanzorientierten Sichtweise* der Abgrenzung latenter Steuern erfolgt im Gegensatz zur GuV-orientierten Betrachtung ein Vergleich der nach IFRS erstellten Bilanz mit der Steuerbilanz der betreffenden Gesellschaft. Doch auch durch die Abgrenzung latenter Steuern lässt sich keine vollkommene Kongruenz zwischen dem Erfolg in der IFRS-Bilanz und dem Steuerausweis erzielen, da so genannte permanente Differenzen nicht Gegenstand der Steuerabgrenzung sind.

> Auf sich im Zeitablauf ausgleichende Differenzen zwischen den Wertansätzen der Vermögenswerte und Schulden in der Handelsbilanz (reporting base) und in der Steuerbilanz (tax base) werden latente Steuern abgegrenzt, um einen richtigen Ausweis des (Rein-) Vermögens in der Bilanz zu erreichen.

Der Ansatz latenter Steuern hängt vom Charakter der ihrer Bildung zugrunde liegenden Differenzen ab. Hierbei sind drei Arten von Erfolgsdifferenzen zu unterscheiden: zeitliche Differenzen (timing differences), quasi-permanente Differenzen und permanente Differenzen.

Zeitliche Differenzen entstehen, wenn aufgrund unterschiedlicher Gewinnermittlungsvorschriften Erfolgsgrößen – also Aufwendungen und/oder Erträge – zu unterschiedlichen Zeitpunkten in IFRS- und Steuerbilanz erfasst werden und die sich ergebenden Ergebnisunterschiede sich innerhalb eines absehbaren Zeitraums umkehren bzw. ausgleichen. Aus diesen zeitlichen Abweichungen resultieren somit zwar unterschiedliche Periodenerfolge, aber kein abweichender Totalerfolg. Typische Beispiele für zeitliche Differenzen sind abweichende Nutzungsdauern oder Abschreibungsmethoden in Steuer- und IFRS-Bilanz, die Bildung von steuerlich nicht zulässigen Rückstellungen in der IFRS-Bilanz oder eine aus der Anwendung der percentage of completion method resultierende zeitlich vorgelagerte Gewinnrealisation in der IFRS-Bilanz.

Quasi-permanente Differenzen liegen vor, wenn sich die unterschiedlichen Ergebniseffekte in den betrachteten Rechenwerken nicht innerhalb eines überschaubaren Zeitraums ausgleichen. Die Umkehrung erfolgt in diesem Fall erst nach sehr langer Zeit, also bspw. beim Verkauf des entsprechenden Vermögenswerts oder bei der Liquidation des Unternehmens. Beispiele für solche quasi-permanenten Differenzen sind unter anderem die Vornahme von nur nach IFRS erlaubten Abschreibungen auf nicht-abnutzbare Vermögensgegenstände des Anlagevermögens wie Beteiligungen oder der unterschiedliche Wertansatz eines Grundstücks in IFRS- und Steuerbilanz.

Bei den *permanenten Differenzen* handelt es sich um Unterschiede zwischen dem Gewinn nach IFRS (reporting income) und dem Steuerbilanzgewinn (tax income), die zwar in einer Periode entstehen, bei denen in der Zukunft jedoch kein Ausgleich stattfindet. Permanente Differenzen liegen bspw. vor, wenn einzelne Aufwendungen nach den steuerrechtlichen Vorschriften nicht als Betriebsausgaben anerkannt werden. Beispiele hierfür sind nach § 4 Abs. 5 EStG nicht abzugsfähige Betriebsausgaben sowie verdeckte Gewinnausschüttungen gemäß § 8 Abs. 3 KStG. Auch steuerfreie Erträge führen zu permanenten Differenzen.

> Bei der Abgrenzung latenter Steuern sind permanente Differenzen grundsätzlich nicht zu berücksichtigen; als Grundlage der Steuerabgrenzung verbleiben somit die zeitlichen sowie die quasi-permanenten Differenzen.

Bei der bilanzorientierten Sichtweise (*temporary Konzept*) erfolgt ein Vergleich der Wertansätze in IFRS-Bilanz und Steuerbilanz. Bei den jeweiligen Bilanzpositionen der beiden betrachteten Rechenwerke treten regelmäßig Unterschiede auf, auf die latente Steuern abgegrenzt werden, sofern sie sich im Zeitablauf ausgleichen. Ob die Entstehung und Auflösung dieser Differenzen erfolgswirksam sind, ist bei der bilanzorientierten Sichtweise der Steuerabgrenzung nicht von Bedeutung. Lediglich auf permanente Differenzen werden auch bei Anwendung dieses Konzepts keine latenten Steuern abgegrenzt, quasi-permanente Differenzen sind hingegen nach dem temporary Konzept Gegenstand der Steuerabgrenzung.

Das temporary Konzept zielt darauf ab, einen richtigen Ausweis der Steuererstattungsansprüche und -verbindlichkeiten, also der Vermögenswerte und Schulden, zum Bilanzstichtag zu erreichen. Die Abgrenzung latenter Steuern nach dem temporary Konzept ist weitreichender als die nach dem timing Konzept, da im Rahmen des temporary Konzepts alle nicht permanenten Differenzen zwischen IFRS- und Steuerbilanz bei der Steuerabgrenzung berücksichtigt werden, während beim timing Konzept nur auf die zeitlichen Unterschiede abgestellt wird.

> Das timing Konzept kann insofern als Teilmenge des temporary Konzepts bezeichnet werden.

Neben dem Charakter der zugrunde liegenden Differenzen sowie der grundsätzlichen Abgrenzungskonzeption ist eine Unterscheidung auch nach den einzelnen Ebenen, auf denen Differenzen zwischen Steuer- und IFRS-Bilanz bzw. zu versteuerndem Einkommen und den IFRS entstehen, möglich.

Die so genannten *primären Differenzen* stellen Unterschiede dar, die bereits auf der Ebene des Einzelabschlusses zu berücksichtigen sind. Auf der Ebene des Konzernabschlusses sind über die Abgrenzung von latenten Steuern auf die aus (notwendigen oder freiwilligen) Anpassungsmaßnahmen resultierenden Unterschiede in der Bilanzierung und Bewertung zwischen HB I und HB II hinaus auch so genannte *sekundäre latente Steuern* zu beachten. Diese ergeben sich aus den Konsolidierungsmaßnahmen (z. B. Schuldenkonsolidierung oder Zwischenergebniseliminierung).

In Bezug auf die Berechnungsweise latenter Steuern lassen sich vom Grundsatz her zwei verschiedene Methoden unterscheiden:

> Die Abgrenzungsbeträge können einerseits nach der deferred method (auch als Abgrenzungsmethode oder deferral method bezeichnet) oder andererseits nach der liability method (auch Verbindlichkeitenmethode genannt) berechnet werden.

Bei der *deferred method* steht der sachgerechte Ausweis des Steueraufwands der jeweiligen Periode im Vordergrund. Dementsprechend ist bei der Berechnung der Abgrenzungsposten der Steuersatz zugrunde zu legen, der im Zeitpunkt des Entstehens der relevanten Bilanzierungs- und Bewertungsunterschiede Gültigkeit besitzt. Bei einer nachträglichen Änderung des Steuersatzes erfolgt grundsätzlich keine Anpassung der gebildeten Steuerlatenzen.

Im Unterschied zur deferred method ist das Ziel der *liability method* weniger der Ausweis eines periodengerechten Steueraufwands in der Gewinn- und Verlustrechnung des Unternehmens, sondern der zutreffende Ausweis der Vermögenswerte und Schulden zum Bilanzstichtag. Folglich wird bei der liability method der zum Zeitpunkt der Umkehrung gültige Steuersatz angewandt. Wird der Steuersatz nachträglich geändert, ist eine rückwirkende Anpassung der in der Vergangenheit bilanzierten Beträge verpflichtend.

Ordnet man die beiden dargestellten Berechnungsmethoden den unterschiedlichen Konzepten zur Ermittlung latenter Steuern zu, ist dem temporary Konzept ausschließlich die liability method zuzurechnen. Bei Anwendung des timing Konzepts sind hingegen grundsätzlich beide Berechnungsmethoden anwendbar. Innerhalb der Rechnungslegungsnormensysteme wird regelmäßig eine der beiden Methoden zur Ermittlung von Steuerlatenzen vorgeschrieben.

> Als Verfahren zur Ermittlung der latenten Steuern kommen sowohl die Einzeldifferenzenbetrachtung als auch die Gesamtdifferenzenbetrachtung in Frage.

Bei der *Einzeldifferenzenbetrachtung* wird die Steuerabgrenzung für jeden einzelnen Geschäftsvorfall des jeweiligen Geschäftsjahrs, bei dem eine temporäre Differenz aufgetreten ist, errechnet und über alle betrachteten Perioden aufsummiert. Für die Steuerabgrenzung nach der *Gesamtdifferenzenbetrachtung* ist indes der Saldo aller zeitlichen Ergebnisunterschiede zwischen Handels- und Steuerbilanz die Bemessungsgrundlage. Maßgeblich ist hier der kumulierte Saldo des Geschäftsjahrs und aller noch in Betracht kommenden früheren Perioden, wobei den einzelnen Ursachen für das Abweichen der beiden genannten Erfolgsgrößen keine weitere Beachtung zu schenken ist. Eine Abgrenzung der Abweichungsgründe im Rahmen der Bestimmung der Art der Differenzen (temporär, quasi-permanent, permanent) sowie der internen Ermittlung und Verfolgung ihrer zeitlichen Entwicklung muss gleichwohl erfolgen.

Abgrenzung latenter Steuern nach IFRS

Die Abgrenzung latenter Steuern nach IFRS wird durch IAS 12 geregelt. Nach IAS 12.15 sind grundsätzlich *für alle temporären Differenzen* latente Steuern anzusetzen, wobei nicht zwischen primären und sekundären latenten Steuern unterschieden wird. Die Regeln des IAS 12 sind somit grundsätzlich auf alle Arten latenter Steuern anzuwenden. Dem temporary Konzept folgend werden alle unterschiedlichen Wertansätze zwischen dem IFRS-Abschluss (reporting base) und der Steuerbilanz (tax base), die keine permanenten Differenzen sind, erfasst. Nach IFRS besteht ein *Ansatzgebot* sowohl für aktive als auch für passive latente Steuern, die mittels Einzeldifferenzenbetrachtung zu ermitteln sind – der Vergleich zwischen reporting base und tax base ist hierbei positionsbezogen vorzunehmen. Über die Abgrenzung latenter Steuern auf alle temporären Differenzen hinaus sind auch auf Verlustvorträge nach IAS 12.34 aktive latente Steuern abzugrenzen.

2.3.1 Latente Steuern

Die *Bewertung* der latenten Steuern hat gemäß den Vorschriften der IFRS nach der liability method zu erfolgen. Hinsichtlich des anzuwendenden Steuersatzes bestimmt IAS 12.47f., dass der Bewertung der Steuerlatenzen dann die aktuellen Steuersätze zugrunde zu legen sind, wenn keine hinreichend sicheren und zuverlässigen Informationen über den zukünftigen Steuersatz vorliegen. Mit dieser expliziten Regelung soll subjektiven Einflüssen bei der Bestimmung des zukünftigen Steuersatzes weitestgehend entgegengewirkt werden. In späteren Perioden zu berücksichtigende Steuersatzänderungen müssen erfolgswirksam erfasst werden, sofern es sich nicht um erfolgsneutral im Eigenkapital erfasste Unterschiede aus temporary differences handelt (vgl. IAS 12.61). Nach IAS 12.48 ist ein neuer Steuersatz bereits dann anzuwenden, wenn einem entsprechenden Gesetz zugestimmt wurde oder dieses höchstwahrscheinlich beschlossen wird. Bezüglich der Abzinsung latenter Steuerpositionen spricht IAS 12.53 ein ausdrückliches Abzinsungsverbot aus.

Die Realisation von aktivierten Steuererstattungsansprüchen muss nach den Vorschriften der IFRS zumindest *probable* sein (vgl. IAS 12.24). Folglich muss bei latenten Steuern auf *Verlustvorträge* die Wahrscheinlichkeit gegeben sein, dass die der Aktivierung zugrunde liegenden steuerlichen Verlustvorträge mit zukünftigen Gewinnen verrechnet werden können. Das Kriterium der Wahrscheinlichkeit ist so zu interpretieren, dass die Nutzung der Verlustverträge wahrscheinlicher sein muss als die mangelnde Nutzbarkeit. Wird in späteren Perioden die Werthaltigkeit der aktivierten Steueransprüche in Frage gestellt respektive deren Realisation nicht mehr als probable erachtet, sind diese Beträge außerplanmäßig wertzuberichtigen.

Gemäß den Vorschriften des IAS 12 ist ein getrennter Ausweis von effektiven und latenten Steuern sowohl in der Bilanz als auch in der Erfolgsrechnung – mindestens jedoch im Anhang – vorzunehmen. Der *Bilanzausweis* von latenten Steuern erfolgt nach IFRS grundsätzlich als non-current asset oder non-current liability. Steht dem Steuersubjekt ein einklagbares Recht zur Aufrechnung von Steuerforderungen und -verbindlichkeiten zu und unterliegen die als latent bilanzierten Ertragsteuern der Zuständigkeit der gleichen Steuerbehörde, sieht IAS 12.74 einen saldierten Ausweis der Beträge vor. Im Anhang ist nach IAS 12.81 (g) bezüglich jeder Art temporärer Differenzen und jeder Art noch nicht genutzter steuerlicher Verlustvorträge sowie Steuergutschriften der Betrag der in der Bilanz angesetzten aktiven und passiven latenten Steuern anzugeben. In der Praxis erfolgt dies regelmäßig durch Darstellung einer auf die entsprechenden Bilanzpositionen Bezug nehmenden tabellarischen Übersicht. Der Betrag der in der GuV erfassten latenten Steuern ist dann gesondert anzugeben, wenn dieser nicht bereits aus den Änderungen der in der Bilanz angesetzten Beträge hervorgeht.

Die von den IFRS geforderten Angaben werden außerdem durch eine Überleitungsrechnung vom erwarteten zum tatsächlich ausgewiesenen – aus effektiven und latenten Steuern bestehenden – Steueraufwand ergänzt. Diese Überleitungsrechnung erläutert – auf nomineller oder prozentualer Basis – das Verhältnis zwischen dem ausgewiesenen Steueraufwand bzw. Steuerertrag und dem Periodenergebnis vor Steuern laut GuV. Abweichungen zwischen dem ausgewiesenen Steueraufwand/-ertrag und dem Produkt aus Vorsteuerergebnis und Steuersatz beruhen bspw. auf:

- Ausnahmen von der bilanzorientierten Abgrenzungskonzeption (bspw. beim Goodwill),
- Differenzen zwischen der Gewinnermittlung nach IFRS und nach Steuerrecht,
- unterschiedlichen zur Abgrenzung latenter Steuern verwendeten Steuersätzen,
- periodenfremden Steuern,
- Wertkorrekturen der aktiven latenten Steuern (Nachaktivierung oder Wertberichtigung),
- der Nutzung von steuerlichen Verlustvorträgen.

Die Überleitungsrechnung erläutert solche Effekte und überführt den erwarteten Steueraufwand/-ertrag in den ausgewiesenen Steueraufwand/-ertrag.

Aufgabe 1

Entscheiden Sie bei den folgenden Aussagen zur Abgrenzung latenter Steuern nach IFRS jeweils, ob es sich um eine richtige oder eine falsche Aussage handelt!

1. Die Bildung bzw. Auflösung latenter Steuern führen zu Zahlungsmittelzu- oder -abflüssen.
2. Die Berechnung der latenten Steuerabgrenzung erfolgt auf Konzernebene in der Praxis stets mit dem Steuersatz des Mutterunternehmens.
3. Bei einer steuerlich nicht zulässigen außerplanmäßigen Abschreibung auf ein Grundstück handelt es sich in Bezug auf die Abgrenzung latenter Steuern um eine permanente Differenz.
4. Die Abgrenzung latenter Steuern hat keine Auswirkung auf den Totalerfolg des Unternehmens.
5. Eine Entstehungsursache für den Ansatz aktiver latenter Steuern können in der Steuerbilanz im Vergleich zur IFRS-Bilanz niedriger bewertete Rückstellungen sein.
6. Bei Vorliegen der entsprechenden Voraussetzungen müssen aktive latente Steuern auf Verlustvorträge abgegrenzt werden.
7. Die Bildung aktiver latenter Steuern in Verlustsituationen vermindert den Verlustausweis.
8. Eine Entstehungsursache für den Ansatz passiver latenter Steuern kann ein in der Steuerbilanz im Vergleich zur IFRS-Bilanz nicht angesetzter selbst geschaffener immaterieller Vermögenswert sein, der nach IFRS aktiviert wurde.

9. Beim timing Konzept steht der richtige Ausweis der Steuererstattungsansprüche und -verbindlichkeiten im Vordergrund, beim temporary Konzept hingegen der richtige Erfolgsausweis.
10. Im Gegensatz zu aktiven latenten Steuern sind passive latente Steuern auf Differenzen, die sich voraussichtlich erst nach mehr als einem Jahr umkehren, abzuzinsen.
11. Permanente Differenzen in Bezug auf die Abgrenzung latenter Steuern entstehen bspw. bei der Vereinnahmung steuerfreier Erträge.
12. Auf den Goodwill aus der Kapitalkonsolidierung sind latente Steuern abzugrenzen.
13. Bei der Zwischenergebniseliminierung wird der Bewertung der latenten Steuern regelmäßig der Steuersatz des empfangenden Unternehmens zugrunde gelegt.
14. Die IFRS unterscheiden nicht zwischen primären und sekundären latenten Steuern.
15. Die deferred method dient in erster Linie dem richtigen Ausweis der Vermögenswerte und Schulden in der Bilanz.
16. Bei der Einzeldifferenzenbetrachtung wird die Steuerabgrenzung für jeden Geschäftsvorfall des jeweiligen Geschäftsjahrs, bei dem eine temporäre Differenz aufgetreten ist, errechnet und über die Betrachtungsperioden aufsummiert.
17. Bei der Erfassung erfolgsneutraler Sachverhalte erfolgt ebenso eine erfolgsneutrale Abgrenzung latenter Steuern.
18. Nach IAS 12.74 sind bei Vorliegen der entsprechenden Voraussetzungen die abgegrenzten aktiven und passiven latenten Steuern zu saldieren.

Aufgabe 2

Die nach IFRS bilanzierende Alpha-AG weist im Geschäftsjahr 01 einen Verlust vor Steuerabgrenzung von 1 Mio. EUR aus. Dieses Ergebnis entspricht zudem dem steuerlichen Ergebnis. Wegen einer anhaltend schlechten Auftragslage bestehen seit Gründung des Unternehmens steuerliche Verlustvorträge von mehr als 3 Mio. EUR. Aufgrund eines am 23.02.02 abgeschlossenen Vertrags rechnet das Unternehmen im Geschäftsjahr 02 mit einem Gewinn vor Steuern von circa 2,24 Mio. EUR. Das Unternehmen entschließt sich aufgrund der zukünftigen Erfolgsaussichten, zum 31.12.01 auf die im Geschäftsjahr 01 neu entstandenen Verluste aktive latente Steuern abzugrenzen. Entsprechend den in der Periode 01 für Kapitalgesellschaften geltenden Regelungen sind für den anzuwendenden Steuersatz bei der Gewerbesteuer nach § 11 Abs. 2 GewStG eine Steuermesszahl in Höhe von 3,5% und ein Gewerbesteuerhebesatz von 400%, gemäß § 23 Abs. 1 KStG ein Körperschaftsteuersatz von 15% sowie der nach § 4 Satz 1 SolZG hierauf entfallende Solidaritätszuschlag von 5,5% zu berücksichtigen.

Leiten Sie den für die Gesellschaft maßgeblichen Gesamtsteuersatz für die Abgrenzung latenter Steuern ab!

Berechnen Sie das Ergebnis nach Steuern für das Jahr 01 unter der Prämisse, dass neben den latenten Steuern keine effektiven Steuern zu berücksichtigen sind, und geben Sie den Buchungssatz für die Bildung der Steuerabgrenzung an!

Zeigen Sie kurz die bilanzpolitischen Implikationen dieser Maßnahme auf!

Aufgabe 3

Die nach IFRS bilanzierende Deftax-AG weist zum 31.12.01 die in der folgenden *Tabelle 1* dargestellten Werte in der Steuerbilanz bzw. der IFRS-Bilanz aus.

[in TEUR]	Steuerbilanz	IFRS-Bilanz
Immaterielles Vermögen	10	30
Sachanlagen	50	60
Finanzanlagen	20	20
Vorräte	110	130
Forderungen	70	70
Kasse / Bank	40	40
Rückstellungen	40	50
Verbindlichkeiten	100	100

Tabelle 1:   Bilanzwerte

Zum 31.12.00 überstiegen die Aktiva der Deftax-AG in der IFRS-Bilanz die in der Steuerbilanz angesetzten Werte um 20 TEUR; Differenzen in den Passiva bestanden keine. Die in der Periode 01 hinzugekommenen Differenzen sind erfolgswirksam aus der Aktivierung von Entwicklungskosten, unterschiedlichen Abschreibungsmethoden in der IFRS-Bilanz und der Steuerbilanz sowie der Bewertung der Pensionsrückstellungen entstanden.

In der Steuerbilanz beträgt das gezeichnete Kapital der Deftax-AG 20 TEUR, die Kapitalrücklage 30 TEUR, die Gewinnrücklagen 50 TEUR und der Jahresüberschuss für die Periode 01 60 TEUR. Darin enthalten sind steuerfreie Erträge in Höhe von 5 TEUR. Aus Vorjahren bestehen steuerliche Verlustvorträge in Höhe von insgesamt 155 TEUR; auf diese wurden in der Vergangenheit keine latenten Steuern aktiviert. Zum 31.12.01 entscheidet die Gesellschaft aufgrund geänderter Prognosen, auf den zu diesem Zeitpunkt verbleibenden Verlustvortrag aktive latente Steuern zu bilden.

Für die Deftax-AG ist zur Vereinfachung für effektive und latente Steuern ein einheitlicher Steuersatz von 30% anzuwenden. Aktive und passive latente Steuern erfüllen die Voraussetzungen in IAS 12.74 und sind daher zu saldieren.

Erstellen Sie auf Basis dieser Angaben die IFRS-Bilanz der Deftax-AG einschließlich latenter Steuern und geben Sie die in IAS 12 geforderte Überleitungsrechnung an!

Aufgabe 4

Latente Steuern auf Verlustvorträge bei Verlustverrechnung in der Zukunft

Die nach IFRS bilanzierende Beta-AG verfügt über ein Eigenkapital von 600 TEUR. In Periode 01 wird ein Verlust (vor Steuern) von 270 TEUR, in Periode 02 von 510 TEUR ausgewiesen. In den Perioden 03 und 04 weist die Gesellschaft einen Gewinn vor Steuern in Höhe von jeweils 450 TEUR aus. Der anzuwendende Steuersatz betrage vereinfacht 30%. Zwischen der Steuerbilanz und der IFRS-Bilanz bestehen zu Vereinfachungszwecken keine Bewertungsunterschiede. Die steuerlich entstandenen Verluste sind unbeschränkt vortragsfähig. Ein Verlustrücktrag kommt aufgrund fehlender Gewinne in den Vorperioden bei der Beta-AG nicht in Betracht. Zeigen Sie die Berücksichtigung der Jahresergebnisse sowie die Konsequenzen für den Eigenkapitalausweis in der steuerrechtlichen Rechnungslegung und der IFRS-Rechnungslegung tabellarisch auf und erläutern Sie auftretende Unterschiede! Unterstellen Sie, dass die in den Perioden 01 und 02 erzielten Verluste mit einer ausreichenden Wahrscheinlichkeit in den Folgejahren verrechnet werden können.

Latente Steuern auf Verlustvorträge ohne Verlustverrechnung in der Zukunft

Der Sachverhalt wird nun dahingehend modifiziert, dass die Beta-AG – entgegen den früheren Erwartungen – in den Perioden 03 und 04 keinen Gewinn, sondern einen Verlust (vor Steuern) in Höhe von jeweils 300 TEUR erzielt. Die Werthaltigkeit der gebildeten Steuerabgrenzung ist damit nicht mehr gegeben und in den Perioden 03 und 04 wird eine Wertberichtigung der in den Perioden 01 und 02 gebildeten Aktivposition in Höhe von 30% (Periode 03) bzw. 70% (Periode 04) des insgesamt aktivierten Betrags vorgenommen. Welche Konsequenzen ergeben sich aus dieser Modifikation gegenüber dem ersten Aufgabenteil (Latente Steuern auf Verlustvorträge bei Verlustverrechnung in der Zukunft) für den Ergebnis- und den Eigenkapitalausweis?

Totalerfolgsbetrachtung

Welche Aussagen zum Totalerfolg der Beta-AG lassen sich aus den in den ersten beiden Aufgabenteilen gewonnenen Erkenntnissen ableiten?

Lösung 1

Aussage		Richtig	Falsch
1.	Die Bildung bzw. Auflösung latenter Steuern führen zu Zahlungsmittelzu- oder -abflüssen.		X
2.	Die Berechnung der latenten Steuerabgrenzung erfolgt auf Konzernebene in der Praxis stets mit dem Steuersatz des Mutterunternehmens.		X
3.	Bei einer steuerlich nicht zulässigen außerplanmäßigen Abschreibung auf ein Grundstück handelt es sich in Bezug auf die Abgrenzung latenter Steuern um eine permanente Differenz.		X
4.	Die Abgrenzung latenter Steuern hat keine Auswirkung auf den Totalerfolg des Unternehmens.	X	
5.	Eine Entstehungsursache für den Ansatz aktiver latenter Steuern können in der Steuerbilanz im Vergleich zur IFRS-Bilanz niedriger bewertete Rückstellungen sein.	X	
6.	Bei Vorliegen der entsprechenden Voraussetzungen müssen aktive latente Steuern auf Verlustvorträge abgegrenzt werden.	X	
7.	Die Bildung aktiver latenter Steuern in Verlustsituationen vermindert den Verlustausweis.	X	
8.	Eine Entstehungsursache für den Ansatz aktiver latenter Steuern kann ein in der Steuerbilanz im Vergleich zur IFRS-Bilanz nicht angesetzter selbst geschaffener immaterieller Vermögenswert sein, der nach IFRS aktiviert wurde.		X
9.	Beim timing Konzept steht der richtige Ausweis der Steuererstattungsansprüche und -verbindlichkeiten im Vordergrund, beim temporary Konzept hingegen der richtige Erfolgsausweis.		X
10.	Im Gegensatz zu aktiven latenten Steuern sind passive latente Steuern auf Differenzen, die sich voraussichtlich erst nach mehr als einem Jahr umkehren, abzuzinsen.		X
11.	Permanente Differenzen in Bezug auf die Abgrenzung latenter Steuern entstehen bspw. bei der Vereinnahmung steuerfreier Erträge.	X	
12.	Auf den Goodwill aus der Kapitalkonsolidierung sind latente Steuern abzugrenzen.		X
13.	Bei der Zwischenergebniseliminierung wird der Bewertung der latenten Steuern regelmäßig der Steuersatz des empfangenden Unternehmens zugrunde gelegt.	X	
14.	Die IFRS unterscheiden nicht zwischen primären und sekundären latenten Steuern.	X	
15.	Die deferred method dient in erster Linie dem richtigen Ausweis der Vermögenswerte und Schulden in der Bilanz.		X
16.	Bei der Einzeldifferenzenbetrachtung wird die Steuerabgrenzung für jeden Geschäftsvorfall des jeweiligen Geschäftsjahrs, bei dem eine temporäre Differenz aufgetreten ist, errechnet und über die Betrachtungsperioden aufsummiert.	X	

Aussage	Richtig	Falsch
17. Bei der Erfassung erfolgsneutraler Sachverhalte erfolgt ebenso eine erfolgsneutrale Abgrenzung latenter Steuern.	X	
18. Nach IAS 12.74 sind bei Vorliegen der entsprechenden Voraussetzungen die abgegrenzten aktiven und passiven latenten Steuern zu saldieren.	X	

Lösung 2

Der relevante Gesamtsteuersatz s der Alpha-AG ergibt sich aus der Addition von Körperschaftsteuersatz einschließlich Solidaritätszuschlag und Gewerbesteuersatz. Der Gesamtsteuersatz lässt sich nach folgender Formel berechnen:

$$s = s_{KSt} \cdot (1 + s_{SolZ}) + s_{GewSt}$$

wobei $s_{GewSt} = m \cdot h$ $\quad$ s = Gesamtsteuersatz

$\quad\quad$ s_{KSt} = Körperschaftsteuersatz $\quad$ s_{SolZ} = Solidaritätszuschlag

$\quad\quad$ s_{GewSt} = Gewerbesteuersatz $\quad$ m = Steuermesszahl

$\quad\quad$ h = Gewerbesteuerhebesatz der Gemeinde

Für die Alpha-AG ergibt sich nach obiger Formel ein Gesamtsteuersatz von

$$s = 15\% \cdot (1 + 5{,}5\%) + 3{,}5 \cdot 400\% / 100 = 29{,}825\%.$$

Die Abgrenzung aktiver latenter Steuern wird nur auf den im Jahr 01 entstandenen Verlust, also 1 Mio. EUR, vorgenommen; der Verlustvortrag der vergangenen Jahre bleibt unberücksichtigt. Bei einem relevanten Gesamtsteuersatz von 29,825% werden aktive latente Steuern in Höhe von 298.250 EUR gebildet und als latenter Steuerertrag in der Gewinn- und Verlustrechnung berücksichtigt. Der Verlust nach Steuern reduziert sich somit von 1 Mio. EUR (vor Steuern) auf einen Verlust von 701.750 EUR.

Verlust vor Steuern	./. 1.000.000 EUR
Steuerertrag aus der Bildung aktiver latenter Steuern	+ 298.250 EUR
Verlust nach Steuern	./. 701.750 EUR

Der Buchungssatz lautet:

Aktive latente Steuern $\quad$ *298.250 EUR* $\quad$ *an* $\quad$ *Steuern vom Einkommen und vom Ertrag* $\quad$ *298.250 EUR*

Durch die Aktivierung latenter Steuern auf den im Geschäftsjahr 01 entstandenen Verlust reduziert sich der Verlust nach Steuern der Alpha-AG für diese Periode. Es wird ein geringerer Jahresfehlbetrag ausgewiesen. Der Bildung latenter Steuern liegt die Annahme zugrunde, dass in der Zukunft eine Steuerersparnis durch die Verrechnung der vorhandenen steuerlichen Verlustvorträge mit erwirtschafteten Gewinnen erreicht werden kann. In diesem Fall werden die aktivierten Beträge erfolgswirksam aufgelöst und mindern den Jahresüberschuss und die damit verbundene Eigenkapitalerhöhung in der entsprechenden Periode. Treffen jedoch die Erwartungen der Gesellschaft im Hinblick auf die Gewinnerzielung in den Folgeperioden nicht zu und werden stattdessen nachhaltig Verluste erzielt, so sind die gebildeten aktiven latenten Steuern aufgrund mangelnder Werthaltigkeit wertzuberichtigen. In diesem Fall wird der ohnehin entstandene Verlust der Gesellschaft durch die erfolgswirksame Auflösung der aktiven latenten Steuern zusätzlich erhöht.

Lösung 3

Unabhängig davon, ob die zum 31.12.00 bestehenden Differenzen zwischen den Aktiva in der Steuerbilanz und in der IFRS-Bilanz erfolgswirksam oder erfolgsneutral entstanden sind, sind die Steuerwirkungen dieser Differenzen in der Folgeperiode erfolgsneutral abzubilden, da die Abgrenzung latenter Steuern bereits zum 31.12.00 erfolgt ist. Aus diesem Grund erhöhen sich die Gewinnrücklagen in der IFRS-Bilanz vor Berücksichtigung der latenten Steuern gegenüber der Steuerbilanz um 20 TEUR. Aufgrund der Prämisse, dass die in der Periode 01 entstandenen Differenzen erfolgswirksam entstanden sind, führen die – über die aktivische Differenz von 20 TEUR zum 31.12.01 hinaus bestehenden – Unterschiede zu einer Erhöhung des Jahresüberschusses von weiteren 20 TEUR (+ 30 TEUR Höherbewertung Aktiva – 10 TEUR Höherbewertung Passiva) in der IFRS-Bilanz vor Steuern. Die in den einzelnen Positionen bestehenden Differenzen sind in der *Tabelle 3* in einer gesonderten Spalte dargestellt. Auf diese Differenzen sind jeweils latente Steuern in Höhe von 30% abzugrenzen – bei in der IFRS-Bilanz mit einem höheren Wert angesetzten Aktiva passive latente Steuern, bei in der IFRS-Bilanz mit einem höheren Wert angesetzten Passiva aktive latente Steuern.

In Summe ergeben sich aus den Differenzen in den Bilanzpositionen zum 31.12.01 aktive latente Steuern in Höhe von 3 TEUR sowie passive latente Steuern in Höhe von 15 TEUR.

Zusätzlich sollen auf die zum 31.12.01 noch vorhandenen Verlustvorträge nunmehr aktive latente Steuern abgegrenzt werden. Vor Berücksichtigung des Jahresergebnisses 01 belaufen sich diese auf 155 TEUR. Der Jahresüberschuss in der Steuerbilanz beträgt 60 TEUR, darin sind gemäß der Aufgabenstellung steuerfreie Erträge in Höhe von 5 TEUR enthalten. Zum 31.12.01 verbleiben damit für die Aktivierung latenter Steuern Verlustvorträge in Höhe von 155 TEUR – (60 TEUR – 5 TEUR) = 100 TEUR, so dass sich bei einem Steuersatz von 30% zusätzlich aktive latente Steuern in Höhe von 30 TEUR ergeben. In der folgenden *Tabelle 2* sind die aus den temporären Differenzen bzw. Verlustvorträgen resultierenden latenten Steuern zusammengefasst.

2.3.1 Latente Steuern

	Aktive latente Steuern [in TEUR]	Passive latente Steuern [in TEUR]
Immaterielles Vermögen	–	6
Sachanlagen	–	3
Vorräte	–	6
Rückstellungen	3	–
Verlustvorträge	30	–
Summe vor Saldierung	33	15
Saldierung	– 15	– 15
Latente Steuern nach Saldierung	18	–

Tabelle 2:   Latente Steuern

Gemäß den Informationen zum Sachverhalt sind aktive und passive latente Steuern bei der Deftax-AG zu saldieren. Nach der Saldierung (in Höhe des Betrags der passiven latenten Steuern von 15 TEUR) verbleiben in der Bilanz auszuweisende aktive latente Steuern in Höhe von 18 TEUR.

Zum 31.12.00 überstiegen die Aktiva in der IFRS-Bilanz die in der Steuerbilanz angesetzten Werte um 20 TEUR. Zu diesem Zeitpunkt waren folglich passive latente Steuern in Höhe von 6 TEUR zu bilden und in der Bilanz auszuweisen. Dies mindert die Gewinnrücklagen in der IFRS-Bilanz nach latenten Steuern um 6 TEUR.

In der Periode 01 erhöhen sich die passiven latenten Steuern von 6 TEUR auf 15 TEUR, so dass zusätzliche latente Steuern in Höhe von 9 TEUR erfolgswirksam zu buchen sind:

Steueraufwand   9 TEUR   an   Passive latente Steuern   9 TEUR

Aktive latente Steuern entstehen in der Periode 01 in Höhe von 33 TEUR; diese sind ebenfalls erfolgswirksam zu bilden:

Aktive latente Steuern   33 TEUR   an   Steuerertrag   33 TEUR

Insgesamt resultiert damit in der Periode 01 ein Ertrag aus der Bildung latenter Steuern in Höhe von 24 TEUR. Im Vorjahr bestanden passive latente Steuern in Höhe von 6 TEUR, zum Ende der Periode 01 ergeben sich aktive latente Steuern in Höhe von 18 TEUR – die Differenz entspricht dem in der GuV erfassten Steuerertrag von 24 TEUR.

Die folgende *Tabelle 3* fasst die Erläuterungen zusammen und stellt in der rechten Spalte die IFRS-Bilanz der Deftax-AG mit latenten Steuern dar.

Bilanzpositionen [in TEUR]	Steuerbilanz	IFRS-Bilanz vor latenten Steuern	Differenz	Steuerabgrenzung	IFRS-Bilanz mit latenten Steuern
Immaterielles Vermögen	10	30	20	6 p.l.S.	30
Sachanlagen	50	60	10	3 p.l.S.	60
Finanzanlagen	20	20	–		20
Vorräte	110	130	20	6 p.l.S.	130
Forderungen	70	70	–		70
Kasse / Bank	40	40	–		40
Aktive latente Steuern	–	–	–		18
Summe Aktiva	**300**	**350**	**50**		**368**
Gezeichnetes Kapital	20	20	–		20
Kapitalrücklage	30	30	–		30
Gewinnrücklagen	50	70	20	(– 6 St.aufw. aus 00)	64
Jahresüberschuss	60	80	20	(+ 24 St.ertr. aus 01)	104
Rückstellungen	40	50	10	3 a.l.S.	50
Verbindlichkeiten	100	100	–		100
Summe Passiva	**300**	**350**	**50**		**368**

Tabelle 3: Herleitung der IFRS-Bilanz mit latenten Steuern

Zum 31.12.01 ergibt sich aus dem Sachverhalt folgende steuerliche Überleitungsrechnung:

	[in TEUR]	Rechnerische Herleitung
Ergebnis vor Steuern (IFRS-Bilanz)	80	
Erwarteter Steueraufwand	24	= 80 • 30%
Nutzung nicht aktivierter steuerlicher Verlustvorträge	– 16,5	= 55 • 30%
Steuerfreie Erträge	– 1,5	= 5 • 30%
Aktivierung steuerlicher Verlustvorträge	– 30	= 100 • 30%
Gebuchter Steueraufwand (Steuerertrag)	– 24	

Tabelle 4: Überleitungsrechnung

Durch die Überleitungsrechnung wird der aufgrund des Ergebnisses im IFRS-Abschluss erwartete Steueraufwand unter Berücksichtigung der Korrekturpositionen in den in der GuV erfassten Steuerertrag transformiert.

Lösung 4

Latente Steuern auf Verlustvorträge bei Verlustverrechnung in der Zukunft

Die folgende *Tabelle 5* fasst die Auswirkungen der beschriebenen Ergebnisentwicklung in der Steuerbilanz bei Vortrag der Verluste auf neue Rechnung zusammen (Angaben in TEUR).

Periode	Eigenkapital der Beta-AG zu Beginn der Periode	Gewinn/Verlust der Periode	Ergebnis kumuliert	Eigenkapital der Beta-AG am Ende der Periode
01	+ 600	– 270	– 270	+ 330
02	+ 330	– 510	– 780	– 180
03	– 180	+ 450	– 330	+ 270
04	+ 270	+ 450 – 36	+ 84	+ 684

Tabelle 5:   Auswirkungen der Ergebnisentwicklung in der Steuerbilanz

Die gesondert angegebenen – 36 TEUR im Periodenergebnis 04 entsprechen der effektiven Steuerbelastung der Periode 04. Der laufende Gewinn in Höhe von 450 TEUR wird um den noch vorhandenen Verlustvortrag von – 330 TEUR gemindert, so dass Steuern in Höhe von 30% lediglich auf die verbleibenden 120 TEUR (= – 36 TEUR) zu zahlen sind.

Die Auswirkungen der Ergebnisentwicklung auf den Eigenkapitalausweis in der IFRS-Bilanz, in der auf den entsprechenden Verlustvortrag aktive latente Steuern abgegrenzt werden, sind in der nachfolgenden *Tabelle 6* dargestellt.

In Periode 01 werden aktive latente Steuern in Höhe von 81 TEUR (= 30% von 270 TEUR) ertragswirksam gebucht. Ebenso werden in Periode 02 aktive latente Steuern in Höhe von 30% auf den laufenden Verlust von 510 TEUR (= 153 TEUR) verlustmindernd berücksichtigt. In Periode 03 werden die aktiven latenten Steuern (insgesamt 234 TEUR) zum Teil wieder aufgelöst, und zwar in Höhe des auf den erzielten Gewinn rechnerisch entfallenden Steueraufwands (30% von 450 TEUR = 135 TEUR). Neben der Auflösung der verbleibenden latenten Steuern in Periode 04 (81 TEUR + 153 TEUR – 135 TEUR = 99 TEUR bzw. 30% von 330 TEUR = 99 TEUR) sind zusätzlich 36 TEUR effektive Steuern zu zahlen.

Periode	Eigen-kapital der Beta-AG zu Beginn der Periode	Gewinn/ Verlust der Periode	aktive latente und effektive Steuern	Ergebnis nach (latenten) Steuern	Ergebnis kumuliert	Eigen-kapital der Beta-AG am Ende der Periode
01	+ 600	– 270	+ 81	– 189	– 189	+ 411
02	+ 411	– 510	+ 153	– 357	– 546	+ 54
03	+ 54	+ 450	– 135	+ 315	– 231	+ 369
04	+ 369	+ 450	– 99 – 36	+ 315	+ 84	+ 684

Tabelle 6:   Auswirkungen der Ergebnisentwicklung in der IFRS-Bilanz

Latente Steuern auf Verlustvorträge ohne Verlustverrechnung in der Zukunft

Die folgende *Tabelle 7* fasst die Auswirkungen der beschriebenen Ergebnisentwicklung in der Steuerbilanz bei Vortrag der Verluste auf neue Rechnung nach der Modifikation der Ausgangsdaten zusammen (Angaben in TEUR).

Periode	Eigenkapital der Beta-AG zu Beginn der Periode	Gewinn/Verlust der Periode	Ergebnis kumuliert	Eigenkapital der Beta-AG am Ende der Periode
01	+ 600	− 270	− 270	+ 330
02	+ 330	− 510	− 780	− 180
03	− 180	− 300	− 1.080	− 480
04	− 480	− 300	− 1.380	− 780

Tabelle 7:   *Auswirkungen der Ergebnisentwicklung in der Steuerbilanz (nach Modifikation)*

Aufgrund der nachhaltigen Verlustsituation findet keine Steuerzahlung statt. Vielmehr ist zum Ende der Periode 02 ein negatives Eigenkapital in Höhe von 180 TEUR auszuweisen. Aufgrund der weiteren Verluste in den Perioden 03 und 04 beträgt das Eigenkapital zum Ende der Periode 04 − 780 TEUR.

Die Auswirkungen der Ergebnisentwicklung auf den Eigenkapitalausweis in der IFRS-Bilanz, in der auf den entsprechenden Verlustvortrag aktive latente Steuern abgegrenzt und aufgrund der Modifikation wertberichtigt werden, sind in der folgenden *Tabelle 8* dargestellt.

Periode	Eigenkapital der Beta-AG zu Beginn der Periode	Gewinn/ Verlust der Periode	aktive latente und effektive Steuern	Ergebnis nach (latenten) Steuern	Ergebnis kumuliert	Eigen- kapital der Beta-AG am Ende der Periode
01	+ 600	− 270	+ 81	− 189	− 189	+ 411
02	+ 411	− 510	+ 153	− 357	− 546	+ 54
03	+ 54	− 300	− 70,2	− 370,2	− 916,2	− 316,2
04	− 316,2	− 300	− 163,8	− 463,8	− 1.380	− 780

Tabelle 8:   *Auswirkungen der Ergebnisentwicklung in der IFRS-Bilanz (nach Modifikation)*

In den Perioden 01 und 02 unterscheidet sich die Vorgehensweise nicht von derjenigen des Ausgangssachverhalts. Aufgrund der nachhaltigen Verlustsituation werden die bis zum Ende der Periode 02 erfolgswirksam gebildeten aktiven latenten Steuern (insgesamt 234 TEUR) zu 30% in der Periode 03 (70,2 TEUR) und zu 70% in der Periode 04 (163,8 TEUR) aufwandswirksam abgeschrieben.

Totalerfolgsbetrachtung

Das Beispiel zeigt, dass der Totalerfolg der Beta-AG über die betrachteten Perioden 01 bis 04 unabhängig von der Abgrenzung latenter Steuern ist und sowohl in der Steuerbilanz als auch in der IFRS-Bilanz jeweils gleich hoch ausgewiesen wird. Die auf Verlustvorträge aktivierten latenten Steuern verlangsamen durch den Kompensationseffekt einer erfolgswirksamen Bildung im Verlustfall zunächst die Eigenkapitalminderung. Entsprechend wird jedoch in den Perioden, in denen Gewinne für die Steuerbemessung mit noch vorhandenen Verlustvorträgen verrechnet werden, ein Ansteigen des Eigenkapitals durch die aufwandswirksame Auflösung der zuvor gebildeten aktiven latenten Steuern verlangsamt. Im Falle einer nachhaltigen Verlustsituation, so verdeutlicht das Beispiel nach der Modifikation, führt die Abgrenzung der latenten Steuern in der Periode der Aktivierung zwar zu einem höheren Ergebnis der Periode (geringerer Verlust). Wird in Folgeperioden eine Wertberichtigung notwendig, wird das Ergebnis durch die erfolgswirksame Auflösung des Steuerabgrenzungspostens jedoch entsprechend höher belastet. Latente Steuern führen somit zwar zu einer abweichenden Periodisierung des Erfolgsausweises, wirken sich jedoch nicht auf den Totalerfolg aus.

Literaturhinweise

BIEG, H./HOSSFELD, C./KUßMAUL, H./WASCHBUSCH, G. (2006): Handbuch der Rechnungslegung nach IFRS, Grundlagen und praktische Anwendung, Düsseldorf.

BOHL, W./RIESE, J./SCHLÜTER, J. (Hrsg.) (2006): Beck'sches IFRS-Handbuch, Kommentierung der IFRS/IAS, 2. Aufl., München.

HEUSER, P. J./THEILE, C. (2007): IFRS Handbuch, Einzel- und Konzernabschluss, 3. Aufl., Köln.

KÜTING, K./ZWIRNER, C. (2003): Latente Steuern in der Unternehmenspraxis: Bedeutung für Bilanzpolitik und Unternehmensanalyse – Grundlagen sowie empirischer Befund in 300 Konzernabschlüssen von in Deutschland börsennotierten Unternehmen –, in: WPg, 56. Jg., S. 301–316.

KÜTING, K./ZWIRNER, C. (2007): Abgrenzung latenter Steuern nach IFRS in der Bilanzierungspraxis in Deutschland: Dominanz der steuerlichen Verlustvorträge, in: WPg, 60. Jg., S. 555–562.

KÜTING, K./ZWIRNER, C./REUTER, M. (2003): Latente Steuern im nationalen und internationalen Jahresabschluss: Konzeptionelle Grundlagen und synoptischer Vergleich, in: BuW, 57. Jg., S. 441–447.

LÜDENBACH, N./HOFFMANN, W.-D. (Hrsg.) (2008): Haufe IFRS-Kommentar, 6. Aufl., Freiburg i. Br.

PETERSEN, K./BANSBACH, F./DORNBACH, E. (2009): IFRS Praxishandbuch, 4. Aufl., München.

ZWIRNER, C. (2007): IFRS-Bilanzierungspraxis – Umsetzungs- und Bewertungsunterschiede in der Rechnungslegung, Berlin.

ZWIRNER, C./BUSCH, J./REUTER, M. (2003): Abbildung und Bedeutung von Verlusten im Jahresabschluss – Empirische Ergebnisse zur Wesentlichkeit von Verlustvorträgen in deutschen Konzernabschlüssen, in: DStR, 41. Jg., S. 1042–1049.

ZWIRNER, C./KÜNKELE, K. P. (2009): Bedeutung latenter Steuern in wirtschaftlich unruhigen Zeiten, in: IRZ, 4. Jg., S. 185–187.

Sascha H. Mölls

2.3.2 Leasing

Neben die herkömmlichen Finanzierungsalternativen für Investitionsgüter – Kreditkauf oder Miete – ist das Leasing getreten. Der Begriff des Leasings scheint dabei allerdings nach wie vor nicht eindeutig geklärt. Typisches Merkmal dieser Verträge ist eine entgeltliche Gebrauchs- oder Nutzungsüberlassung von Vermögenswerten, die jedoch nicht (zumindest nicht sofort) gekauft, sondern gemietet werden.

Für Unternehmen implizieren derartige Vertragsgestaltungen eine Reihe von Vorteilen. Sieht die Leasingvereinbarung eine 100%ige-Finanzierung des betreffenden Vermögenswertes mit fest vereinbarten Raten vor, muss der Leasingnehmer keine Anzahlungen leisten und kennt des Weiteren die Höhe der während der Vertragslaufzeit zu leistenden Zahlungsverpflichtungen. Darüber hinaus kann sich der Leasingnehmer vor einer Überalterung der im Unternehmen eingesetzten Gegenstände immer dann schützen, wenn noch während der Laufzeit des abgeschlossenen Vertrages auf technisch überlegene Vermögenswerte umgestiegen werden kann. Ferner lassen sich durch den Abschluss eines Leasingvertrages in vielen Fällen Steuervorteile realisieren. Ein weiterer Vorteil von Leasingverhältnissen liegt schließlich darin begründet, dass es sich bei Leasinggeschäften oftmals um Außerbilanzgeschäfte handelt, die die Kapitalstruktur des Leasingnehmers positiv beeinflussen und dadurch zu einer Verbesserung der Kennzahlen des Jahresabschlusses führen.

Bei der Abbildung von Leasinggeschäften im Jahresabschluss stellt sich die Frage, wem die Leasinggegenstände bilanziell zuzurechnen sind. Die Entscheidung, ob ein Vermögenswert in den Jahresabschluss aufgenommen wird oder nicht, richtet sich sowohl nach den handels- bzw. den steuerrechtlichen Vorschriften als auch nach den International Financial Reporting Standards (IFRS) des International Accounting Standards Board (IASB) grundsätzlich nicht nach dem juristischen Eigentum, sondern wird anhand des wirtschaftlichen Eigentums entschieden. Der so genannte wirtschaftliche Eigentümer verfügt über das Verwertungsrecht, kommt in den Genuss von Wertsteigerungen und/oder trägt aber auch das Risiko von Wertminderungen bzw. Verlusten. Fallen das rechtliche und das wirtschaftliche Eigentum auseinander, werden dem Bilanzierenden alle Gegenstände und Rechte zugerechnet, die er wirtschaftlich nutzt.

Der vorliegende Beitrag gibt einen Überblick über die wesentlichen Vorschriften zur Bilanzierung von Leasinggeschäften nach den Vorschriften der IFRS, die in Deutschland ab dem Jahre 2005 für den Konzernabschluss von kapitalmarktorientierten Unternehmen verpflichtend sind und von anderen Mutterunternehmen wahlweise angewendet werden können (§ 315a HGB). Im Einzelabschluss ist die Anwendung der IFRS auf freiwilliger Basis für Offenlegungszwecke möglich (§ 325 HGB). Die Ausführungen schließen mit Übungsaufgaben und den entsprechenden Lösungshinweisen.

Grundlagen der Leasingbilanzierung nach IAS 17

Die Abbildung von Leasingverhältnissen nach den IFRS wird in IAS 17 (leases) geregelt. Damit gibt es – im Gegensatz zum deutschen Recht – auf internationaler Ebene umfangreiche Regelungen hinsichtlich der Leasingbilanzierung. Da das Ziel des IAS 17 darin liegt, den Leasinggebern und Leasingnehmern sachgerechte Vorschriften zu Bilanzierungs- und Bewertungsmethoden sowie zu den Angabepflichten vorzugeben, ist der Anwendungsbereich des IAS 17 weit gefasst. Der Standard muss daher grundsätzlich auf alle Leasingverhältnisse angewendet werden (IAS 17.2). Dazu gehören zunächst alle Vereinbarungen (Verträge), bei welchen der Leasinggeber (lessor) dem Leasingnehmer (lessee) gegen eine Zahlung oder eine Reihe von Zahlungen das Nutzungsrecht an einem Vermögenswert (asset) für einen vereinbarten Zeitraum überträgt (IAS 17.3). Dies gilt selbst dann, wenn wesentliche Leistungen des Leasinggebers für den Einsatz oder die Erhaltung des Vermögenswertes nötig sind. Ferner ist es für die Anwendung des Standards unerheblich, ob Leasingvereinbarungen über Immobilien oder über Mobilien betroffen sind. Es werden allerdings auch bestimmte Vereinbarungen negativ abgegrenzt. So sind Leasingvereinbarungen in Bezug auf die Entdeckung und Verarbeitung von Mineralien, Öl, Erdgas und ähnlicher nicht regenerativer natürlicher Ressourcen sowie bestimmter Lizenzvereinbarungen z. B. über Filme, Videoaufnahmen, Theaterstücke, Manuskripte, Patente und Copyrights von der Anwendung des Standards ausgenommen. Zudem verneint IAS 17.2 die Anwendung des Standards als Bewertungsgrundlage für bestimmte Sachverhalte, deren Bewertungsansätze bereits in anderen Standards geregelt sind. Ebenso sind solche Vereinbarungen von der Anwendung ausgenommen, die lediglich Dienstleistungsverträge darstellen und nicht zu einer Übertragung der Nutzungsrechte an dem Vermögenswert führen (IAS 17.3). Dagegen gehören verdeckte Leasingverhältnisse sehr wohl zum Anwendungsbereich des IAS 17. Auf solche Vertragsgestaltungen, die formalrechtlich kein Leasingverhältnis darstellen, aber dennoch das Nutzungsrecht eines Vermögenswertes entgeltlich übertragen, hat das International Financial Reporting Interpretations Committee (IFRIC) mit der Interpretation Nr. 4 reagiert. Danach ist zu prüfen, ob ein leasingähnliches Nutzungsrecht bzw. ein ähnliches Recht vorliegt, das einem Leasingverhältnis wirtschaftlich nahe kommt (IFRIC 4).

Bei der Frage, ob ein Leasinggegenstand in die Bilanz des Leasinggebers oder des Leasingnehmers aufgenommen werden muss, unterscheidet IAS 17 – in terminologischer, nicht zwingend aber in inhaltlicher Analogie zu den nationalen Vorschriften – zwischen Finanzierungsleasing (finance lease) und Operating Leasing (operating lease) (IAS 17.4). Das Zuordnungskriterium zu einer der beiden Kategorien ist dabei der Umfang, in welchem die Chancen und Risiken, die mit dem Besitz an dem Leasinggegenstand verbunden sind, beim Leasinggeber oder beim Leasingnehmer liegen (IAS 17.8). Zu den Risiken zählen alle Verlustmöglichkeiten infolge von Unterbeschäftigung oder technischer Veralterung sowie Ertragsschwankungen aufgrund wechselnder wirtschaftlicher Rahmenbedingungen. Chancen können sich insbesondere aus Gewinnerwartungen und einem Wertzuwachs über die Nutzungsdauer des Gutes oder der Realisation eines Liquidationserlöses ergeben (IAS 17.7). Beim Finanzierungsleasing werden im Wesentlichen alle mit dem Eigentum verbundenen Chancen und Risiken auf den Leasingnehmer übertragen, wobei es gleichgültig ist, ob es zu einer Übertragung des zivilrechtlichen Eigentums kommt oder nicht (IAS 17.4 und 17.8). Anderenfalls liegt im Sinne einer Negativabgrenzung Operating Leasing vor (IAS 17.4 und 17.8). Nach dem Grundsatz der wirtschaftlichen Betrachtungsweise (substance over form) (F. 35) kommt es bei der Beurteilung eines Sachverhalts allerdings nicht auf das rechtliche Eigentum, sondern vielmehr auf den wirtschaftlichen Gehalt des Vertrags an. Typische Fälle von Finanzierungsleasing sind nach IAS 17.10 und 17.11 folgende Vertragskonstellationen:

- am Ende der Vertragslaufzeit des Leasingverhältnisses geht das Eigentum an dem Vermögenswert auf den Leasingnehmer über;
- der Leasingnehmer hat eine Kaufoption zu einem Preis, der wesentlich unter dem voraussichtlich beizulegenden Wert im Zeitpunkt der Optionsausübung liegt, so dass die Ausübung wahrscheinlich ist;
- die Vertragslaufzeit entspricht dem überwiegenden Teil der wirtschaftlichen Nutzungsdauer des Vermögenswertes;
- im Zeitpunkt des Vertragsabschlusses erreicht der Barwert der Mindestleasingzahlungen im Wesentlichen mindestens den beizulegenden Wert (Verkehrswert) des Leasinggegenstandes;
- aufgrund seiner Beschaffenheit ist der Vermögenswert ohne bedeutende Veränderungen nur vom Leasinggeber nutzbar (Spezialleasing);
- bei vorzeitiger Kündigung durch den Leasingnehmer entstehende Verluste des Leasinggebers sind vom Leasingnehmer auszugleichen;
- durch Schwankungen des beizulegenden Restzeitwertes entstehende Gewinne oder Verluste fallen dem Leasingnehmer zu und/oder
- der Leasingnehmer hat ein Mietverlängerungsoptionsrecht bei vergleichsweise geringen Leasingraten.

Hat der Bilanzierende zu Beginn des Vertragsverhältnisses das Leasingverhältnis als Operating Leasing oder als Finanzierungsleasing qualifiziert, erfolgt im Falle des Operating Leasing die Bilanzierung beim Leasinggeber. Wird das Leasingverhältnis hingegen als Finanzierungsleasing eingestuft, ist der Leasinggegenstand dem Leasingnehmer zuzurechnen.

Bei der Bilanzierung von Leasingverträgen über Grundstücke und Gebäude sind – wie bereits oben erwähnt – grundsätzlich die gleichen Kriterien anzuwenden. Da jedoch in diesen Fällen die Nutzungsdauer die Laufzeit des Leasingverhältnisses regelmäßig wesentlich übersteigen dürfte, wird – sofern das Eigentum nicht übergeht – sowohl beim Leasing eines Grundstücks als auch eines Gebäudes meistens Operating Leasing vorliegen (IN 9).

Finanzierungsleasing – Ansatz, Bewertung und Ausweis

Bilanzierung beim Leasingnehmer

Da beim Finanzierungsleasing die wesentlichen, mit dem Leasingobjekt verbundenen Chancen und Risiken vom Leasinggeber auf den Leasingnehmer übergehen, wird der Leasingnehmer wirtschaftlicher Eigentümer des Leasingobjektes. Vergleichbar mit einem fremdfinanzierten Erwerb erfolgt die Bilanzierung des Leasingobjektes daher beim Leasingnehmer (IAS 17.20). Dieser aktiviert das Leasingobjekt zu Beginn der Laufzeit des Leasingverhältnisses als Vermögenswert in seiner Bilanz und weist gleichzeitig auf der Passivseite eine Verbindlichkeit für die zukünftigen Leasingzahlungen in gleicher Höhe aus (IAS 17.20 ff.).

Die Bewertung von Vermögenswert und Verbindlichkeit regelt IAS 17.20. Demnach erfolgt der erstmalige Ansatz des Leasingobjektes zum niedrigeren Wert aus beizulegendem Wert des Leasingobjektes bei Vertragsbeginn und Barwert der Mindestleasingzahlungen (IAS 17.20). Die Begriffe des beizulegenden Wertes sowie des Barwertes der Mindestleasingzahlungen folgen den Definitionen des IAS 17.4. Als beizulegender Wert wird danach der Wert verstanden, zu dem ein Vermögenswert unter fremden Dritten regelmäßig getauscht wird. Die Mindestleasingzahlungen des Leasingnehmers umfassen alle Zahlungen, die der Leasingnehmer während der Laufzeit des Leasingvertrages zu zahlen hat, zuzüglich sämtlicher vom Leasingnehmer und seinen verbundenen Parteien garantierter Zahlungen. Es wird deutlich, dass bei der Bilanzierung des Leasingobjektes zwar Ermessensspielräume bestehen, durch die Vorschriften aber ausgeschlossen wird, dass es zu einem Wertansatz kommt, der größer als der beizulegende Wert ist und demzufolge eine Wertminderung erforderlich machen würde. Entstehen im Zusammenhang mit dem Abschluss des Leasingvertrages direkte Ausgaben, so sind diese dem zu aktivierenden Betrag hinzuzurechnen (IAS 17.20).

In den Folgeperioden werden Vermögensgegenstand und Verbindlichkeit nicht mehr in gleicher Höhe bilanziert, sondern voneinander getrennt behandelt. Die Bewertung des aktivierten Vermögenswertes erfolgt nach den gleichen Grundsätzen wie bei Vermögenswerten, die dem juristischen Eigentum des Leasingnehmers angehören. Der angesetzte Vermögenswert ist – Abnutzbarkeit vorausgesetzt – in den Folgeperioden nach Maßgabe des IAS 16 für Sachanlagen sowie des IAS 38 für immaterielle Vermögenswerte planmäßig abzuschreiben (IAS 17.27). Dabei sollte die Abschreibungsmethode gewählt werden, mit der auch ähnliche Vermögenswerte des Unternehmens abgeschrieben werden. Die Abschreibungsdauer entspricht bei einem Eigentumsübergang am Ende der Leasinglaufzeit der gesamten wirtschaftlichen Nutzungsdauer des Leasingobjektes. Kann hingegen der Übergang des rechtlichen Eigentums nicht hinreichend sicher prognostiziert werden, so ist nach IAS 17.27 über den kürzeren Zeitraum aus wirtschaftlicher Nutzungsdauer und Laufzeit des Leasingvertrages abzuschreiben. Im Hinblick auf außerplanmäßige Abschreibungen aufgrund möglicher Wertminderungen ist der IAS 36 zu beachten (IAS 17.30).

Die Verbindlichkeit für die zukünftigen Leasingzahlungen hat der Leasingnehmer – wie bereits oben erwähnt – beim Erstansatz gemäß IAS 17.20 parallel zum Vermögenswert in gleicher Höhe zu passivieren. Für die fälligen Leasingzahlungen gilt nun, dass sie nicht vollständig als Mietaufwand, sondern – analog zum deutschen Recht – in einen Zins- und einen Tilgungsanteil aufzuteilen sind (IAS 17.25). Die Verteilung des Zinsanteils über die Leasinglaufzeit erfolgt dabei nach der so genannten Effektivzinsmethode, so dass die Restschuld über die Laufzeit mit einem konstanten Zinssatz verzinst wird. Bei konstanten Leasingzahlungen kommt es so zu einem mit der Zeit abnehmenden Zinsanteil und einem gleichzeitig steigendem Tilgungsanteil. Für diese Berechnung ist nach IAS 17.26 die Anwendung von Näherungsverfahren (z.B. Zinsstaffelmethode) zulässig. Der Tilgungsanteil der Leasingzahlungen verringert die verbleibende Verbindlichkeit, während der Zinsanteil erfolgswirksam als Aufwand verbucht wird. Die Berücksichtigung des Zinsaufwands hat gemäß IAS 23.7 periodengerecht zu erfolgen, wodurch in Einzelfällen eine Abgrenzung des Zinsaufwands vorgenommen werden muss. Die verbleibende Restschuld entspricht immer dem Barwert der ausstehenden Leasingzahlungen und die Verbindlichkeit ist, sofern kein Restwert besteht, am Ende der Leasinglaufzeit getilgt. Bedingte Leasingraten sind nach IAS 17.25 periodengerecht als Aufwand zu verbuchen.

Der Leasingnehmer hat das Leasingobjekt im Anlagevermögen in der Regel unter den Sachanlagen oder immateriellen Vermögenswerten auszuweisen, während die Verbindlichkeit für die Leasingzahlungen unter den sonstigen Verbindlichkeiten bilanziert wird. Ein gesonderter Ausweis ist in den IFRS grundsätzlich nicht vorgesehen. Für die passivierte Verbindlichkeit gilt dies allerdings nur, solange die Höhe der Verbindlichkeit für ein verbessertes Verständnis der Finanzlage des Leasingnehmers keinen gesonderten Ausweis erfordert (IAS 1.69). In der Bilanz anzugeben ist ferner der Teil der Leasingverbindlichkeiten, der nach mehr als einem Jahr fällig wird (IAS 1.52).

Damit seitens der Jahresabschlussadressaten das Verständnis der vermittelten Informationen erleichtert wird, sind gemäß IAS 17.31 zusätzlich zu den Angabepflichten des IAS 32 diverse Angaben im Anhang zu machen. Demnach ist für jede Gruppe von ähnlichen Vermögenswerten der Nettobuchwert zum Bilanzstichtag anzugeben. Außerdem hat der Leasingnehmer eine Übergangsrechnung von der Summe der zukünftigen Mindestleasingzahlungen am Bilanzstichtag zu deren Barwert im Anhang darzustellen. Diese Summe sowie deren Barwert sind nach Fristigkeiten von bis zu einem Jahr, einem bis fünf Jahre und mehr als fünf Jahren aufzugliedern. Ebenfalls müssen die in der Periode als Aufwand erfassten bedingten Leasingzahlungen sowie die Summe künftiger Leasingzahlungen aus unkündbaren Untermietverhältnissen zum Bilanzstichtag im Anhang angegeben werden. Schließlich fordert der IAS 17.31 die Beschreibung der Ausgestaltung wesentlicher Leasingverhältnisse des Leasingnehmers. In dieser Beschreibung soll unter anderem über die Grundlagen bedingter Leasingzahlungen sowie vereinbarte Kauf- oder Mietverlängerungsoptionen informiert werden. Schließlich sind auch die Angabepflichten der IAS 16, IAS 36, IAS 38, IAS 40 und IAS 41 zu beachten (IAS 17.32).

Bilanzierung beim Leasinggeber

Entsprechend des Charakters des Finanzierungsleasings wird das Leasingobjekt nicht (mehr) beim Leasinggeber bilanziert. Stattdessen aktiviert dieser zu Beginn der Laufzeit des Leasingverhältnisses gemäß IAS 17.36 eine Forderung für die zu erhaltenden Leasingzahlungen.

Die aktivierte Forderung soll beim erstmaligen Ansatz zum Nettoinvestitionswert bewertet werden. Dieser Wert ist in IAS 17.4 definiert und entspricht der mit dem internen Zinsfuß diskontierten Bruttoinvestition, d.h. dem Barwert, der dem Leasinggeber erwartungsgemäß zufließenden Zahlungen. Der Bruttoinvestitionswert setzt sich dabei aus der Summe der Mindestleasingzahlungen, inklusive eines garantierten Restwertes, zuzüglich eines nicht garantierten Restwertes zusammen (IAS 17.4). Mit dem nicht garantierten Restwert wird der Teil des Restwertes erfasst, für dessen Realisierung es keine Garantie durch den Leasingnehmer gibt bzw. dessen Realisierung nur durch eine dem Leasinggeber verbundene Partei gesichert ist (IAS 17.4). Der Nettoinvestitionswert steht schließlich für den Tilgungsanteil des Leasingvertrages, der Zinsanteil hingegen wird durch die Differenz aus Brutto- und Nettoinvestitionswert dargestellt. Da der Nettoinvestitionswert die Rückgewinnung der Investitionsausgaben des Leasinggebers abbildet, entspricht dieser häufig den Anschaffungs- und Herstellungskosten des Leasingobjektes.

In den Folgeperioden wird die Forderung ähnlich der Folgebewertung der Verbindlichkeit auf Seiten des Leasingnehmers bewertet. So sind die Leasingzahlungen auch vom Leasinggeber in einen Tilgungs- und einen Zinsanteil aufzuspalten (IAS 17.37). Spiegelbildlich zum Leasingnehmer mindert die Verbuchung des Tilgungsanteils die Forderung des Leasinggebers und ist somit erfolgsneutral. Der Zinsanteil wird hingegen erfolgswirksam verbucht. Die Restforderung entspricht dann immer dem Barwert der ausstehenden Leasingzahlungen zuzüglich eines möglichen Restwertes und abzüglich der laufenden Aufwendungen. Die Verteilung des Zinsanteils erfolgt entsprechend der Vorgehensweise beim Leasingnehmer über die Laufzeit, so dass die ausstehende Nettoinvestition in jeder Periode konstant verzinst wird (IAS 17.39). Die Aufwandserfassung richtet sich daher nicht nach den tatsächlichen Leasingzahlungen, so dass im Einzelfall entsprechende Abgrenzungen vorzunehmen sind. Nicht garantierte Restwerte, die in der Regel geschätzt werden, sind aufgrund ihrer Unsicherheit gemäß IAS 17.41 im Zeitablauf auf ihre Werthaltigkeit zu überprüfen, so dass erforderliche Anpassungen vorzunehmen sind.

Besonderheiten für die Bilanzierung von Finanzierungsleasinggeschäften beim Leasinggeber ergeben sich gemäß IAS 17.42, wenn Hersteller oder Händler als Leasinggeber auftreten. In dieser Situation ist nicht nur das Leasingverhältnis, sondern auch ein Verkaufsvorgang bilanziell zu erfassen. Es wird also zwischen dem Gewinn oder Verlust, den der Hersteller oder Händler auch durch ein normales direktes Verkaufsgeschäft machen würde und dem Finanzierungsgewinn, den er über die Leasinglaufzeit erzielt, unterschieden (IAS 17.43). Während der Verkaufsgewinn sofort realisiert wird, gilt es, den Finanzierungsgewinn über die Laufzeit des Leasingverhältnisses zu verteilen.

Der Ausweis der zu bilanzierenden Forderung des Leasinggebers erfolgt unter den sonstigen Forderungen. Ein separater Ausweis wird zwar in IAS 17 nicht geregelt, wohl aber von IAS 1.69 gefordert, falls eine gesonderte Angabe für ein verbessertes Verständnis wesentlich ist. Der Anteil der Leasingforderungen, der nach mehr als zwölf Monaten realisiert wird, bedarf einer gesonderten Angabe in der Bilanz (IAS 1.52).

Der Leasinggeber hat im Falle eines Finanzierungsleasings zusätzlich zu den Anforderungen des IAS 32 diverse Angaben im Anhang darzustellen. Dazu zählt gemäß IAS 17.47 eine Überleitungsrechnung von der Bruttoinvestition in das Leasingverhältnis am Bilanzstichtag hin zum Barwert der Mindestleasingzahlungen, die am Bilanzstichtag noch ausstehen. Des Weiteren sind diese beiden Werte nach Fälligkeiten von bis zu einem Jahr, einem bis fünf Jahren und mehr als fünf Jahren aufzugliedern. Darüber hinaus fordert IAS 17.47 die Angabe noch nicht realisierter Finanzerträge, nicht garantierter Restwerte zugunsten des Leasinggebers, kumulierter Wertberichtigungen für uneinbringliche ausstehende Mindestleasingzahlungen, die Angabe von Periodenerträgen aus bedingten Mietzahlungen sowie von allgemeinen Beschreibungen zur Ausgestaltung wesentlicher Leasingverträge. Schließlich wird nach IAS 17.48 die Angabe der Bruttoinvestition vermindert um die noch nicht realisierten Erträge aus den neu abgeschlossenen Leasingverträgen der Berichtsperiode, abzüglich der entsprechenden Beträge für gekündigte Leasingverhältnisse, als Wachstumsindikator empfohlen.

Operating Leasing – Ansatz, Bewertung und Ausweis

Bilanzierung beim Leasingnehmer

Beim Operating Leasing entspricht der Leasingvertrag weitestgehend einem Mietverhältnis und wird auf ähnliche Art und Weise bilanziert. Das Leasingobjekt wird weiterhin beim Leasinggeber aktiviert (IAS 17.49). Der Leasingnehmer ist hingegen weder wirtschaftlicher noch juristischer Eigentümer, so dass er den Vermögenswert nicht in seine Bilanz aufnimmt. Er verbucht die Leasingzahlungen erfolgswirksam als Aufwand (IAS 17.33). Weitere Aktiva und Passiva werden beim Leasingnehmer nicht erfasst.

Das Operating Leasing wird entsprechend seines Charakters als schwebendes Dauerschuldverhältnis mit kontinuierlicher Leistungserbringung bilanziert, bei dem der Leasinggeber seine Leistung in Form der Nutzungsüberlassung dauerhaft und wiederkehrend erbringt, während dies beim Finanzierungsleasing gleich zu Beginn der Laufzeit erfolgt. Daher hat der Leasingnehmer – entsprechend dem auch international anerkannten Grundsatz der Nichtbilanzierung schwebender Geschäfte – seine Verpflichtungen aus dem Operating Leasing nicht als Verbindlichkeit zu passivieren. Die Aufwandserfassung beim Leasingnehmer richtet sich nicht nach den getätigten Zahlungen, sondern vielmehr nach dem zeitlichen Nutzenzufluss, der regelmäßig linear ist. Gemäß IAS 17.33 ist demnach der Aufwand, abgesehen von Aufwendungen für Instandhaltung und Versicherung, auch linear über die Dauer des Leasingverhältnisses zu verteilen, sofern keine andere Verteilungsart dem Nutzenverlauf des Leasingnehmers über den Zeitraum besser entspricht. Kommt es bei einem abweichenden Nutzungsverlauf oder einer Abweichung der Zahlungsmodalitäten zu Unterschieden zwischen dem zu erfassenden Aufwand und den Leasingzahlungen, so sind entsprechende Abgrenzungsposten zu bilden.

Auch bei der Bilanzierung eines Operating Leasings hat der Leasingnehmer zusätzliche Angaben im Anhang zu machen, um dem Bilanzadressaten hilfreiche Informationen zu vermitteln.

So fordert der IAS 17.35 die Angabe der Summe künftiger Mindestleasingzahlungen aus unkündbaren Leasingverhältnissen untergliedert nach Fristigkeiten von bis zu einem Jahr, einem bis fünf Jahren und von mehr als fünf Jahren. Zudem sollen die Summe der künftig erhaltenen Leasingzahlungen aus unkündbaren Untermietverhältnissen zum Bilanzstichtag sowie eine Aufgliederung von Aufwendungen der Berichtsperiode nach Mindestleasingzahlungen, bedingten Leasingzahlungen und Leasingzahlungen aus Untermietverhältnissen im Anhang angegeben werden. Abschließend fordert der IAS 17.35 vom Leasingnehmer – wie bei einem Finanzierungsleasing – Beschreibungen zur Ausgestaltung der wesentlichen Leasingverhältnisse. Die Regelungen des IAS 32 für Finanzinstrumente sind hier nur dann zu beachten, wenn eine Leasingverbindlichkeit bilanziert wurde, weil Leasingraten trotz Fälligkeit noch nicht gezahlt wurden. Der Jahresabschlussadressat erhält Informationen über die Leasingverhältnisse des Leasingnehmers lediglich über den verbuchten Aufwand und die Angaben im Anhang, hingegen nicht direkt aus der Bilanz.

Bilanzierung beim Leasinggeber

Bei einem Operating Leasing verbleibt das wirtschaftliche Eigentum beim Leasinggeber, so dass er das wirtschaftliche und das rechtliche Eigentum trägt. Daher wird Operating Leasing in Anlehnung an ein Mietverhältnis bilanziert, so dass der Leasinggeber als rechtlicher und wirtschaftlicher Eigentümer das Leasingobjekt weiterhin bilanziert (IAS 17.49). Darüber hinaus verbucht er die Leasingzahlungen als Erträge aus dem Leasingverhältnis. Da ein Operating Leasing ein schwebendes Dauerschuldverhältnis darstellt, kommt eine Aktivierung der ausstehenden Leasingzahlungen nach dem Grundsatz der Nichtbilanzierung schwebender Geschäfte nicht in Frage.

Die Bewertung des Leasingobjektes folgt den gängigen Vorgaben der IAS 16, IAS 38 und IAS 40. Anfängliche direkte Ausgaben sind gemäß IAS 17.52 zu aktivieren und über die Laufzeit des Leasingverhältnisses proportional zu den Leasingerträgen erfolgswirksam zu verteilen.

In den Folgeperioden sind abschreibungsfähige Leasingobjekte über deren wirtschaftliche Nutzungsdauer abzuschreiben, wobei zur Bemessung der Abschreibungsdauer auch eine weitere Nutzung nach Ablauf des Leasingvertrages zu berücksichtigen ist. Die Abschreibung erfolgt dabei nach den Regelungen des IAS 16 für Sachanlagen sowie des IAS 38 für immaterielle Vermögenswerte (IAS 17.53). Gemäß IAS 17.54 ist außerdem regelmäßig die Werthaltigkeit des Leasingobjektes anhand der Regelungen des IAS 36 zu prüfen und gegebenenfalls eine außerordentliche Abschreibung vorzunehmen. Weitere Ausgaben, die im Zusammenhang mit dem Leasingverhältnis entstehen, sind unmittelbar als Aufwand zu erfassen (IAS 17.51).

Zu den Leasingerträgen gehören grundsätzlich alle Leasingzahlungen, die im Rahmen des Leasingverhältnisses hinreichend sicher an den Leasinggeber gezahlt werden, abgesehen von bedingten Leasingzahlungen und Zahlungen für erbrachte Dienstleistungen. Die Leasingerträge werden gemäß IAS 17.51 vom Leasinggeber erfolgswirksam als Erträge verbucht und unabhängig von den tatsächlichen Leasingzahlungen prinzipiell linear über die Leasinglaufzeit verteilt, um eine periodengerechte Erfassung des wirtschaftlichen Nutzenverlaufs herbeizuführen. Demnach ist eine andere als die lineare Verteilung nur dann zu wählen, wenn sie den Nutzenverlauf des Leasingobjektes besser widerspiegelt. Kommt es zu Abweichungen zwischen der Verteilung der Leasingerträge und den tatsächlichen Zahlungen, so sind Abgrenzungsposten zu bilden.

Im Gegensatz zum Finanzierungsleasing haben Hersteller oder Händler, die als Leasinggeber auftreten, bei einem Operating Leasing nach IAS 17.55 keinen Veräußerungsgewinn zu bilanzieren, da diese Form des Leasings nicht einem Verkaufsgeschäft entspricht.

Der Ausweis des Leasingobjektes in der Bilanz des Leasinggebers erfolgt im Anlagevermögen regelmäßig unter den Sachanlagen oder den immateriellen Vermögenswerten. In Ergänzung zu anderen Vorschriften der IFRS hat der Leasinggeber im Falle eines Operating Leasings zudem weitere Angaben im Anhang zu tätigen. IAS 17.56 fordert, dass der Leasinggeber im Anhang die Summe der künftigen Leasingzahlungen aus unkündbaren Leasingverhältnissen insgesamt sowie in einer Staffelung nach Fälligkeiten von bis zu einem Jahr, ein bis fünf Jahren und mehr als fünf Jahren angibt. Außerdem sind Angaben zur Summe der bedingten Mietzahlungen, die in der Berichtsperiode als Ertrag erfasst wurden, zu machen. Schließlich hat der Leasinggeber gemäß IAS 17.56 die Ausgestaltung wesentlicher Leasingverträge zu erläutern. Die Angabepflichten des IAS 32 sind für den Leasinggeber bei einem Operating Leasing hingegen nur dann relevant, falls die Leasingzahlungen bereits fällig, aber noch nicht gezahlt worden sind.

Bilanzierung besonderer Leasingverhältnisse

Eine besondere Form von Leasing ist zunächst das so genannte „Sale-and-Leaseback". Als Sale-and-Leaseback werden dabei solche Transaktionen bezeichnet, bei denen der Eigentümer eines Vermögenswertes diesen verkauft und im Gegenzug die Nutzungsrechte an dem Vermögenswert in Form eines Leasingvertrages zurück erhält (IAS 17.58). Der Verkäufer des Vermögenswertes ist demnach der Leasingnehmer, während der Käufer der Leasinggeber ist. Der Zweck einer solchen Transaktion liegt meist darin, kurzfristig liquide Mittel zu generieren und gleichzeitig die Option zu haben, den Vermögenswert zurück zu erwerben. Deshalb sollten sie für den Bilanzleser sehr interessant sein, da sie häufig als Anzeichen für Liquiditätsengpässe gewertet werden können. Für die Einordnung einer Sale-and-Leaseback-Transaktion stellt IAS 17 ebenfalls auf die Verteilung der Risiken und Chancen an dem Vermögenswert ab. Die Besonderheit in der Bilanzierung dieser Transaktionen liegt dann aber in der bilanziellen Behandlung von Veräußerungsgewinnen oder -verlusten beim Leasingnehmer, wenn der Buchwert des Vermögenswertes und der Veräußerungspreis auseinander fallen. Bei einem Finanzierungsleasing behält der Leasingnehmer trotz der vorangegangenen Veräußerung das wirtschaftliche Eigentum. Wird der Leasingvertrag als Finanzierungsleasing klassifiziert, so darf der Unterschiedsbetrag zwischen dem höheren Verkaufserlös und dem niedrigeren Buchwert gemäß IAS 17.59 vom Leasingnehmer nicht sofort als Ertrag verbucht werden, sondern ist abzugrenzen und über die Laufzeit des Leasingverhältnisses erfolgswirksam zu verteilen. Gemäß der wirtschaftlichen Betrachtungsweise hat gar kein Verkauf, sondern lediglich ein Finanzierungsvorgang stattgefunden. Der Leasinggeber gibt dem Leasingnehmer einen Kredit, wobei das Leasingobjekt als Sicherheit dient (IAS 17.60). Wird der Leasingvertrag hingegen als Operating Leasing eingestuft, ist der Leasinggeber sowohl rechtlicher als auch wirtschaftlicher Eigentümer. In diesem Fall wird ein Verkaufsgeschäft unterstellt. Nach IAS 17.61 ff. soll allerdings nur der Teil des Veräußerungserfolges vom Leasingnehmer unmittelbar erfolgswirksam erfasst werden, der sich bei einem marktüblichen Veräußerungsgeschäft ergeben hätte.

Zu den besonderen Leasingverhältnissen, deren konkrete Bilanzierung von verschiedenen, hier nicht näher diskutierten Sachverhalten abhängt, gehören darüber hinaus so genannte „Lease-and-Leaseback-Transaktionen". Bei dieser Art von Leasingvereinbarungen wird ein Leasingobjekt vermietet und im Gegenzug durch einen Untermietvertrag zurück vermietet. Eine solche Gestaltung wird oftmals grenzüberschreitend zur Erzielung steuerlicher Vorteile angewandt. Es ist allerdings fraglich, ob nach einer wirtschaftlichen Betrachtungsweise auch tatsächlich ein Leasingverhältnis vorliegt, oder ob der Zweck der Übertragung eines Nutzungsrechtes nicht durch den Hauptzweck der Steuerersparnis verdrängt wird. Als weiteres besonderes Leasingverhältnis gilt schließlich das „Sublease-Verhältnis". Hier vermietet der Leasingnehmer das Leasingobjekt, welches sich im rechtlichen Eigentum des Leasinggebers befindet, an einen Dritten weiter.

Perspektiven der Leasingbilanzierung

Seit einiger Zeit gibt es Bestrebungen, die Bilanzierung von Leasingverhältnissen nach IAS 17 durch einen neuen Standard abzulösen. Grundlage dieser Reformbemühungen sind zum einen Konvergenzbestrebungen des IASB und des US-amerikanischen Financial Accounting Standards Board (FASB). Die derzeitigen Regelungen können dazu führen, dass die länderübergreifenden Regelungen der IFRS im Sinne der nationalen Bilanzierungspraxis angewendet werden, was insbesondere zwischen den prinzipienorientierten IFRS und den detaillierten US-GAAP zu einer inkonsistenten Anwendung führen kann. Deshalb verfolgen beide Standardsetter das Ziel einer einheitlichen, mit beiden Rechnungslegungssystemen harmonierenden Leasingbilanzierung. Zum anderen – und dies ist der Hauptgrund für die angestrebte Reform – wird die Leasingbilanzierung nach IAS 17 inhaltlich stark kritisiert. Die Kritiker beziehen sich dabei vor allem auf drei Hauptkritikpunkte: (1.) die Komplexität der derzeitigen Regelungen, (2.) die große Anzahl an Gestaltungs- und Ermessensspielräumen sowie (3.) den unvollständigen Ausweis von Vermögenswerten und Verbindlichkeiten.

Mitte März 2009 hat das IASB – in Kooperation mit dem FASB – deshalb ein Diskussionspapier „Leases – Preliminary Views" veröffentlicht, in dem die Leasingbilanzierung beim Leasingnehmer behandelt und das so genannte „Right-of-use"-Modell favorisiert wird. Die Bilanzierung beim Leasinggeber soll zu einem späteren Zeitpunkt im Rahmen eines weiteren Projekts überarbeitet werden.

Grundsätzlich bilanziert der Leasingnehmer beim „Right-of-use"-Modell mit seinem Nutzungsrecht am Leasingobjekt einen immateriellen Vermögenswert und parallel dazu eine entsprechende Verbindlichkeit für die Pflicht zur Zahlung der Leasingraten. Schließlich – so die Überlegung – hat der Leasingnehmer nach Zustellung des Leasingobjektes ein uneingeschränktes Recht zu dessen Nutzung während der Leasinglaufzeit, aber eben auch eine uneingeschränkte Verpflichtung zur Zahlung der vereinbarten Leasingraten in diesem Zeitraum. Der Leasingnehmer bilanziert jedoch ausschließlich Verfügungsrechte und keine Rechte am Gegenstand selbst. Er passiviert deshalb auch keine Verpflichtung zur Rückgabe des Leasingobjektes an den Leasinggeber, weil ihm dadurch kein wirtschaftlicher Nutzenabfluss entsteht. Ebenfalls nicht bilanziert werden Dienstleistungen, die mit der Übergabe des Vermögenswertes noch nicht erfüllt sind. Der Leasinggeber aktiviert hingegen seinen Zahlungsanspruch als Forderung sowie das Recht zur Rückgabe des Vermögenswertes am Vertragsende in Form des geschätzten Restwertes zum Vertragsende.

Das Nutzungsrecht des Leasingnehmers ist wie seine Verbindlichkeit für die zu leistenden Leasingzahlungen mit dem Barwert der erwarteten Leasingzahlungen anzusetzen, zu dessen Berechnung ein Zinssatz heranzuziehen ist, den der Leasingnehmer selbst bei einer Finanzierung des Leasingobjektes über einen vergleichbaren Zeitraum aufwenden müsste. Die Folgebewertung hat nach der Art des Leasingobjektes zu erfolgen. Der Leasingnehmer schreibt in den Folgeperioden das Nutzungsrecht planmäßig über den kürzeren Zeitraum aus Leasinglaufzeit und wirtschaftlicher Nutzungsdauer des Leasingobjektes ab und mindert die Verbindlichkeit jeweils durch den Tilgungsanteil der Leasingzahlung in der Berichtsperiode. Die Aufteilung der Leasingzahlungen in Zins- und Tilgungsteil erfolgt auch hier anhand der Effektivzinsmethode. Der Leasinggeber aktiviert derweil in der Summe aus Forderung und Restwert einen Betrag, der mit einem Nettoinvestitionswert vergleichbar ist, da in dieser Summe der Barwert der Mindestleasingzahlungen inklusive eines diskontierten Restwertes enthalten ist. Während der vereinbarten Grundmietzeit wird das Leasingobjekt beim Leasinggeber nicht planmäßig abgeschrieben, da zu Vertragsbeginn bereits eine Abschreibung auf den geschätzten Restwert erfolgt ist. Die bilanzielle Behandlung nach dem „Right-of-use"-Modell ähnelt daher der aktuellen Bilanzierung eines Finanzierungsleasings, auch wenn der Leasingnehmer nicht das Leasingobjekt, sondern ein Nutzungsrecht bilanziert.

Nach den Reformüberlegungen sollen anstelle von körperlichen Vermögenswerten nun Nutzungsrechte beim Leasingnehmer bilanziert werden, so dass ein einheitliches Vorgehen die Unterscheidung zwischen Operating Leasing und Finanzierungsleasing ablöst. Der neue Ansatz zerlegt den Leasingvertrag dafür in seine einzelnen Rechte und Verpflichtungen. Das Modell basiert damit auf der Annahme, dass ein Bündel von Rechten, das ein Leasingnehmer durch eine Leasingvereinbarung erhält, den Rechten eines Erwerbes des Leasingobjektes zwar sehr ähnlich sein kann, aber regelmäßig nicht exakt entspricht und von geringerem Umfang ist. Des Weiteren geht dieses Modell davon aus, dass der Leasinggeber mit dem Nutzungsrecht ein Bündel von Rechten am Leasingobjekt abgibt, um sich im Gegenzug das Recht auf Erhalt der vereinbarten Leasingzahlungen zu sichern. Der Leasingnehmer bilanziert nicht die vollständigen Rechte am Leasingobjekt, weil ihm diese am Vertragsende nicht zustehen. Er beschränkt seine Bilanzierung stattdessen auf das Recht zur Nutzung des Leasingobjektes.

Die meisten Leasingverträge sind nun allerdings so vereinbart, dass dem Leasingnehmer diverse Optionen eingeräumt werden. Im Falle von Verlängerungs-, Kündigungs- oder Kaufoptionen wird davon ausgegangen, dass der Leasingnehmer bereit ist, für einen Zugewinn an

Flexibilität durch die Möglichkeit einer Optionsausübung einen Aufpreis zu zahlen, während der Leasinggeber sich seine eingeschränkte Flexibilität vergüten lässt. Folglich bilanziert der Leasingnehmer auch nur ein bis zum Ausübungszeitpunkt der Option befristetes Nutzungsrecht, indem Nutzungsrecht und Verbindlichkeit nur in der Höhe des Barwertes der Mindestleasingzahlungen bis zum Zeitpunkt der Optionsausübung angesetzt werden. Zusätzlich erfolgt dann beim Leasingnehmer der Ansatz des beizulegenden Zeitwertes der Option, sofern dieser nicht unwesentlich ist. Hinsichtlich der Bestimmung des Optionswertes kommt es allerdings sehr häufig zu komplexen Bewertungsproblemen. Besteht ein faktischer Zwang zur Optionsausübung, so ist dies bei der Bilanzierung des Leasingverhältnisses ebenfalls zu berücksichtigen. In den aktuellen Diskussionen zeichnet sich diesbezüglich ab, dass der Leasingnehmer solche Optionen nicht als separaten Vermögenswert aktivieren sollte. Stattdessen ist zu erwarten, dass sich die Bilanzierung von Leasingverhältnissen mit Optionen an der durch eine Schätzung ermittelten, wahrscheinlichsten Leasingdauer orientieren wird. Dies eröffnet dem Bilanzierenden jedoch erneut Ermessens- und Gestaltungsspielräume.

Aufgabe 1

Die Sport AG ist der Weltmarktführer bei der Herstellung von Wettkampfspeeren für die Leichtathletikelite. Um weiterhin hochwertige Speere herstellen zu können, will die Sport AG stets neue Maschinen einsetzen. Entsprechend werden die Maschinen nur über eine Dauer zwischen 42 und 48 Monaten genutzt und dann für etwa 25 Prozent des Kaufpreises, der in der Regel dem Marktwert der Maschine zu diesem Zeitpunkt entspricht, verkauft. Anstatt – wie früher – die Maschinen per Bankkredit zu finanzieren, hat sich die Sport AG entschlossen, die neue Anlage bei der Finanz AG zu leasen. Der Kaufpreis beträgt 125.000 Euro. Der Aufbau und die Installation der Maschine werden 12.000 Euro kosten und von einem Drittunternehmen auf Rechnung erbracht. Ein Fundament muss nicht gegossen werden, da bereits nach der letzten Erweiterung der Werkshalle Vorbereitungen für den Aufbau einer neuen Maschine getroffen wurden.

Mit der Finanz AG wurden folgende Vertragskonditionen festgelegt: Die unkündbare Grundmietzeit beträgt 48 Monate. Die betriebsgewöhnliche Nutzungsdauer von Maschinen dieser Art beträgt 5 Jahre. Die vierteljährlichen Leasingraten betragen 8.503,06 Euro und sind zum Ende jedes Vierteljahres fällig. Der jährliche Zins liegt bei 8,00 Prozent. Als Vertragsbeginn wird der 01.01.09 festgelegt.

a) Liegt nach IAS 17 Operating Leasing oder Finanzierungsleasing vor?

b) Welche Buchungen hat die Sport AG zu Beginn des Leasingverhältnisses am 1. Januar vorzunehmen (Steuern sind zu vernachlässigen!)?

c) Welche Leasing-Buchungen sind von der Sport AG zum 31.03.09 vorzunehmen (Steuern sind zu vernachlässigen)? Geben Sie die Höhe der Verbindlichkeiten der Sport AG aus diesem Leasinggeschäft an!

Aufgabe 2

Welche Arten besonderer Leasingverhältnisse kennen Sie?

Aufgabe 3

Welche Unterschiede bestehen bei der Bilanzierung von Leasingverhältnissen nach den IFRS und den handelsrechtlichen Vorschriften? Beurteilen Sie dabei auch, unter welchem Normensystem Leasingverträge häufiger als Finanzierungsleasing qualifiziert werden!

Lösung 1

a) Es ist zu prüfen, ob Finanzierungsleasing vorliegt. Dies ist der Fall, wenn die wesentlichen Risiken und Chancen aus dem Leasinggeschäft von der Finanz AG (Leasinggeber) auf die Sport AG (Leasingnehmer) übergegangen sind und die Sport AG dadurch der wirtschaftliche Eigentümer geworden ist. Typische Fälle von Finanzierungsleasing werden in IAS 17.8 und 17.9 genannt und sollten dementsprechend als Grundlage der Prüfung dienen. Im vorliegenden Fall bietet die Angabe der Vertragslaufzeit konkrete Anhaltspunkte. Der Leasingvertrag wurde über eine Laufzeit von 48 Monaten geschlossen, wobei die betriebsgewöhnliche Nutzungsdauer des Leasinggegenstands bei 60 Monten liegt. Der Leasingvertrag macht demnach 80 Prozent der oder aber den größten Teil der betriebsgewöhnlichen Nutzungsdauer aus. Da nicht alle Merkmale der unterschiedlichen Vertragskonstellationen kumulativ erfüllt sein müssen, sondern es vielmehr ausreicht, wenn eine Eigenschaft vorliegt, lässt sich insgesamt festhalten, dass es sich beim Leasing der Maschine um Finanzierungsleasing handelt.

b) Der Leasingnehmer (Sport AG) hat infolge der Klassifikation des Vertrags als Finanzierungsleasing die Maschine in seiner Bilanz zu aktivieren und in gleicher Höhe eine Verbindlichkeit zu passivieren. Nach IAS 17.20 ist der niedrigere Betrag aus dem aktuellen beizulegenden Zeitwert (Kaufpreis) und dem Barwert der Mindestleasingzahlungen zuzüglich einer etwaigen Kaufoption zu aktivieren bzw. zu passivieren.

Barwert der Leasingraten (8503,06 Euro • Rentenbarwertfaktor):   115.978,26 Euro

Aktuell beizulegender Zeitwert (Kaufpreis):   125.000,00 Euro

Folglich ist der Betrag von 115.978,26 Euro zu aktivieren bzw. zu passivieren. Es muss jedoch noch beachtet werden, dass die direkt zurechenbaren Anschaffungsnebenkosten in Höhe von 12.000 Euro ebenfalls zu aktivieren sind. Insgesamt ergibt sich damit folgender Buchungssatz:

Maschinen	*127.978,26 €*	*an*	*Leasingverbindlichkeiten*	*115.978,26 €*
			Verbindlichkeiten aus L&L	*12.000,00 €*

c) Zum 31.03. ist folgende Leasingrate zu buchen:

Zinsaufwand   2.253,06 €
Leasingverbindlichkeiten   6.250,00 €   an   Bank   8.503,06 €

Die Verbindlichkeit aus dem Leasinggeschäft beträgt 109.728,25 Euro.

109.728,25 = 115.978,26 − 6.250,00 €

6.250,00 € = 8.503,66 € − [115.978,26 € (Barwert Leasingraten) • 1,943%]

$$1{,}943\% = [(1{,}08)^{1/4} - 1]$$

Quartal	Periode	Zahlung am Perioden-beginn	Zinsaufwand	Tilgung	Barwert nach Tilgung
		a	b	c	d
			= d • 1,943%	= a − b	= d_{t-1} − c
					115.978,26
1. Quartal 09	1	8.503,06	2.253,06	6.250,00	109.728,25
2. Quartal 09	2	8.503,06	2.131,64	6.371,42	103.356,84
3. Quartal 09	3	8.503,06	2.007,87	6.495,19	96.861,64
4. Quartal 09	4	8.503,06	1.881,69	6.621,37	90.240,27
1. Quartal 10	5	8.503,06	1.753,06	6.750,00	83.490,27
2. Quartal 10	6	8.503,06	1.621,93	6.881,13	76.609,13
3. Quartal 10	7	8.503,06	1.488,25	7.014,81	69.594,32
4. Quartal 10	8	8.503,06	1.351,98	7.151,08	62.443,24
1. Quartal 11	9	8.503,06	1.213,06	7.290,00	55.153,24
2. Quartal 11	10	8.503,06	1.071,44	7.431,62	47.721,62
3. Quartal 11	11	8.503,06	927,07	7.575,99	40.145,62
4. Quartal 11	12	8.503,06	779,89	7.723,17	32.422,45
1. Quartal 12	13	8.503,06	629,86	7.873,20	24.549,25
2. Quartal 12	14	8.503,06	476,91	8.026,15	16.523,10
3. Quartal 12	15	8.503,06	320,99	8.182,07	8.341,02
4. Quartal 12	16	8.503,06	162,04	8.341,02	0,00

Lösung 2

Zunächst gibt es „Sale-and-Leaseback"-Transaktionen, bei denen der Eigentümer eines Vermögenswertes diesen verkauft und im Gegenzug die Nutzungsrechte an dem Vermögenswert in Form eines Leasingvertrages zurück erhält. Bei „Lease-and-Leaseback"-Transaktionen wird ein Leasingobjekt vermietet und im Gegenzug durch einen Untermietvertrag zurück gemietet. Schließlich vermietet der Leasingnehmer bei „Sublease-Verhältnissen" das Leasingobjekt, welches sich im rechtlichen Eigentum des Leasinggebers befindet, an einen Dritten weiter.

Lösung 3

Grundsätzlich unterscheidet sich die Bilanzierung (Ansatz und Bewertung) von Leasingverhältnissen nach IFRS und HGB nicht. Unterschiede können sich jedoch ergeben, wenn die ausgewiesenen Wertansätze voneinander abweichen. Beim Operating Leasing werden die Leasingzahlungen nach den deutschen Vorschriften im Regelfall sofort als Aufwand geltend gemacht, während sie nach den IFRS u. U. passender auf die einzelnen Perioden zu verteilen sind. Darüber hinaus sind die Angabepflichten nach den IFRS im Vergleich zum HGB wesentlich umfangreicher und detaillierter. Da IAS 17 im Vergleich zu den handels- und steuerrechtlichen Vorschriften kaum quantitative Kriterien für die Zurechnung von Gegenständen zum Leasinggeber oder Leasingnehmer enthält, dürften im Ergebnis nach den IFRS mehr Vertragsverhältnisse als Finanzierungsleasing qualifiziert werden. Folglich enthalten die nach internationalen Normen aufgestellten Bilanzen tendenziell mehr Vermögenswerte als die prinzipiell auf identischen Vorschriften basierenden handelsrechtlichen Abschlüsse.

Literaturhinweise

ALVAREZ, M. ET AL. (2001): Leasingverhältnisse nach IAS 17 – Zurechnung, Bilanzierung, Konsolidierung, in: WPg, 54. Jg., S. 933–947.

DOLL, R.-P. (2006): Leasing, in: BOHL, W. ET AL. (Hrsg.), Beck`sches IFRS-Handbuch – Kommentierung der IFRS/IAS, 2. Aufl., München, S. 557–589.

FÜLBIER, R. U./PFERDEHIRT, H. (2005): Überlegungen des IASB zur künftigen Leasingbilanzierung: Abschied vom off balance sheet approach, in: KoR, 5. Jg., S. 275–285.

OVERSBERG, T. (2007): Paradigmenwechsel in der Bilanzierung von Leasingverhältnissen – Eine Einführung in das aktuelle IASB/FASB-Leasingprojekt, in: KoR, 7. Jg., S. 376–386.

PELLENS, B./FÜLBIER, R. U./GASSEN, J./SELLHORN, T. (2007): Internationale Rechnungslegung, 7. Aufl., Stuttgart.

PFERDEHIRT, H. (2007): Die Leasingbilanzierung nach IFRS – Eine theoretische und empirische Analyse der Reformbestrebungen, Wiesbaden.

WAGENHOFER, A. (2005): Internationale Rechnungslegungsstandards – IAS/IFRS, 5. Aufl., Frankfurt am Main.

Sven Müller und Tobias Wagner

2.2.3 Risikoberichterstattung am Beispiel von CO_2-Zertifikaten (IFRS 7)

Problemstellung

Der Ausstoß von Kohlendioxid – als wichtigstes anthropogenes Treibhausgas – erweist sich nach Analysen der *IPCC* („Intergovernmental Panel on Climate Change – Zwischenstaatlicher Ausschuss für Klimaänderungen") als eine der wesentlichsten Ursachen für die Veränderungen des Klimas mit all seinen Folgen.[1] Diese Aussage stellt eines der Ergebnisse der im Jahr 2007 veröffentlichten Studie „Klimaänderungen 2007" der IPCC dar, welche die Relevanz des Kohlendioxidausstoßes für das Weltklima vor Augen führt. Aufgrund der negativen Auswirkungen dieses Treibhausgases beschloss die Staatengemeinschaft im Zuge der Verabschiedung des *Protokolls von Kyoto zum Rahmenübereinkommen der Vereinten Nationen über Klimaänderungen* bereits am 11. Dezember 1997 eine quantifizierte Emissionsbegrenzungs- und Emissionsreduktionsverpflichtung vertraglich festzusetzen. Dieser Vertrag sieht im Artikel 3 der Übereinkunft einen ersten Verpflichtungszeitraum für die quantifizierte Emissionsbegrenzung und -reduktion vom 01. Januar 2008 bis zum 31. Dezember 2012 vor. Darüber hinaus beinhaltet das Kyoto-Protokoll die Grundlage des vorliegenden Beitrages. So ermöglicht das Abkommen den Handel mit zertifizierten Emissionsreduktionen.[2]

Bezüglich der Frage über den Ansatz und die bilanzielle Bewertung von CERs hat das IASB bereits im Dezember 2004 die Interpretation IFRIC 3 veröffentlicht. Letztere kam jedoch aufgrund der fehlenden Anerkennung im Zuge des Komitologieverfahrens der Europäischen Union im Mai 2005 nicht zur Anwendung, was zur Folge hatte, dass das IASB den IFRIC 3 im Juni 2005 zurückgezogen hat. Aufgrund der – wie oben ersichtlich – wachsenden Bedeutung von CERs ist trotz der Ablehnung durch die Europäische Union eine Entscheidung über die Bilanzierung solcher Emissionsrechte geboten. Aus diesem Grund hat das IASB bereits im September 2005 das Projekt „Emission Trading Shemes" begonnen, in welchem kein neuer Standard, sondern vielmehr die Anpassung bestehender Standards wie dem IAS 38, IAS 39 und dem IAS 20 vorgenommen werden sollen. Mit einer Veröffentlichung des ersten Entwurfs wird im zweiten Halbjahr 2009 gerechnet. Folglich ist bis zur Verabschiedung der hieraus resultierenden Änderungen und die Annahme dieser Änderungen durch die Europäische Union ein Rückgriff auf bestehende Regelungen erforderlich.

---

[1] Vgl. *IPCC* (2007), S. 14.

[2] Diese sind sowohl in der Praxis als auch in der Theorie insbesondere unter der Abkürzung CER („Certified Emission Reduction") zu finden, weshalb im Folgenden das Kürzel CER Verwendung findet, wenn von zertifizierten Emissionsreduktionen die Rede ist. CERs sind den Kohlendioxid-Zertifikaten zu subsumieren, wobei der Begriff „Kohlendioxid" für sämtliche Treibhausgase steht.

Inwieweit der IFRS 7 „Finanzinstrumente: Angaben" auf Kohlendioxid-Zertifikate anzuwenden ist und welche Besonderheiten im Zuge von Kohlendioxid-Zertifikaten bei der Risikoberichterstattung zu beachten sind, soll der vorliegende Beitrag klären. Hierzu werden zunächst mögliche Ausgestaltungen von Kohlendioxid-Zertifikaten erläutert. Im Anschluss erfolgt eine Darstellung der Regelungen des IFRS 7. Die Fallstudie veranschaulicht schließlich die abstrakten Regelungen anhand von Praxisbeispielen.

Kohlendioxid-Zertifikate und ihre Ausgestaltung

Im Zuge der Bilanzierung von Kohlendioxid-Zertifikaten gilt es zunächst die Frage zu klären, welcher Internationale Rechnungslegungsstandard anzuwenden ist. Um diese Frage zu beantworten, werden an dieser Stelle mögliche Formen der Ausgestaltung von Kohlendioxid-Zertifikaten angesprochen. Im Rahmen des vorliegenden Beitrages werden Kohlendioxid-Zertifikate insbesondere in CER-Kontrakte und in sogenannte ERPA-Kontrakte unterschieden.

CER-Kontrakte sind zertifizierte Rechte für die Emission von Treibhausgasen, welche durch Verursacher von Treibhausgasen erworben werden müssen beziehungsweise diese von staatlichen Institutionen zugeteilt bekommen. Solche Rechte erfüllen die Definitionsvoraussetzung des IAS 38 „Immaterielle Vermögenswerte" wonach sie einen identifizierbaren, nicht monetären Vermögenswert ohne physische Substanz darstellen. In der Folge sind CERs nach Auffassung der Autoren als immaterieller Vermögenswert zu bilanzieren. Da für den Handel von CERs ein aktiver Markt besteht, d. h. die Produkte homogen sind, vertragswillige Käufer und Verkäufer in der Regel jederzeit gefunden werden können und die Preise für CERs der Öffentlichkeit zur Verfügung stehen, ist für die Bewertung dieser CERs neben dem Anschaffungskostenmodell auch die Verwendung der Neubewertungsmethode sachgerecht. Für CERs, welche nicht käuflich am Markt erworben, sondern durch staatliche Institutionen zugeteilt wurden, kommt neben dem IAS 38 auch der IAS 20 „Bilanzierung und Darstellung von Zuwendungen der öffentlichen Hand" zur Anwendung.[3] Aufgrund der Einordnung von CERs als immateriellen Vermögenswert sind keine Angaben entsprechend des IFRS 7 zu machen. Eine explizite Risikoberichterstattung – wie sie der IFRS 7 fordert – findet folglich nicht statt. Von daher wird in der vorliegenden Fallstudie nicht näher auf CERs eingegangen, sondern der Fokus auf ERPA-Kontrakte gelegt.

ERPA steht in diesem Fall für „Emission Reduction Purchase Agreement". Es handelt sich bei ERPA Verträgen nicht um Kohlendioxid-Zertifikate im engeren Sinne. Vielmehr bauen ERPA-Kontrakte auf CERs auf beziehungsweise haben diese zum Inhalt. Wie bereits bekannt, handelt es sich bei CERs um von staatlichen Institutionen zertifizierte Rechte, welche zum Ausstoß von Treibhausgasen berechtigen. Diese Rechte wurden den Unternehmen in einem ersten Schritt zugeteilt. Sollte ein Unternehmen mehr Treibhausgase generieren, ist das Unternehmen in einem zweiten Schritt dazu angehalten, die Anzahl seiner CERs entsprechend anzupassen. Hierzu ist ein Rückgriff auf am Markt verfügbare CERs erforderlich.

---

[3] Für einen Überblick über die Bilanzierung von CERs siehe den Beitrag „2.1.4 Umlaufvermögen (insbesondere Vorräte, Forderungen und Umweltverschmutzungsrechte)" von LORSON/DARSOW/HORN/TOEBE (2009), S. 135 ff.

2.2.3 Risikoberichterstattung am Beispiel von CO_2-Zertifikaten (IFRS 7)

Letztere werden von Unternehmen veräußert, die einen geringeren Ausstoß von Treibhausgasen verursachen als ihnen CERs zugeschrieben wurden. Von diesem Gedanken sind die ERPA-Kontrakte geprägt. Sie haben zum Ziel, Projekte unterschiedlichster technologischer Art durchzuführen, die eine Reduktion der Emission von Treibhausgasen zur Folge haben. Die damit generierten und für Handelszwecke[4] zur Verfügung stehenden CERs sollen die für die Projektdurchführung entstandenen Kosten kompensieren. Ein ERPA-Kontrakt beinhaltet grundsätzlich eine Verpflichtung einer Vertragspartei (Partei A) zur finanziellen Unterstützung bei der Realisierung der Projekte (z. B. Einbau von Filteranlagen, Einsatz von Windenergie etc.). Diese finanzielle Verpflichtung kann sowohl aus Zahlungen im Vorfeld der Projektrealisierung bestehen als auch aus Zahlungen nach der Projektrealisierung. Letzteres ist unter anderem der Fall, wenn sich eine Vertragspartei (Partei A) dazu verpflichtet, eine im Vorfeld bestimmte Menge an CERs zu einem ebenfalls im Vorfeld definierten Preis abzunehmen. Eine Lieferung erfolgt aufgrund der hohen Ungewissheit jedoch lediglich, wenn die Projekte durch die Vereinten Nationen zertifiziert sind und tatsächlich CERs generiert werden. Inwieweit die Risikoaufteilung diesbezüglich erfolgt ist, abhängig von den jeweiligen Vertragsvereinbarungen.

ERPA-Kontrakte stellen demnach kein Recht auf die Emission von Treibhausgasen dar. Vielmehr handelt es sich hierbei um ein Finanzinstrument, welches die Definition des IAS 32 „Finanzinstrumente: Darstellung" erfüllt. Somit führt ein ERPA-Kontrakt, bei einer Vertragspartei zu einem finanziellen Vermögenswert und bei der anderen Vertragspartei zu einer finanziellen Verpflichtung. In der Folge ist neben dem IAS 32 für die Bewertung und den Ansatz von ERPA-Kontrakten der IAS 39 „Finanzinstrumente: Ansatz und Bewertung" relevant. Anders als ebenfalls existierende Futures auf Kohlendioxid-Zertifikate[5] sind ERPA-Kontrakte in ihrem Aufbau komplexer und weisen den Vertragsparteien mehr Gestaltungsspielraum zu, was dadurch bedingt ist, dass keine standardisierten ERPA-Kontrakte existieren, die an Wertpapier- und Energiebörsen gehandelt werden.

Aufgrund der Tatsache, dass es sich bei ERPA-Kontrakten um Finanzinstrumente handelt, sind ebenfalls explizite Angaben zu den Risiken solcher Verträge erforderlich. Diese Angaben werden im IFRS 7 „Finanzinstrumente: Angaben" näher geregelt.

---

[4] Der Begriff „Handelszwecke" bezieht sich an dieser Stelle nicht auf die in IAS 39.9 erläuterte Bewertungskategorie „zu Handelszwecken gehalten".

[5] Futures auf CERs werden unter anderem in Leipzig (European Energy Exchange; EEX) gehandelt.

```
┌─────────────────────────────┐      ┌─────────────────────────┐      ┌─────────────────┐
│                             │  →   │ IAS 38 „Immaterielle    │      │                 │
│ Certified Emission Rights   │      │ Vermögenswerte"         │      │ Risikobericht   │
│ (CER)                       │      └─────────────────────────┘      │ fakultativ      │
│                             │  →   ┌─────────────────────────┐      │                 │
│                             │      │ IAS 20 „öffentliche     │      │                 │
└─────────────────────────────┘      │ Zuwendungen"            │      └─────────────────┘
                                     └─────────────────────────┘

┌─────────────────────────────┐      ┌─────────────────────────┐      ┌─────────────────┐
│                             │      │ IAS 39                  │      │                 │
│ Emission Reduction Purchase │  →   │ „Finanzinstrumente:     │      │ Risikobericht   │
│ Agreement (ERPA)            │      │ Ansatz / Bewertung"     │      │ obligatorisch   │
│                             │      └─────────────────────────┘      │                 │
│                             │  →   ┌─────────────────────────┐      │                 │
│                             │      │ IFRS 7                  │      │                 │
└─────────────────────────────┘      │ „Finanzinstrumente:     │      └─────────────────┘
                                     │ Angaben"                │
                                     └─────────────────────────┘
```

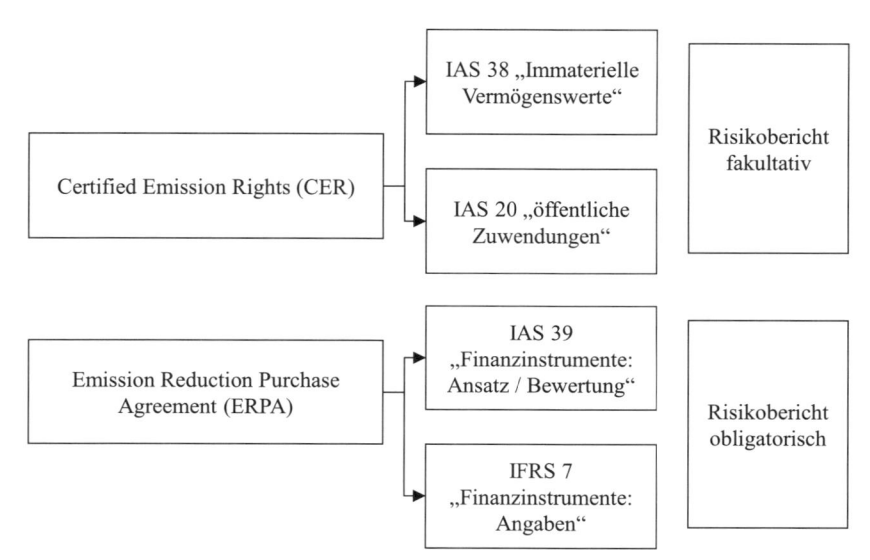

Abbildung 1:   *CERs versus ERPA – Darstellung der anzuwendenden Standards*

Grundlagen zur Risikoberichterstattung nach IFRS 7

Anders als in den nationalen Regelungen des deutschen Gesetzgebers zur Bilanzierung lassen sich in den Internationalen Rechnungslegungsnormen keine detaillierten Informationen bezüglich der Erstellung eines Risikoberichtes, welcher sämtliche (erkennbaren) Risiken des Unternehmens abdeckt, finden. Lediglich im IAS 1.125 ff.[6] werden allgemeine Hinweise auf die Risikoberichterstattung gegeben. Sie klären jedoch nicht über den Umfang und die spezifischen Anforderungen einer mit den IFRS konform gehenden Risikoberichterstattung auf. Dies bedeutet jedoch nicht, dass sämtliche Risiken einer solch „unscharfen" Regelung unterliegen. So müssen für Finanzinstrumente, welche die Definition nach IAS 32 erfüllen und einer Bewertung nach IAS 39 unterliegen, umfangreiche Angaben sowohl über deren Zusammensetzung als auch über die mit den Finanzinstrumenten verbunden Risiken gemacht werden. Da die Risikoberichterstattung an die Existenz von Finanzinstrumenten geknüpft ist und ERPA-Kontrakte – wie im vorangehenden Kapital erwähnt – Finanzinstrumente darstellen, sind für diese Verträge Risikoangaben unabdingbar.

Ausgehend von der den ERPA-Kontrakten inhärenten Struktur, lässt sich erkennen, das diese nicht primäres Betätigungsfeld von Banken und ähnlichen Finanzinstitutionen (z. B. Versicherungen) sind. Vielmehr sind solche Konstruktionen in darauf spezialisierten Investitionsvehikeln vorzufinden. Diese waren bis zum 31. Dezember 2006 von der Berichterstattung über Risiken aus diesen Kontrakten befreit, da eine Risikoberichterstattung bis zu diesem

---

[6] Die Angaben zum IAS 1 beziehen sich auf den am 18. Dezember 2008 von der Europäischen Union übernommenen Standard IAS 1.

2.2.3 Risikoberichterstattung am Beispiel von CO_2-Zertifikaten (IFRS 7)

Zeitpunkt lediglich von Banken und ähnlichen Finanzinstitutionen zu erfolgen hatte. Dies änderte sich mit der Verabschiedung des IFRS 7 am 18. August 2005. Dieser neue Standard, der Teile des IAS 32 ersetzt und den IAS 30 gänzlich aufhebt, war erstmals für Geschäftsjahre ab dem 01. Januar 2007 anzuwenden und sah vor, die Risikoberichterstattung neu zu strukturieren. Von nun an kam nicht mehr der bis dato gültige „Entity Approach" zur Anwendung, welcher eine Anwendung von der Brancheneinteilung des bilanzierenden Unternehmens abhängig machte. Auch für die Risikoberichterstattung von Finanzinstrumenten galt ab dem Geschäftsjahr 2007 der „Activity Approach", wonach nicht die Brancheneinteilung den Ausschlag für die Verpflichtung zur Risikoberichterstattung von Finanzinstrumenten gab. Vielmehr war vom 01. Januar 2007 die Existenz von Finanzinstrumenten im Unternehmen ursächlich für die Aufstellung einer Risikoberichterstattung. Zudem ging mit der Einführung des neuen Standards eine Ausweitung der risikobezogenen Informationen einher.

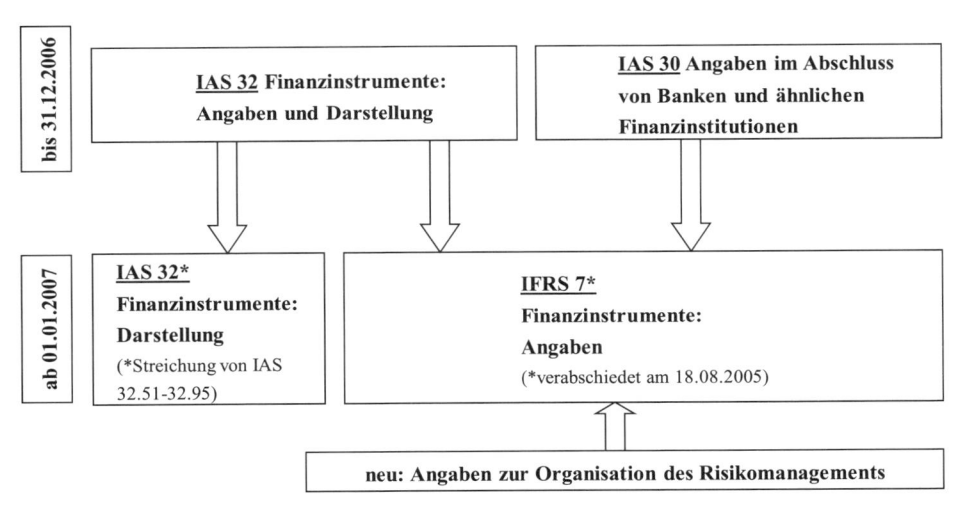

Abbildung 2:   *IFRS 7 – Risikoberichterstattung nach IFRS in der Entwicklung*

Die Zielsetzung des IFRS 7 ist grundsätzlich zweigeteilt, wobei beide Ziele miteinander korrespondieren und sich gegenseitig bedingen. Neben dem Ziel den Einblick in die wirtschaftliche Lage des Unternehmens durch das Explizieren der Bedeutung von Finanzinstrumenten für die finanzielle Lage und Leistung des Unternehmens zu verbessern, steht die Beurteilung der finanziellen Risiken im Fokus des IFRS 7. Dem ersten Punkt wird durch die Verpflichtung zur Erstellung umfangreicher Angaben bezüglich der Auswirkung von Finanzinstrumenten auf die Bilanz und auf die Gewinn- und Verlustrechnung sowie darüber hinaus zu Sicherungsbeziehungen und dem Einsatz der Bewertung mit dem beizulegenden Zeitwert gerecht. Zur Beurteilung der Risiken im Rahmen des IFRS 7 erfolgt ein Rückgriff auf Angaben zur Risikoberichterstattung gemäß IAS 30. Vergleichbar sind zudem die Angabepflichten, welche die Bundesanstalt für Finanzdienstleistungsaufsicht (BaFin) verlangt.[7] So sind insbesondere Angaben über das Ausfallrisiko, das Liquiditätsrisiko sowie das Marktrisiko zu veröffentlichen. Letzteres enthält neben dem Währungsrisiko und dem Zinsänderungsrisiko auch sonstige Preisrisiken. Folglich geht das IASB den Weg der prospektiven Einschränkung der Risikopotenziale. Durch die Risikokategorie der sonstigen Preisrisiken wird diese „augenscheinliche" Einschränkung jedoch wieder aufgehoben. Auf diese Weise wird den bilanzierenden Unternehmen ein auf das Unternehmen angepasster Risikobericht ermöglicht. Selbiges wird durch den ebenfalls im IFRS 7 herangezogenen „Management Approach" bekräftigt. Dieser lässt den Unternehmen offen,

1. *wie detailliert* Angaben gemacht werden,
2. *welche Bedeutung* (Gewichtung) den verschiedenen Aspekten der Anforderungen des IFRS 7 beigemessen werden und
3. wie stark der *Grad der Aggregierung* der gegebenen Information zu sein hat.

Der Fokus der vorliegenden Fallstudie liegt insbesondere in der Risikoberichterstattung von ERPA-Kontrakten, weshalb die Angabepflichten über die Bilanz, die Gewinn- und Erfolgsrechnung sowie die Sicherheiten und die Bewertung unter Verwendung des beizulegenden Zeitwertes nur einbezogen werden, wenn dies nach Meinung der Autoren ein in der Praxis auftauchendes Problem darstellt.

Der IFRS 7 verlangt im Zuge der Risikoberichterstattung neben quantitativen Informationen ebenfalls qualitative Informationen. Erst auf diese Weise wird es den Bilanzlesern ermöglicht, sich ein entsprechendes Bild von der Chancen- und Risikosituation des Unternehmens zu machen. Hierbei ist darauf zu achten, dass nicht über Risiken berichtet wird, die während der Berichtsperiode bestanden haben, sondern dass die Risiken von Bedeutung sind, die am Bilanzstichtag für das Unternehmen bestehen.

Fallstudie – Sachverhalt

Als erfolgreicher Absolvent Ihrer Hochschule haben Sie in Ihrem in Deutschland ansässigen Unternehmen (Partei A, funktionale Währung und Berichtswährung ist der EUR), welches zum Bilanzstichtag über liquide Mittel in Höhe von EUR 1.800.000 verfügt, die Aufgabe übertragen bekommen, einen Risikobericht zu erstellen, welcher konform mit den Regelungen des IFRS 7 ist. Es sei bekannt, dass das Unternehmen lediglich über die aus dem Vertrag resultierenden Rechte und Pflichten verfügt. Außer die im Vertrag ersichtlichen Rechte und Pflichten existieren lediglich die Bilanzpositionen gezeichnetes Kapital und Bankguthaben. Für die Erstellung des Risikoberichtes sind die vertraglichen Inhalte des ERPA-Kontraktes heranzuziehen.

---

[7] Vgl. unter anderem die Mindestanforderungen an das Risikomanagement (MaRisk) in der Entwurfsversion vom 16. Februar 2009, *BAFIN* (2009).

2.2.3 Risikoberichterstattung am Beispiel von CO_2-Zertifikaten (IFRS 7)

Partei A schließt einen Vertrag mit Partei B über die zukünftige Lieferung von CERs. Hierin verpflichtet sich die Partei A für die Jahre 2009 bis 2017 zur Abnahme von jährlich 120.000 CERs zu einem Preis von USD 11,00 pro CER. In diesem Zusammenhang sei noch einmal erwähnt, dass für die Jahre ab dem 01. Januar 2013 eine zusätzliche Variable zu berücksichtigen ist, da das zugrunde gelegte Kyoto-Protokoll derzeit lediglich Gültigkeit bis zum 31. Dezember 2012 besitzt. Wie aus der Bezeichnung CER „Certified Emission Reduction" bereits hervorgeht, müssen selbige im Vorfeld einer Zertifizierung durch eine von den Vereinten Nationen bestimmten Institution unterzogen werden. Diese Zertifizierung liegt für das vorliegende Projekt noch nicht vor. Die Wahrscheinlichkeit der Zertifizierung wird jedoch von beiden Parteien mit 80% angenommen. Die CERs sollen durch die Entwicklung und Errichtung eines Biomassekraftwerkes in Brasilien generiert werden. Die Finanzierung des Biomassekraftwerkes wird durch die Partei B über ein Bankdarlehen finanziert. Somit übernimmt die Partei B die Projektentwicklungskosten sowie die operativen Projektkosten. Partei A übernimmt hingegen die Kosten, welche für die Zertifizierung anfallen. Diese werden für das Jahr 2009 auf EUR 75.000 geschätzt (Fälligkeit erstes Quartal 2009).

Der vorliegende ERPA-Kontrakt (Vertragsschluss war der 31. Dezember 2008) wäre zudem nicht ohne die Vermittlungsgeschicke der Partei C zustande gekommen, weshalb auch diese Dritte Partei in den Vertrag mit eingebunden wird. Ihr steht ebenfalls für die Jahre 2009 bis 2017 das Recht auf Lieferung von jährlich 120.000 CERs zu. Der Abnahmepreis bleibt unverändert und beträgt USD 11,00 pro CER. Anders als Partei A verpflichtet sich Partei C jedoch nicht zur Abnahme der CERs. Im Fall von Marktpreisen für CERs unter USD 11,00 würde Partei C letztlich keine CERs abnehmen. Tritt dieser Fall ein, ist Partei A dazu vertraglich verpflichtet die CERs der Partei C – das heißt zusätzliche 120.000 Stück – zu einem Preis von USD 11,00 je CER abzunehmen. Die Unternehmensleitung der Partei A sieht den Ausfall der Vertragspartei C als latent an. Weitere Pflichten werden der Partei C nicht auferlegt. Aus diesen Vertragsinhalten geht hervor, dass das Biomassekraftwerk jährlich insgesamt 240.000 CERs generieren soll. Diese Schätzung des sogenannten PDDs[8] wurde auf Basis der von den Vereinten Nationen verwendeten Berechnungsmethoden durchgeführt. Bezüglich der Unsicherheitsberücksichtigung gilt es zu erwähnen, dass diese Berechnungsmethoden ausschließlich auf technologische und durch den Markt bedingte Risiken zurückgreifen. Risiken bei der Projektentwicklung und der Projektrealisierung werden bei dieser Schätzung noch nicht berücksichtigt. Die Vertragsparteien stimmen in Ihren Einschätzungen bezüglich der Risiken, die nicht auf die verwendete Technologie sowie den Marktbedingungen beruhen überein und gehen von einem zusätzlichen Ausfallrisiko in Höhe von 10% aus.

Darüber hinaus sind aufgrund der unterschiedlichen Währungen (Berichts- und funktionale Währung sind EUR und Vertragswährung ist USD) die sich daraus ergebenen Risiken zu berücksichtigen. Die Wechselkursschwankungen zwischen EUR und USD des Berichtsjahres 2008 zugrunde legend ergibt sich ein Wechselkursrisiko für die Vertragspartei A von 15%.

---

[8] Bei einem PDD (Project Design Document) handelt es sich um eine ausführliche Beschreibung des Projektvorhabens, aus welcher unter anderem die Reduktion der Emission von Treibhausgasen hervorgeht.

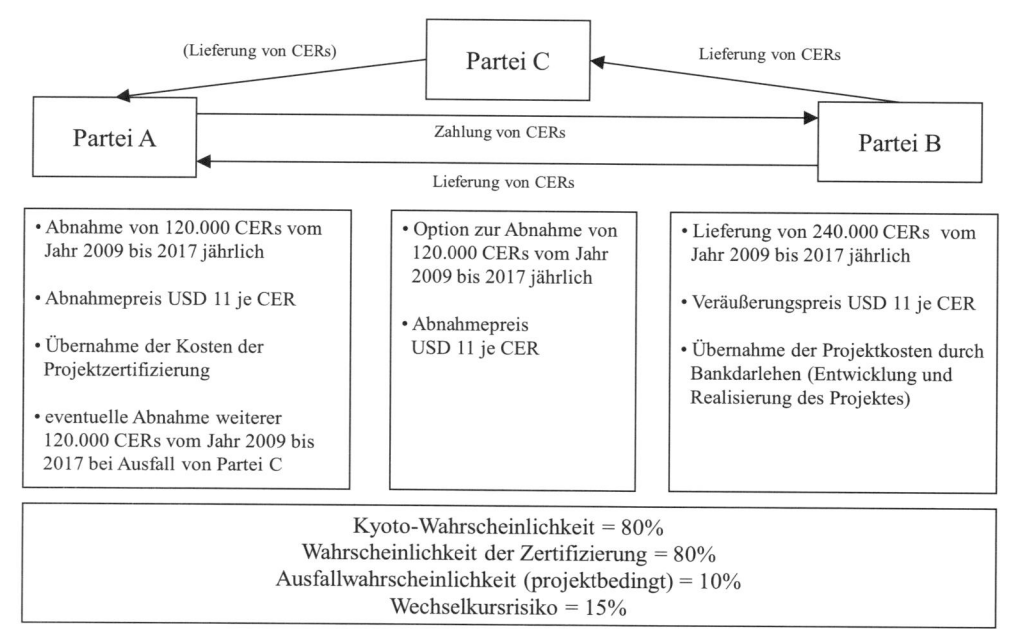

```
              (Lieferung von CERs)      Partei C      Lieferung von CERs
                          ←─────────  ┌─────────┐  ←─────────
                                      └─────────┘
   ┌──────────┐              Zahlung von CERs              ┌──────────┐
   │ Partei A │  ←─────────────────────────────────────    │ Partei B │
   └──────────┘              Lieferung von CERs            └──────────┘
```

• Abnahme von 120.000 CERs vom Jahr 2009 bis 2017 jährlich	• Option zur Abnahme von 120.000 CERs vom Jahr 2009 bis 2017 jährlich	• Lieferung von 240.000 CERs vom Jahr 2009 bis 2017 jährlich
• Abnahmepreis USD 11 je CER	• Abnahmepreis USD 11 je CER	• Veräußerungspreis USD 11 je CER
• Übernahme der Kosten der Projektzertifizierung		• Übernahme der Projektkosten durch Bankdarlehen (Entwicklung und Realisierung des Projektes)
• eventuelle Abnahme weiterer 120.000 CERs vom Jahr 2009 bis 2017 bei Ausfall von Partei C		

Kyoto-Wahrscheinlichkeit = 80%
Wahrscheinlichkeit der Zertifizierung = 80%
Ausfallwahrscheinlichkeit (projektbedingt) = 10%
Wechselkursrisiko = 15%

Abbildung 3:   Fallstudie – Vertragskonstellation

Aufgabe 1

Fällt der vorliegende Sachverhalt unter den Anwendungsbereich des IFRS 7? Begründen Sie Ihre Aussage, damit Ihr Vorgesetzter die Fragen des Wirtschaftsprüfers beantworten kann!

Aufgabe 2

Formulieren Sie eine beispielhafte Aussage über die qualitativen Informationen zu den Risikozielen des Unternehmens sowie der Umsetzung des Risikomanagementprozesses (Risikoidentifikation, Risikobewertung, Risikosteuerung, Risikokontrolle)! Gehen Sie davon aus, dass das Unternehmen erst kurz vor Unterzeichnung des Vertrages gegründet wurde und folglich kaum über Strukturen im Risikomanagement verfügt. Dies soll den Bilanzlesern jedoch nicht offensichtlich dargestellt werden.

Aufgabe 3

Existiert für das Unternehmen (Partei A) ein Ausfallrisiko gemäß IFRS 7? Wenn ein solches existiert, geben Sie bitte an, welche Risikoklasse Sie für dieses Ausfallrisiko verwenden würden und wie hoch Sie das Risiko einschätzen!

Aufgabe 4

Inwieweit ist das Unternehmen von einem Liquiditätsrisiko betroffen? Erläutern Sie bitte worauf Sie Ihre Antwort zurückführen!

Aufgabe 5

Aufgrund der unterschiedlichen Währungen ist das Unternehmen (Partei A) auch von einem Währungsrisiko betroffen. Geben Sie diesbezüglich IFRS 7 konforme Angaben!

Lösung 1

In dem vorliegenden Sachverhalt verfügt das Unternehmen (Partei A) noch nicht über CERs, weshalb eine Bilanzierung gemäß IAS 38 als immaterieller Vermögenswert nicht in Betracht kommt. Aufgrund des beschriebenen Sachverhaltes erfüllt der ERPA Vertrag die Definition eines Finanzinstrumentes gemäß IAS 32. Hiernach ist ein Finanzinstrument „ein Vertrag, der gleichzeitig bei dem einen Unternehmen zu einem finanziellen Vermögenswert und bei dem anderen Unternehmen zu einer finanziellen Verbindlichkeit oder einem Eigenkapitalinstrument führt."[9] Die Abnahmeverpflichtung der 120.000 CERs jährlich zu einem im Vorfeld definierten Preis erlaubt eine bilanzielle Abbildung als Forward. Ob hieraus ein finanzieller Vermögenswert oder eine finanzielle Verbindlichkeit resultiert, ist abhängig von der Wertentwicklung von CERs beziehungsweise von Futures auf CERs der kommenden Jahre an den Energiebörsen. Gemäß IFRS 7.3 – welcher den Anwendungsbereich des IFRS 7 festlegt – ist der Standard auf sämtliche Typen von Finanzinstrumenten anzuwenden. Folglich sind auch für den vorliegenden ERPA-Kontrakt Angaben zum Risiko zu geben. Da dem ERPA-Kontrakt keine Beteiligungen an Unternehmen inhärent ist, keine Rechte und Pflichten an Arbeitgeber, keine Versicherungsverträge sowie keine aktienbasierten Vergütungen vorliegen, kommt auch der Rückgriff auf etwaige Ausnahmetatbestände nicht in Frage.[10]

Lösung 2

Folgende Aussagen sind beispielhaft für die qualitative Beschreibung heranzuziehen:

Der bewusste Umgang mit Risiken – insbesondere im Bereich der Finanzinstrumente – setzt eine zuvor getroffene Entscheidung über die Risikoziele des Unternehmens voraus. Oberste Priorität in der Zielhierarchie wird der langfristigen Unternehmensexistenz zugesprochen. Die Gesellschaft möchte ihren Anteilseignern auf Dauer eine adäquate Renditeerzielung (Kurs- und Dividendenrendite) ermöglichen. Dies setzt ein ausgewogenes Verhältnis von eingegangenen Risiken und den sich daraus entwickelnden Chancen voraus.

---

[9] IAS 32.11.
[10] Vgl. IFRS 7.3 a bis e.

Sowohl das Chancenpotenzial als auch das Potenzial der Risiken aus der Geschäftstätigkeit mit Kohlendioxid-Zertifikaten ist vergleichsweise hoch. Um der Aufrechterhaltung der Unternehmensexistenz nachzukommen, ist die Unternehmensleitung darauf bedacht, Risiken lediglich in Höhe der eigenen Risikotragfähigkeit einzugehen. Die Risikotragfähigkeit wird hierbei durch das zur Verfügung stehende Eigenkapital der Gesellschaft bestimmt.

Eine Bewertung und Steuerung von Risiken erfolgt durch die Unternehmensleitung auf Basis des Risikomanagementprozesses. Letzterer ist in die Schritte der Risikoidentifikation, Risikobewertung sowie -analyse, Risikosteuerung und Risikokontrolle eingeteilt. Die Risikodefinition beschränkt sich derzeit insbesondere auf finanzielle Risiken (Kredit-, Liquiditäts- sowie Marktrisiken), wobei eine langfristige Ausrichtung auf sämtliche unternehmerischen Risiken angestrebt wird. Die durch die Unternehmensleitung identifizierten Risiken bedürfen im Anschluss einer Bewertung. Hierbei wird insbesondere auf die potenzielle Schadenshöhe und die Wahrscheinlichkeit des Schadenseintritts eingegangen. Sowohl die Schadenshöhe als auch die Wahrscheinlichkeit des Schadenseintritts werden durch die Unternehmensleitung geschätzt. Hierbei wird – soweit es sich um standardisierte Finanzinstrumente handelt – auf Erfahrungswerte aus der Vergangenheit zurückgegriffen.

Lösung 3

Unter dem Ausfallrisiko wird das Risiko verstanden, „dass eine Partei eines Finanzinstruments der anderen Partei einen finanziellen Verlust verursacht, indem sie einer Verpflichtung nicht nachkommt."[11] Ein solches Risiko ist im vorliegenden Sachverhalt unter anderem durch die Eventualverbindlichkeiten gegeben, welche durch die Möglichkeit der Partei C zur Ablehnung der Annahme von CERs entstehen. Aufgrund der Einschätzung der Unternehmensleitung, dass ein Ausfall der Partei C latent ist, sollte das Risiko bei einer zweistufigen Risikoklasseneinteilung in die sogenannte „Monitoring"-Klasse eingestuft werden. Dort befinden sich sämtliche Risiken, die einer regelmäßigen Überprüfung unterliegen.

Die Höhe des Risikos setzt eine Einschätzung über die tatsächlich in Zukunft gelieferten CERs voraus. Hierzu wird empfohlen, die bekannten Risiken zusammenzutragen und entsprechend zu aggregieren. Die Ausbringungsmenge wird entsprechend durch das Risiko der fehlenden Zertifizierung sowie durch das Risiko eines Ausfalls der Partei B bestimmt. Ab der Periode 2013 wird dieser Risikokatalog durch das Risiko einer Nichtfortführung des Kyoto-Protokolls ergänzt.

---

[11] IFRS 7 Anhang A.

2.2.3 Risikoberichterstattung am Beispiel von CO_2-Zertifikaten (IFRS 7)

Die folgende Tabelle zeigt unter Verwendung der gegebenen Informationen die Berechnung der Höhe der Eventualverbindlichkeit und somit die Höhe des Ausfallrisikos, welches im Anhang der Gesellschaft anzugeben ist.

- Ausfallwahrscheinlichkeit in %   10
- Kyotowahrscheinlichkeit in %   80
- Zertifizierungswahrscheinlichkeit in % 80
- Anzahl der CERs laut Vertrag in Stück   120.000
- Diskontierungszinssatz in %   3
- Lieferpreis in USD/CER   11
- Umrechnungskurs EUR/USD am 31.12.2008   0,7194

Berichtsperiode	2009	2010	2011	2012	
Anzahl CERs	86.400	86.400	86.400	86.400	
Preis in USD	922.718	895.843	869.751	844.418	
Berichtsperiode	2013	2014	2015	2016	2017
Anzahl CERs	69.120	69.120	69.120	69.120	69.120
Preis in USD	655.859	636.756	618.210	600.204	582.722

Die Höhe des Ausfallrisikos beträgt USD 6.626.480. Unter Verwendung des Umrechnungskurses ergibt sich ein Ausfallrisiko in Höhe von EUR 4.767.090.

Lösung 4

Unter dem Liquiditätsrisiko wird das Risiko betrachtet, dass das Unternehmen seinen eigenen finanziellen Verpflichtungen nicht nachkommen kann. Um das Liquiditätsrisiko beurteilen zu können, muss das Unternehmen sowohl Auskunft über die Liquiditätsreserve als auch über die Bruttogeldabflüsse gegliedert nach einer zeitlichen Aufteilung liefern können. In dem vorliegenden Beispiel wird die Extremsituation angenommen, dass die CERs im Handel an den Energiebörsen einen Wert von EUR 0 aufweisen und somit der ERPA-Kontrakt in voller Höhe als Verbindlichkeit einzustufen ist. Folgende Darstellung wäre demnach möglich.

Die Liquiditätsreserven zum Bilanzstichtag betragen EUR 1.800.000.

Die Bruttogeldabflüsse der finanziellen Verbindlichkeiten stellen sich wie folgt dar:

	< 3 Mon.	3 bis 12 Mon.	1 bis 5 Jahre	über 5 Jahre
Zertifizierung	€ 75.000	0	0	0
ERPA-Kontrakte	0	€ 663.804	€ 2.349.467	€ 1.753.819

Lösung 5

Folgende Möglichkeit für die Berichterstattung über Währungsrisiken bietet sich an:

Da Teile der Geschäftstätigkeit der Gesellschaft in USD abgewickelt werden und selbige Kursschwankungen unterliegen, ergibt sich ein Währungsrisiko für das Unternehmen. Ausgehend von den zum Bilanzstichtag gültigen Umrechnungskurs (USD 1 : EUR 0,7194) werden die Auswirkungen von Währungskursschwankungen dargestellt. Der für die Sensitivitätsanalyse gewählte Prozentsatz bezüglich der Währungsschwankungen beruht auf der Volatilität des Wechselkurses zwischen EUR und USD.

	Auswirkungen auf das Ergebnis	Auswirkungen auf das EK
+ 15%	715.063 EUR	0
– 15%	– 715.063 EUR	0

Literaturhinweise

BAFIN (2009): Mindestanforderungen an das Risikomanagement, Stand: 16. Februar 2009.

ERLING, U. M. (2008): Emissionshandel – Rechtsgrundlagen und Einführung; Berlin et al.

IPCC (2007): Climate Change 2007 – Summary for Policymakers; Intergovernmental Panel on Climate Change IPCC WMO/UNEP (Hrsg.).

LORSON, P./TOEBE, M. (2008): Bilanzierungsfeld Emissionsrechtehandel – Eine Fallstudie zur Abbildung nach IFRS (und IDW HFA RS 15) –, in: KoR, 8. Jg., S. 498–510.

Axel Haller

2.3.4 Segmentberichterstattung

Ziel der Segmentberichterstattung

Unternehmen und Konzerne[1] üben aufgrund von Diversifikationsstrategien häufig viele verschiedene Aktivitäten aus, die sich hinsichtlich ihrer wirtschaftlichen Chancen und Risiken und damit auch ihrer Bedeutung für den Erfolg des Unternehmens unterscheiden. Durch die *Aggregation der Unternehmensdaten* im Rahmen der Abschlusserstellung geht die Information über diese Unterschiede für die Abschlussadressaten fast völlig verloren, da Einzeleffekte miteinander vermischt werden.

> Die Segmentberichterstattung soll helfen, dieses Informationsdefizit zumindest teilweise aufzuheben, indem für die wesentlichen Geschäftsaktivitäten (sog. Geschäftssegmente) spezifische disaggregierte Daten gewährt werden. Dies erhöht die Entscheidungsnützlichkeit von Abschlüssen, da der Einblick in die Unternehmenslage differenzierter möglich ist.

In den IFRS wird die Erstellung eines Segmentberichts in IFRS 8 (Operating Segments) geregelt (vormals, mit wesentlichen konzeptionellen und inhaltlichen Unterschieden, IAS 14). Dieser Standard entspricht fast wortgleich dem entsprechenden US-amerikanischen Standard SFAS 131 und übernimmt von diesem die konzeptionelle Ausrichtung des sog. *management approach*, wonach die Struktur und der Inhalt der Segmentberichterstattung maßgeblich durch die Organisation des unternehmensinternen Steuerungs- und Berichtssystems determiniert wird. Das heißt, der externe Segmentbericht soll deutlich machen, anhand welcher Daten und wie erfolgreich die Unternehmensleitung die verschiedenen Unternehmensaktivitäten steuert.

> Insgesamt sollte nach dem Willen des IASB die Segmentberichterstattung dazu dienen, den Abschlussadressaten die Möglichkeit zu geben, die Art sowie die finanziellen Effekte der Geschäftstätigkeiten des Unternehmens sowie deren wirtschaftliche Umfelder beurteilen zu können (IFRS 8.1 und 8.20)

---

[1] Im Folgenden wird der Begriff „Unternehmen" auch für Konzerne verwandt, soweit sich nichts anderes aus dem Kontext ergibt.

Anwendungsbereich des Standards

Nach IFRS 8 sind nicht alle Unternehmen zur Erstellung eines Segmentberichts im Rahmen des Jahres- bzw. Konzernabschlusses verpflichtet, sondern nur solche, deren Wertpapiere (Eigenkapital- oder Fremdkapital verbriefende Papiere) auf einem inländischen oder ausländischen öffentlichen Markt (d. h. inklusive Freiverkehr) gehandelt werden, oder solche, die ihre Abschlüsse bei einer Kapitalmarktaufsichtbehörde einreichen bzw. aufgrund einer geplanten Wertpapierausgabe beabsichtigen, dieses zu tun (IFRS 8.2). Nimmt ein Unternehmen, das diese Kriterien nicht erfüllt, *freiwillig segmentierte Daten* in den Abschluss auf, so dürfen diese nur dann als „Segmentinformationen" (*segment information*) bezeichnet werden, wenn sie dem Inhalt des IFRS 8 umfänglich entsprechen (IFRS 8.3).

Berichtspflichtige Segmente

Wie der Name des Standards zum Ausdruck bringt, bezieht sich die Segmentberichterstattung auf die sog. Geschäftssegmente (*operating segments*). Hierbei handelt es sich um einen Teilbereich eines Unternehmens,

- in dem Erträge und Aufwendungen generiert werden bzw. werden können,
- dessen Ergebnis von der Unternehmensführung (dem sog. *chief operating decision maker*, dies kann eine Person oder ein Gremium sein) überwacht und für die Beurteilung der Ertragskraft sowie für Entscheidungen der unternehmensweiten Ressourcenverteilung herangezogen wird und
- für den spezifische finanzwirtschaftliche Informationen vorliegen (IFRS 8.5).

Nach dieser Definition können auch neu gegründete Geschäftsbereiche, die momentan noch keine Erträge erzielen, Geschäftssegmente darstellen. Geschäftssegmente können über verschiedene Produkttypen (produktbezogene Segmentierung), verschiede Regionen (geographische Segmentierung) oder unterschiedliche Rechtseinheiten definiert bzw. begründet werden.

> Durch diese Definition determiniert die unternehmensinterne Aufteilung der Unternehmensaktivitäten und die darauf abgestellten internen Steuerungs- und Berichtssysteme die im Rahmen der externen Segmentberichterstattung explizit darzustellenden Berichtssegmente (*management approach*).

Fehlt unternehmensintern eine Einteilung des Berichts- und Steuerungssystems in verschiedene Segmente, so scheidet eine Segmentberichterstattung aus; allerdings können die Informationspflichten nach IFRS 8.31 ff. (siehe später) in Frage kommen. Erfüllt ein Unternehmensteilbereich eines dieser Definitionskriterien nicht, z. B. die Generierung von Erträgen mit Unternehmensfremden (so bei Verwaltungseinheiten oder internen Pensionskassen), so darf er nicht als Segment in den Segmentbericht aufgenommen werden (IFRS 8.6).

2.3.4 Segmentberichterstattung

Intern gebildete Geschäftssegmente dürfen für die externe Berichterstattung *zusammengefasst* werden, wenn sie sowohl hinsichtlich ihrer langfristigen Ertragskraft und ihrer Produkte bzw. Leistungen, Produktionsprozesse, der Kundenmerkmale, Vertriebsmethoden sowie den regulatorischen Umfeldern ihrer jeweiligen Geschäftätigkeiten vergleichbar sind (IFRS 8.12). Diese Bedingungen können insbesondere bei *vertikal integrierten Segmenten* erfüllt sein, d. h. solchen, die ihre Leistungen primär an andere Geschäftssegmente abgeben oder von anderen beziehen.

Als Ausfluss des *Grundsatzes der Wesentlichkeit* müssen Geschäftssegmente im Segmentbericht nur dann explizit dargestellt werden, wenn sie bestimmte *quantitative Schwellenwerte* kumulativ überschreiten (vgl. IFRS 8.13). Diese sind:

- die Erträge des Segments belaufen sich auf mindestens 10% der Summe der Erträge aller Geschäftssegmente,
- das Ergebnis des Segments ist mindestens 10% des zusammengefassten Ergebnisses aller Geschäftssegmente, die einen Gewinn ausweisen, oder aller Geschäftssegmente, die einen Verlust ausweisen, wobei der jeweils größere Gesamtbetrag zugrunde zu legen ist,
- die Vermögenswerte des Segments machen mindestens 10% des gesamten Vermögens aller Geschäftssegmente aus.

Unterschreitet ein Geschäftssegment diese Schwellenwerte, so kann es mit einem oder mehreren anderen „unwesentlichen" Segmenten zu einem Berichtssegment zusammengefasst werden, falls diese eine ähnliche langfristige Ertragskraft aufweisen und in der Mehrzahl der qualitativen Charakteristika des IFRS 8.12 vergleichbar sind (IFRS 8.14). Bestehen solche *Ähnlichkeiten zwischen „unwesentlichen" Geschäftssegmenten* nicht, so sind diese – soweit ihre getrennte Darstellung nach Auffassung des Managements nicht von Relevanz für die Gewährung eines *true and fair view* ist – in einem Sammelsegment (sog. „alle sonstigen Segmente") zusammenzufassen.

Damit diese Möglichkeit der Bildung eines Sammelsegmentes die Anzahl der dargestellten Geschäftssegmente im Abschluss nicht zu gering ausfallen lässt, bestimmt allerdings IFRS 8.15, dass mindestens 75% der gesamten (konsolidierten) Erträge auf einzeln dargestellte Segmente entfallen müssen. Um dies zu erreichen, kann es sein, dass auch im Sinne von IFRS 8.13 „unwesentliche" Segmente einzeln dargestellt werden müssen.

Unterschreitet ein in den Vorjahren berichtspflichtiges Segment im Berichtsjahr die Größenkriterien, geht das Management aber davon aus, dass das Segment in Zukunft wesentlich bleiben wird (sog. *continuing significance*), dann ist es im Sinne der Berichtsstetigkeit auch im Berichtsjahr gesondert darzustellen (IFRS 8.17).

Auszuweisende Segmentinformationen

Aufgrund der konsequenten Umsetzung des *management approach* im IFRS 8 bestimmt die interne Berichterstattung nicht nur die Struktur des Segmentberichts (d. h. die berichtspflichtigen Segmente), sondern auch die im Segmentbericht zu gewährenden Informationen hinsichtlich ihres Umfangs und Inhalts. IFRS 8.21 fordert *drei Typen von Informationen*, die im nachfolgenden kurz skizziert werden.

1. Erläuterung der Segmentbildung und der Segmentstruktur

Da durch den *management approach* die Segmentbildung und -abgrenzung unternehmensindividuell keinen allgemein verbindlichen Regeln folgt, ist es für die Informationsempfänger unerlässlich, über die Prinzipien der Segmenteinteilung informiert zu werden. Dabei ist u. a. auch darzustellen, inwieweit die Segmentierung auf Basis von Produkten bzw. Dienstleistungen oder auf Basis von geographischen Regionen oder anderer Kriterien erfolgt und womit die jeweiligen Berichtssegmente ihre Erträge erzielen (IFRS 8.22).

2. Informationen zu spezifischen Steuerungs- und Entscheidungsgrößen

Die anzugebenden Rechnungsgrößen werden durch den *management approach* durch die in der internen Berichterstattung zur Anwendung kommenden Größen determiniert. Dabei ist im Segmentbericht pro Segment mindestens die Ergebnisgröße auszuweisen, auf deren Basis die Ertragskraft des Segments von der Unternehmensleitung beurteilt wird (IFRS 8.23). Die Größe muss nicht mit einer Abschlussgröße korrespondieren, es sind selbst kalkulatorische oder Cashflow-Größen denkbar. Die segmentspezifische Ergebnisgröße determiniert den Umfang der *sonstigen Erfolgsgrößen*, die IFRS 8.23 für die Segmentberichterstattung anführt. Diese sind nur dann zu anzugeben, wenn sie eine Komponente der Ergebnisgröße sind oder wenn sie intern regelmäßig der Unternehmensleitung eigenständig kommuniziert werden. Dies sind:

- Erträge aus Geschäften mit externen Kunden,
- Erträge aus Transaktionen mit anderen Geschäftssegmenten,
- Zinserträge,
- Zinsaufwendungen,
- planmäßige Abschreibungen,
- Ertrags- und Aufwandsposten, die für die Beurteilung der Ertragslage von wesentlicher Bedeutung sind und deshalb nach IAS 1.86 in der GuV explizit angegeben werden müssen,
- Anteil des Unternehmens am Gewinn oder Verlust von assoziierten Unternehmen und Joint Ventures, die nach der Equity-Methode bilanziert werden,
- Aufwendungen und Erträge aus Ertragsteuern,
- wesentliche zahlungsunwirksame Posten, neben den planmäßigen Abschreibungen.

Verwendet z. B. ein Unternehmen intern zur Segmentsteuerung die Ergebnisgröße „Earnings before Interests, Taxes, Depreciation and Amortization" (EBITDA), dann sind die Zinsen, die Steuern sowie die Abschreibungen nicht angabepflichtig. Die anderen in IFRS 8.23 angeführten Komponenten sind es nur dann, wenn sie in der internen „Earnings"-Berechnung enthalten sind.

Sind die Zinserträge wesentlicher Teil der Segmenterträge oder wird das Nettozinsergebnis regelmäßig an die Unternehmensführung berichtet, so können Zinserträge und -aufwendungen auch saldiert in den Segmentbericht aufgenommen werden (IFRS 8.23).

Angabe von *Vermögens- bzw. Schuldgrößen pro Segment* sind nur dann gefordert, wenn sie intern regelmäßig zu Steuerungszwecken an die Unternehmensführung berichtet werden (IFRS 8.23 i. V. m. IFRS 8.25 und IFRS 8BC35rev). Sind die nachfolgenden Beträge Komponenten der für das Segment berichteten Vermögensgröße, so sind diese zusätzlich jeweils anzugeben (IFRS 8.24):

- Beteiligungen an assoziierten Unternehmen und Joint Ventures, die nach der Equity-Methode bilanziert werden, und
- Zugänge zu langfristigen (Verweildauer größer als zwölf Monate) Vermögenswerten (explizit ausgenommen sind: Finanzinstrumente, latente Steueransprüche, Vermögenswerte aus Plänen für Leistungen nach Beendigung des Arbeitsverhältnisses sowie Rechte aus Versicherungsverträgen).

Gemäß des *management approach* determiniert die interne Berichterstattung auch die Wertbestimmung der Ergebnis- und Vermögens- bzw. Schuldgrößen.

> Folglich sind die intern angewandten Bewertungsmaßstäbe und -prinzipien anzuwenden, auch wenn sie den in der Bilanz und Ergebnisrechnung nach IFRS gebotenen Bewertungsgrundsätzen und -maßstäben widersprechen (IFRS 8.25).

So ist z. B ein umfassender Einsatz von Zeitwerten oder von inflationsbereinigten Werten möglich, wenn dieser im internen Berichtssystem Anwendung findet. Wird eine Berichtsgröße intern auf Basis mehrerer Wertmaßstäbe ermittelt, so ist für den Segmentbericht derjenige zu wählen, der den relevanten Wertansätzen nach IFRS am nächsten kommt (IFRS 8.26).

Auch die *Zurechnung von Ergebnis- sowie Vermögens- und Schuldengrößen auf die Segmente* hat gemäß der internen Vorgehensweise zu erfolgen. IFRS 8.26 bringt lediglich zum Ausdruck, dass dies auf einer begründbaren Basis (*reasonable basis*) zu erfolgen habe. Eine Zuordnung gemäß dem Verursachungsprinzip kann daraus nicht gefolgert werden. So muss z. B. bei der gemeinsamen Nutzung eines Vermögenswertes durch zwei Segmente (z. B. Lager- oder Fabrikgebäude) die Aufteilung der damit zusammenhängenden Aufwendungen nicht notwendigerweise entsprechend der Verursachung (Nutzfläche etc.) durchgeführt werden. Auch sind die Aufwandskomponenten sowie die entsprechenden Vermögenswerte nicht symmetrisch auf die die Vermögenswerte nutzenden Segmente zu verteilen.

3. Überleitungsrechung

Die jeweiligen Summen der pro Segment ausgewiesenen Erträge, Ergebnisse, Vermögenswerte bzw. Schulden sowie sonstige wesentlichen Größen sind auf die vergleichbaren, in der Bilanz und Ergebnisrechnung ausgewiesenen Größen durch den Ausweis der jeweiligen Differenzbeträge überzuleiten. Dabei sind wesentliche *Differenzbeträge* gesondert anzugeben und zu erläutern (IFRS 8.28). Die Überleitungsbeträge können grundsätzlich aus folgenden Komponenten bestehen:

- nicht in die Segmentgrößen eingerechnete Komponenten (z. B. Überleitung der Segmentergebnisgröße EBITDA auf den Jahresüberschuss),
- abweichende Bewertungsmaßstäbe (z. B. Zeitwertbewertung auf Segmentebene und Bewertung zu historischen Kosten auf Abschlussebene),
- Konsolidierungsmaßnahmen (Segmentgrößen enthalten auch Komponenten, die sich aus Beziehungen zu anderen Segmenten ergeben) sowie
- Größen, die Unternehmensteilen zuzurechnen sind, die kein Geschäftssegment darstellen (wie z. B. Verwaltungs- und Forschungseinheiten).

Folglich ist die Höhe der Überleitungsbeträge umso geringer, je mehr die internen Steuerungsgrößen in Umfang und Bewertung mit den im Abschluss ausgewiesenen Größen übereinstimmen.

Diejenigen Werte, die „unwesentlichen" Geschäftssegmenten zuzuordnen sind, dürfen nicht in die Überleitungsbeträge, sondern müssen in dem Sammelsegment (sonstige Segmente) aufgenommen werden.

Darstellung des Segmentberichts

Das IASB unterlässt es, die Form des Segmentberichtes (entsprechend dem Grundsatz *„substance over form"*) verpflichtend vorzuschreiben, gibt jedoch in der *Implementation Guidance* zu IFRS 8 beispielhafte Darstellungen. Diese zeigen den Segmentbericht in einer tabellarischen Form unter Angabe der Werte des Berichtsjahres und des Vorjahres.

Ändert sich von einem Jahr zum anderen durch Umorganisationen die Segmentstruktur im Unternehmen, so sind zur Wahrung der interperiodischen Vergleichbarkeit die *Vorjahreswerte an die neue Struktur anzupassen*. Sind hierfür die notwendigen Informationen nicht verfügbar oder nur unter übermäßig hohen Kosten beschaffbar, kann eine solche Anpassung unterbleiben (IFRS 8.18 und 8.29). Allerdings müssen dann die pro Segment dargestellten Informationen sowohl auf Basis der alten als auch der neuen Segmentierung ausgewiesen werden, soweit auch dies nicht aufgrund fehlender oder nur unter übermäßig hohen Kosten beschaffbarer Informationen ausscheidet (IFRS 8.30).

2.3.4 Segmentberichterstattung

Angaben auf Unternehmensebene

Jedes Unternehmen, das unter IFRS 8 fällt, hat – unabhängig von der Ausgestaltung des Segmentberichts – die nachfolgenden Angaben zu machen. Diesbezüglich gilt nicht der *management approach*, d. h. die in den anderen Abschlussinstrumenten zur Anwendung kommenden Rechnungslegungsgrundsätze und -methoden müssen hierbei zugrunde gelegt werden. Hierdurch soll im Wesentlichen ein Mindestmaß an Vergleichbarkeit von disaggregierten Angaben zwischen verschiedenen Unternehmen erreicht werden.

a) Erträge aus Geschäften mit externen Kunden für jede Gruppe von ähnlichen Produkten oder Dienstleistungen (IFRS 8.32);

b) Erträge aus Geschäften mit externen Kunden sowie die langfristigen Vermögenswerte (hiervon sind explizit ausgenommen: Finanzinstrumente, latente Steueransprüche, Vermögenswerte, die mit Leistungen nach Beendigung des Arbeitsverhältnisses in Zusammenhang stehen, sowie Rechte aus Versicherungsverträgen), die auf das Land des Verwaltungssitzes des Unternehmens (*country of domicile*) und andere Länder entfallen, in denen das Unternehmen aktiv ist (IFRS 8.33); dabei sind wesentliche Beträge in bestimmen Ländern gesondert zu nennen.

c) Jahreserträge aus Geschäften mit einzelnen Kunden, die 10% (oder mehr) des Gesamtjahresertrages ausmachen (sog. *major costumers*). Dabei ist auch das berichtspflichtige Segment zu nennen, dem diese Erträge zuzuordnen sind, nicht jedoch die Identität eines solchen „wesentlichen Kunden" (IFRS 8.34). Sämtliche Unternehmen, die dem gleichen Konzern angehören, gelten hierbei als ein Kunde.

Die Angaben können dann entfallen, wenn sie sich aus dem dargestellten Segmentbericht ergeben. Für die Angaben unter a) und b) [nicht jedoch c)] besteht eine Befreiung, wenn die entsprechenden Informationen nicht verfügbar sind und auch nur unter übermäßig hohen Kosten beschafft werden könnten (IFRS 8.32 f.).

Aufgabe 1

Ein Unternehmen, das seinen Abschluss nach IFRS erstellt, hat sechs Geschäftssegmente, die am Jahresende folgende Werte aufweisen.

in Mio. Euro	Segment I	Segment II	Segment III	Segment IV	Segment V	Segment VI
Erträge	15	50	11	55	10	14
Ergebnis	–1	5	1	7	–2	2
Vermögen	10	60	10	65	14	11

Wie viele und welche Segmente können im Rahmen der externen Segmentberichterstattung in das Sammelsegment („sonstige Segmente") aufgenommen werden?

Aufgabe 2

Die „Music, Instruments and More" (MIM) AG mit Sitz in Regensburg erstellt ihren Konzernabschluss auf Basis der IFRS. Sie besteht aus folgenden drei Tochtergesellschaften Piano GmbH (Bonn), Trumpet SA (Bordeaux), Music Event GmbH (Köln). Darüber hinaus unterhält sie ein eigenes Orchester namens „Harmony", das für die MIM AG entsprechende Aufnahmen im als Geschäftsbereich der MIM AG angesiedelten Studio einspielt und mehrmals im Jahr auf Tournee geht. Darüber hinaus begleitet es zweimal im Jahr die von der Music Event GmbH veranstalteten Opernkreuzfahrten in der Karibik. Eine weitere rechtlich unselbständige Geschäftseinheit der AG ist die Holdingverwaltung, die das Portfoliomanagement und die Buchhaltungen der einzelnen Gesellschaften übernimmt. Der Geschäftsbereich „Studio" wird nicht nur für das Orchester „Harmony", sondern auch für viele andere in- und ausländische Musikgruppen tätig. Neben den Opernkreuzfahrten veranstaltet die Music Event GmbH auch Lifekonzerte mit bekannten Stars aus Funk und Fernsehen. Die Piano GmbH stellt Klaviere her und vertreibt diese selbständig. Die Trumpet SA produziert und vertreibt Blechblasinstrumente.

Dieser an Produkten und Tätigkeiten ausgerichteten Organisationsstruktur ist aufgrund der starken internationalen Ausrichtung des Konzerns auch eine nach wesentlichen Regionen (Deutschland, Europa, USA, Asien, Afrika und Südamerika) eingeteilte Struktur unterlegt.

Das Organigramm des Konzerns sieht wie folgt aus.

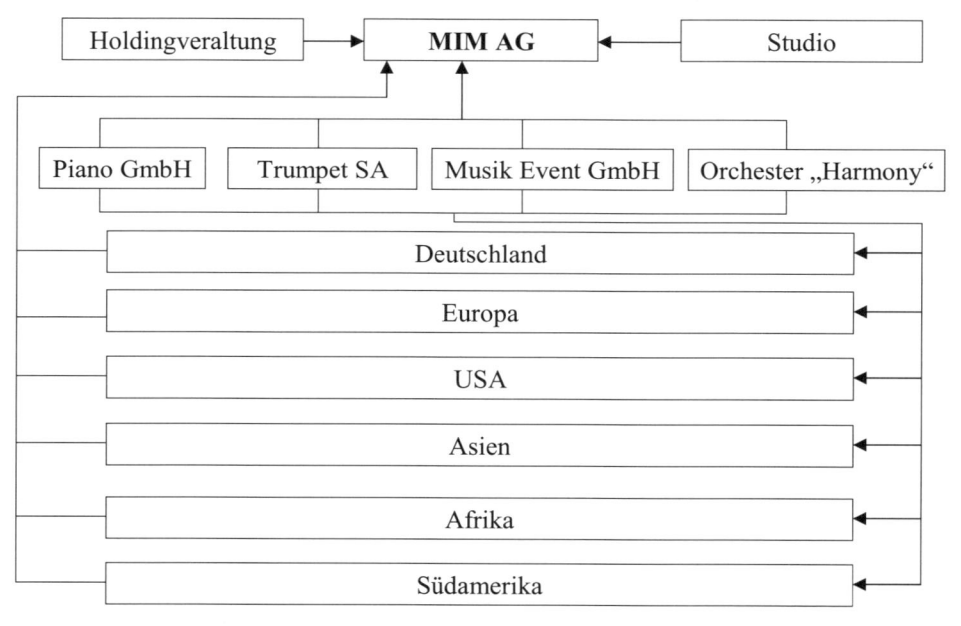

Abbildung 1:   Organigramm der MIM AG

2.3.4 Segmentberichterstattung

Die einzelnen Einheiten berichten die nachfolgenden Informationen an den Konzernvorstand auf monatlicher Basis durch ein entsprechendes Computersystem. Diese bilden die Grundlage für strategische und operative Entscheidungen des Vorstands. Die Berichtsebene bezieht sich einerseits auf die jeweiligen Rechts- bzw. Organisationseinheiten (diese entsprechen den Produktgruppen) und andererseits auf die geographischen Regionen, in denen die Produkte bzw. Dienstleistungen produziert bzw. erbracht werden. Das Zahlenmaterial, das auf Basis der Produktgruppen berichtet wird, ist umfangreicher als jenes für die Regionen, wobei die Vorstandsentscheidungen gleichermaßen auch auf die Regionendaten gegründet werden. Die unten angegebenen Zahlen sind die Werte für das gesamte Berichtsjahr.

in tausend Euro	Piano	Trumpet	Harmony	Event	Studio	Holding-verwaltung
Umsatz mit externen Kunden	16.000	14.000	2.300	3.000	800	
Umsatz mit anderen Segmenten	100	200	700	0	900	
Verwaltungsaufwand						400
EBIT	200		100	300		
EBITDA		900			250	
Zinsertrag	100			20		30
Zinsaufwand	80	170		50		130
Vermögenswerte	4.800	6.000	50	1.500	250	2.000
Schulden	2.000	4.000		1.000		1.800

Die nachfolgenden Daten sind in der Buchhaltung erfasst, werden aber nicht an den Vorstand berichtet.

in tausend Euro	Piano	Trumpet	Harmony	Event	Studio	Holding-verwaltung
Zinsertrag aus Darlehn an Trumpet in Höhe von 400				20		
Zinsaufwand aus Darlehn von Event in Höhe von 400		20				
außerordentliche Rückstellungsdotierungen	100		80			
in Vermögenswerten enthaltene Finanzinstrumente	100	200				1.500
Abschreibungen	250	100	5	150	10	200

in tausend Euro	Piano	Trumpet	Harmony	Event	Studio	Holding-verwaltung
Zugänge zu den Vermögenswerten	300	100		50	70	300
davon langfristige Vermögenswerte	*280*	*100*		*40*	*50*	*300*
in den Zugängen langfristiger Vermögenswerte enthalte Finanzinstrumente	40	20				180

Regelmäßig berichtete Daten zu den wesentlichen Regionen, in denen die MIM AG tätig ist.

in tausend Euro	Deutschland	Rest Europa	Asien	USA	Afrika	Südamerika
Umsatz mit externen Kunden	5.900	11.300	3.800	7.500	3.700	3.900
Umsatz mit anderen Segmenten	1.700	200				
EBIT	330	490	160	340	150	170
Vermögenswerte	2.300	4.000	1.100	1.500	1.800	1.900
davon langfristig	*2.200*	*3.000*	*1.000*	*1.200*	*1.600*	*1.500*
davon Finanzinstrumente	*1.550*	*250*				
Zugänge zu langfristigen Vermögenswerten	600	180	10	20	10	0
davon Finanzinstrumente	*220*	*20*				

Wesentliche Daten des Konzernabschlusses sind (in tausend Euro):

Bilanzsumme Konzern	14.450
Umsätze	36.100
Schulden	8.400
Abschreibungen	585
Zinserträge	130
Zinsaufwendungen	410
Konzernergebnis vor Steuern	690

Die Piano GmbH und die Trumpet SA aktivierten während des Geschäftsjahres innerhalb des berichteten Segmentvermögens Forschungskosten in Höhe von insgesamt 280.000 Euro und

2.3.4 Segmentberichterstattung

schreiben erworbene Goodwills intern planmäßig ab. Aus dieser Abschreibung ergibt sich eine Verringerung des Vermögens gegenüber der Bilanz um 130.000 Euro. Davon entfallen von den Forschungskosten 200.000 Euro und von der Goodwillabschreibung 30.000 Euro auf in Deutschland ansässige Geschäftsbereiche.

a) Welche Geschäftsbereiche der MIM AG stellen nach IFRS 8 berichtspflichtige Segmente dar?
b) Welche Daten sind im Segmentbericht pro Segment auszuweisen? Welche Informationen sind darüber hinaus zu gewähren?
c) Stellen Sie die notwendigen Überleitungsrechnungen auf.

Aufgabe 3

Die Organ AG, die sich in Familienbesitz befindet und zur Finanzierung einer Expansionsstrategie am Kapitalmarkt eine Anleihe platzierte, fertigt seit drei Generationen ausschließlich handgefertigte Konzertorgeln für den Einsatz in Kirchen und Konzerthäusern und beliefert Kunden in insgesamt 25 verschiedenen Ländern der Welt. Sie unterhält unselbständige Produktionsstätten am Firmensitz in Deggendorf, in Tampere (Finnland) und in Cincinnati (USA), die gleichzeitig auch die zentralen Vertriebsstützpunkte sind. Darüber hinaus bestehen Vertriebsniederlassungen in Tokio (Japan) und Kapstadt (Südafrika). Serienmäßig werden drei verschiedene Typen von Orgeln gefertigt, dazu kommen Maßanfertigungen auf Bestellungen. Aufgrund seiner internationalen Ausrichtung erstellt die AG ihren Jahresabschluss im Jahr 01 zum ersten Mal auf Basis der IFRS. Da es sich bei dem Unternehmen um ein Einproduktunternehmen handelt, keine Börsennotierung vorliegt und auch kein Konzernabschluss erstellt wird, hat der Vorstand keine segmentbezogenen Informationen in den Abschluss aufgenommen.

Im Rahmen der Abschlussprüfung erhalten Sie als Assistent des Wirtschaftsprüfers der Organ AG durch den Einblick in unternehmensinterne Unterlagen folgende Informationen:

Der Vorstand lässt sich monatlich folgende Daten von den drei Produktionsstandorten und den zusätzlichen zwei Vertriebsniederlassungen, die allesamt als Profitcenter geführt werden, berichten:

- Umsatz,
- produzierte Stückzahlen,
- Lagerbewegungen,
- Auftragsbestand,
- Anzahl neu gewonnener Kunden,
- Betriebsergebnis (nach Deckung der Finanzierungskosten und der Abschreibungen),
- Betriebskosten,
- betrieblich gebundenes Vermögen (einschließlich Planvermögen für die Deckung der zukünftigen Pensionsverpflichtungen für an den jeweiligen Standorten beschäftigte Mitarbeiter).

Auf Basis dieser Daten trifft der Vorstand seine globalen Vertriebs- und Finanzierungsentscheidungen.

Darüber hinaus stellen Sie fest, dass das Unternehmen im Jahr 01 insgesamt 50 Mio. Euro umgesetzt hat. Die größten Umsätze wurden mit folgenden Kunden gemacht:

Asian Broadcast Corp.	2,5 Mio.
Indian Symphonics	0,5 Mio.
US Church of Christ	1,5 Mio.
New Dehli Orchestra	1,0 Mio.
Indonesian Broadcast Ltd.	2,0 Mio.
Buddist Temple Association	1,7 Mio.

Ihre Recherchen ergeben, dass die Asian Broadcast, die Indian Symphonics, das New Dehli Orchestra und die Indonesian Broadcast Ltd. dem gleichen Konzern „Music International Corp." angehören.

Teilen Sie die Meinung des Vorstands, dass keine segmentbezogenen Angaben im Jahresabschluss notwendig sind? Begründen Sie Ihre Antwort!

Lösung 1

Es ergeben sich aufgrund des Überschreitens der Größenkriterien des IFRS 8.13 drei berichtspflichtige Segmente: Segment II und IV aufgrund des Überschreitens aller drei Schwellenwerte und Segment V aufgrund des Verlusts von 2 Mio. Euro [Summe der positiven Ergebnisse (15 Mio. Euro) > Summe der negativen Ergebnisse (3 Mio. Euro); Verlust von 2 Mio. Euro übersteigt 10% von 15 Mio. Euro; siehe nachfolgende Tabelle].

in Mio. Euro	Segment I	Segment II	Segment III	Segment IV	Segment V	Segment VI	**Summe**
Erträge	15	50	11	55	10	14	**155**
Ergebnis	–1	5	1	7	–2	2	**12**
Vermögen	10	60	10	65	14	11	**170**
berichtspflichtige Segmente	**nein**	**ja** (wegen allen Kriterien)	**nein**	**ja** (wegen allen Kriterien)	**ja** (wegen Ergebnis)	**nein**	

In Summe machen die Erträge der Segmente II, IV und V aber lediglich 74% (115/155) der gesamten Erträge aus. Folglich ist nach IFRS 8.15 noch ein weiteres Segment explizit in den Segmentbericht aufzunehmen, da die Summe der Erträge nicht die geforderten 75% erreicht. Welches der drei anderen Segmente aufzunehmen ist, lässt sich aus der Formulierung des Standards nicht schlussfolgern. Grundsätzlich bietet es sich an, das Segment mit dem nächst größten Umsatz explizit in den Segmentbericht aufzunehmen (Segment I), allerdings ist dies nicht zwangsläufig notwendig.

Die Geschäftätigkeiten, die in dem Sammelsegment „sonstige Segmente" zusammengefasst werden, sind zu erläutern (IFRS 8.16).

Lösung 2

a) Der MIM Konzern ist in Matrixform organisiert, da das interne Berichts- und Steuerungssystem sowohl entlang der Produktlinien als auch der Regionen, in denen die Geschäftsaktivitäten ausgeführt werden, ausgerichtet ist und die Daten aus beiden Berichtsstrukturen zur Entscheidungsfindung herangezogen werden. Grundsätzlich hat in einem solchen Fall die Geschäftsführung zu entscheiden, welche der beiden Berichtsstrukturen die finanziellen Auswirkungen und die Umfeldbedingungen der Geschäftätigkeiten des Konzerns besser abbildet (IFRS 8.10). Aufgrund der Tatsache, dass die rechtliche Struktur die Produktebene abbildet und auf dieser Ebene auch deutlich mehr Daten kommuniziert werden, ist davon auszugehen, dass in diesem Fall die Verantwortlichkeit der Segmentmanager sich auf die Produktebene bezieht und diese deshalb die dominante Segmentebene darstellt, die auch für die externen Adressaten die höhere Entscheidungsrelevanz besitzen dürfte (IFRS 8.9f.). Eine freiwillige Berichterstattung in Matrixform würde IFRS 8 nicht entgegenstehen.

Von den fünf Geschäftsbereichen erfüllen alle, bis auf die Holdingverwaltung (hier fehlt die Ermittlung und Überwachung eines Ergebnisses, außerdem ist der Ertragserzielungszweck im Sinne von IFRS 8.5a fraglich), die Definitionskriterien eines *operating segment* nach IFRS 8.5. Auch die Abteilung „Studio" der MIM AG stellt trotz ihrer rechtlichen Unselbständigkeit ein *operating segment* dar, da eine regelmäßige Berichterstattung von finanziellen Daten an den Vorstand stattfindet und im wesentlichen Ausmaß Erträge erwirtschaftet und ein Ergebnis ermittelt werden.

Alle die *operting segments* sind auch berichtspflichtig, da ihre Geschäftstätigkeiten so unterschiedlich sind, dass eine Zusammenfassung aufgrund von Ähnlichkeiten hinsichtlich der langfristigen Gewinnentwicklung und anderer spezifischer wirtschaftlichen Eigenschaften (im Sinne von IFRS 8.12) ausscheidet. Auch eine Zusammenfassung von Segmenten aufgrund der Unterschreitung der Schwellenwerte von IFRS 8.13 kommt nicht in Frage, da lediglich das Geschäftssegment „Harmony" in allen drei Bereichen die 10% der entsprechenden Segmentsummen unterschreitet („Event" unterschreitet lediglich bei den Erträgen und „Studio" bei den Erträgen und dem Vermögen). Bei der Berechnung der Schwellenwerte bezüglich des Segmentergebnisses muss zunächst eine einheitliche Ergebnisbasis geschaffen werden, da drei der Segmente EBIT-Zahlen und zwei EBITDA-Zahlen berichten. Zu diesem Zweck wurden die EBITDA-Zahlen durch Berücksichtigung der Abschreibungen in EBIT-Werte umgewandelt (für „Trumpet" ergibt sich dabei ein EBIT von 800 und für „Studio" von 240). Ein Ausweis von „Harmony" als „Sammelsegment" würde keinen Sinn machen, da es sich nur um ein Segment handelt; eine solche Darstellung würde auch der Generalnorm des IFRS 8.1 widersprechen.

b) Die berichtspflichtigen Daten sind folgender Tabelle zu entnehmen:

in tausend Euro	Piano	Trumpet	Harmony	Event	Studio	**Summe**
Umsatz mit externen Kunden	16.000	14.000	2.300	3.000	800	**36.100**
Umsatz mit anderen Segmenten	100	200	700	0	900	**1.900**
EBIT	200	800	100	300	240	**1.640**
Abschreibungen	250	100	5	150	10	**405**
sonstige wesentliche nicht-zahlungswirksame Aufwendungen	100			80		
Zinsertrag	100			20		**120**
Zinsaufwand	80	170		50		**300**
Vermögenswerte	4.800	6.000	50	1.500	250	**12.600**
Schulden	2.000	4.000		1.000		**7.000**
Zugänge zu den langfristigen Vermögenswerten	240	80		40	50	**410**

Werden mehrere Ergebnisgrößen zur Konzernsteuerung verwandt, so ist für den Segmentbericht diejenige anzugeben, die der Ergebnisgröße der Ergebnisrechnung im Abschluss am nächsten kommt (IFRS 8.26). Dies ist in diesem Fall die Größe „EBIT". Die beiden EBITDA-Größen sind folglich in „EBIT"-Größen zu transformieren.

Die Zinsaufwendungen sind zwar nicht Bestandteil der Ergebnisgröße, sie werden aber regelmäßig berichtet. Somit sind sie in den Segmentbericht aufzunehmen. Sie dürfen nicht mit den Zinserträgen verrechnet werden, da sie auch intern getrennt von diesen kommuniziert werden (IFRS 8.23). Von den Zugängen zu den langfristigen Vermögenswerten sind die Finanzinstrumente abzuziehen [IFRS 8.24 (b)].

Neben diesen quantitativen Angaben sind nach IFRS 8.22 auch erklärende Angaben zu machen, d. h. die Zusammensetzung der Segmente und deren Geschäftstätigkeit sind zu erläutern. Darüber hinaus ist nach IFRS 8.27 die interne Verrechnungspreisgestaltung zu benennen und die wesentlichen Unterschiede zwischen den Segmentdaten und den Daten des Konzernabschlusses sind zu erklären, soweit sich diese nicht aus der Überleitungsrechnung [siehe hierzu die Lösung zur Aufgabe 2c)] ergeben.

Neben dem Segmentbericht sind auch noch die nach IFRS 8.31 ff. geforderten Angaben auf Unternehmensebene zu machen. Da der Segmentbericht sich auf die Produktgruppen der MIM AG bezieht, sind hierbei nur noch die zu den Regionen geforderten Daten notwendig. Dabei sind mindestens folgende Informationen zu gewähren:

2.3.4 Segmentberichterstattung

in tausend Euro	Deutschland	sonstige Länder
Umsatz mit externen Kunden	5.900	30.200
langfristiges Vermögen	480	8.320

Das langfristige Vermögen ist gemäß IFRS 8.33(b) um die darin enthaltenen Finanzinstrumente zu kürzen. Darüber hinaus sind die aktivierten Forschungskosten herauszurechnen und die Goodwillabschreibung dazu zu zählen, da die Bilanzierungsregeln der IFRS anzuwenden sind.

Wesentliche Kunden sind laut Fallangabe nicht vorhanden.

c) Nach IFRS 8.28 sind die Segmentdaten wie folgt auf die entsprechenden Konzernabschlussdaten überzuleiten.

Erträge:
    Summe der Segmenterträge   38.000
  – interne Segmenterträge   1.900
    Konzernerträge   36.100

Konzernergebnis:
    Summe der Segment-EBIT   1.640
  – aktivierte Forschungskosten   280
  + planmäßige Goodwillabschreibung   130
  – sonstige Konzernaufwendungen   800[2]
    Konzernergebnis vor Steuern   690

Vermögen:
    Summe der Segmentvermögenswerte   12.600
  – aktivierte Forschungskosten   280
  + planmäßige Goodwillabschreibung   130
  + sonstige Vermögenswerte   2.000
    Bilanzsumme Konzern   14.450

Schulden:
    Summe der Segmentschulden   7.000
  – interne Darlehnsgewährung   400
  + sonstige Schulden   1.800
    Konzernschulden   8.400

---

[2] Dieser Wert ist aus den Angaben nicht rekonstruierbar, sondern ergibt sich als Differenz aus dem angegebenen Konzernergebnis und den notwendigen Korrekturen der Segmentergebnisse.

Lösung 3

Die Begründungen des Vorstands treffen nicht zu. Denn zum einen fallen nach IFRS 8.2 (a)(i) auch Unternehmen, die Fremdkapitalpapiere zum Handel auf einem öffentlichen Markt ausgegeben haben, unter die Segmentberichterstattungspflicht, zum anderen stellt die Segmentdefinition des IFRS 8.5 nicht notwendigerweise auf die Verschiedenartigkeit der Produkte und erbrachten Dienstleistungen eines Unternehmens, sondern auf die Gestaltung des internen Berichtsystems ab. Darüber hinaus ist IFRS 8 sowohl auf Einzel- als auch auf Konzernabschlüsse anzuwenden.

Die Organ AG überwacht ihre Geschäfte offensichtlich intern nicht bezüglich der verschiedenen Orgeltypen, sondern auf Basis der Vertriebsniederlassungen, um möglicherweise regionale Marktentwicklungen besser abschätzen und die Produktions- und Vertriebskapazitäten besser planen zu können. Eine regelmäßige Berichterstattung von den Geschäftseinheiten an den Vorstand findet statt. Darüber hinaus werden spezifische finanzielle Daten erfasst (darunter auch das Betriebsergebnis) und berichtet. Folglich sind alle Voraussetzungen für *operating segments* nach IFRS 8.5 erfüllt. Die fünf Vertriebsregionen bilden somit *operating segments*, die gemäß IFRS 8.11 *reportable segments* darstellen, es sei denn, einzelne von ihnen können aufgrund vergleichbarer wirtschaftlicher Parameter zusammengefasst werden oder liegen unter den Schwellenwerten des IFRS 8.13. Letzteres lässt sich aufgrund fehlender Angaben in diesem Fall nicht beurteilen, ersteres ist zu überprüfen.

Nach IFRS 8.12 können Geschäftssegmente zusammengefasst werden, wenn sie aufgrund ihrer wirtschaftlichen Eigenschaften voraussichtlich ähnliche zukünftige Ergebnisentwicklungen haben, wenn die Zusammenfassung nicht der Generalnorm des IFRS 8.1 widerspricht und wenn sie bezüglich allen der nachfolgenden Parameter ähnlich sind:

- Produkt- und Dienstleistungstyp,
- Produktionsprozess,
- Kundentypen,
- Vertriebsmethoden,
- relevantes regulatorisches Umfeld.

Gemäß den hier vorliegenden Angaben ist davon auszugehen, dass bezüglich all dieser Parameter eine Ähnlichkeit zwischen den Segmenten bestehen müsste. Vorausgesetzt, die Länder in denen die Organ AG tätig ist, haben vergleichbare regulatorische Umfeldbedingungen und Entwicklungsaussichten für den Markt von Konzertorgeln, wovon hier ausgegangen wird. Somit ist eine Zusammenfassung der Segmente in ein Segment möglich. Die 75%-Grenze des IFRS 8.15 ist diesbezüglich nicht anzuwenden, da sich diese auf die Angabe von Segmenten bezieht, die die Schwellenwerte des IFRS 8.13 unterschreiten.

Auch wenn keine Angaben bezüglich der *operating segments* zu erfolgen haben, muss die Organ AG die in IFRS 8.31 ff. geforderten Informationen auf Unternehmensebene machen. Aufgrund der Ähnlichkeit der Produkte beschränken sich die Angaben zum einen auf die Angabe der Jahreserträge, die auf Deutschland (*country of domicile*) und auf sämtliche anderen

2.3.4 Segmentberichterstattung

Länder entfallen. Zum anderen sind die in Deutschland und in den anderen Ländern gebundenen langfristigen Vermögenswerte jeweils in Summe zu nennen. Bei den Vermögenswerten ist laut IFRS 8.33(b) das Planvermögen herauszurechnen. Sollten bezüglich der Erträge bzw. Vermögenswerte wesentliche Beträge auf einzelne Länder entfallen, sind diese mit Nennung des jeweiligen Landes anzugeben. Auch können die Erträge aufgeteilt auf einzelne Ländergruppen angegeben werden. Die Organ AG kann sich diesen Angaben durch Berufung auf einen großen Informationsbeschaffungsaufwand nicht entziehen, da die Informationen durch die interne Berichterstattung vorliegen (IFRS 8.33).

Da die Erträge eines Jahres, die mit Unternehmen des Konzerns Music International gemacht wurden, 10% der gesamten Jahreserträge übersteigen, handelt es sich bei Music International um einen wesentlichen Kunden. Deshalb sind dieser Sachverhalt, die Summe der Erträge, die mit diesem Kunden gemacht wurden, sowie die Segmente, die Erträge mit diesem Kunden enthalten, anzugeben (IFRS 8.34).

Literaturhinweise

COENENBERG, A./HALLER, A./SCHULTZE, W. (2009): Jahresabschluss und Jahresabschlussanalyse, 21. Aufl., Stuttgart.

ERNST & YOUNG (Hrsg.) (2009): International GAAP 2009, Volume 2, chapter 35, London et al.

FINK, C./ULBRICH, P. (2007): Verabschiedung des IFRS 8 – Neuregelung der Segmentberichterstattung nach dem Vorbild der US-GAAP, in: KoR, 7. Jg., S. 1–6.

HEINTGES, S./URBANCZIK, P./WULBRAND, H. (2008): Regelungen, Fallstricke und Überraschungen der Segmentberichterstattung nach IFRS 8, in: DB, 61. Jg., S. 2773–2781.

HALLER, A. (2008): IFRS 8 – Geschäftssegmente (operating segments), in: BAETGE, J./WOLLMERT, P./KIRSCH, H.-J./OSER, P./BISCHOF, S. (Hrsg.), Rechnungslegung nach IFRS – Kommentar auf der Grundlage des deutschen Bilanzrechts, 2. Aufl., Stuttgart 2008, S. 1–61.

RICHTER, F./ROGLER, S. (2009): Erstellung einer Segmentberichterstattung nach IFRS – Eine Fallstudie zur Anwendung des IFRS 8, in: KoR, 9. Jg., S. 74–83.

WENK, M./JAGOSCH, C. (2008): Konzeptionelle Neugestaltung der Segmentberichterstattung nach IFRS 8 – Was ändert sich tatsächlich?, in: KoR, 8. Jg., S. 661–670.

Andreas Eiselt und Karsten Paetzmann

2.3.5 Kapitalflussrechnung

Grundlagen der Kapitalflussrechnung

Abbildung von Ein- und Auszahlungen in der Kapitalflussrechnung

Die Kapitalflussrechnung (*Cash Flow Statement*) stellt neben den zentralen Berichtsinstrumenten mit Bilanz und Gewinn- und Verlustrechnung (GuV) nach IAS 1.8 und IAS 7.1 einen obligatorischen Bestandteil des Einzel- und Konzernabschlusses bei Rechnungslegung nach IFRS dar. Mit der Überarbeitung von IAS 1 im Jahr 2007 wurde der Begriff „*Statement of Cash Flows*" eingeführt. Neben der Darstellung von Vermögen und Kapital zu einem Stichtag in der Bilanz sowie der Darstellung von Erträgen und Aufwendungen einer Periode in der Gewinn- und Verlustrechnung werden in der Kapitalflussrechnung Einzahlungen und Auszahlungen einer Periode dargestellt. Dadurch soll die Herkunft bzw. Verwendung von liquiden Mitteln gezeigt und der Abschlussadressat in die Lage versetzt werden, zukünftige Zahlungsströme (*Cashflows*), also die Finanzkraft eines Unternehmens, einzuschätzen.

Schematisch zeigt die Gewinn- und Verlustrechnung die Veränderungen des Eigenkapitals und die Kapitalflussrechnung die Veränderungen der Zahlungsmittel – wie *Abbildung 1* verdeutlicht.

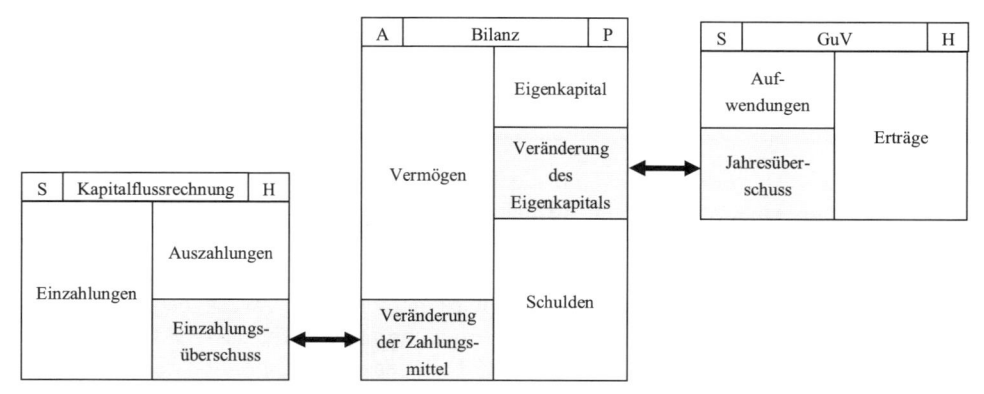

Abbildung 1: Zusammenhang von Bilanz, GuV und Kapitalflussrechnung[1]

---

[1] Leicht modifiziert entnommen aus COENENBERG (2005), S. 751.

Im Allgemeinen wird also als Einzahlung der Zufluss von Zahlungsmitteln (und Zahlungsmitteläquivalenten) und als Auszahlung der Abfluss von Zahlungsmitteln bezeichnet. Durch diese Definition wird schnell deutlich, dass nicht jeder Ertrag auch eine Einzahlung und nicht jeder Aufwand auch eine Auszahlung darstellt. So stellt die Abschreibung eines Vermögenswertes zwar Aufwand dar, aber niemals eine Auszahlung (nicht-liquiditätswirksamer Aufwand). *Abbildung 2* verdeutlicht diesen Zusammenhang überblicksartig.

Einzahlungen/Auszahlungen			
nicht-erfolgswirksame	erfolgswirksame		
	liquiditätswirksame	nicht-liquidtätswirksame	
	Erträge/Aufwendungen		

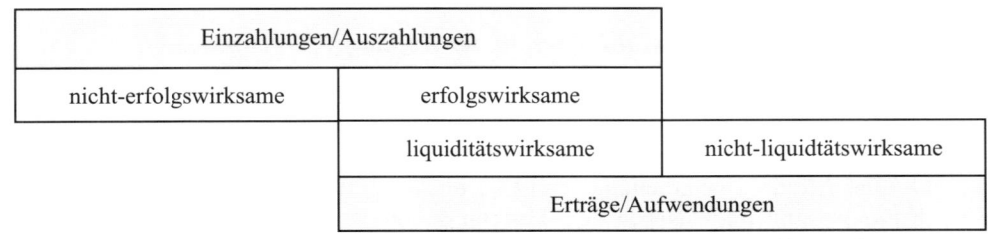

Abbildung 2:   *Unterscheidung zwischen Einzahlungen/Erträgen und Auszahlungen/Aufwendungen*

Abgrenzung des Finanzmittelfonds

Durch die Kapitalflussrechnung wird also die Veränderung der Zahlungsmittel und Zahlungsmitteläquivalente (*cash and cash equivalents*) – bezeichnet als Finanzmittelfonds – aufgezeigt.

> *Zahlungsmittel* umfassen dabei Barmittel und täglich fällige Sichteinlagen. Als *Zahlungsmitteläquivalente* werden kurzfristige, besonders liquide Finanzinvestitionen, die jederzeit in Zahlungsmittel konvertiert werden können und nur unwesentlichen Wertschwankungsrisiken unterliegen, definiert.

Grundsätzlich werden gem. IAS 7.7 nur die Finanzinvestitionen als Zahlungsmitteläquivalente in den Fonds einbezogen, deren Restlaufzeit zum Zeitpunkt des Erwerbs drei Monate oder weniger beträgt. Dies ist angesichts einer möglichen Beeinflussung des Bestandwerts durch Zinsänderungen notwendig. Ferner setzt IAS 7.7 voraus, dass Zahlungsmitteläquivalente als Liquiditätsreserve dienen. Allerdings wird eine derartige Zweckbestimmung in der Literatur als faktisches Wahlrecht für die Einbeziehung angesehen, da von dem jeweiligen Unternehmen selbst festgelegt werden kann, welche Finanzmittel Liquiditätsreserven darstellen.[2] Kontokorrentkredite sollen nach IAS 7.8 ausnahmsweise in den Finanzmittelfonds als negative Bestandteile einbezogen werden, sofern sie im Rahmen des Cash-Managements regelmäßig als kurzfristige Finanzierungsinstrumente eingesetzt werden.[3]

---

[2]   Vgl. z. B. GEBHARDT (2001), Tz. 26 f.

[3]   Vgl. RUDOLPH (2006), Rz. 12.

2.3.5 Kapitalflussrechnung

Grundsätzlicher Aufbau der Kapitalflussrechnung

Nach IAS 7 besteht die Kapitalflussrechnung aus zwei grundsätzlichen Teilen: Einer Ursachenrechnung und einer Fondsveränderungsrechnung (siehe *Abbildung 3*).

Ursachenrechnung	Operative Tätigkeit (a)
	Investitionstätigkeit (b)
	Finanzierungstätigkeit (c)
Fondsveränderungs-rechnung	Anfangsbestand der Zahlungsmittel
	Veränderungen der Zahlungsmittel (a + b + c)
	Endbestand der Zahlungsmittel

Abbildung 3: Grundaufbau einer Kapitalflussrechnung nach IAS 7

Die *Ursachenrechnung* ist gem. IAS 7.10 in die Bereiche betriebliche bzw. operative Tätigkeit (*Operating Activities*), sowie Investitionstätigkeit (*Investing Activities*) und Finanzierungstätigkeit (*Financing Activities*) zu unterteilen. Diese Unterteilung ist nicht immer trennscharf und umfasst einen gewissen Einschätzungsspielraum.[4] Jedoch lassen die in IAS 7 gegebenen Abgrenzungshinweise und Gliederungsempfehlungen Rückschlüsse auf die (empfohlene) Zuordnung von Zahlungsvorgängen zu.

> Ein verbindliches *Gliederungsschema* für den Aufbau der Kapitalflussrechnung ist nach IFRS nicht vorgeschrieben, allerdings findet sich ein Darstellungsbeispiel in Anhang A zu IAS 7, der jedoch ausdrücklich nicht Bestandteil des Standards ist. Es ist daher der Grundsatz der wirtschaftlichen Betrachtungsweise (*Substance over Form*) zu beachten.

---

[4] Vgl. MÜLLER (2003), S. 178.

Cashflow aus operativer Tätigkeit

Die operative Tätigkeit beinhaltet üblicherweise alle Aktivitäten, die keine Investitions- und Finanzierungstätigkeit darstellen. Der Begriff „operative Tätigkeit" ist damit relativ weit gefasst. Häufig werden daher für diesen Bereich auch die Begriffe „Cashflow aus operativer Tätigkeit", „Cashflow aus betrieblicher Tätigkeit", „Cashflow aus laufender Geschäftstätigkeit" oder „Cashflow aus Erfolgstätigkeit" verwendet.[5] So resultieren Zahlungsströme hier in der Regel aus Geschäftsvorfällen, die das Periodenergebnis als Ertrag oder Aufwand beeinflussen. Dies sind im Allgemeinen Zahlungsvorgänge der auf Erlöserzielung ausgerichteten Aktivitäten im Produktions-, Verkaufs- und Servicebereich.[6] Auch Ein- oder Auszahlungen aus Ertragsteuern sind gem. IAS 7.35 grundsätzlich hier zu erfassen und gesondert anzugeben, außer sie können explizit einer der beiden anderen Kategorien zugeordnet werden. Zahlungen aus dem Kauf und Verkauf von Wertpapieren des Handelsbestandes sind gem. IAS 7.15 ebenfalls dem operativen Bereich zuzuordnen. Ein- und Auszahlungen aus Sicherungsgeschäften (*Hedging*) werden gem. IAS 7.16 dem Bereich zugeordnet, in dem auch das Grundgeschäft erfasst ist, so dass im Einzelfall auch ein Ausweis im betrieblichen Bereich erfolgt, z. B. bei Zahlungen für die Absicherung von Umsatzeinzahlungen.[7] Eine gesonderte Angabe der Cashflows aus außerordentlichen Posten ist nach IFRS nicht erlaubt.

Ein explizites Ausweiswahlrecht sieht IAS 7.31-34 für erhaltene bzw. gezahlte Zinsen sowie erhaltene und gezahlte Dividenden vor. So können erhaltene Zinsen und Dividenden alternativ dem Investitionsbereich, gezahlte Zinsen und Dividenden alternativ dem Finanzierungsbereich zugeordnet werden. Faktisch sind aber auch alle anderen Zuordnungsvarianten zulässig.[8]

Die Höhe des Cashflows aus operativer Tätigkeit wird maßgeblich durch das Working-Capital-Management eines Unternehmens bestimmt.[9] Werden z. B. die Lagerhaltung minimiert oder Forderungen zeitnah eingetrieben und gleichzeitig eigene Lieferverbindlichkeiten später gezahlt, ergibt sich ein positiver Effekt auf den Cashflow.

Für den operativen Bereich ist nach IAS 7.18 sowohl die direkte als auch die indirekte Methode der Darstellung zulässig, auch wenn die direkte Darstellung empfohlen wird. In der Praxis findet sich jedoch nahezu ausschließlich die indirekte Darstellungsweise.

---

[5] Vgl. exemplarisch DRS 2.7; *VON WYSOCKI* (1998), S. 14; *LACHNIT* (2004), S. 300 f.
[6] Vgl. *COENENBERG* (2005), S. 790.
[7] Vgl. auch *HEUSER/THEILE* (2007), Rz. 4442.
[8] Vgl. *FREIBERG* (2008), Rz. 97 und Rz. 103.
[9] Zum Working-Capital-Management vgl. z. B. *PAETZMANN* (2008).

2.3.5 Kapitalflussrechnung

> Bei Anwendung der *indirekten Darstellungsmethode* wird der Cashflow aus der betrieblichen Tätigkeit durch Korrektur des Periodenergebnisses um zahlungsunwirksame Erträge und Aufwendungen bestimmt.

In Form einer Überleitungsrechnung wird somit das Periodenergebnis in eine Cashflow-Größe überführt. Welche Posten die indirekte Darstellung beinhaltet, wird zum Teil durch die Wahl der Ausgangsgröße bestimmt. In Anlehnung an DRS 2.27 ist folgendes Mindestgliederungsschema denkbar:

	Periodenergebnis (vor Steuern und Zinsen)
+/–	Abschreibungen/Zuschreibungen auf Vermögenswerte
–/+	Gewinn/Verlust aus dem Abgang von Vermögenswerten
+/–	Zunahme/Abnahme der Rückstellungen
+/–	Sonstige zahlungsunwirksame Aufwendungen/Erträge
–/+	Zunahme/Abnahme der Vorräte, der Forderungen aus Lieferungen und Leistungen sowie anderer Aktiva, die nicht Investitions- oder Finanzierungstätigkeit zuzuordnen sind
+/–	Zunahme/Abnahme der Verbindlichkeiten aus Lieferungen und Leistungen sowie anderer Passiva, die nicht der Investitions- oder Finanzierungstätigkeit zuzuordnen sind
+/–	Erhaltene/gezahlte Zinsen
+/–	Erhaltene/gezahlte Ertragsteuern
=	Cashflow aus der operativer Tätigkeit

Tabelle 1: Mindestgliederung für den operativen Bereich bei indirekter Darstellung

Cashflow aus Investitionstätigkeit

Die Zahlungsströme aus der Investitionstätigkeit stehen im Zusammenhang mit den Ressourcen eines Unternehmens, durch die langfristig Erträge und Cashflows erwirtschaftet werden sollen (Zweckbindung). Dazu zählen gem. IAS 7.18 der Erwerb und die Veräußerung von langfristigen Vermögenswerten sowie sonstigen Finanzinvestitionen, die nicht zu den Zahlungsmitteläquivalenten gehören. Grundstücke, die zum Zwecke der Weiterveräußerung erworben wurden, sind als Vorräte anzusehen, womit die mit dem Erwerb und der Veräußerung solcher Grundstücke verbundenen Ein- und Auszahlungen der betrieblichen Tätigkeit zuzuweisen sind.

Im Unterschied zum betrieblichen Bereich ist gem. IAS 7.21 für die Abbildung der Investitionszahlungen ausschließlich die Bruttodarstellung nach der direkten Methode vorgesehen. So dürfen nach IAS 7.39 und 41 insbesondere Zahlungen aus der Veräußerung von konsolidierten Unternehmen und sonstigen Geschäftseinheiten nicht mit denen aus dem Erwerb saldiert werden. In Anlehnung an das Beispiel im Anhang zu IAS 7 und DRS 2.32 ergibt sich folgender Gliederungsvorschlag:

	Einzahlungen aus Abgängen von Sachanlagevermögen
–	Auszahlungen für Investitionen in das Sachanlagevermögen
+	Einzahlungen aus Abgängen von immateriellen Vermögenswerten
–	Auszahlungen für Investitionen in immaterielle Vermögenswerte
+	Einzahlungen aus Abgängen von Finanzinvestitionen
–	Auszahlungen für Finanzinvestitionen
+	Einzahlungen aus dem Verkauf von konsolidierten Unternehmen und sonstigen Geschäftseinheiten
–	Auszahlungen für den Erwerb von konsolidierten Unternehmen und sonstigen Geschäftseinheiten
=	Cashflow aus der Investitionstätigkeit

Tabelle 2:   Mindestgliederung für den Investitionsbereich

Zahlungen für Investitionen und aus Desinvestitionen werden demnach jeweils in vier separate Posten gruppiert: Sachanlagen, immaterielle Anlagen, Finanzanlagen sowie konsolidierte Unternehmen und sonstige Geschäftseinheiten. Erhaltene und gezahlte Zinsen bzw. Dividenden können – wie oben bereits erläutert – gem. IAS 7.31-34 wahlweise im Investitionsbereich berücksichtigt werden.

Cashflow aus Finanzierungstätigkeit

Im *Finanzierungsbereich* werden grundsätzlich Zahlungsströme aus Transaktionen mit Eigen- und Fremdkapitalgebern erfasst. Der Ausweis dieser Zahlungen in der Kapitalflussrechnung soll helfen, die zukünftigen Ansprüche der Kapitalgeber gegenüber dem Unternehmen abzuschätzen (IAS 7.17). So zählen bspw. Einzahlungen aus der Ausgabe von Anteilen oder anderen Eigenkapitalinstrumenten, Auszahlungen zum Erwerb von (eigenen) Aktien ebenso wie Einzahlungen aus der Aufnahme von Darlehen bzw. Auszahlungen für die Tilgung von Darlehen zu dem Finanzierungsbereich.

Die Ein- und Auszahlungen im Finanzierungsbereich sind ebenso wie im Investitionsbereich unsaldiert nach der direkten Methode zu zeigen (IAS 7.21). Da ein starres Gliederungsschema auch für den Finanzierungsbereich nach IFRS nicht vorgegeben ist, lässt sich unter Rückgriff auf das Beispiel im Anhang zu IAS 7 und DRS 2.35 folgende Möglichkeit zur Darstellung ableiten:

	Einzahlungen aus Eigenkapitalzuführungen (Kapitalerhöhungen, Verkauf eigener Anteile etc.)
–	Auszahlungen an Unternehmenseigner und Minderheitsgesellschafter (Dividenden, Erwerb eigener Anteile, Eigenkapitalrückzahlungen und andere Ausschüttungen)
+	Einzahlungen aus der Begebung von Anleihen und der Aufnahme von (Finanz-) Krediten
–	Auszahlungen für die Tilgung von Anleihen und (Finanz-) Krediten
=	Cashflow aus der Finanzierungstätigkeit

Tabelle 3:   Mindestgliederung für den Finanzierungsbereich

Erhaltene und gezahlte Zinsen bzw. Dividenden dürfen – wie oben bereits dargestellt – nach IAS 7.31-34 bei sachlicher Begründung im Finanzierungsbereich gezeigt werden. Werden allerdings erhaltene und gezahlte Zinsen bzw. Dividenden dem operativen Bereich zugeordnet, lässt sich die Fähigkeit eines Unternehmens, Zinsen und Dividenden aus dem laufenden Cashflow zu zahlen, leichter beurteilen. Häufig sinkt dadurch jedoch der Cashflow aus betrieblicher Tätigkeit, so dass sich darauf beziehende wichtige Kennzahlen zur externen Beurteilung des Unternehmens verschlechtern.[10]

Fondsveränderungsrechnung

Als abschließenden Teil einer Kapitalflussrechnung ist eine Fondsveränderungsrechnung vorgesehen. Dabei sollten die zahlungswirksamen Veränderungen des Finanzmittelfonds (die Summe der Cashflows aus betrieblicher Tätigkeit, Investitions- und Finanzierungstätigkeit) um wechselkurs-, konsolidierungskreis- und bewertungsbedingte Änderungen (sog. „Bewertungsrechnung") des Finanzmittelfonds korrigiert und mit dem Anfangsbestand der Finanzmittel zusammengerechnet werden. Das Ergebnis der Veränderungsrechnung zeigt damit den Finanzmittelbestand am Ende der Periode. In Anlehnung an DRS 2 lässt sich die Fondsveränderungsrechnung wie folgt darstellen:

	Zahlungswirksame Veränderungen des Finanzmittelfonds (Cashflows aus betrieblicher Tätigkeit, Investitions- und Finanzierungstätigkeit)
+/–	Wechselkurs-, konsolidierungskreis- und bewertungsbedingte Änderungen des Finanzmittelfonds
+	Finanzmittelfonds am Anfang der Periode
=	Finanzmittelfonds am Ende der Periode

Tabelle 4: Aufbau der Fondsveränderungsrechnung

Diese Gliederung sieht die Zusammenfassung der wechselkurs-, konsolidierungskreis- und bewertungsbedingten Änderungen des Finanzmittelfonds in einer Position vor. Eine solche Zusammenfassung dürfte gem. IAS 7.28 i. V. m. IAS 1.29 nur zulässig sein, wenn der Anteil aus der Währungsumrechnung unwesentlich ist.

Vorgehensweise zur Erstellung einer Kapitalflussrechnung

Grundsätzlich ist bei der der Erstellung einer Kapitalflussrechnung zwischen einer originären und einer derivativen Methode zu unterscheiden. Ausschlaggebend für diese Unterscheidung ist die Art und Weise, wie die Daten der Kapitalflussrechnung gewonnen werden.

Bei der *originären Ableitung* einer Kapitalflussrechnung werden sämtliche Geschäftsvorfälle, für die Zahlungen angefallen sind, aus der Finanzbuchhaltung entnommen. Jede Transaktion wird dabei direkt den drei Bereichen der Ursachenrechnung zugeordnet.

---

[10] Eine Darstellung der wichtigsten Cashflow-Kennzahlen findet sich z. B. bei COENENBERG (2005) oder EISELT/MÜLLER (2008).

Im Gegensatz zur originären Ableitung baut die weiter verbreitete *derivative Ableitung* jedoch auf zwei aufeinander folgenden Abschlüssen auf und wird daher auch als bilanzorientierte Ermittlungsmethode bezeichnet. Dieses Verfahren ist z. T. auch von externer Seite her durchführbar. Es werden die Stromgrößen der Gewinn- und Verlustrechnung und die Bestandsveränderungen der Bilanz um zahlungsunwirksame Veränderungen korrigiert. Diese Informationen können aus der Bilanz, der Gewinn- und Verlustrechnung sowie aus zusätzlichen Unterlagen, wie z. B. der Anlagenentwicklung entnommen werden.

Fallstudie zur Kapitalflussrechnung nach IAS 7

Es liegen die Bilanzen der letzten zwei Jahre und die Gewinn- und Verlustrechnungen des letzten Jahres der Handels-AG vor. In t0 wurde ein weiteres Gebäude zu Anschaffungskosten von 600 T€ angeschafft. Der Jahresüberschuss wurde in jedem folgenden Jahr voll ausgeschüttet. Die Material-, Personal- und Zinsaufwendungen führen umgehend zu Auszahlungen.

Bilanz zum … (in T€)	31.12.t0	31.12.t–1
Gebäude	2.000	1.600
Vorräte (Handelswaren)	500	600
Forderungen	500	300
Bank, Kasse	500	400
Summe Aktiva	**3.500**	**2.900**
Gezeichnetes Kapital	1.000	1.000
Kapitalrücklage	500	500
Jahresüberschuss	100	50
Langfristige Bankschulden	1.900	1.350
Summe Passiva	**3.500**	**2.900**

Tabelle 5:   *Bilanzen zum 31.12.t0 und zum 31.12.t–1*

Umsatz	800
Bestandsveränderung Vorräte	–100
Materialaufwand	250
Personalaufwand	50
Abschreibungen	200
Zinsaufwand	100
Jahresüberschuss	**100**

Tabelle 6:   *Gewinn- und Verlustrechnung des Jahres t0*

Aufgabe 1

Leiten Sie aus den zur Verfügung stehenden Informationen eine Kapitalflussrechnung (bei Verwendung der indirekten Darstellung für den Cashflow aus operativer Tätigkeit) für das Jahr t0 ab!

Aufgabe 2

Interpretieren Sie die Kapitalflussrechnung des Jahres t0!

Lösung 1

Aus den vorliegenden Bilanzen lässt sich für das Jahr t0 die Veränderungsbilanz ableiten, die um die Positionen der Gewinn- und Verlustrechnung zu ergänzen ist, so dass sich folgendes Rechenschema ergibt:

	(1)	(2)	(3)	(4)	(5)	(6)	(7)	(8)	(9)	(10)	(11)
KFR für t0 in T€	31.12.t0	31.12.t–1	Veränd.	JÜ	AfA	Δ WC	CFO	CFI	Div.	Darlehen	CFF
Gebäude	2.000	1.600	+400		+200			–600			
Vorräte	500	600	–100			+100					
Forderungen	500	300	+200			–200					
Bank, Kasse	500	400	+100								
Summe Aktiva	**3.500**	**2.900**	**+600**								
Gez. Kapital	1.000	1.000	±0								
Kapitalrücklage	500	500	±0								
Jahresüberschuss	100	50	+50	+100					–50		
Lfr. Bankschulden	1.900	1.350	+550							+550	
Summe Passiva	**3.500**	**2.900**	**+600**	**+100**	**+200**	**–100**	**+200**	**–600**	**–50**	**+550**	**+500**

Tabelle 7: *Ableitung der Kapitalflussrechnung für das Jahr t0*

In die ersten beiden Spalten werden die Bilanzen des aktuellen Jahres und des Vorjahres eingetragen. Aus der Differenz der beiden Spalten 1 und 2 ergibt sich die Veränderungsbilanz in Spalte 3. Diese Veränderungen müssen sich durch die anschließenden Spalten erklären. Dabei wird grundsätzlich vom Jahresüberschuss (JÜ) ausgegangen (Spalte 4) und dieser um die nicht zahlungsbegleiteten Aufwendungen und Erträge korrigiert. Im vorliegenden Fall sind zunächst die nicht zahlungsbegleiteten Abschreibungen (AfA) auf das Gebäude (Spalte 5) zu korrigieren. In einem weiteren Schritt sind die Veränderungen kurzfristiger Vermögenswerte und Schulden (vereinfachend als *Working Capital* bezeichnet) zu korrigieren (Spalte 6). Durch diesen Vorgang werden die nicht zahlungsbegleiteten Bestandsveränderungen der

Handelswaren (100 T€) und die nicht eingezahlten Umsatzerlöse, welche sich aus der Veränderung der Forderungen ergeben (200 T€) aus der Gewinn- und Verlustrechnung herausgenommen. Im Ergebnis ergibt sich der Cashflow aus operativer Tätigkeit (CFO) in Höhe von +200 T€ (Spalte 7).

Der Cashflow aus Investitionstätigkeit (CFI) resultiert aus einer Investition in das Gebäude von –600 T€ (Spalte 8). Die gesamte Veränderung der Bilanzposition „Gebäude" von +400 T€ ergibt sich also durch die Abschreibung von +200 T€ und die Auszahlung für den Zugang von –600 T€.

Schließlich ermittelt sich der Cashflow aus Finanzierungstätigkeit (CFF) aus der gezahlten Dividende an die Anteilseigner (Spalte 9) und die Aufnahme eines langfristigen Bankdarlehens (Spalte 10). Insgesamt ergibt sich aus diesen beiden Sachverhalten ein Zahlungsmittelzugang von +500 T€ (Spalte 11).

Es bleibt anzumerken, dass – wie in der Praxis auch üblich – die gezahlten Zinsen (100 T€) innerhalb des Cashflow aus operativer Tätigkeit und die gezahlte Dividende (50 T€) innerhalb des Cashflow aus Finanzierungstätigkeit ausgewiesen werden, nach IAS 7.33 und 7.34 jedoch auch eine andere Zuordnung zulässig ist. Sachgemäß scheint insbesondere eine Zuordnung der gezahlten Dividenden zum Cashflow aus operativer Tätigkeit, um diese wie die gezahlten Zinsen als Finanzierungsaufwendungen zu behandeln und per Saldo einen Betrag zu zeigen, der für Investitionen und Schuldentilgung zur Verfügung steht.

Aus diesem Rechenschema lässt sich die Kapitalflussrechnung für das Jahr t0 in der üblichen Staffelform wie folgt aufstellen:

	Kapitalflussrechnung des Jahres … (in T€)	t0
	Jahresüberschuss	100
+	Abschreibungen	+200
+/–	Zunahme/Abnahme des Working Capital	–100
=	**Cashflow aus operativer Tätigkeit (a)**	**+200**
	Investition in das Sachanlagevermögen	–600
=	**Cashflow aus Investitionstätigkeit (b)**	**–600**
	gezahlte Dividende	–50
+	Einzahlung aus der Aufnahme eines Darlehens	+550
=	**Cashflow aus Finanzierungstätigkeit (c)**	**+500**
	Zahlungsmittel am 01.01.	400
+/–	Veränderung der Zahlungsmittel (a + b + c)	+100
	Zahlungsmittel am 31.12.	**500**

Tabelle 8: Kapitalflussrechnung für das Jahr t0

2.3.5 Kapitalflussrechnung

Lösung 2

Durch die Kapitalflussrechnung wird deutlich, dass die gesamte Zunahme der Zahlungsmittel (Bank, Kasse) in Höhe von 100 T€ aus einem positiven Cashflow aus operativer Tätigkeit von +200 T€, einem negativen Cashflow aus Investitionstätigkeit von –600 T€ und einem positiven Cashflow aus Finanzierungstätigkeit von +500 T€ resultiert. Grafisch lässt sich dieser Zusammenhang wie folgt darstellen.

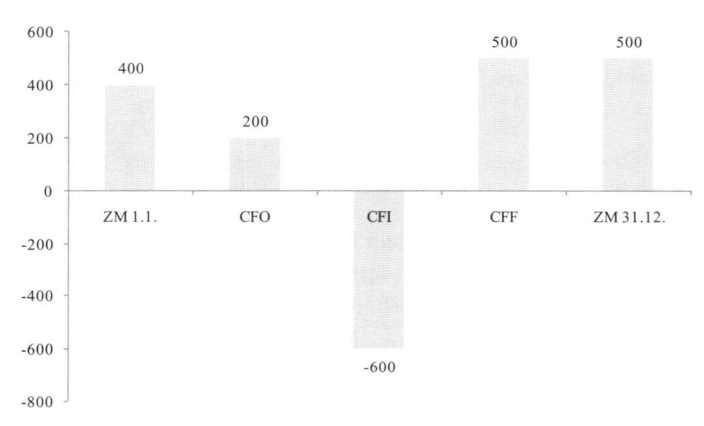

Abbildung 4: Entwicklung der Zahlungsmittel (ZM) im Jahr t0

Für die Handels-AG ergibt sich aus den Daten ein *Free-Cashflow*, der sich in der vereinfachten Form als Differenz aus Cashflow aus operativer Tätigkeit und Cashflow aus Investitionstätigkeit errechnet, von –400 T€. Bei normaler Geschäftstätigkeit sollte der Free-Cashflow positiv sein, um damit die Ansprüche von Eigen- und Fremdkapitalgebern erfüllen zu können. Im vorliegenden Fall muss der hoch negative Free-Cashflow durch die Darlehensaufnahme finanziert werden.

Des Weiteren lassen sich neben der absoluten Betrachtung der Cashflows einige Relativkennzahlen für die Handels-AG ermitteln. Mittlerweile sind eine Reihe von Cashflow-Kennzahlen entwickelt worden, die das Informationspotenzial der Kapitalflussrechnung ausschöpfen. Es ist theoretisch möglich, jeden Zahlenwert der Kapitalflussrechnung zu einer beliebigen Verursachungsgröße in Beziehung zu setzen.

Zur Messung der Zahlungsmittelgenerierung im Unternehmen sollte die *Cashflow-Gesamtkapitalrentabilität* herangezogen werden. Dabei ist der Cashflow aus betrieblicher Tätigkeit als Zählergröße um die gezahlten Ertragsteuern, Zinsen und Dividenden zu bereinigen. Die Gesamtkapitalrentabilität ist frei von Verzerrungen durch die Kapitalstruktur bzw. Steuereffekte und misst die Effizienz des Gesamtkapitaleinsatzes.

$$\text{Cashflow-Gesamtkapitalrentabilität} = \frac{\text{CFO vor gezahlten Ertragsteuern, Zinsen und Dividenden}}{\text{Gesamtkapital}} = \frac{300}{3.500} = 8{,}6\%$$

Der Anteil der selbst erwirtschafteten Zahlungsmittel, der vom Umsatz übrig geblieben ist und für Finanzierung, Schuldentilgung und Ausschüttungen zur Verfügung steht, drückt sich in der *Cashflow-Umsatzrate* oder auch „Cashflow-Margin" aus.

$$\text{Cashflow-Umsatzrate} = \frac{\text{CFO}}{\text{Umsatz}} = \frac{200}{800} = 25\%$$

Die isolierte Betrachtung von einzelnen Kennzahlen kann jedoch leicht zu Fehlurteilen führen. Ihre volle Aussagekraft entfalten diese Kennzahlen erst vor einem Vergleichshintergrund, z. B. im Zeitablauf oder im Branchenvergleich.

Literaturhinweise

COENENBERG, A. G. (2005): Jahresabschluss und Jahresabschlussanalyse, 20. Aufl., Stuttgart.

EISELT, A./MÜLLER, S. (2008): IFRS: Kapitalflussrechnung – Darstellung und Analyse von Cashflows und Zahlungsmitteln, Berlin.

FREIBERG, J. (2008): Kapitalflussrechnung, in: LÜDENBACH, N./HOFFMANN, W. D. (Hrsg.), Haufe IFRS-Kommentar, 6. Aufl., Freiburg, § 3.

GEBHARDT, G. (2001): Kapitalflußrechnungen, in: CASTAN, E./HEYMANN, G./MÜLLER, E./ORDELHEIDE, D./SCHEFFLER, E. (Hrsg.), Beck'sches Handbuch der Rechnungslegung, Bd. III, C 620, Erg.-Lieferung Mai 2001, München.

HEUSER, P./THEILE, C. (2007): IFRS-Handbuch, Einzel- und Konzernabschluss, 3. Aufl., Köln.

LACHNIT, L. (2004): Bilanzanalyse, Wiesbaden.

MÜLLER, S. (2003): Konvergentes Management-Rechnungswesen – Führungsgemäße Ausgestaltung des externen und internen Rechnungswesens unter Konvergenzgesichtspunkten, Wiesbaden.

PAETZMANN, K. (2008): Working Capital Requirement – Steuerung der Betriebsmittel-Zyklen und Kapitalbedarfe im Maschinenbau, in: BFuP, 60. Jg., S. 82–94.

RUDOLPH, R. (2006): Kapitalflussrechnung, in: BOHL, W./RIESE, J./SCHLÜTER, J. (Hrsg.), Beck'sches IFRS-Handbuch, 2. Aufl., München et al., § 18.

VON WYSOCKY, K. (1998): Grundlagen, nationale und internationale Stellungnahmen zur Kapitalflußrechnung, in: VON WYSOCKI, K. (Hrsg.), Kapitalflußrechnung, Stuttgart, S. 1–33.

Michael Reuter und Christian Zwirner

2.3.6 Gesamtkostenverfahren versus Umsatzkostenverfahren

Grundlagen

Die internationalen Rechnungslegungsnormen IFRS sind – spätestens seit ihrer verpflichtenden Anwendung für kapitalmarktorientierte Konzerne – aus der deutschen Bilanzierung nicht mehr wegzudenken. Im Zuge der Umstellung der Rechnungslegung von den HGB-Vorschriften auf die internationalen Normen ergeben sich auch Fragen im Bereich von Aufbau und Gliederung der Gewinn- und Verlustrechnung (GuV). Zudem stellt die GuV den Ausgangspunkt bilanzanalytischer Erfolgsspaltungskonzeptionen dar.

> Die GuV bildet den Ausgangspunkt bilanzanalytischer Erfolgsspaltungskonzeptionen.

Die GuV zeigt die Zusammensetzung des Jahreserfolgs und soll dem Abschlussadressaten ferner einen Überblick geben, inwieweit das Unternehmen fähig ist, nachhaltig Gewinne zu erwirtschaften und somit seine langfristige Existenz zu garantieren. Sie ist folglich für den Abschlussleser im Hinblick auf die Ertragslage des Unternehmens/Konzerns von großer Bedeutung. Zur Erstellung der GuV kommen zwei unterschiedliche Konzeptionen zur Anwendung: das in Deutschland traditionell angewandte Gesamtkostenverfahren (GKV) oder das international übliche Umsatzkostenverfahren (UKV).

> Zur Erstellung der GuV kommen zwei unterschiedliche Konzeptionen zur Anwendung: das aufwandsartenorientierte GKV und das funktionsbereichorientierte UKV.

Da in den letzten Jahren das UKV auch bei deutschen Unternehmen immer mehr Verbreitung gefunden hat und im Rahmen einer Umstellung der Rechnungslegung von HGB auf IFRS vielfach die Erfolgsrechnung vom GKV auf das UKV umgestellt wird, sollen nachfolgend die theoretischen Grundlagen der Erfolgsrechnung gemäß HGB und IFRS dargestellt sowie nach Erläuterung des bilanzpolitischen Potenzials der GuV-Gliederung beispielhaft eine GuV nach GKV in eine GuV nach UKV überführt werden.

> Das UKV hat in den letzten Jahren auch bei deutschen Unternehmen zunehmend Verbreitung gefunden.

Aufbau und Gliederung der Erfolgsrechnung

Gliederung der Erfolgsrechnung nach HGB

Die Erträge und die Aufwendungen des abgelaufenen Geschäftsjahrs sind gemäß § 242 Abs. 2 HGB in der GuV gegenüber zu stellen. Für Einzelkaufleute und Personengesellschaften, die nicht unter die Regelung des § 264a Abs. 1 HGB fallen, sind im Gesetz für die Gliederung der GuV keine expliziten Vorschriften vorgesehen. Diese Unternehmen müssen lediglich die GoB beachten und können bei der Aufstellung ihrer GuV grundsätzlich zwischen der Konto- oder der Staffelform wählen. Kapitalgesellschaften und Personenhandelsgesellschaften i. S. d. § 264a HGB müssen die Gliederungsvorschriften des § 275 HGB anwenden. Außerdem muss deren GuV in Staffelform aufgestellt werden. Zu jedem Posten sind ferner die entsprechenden Vorjahresbeträge anzugeben.

Gemäß § 275 HGB besteht ein Wahlrecht zur Aufstellung der GuV nach dem GKV oder dem UKV. Diese Wahlmöglichkeit haben auch Unternehmen, für die diese Gliederungsvorschrift nicht verbindlich ist. Die Entscheidung für ein Verfahren oder eine mögliche Umstellung ist jedoch wegen des Stetigkeitsgrundsatzes in § 265 Abs. 1 Satz 1 HGB i. d. R. nicht reversibel und folglich von langfristiger Bedeutung. Bei der Konzernabschlusserstellung sind gemäß § 298 Abs. 1 HGB ebenfalls die Gliederungsschemata des § 275 HGB anzuwenden. Wendet ein Unternehmen in seiner GuV das UKV an, sind gemäß § 285 Nr. 8 HGB im Anhang zusätzlich der in der jeweiligen Periode angefallene Materialaufwand und der entsprechende Personalaufwand anzugeben.

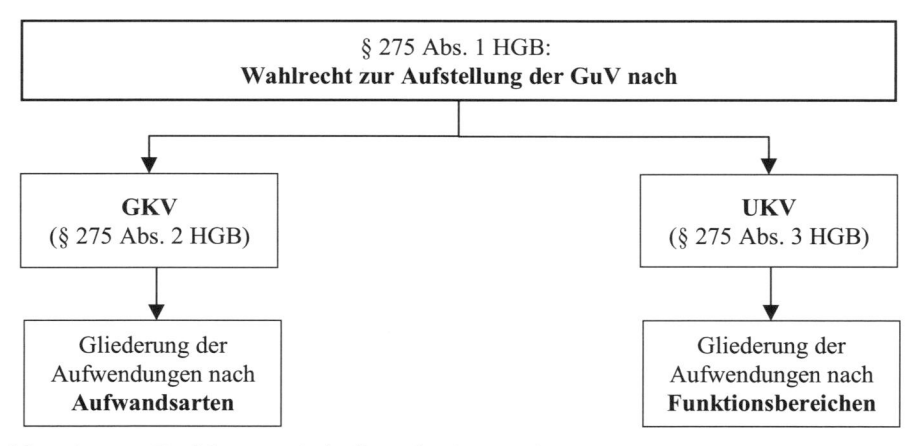

Abbildung 1:   *Verfahren zur Aufstellung der GuV nach HGB*

2.3.6 Gesamtkostenverfahren versus Umsatzkostenverfahren

Gliederung der Erfolgsrechnung nach IFRS

Die Gliederungsvorschriften von IAS 1 sehen für die GuV lediglich Mindestangaben vor und sind damit grundsätzlich weniger detailliert als nach HGB. Es ist prinzipiell jede Darstellungsform möglich, wenn eine ‚fair presentation' der Ertragslage des Unternehmens erfolgt. IAS 1 regelt nicht explizit, ob die Konto- oder Staffelform anzuwenden ist. International üblich ist die Staffelform; ein Indiz für die Präferenz dieses Darstellungsformats auch nach IFRS ist, dass nur die Staffelform in den Beispielen in IAS 1 verwendet wird.

Die Aufwendungen können dabei entweder nach der Aufwandsartenmethode (‚nature of expense method', entspricht dem GKV) oder nach der funktionalen Zugehörigkeit der Aufwendungen (‚cost of sales method', entspricht dem UKV) gegliedert werden. IAS 1.102 nennt ein Beispiel einer GuV-Gliederung nach GKV, IAS 1.103 beispielhaft eine Darstellung nach UKV. Somit besteht also auch bei einer Rechnungslegung nach IFRS ein Wahlrecht, die GuV entweder nach GKV oder nach UKV aufzustellen. Hinsichtlich der Form ist gemäß IAS 1.99 grundsätzlich jedoch das Verfahren anzuwenden, das „verlässliche und relevantere Informationen ermöglicht".

Obwohl IAS 1 beide Verfahren alternativ zulässt, wird im Rahmen der IFRS das UKV als die bessere Ausweisform dargestellt, weil eine funktionale Zuordnung den Abschlussadressaten „oft relevantere Informationen als die Aufteilung nach Aufwandsarten" (IAS 1.103 Satz 3, 1. HS) liefert. Das UKV wird folglich als die Konzeption mit dem höheren Informationsgehalt angesehen; gleichwohl müssen Unternehmen zusätzliche Angaben über die Art der Aufwendungen, speziell die Höhe der planmäßigen Abschreibungen sowie des Personalaufwands machen.

Gem. IAS 1.139 ist der vom IASB überarbeitete Standard zur Darstellung des Abschlusses – IAS 1 (rev. 2007) – für Geschäftsjahre, die am oder nach dem 01.01.2009 beginnen, verbindlich anzuwenden. Ziel dieser Überarbeitung von IAS 1 war eine verbesserte Darstellung und ein besserer Ausweis der im Abschluss zu präsentierenden Unternehmensdaten. Gleichzeitig sollten Unterschiede zwischen der IFRS- und US-GAAP-Rechnungslegung abgebaut werden. Eine wesentliche Änderung ist die Umbenennung einzelner Abschlussbestandteile. Das bisher als ‚balance sheet' (Bilanz) bezeichnete Rechenwerk heißt nach IAS 1.10 in der englischen Standardfassung nun ‚statement of financial position' (in der deutschen EU-Übersetzung jedoch noch immer ‚Bilanz'), die bisherige Bezeichnung ‚income statement' (GuV) wird durch ‚statement of comprehensive income' ersetzt. Die Bezeichnung der Kapitalflussrechnung wird von bisher ‚cash flow statement' in ‚statement of cash flows' geändert. Die Bezeichnungen der Eigenkapitalveränderungsrechnung (‚statement of changes in equity') und des Anhangs (‚notes') bleiben unverändert. Darüber hinaus muss u. U. zu Vergleichszwecken ein zusätzliches statement of financial position bezogen auf einen früheren Stichtag als weiteres Rechenwerk in den Abschluss aufgenommen werden.

Die neuen Titel der einzelnen Übersichten sollen deutlicher als die alten Bezeichnungen den jeweiligen Inhalt der Rechenwerke zum Ausdruck bringen. Gleichwohl sind die neuen Begriffe für die Unternehmen nicht verbindlich; das Beibehalten der bisherigen Titel oder sogar auch davon abweichende Bezeichnungen sind gem. IAS 1.10 Satz 2 grundsätzlich zulässig. Die lange Tradition der Begriffe ‚Bilanz' und ‚Gewinn- und Verlustrechnung' sowie die Tatsache, dass der Inhalt dieser Rechenwerke hinreichend bekannt ist, haben den IASB trotz entsprechender Einwände zum bisherigen Standardentwurf nicht überzeugen können: „In the Board's view, the title ‚balance sheet' simply reflects that double entry bookkeeping requires debits to equal credits. It does not identify the content or purpose of the statement." (IAS 1.BC16). Gleichwohl wurden sämtliche begrifflichen Anpassungen in der englischen Version von den Übersetzern der EU in der deutschen Fassung ignoriert; dort werden die traditionellen Bezeichnungen der Rechenwerke beibehalten.

Neben den geänderten (englischen) Bezeichnungen ist auch auf konzeptionelle Änderungen in IAS 1 (rev. 2007) einzugehen. Die GuV mit ihrem Ausweis der in der betrachteten Periode (erfolgswirksam) erfassten Erträge und Aufwendungen in ihrer bisherigen Form entfällt nicht ersatzlos. Das bilanzierende Unternehmen hat nach IAS 1.81 vielmehr ein explizites Wahlrecht, das ‚statement of comprehensive income' (SoCI) entweder als sog. ‚single statement', d. h. als eine zusammenhängende Übersicht der in der Periode erfolgswirksam und erfolgsneutral erfassten Erträge und Aufwendungen, oder in Form von zwei separaten Aufstellungen, die dann allerdings gem. IAS 1.12 im Abschluss unmittelbar zusammen präsentiert werden müssen, darzustellen. Die zweiteilige Alternative besteht einerseits aus einer (wie bisher aufgebauten) GuV und andererseits einer Aufstellung der erfolgsneutral erfassten Erträge und Aufwendungen (‚other comprehensive income' – OCI), wie sie nach IAS 1.96 (rev. 2003) alternativ zur Erstellung eines Eigenkapitalspiegels als eigenständiges Rechenwerk vorgesehen ist. Folglich ist die Aufstellung eines ‚statement of recognised income and expense' (SORIE) aus dem Bereich des Wahlrechts zur Erstellung der Eigenkapitalveränderungsrechnung in den Bereich der bisherigen GuV als ‚statement of comprehensive income' verlagert und explizit den anderen Rechenwerken nach IAS 1.11 gleichrangig zugeordnet worden. Damit erfolgen eine Aufwertung der direkt im Eigenkapital erfassten Erträge und Aufwendungen der Periode und eine (stärkere) Klassifizierung vom OCI als Erfolgs- und Gewinngröße im IFRS-Abschluss. Den Größen ‚Resultat' der GuV (‚profit or loss'), OCI und ‚IFRS-Gewinn' (‚total comprehensive income') wird damit offensichtlich eine gleich hohe Entscheidungsnützlichkeit zugewiesen, woraus sich die Frage ergibt, welche Rolle das OCI und der IFRS-Gewinn bei der (künftigen) Erfolgsanalyse bzw. Ermittlung von prognosefähigen Unternehmensdaten spielen sollen.

Aufgabe 1

Vergleichen Sie Aufbau und Gliederung der Erfolgsrechnung nach HGB und IFRS.

Aufgabe 2

a) Nach welchem Kriterium werden die Aufwendungen beim GKV und wonach beim UKV gegliedert?
b) Wie lässt sich die handelsrechtliche GuV im Rahmen einer ‚Erfolgsspaltung' darstellen? Geben Sie einzelne ‚Ergebnisse' als Bestandteile des ‚Jahresüberschusses/Jahresfehlbetrags' an!
c) Entsprechen die Posten ‚sonstige betriebliche Erträge' und ‚sonstige betriebliche Aufwendungen' nach UKV wertmäßig den gleichnamigen Positionen nach GKV? Wenn es Unterschiede gibt, wie lassen sich diese begründen? *Hinweis:* Denken Sie an die unterschiedlichen Konzeptionen der beiden Verfahren.
d) Kann durch die Wahl des UKV anstelle des GKV die Höhe des ‚Jahresüberschusses/Jahresfehlbetrags' beeinflusst werden? Begründen Sie Ihre Antwort kurz!

Aufgabe 3

a) Vergleichen Sie die unterschiedlichen Konzeptionen zur Erstellung der GuV unter Berücksichtigung von Vor- und Nachteilen eines Gliederungsausweises nach den einzelnen Verfahren!
b) Nennen Sie bilanzpolitische Gründe für das Beibehalten des GKV oder für einen Wechsel zum UKV!

Aufgabe 4

Ein Produktionsunternehmen hat im laufenden Geschäftsjahr zehn Maschinen hergestellt. Hierfür sind insgesamt folgende Aufwendungen angefallen:

- Materialeinzelkosten   4.500 Euro
- Materialgemeinkosten   1.000 Euro
- Fertigungseinzelkosten   1.500 Euro
- Fertigungsgemeinkosten   3.000 Euro
- Werteverzehr des Anlagevermögens (Abschreibungen)   2.000 Euro
- Vertriebskosten   500 Euro

Im Verlauf des Geschäftsjahrs wurden neun Maschinen zum Preis von 1.500 Euro/ME veräußert. Eine Maschine liegt noch auf Lager.

a) Wie stellt sich dieser Sachverhalt in der GuV nach dem UKV dar, wenn das Unternehmen seinen Lagerbestand mit vollen Herstellungskosten bewertet (keine Berücksichtigung von Umsatzsteuer)? Bitte geben Sie neben dem Ergebnis den Rechenweg zur Berechnung der Herstellungskosten an!

b) Wie stellt sich dieser Sachverhalt in der GuV nach dem GKV dar, wenn das Unternehmen seinen Lagerbestand mit vollen Herstellungskosten bewertet (keine Berücksichtigung von Umsatzsteuer)? Bitte geben Sie neben dem Ergebnis den Rechenweg zur Berechnung der Bestandserhöhung an.

Aufgabe 5

Die Z-AG stellt ihren Konzernabschluss nach den Vorschriften des HGB auf und wendet zur Erstellung ihrer GuV das GKV an. Es ist geplant, die Rechnungslegung innerhalb der kommenden drei Jahre auf IFRS umzustellen und zum Zwecke einer besseren internationalen Vergleichbarkeit die GuV fortan nach dem UKV zu gliedern. Um den Arbeitsaufwand einer Umstellung zeitlich zu verteilen, hat der Leiter des Konzernrechnungswesens beschlossen, bereits vor der IFRS-Umstellung die GuV vom GKV auf das UKV umzustellen. Die für das abgeschlossene Geschäftsjahr erstellte GuV nach GKV ist in *Tabelle 1* abgebildet:

Aus dem internen Rechnungswesen sind ferner die nachfolgenden Daten bekannt:

- Die Bestandserhöhung wurde nur in Höhe des auf sie entfallenden Anteils der Material- und Personalaufwendungen aktiviert.
- Die Höhe der ‚sonstigen betrieblichen Erträge', Ertragsteuern sowie das Zins- und Beteiligungsergebnis entsprechen sich nach dem GKV und dem UKV.
- Nach Angaben der internen Kostenstellen- und Kostenträgerrechnung entfallen die Materialaufwendungen zu 88% auf den Bereich der Herstellung, zu 10% auf die allgemeine Verwaltung und zu 2% auf den Vertrieb.
- Die Personalaufwendungen entfallen zu 63% auf die Herstellung, zu 20% auf die allgemeine Verwaltung und zu 17% auf den Vertrieb.
- Die Abschreibungen betreffen zu 75% die Produktionsanlagen; die restlichen 25% betreffen das Hauptgebäude, das zu 80% von der Verwaltung und zu 20% von der Vertriebsabteilung genutzt wird.
- Von den ‚sonstigen betrieblichen Aufwendungen' entfallen 730,30 Mio. Euro auf den Vertrieb, 260,70 Mio. Euro sind der Herstellung zuzurechnen. Der Rest der den Funktionsbereichen zuordenbaren ‚sonstigen betrieblichen Aufwendungen' entfällt auf die Verwaltung. Aufwendungen in Höhe von 479 Mio. Euro lassen sich nach dem UKV funktional nicht zuordnen.

2.3.6 Gesamtkostenverfahren versus Umsatzkostenverfahren

	in Mio. Euro
1. Umsatzerlöse	8.450
2. Bestandsveränderung (hier: Bestandserhöhung)	418
3. andere aktivierte Eigenleistungen	0
4. sonstige betriebliche Erträge	274
5. Materialaufwand	3.980
6. Personalaufwand	2.230
7. Abschreibungen	680
8. sonstige betriebliche Aufwendungen	1.588
Ergebnis der gewöhnlichen Geschäftstätigkeit	664
Zinsergebnis	− 194
Beteiligungsergebnis	7
Ergebnis vor Ertragsteuern	477
Ertragsteuern	− 207
Jahresüberschuss	270

Tabelle 1:   GuV nach dem GKV

Mit Hilfe dieser Informationen soll nun die GuV nach GKV in eine nach UKV überführt, d. h. die einzelnen GKV-Posten in die entsprechenden Positionen des UKV umgegliedert werden.

a) Stellen Sie dem Leiter des Konzernrechnungswesens der Z-AG kurz die theoretischen Schritte zur Überleitung der GuV vom GKV zum UKV dar!
b) Unterstützen Sie ihn auf Grundlage der gegebenen Daten bei der Überleitung!

Lösung 1

Sowohl nach den handelsrechtlichen Vorschriften als auch nach den Normen der IFRS ist das UKV zur Gestaltung der GuV als Alternative zum GKV zugelassen, wobei die formalen Anforderungen nach IFRS – aufgrund ihres Charakters als Mindestangabepflichten – vergleichsweise gering sind. Hier wird lediglich allgemein auf eine ‚fair presentation' abgestellt, die für die Unternehmen einerseits eine große Freiheit bei der Darstellung der einzelnen GuV-Posten, andererseits jedoch eine Verpflichtung zu einer ausführlichen und klaren Berichterstattung im Anhang bedeutet.

Prinzipiell entsprechen sich die Konzeptionen zur Erstellung der GuV nach HGB und IFRS. Unterschiede liegen meist in den Details der Postenabgrenzung und den einzelnen Bezeichnungen. Als Beispiel können hier außerordentliche Erträge und Aufwendungen genannt werden, die nach IFRS im Gegensatz zu den Regelungen des HGB gemäß IAS 1.87 nicht in der GuV ausgewiesen werden dürfen.

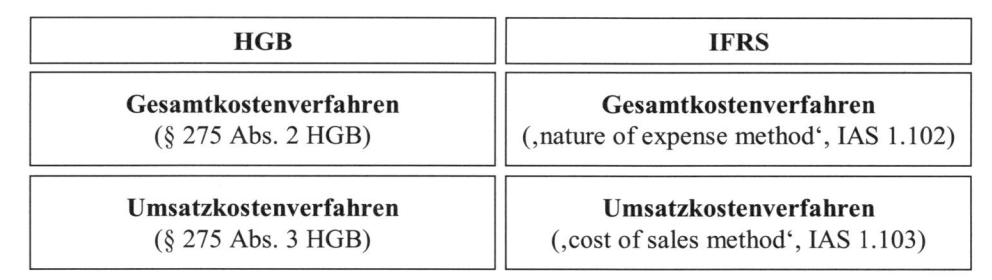

HGB	IFRS
Gesamtkostenverfahren (§ 275 Abs. 2 HGB)	Gesamtkostenverfahren („nature of expense method', IAS 1.102)
Umsatzkostenverfahren (§ 275 Abs. 3 HGB)	Umsatzkostenverfahren („cost of sales method', IAS 1.103)

Abbildung 2:   *Gliederung der GuV im internationalen Vergleich*

Lösung 2

a) Beim GKV wird der gesamte Periodenaufwand ausgewiesen und nach Aufwandsarten gegliedert. Bei der Darstellung der Primäraufwendungen ist es dabei nicht von Belang, ob die in der betrachteten Periode hergestellten Produkte, für die die Aufwendungen angefallen sind, im jeweiligen Geschäftsjahr verkauft, auf Lager gelegt oder selbst verwendet worden sind. Folglich ist die Ertragsseite der GuV über die Korrekturposten ‚Bestandsveränderung' und ‚andere aktivierte Eigenleistungen' an das Mengengerüst der Aufwendungen anzupassen. Anderenfalls würde der Periodenerfolg in Höhe der auf die noch nicht abgesetzten Produkte entfallenden Aufwendungen zu niedrig ausgewiesen. Dies resultiert daraus, dass beim GKV die Aufwendungen in voller Höhe ausgewiesen werden (Produktionsaufwand) und diese der Gesamtleistung der Periode gegenübergestellt werden müssen.

Das UKV stellt dahingegen auf die in der jeweiligen Periode abgesetzten Produkte und auf die dadurch generierten Umsatzerlöse ab. Diesen dürfen folglich nur die Herstellungskosten gegenübergestellt werden, die auf die abgesetzten Leistungen entfallen, unabhängig davon, wann sie angefallen sind. Jegliche Veränderungen des Bestands an fertigen und unfertigen Erzeugnissen werden ignoriert, so dass das UKV demnach alle abgesetzten Güter so behandelt, als wären sie in der betreffenden Periode hergestellt worden. Die einzelnen Aufwendungen werden dabei beim UKV entsprechend ihrer funktionalen Zugehörigkeit den Bereichen ‚Herstellung', ‚Vertrieb' und ‚Allgemeine Verwaltung' ausgewiesen. Beim UKV wird als Leistung der Periode lediglich der Umsatz ausgewiesen, so dass die Aufwandsseite anzupassen ist (Umsatzaufwand).

b) Für den Abschlussleser ist bei der Beurteilung des Unternehmens von besonderer Bedeutung, ob durch die operative Tätigkeit Gewinne erzielt wurden oder ob das ausgewiesene Periodenergebnis lediglich auf Erfolgen außerhalb der ordentlichen Geschäftstätigkeit oder aus einmaligen Vorgängen resultiert. Daher lassen sich bestimmte GuV-Positionen zum Zwecke einer ‚Erfolgsspaltung' zusammenfassen und einzelne Ergebnisbeiträge ablesen:

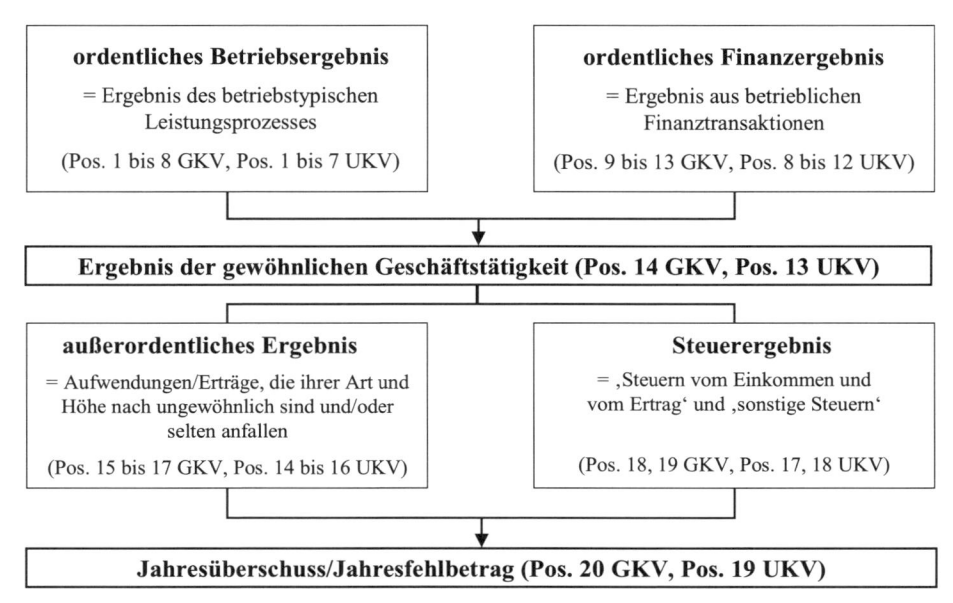

2.3.6 Gesamtkostenverfahren versus Umsatzkostenverfahren

```
┌─────────────────────────────────┐     ┌─────────────────────────────────┐
│   ordentliches Betriebsergebnis │     │  ordentliches Finanzergebnis    │
│ = Ergebnis des betriebstypischen│     │ = Ergebnis aus betrieblichen    │
│       Leistungsprozesses        │     │      Finanztransaktionen        │
│                                 │     │                                 │
│ (Pos. 1 bis 8 GKV, Pos. 1 bis 7 │     │(Pos. 9 bis 13 GKV, Pos. 8 bis 12│
│             UKV)                │     │             UKV)                │
└─────────────────────────────────┘     └─────────────────────────────────┘
                    │                                   │
                    └─────────────────┬─────────────────┘
                                      ▼
┌─────────────────────────────────────────────────────────────────────────┐
│   Ergebnis der gewöhnlichen Geschäftstätigkeit (Pos. 14 GKV, Pos. 13 UKV)│
└─────────────────────────────────────────────────────────────────────────┘
                    │                                   │
┌─────────────────────────────────┐     ┌─────────────────────────────────┐
│   außerordentliches Ergebnis    │     │         Steuerergebnis          │
│ = Aufwendungen/Erträge, die ihrer│    │ = ‚Steuern vom Einkommen und    │
│  Art und Höhe nach ungewöhnlich │     │   vom Ertrag' und ‚sonstige     │
│   sind und/oder selten anfallen │     │          Steuern'               │
│                                 │     │                                 │
│(Pos. 15 bis 17 GKV, Pos. 14 bis │     │ (Pos. 18, 19 GKV, Pos. 17, 18   │
│            16 UKV)              │     │             UKV)                │
└─────────────────────────────────┘     └─────────────────────────────────┘
                    └─────────────────┬─────────────────┘
                                      ▼
┌─────────────────────────────────────────────────────────────────────────┐
│   Jahresüberschuss/Jahresfehlbetrag (Pos. 20 GKV, Pos. 19 UKV)          │
└─────────────────────────────────────────────────────────────────────────┘
```

Abbildung 3:   *Aufschlüsselung des Periodenerfolgs nach HGB*

c) Die ‚sonstigen betrieblichen Erträge' nach dem UKV entsprechen theoretisch der gleichnamigen Position des GKV und sind demnach wert- und inhaltsgleich. Anders dazu ist der Posten ‚sonstige betriebliche Aufwendungen' – trotz der gleichen Bezeichnung im Gesetz – nicht identisch mit der entsprechenden Position nach dem GKV, weil sich die ‚sonstigen betrieblichen Aufwendungen' des GKV nach der Konzeption des UKV (zumindest teilweise) auf die Funktionsbereiche ‚Herstellung', ‚Vertrieb' und ‚Allgemeine Verwaltung' aufteilen lassen. Es handelt sich bei diesem Posten also um eine reine Sammelposition, in der nur solche Aufwendungen auszuweisen sind, die sich funktional nicht zuordnen lassen. Darüber hinaus sind hier auch bei Anwendung des UKV die Aufwendungen zu erfassen, deren Ausweis explizit unter diesem Posten vorgesehen ist, z. B. die Aufwendungen aus der Bildung von ‚Sonderposten mit Rücklageanteil'. Die ‚sonstigen betrieblichen Aufwendungen' i. S. d. UKV sind betragsmäßig somit meist geringer als die gleichlautende Position im GKV.

d) Durch die Anwendung des UKV anstelle des GKV lässt sich die Höhe des Periodenerfolgs nicht beeinflussen, weil es sich bei den beiden Verfahren nur um Ausweisalternativen handelt. Das GKV und das UKV unterscheiden sich nur in der jeweiligen Darstellung der Aufwendungen und Erträge entsprechend ihrem Konzept der gesamten Leistung des Geschäftsjahrs oder lediglich des erzielten Umsatzes.

Die Position ‚Umsatzerlöse' sowie die Posten Nr. 8 bis 19 des UKV entsprechen ihrer Bezeichnung und auch ihrem Inhalt nach den Nr. 9 bis 20 des GKV. Ausnahmen von ihrer Wertgleichheit ergeben sich nur dann, wenn z. B. Zinsen oder Teile der ‚sonstigen Steuern' den Bereichen ‚Herstellung', ‚Vertrieb' oder ‚Allgemeine Verwaltung' zugeordnet und bei der entsprechenden Position ausgewiesen werden.

In Perioden, in denen mehr produziert als abgesetzt wird (Bestandserhöhung), zeigt eine GuV nach UKV im Vergleich zu einer nach GKV gegliederten GuV einen um den Betrag des Lageraufbaus niedrigeren Periodenaufwand. Beim GKV erscheint dieser Lageraufbau als Korrekturposten bei der ‚Bestandsveränderung' oder den ‚anderen aktivierten Eigenleistungen' und erhöht damit die ausgewiesene Leistung der Periode.

Unternehmen, die in ihrer GuV das UKV anwenden, sind gemäß § 285 Nr. 8 HGB verpflichtet, im Anhang zusätzlich den in der jeweiligen Periode angefallenen Material- und Personalaufwand anzugeben. Die jährlichen Abschreibungen sind beim UKV nicht direkt aus der GuV, sondern nur aus dem Anlagespiegel oder der Kapitalflussrechnung ersichtlich (vgl. weiterführend die Lösung zur Aufgabe 3b). Nach beiden Konzeptionen beginnt die GuV mit der Position ‚Umsatzerlöse' und endet mit (demselben) Jahresüberschuss oder Jahresfehlbetrag.

Lösung 3

a) Werden die Vor- und Nachteile der beiden Verfahren betrachtet, lassen sich Hinweise für die bevorzugte Wahl einer bestimmten Methode zur Erstellung der GuV ableiten. Diese sind in der nachfolgenden *Tabelle 2* übersichtlich dargestellt.

Pro GKV	Pro UKV
• Ausweis der primären Aufwandsarten (z. B. Material, Personal, Abschreibungen)	• Darstellung der auf die Funktionsbereiche ‚Herstellung', ‚Allgemeine Verwaltung' und ‚Vertrieb' entfallenden Aufwendungen
• Darstellung des gesamten Periodenaufwands und der Gesamtleistung der Periode	• Darstellung der zur Erzielung der Umsätze notwendigen Aufwendungen
• Ableitung von bestimmten Kennzahlen direkt aus der GuV (z. B. EBITDA)	• Ableitung der Bruttomarge
• geringer Einblick in die Kostenstruktur (z. B. bei Einprodukt-Unternehmen)	• detaillierter Einblick in die Kostenstruktur des Unternehmens; auch Ausweis der funktionalen Aufwendungen
• Datengrundlage kann aus der Buchführung entnommen werden; keine Zuordnungsprobleme bei den betrieblichen Aufwendungen	• Annäherung von internem und externem Rechnungswesen
• teilweise branchenspezifisch besser geeignet (z. B. bei Langfristfertigung und Anlagenbau)	• international übliches Verfahren

Tabelle 2: Theoretische Vorteile und praktische Vorzüge der beiden Verfahren.

Aus Sicht eines externen Adressaten kann das UKV häufig dann als überlegen angesehen werden, wenn die Aussagefähigkeit der Daten größer oder mindestens nicht geringer ist als beim GKV. *Tabelle 2* zeigt jedoch, dass sich grundsätzliche Aussagen über Vor- und Nachteile des UKV gegenüber dem GKV je nach Sicht des Betrachters (beispielsweise des Abschlusserstellers oder des Abschlusslesers) kaum treffen lassen. Die Entscheidung für oder gegen das eine oder andere Verfahren hängt somit von verschiedenen Faktoren ab, so dass allgemein festgestellt werden kann, „dass keine überzeugenden Gründe für die Überlegenheit des einen oder anderen Verfahrens vorgebracht werden können und dafür, dass eines der beiden Verfahren seinen spezifischen Informationszweck besser erfüllt als das andere."[1]

b) Bilanzpolitik dient der Beeinflussung der Darstellung von Vermögens-, Finanz- und Ertragslage durch bewusstes Ausnutzen von Ansatz-, Bewertungs- und Ausweiswahlrechten sowie Ermessensspielräumen. Eine Abschlussanalyse wird dadurch erschwert.

Für den externen Analysten sind wichtige Kennzahlen der GuV beim GKV z. B. die Gesamtleistung sowie die Anteile von Personal-, Material- und Abschreibungsaufwand im Verhältnis zum Umsatz. Beim UKV werden dem ‚Bruttoergebnis vom Umsatz', der Herstellungskostenquote und den relativen Anteilen der Vertriebs- und allgemeinen Verwaltungsaufwendungen besondere Aufmerksamkeit geschenkt.

Eine ‚Bruttomarge' (i. S. d. Position ‚Bruttoergebnis vom Umsatz') ist aus der GuV bei Anwendung des GKV nicht zu ermitteln. Ebenso erhält der externe Betrachter keine weiteren Informationen über die Aufwendungen im allgemeinen Verwaltungs- und Vertriebsbereich eines Unternehmens. Das Informationsdefizit beim UKV hinsichtlich des gesamten Material- und Personalaufwands der Periode wird durch die geforderten Anhangangaben ausgeglichen. Da nach der Konzeption des UKV nur die Umsätze der abgesetzten Leistungen und lediglich die entsprechenden Aufwendungen gezeigt werden, ist eine Ermittlung der Größe ‚Gesamtleistung' nicht möglich. Zu deren Berechnung fehlen hier im Gegensatz zum GKV die Höhe der jährlichen Bestandsveränderungen und ‚anderen aktivierten Eigenleistungen', die – fehlerfrei – auch nicht durch Ableitung aus bestimmten Bilanzdaten gewonnen werden können. Dies relativiert sich jedoch dadurch, dass bestimmte bilanzanalytische Kennziffern zu einzelnen Aufwendungen vielfach in Relation zum Umsatz (anstelle zur ‚Gesamtleistung') berechnet werden.

Besondere Bedeutung haben in den letzten Jahren auch Kennzahlen wie EBIT oder EBITDA erlangt. Während beim GKV die Höhe der Abschreibungen i. d. R. direkt aus der GuV ablesbar ist, kann diese Position beim UKV regelmäßig nur dem Anlagespiegel oder der Kapitalflussrechnung entnommen und dann eine Überleitung zum EBITDA vorgenommen werden.

Durch die Zuordnung einzelner Aufwendungen zu bestimmten Positionen bestehen sowohl bei der Aufstellung der GuV nach dem GKV als auch nach dem UKV Gestaltungsspielräume. Während diese durch eine verhältnismäßig enge Abgrenzung der einzelnen Aufwandsarten beim GKV jedoch eingeschränkt sind, bieten sich beim UKV Ausweisalternativen bei der Aufwandsstruktur und der Bildung von Zwischensummen. Ein Unternehmen mit hohen Gemeinkostenanteilen hat beim Ausweis der anteilig auf die auf Lager produzierten Erzeugnisse entfallenden Gemeinkosten ein erhebliches Gestaltungspotenzial bei der Beeinflussung von Kennzahlen und der Gliederung einzelner Positio-

---

[1] FÖRSCHLE (2006), Rn. 36.

nen. Beispielsweise lässt sich der genaue Inhalt der Position ‚Herstellungskosten' nicht analysieren; so können z. B. Verwaltungsaufwendungen, die im ‚herstellungsnahen Bereich' anfallen – abhängig von der Auslegung des Unternehmens – dem Herstellungsbereich oder aber den ‚allgemeinen Verwaltungskosten' zugeordnet werden.

Beim UKV bietet sich im Rahmen der Bilanzpolitik auch die Möglichkeit, die Gewichtung bestimmter Aufwendungen zu beeinflussen: So ist z. B. bei hohen Personalaufwendungen, die sich nicht eindeutig den drei Funktionsbereichen zuordnen lassen, denkbar, eine großzügige Zuordnung zu den Herstellungskosten vorzunehmen, so dass der absolute und relative Anteil der (in der GuV offen ausgewiesenen) allgemeinen Verwaltungsaufwendungen sinkt.

Das UKV ist folglich „aufgrund der erheblichen Gestaltungsfreiheiten [...] dem Gesamtkostenverfahren als Instrument der Bilanzpolitik weit überlegen"[2]. „Welchen Einblick das Bruttoergebnis vom Umsatz in die Ertragsentwicklung eines Unternehmens gewährt, hängt allein von der Abgrenzung des Postens 2 des UKV ‚Herstellungskosten der zur Erzielung der Umsatzerlöse erbrachten Leistungen' ab, dem damit für die Analyse des UKV zentrale Bedeutung zukommt."[3]

Sofern für einige Branchen nach dem funktionalen Gliederungskonzept des UKV ein besserer Ertragsausweis erfolgt, wird durch eine Umstellung erreicht, dass bestimmte branchenspezifische Kennzahlen deutlich und somit dem Abschlussleser die Leistung des Unternehmens/Konzerns insgesamt besser dargestellt werden. Es gibt umgekehrt natürlich auch Branchen, bei denen das GKV aussagekräftigere Ertragskennzahlen liefert.

Lösung 4

a) Entsprechend den dargestellten Prämissen sieht die GuV nach dem UKV wie folgt aus:

	Umsatzerlöse (9 ME x 1.500 Euro/ME =)	13.500 Euro
./.	Herstellungskosten der zur Erzielung der Umsatzerlöse erbrachten Leistungen	10.800 Euro
=	Bruttoergebnis vom Umsatz	2.700 Euro
./.	Vertriebskosten	500 Euro
=	**Jahresüberschuss**	**2.200 Euro**

Die ‚Herstellungskosten der zur Erzielung der Umsatzerlöse erbrachten Leistungen' ergeben sich, indem die Summe der aktivierungsfähigen Herstellungskosten (12.000 Euro) mit dem Quotienten aus abgesetzter Menge (9 ME) und produzierter Menge (10 ME) multipliziert bzw. von den gesamten Aufwendungen der Herstellung i. H. v. 12.000 Euro die Bestandsveränderung i. H. v. 1 ME – also 1.200 Euro – in Abzug gebracht wird. Zu beachten ist, dass die Vertriebskosten stets in voller Höhe ausgewiesen werden müssen,

---

[2] FISCHER/RINGLING (1988), S. 449.
[3] BAETGE/FISCHER (1988), S. 14.

2.3.6 Gesamtkostenverfahren versus Umsatzkostenverfahren

weil diese nach § 255 Abs. 2 HGB nicht in die Herstellungskosten einbezogen werden dürfen. Aus diesem Grund sind bei Anwendung des UKV auch die angefallenen Vertriebskosten für die noch auf Lager liegenden Produkte als Aufwand zu zeigen. Gemäß § 285 Nr. 8 HGB sind im Anhang zusätzlich der in der Periode angefallene Materialaufwand (5.500 Euro) sowie der Personalaufwand (4.500 Euro) entsprechend der Abgrenzung nach dem GKV anzugeben.

b) Entsprechend den dargestellten Prämissen sieht die GuV nach dem GKV wie folgt aus:

	Umsatzerlöse (9 ME x 1.500 Euro/ME =)	13.500 Euro
+	Bestandserhöhung	1.200 Euro
=	Gesamtleistung	14.700 Euro
./.	Materialaufwand	5.500 Euro
./.	Personalaufwand	4.500 Euro
./.	Abschreibungen	2.000 Euro
./.	Vertriebskosten	500 Euro
=	**Jahresüberschuss**	**2.200 Euro**

Die Bestandserhöhung ergibt sich, indem die Summe der aktivierungsfähigen Herstellungskosten (12.000 Euro) mit dem Quotienten aus auf Lager genommener Menge (1 ME) und produzierter Menge (10 ME) multipliziert wird.

Lösung 5

a) Da in einer handelsrechtlichen GuV zumindest die Posten ‚Umsatzerlöse' und ‚Jahresüberschuss/Jahresfehlbetrag' nach dem GKV und dem UKV betragsmäßig identisch sind (regelmäßig werden auch Beteiligungsergebnis, Finanzergebnis, das außerordentliche Ergebnis und der ausgewiesene Steueraufwand identisch sein), bezieht sich die Frage einer Überleitung vom GKV zum UKV im Wesentlichen auf den Bereich der Aufwendungen für Material, Personal, Abschreibungen sowie die sonstigen betrieblichen Ergebnisteile. Mit Ausnahme von Fällen, in denen Teile der gezahlten Zinsen und bestimmte Kostensteuern beim UKV nicht unter diesen Positionen sondern im Posten ‚Herstellungskosten' ausgewiesen werden, beschränkt sich eine Umgliederung somit auf die ersten acht bzw. sieben Zeilen der GuV, so dass regelmäßig lediglich die Positionen 1 bis 8 des GKV in die Positionen 1 bis 7 des UKV überführt werden müssen. Die GKV-Positionen ‚Bestandsveränderung' und ‚andere aktivierte Eigenleistungen' müssen dabei gegen die einzelnen Aufwandsposten gekürzt werden. Die beim GKV ausgewiesenen Aufwandsarten sind dabei mit Hilfe von Umrechnungsschlüsseln respektive mit Daten aus dem internen Rechnungswesen den funktionalen Bereichen ‚Herstellung', ‚Allgemeine Verwaltung' und ‚Vertrieb' zuzuordnen. Aufgrund der theoretisch inhaltlichen und betragsmäßigen Identität der ‚sonstigen betrieblichen Erträge' in den beiden Erfolgsrechnungskonzeptionen kann diese Position vom GKV in die Gliederung nach dem UKV übernommen werden. Nachfolgende Abbildung zeigt schematisch auf, wo sich die entsprechenden Positionen des GKV im Zusammenhang mit der Überleitung im UKV wiederfinden.

```
        GKV                                    UKV

┌─────────────────────┐              ┌─────────────────────────┐
│ 1. Umsatzerlöse     │──────────────│ 1. Umsatzerlöse         │
└─────────────────────┘              └─────────────────────────┘
┌─────────────────────┐              ┌─────────────────────────┐
│ 2a. Bestandserhöhung│              │ 2. Herstellungskosten der│
└─────────────────────┘              │    zur Erzielung des Um- │
┌─────────────────────┐              │    satzes erbrachten    │
│ 2b. Bestandsverminderung│          │    Leistungen           │
└─────────────────────┘              └─────────────────────────┘
┌─────────────────────┐              ┌─────────────────────────┐
│ 3. andere aktivierte│              │ 3. Bruttoergebnis vom   │
│    Eigenleistungen  │              │    Umsatz               │
└─────────────────────┘              └─────────────────────────┘
                                     ┌─────────────────────────┐
                                     │ 4. Vertriebskosten      │
                                     └─────────────────────────┘
                                     ┌─────────────────────────┐
                                     │ 5. Verwaltungskosten    │
┌─────────────────────┐              └─────────────────────────┘
│ 4. sonstige betriebl.│─────────────│ 6. sonstige betriebl. Erträge│
│    Erträge          │              └─────────────────────────┘
└─────────────────────┘
┌─────────────────────┐              ┌─────────────────────────┐
│ 5. Materialaufwand  │              │ 7. sonstige betriebliche│
└─────────────────────┘              │    Aufwendungen         │
┌─────────────────────┐              └─────────────────────────┘
│ 6. Personalaufwand  │
└─────────────────────┘
┌─────────────────────┐
│ 7. Abschreibungen   │
└─────────────────────┘
┌─────────────────────┐
│ 8. sonstige betriebliche│
│    Aufwendungen     │
└─────────────────────┘
```

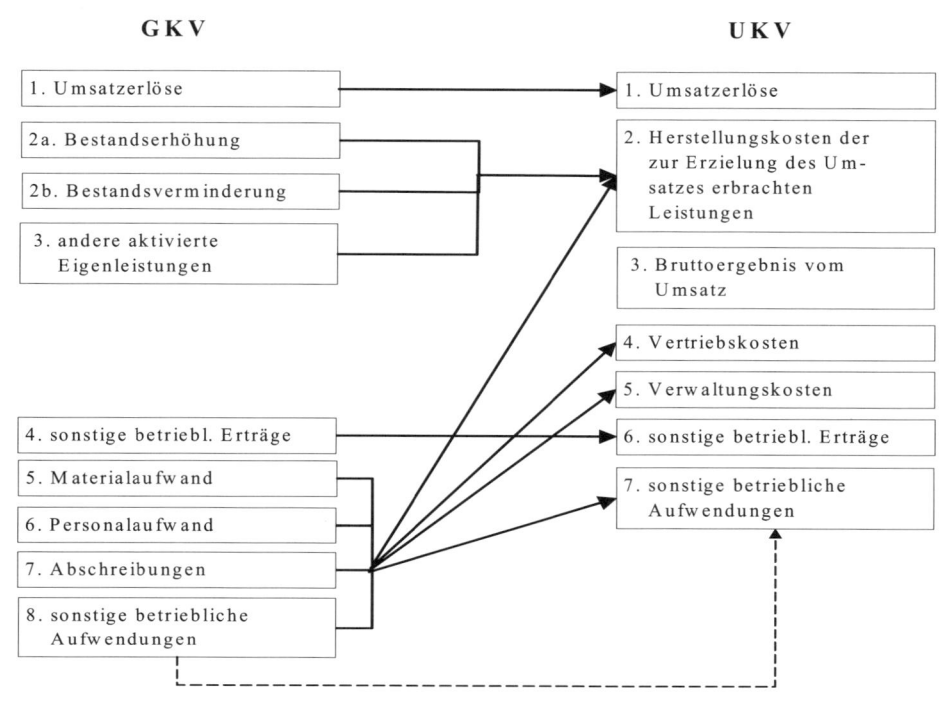

Abbildung 4:   Umgliederung der Positionen des GKV auf die Posten des UKV

b) Die Aufwendungen nach dem GKV, die im Rahmen der Umstellung auf das UKV umgegliedert werden müssen (Positionen 5 bis 8 des GKV), sind entsprechend den Prämissen nachfolgend dargestellt. Zudem sind die beim GKV ausgewiesenen Bestandsveränderungen im Rahmen der ‚Herstellungskosten der zur Erzielung der Umsatzerlöse erbrachten Leistungen' in Abzug zu bringen.

in Mio. Euro	Aufwand nach GKV	Aufwand nach UKV			
Position		Herstellung	Verwaltung	Vertrieb	nicht zuordenbar
2. Bestandsveränderung	−418,00	−418,00	0,00	0,00	0,00
5. Materialaufwand	3.980,00	3.502,40	398,00	79,60	0,00
6. Personalaufwand	2.230,00	1.404,90	446,00	379,10	0,00
7. Abschreibungen	680,00	510,00	136,00	34,00	0,00
8. sonstige betriebliche Aufwendungen	1.588,00	260,70	118,00	730,30	479,00
Summe	8.060,00	5.260,00	1.098,00	1.223,00	479,00

Tabelle 3:   Überleitung der Aufwendungen von GKV auf UKV

2.3.6 Gesamtkostenverfahren versus Umsatzkostenverfahren

Die GuV der Z-AG sieht nach dem UKV somit wie folgt aus:

	in Mio. Euro
1. Umsatzerlöse	8.450
2. Herstellungskosten der zur Erzielung der Umsatzerlöse erbrachten Leistungen	*5.260*
3. Bruttoergebnis vom Umsatz	3.190
4. Vertriebskosten	*1.223*
5. allgemeine Verwaltungskosten	*1.098*
6. sonstige betriebliche Erträge	274
7. sonstige betriebliche Aufwendungen	479
Ergebnis der gewöhnlichen Geschäftstätigkeit	664
Zinsergebnis	– 194
Beteiligungsergebnis	7
Ergebnis vor Ertragsteuern	477
Ertragsteuern	– 207
Jahresüberschuss	**270**

Tabelle 4: GuV nach dem UKV

Die kursiv dargestellten GuV-Positionen weichen hierbei vom Ausweis nach GKV ab. Zudem wurde mit Position 3 in der GuV nach UKV die Zwischensumme ‚Bruttoergebnis vom Umsatz' eingefügt. Alle anderen Posten sind unverändert übernommen worden.

Literaturhinweise

BAETGE, J./FISCHER, T. (1988): Externe Erfolgsanalyse auf der Grundlage des Umsatzkostenverfahrens, in: BFuP, 40. Jg., S. 1–21.

BAETGE, J./KIRSCH, H.-J./THIELE, S. (2007): Bilanzen, 9. Aufl., Düsseldorf.

BIEG, H./KUSSMAUL, H. (2006): Externes Rechnungswesen, 4. Aufl., München et al.

BUCHHOLZ, R. (2008): Internationale Rechnungslegung, 7. Aufl., Berlin.

COENENBERG, A. G. (2005): Jahresabschluss und Jahresabschlussanalyse, 20. Aufl., Stuttgart.

FISCHER, J./RINGLING, W. (1988): Grundsätze des Umsatzkostenverfahrens – Eine Analyse aus kostenrechnerischer und bilanzpolitischer Sicht, in: BB, 43. Jg., S. 442–449.

FÖRSCHLE, G. (2006): Kommentierung des § 275 HGB, in: Beck'scher Bilanzkommentar, 6. Aufl., München.

KÜTING, K./REUTER, M. (2007): Unterschiedliche Erfolgs- und Gewinngrößen in der internationalen Rechnungslegung: Was sollen diese Kennzahlen aussagen? – Gewinnbegriffe nach IFRS und ihre empirische Bedeutung in der aktuellen Rechnungslegungspraxis sowie nach dem neuen IAS 1 (rev. 2007) –, in: DB, 60. Jg., S. 2549–2557.

KÜTING, K./REUTER, M./ZWIRNER, C. (2003): Die Erfolgsrechnung nach dem Umsatzkostenverfahren, in: BBK, Fach 12, S. 6627–6654 bzw. BBK 1/2003, S. 9–24, und BBK 2/2003, S. 73–84, vom 03. und 17. Januar 2003.

KÜTING, K./WEBER, C.-P. (2009): Die Bilanzanalyse, 9. Aufl., Stuttgart.

PELLENS, B./FÜLBIER, R. U./GASSEN, J./SELLHORN, T. (2008): Internationale Rechnungslegung, 7. Aufl., Stuttgart.

REUTER, M. (2008): Eigenkapitalausweis im IFRS-Abschluss, Berlin.

REUTER, M. (2009): Bilanz ganz einfach, in: DB, 62. Jg., Heft 5 vom 30. Januar 2009, S. I.

REUTER, M./ZWIRNER, C. (2003): Erfolgsrechnung nach dem Umsatzkostenverfahren – Konzeption und Praxis, in: BuW, 57. Jg., S. 617–622.

ROGLER, S. (1990): Gewinn- und Verlustrechnung nach dem Umsatzkostenverfahren, Wiesbaden.

WÖHE, G. (1997): Bilanzierung und Bilanzpolitik, 9. Aufl., München.

WÖHE, G. (2008): Einführung in die Allgemeine Betriebswirtschaftslehre, 23. Aufl., München.

Stephan Abée und Jochen Zimmermann

2.3.7 Ertragsrealisierung und Langfristfertigung

Fragen der Ertragsrealisierung sind in der Rechnungslegung von zentraler Bedeutung, denn erst aus der mitunter aus Bilanzpositionen abgeleiteten Definition von Erträgen bestimmen sich die zugehörigen Aufwendungen und hieraus wiederum ergibt sich die Höhe des Periodenerfolgs. Diese Gewinnziffer ihrerseits hat im Rahmen der Unternehmensbewertung Einfluss auf die Prognose von zukünftigen Ergebnissen und damit verbundenen Zahlungsströmen. Eine stabile Gewinngröße wirkt dabei positiv auf den Informationsgehalt und die Relevanz des Jahresabschlusses. In der traditionellen handelsrechtlichen Rechnungslegung werden Erträge nicht aus Bilanzpositionen abgeleitet, sondern originär vor allem nach Maßgabe erbrachter Lieferung und Leistung bestimmt. Damit wird auf objektiv beobachtbare Transaktionen abgestellt. Denkbar sind aber grundsätzlich auch andere Zeitpunkte der Ertragsrealisierung, die sich beispielsweise nach den Eintrittswahrscheinlichkeiten des Nutzenzuflusses richten. Die periodenübergreifende Langfristfertigung stellt in dieser Hinsicht einen besonderen Problemfall dar und ist Gegenstand eines eigenen Rechnungslegungsstandards „Fertigungsaufträge" (IAS 11).

Das Problem, wie Fertigungsaufträge in der Rechnungslegung abzubilden sind, gilt noch nicht als abschließend gelöst, vor allem auch weil der bisherige Standard eine originäre Ertragsdefinition verwendet. Der Standardsetter IASB arbeitet derzeit gemeinsam mit dem FASB an einer Reform der Regeln der Umsatzerfassung, mit der nicht nur der Weg zu einer stärkeren Bilanzorientierung und damit derivativ formulierten Erträgen gefunden werden soll, sondern auch bestehende Inkonsistenzen zwischen IFRS und US GAAP beseitigt werden sollen. Bislang ist nur ein Diskussionspapier veröffentlicht worden. Wann genau die bisherigen Standards IAS 11 und IAS 18 ersetzt werden, ist ungewiss. Daher soll hier zunächst ein Überblick über die Ertragsrealisation bei Fertigungsaufträgen nach den derzeit gültigen Grundsätzen des IAS 11 vermittelt werden. Anschließend erfolgt eine kurze Darstellung der möglichen Änderungen, die im Diskussionspapier vorgestellt werden.

Bilanzierungsprobleme bei Fertigungsaufträgen nach IAS 11

> Lieferungen und Leistungen bei Fertigungsaufträgen (*Construction Contracts*) stellen eine Besonderheit dar, weil das bilanzierende Unternehmen hier nicht für einen allgemeinen und anonymen Markt arbeitet, sondern die Tätigkeit gem. IAS 11.3 „die kundenspezifische Fertigung einzelner Gegenstände oder einer Anzahl von Gegenständen" zum Ziel hat.

Somit gibt es nicht nur einen vor Fertigungsbeginn dem Unternehmen bekannten Auftraggeber, ebenso wird eine genau determinierte und individualisierte Leistung erbracht. Als Beispiele für einen solchen Vertrag werden gemeinhin der Anlagenbau sowie Hoch- oder Tiefbauleistungen angeführt. In der Regel besteht bei solchen Projekten für das Unternehmen kein Risiko, was die Lagerhaltung oder den Absatz des Produktes angeht. Fertigungsaufträge unterscheiden sich oftmals auch von der auftragslosen Fertigung dadurch, dass sie sich über mehrere Perioden erstrecken; vor allem der Fertigungsprozess als solcher überdauert mitunter mehrere Jahre. Entscheidend ist für die Bilanzierung nach IAS 11, dass Beginn und Ende des Fertigungsauftrags verschiedene Berichtsperioden berühren.

> Setzt man eine Ertragsrealisation wie bei kurzfristiger Fertigung an, würden trotz fehlenden Absatzrisikos erst dann Gewinne realisiert, wenn das vereinbarte Gut verkauft, der Vertrag also erfüllt ist (*Completed-Contract-Method*). Dies kann zur Folge haben, dass der Ergebnisausweis unter Umständen erheblichen Schwankungen unterliegt.

Die entstehende Verzerrung der Vermögens-, Finanz- und Ertragslage wäre insofern problematisch, als dass der Jahresabschluss eine geringere Entscheidungsrelevanz aufweisen würde. Sind die Teilleistungen des Auftrags technisch und wirtschaftlich als unabhängig voneinander zu erachten, so wird der Gesamtauftrag ohnehin zerlegt. Ist das nicht der Fall, verlangt IAS 11, bereits während der Fertigungsperiode eine Ertragsrealisation vorzunehmen. Dies stärkt die Entscheidungsrelevanz der veröffentlichten Gewinnziffern.

Gesamterlöse und Gesamtkosten

Der im Folgenden gebrauchte Begriff der Gesamterlöse wird in IAS 11.11 bis 11.15 definiert und lässt sich anhand *Abbildung 1* zusammenfassen.

> Die Gesamtsumme der Erlöse muss regelmäßig neu ermittelt werden, da es sich bei ihrer angegebenen Höhe um Schätzungen erwarteter Einnahmen handelt, deren Vorhersage Unsicherheiten unterliegt.

So sind etwa Nachforderungen oder Vertragsstrafen erst bei entsprechendem Auftragsfortschritt hinreichend zuverlässig ermittelbar.

	vertraglich vereinbarter Verkaufspreis (Initially Agreed Contract Price)
+/–	geänderte Ausführungswünsche des Auftraggebers (Variations /Change Orders)
+	Zahlungen für vom Auftraggeber zu vertretende Falschangaben (Claims)
+	Prämienzahlungen für besondere Leistungen des Auftragnehmers (Incentive Payments)
=	Gesamterlöse, bewertet (zum beizulegendem Zeitwert) zum Fair Value

Abbildung 1:   Gesamterlöse nach IAS 11

Analog zu den Gesamterlösen werden die Gesamtkosten definiert. Die Bestimmungen von IAS 11.16 bis IAS 11.21 regeln, dass Verwaltungs- sowie Forschungs- und Entwicklungskosten nicht der langfristigen Auftragsfertigung zugerechnet werden dürfen, es sei denn ihre Vergütung wurde ausdrücklich im Vertrag vereinbart. Die Zusammensetzung der Gesamtkosten zeigt *Abbildung 2*.

	direkte Kosten, insbesondere: Fertigungslöhne und -material sowie Abschreibungen, Transportkosten und Mietkosten für zur Vertragserfüllung eingesetzte Maschinen
+	indirekte Kosten: hauptsächlich Versicherungs-, Entwurfs- und Fertigungsgemeinkosten, die bei normaler Kapazitätsauslastung zu erwarten sind
+	sonstige, gesondert vergütete Kosten
=	Gesamtkosten

Abbildung 2:   Gesamtkosten nach IAS 11

Die Cost-Recovery-First-Method

Ist bei einem Fertigungsauftrag die Höhe des zu erwartenden Ergebnisses nicht hinreichend genau bestimmbar, wird aber in der Summe ein positives Ergebnis erwartet, so schreibt IAS 11.32 die Anwendung der *Cost-Recovery-First-Method* (CRF-Method) vor. Diese Methode wird auch als Zero-Profit-Marge bezeichnet. Ihr zufolge werden Auftragskosten in der Höhe als Aufwand ausgewiesen, wie sie als erzielbar zu erachten sind. Nach dem Matching-Prinzip (im Deutschen auch als „Abgrenzung der Sache nach" bezeichnet) sind Erlöse in gleicher Höhe anzusetzen, weshalb zunächst keine Gewinne entstehen.

> Wird diese Methode während des gesamten Auftrags angewandt, weist das Unternehmen erst dann einen Gewinn aus, wenn es für die in Rechnung gestellten Leistungen keine zurechenbaren Kosten mehr gibt.

Übersteigen die erwarteten Ausgaben die Erträge, so sind diese ungedeckten Größen entsprechend dem Vorsichtsprinzip sofort als Aufwand zu behandeln. Dieser Fall kann nach IAS 11.34 beispielsweise dann eintreten, wenn an der Durchsetzung des Vertrags Zweifel bestehen. In einer späteren Periode kann zur im Folgenden beschriebenen *Percentage-of-Completion-Method* (PoC-Method) übergegangen werden, wenn die Unsicherheiten bezüglich des Gesamtergebnisses nicht mehr bestehen. Tatsächlich wird die PoC-Method häufig erst ab einem Fertigstellungsgrad von ca. 30% angewandt.

Die Percentage-of-Completion-Method

Ertragsrealisierung bei Sicherheit

Bei der Realisation von Erträgen eines langfristigen Fertigungsauftrags muss nach IAS zwingend die PoC-Method angewandt werden, wenn die lt. IAS 11.22 bis 11.24 hinreichend sichere Bestimmbarkeit des Auftragsergebnisses gewährleistet ist. Hierzu wird wiederum in zwei Vertragstypen unterschieden: Festpreisverträge und Kostenzuschlagsverträge.

Der Festpreisvertrag (*Fixed-Price Contract*) zeichnet sich dadurch aus, dass die Vertragssumme entweder für den Gesamtauftrag oder pro Stück festgelegt worden ist. Eine Schätzung i. S. v. IAS 11.23 gilt als sicher, wenn die gesamten Auftragskosten und -erlöse, der Fertigstellungsgrad und die noch zu erwartenden Kosten bis zur Fertigstellung zuverlässig bestimmt werden können und „der wirtschaftliche Nutzen aus dem Vertrag dem Unternehmen" zuteil werden wird.

Bei einem Kostenzuschlagsvertrag (*Cost-Plus Contract*) erhält der Auftragnehmer auf die anfallenden Kosten einen fixen oder anteilsmäßigen Zuschlag. Da diese Verträge für den Auftragnehmer weitaus komfortabler sind als die in der Praxis viel häufiger zu findenden Festpreisverträge, sind auch die Voraussetzungen zur Anwendung der PoC-Method weniger streng. Es genügt lediglich die Erfüllung zweier Kriterien, nämlich dass der wirtschaftliche Nutzen des Vertrags dem Unternehmen zuteil werden wird und dass die Auftragskosten zuverlässig bestimmt werden können.

> Bei einer Mischform der Vertragsbestandteile kommen die erweiterten Kriterien des Festpreisvertrages zur Anwendung.

Messung des Fertigstellungsgrads

IAS 11.30 lässt dem Rechnungslegenden eine Wahlmöglichkeit zwischen verschiedenen Verfahren, die zur hinlänglichen Bestimmung des Fertigstellungsgrads geeignet sind. Je nach Art des Vertrags (und Verfügbarkeit der Daten) kann die Anwendung des einen Verfahrens ein genaueres Abbild der Wirklichkeit liefern als ein anderes. Die einmal gewählte Methode ist dabei für einen Vertrag grundsätzlich beizubehalten. *Abbildung 3* gibt eine Übersicht zu den Verfahren.

```
                    Percentage of Completion
                   /                        \
          Input Measures              Output Measures
          /           \              /       |        \
    Cost-to-Cost   Efforts-    Units-of-Work- Value-Added  Milestones
                   Expended    Performed
```

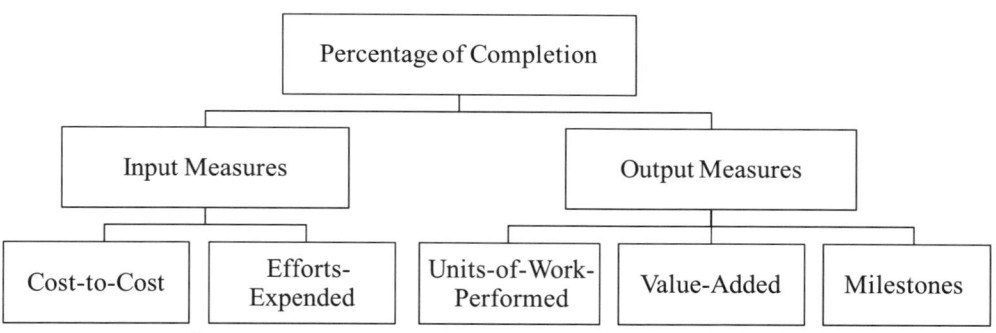

Abbildung 3:   *Übersicht über die Methoden zur Bestimmung des Fertigstellungsgrads*

Die wichtigsten Verfahren stellen die *Input Measures* dar und diesbezüglich vor allem die international gebräuchlichste *Cost-to-Cost-Method* (CC-Method). Als Grundlage für die Kosten der laufenden Periode werden nur tatsächlich verbrauchte Güter herangezogen, nicht aber lediglich gelieferte oder bereits gezahlte; das gilt insbesondere für Leistungen von Dritten. Eine ebenfalls input-orientierte Methode ist die *Efforts-Expended-Method*. Dabei werden nicht die Kosten, sondern die Leistung, etwa der bisherige Verbrauch eines wesentlichen Inputfaktors, ins Verhältnis zur Gesamtleistung gesetzt. Gemessen werden kann dies an Größen wie etwa den aufgewendeten Maschinen- oder Arbeitsstunden. Problematisch ist bei beiden Messverfahren, dass sie eine konstante Beziehung zwischen einer Inputeinheit und dem erzielten Ergebnis unterstellen. Das ist aber oftmals nicht haltbar, da externe Faktoren oder ineffizienter Faktoreinsatz nicht einkalkulierbar sind.

Als zweite Methodengruppe gelten solche Verfahren, bei denen *Output Measures* herangezogen werden, die den Fertigungsgrad über den Anteil bereits erbrachter (physischer) Leistungen an der geschuldeten Gesamtleistung bestimmen (*Physical-Observation-Method*). Zu erwähnen ist dabei vor allem die *Units-of-Work-Performed-Method*. Diese Berechnungsmethode setzt den bisher erreichten Teil einer Leistung zur Gesamtleistung ins Verhältnis. So misst man beispielsweise bei einem Tunnelbauwerk den Prozentsatz der Ausführung am Verhältnis der vollendeten Meter mit dessen Gesamtlänge. Eine solche Bewertung scheint für eine Vielzahl der Fälle die geringsten Abweichungen von der Wirklichkeit der Produktion zu ergeben. In der Praxis ist es oft mit hohen Kosten oder einem unverhältnismäßigen Aufwand verbunden, solche Zahlen verlässlich zu erheben. Gleiches gilt für die *Value-Added-Method*, die den Auftragsfortschritt an ökonomischen Leistungseinheiten festmacht. Bei einem Tunnelbauwerk könnte man zwischen den für den Verkehr und für Sicherheit und Versorgung genutzten Tunneln differenzieren, und den Metern Sicherheits- und Versorgungstunnel ein geringeres ökonomisches Gewicht beimessen. Schließlich steht noch die *Milestone-Method* zur Auswahl. Danach werden Erträge für vertraglich fixierte Zwischenstufen realisiert, die jeweils einen bestimmten Arbeitsfortschritt des Gesamtauftrags repräsentieren.

Ergebnis der Percentage-of-Completion-Method

Sind alle wesentlichen Voraussetzungen zur Verwendung der PoC-Method erfüllt, kann der Anteil des zu bilanzierenden Ertrags errechnet werden.

> Mit dem Ausweis in der GuV wird der Forderung von IAS 11.22 Genüge getan, Kosten und Erlöse erfolgswirksam in den Perioden der Fertigung zu erfassen.

Insofern wird ein periodengerechter Erfolgsausweis ermöglicht, da die errechneten Erlöse und Kosten bereits in den Perioden der Erstellung, aber noch vor Vollendung des Vertragswerks dargestellt werden.

> Auch die Vermögenslage wird so in den Perioden vor der abschließenden Lieferung den Adressaten der Bilanz deutlicher dargestellt.

Verankert ist diese Denkweise im RK 46, das den *True and Fair View* sowie die *Fair Presentation* der Unternehmung anstrebt.

Mit einer solchen Methode kann dem Prinzip der periodengerechten Gewinnermittlung, Rechnung getragen werden. Das Realiationsprinzip (*Realization Principle*), nach dem erst bei vollständiger Vertragserfüllung Erträge verbucht werden dürfen (s. o.: CC-Method), muss dementsprechend genauso in den Hintergrund treten wie der IAS-Grundsatz der Vorsicht (*Prudence*) – denn genau deren Einhaltung führt zu der, von diesem Standard zu vermeidenden, Verzerrung. Weiterhin wird das *Matching Principle* derart umgesetzt, als dass die periodisierten Erlöse mit den in entsprechender Höhe zurechenbaren Kosten erfasst werden.

Dem leistungsgerechten Gewinnausweis stehen mehrere gewichtige Nachteile entgegen, die sich bei der Anwendung der PoC-Method ergeben. Insbesondere die Verfahren zur Ermittlung des Fertigstellungsgrads rechnen auf der Grundlage geschätzter oder prognostizierter Werte. Zu beachten ist, dass diese Informationen stets subjektiv ermittelt werden. Exakte Aussagen über die vorhergesagten Kosten und Erlöse sind erst *ex post* möglich.

> Die Anwendung dieser Methoden eröffnet so die Möglichkeit der Manipulation sowie bewusster oder unbewusster Fehlinformation.

Diese Fälle ereignen sich beispielsweise, wenn sich Mengenänderungen oder Strafzahlungen ergeben. Durch diese Bewertungsspielräume wird daher vor allem die Ausschüttungsbemessungsfunktion des Jahresabschlusses und damit verbunden die Kapitalerhaltung gefährdet.

Verlustbehandlung

Eine Ausnahme von der PoC-Method sieht der Standard dann vor, wenn aus dem Auftrag Verluste drohen. In diesem Fall greift das Imparitätsprinzip. In IAS 11.36 f. wird beschrieben, dass ein Verlust dann eintritt, wenn die Gesamtkosten die Gesamterlöse übersteigen. Zu beachten ist, dass in diese Betrachtung zwar direkt und indirekt zurechenbare Kosten gehören, nicht jedoch auftragsbezogene Verwaltungs- und Vertriebskosten.

Der vollständige Differenzbetrag muss vom Unternehmen als Aufwand erfolgswirksam erfasst werden, sobald es das Eintreten dieses Verlusts für möglich hält. Ausgeschlossen ist es, den erwarteten Verlust erst bei tatsächlichem Eintreten erfolgswirksam zu verbuchen, oder aber ihn über die Perioden des Fertigungsauftrags zu verteilen. Diese Regelung gilt auch, wenn mit der eigentlichen Bearbeitung des Auftrags noch nicht begonnen worden ist, oder wenn das Unternehmen aus Verträgen, die nicht als Bestandteil dieses Auftrags gewertet werden, Gewinne erwartet.

Das Diskussionspapier des IASB

Ziel des bestehenden IAS 11 ist der periodengerechte Gewinnausweis (*Revenue-Expense-Ansatz*). Dabei verlangt das IASB eine ratierliche Ertragsrealisierung mit fortschreitender Leistungserbringung und widerspricht auf diese Weise zugleich den Vorgaben des IAS 18, nach dem Erträge durch spezifizierte Transaktionen entstehen. Das am 19.12.2008 veröffentlichte Diskussionspapier (DP) „*Preliminary Views on Revenue Recognition in Contracts with Customers*" steht dagegen für eine Vereinheitlichung und Neuausrichtung der Ertragsvereinnahmungskonzeption am *Asset-Liability-Ansatz*. Bei Übernahme der vorgeschlagenen Regelungen ergeben sich weitreichende Konsequenzen auch für die Bilanzierung von Fertigungsaufträgen, die im Folgenden beleuchtet werden.

Der Asset-Liability-Ansatz im Rahmenkonzept

Die gegenwärtigen Überlegungen sollen die Ertragsvereinnahmung künftig den Grundsätzen des Rahmenkonzepts folgen lassen. Danach ist die Realisierung von Erträgen mit dem Zugang des wirtschaftlichen Nutzens – positive Veränderung des Netto-Vermögens eines Unternehmens – verknüpft.

2.3.7 Ertragsrealisierung und Langfristfertigung

> Erträge sind demnach zu erfassen, wenn es zu einer Zunahme des wirtschaftlichen Nutzens in Verbindung mit der Zunahme eines Vermögenswerts oder aber der Abnahme einer Schuld gekommen ist.

Bei Vorliegen eines Vertrags ist zunächst zu prüfen, ob aus diesem Vergütungsansprüche und Leistungsverpflichtungen hervorgehen, die den Ansatz von Vermögenswerten und Schulden begründen können. Sofern dies der Fall ist, werden die aus dem Vertrag resultierenden Rechte und Verpflichtungen bereits zum Zeitpunkt des Vertragsabschlusses bilanziell erfasst. Ein möglicher Überhang der Ansprüche (Wert der Rechte > Wert der Verpflichtungen) oder Verpflichtungen (Wert der Rechte < Wert der Verpflichtungen) wäre dann in der GuV ertrags- bzw. aufwandswirksam zu erfassen. Mit einem Wertansatz von Vermögenswerten und Schulden wird frühzeitig der erfolgreiche Vertragsabschluss signalisiert.

In Übereinstimmung mit den Grundsätzen des Rahmenkonzepts sind Vermögenswerte und Schulden mit dem beizulegenden Zeitwert anzusetzen, um eine zeitnahe Informationsverarbeitung sicherzustellen. Die bilanziellen Abschlussposten passen sich an neue Informationslagen an und berichten somit über den Wertverlauf ihrer impliziten Zahlungsströme.

> Ein Ertrag kann demnach auch dadurch entstehen, dass entweder der Wert des vertraglichen Vergütungsanspruchs steigt oder aber der Wert der Leistungsverpflichtung fällt.

Während die traditionellen Regelungen der Ertragsrealisation an die Periodisierung der Zahlungsströme von unternehmensinduzierten Transaktionen knüpfen, erfolgt die Zahlungsabgrenzung in einem prospektiven Ansatz aus der Definition und dem Ansatz von Vermögenswerten und Schulden. Daraus folgt eine kapitalmarktorientierte Ertragsvereinnahmung, die sich weniger am transaktionsbasierten Realisationsprinzip, sondern viel mehr an bewertungsrelevanten Ereignissen orientiert.

Abkehr vom Fair Value im Diskussionspapier

Im Vergleich mit der geschilderten Konzeption des Rahmenkonzepts sind im DP einige Abweichungen vom klassischen *Asset-Liability-Ansatz* zu konstatieren.

> Das IASB hat sich bewusst zur Modifikation der Ertragsvereinnahmung entschieden, um Ansatz- und Bewertungsprobleme bei der Bilanzierung von Fertigungsaufträgen zu umgehen.

Zunächst kann ein Problem bei der Bewertung der Leistungsverpflichtung zum beizulegenden Zeitwert festgemacht werden. Während zur Ermittlung des Vergütungsanspruches der vertraglich vereinbarte Transaktionspreis herangezogen wird, gestaltet sich die Bewertung der passivischen Verpflichtung weitaus schwieriger. Grundsätzlich entspräche ein beizulegender Zeitwert der Leistungsverpflichtung dem Betrag, mit dem sich das Unternehmen von der Verpflichtung rechtswirksam befreien könnte. Dieser hypothetische Entpflichtungsbetrag (*Legal Layoff Amount*) ist aufgrund eines häufig fehlenden aktiven Markts für die auf spezielle Kundenanforderungen zugeschnittenen Produkte bzw. Leistungen nicht verlässlich zu ermitteln. Weiterhin ist nach Ansicht des IASB keine Relevanz für die Entscheidungsfindung ersichtlich, da das Unternehmen die geschuldete Leistung zumeist selbst erfüllt und keine Auswirkungen von schwankenden Marktpreisen zu erwarten sind. Das Vermögens-Gewinnermittlungskonzept hat den weiteren Nachteil, dass ein zukünftiger Ertrag aus langfristiger Fertigung bereits bei Vertragsabschluss vereinnahmt würde und damit gegen den Grundsatz des Nichtausweises schwebender Geschäfte verstoßen würde.

Im Kern geht es bei dieser Argumentation um die Frage des Zeitpunkts der Ertragsrealisation.

> Die vom IASB im DP vertretene Meinung geht nun soweit, dass es durch einen Vertragsabschluss bei Fertigungsaufträgen zu keiner (messbaren) Veränderung des Nettovermögens eines Unternehmens kommt.

Anstatt Vermögenswerte und Schulden zu bilanzieren wird von einer Ausgeglichenheit der Ansprüche und Verpflichtung ausgegangen und eine Saldierung vorgeschrieben. Da die geschuldete Leistungsverpflichtung nun in Höhe des vereinbarten Transaktionspreises in die Bilanz eingeht, fällt bei Vertragsabschluss kein Ertrag an. Durch die Saldierung erfolgt zudem kein Ausweis in der Bilanz, so dass sich auch das Problem der Bilanzierung schwebender Geschäfte auflöst.

> Während das DP zwar diese Probleme vermeidet, wird dafür ein hoher konzeptioneller Preis bezahlt: die Abkehr vom *Asset-Liabilty-Ansatz*.

Damit verfehlt das IASB sein Ziel der konsequenten und konsistenten Umsetzung der Ertragsvereinnahmung. Entscheidend für den Erfolg des Ansatzes im DP ist allerdings nicht die geschlossene Anwendung der Konzeption des Rahmenkonzepts, sondern die Akzeptanz bei Unternehmen und Nutzern.

Aufgabe 1

a) Beschreiben Sie die Methoden zur Ertragsrealisation bei langfristigen Fertigungsaufträgen nach IAS 11!

b) Nennen Sie die Voraussetzungen zur Anwendung der *Percentage-of-Completion-Method* bei Festpreisverträgen und bei Kostenzuschlagsverträgen!

c) Nennen Sie die verschiedenen Arten zur Bestimmung des Fertigstellungsgrades von langfristigen Fertigungsaufträgen und geben Sie jeweils ein Beispiel!

d) Erläutern Sie die Unterschiede zwischen der Ertragsrealisierung und der Verlusterfassung bei Schätzungsänderungen!

2.3.7 Ertragsrealisierung und Langfristfertigung

Aufgabe 2

Die AbisZ GmbH hat im Jahr 2008 einen langfristigen Fertigungsauftrag erhalten. Dieser Auftrag umfasst den Bau einer Hochgeschwindigkeitsstrecke für eine Magnetschwebebahn und soll im Jahr 2010 abgeschlossen werden. Es handelt sich um einen Festpreisvertrag. Aus der Auftragskalkulation liegen Ihnen folgende Informationen vor:

- Der Fertigungsauftrag hat eine Dauer von drei Jahren und das Auftragsvolumen beträgt 1,05 Mrd. Euro. Die Länge des Bauabschnitts beträgt 25 km.
- Es wird kalkuliert, dass im Jahr 2008 Kosten in Höhe von 300 Mio. Euro anfallen, in 2009 wird mit 400 Mio. Euro gerechnet und in 2010 mit 300 Mio. Euro.

Die Bauleitung stellt Ihnen zur Jahresabschlusserstellung 2009 weitere Informationen zur Verfügung. Bis zum Ende des Jahres 2009 sind 18.000 Arbeitsstunden geleistet worden, für den Gesamtauftrag wird ein Stundenbudget von 24.000 eingeplant. Ende des Jahres 2008 betrug die Anzahl der geleisteten Arbeitsstunden 12.000. Des Weiteren teilt Ihnen die Bauleitung mit, dass bereits 17 km des Bauprojektes fertig gestellt sind, im Jahr 2008 waren es 10 km.

a) Bestimmen Sie für den vorliegenden Fall den Fertigstellungsgrad des Auftrags nach der *Cost-to-Cost-Method* zum Ende der Jahre 2008 und 2009! Geben Sie auch die daraus resultierenden Umsatzerlöse, Aufwendungen und die Höhe des Bilanzpostens Fertigungsaufträge für die Jahre 2008, 2009 und 2010 an! Gehen Sie dabei davon aus, dass vom Kunden noch keine Zahlungen geleistet wurden und auch keine Teilabrechnung erstellt wurde.

b) Nehmen Sie an, im Jahr 2008 konnte der Betrag der Gesamtkosten für den Fertigungsauftrag nicht bestimmt werden. Verlässliche Daten wurden Ihnen erst nachträglich durch die Bauleitung übergeben. Der Leiter Rechnungswesen beauftragt Sie, eine Methode zur Ermittlung des Fertigstellungsgrades zu wählen, die zu einem möglichst geringen Gewinn im Jahr 2009 führt. Ziehen Sie die Informationen der Bauleitung heran und berechnen Sie für die zulässigen Methoden die jeweiligen Umsatzerlöse, Aufwendungen und die Höhe des Bilanzpostens Fertigungsaufträge! Benennen Sie die Methode, die den bilanzpolitischen Zielen des Unternehmens entspricht!

Aufgabe 3

Die Knigge AG hat einen Auftrag zum Umbau eines Fußballstadions erhalten. Der Zuschlag wurde im Jahr 2008 erteilt, Beginn der Baumaßnahmen soll Januar 2009 sein. Die Kalkulation enthält folgende Informationen:

- Das Auftragsvolumen wird auf 45 Mio. Euro festgelegt. Die Umbauten sind voraussichtlich im Jahr 2012 fertig gestellt.
- Die Knigge AG rechnet mit Auftragskosten von 40 Mio. Euro. Davon fallen 14 Mio. Euro im Jahr 2009 an, 8 Mio. Euro im Jahr 2010, 12 Mio. Euro im Jahr 2011 und 6 Mio. Euro im Jahr 2012.

Im Laufe des Bauvorhabens ergeben sich folgende Änderungen der Kalkulation:

- Zu Beginn des Jahres 2010 werden neue Tarifverträge für Mitarbeiter der Knigge AG wirksam. Zusätzlich werden weitere Arbeiten an einer Tribüne notwendig. Die erhöhten Personal- und Umbaukosten werden nicht vom Auftraggeber getragen. Die Mehrkosten, die sich im Jahr 2010 vollständig auswirken, werden auf 5 Mio. Euro geschätzt.
- Im Jahr 2011 stellt sich heraus, dass die Knigge AG bei der Kalkulation des Materials für die Dachkonstruktion einen Fehler gemacht hat. Diese Fehlkalkulation schlägt mit 3 Mio. Euro zu Buche, die nicht vom Auftraggeber übernommen werden.
- Kurz vor Übergabe des umgebauten Stadions kann der Geschäftsführer der Knigge AG durch geschicktes Verhandeln eine Erhöhung des Auftragsvolumens um 5 Mio. Euro bewirken, da der Auftraggeber einen Teil der zusätzlichen Kosten übernimmt.

a) Berechnen Sie jeweils für die Jahre 2009, 2010, 2011 und 2012 den Fertigstellungsgrad sowie den Ertrag, den Aufwand und die Höhe des Bilanzpostens Fertigungsaufträge nach der *Cost-to-Cost-Method*!

b) Nehmen Sie an, die gesamten Auftragskosten könnten bei Baubeginn und während der Bauphase nicht verlässlich geschätzt werden. Wie ist unter dieser Annahme im obigen Beispiel zu verfahren?

Aufgabe 4

Die Bohm AG erhält im Jahr 2010 einen Auftrag zur Fertigung einer individuellen Industriegroßanlage. Das Auftragsvolumen beträgt 150 Mio. Euro und die Fertigungsdauer beträgt drei Jahre. Es werden Auftragskosten von 135 Mio. Euro prognostiziert, die gleichmäßig über die Fertigungsdauer anfallen

Erläutern Sie an Hand dieses Beispiels die Unterschiede bei der Ertragsrealisierung zwischen der Vorgehensweise nach dem *Discussion Paper „Revenue Recognition"* und einer konsequenten Umsetzung des *Asset-Liability-Ansatzes*! Gehen Sie dabei insbesondere auf den Zeitpunkt des Gewinnausweises ein!

Lösung 1

a) Wesentliches Kriterium für die Anwendung einer Methode zur Ertragsrealisation ist die verlässliche Bestimmbarkeit des zu erwartenden Ergebnisses aus dem Fertigungsauftrag. IAS 11.32 schreibt die Anwendung der *Cost-Recovery-First-Method* für den Fall vor, dass das zu erwartende Ergebnis nicht verlässlich zu bestimmen ist. In diesem Fall werden Auftragskosten nur als Aufwand erfasst, soweit sie tatsächlich erzielbar sind. Die Erlöse entsprechen bei dieser Methode dem erfassten Aufwand, so dass erst bei Fertigstellung des Gesamtauftrags ein Gewinn ausgewiesen werden kann. Ist hingegen das Ergebnis des Auftrags verlässlich zu bestimmen, so wird bei Erfüllung weiterer Voraussetzungen die *Percentage-of-Completion-Method* angewandt. Nach dieser Methode werden Erträge anteilig zum Fertigstellungsgrad des Auftrags realisiert. Es existieren verschiedene Methoden zur Ermittlung des Fertigstellungsgrades. Ist das zu erwartende Ergebnis des Auftrags zunächst nicht verlässlich bestimmbar, wird dieses Kriterium aber im Laufe des Fertigungsauftrags erfüllt, so kann von der *Cost-Recovery-First-Method* zur *Percentage-of-Completion-Method* gewechselt werden.

b) Voraussetzungen bei Festpreisverträgen:

- Zuverlässige Bestimmung der gesamten Auftragskosten und -erlöse
- Wahrscheinlicher Zufluss des wirtschaften Nutzens aus dem Fertigungsauftrag
- Verlässliche Bestimmung des erreichten Fertigstellungsgrades
- Verlässliche Bewertung der noch anfallenden Kosten bis Auftragsfertigstellung

Voraussetzungen bei Kostenzuschlagsverträgen:

- Wahrscheinlicher Zufluss des wirtschaften Nutzens aus dem Fertigungsauftrag
- Verlässliche Bewertung und eindeutige Zurechnung der Auftragskosten

c) Es werden im Wesentlichen die fünf folgenden Methoden unterschieden:

- *Cost-to-Cost-Method*, z. B. angefallene Kosten zum Bau eines Schiffs
- *Efforts-Expended-Method*, z. B. Stundenanzahl zur Erstellung individueller Software
- *Units-of-Work-Performed-Method*, z. B. fertiggestellte Länge einer Straße in Km
- *Value-Added-Method*, z. B. fertiggestellte Stockwerke eines Hochhauses
- *Milestones-Method*, z. B. Fertigstellung eines Bauabschnittes eines Gebäudes

d) Erträge werden anteilig zum Fertigstellungsgrad auf die jeweiligen Perioden der Auftragsbearbeitung verteilt. Aufwendungen werden bei Schätzung von Auftragskosten, die die Erträge übersteigen, sofort in voller Höhe erfasst. Wird also nicht mit einem positiven Ergebnis aus dem Fertigungsauftrag gerechnet, so dürfen die Verluste nicht über die Folgeperioden verteilt werden, sondern müssen nach dem Imparitätsprinzip in der Periode als Aufwand gebucht werden, in der sie erstmals prognostiziert werden.

Lösung 2

a) Es ergeben sich folgende Werte nach der *Cost-to-Cost-Method*:

Alle Beträge in TEUR	2008	2009	2010
Tatsächliches Auftragsvolumen	**1.050.000**	**1.050.000**	**1.050.000**
Tatsächliche Auftragskosten	**1.000.000**	**1.000.000**	**1.000.000**
Auftragskosten pro Jahr	300.000	400.000	300.000
Kumulierte Auftragskosten	300.000	700.000	1.000.000
Geschätzter Gesamtgewinn	50.000	50.000	50.000
Fertigstellungsgrad	**30%**	**70%**	**100%**
Ertrag pro Jahr	315.000	420.000	315.000
Aufwand pro Jahr	300.000	400.000	300.000
Jahresergebnis	15.000	20.000	15.000
Bilanzposten Fertigungsaufträge	315.000	735.000	1.050.000

Der Fertigstellungsgrad nach der *Cost-to-Cost-Method* ergibt sich aus dem Verhältnis der kumulierten angefallenen Kosten zu den tatsächlichen Kosten des gesamten Auftrags. Damit lassen sich der anteilige Ertrag pro Jahr und das jeweilige Jahresergebnis bestimmen. Auftragskosten und Aufwand stimmen hier in jedem Jahr überein. Dies ist jedoch nur bei der *Cost-to-Cost-Method* der Fall.

b) Es ergeben sich folgende Werte nach der *Units-of-Work-Performed-Method*:

Alle Beträge in TEUR	2008	2009	2010
Tatsächliches Auftragsvolumen	**1.050.000**	**1.050.000**	**1.050.000**
Tatsächliche Auftragskosten	**unbekannt**	**1.000.000**	**1.000.000**
Auftragskosten pro Jahr	300.000	400.000	300.000
Kumulierte Auftragskosten	300.000	700.000	1.000.000
Geschätzter Gesamtgewinn	0	50.000	50.000
Physischer Fertigstellungsgrad	**40%**	**68%**	**100%**
Ertrag pro Jahr	300.000	435.000	336.000
Aufwand pro Jahr	300.000	380.000	320.000
Jahresergebnis	0	34.000	16.000
Bilanzposten Fertigungsaufträge	300.000	714.000	1.050.000

Da im Jahr 2008 die tatsächlichen gesamten Auftragskosten nicht verlässlich geschätzt werden können, ist zunächst die *Cost-Recovery-First-Method* anzuwenden. Es werden folglich Aufwand und Ertrag jeweils in Höhe der Auftragskosten erfasst und ein Jahresergebnis von Null erzielt. Der physische Fertigstellungsgrad errechnet sich aus dem Ver-

2.3.7 Ertragsrealisierung und Langfristfertigung

hältnis der fertiggestellten Kilometer der Strecke zur Gesamtstrecke. Er beträgt 68% und somit sind 68% der Gesamtkosten als Aufwendungen zu erfassen. Da bereits 300.000 TEUR im Jahr 2008 berücksichtigt wurden, errechnet sich ein Betrag von 380.000 TEUR für 2009. Analog dazu beträgt der Ertrag der Periode 2009 68% des Auftragsvolumens abzüglich 300.000 TEUR aus 2008. Im Jahr 2010 ist nach dem gleichen Muster zu verfahren.

Es ergeben sich folgende Werte nach der *Efforts-Expended-Method*:

Alle Beträge in TEUR	2008	2009	2010
Tatsächliches Auftragsvolumen	**1.050.000**	**1.050.000**	**1.050.000**
Tatsächliche Auftragskosten	**unbekannt**	**1.000.000**	**1.000.000**
Auftragskosten pro Jahr	300.000	400.000	300.000
Kumulierte Auftragskosten	300.000	700.000	1.000.000
Geschätzter Gesamtgewinn	0	50.000	50.000
Stundenbezogener Fertigstellungsgrad	**50%**	**75%**	**100%**
Ertrag pro Jahr	300.000	487.500	262.500
Aufwand pro Jahr	300.000	450.000	250.000
Jahresergebnis	0	37.500	12.500
Bilanzposten Fertigungsaufträge	300.000	787.500	1.050.000

Im Jahr 2008 wird analog zur obigen Vorgehensweise die *Cost-Recovery-First-Method* verwendet. Der stundenbezogene Fertigstellungsgrad errechnet sich aus dem Verhältnis der geleisteten Arbeitsstunden zu den insgesamt kalkulierten Arbeitsstunden. Im Jahr 2009 sind dies 75%. Folglich ist bis zum Jahr 2009 ein Aufwand von 750.000 TEUR zu erfassen. Da bereits 300.000 TEUR in 2008 Berücksichtigung gefunden haben, sind 2009 die übrigen 450.000 TEUR aufwandswirksam zu berücksichtigen. Ebenso wird ein Ertrag von 75% des Auftragsvolumens abzüglich 300.000 TEUR realisiert. Die Berechnungen für das Jahr 2010 sind nach dem gleichen Verfahren durchzuführen.

Somit ist die *Units-of-Work-Performed-Method* die Methode, die im Jahr 2009 den Gewinn am geringsten ausweist. Der Gewinn beträgt in 2009 folglich 34.000 TEUR.

Lösung 3

a) Es ergeben sich folgende Werte nach der *Cost-to-Cost-Method*:

Alle Beträge in TEUR	2009	2010	2011	2012
Ursprüngliches Auftragsvolumen	45.000	45.000	45.000	45.000
Änderungen	0	0	0	5.000
Tatsächliches Auftragsvolumen	**45.000**	**45.000**	**45.000**	**50.000**
Ursprüngliche Auftragskosten	40.000	40.000	40.000	40.000
Änderungen	0	5.000	8.000	8.000
Tatsächliche Auftragskosten	**40.000**	**45.000**	**48.000**	**48.000**
Auftragskosten pro Jahr	14.000	13.000	15.000	6.000
Kumulierte Auftragskosten	14.000	27.000	42.000	48.000
Geschätzter Gesamtgewinn	5.000	0	−3.000	2.000
Fertigstellungsgrad	**35,0%**	**60,0%**	**87,5%**	**100,0%**
Ertrag pro Jahr	15.750	11.250	12.000	11.000
Aufwand pro Jahr	14.000	13.000	15.000	6.000
Jahresergebnis	1.750	−1.750	−3.000	5.000
Bilanzposten Fertigungsaufträge	15.750	27.000	39.000	50.000

Im Jahr 2009 fallen Kosten von 14.000 TEUR an, die nach der *Cost-to-Cost-Method* zu Aufwand von 14.000 TEUR führen. In Relation zu den gesamten Auftragskosten von 40.000 TEUR entspricht dies einem Fertigstellungsgrad von 35%. Folglich beträgt der Ertrag im Jahr 2009 35% des Auftragsvolumens und es entsteht ein positives Jahresergebnis i. H. v. 1.750 TEUR. Die Änderung in 2010 erhöht die tatsächlichen Auftragskosten auf 45.000 TEUR. Im Verhältnis zu den kumulierten Auftragskosten errechnet sich ein Fertigstellungsgrad von 60%. Als Ertrag sind 60% des Auftragsvolumens abzüglich des in 2009 realisierten Ertrags zu erfassen. Dadurch, dass in 2009 bereits ein Gewinn erfasst wurde, aber in 2010 kein Gesamtgewinn aus dem Auftrag mehr erwartet wird, muss folglich in 2010 ein Verlust in Höhe des im Vorjahr ausgewiesenen Gewinns entstehen.

Die Änderung im Jahr 2011 führt dazu, dass nun ein Verlust aus dem Fertigungsauftrag erwartet wird. Dieser muss sofort in voller Höhe berücksichtigt werden. Durch Abweichung von der *Percentage-of-Completion-Method* im Verlustfall wird der Ertrag so angepasst, dass sämtliche erwarteten Verluste des Auftrags im Jahr 2011 erfasst werden. Der Verlust ergibt sich aus den im Jahr 2011 gestiegenen Aufwendungen. Mit der Aufwandshöhe von 15.000 TEUR wird der Ertrag auf 12.000 festgelegt, um den Verlust von 3.000 TEUR in dieser Periode vollständig abzubilden. Dieser Verlust entspricht dem Jahresergebnis 2011, da 2010 ein Gesamtgewinn von Null angenommen wurde. Im Jahr 2012 führt die Änderung dazu, dass nun wieder ein Gesamtgewinn des Auftrags realisiert werden kann. Da bereits in 2011 ein Verlust erfasst wurde, ist der Gewinn in 2012 entsprechend höher. Der Ertrag im Jahr 2012 errechnet sich aus der Differenz zwischen dem Auftragsvolumen und der Summe der in den Vorjahren erfassten Erträge.

b) Können die gesamten Auftragskosten nicht verlässlich geschätzt werden, so wird die *Cost-Recovery-First-Method* angewandt. Nach dieser Methode werden während der Fertigungsphase Erlöse nur in Höhe der angefallenen Kosten erfasst.

Es ergeben sich folgende Werte nach der *Cost-Recovery-First-Method*:

Alle Beträge in TEUR	2009	2010	2011	2012
Ursprüngliches Auftragsvolumen	45.000	45.000	45.000	45.000
Änderungen	0	0	0	5.000
Tatsächliches Auftragsvolumen	**45.000**	**45.000**	**45.000**	**50.000**
Ursprüngliche Auftragskosten	unbekannt	unbekannt	unbekannt	40.000
Änderungen	0	5.000	8.000	8.000
Tatsächliche Auftragskosten	**unbekannt**	**unbekannt**	**unbekannt**	**48.000**
Auftragskosten pro Jahr	14.000	13.000	15.000	6.000
Kumulierte Auftragskosten	14.000	27.000	42.000	48.000
Geschätzter Gesamtgewinn	0	0	0	2.000
Fertigstellungsgrad	**unbekannt**	**unbekannt**	**unbekannt**	**100,0%**
Ertrag pro Jahr	14.000	13.000	15.000	8.000
Aufwand pro Jahr	14.000	13.000	15.000	6.000
Jahresergebnis	0	0	0	2.000
Bilanzposten Fertigungsaufträge	14.000	27.000	42.000	50.000

Solange die kumulierten Auftragskosten nicht das Auftragsvolumen überschreiten und weiterhin nicht verlässlich bestimmbar sind, wird jährlich ein Jahresergebnis von Null erfasst, da der Aufwand und die Erlöse den Kosten entsprechen. Erst bei Fertigstellung des Bauprojekts kann ein Gewinn erfasst werden. Dieser beträgt in diesem Fall 2.000 TEUR.

Lösung 4

Das Diskussionspapier „*Revenue Recognition*" schlägt eine Ertragskonzeption vor, bei der Erträge aus einem Fertigungsauftrag erst nach der Abnahme durch den Auftraggeber erfasst werden dürfen. Im Beispiel wären erst im letzten Jahr Aufwendungen von 135 Mio. Euro und Erträge von 150 Mio. Euro zu erfassen. Es findet also keine Periodisierung statt. Demnach wird in der letzten Periode ein Gewinn von 15 Mio. Euro ausgewiesen. In der Bilanz ist der Fertigungsauftrag bis zur Fertigstellung nicht anzusetzen.

Der *Asset-Liability-Ansatz* sieht die Erfassung von einem Vermögenswert und einer Schuld in Höhe des Auftragsvolumens bzw. der Auftragskosten vor. Folglich werden schon bei Beginn des Fertigungsauftrags Gewinne erfasst. Der Gewinn in der ersten Periode beträgt für diesen Auftrag 15 Mio. Euro. Dies steht im klaren Gegensatz zur Vorgehensweise des Diskussionspapiers.

Nach beiden Verfahren wird der Gewinn des gesamten Fertigungsauftrags zu einem einzigen Zeitpunkt erfasst. Eine Verteilung der Gewinne auf die Perioden der Fertigung findet nicht statt. Das kann dazu führen, dass Unternehmensgewinne Schwankungen unterliegen und sich die Aussagekraft des Jahresabschlusses verschlechtert.

Literaturhinweise

HAYN, S. (2006): Ertragsrealisierung (einschließlich Fertigungsaufträge), in: *BALLWIESER, W./ BEINE, F./HAYN, S./PEEMÖLLER, V./SCHRUFF, L./WEBER, C.-P.* (Hrsg.), Wiley Kommentar zur Internationale Rechnungslegung nach IFRS, Weinheim, S. 233–272.

WÜSTEMANN, J./KIERZEK, S. (2005): Revenue Recognition under IFRS Revisited: Conceptual Models, Current Proposals and Practical Consequences, in: Accounting in Europe, 2. Jg., S. 69–107.

ZIMMERMANN, J./SCHWEINBERGER, S. (2007): Entwicklungen zur Ertragsrealisation in der kapitalmarktorientierten Rechnungslegung: Eine Analyse der Projekte „Revenue Recognition" und „Insurance Contracts", in: PiR, 3. Jg., S. 75–81.

ZIMMERMANN, J./SCHWEINBERGER, S. (2007): Zukunftsperspektiven der internationalen Rechnungslegung: Hinweise aus dem Diskussionspapier des IASB zur Bilanzierung von Versicherungsverträgen, in: DB, 60. Jg., S. 2157–2162.

Kapitel 3:
Konzernabschluss nach IFRS

„Um den jährlichen Striptease der Unternehmen erotischer zu gestalten, wird statt der von Gläubigerschutz und Vorsichtsprinzip geschundenen Rechnungslegung eine kapitalmarktorientierte Publizität gefordert, wie sie in angelsächsischen Ländern seit Jahrzehnten mit wechselhaftem Erfolg praktiziert wird."

SEBASTIAN HAKELMACHER

(Geleitwort, in: BRÖSEL, G./KASPERZAK, R. (Hrsg.), Internationale Rechnungslegung, Prüfung und Analyse, München, Wien 2004, S. V.)

Karl Petersen, Christian Zwirner und Julia Busch

3.1 Konsolidierungskreis

> Der Begriff des Konsolidierungskreises umfasst die Unternehmen, die in den Konzernabschluss einzubeziehen sind. Dem Konsolidierungskreis im engeren Sinn sind das Mutterunternehmen und alle vollkonsolidierungspflichtigen Tochterunternehmen zu subsumieren. Darüber hinausgehend enthält der Konsolidierungskreis im weiteren Sinn zudem die Unternehmen, die quotal in den Konzernabschluss einbezogen oder nach der Equity-Methode bewertet werden.

Das Bestehen *mindestens einer* vollkonsolidierungspflichtigen *Mutter-Tochter-Beziehung* ist Grundvoraussetzung für die Erstellung eines Konzernabschlusses. Dies begründet die besondere Bedeutung des Konsolidierungskreises im engeren Sinn. Dennoch ist nach IFRS im Abschluss eines Unternehmens, das keinen Konzernabschluss aufstellt,[1] die Behandlung von Gemeinschaftsunternehmen und assoziierten Unternehmen nach den gleichen Regeln möglich, die auch für den Konzernabschluss gelten.

Herr Ben Reinstädtler, der soeben die Aufgaben des Leiters der Abteilung Rechnungswesen bei der Alpha-AG übernommen hat, bittet Sie im Rahmen der Konzernabschlusserstellung um Ihre Mithilfe bei der Abgrenzung des Konsolidierungskreises sowie der Entscheidung über die Einbeziehungsart der betroffenen Unternehmen. Die Alpha-AG ist eine im Handelsregister eingetragene, börsennotierte große Kapitalgesellschaft mit Sitz in München (Deutschland), die aufgrund der Verpflichtung durch die EU-Verordnung 1606/2002 seit 2005 ihren Konzernabschluss nach den Regelungen der IFRS erstellt. Das Geschäftsjahr der Gesellschaft entspricht dem Kalenderjahr. Die operative Geschäftstätigkeit der Alpha-AG besteht im Werkzeugbau und -vertrieb. Gleichzeitig ist die Alpha-AG Spitzenholding des Alpha-Konzerns. Bei den in- und ausländischen Konzernunternehmen handelt es sich sowohl um Zulieferunternehmen als auch um Vertriebs- und Verwaltungsgesellschaften, welche die Geschäftstätigkeit der Alpha-AG unterstützen.

Im Rahmen seiner Einarbeitung in die Konzernabschlusserstellung bei der Alpha-AG zum 31.12.2008 bittet Herr Ben Reinstädtler Sie um Beantwortung folgender Fragen:

---

[1] Dies ist nicht zu verwechseln mit dem so genannten ‚Separate Financial Statement', das, als Ergänzung zum Abschluss der wirtschaftlichen Einheit, als Abschluss der rechtlichen Einheit erstellt wird.

Aufgabe 1

Erläutern Sie zunächst allgemein die Kriterien zur Abgrenzung des Konsolidierungskreises nach IFRS. Beschreiben Sie dabei die wesentlichen Arten in den Konzernabschluss einzubeziehender Unternehmen sowie die zugehörige Einbeziehungsart. Gehen Sie in diesem Zusammenhang auch kurz auf die mit den Unternehmensarten verbundenen Angabepflichten ein.

Aufgabe 2

Das folgende Organigramm bildet die Konzernstruktur des Alpha-Konzerns zum 31.12.2008 ab.

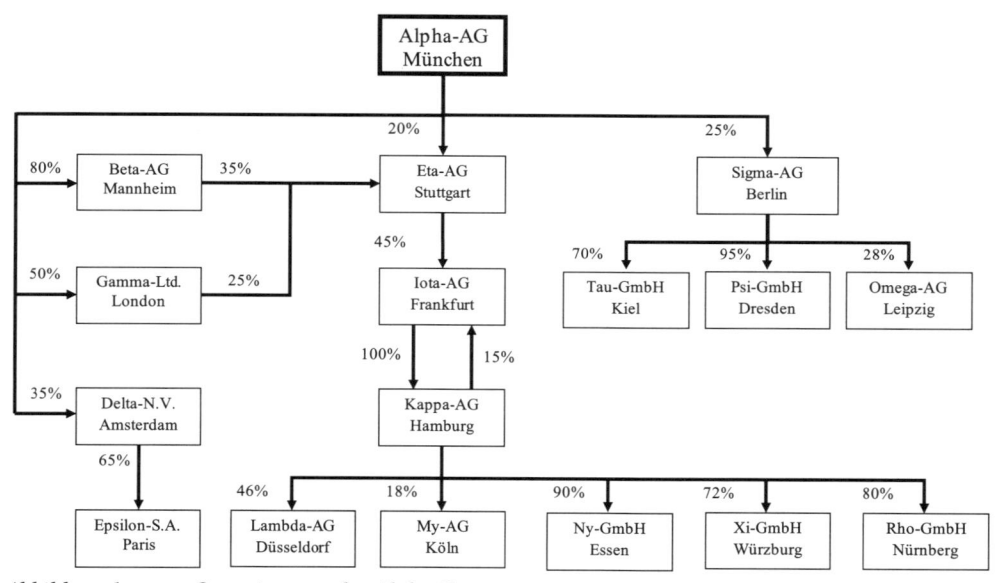

Abbildung 1: Organigramm des Alpha-Konzerns

Zu den einzelnen Unternehmen sind folgende Zusatzinformationen zu beachten:

- Die Prozentsätze im Organigramm beziehen sich jeweils sowohl auf den Kapital- als auch auf den Stimmrechtsanteil.
- An der Gamma-Ltd., London, ist neben der Alpha-AG nur noch die Happy-Ltd., Dublin, ein konzernfremdes Unternehmen, beteiligt. Die beiden Gesellschafterunternehmen teilen sich die Geschäftsführung der Gamma-Ltd. Dies wurde in einer vertraglichen Vereinbarung festgeschrieben.
- Die Iota-AG, Frankfurt, verfügt über eigene Anteile in Höhe von 10% ihres Grundkapitals.

- Aufgrund ihrer Beteiligung in Höhe von 46% hatte die Kappa-AG, Hamburg, in den letzten Jahren regelmäßig die Präsenzmehrheit bei der Hauptversammlung der Lambda-AG, Düsseldorf, inne. Sie hat in der Vergangenheit diese Präsenzmehrheit jedoch nicht ausgeübt und beabsichtigt auch in Zukunft nicht, dies zu tun.
- Die Kappa-AG übt tatsächlich einen maßgeblichen Einfluss auf die My-AG, Köln, aus.
- Die Beteiligung an der Ny-GmbH, Essen, wurde erst vor drei Monaten erworben mit der Maßgabe, dass die Anteile spätestens in zwei Monaten wieder veräußert werden sollen.
- Die Geschäftsführer der Xi-GmbH, Würzburg, haben wegen drohender Zahlungsunfähigkeit beim Amtsgericht Würzburg die Eröffnung des Insolvenzverfahrens beantragt. Das Verfahren wurde am 15.10.2008 eröffnet.
- Bei der Rho-GmbH, Nürnberg, handelt es sich um eine rechtlich selbstständige Unterstützungskasse. Bei ihrer Einbeziehung in den Konzernabschluss würde die Vermögenslage des Alpha-Konzerns erheblich günstiger dargestellt als bei einem Verzicht auf die Einbeziehung.
- Zwischen der Alpha-AG, München, und der Sigma-AG, Berlin, wurde vor einigen Jahren ein Beherrschungsvertrag abgeschlossen.
- Bei der Tau-GmbH, Kiel, können die für eine Konsolidierung benötigten Daten, nachdem das EDV-System der Gesellschaft aufgrund eines Computervirus zusammengebrochen ist, für das Geschäftsjahr 2008 nur mit unverhältnismäßig hohen Kosten beschafft werden.
- Die Psi-GmbH, Dresden, ist eine kleine Vertriebsgesellschaft, welche die Marketing-Aktivitäten des Alpha-Konzerns koordiniert. Für die Vermittlung eines den tatsächlichen Verhältnissen entsprechenden Bilds der Vermögens-, Finanz- und Ertragslage des Alpha-Konzerns ist sie – zusammen mit der Omega-AG, Leipzig – von untergeordneter Bedeutung.
- Eine Inanspruchnahme der Befreiungsmöglichkeiten des IAS 27.10 durch die Alpha-AG kommt nicht in Frage.

Zur Lösung der Fallstudie ist zunächst für jede Gesellschaft des Alpha-Konzerns der Unternehmenstyp festzustellen. Daran anknüpfend können die möglichen Einbeziehungsarten in den Konzernabschluss abgeleitet werden. Fassen Sie Ihre Ergebnisse für Herrn Ben Reinstädtler überblicksartig zusammen.

Aufgabe 3

Herr Ben Reinstädtler ist bei einer über den in Aufgabe 2 dargestellten Konsolidierungskreis hinausgehenden Geschäftsbeziehung der Alpha-AG unsicher, ob diese die Definition einer Zweckgesellschaft erfüllt und in den Konzernabschluss der Alpha-AG einbezogen werden muss. Fassen Sie die grundlegenden Regelungen des SIC 12 für Herrn Ben Reinstädtler zusammen und beurteilen Sie vor diesem Hintergrund die folgende Fallkonstellation:

Die Alpha-AG errichtet über die eigens und ausschließlich zu diesem Zweck gegründete Leasinggesellschaft Leasing-GmbH, an der ein externer Financier 98% der Anteile hält, eine Produktionsmaschine, die an die Alpha-AG verleast wird. Der Leasingvertrag wird so gestaltet, dass ein Finanzierungsleasing nach IAS 17 vermieden wird: Die Maschine wird ausschließlich von der Leasing-GmbH bilanziert, eine Zurechnung bei der Alpha-AG wird vermieden. Im Leasingvertrag ist die Zahlung einer üblichen Leasingrate durch die Alpha-AG vereinbart, darüber hinaus ist diese keine Verpflichtungen eingegangen. Es existieren keine weiteren rechtlichen Grundlagen, die der Alpha-AG über die im Leasingvertrag getroffenen Vereinbarungen hinausgehende Rechte oder Pflichten einräumen.

Lösung 1

Konsolidierungskreis im engeren Sinn

Der Konsolidierungskreis im engeren Sinn umfasst das Mutterunternehmen sowie alle vollzukonsolidierenden Tochterunternehmen. Die Pflicht zur Aufstellung eines Konzernabschlusses knüpft nach IAS 27.9 an das *Vorliegen eines Mutter-Tochter-Verhältnisses* an.

Die *IFRS* kennen ausschließlich das Control-Konzept zur Bestimmung eines Mutter-Tochter-Verhältnisses. Das *Mutterunternehmen* ist gemäß IAS 27.4 ein Unternehmen, das ein anderes Unternehmen (*Tochterunternehmen*) direkt oder indirekt beherrscht. Beide Begriffe werden nicht durch Vorgaben hinsichtlich der Rechtsform oder des Sitzes der Gesellschaft eingeschränkt: Gemäß dem Weltabschlussprinzip sind neben dem Mutterunternehmen alle Tochterunternehmen unabhängig von ihrer Rechtsform und unabhängig vom jeweiligen Sitzland in den Konzernabschluss einzubeziehen. Auch für das Mutterunternehmen bestehen keine Restriktionen hinsichtlich der Rechtsform oder dem Sitz der Gesellschaft.

IAS 27 beinhaltet eine abstrakte Definition für die Beherrschung (Control). *Beherrschung* ist gemäß IAS 27.4 „die Möglichkeit, die Finanz- und Geschäftspolitik eines Unternehmens zu bestimmen, um aus dessen Tätigkeit Nutzen zu ziehen." IAS 27 verlangt somit keine tatsächliche Einflussnahme durch das Mutterunternehmen. Der abstrakte Begriff der Beherrschung wird in IAS 27.13 durch mehrere Tatbestände konkretisiert:

- Eine Beherrschung wird gemäß IAS 27.13 Satz 1 angenommen, wenn das Mutterunternehmen direkt oder indirekt über *mehr als die Hälfte der Stimmrechte* am Tochterunternehmen verfügt, es sei denn, das Unternehmen kann – bei außergewöhnlichen Umständen – begründen, dass trotz des Mehrheitsbesitzes keine Beherrschung vorliegt. Es handelt sich somit bei dem Kriterium der Stimmrechtsmehrheit um eine widerlegbare Vermutung. Mögliche Gründe hierfür sind bspw. die in IAS 27.21 genannten Tatbestände.
- Eine Beherrschung liegt nach IAS 27.13 Satz 2 außerdem vor, wenn ein Unternehmen trotz fehlender Stimmrechtsmehrheit die Möglichkeit besitzt,
    - über die Mehrheit der Stimmrechte kraft einer mit anderen Anteilseignern abgeschlossenen Vereinbarung zu verfügen,

3.1 Konsolidierungskreis

- die Finanz- und Geschäftspolitik eines Unternehmens gemäß einer Satzung oder Vereinbarung zu bestimmen,
- die Mehrheit der Mitglieder des Geschäftsführungs- und/oder Aufsichtsorgans zu ernennen oder abzusetzen oder
- die Mehrheit der Stimmen bei Sitzungen des Geschäftsführungs- und/oder Aufsichtsorgans oder eines gleichwertigen Leitungsgremiums auszuüben.

Auch wenn keiner der in IAS 27.13 genannten Tatbestände zutrifft, kann aufgrund der allgemeinen Control-Definition in IAS 27.4 ein Mutter-Tochter-Verhältnis durch eine Möglichkeit zur Beherrschung begründet werden. Dementsprechend ist auch dann zu prüfen, ob die tatsächliche Möglichkeit zur Beherrschung (*faktisches Control*) dennoch besteht. Für so genannte Special Purpose Entities gelten gemäß SIC 12 Sonderregelungen (siehe dazu Aufgabe 3).

Nach IAS 27.13 Satz 1 sind dem Mutterunternehmen auch Stimmrechte zuzurechnen, über die es durch seine Tochterunternehmen verfügen kann. Auch wenn keine expliziten Regelungen zu einem Abzug von Stimmrechten bestehen, spricht IAS 27.21 für eine analoge Vorgehensweise zum HGB, d. h. den Abzug von Stimmrechten, die bei wirtschaftlicher Betrachtung nicht dem Mutterunternehmen (oder einem seiner Tochterunternehmen) zuzurechnen sind.

> Nach IFRS setzt die Pflicht zur Aufstellung eines Konzernabschlusses das – rechtsform- und sitzstaatunabhängige – Vorliegen eines Mutter-Tochter-Verhältnisses voraus, das anhand der Möglichkeit der direkten oder indirekten Beherrschung beurteilt wird.

IAS 27 beinhaltet in der geltenden Fassung keine Einbeziehungsverbote für Tochterunternehmen in den Konzernabschluss. Mit IFRS 5 wurde das frühere Konsolidierungsverbot für mit Weiterveräußerungsabsicht erworbene Tochterunternehmen aufgehoben. Diese sind somit nunmehr ebenfalls vollzukonsolidieren. Die Vermögenswerte und Schulden des betreffenden Unternehmens sind allerdings separiert und aggregiert im Konzernabschluss auszuweisen und gesondert nach den Vorgaben des IFRS 5 zu bewerten. Für Unternehmen, die unter langfristigen Beschränkungen mit einer nachhaltigen Beeinträchtigung des Finanzmitteltransfers zum Mutterunternehmen tätig sind, besteht ebenfalls kein explizites Konsolidierungsverbot. Sie erfüllen jedoch gegebenenfalls nicht die Voraussetzung der Beherrschung durch das Mutterunternehmen und sind somit nicht als Tochterunternehmen anzusehen. Nach IAS 27.BC15 sind solche Beschränkungen bei der Beurteilung eines Mutter-Tochter-Verhältnisses zu berücksichtigen.

Explizite Wahlrechte hinsichtlich einer Nichteinbeziehung von Tochterunternehmen bestehen nach IFRS ebenfalls nicht. Ein faktisches Einbeziehungswahlrecht ist jedoch aus dem Wesentlichkeits- und dem Wirtschaftlichkeitsgrundsatz ableitbar. Demnach kann auf die Einbeziehung von Tochterunternehmen, die für die Vermittlung eines den tatsächlichen Verhältnissen entsprechenden Bilds der Vermögens-, Finanz- und Ertragslage von untergeordneter Bedeutung sind, verzichtet werden.

> Nach IFRS existieren keine expliziten Einbeziehungsverbote oder -wahlrechte für Tochterunternehmen.

Wird ein Tochterunternehmen aufgrund mangelnder Wesentlichkeit nicht vollkonsolidiert, sind die Anteile an diesem Unternehmen im Konzernabschluss nach IAS 39 zu bewerten. Eine Anwendung der Equity-Methode auf nicht vollkonsolidierte Tochterunternehmen ist nicht vorgesehen. Alle übrigen Tochterunternehmen sind mittels der Vollkonsolidierung in den Konzernabschluss einzubeziehen.

Konsolidierungskreis im weiteren Sinn

Im Konsolidierungskreis im weiteren Sinn wird der Konsolidierungskreis im engeren Sinn um die Unternehmen ergänzt, die quotal oder nach der Equity-Methode in den Konzernabschluss einzubeziehen sind. Dabei handelt es sich um Gemeinschaftsunternehmen und assoziierte Unternehmen, für die kein Einbeziehungsverbot besteht.

Sofern ein in den Konzernabschluss einbezogenes Mutter- oder Tochterunternehmen ein anderes Unternehmen gemeinsam mit einer konzernfremden Gesellschaft führt – sich also mit der konzernfremden Gesellschaft die Beherrschung teilt –, handelt es sich hierbei um ein *Gemeinschaftsunternehmen* (Joint Venture). Nach IAS 31 genügt es grundsätzlich, wenn die Möglichkeit zur geteilten Beherrschung (Joint Control) besteht, eine tatsächliche Ausübung dieser Beherrschung ist nicht erforderlich. Diese Möglichkeit der Beherrschung muss nach den Vorgaben des IAS 31 jedoch vertraglich abgesichert sein.

Analog zu den Tochterunternehmen bestehen keine Restriktionen bezüglich Rechtsform oder Sitzland des Gemeinschaftsunternehmens.

Nach IAS 31 besteht ein Wahlrecht, Gemeinschaftsunternehmen quotal in den Konzernabschluss einzubeziehen oder in Anwendung der Regelungen des IAS 28 nach der Equity-Methode zu bewerten. IAS 31 formuliert jedoch für bestimmte Fälle ein explizites Anwendungsverbot für die Quotenkonsolidierung. Dies betrifft bspw. Anteile, die zur Veräußerung gehalten werden und nach den Regelungen von IFRS 5 zu bilanzieren und zu bewerten sind. Eine konzernuntypische Tätigkeit des Gemeinschaftsunternehmens begründet jedoch – analog zu den Vorschriften für Tochterunternehmen – kein Quotenkonsolidierungsverbot.

Anteile an Gemeinschaftsunternehmen, die weder mittels der Quotenkonsolidierung noch der Equity-Methode in den Konzernabschluss einbezogen werden, sind nach IAS 39 zu bewerten.

> Nach IFRS dürfen Gemeinschaftsunternehmen – wenn kein Quotenkonsolidierungsverbot besteht – quotal in den Konzernabschluss einbezogen oder nach der Equity-Methode gemäß IAS 28 bewertet werden.

3.1 Konsolidierungskreis

Assoziierte Unternehmen sind durch einen maßgeblichen Einfluss des Mutterunternehmens gekennzeichnet. Assoziierte Unternehmen unterliegen ebenso wenig wie Tochterunternehmen und Gemeinschaftsunternehmen Beschränkungen hinsichtlich ihres Sitzstaats oder ihrer Rechtsform.

IAS 28.2 definiert ein assoziiertes Unternehmen als Unternehmen, auf welches der Anteilseigner einen maßgeblichen Einfluss ausüben kann, wobei der maßgebliche Einfluss die Möglichkeit ist, an der Finanz- und Geschäftspolitik des Beteiligungsunternehmens mitzuwirken, ohne diese Entscheidungsprozesse zu beherrschen. Tochterunternehmen und Gemeinschaftsunternehmen stellen nach IAS 28.2 explizit keine assoziierten Unternehmen dar. IAS 28.6 vermutet *widerlegbar* einen maßgeblichen Einfluss ab einem direkten oder indirekten Besitz von 20% der Stimmrechte. IAS 28.7 enthält darüber hinaus weitere Indikatoren, die für einen maßgeblichen Einfluss sprechen. Dazu gehören:

- Zugehörigkeit zum Geschäftsführungs- und/oder Aufsichtsorgan oder einem gleichartigen Gremium,
- Mitwirkung an der Geschäftspolitik des assoziierten Unternehmens,
- wesentliche Geschäftsvorfälle zwischen dem Anteilseigner und dem assoziierten Unternehmen,
- Austausch von Führungspersonal oder
- Bereitstellung von bedeutenden technischen Informationen.

Assoziierte Unternehmen sind auch nach IFRS grundsätzlich nach der Equity-Methode in den Konzernabschluss einzubeziehen, sofern kein Verbot die Anwendung der Equity-Methode untersagt. Ein Anwendungsverbot für die Equity-Methode besteht u.a. dann, wenn die Anteile an dem assoziierten Unternehmen als zur Veräußerung gehalten zu klassifizieren sind. In diesem Fall erfolgt die Bilanzierung und Bewertung dieser Anteile nach den Regeln des IFRS 5.

Ein explizites Anwendungswahlrecht für die Equity-Methode bei assoziierten Unternehmen besteht nicht. Ist eine Einbeziehung nach der Equity-Methode für eine den tatsächlichen Verhältnissen entsprechende Abbildung der Vermögens-, Finanz- und Ertragslage des Konzerns von untergeordneter Bedeutung, so kann jedoch unter Rückgriff auf den Wesentlichkeitsgrundsatz auf die Anwendung der Equity-Methode für das betreffende assoziierte Unternehmen verzichtet werden. In diesem Fall sind die Anteile an dem assoziierten Unternehmen nach IAS 39 im Konzernabschluss zu bewerten.

> Assoziierte Unternehmen, die durch einen maßgeblichen Einfluss gekennzeichnet sind, werden nach IFRS grundsätzlich nach der Equity-Methode in den Konzernabschluss einbezogen.

Angabepflichten in Abhängigkeit der Art des Unternehmens

Die IFRS beinhalten verschiedene Angabepflichten zu Tochterunternehmen, Gemeinschaftsunternehmen und assoziierten Unternehmen. Bei der Neuaufnahme eines Tochterunternehmens in den Konsolidierungskreis sind Angaben zu Namen und Beschreibung des Geschäftsbetriebs, Erstkonsolidierungszeitpunkt und erworbenen Stimmrechten an diesem Unternehmen zu machen. Innerhalb des bestehenden Konsolidierungskreises sind nach IAS 27 nur dann Angaben im Konzernabschluss erforderlich, wenn eine Abweichung von dem angenommenen Normalfall, dass das Mutter-Tochter-Verhältnis auf einer Stimmrechtsmehrheit beruht, besteht. Konkret ist zu erläutern, wenn trotz einer Stimmrechtsmehrheit keine Beherrschungsmöglichkeit besteht oder wenn im umgekehrten Fall ein Tochterunternehmen vorliegt, ohne dass das Mutterunternehmen an dieser Gesellschaft eine Stimmrechtsmehrheit besitzt. Sofern ein Tochterunternehmen aus dem Konsolidierungskreis ausscheidet, geht dies nicht mit gesonderten Berichtspflichten im Anhang einher.

Bei Gemeinschaftsunternehmen ist nach IAS 31.57 im Anhang anzugeben, nach welcher Methode sie in den Konzernabschluss einbezogen wurden, wobei auch eine zusammenfassende Angabe für alle Gemeinschaftsunternehmen insgesamt ausreichend ist. Sofern ein Gemeinschaftsunternehmen nicht mehr der gemeinschaftlichen Führung durch das Mutterunternehmen unterliegt, löst dieser Tatbestand keine expliziten Berichtspflichten aus.

Ebenso ist der Verlust eines maßgeblichen Einflusses auf ein assoziiertes Unternehmen nicht mit besonderen Berichtspflichten im Anhang verbunden. Für Beteiligungen an assoziierten Unternehmen müssen – sofern öffentlich notierte Marktpreise existieren – nach IAS 28.37 die beizulegenden Zeitwerte angegeben werden. Außerdem sind Angaben zu zusammenfassenden Finanzinformationen auf aggregierter Ebene der assoziierten Unternehmen zu machen. Weitere Berichtspflichten nach IAS 28.37 bestehen dann, wenn die Vermutung des maßgeblichen Einflusses bei einer Stimmrechtsquote von mindestens 20% widerlegt wird oder wenn im umgekehrten Fall ein assoziiertes Unternehmen vorliegt, obwohl der Stimmrechtsanteil des Mutterunternehmens weniger als 20% beträgt.

> Mit Tochterunternehmen, Gemeinschaftsunternehmen und assoziierten Unternehmen sind jeweils unterschiedliche Berichtspflichten verbunden.

Lösung 2

Alpha-AG (München)

Die Alpha-AG (München) ist eine Kapitalgesellschaft mit Sitz in Deutschland und hält Mehrheitsbeteiligungen an anderen Gesellschaften, z. B. an der Beta-AG. Nach IAS 27 ist die Rechtsform der Alpha-AG unerheblich für die Konzernrechnungslegungspflicht. Die Alpha-AG ist Mutterunternehmen, sofern sie über mindestens ein Unternehmen die Beherrschung ausübt. Das Bestehen einer Mehrheitsbeteiligung ist dabei lediglich ein Indikator für das Vorliegen eines Beherrschungsverhältnisses. Nur wenn über mindestens ein Tochterunternehmen ein beherrschender Einfluss ausgeübt wird, ist die Alpha-AG Mutterunternehmen. Da die Möglichkeit zur Befreiung von der Aufstellungspflicht nach IAS 27.10 gemäß den Prämissen nicht vorliegt, besteht die Pflicht zur Aufstellung eines Konzernabschlusses, wenn mindestens ein Tochterunternehmen einbeziehungspflichtig ist.

Beta-AG (Mannheim)

Die Alpha-AG verfügt bei der Beta-AG mit 80% über eine Stimmrechtsmehrheit. Nach IAS 27.13 besteht die Vermutung, dass aufgrund der Mehrheitsbeteiligung eine Mutter-Tochter-Beziehung vorliegt. Da keine Gründe existieren, die gegen ein Beherrschungsverhältnis nach IAS 27.4 sprechen, ist die Beta-AG Tochterunternehmen der Alpha-AG und vollzukonsolidieren.

Bei der Alpha-AG handelt es sich somit um ein Mutterunternehmen mit (mindestens) einem konsolidierungspflichtigen Tochterunternehmen. Daher besteht die Pflicht zur Aufstellung eines Konzernabschlusses.

Gamma-Ltd. (London)

Bei der Gamma-Ltd. (London) teilt sich die Alpha-AG die Leitung des Unternehmens mit einer konzernfremden Gesellschaft, der Happy-Ltd, Dublin. Für die Gamma-Ltd. liegen keine Gründe vor, die zu einer Vermutung der Beherrschung durch die Alpha-AG nach IAS 27.13 führen würden. Dennoch ist zu prüfen, ob eine tatsächliche Beherrschung (faktisches Control) vorliegt. Dies ist nicht der Fall, weil gemäß IAS 27.4 hierfür die ungeteilte Möglichkeit zur Bestimmung der Finanz- und Geschäftspolitik Voraussetzung ist. Es liegt somit kein Mutter-Tochter-Verhältnis nach IAS 27 vor.

Da gemäß den Prämissen ein Vertrag besteht, der die gemeinsame Führung der Alpha-AG und der Happy-Ltd. absichert, handelt es sich nach IFRS aufgrund der Voraussetzungen des IAS 31 um ein Gemeinschaftsunternehmen. Bestünde der Vertrag nicht, wäre das Unternehmen trotz geteilter Beherrschung als assoziiertes Unternehmen gemäß IAS 28 zu behandeln. Da keine Hinweise auf ein Quotenkonsolidierungsverbot vorliegen, kann die Gamma-Ltd. quotal in den Konzernabschluss einbezogen werden. Alternativ können die Anteile nach der Equity-Methode bewertet werden.

Delta-N.V. (Amsterdam)

An der Delta-N.V. (Amsterdam) hält die Alpha-AG eine direkte Beteiligung von 35%. Analog zur Gamma-Ltd. besteht auch bei der Delta-N.V. kein Mutter-Tochter-Verhältnis. Darüber hinaus fehlt die gemeinschaftliche Führung zusammen mit einem konzernfremden Unternehmen, so dass eine Einbeziehung als Gemeinschaftsunternehmen entfällt.

Aufgrund der direkten Beteiligung von über 20% der Stimmrechte wird nach IAS 28.6 ein maßgeblicher Einfluss der Alpha-AG widerlegbar vermutet. Laut Sachverhalt bestehen keine Gründe, die gegen einen maßgeblichen Einfluss sprechen. Daher handelt es sich bei der Delta-N.V. um ein assoziiertes Unternehmen. Da keine Hinweise für ein Anwendungsverbot oder -wahlrecht bekannt sind, ist die Delta-N.V. im Konzernabschluss der Alpha-AG nach der Equity-Methode zu bewerten.

Epsilon-S.A. (Paris)

Die Delta-N.V. hält eine Mehrheitsbeteiligung an der Epsilon-S.A. (Paris). Gemäß IAS 28.24 ist zur Equity-Bewertung der letzte verfügbare Abschluss des assoziierten Unternehmens heranzuziehen – also auch ein Konzernabschluss, sofern dieser erstellt wird. Stellt die Delta-N.V. einen (Konzern-) Abschluss auf, so ist dieser folglich der Equity-Bewertung der Delta-N.V. im Konzernabschluss der Alpha-AG zugrunde zu legen. Eine unmittelbare Berücksichtigung der Epsilon-AG im Konzernabschluss der Alpha-AG erfolgt nicht.

Eta-AG (Stuttgart)

An der Eta-AG (Stuttgart) hält die Alpha-AG direkt 20% der Stimmrechte. Darüber hinaus hält die Beta-AG, die selbst Tochterunternehmen der Alpha-AG ist, weitere 35% der Stimmrechte der Eta-AG. Diese sind der Alpha-AG nach IAS 27.13 zuzurechnen. Die Alpha-AG kann somit über 55% der Stimmrechte verfügen. Es ist dabei unerheblich, dass der auf die Alpha-AG entfallende Kapitalanteil nur bei 48% liegt (80% x 35% + 20%). Die Anteile, die die Gamma-Ltd. an der Eta-AG hält, sind hingegen nicht zu berücksichtigen, da es sich bei der Gamma-Ltd. nicht um ein Tochterunternehmen handelt. Analog zur Beta-AG ist die Eta-AG ein vollkonsolidierungspflichtiges Tochterunternehmen der Alpha-AG.

Iota-AG (Frankfurt)

An der Iota-AG (Frankfurt) hält die Alpha-AG über ihre Beteiligung an der Eta-AG 45% der Stimmrechte. Die Iota-AG selbst hält 10% der eigenen Aktien. Weitere 15% der Anteile werden von der Kappa-AG gehalten, an der die Iota-AG wiederum zu 100% beteiligt ist. Zur Bestimmung einer Mehrheitsbeteiligung nach IAS 27.13 sind von der Gesamtzahl der Stimmrechte die Stimmrechte abzuziehen, die der Beteiligungsgesellschaft selbst gehören, die einem Tochterunternehmen der Beteiligungsgesellschaft gehören oder die ein fremder Dritter für Rechnung der Beteiligungsgesellschaft hält.

Analog zur Beta-AG besteht aufgrund der Stimmrechtsmehrheit die Vermutung eines Mutter-Tochter-Verhältnisses nach IAS 27.13, die laut Sachverhalt nicht widerlegt wird. Die eigenen Aktien (10%) sowie die Aktien im Besitz der Kappa-AG (15%) sind von der Gesamtanzahl (100%) abzusetzen. Die Alpha-AG hält indirekt 60% der relevanten Stimmrechte an der Iota-AG (45% von 75%). Analog zur Beta-AG ist die Iota-AG ein vollkonsolidierungspflichtiges Tochterunternehmen der Alpha-AG.

Kappa-AG (Hamburg)

Die Alpha-AG hält über die Iota-AG 100% der Anteile der Kappa-AG (Hamburg). Diese ist analog zur Beta-AG ein vollkonsolidierungspflichtiges Tochterunternehmen der Alpha-AG, da keine Hinweise vorliegen, die der Beherrschungsmöglichkeit entgegenstehen.

Lambda-AG (Düsseldorf)

Nach IFRS liegen für die Lambda-AG (Düsseldorf) keine Gründe vor, die zu einer Vermutung der Beherrschung durch die Alpha-AG nach IAS 27.13 führen. Aufgrund der Präsenzmehrheit besteht allerdings die Möglichkeit zur faktischen Beherrschung nach IAS 27.4. Dass diese bisher nicht genutzt wurde und auch in absehbarer Zukunft nicht genutzt werden soll, ist unerheblich. Bei der Lambda-AG handelt es sich um ein vollkonsolidierungspflichtiges Tochterunternehmen der Alpha-AG.

My-AG (Köln)

Analog zur Delta-N.V. handelt es sich bei der My-AG (Köln) weder um ein Tochter- noch um ein Gemeinschaftsunternehmen. Da die Kappa-AG nur 18% der Stimmrechte hält, wird vermutet, dass kein maßgeblicher Einfluss vorliegt. Diese Vermutung wird dadurch widerlegt, dass auf die My-AG tatsächlich ein maßgeblicher Einfluss durch die Kappa-AG ausgeübt wird. Es handelt sich daher um ein assoziiertes Unternehmen, das in Ermangelung von Gründen für ein Einbeziehungsverbot oder -wahlrecht nach der Equity-Methode in den Konzernabschluss der Alpha-AG einzubeziehen ist.

Ny-GmbH (Essen)

Bei der Ny-GmbH (Essen) handelt es sich analog zur Beta-AG um ein Tochterunternehmen der Alpha-AG. Da die Ny-GmbH die Kriterien eines Tochterunternehmens erfüllt, ist sie grundsätzlich vollzukonsolidieren. Aufgrund der Tatsache, dass die Beteiligung erst vor drei Monaten mit der Maßgabe erworben wurde, dass die Anteile spätestens in zwei Monaten wieder veräußert werden sollen, richtet sich die Bilanzierung und Bewertung der Vermögenswerte und Schulden des vollzukonsolidierenden Tochterunternehmens jedoch nach den Vorschriften des IFRS 5.

Xi-GmbH (Würzburg)

Die Alpha-AG hält an der Xi-GmbH (Würzburg) indirekt eine Mehrheitsbeteiligung. Nach IAS 27.13 besteht aufgrund dieser Mehrheitsbeteiligung die Vermutung, dass es sich bei der Xi-GmbH um ein Tochterunternehmen handelt. Es stellt sich die Frage, ob das eröffnete Insolvenzverfahren Grund genug ist, einen beherrschenden Einfluss abzulehnen. Da das Mutterunternehmen nicht mehr in der Lage ist, die Finanz- und Geschäftspolitik des Tochterunternehmens zu bestimmen, liegt kein Mutter-Tochter-Verhältnis vor. Die Xi-GmbH ist im Konzernabschluss verpflichtend nach IAS 39 zu bewerten.

Rho-GmbH (Nürnberg)

Bei der Rho-GmbH (Nürnberg) handelt es sich ebenfalls analog zur Beta-AG um ein Tochterunternehmen, da keine Hinweise vorliegen, die der Beherrschungsmöglichkeit entgegenstehen. Nach IAS 27.20 besteht trotz abweichender Geschäftstätigkeit explizit die Pflicht zur Vollkonsolidierung.

Sigma-AG (Berlin)

Die Alpha-AG hält an der Sigma-AG (Berlin) eine direkte Beteiligung von 25% der Anteile. Darüber hinaus hat die Alpha-AG mit der Sigma-AG einen Beherrschungsvertrag abgeschlossen. Nach IAS 27.13 liegt eine Mutter-Tochter-Beziehung vor, wenn trotz fehlender Stimmrechtsmehrheit die Möglichkeit besteht, die Finanz- und Geschäftspolitik eines Unternehmens gemäß einer Satzung oder einem Vertrag zu beeinflussen. Dies ist durch einen Beherrschungsvertrag gegeben. Es liegen keine Gründe vor, die gegen die Beherrschung sprechen. Die Sigma-AG ist daher vollzukonsolidieren.

Tau-GmbH (Kiel)

Bei der Tau-GmbH (Kiel) handelt es sich analog zur Beta-AG um ein Tochterunternehmen. Da die zur Konzernabschlusserstellung benötigten Daten nur unter unverhältnismäßig hohen Kosten beschafft werden können, besteht ein aus dem Wirtschaftlichkeitsgrundsatz abgeleitetes Wahlrecht, unter gleichzeitiger Beachtung der Wesentlichkeit auf die Einbeziehung zu verzichten. Die Anteile sind im Konzernabschluss nach IAS 39 zu bewerten.

Psi-GmbH (Dresden)

Auch die Psi-GmbH ist ein Tochterunternehmen der Alpha-AG analog zur Beta-AG. Auf ihre Einbeziehung kann nach IFRS unter Berücksichtigung des Wesentlichkeitsgrundsatzes verzichtet werden, da sie zusammen mit der Omega-AG von untergeordneter Bedeutung ist. Die Anteile an der Psi-GmbH sind gemäß IAS 39 im Konzernabschluss zu bewerten.

Omega-AG (Leipzig)

Die Omega-AG (Leipzig) ist ein assoziiertes Unternehmen analog zur Delta-N.V. Für assoziierte Unternehmen besteht nach IFRS implizit ein Wahlrecht zum Verzicht auf die Equity-Bewertung bei Unwesentlichkeit. Bei Inanspruchnahme dieses Wahlrechts sind die Anteile an der Omega-AG gemäß IAS 39 im Konzernabschluss zu bewerten.

Die folgende Tabelle fasst die Ergebnisse für die einzelnen Unternehmen zusammen:

3.1 Konsolidierungskreis

Unternehmen	Unternehmenstyp	Einbeziehungsmethode nach IFRS
Alpha-AG	Mutterunternehmen	Vollkonsolidierung
Beta-AG	Tochterunternehmen	Vollkonsolidierung
Gamma-Ltd.	Gemeinschaftsunternehmen	Quotenkonsolidierung oder Equity-Methode
Delta-N.V.	Assoziiertes Unternehmen	Equity-Methode
Epsilon-S.A.	(ggf.) Abbildung in Konzernabschluss der Delta-N.V.	
Eta-AG	Tochterunternehmen	Vollkonsolidierung
Iota-AG	Tochterunternehmen	Vollkonsolidierung
Kappa-AG	Tochterunternehmen	Vollkonsolidierung
Lambda-AG	Tochterunternehmen	Vollkonsolidierung
My-AG	Assoziiertes Unternehmen	Equity-Methode
Ny-GmbH	Tochterunternehmen	Vollkonsolidierung, aber Anwendung von IFRS 5
Xi-GmbH	Kein Tochterunternehmen	Bewertung nach IAS 39
Rho-GmbH	Tochterunternehmen	Vollkonsolidierung
Sigma-AG	Tochterunternehmen	Vollkonsolidierung
Tau-GmbH	Tochterunternehmen	Vollkonsolidierung (faktisches Wahlrecht) oder Bewertung nach IAS 39
Psi-GmbH	Tochterunternehmen	Vollkonsolidierung (faktisches Wahlrecht) oder Bewertung nach IAS 39
Omega-AG	Assoziiertes Unternehmen	Equity-Methode (faktisches Wahlrecht) oder Bewertung nach IAS 39

Abbildung 2:   Synopse zur Lösung der Fallstudie

Lösung 3

Durch die Regelungen des SIC 12 erfährt der Bereich der Objekt- oder Zweckgesellschaften (*Special Purpose Entities*) im IFRS-Konzernrecht eine besondere Regelung. Entscheidend für die Vollkonsolidierung dieser Gesellschaften ist die wirtschaftliche Betrachtungsweise der Unternehmensbeziehung. Ein Unternehmen hat die Kontrolle über ein anderes Unternehmen, sofern es die Möglichkeit hat, dessen Finanz- und Geschäftspolitik zu bestimmen. Während die Kontrolle in der Regel den Besitz einer Stimmrechtsmehrheit beinhaltet bzw. auf diese zurückzuführen ist, spiegelt dies bei einer Zweckgesellschaft gerade nicht die wirtschaftlichen Verhältnisse wider: Diese Gesellschaften sind meist dadurch gekennzeichnet, dass die Stimmrechtsmehrheit bei einem (konzernexternen) Investor und nicht beim ‚Mutterunternehmen' als Initiator der Zweckgesellschaft liegt, obwohl dieses die wesentlichen Chancen und Risiken aus der Special Purpose Entity trägt. Für die Frage nach dem Vorliegen einer Beherrschung (Control) stellt SIC 12.8 explizit klar, dass das Kriterium ‚Substance over Form' zu beachten ist, also neben der rechtlichen Wertung eine wirtschaftliche Beurteilung erfolgen muss.

Zur Konkretisierung dieser wirtschaftlichen Beurteilung beinhaltet SIC 12 ergänzend zu den Bestimmungen des IAS 27 vier Indikatoren, die dafür sprechen, dass der Initiator die Zweckgesellschaft kontrolliert:

- Die Geschäftstätigkeit der Special Purpose Entity wird bei wirtschaftlicher Betrachtung zugunsten des Initiators nach dessen besonderen Geschäftsbedürfnissen geführt, so dass dieser Nutzen aus der Geschäftstätigkeit der Zweckgesellschaft zieht.
- Der Initiator verfügt bei wirtschaftlicher Betrachtung über die Entscheidungsmacht, den überwiegenden Nutzen aus der Geschäftstätigkeit der Zweckgesellschaft zu ziehen, oder er hat die Entscheidungsmacht durch die Einrichtung eines ‚Autopilot-Mechanismus' delegiert. Beim Autopilot-Mechanismus wird regelmäßig in der Satzung oder im Gesellschaftsvertrag der Special Purpose Entity festgelegt, dass die Geschäftspolitik, auf der die laufende Tätigkeit der Zweckgesellschaft beruht, grundsätzlich nicht geändert werden darf.
- Der Initiator verfügt bei wirtschaftlicher Betrachtung über das Recht, den überwiegenden Nutzen aus der Zweckgesellschaft zu ziehen, und ist deswegen möglicherweise Risiken ausgesetzt, die mit der Geschäftstätigkeit der Special Purpose Entity zusammenhängen.
- Der Initiator behält bei wirtschaftlicher Betrachtung die Mehrheit der mit der Special Purpose Entity verbundenen Residual- oder Eigentumsrisiken oder Vermögenswerte, um Nutzen aus der Geschäftstätigkeit der Zweckgesellschaft zu ziehen.

Jeder dieser vier Indikatoren kann unabhängig von den anderen bereits das Vorliegen einer wirtschaftlichen Beherrschung anzeigen. Es ist jedoch in jedem Fall notwendig, die Gesamtkonstellation der wirtschaftlichen Verhältnisse zu betrachten. Nur so kann beurteilt werden, ob die Zweckgesellschaft der Kontrolle durch den Initiator unterliegt. Ist dies der Fall, muss der Initiator die Zweckgesellschaft konsolidieren. Auf Grundlage der Regelungen von SIC 12 ist dies regelmäßig insbesondere bei Leasing-Objektgesellschaften, Asset-Backed-Securities-Transaktionen und Spezialfonds der Fall.

Die Leasing-GmbH stellt aus Sicht der Alpha-AG keine konsolidierungspflichtige Zweckgesellschaft gemäß SIC 12 dar. Das eigentümerspezifische Verwertungsrisiko bezüglich der Produktionsmaschine trägt weiterhin die Leasing-GmbH als Eigentümer. Fällt bspw. die Alpha-AG als Mieter der Maschine aus, wird das Risiko, keinen neuen Mieter zu finden, von der Leasing-GmbH getragen. Aus den vertraglichen Regelungen resultiert keine Kontrolle der Leasing-GmbH durch die Alpha-AG, damit liegen kein Mutter-Tochter-Verhältnis und keine Konsolidierungspflicht vor. Die Mehrheit der Kapitalanteile liegt bei dem Financier, der damit die wirtschaftlichen Chancen und Risiken der Gesellschaft trägt. Die Alpha-AG verfügt darüber hinaus über keine weiteren Möglichkeiten, Nutzen aus der Geschäftstätigkeit der Leasing-GmbH zu ziehen.

Literaturhinweise

BIEG, H./HOSSFELD, C./KUßMAUL, H./WASCHBUSCH, G. (2006): Handbuch der Rechnungslegung nach IFRS, Grundlagen und praktische Anwendung, Düsseldorf.

BOHL, W./RIESE, J./SCHLÜTER, J. (Hrsg.) (2006): Beck'sches IFRS-Handbuch, Kommentierung der IFRS/IAS, 2. Aufl., München.

HEUSER, P. J./THEILE, C. (2007): IFRS Handbuch, Einzel- und Konzernabschluss, 3. Aufl., Köln.

KÜTING, K./WEBER, C.-P. (2008): Der Konzernabschluss, 11. Aufl., Stuttgart.

LÜDENBACH, N./HOFFMANN, W.-D. (Hrsg.) (2008): Haufe IFRS-Kommentar, 6. Aufl., Freiburg i. Br.

PETERSEN, K./BANSBACH, F./DORNBACH, E. (2009): IFRS Praxishandbuch, Ein Leitfaden für die Rechnungslegung mit Fallbeispielen, 4. Aufl., München.

PETERSEN, K./ZWIRNER, C. (2008): Abgrenzung des Konsolidierungskreises nach HGB und IFRS – eine Fallstudie, in: StuB, 10. Jg., S. 306–312.

Michael Hinz

3.2 Goodwillbilanzierung

Entstehung und Ursachen eines Goodwill

Unter dem Begriff des *Goodwill (Geschäfts- oder Firmenwert)* wird allgemein der positive Unterschied zwischen dem Ertragswert und dem Substanzwert eines Unternehmens verstanden. Der *Substanzwert* eines Unternehmens ergibt sich aus der Summe der Einzelwerte aller betrieblich genutzten Vermögenswerte zum (beizulegenden) Zeitwert des Bewertungsstichtages abzüglich der zum (beizulegenden) Zeitwert bewerteten Schulden.

Der Substanzwert eines Unternehmens entspricht i. d. R. nicht seinem „tatsächlichen" Wert, den z. B. ein potenzieller Verkäufer des Unternehmens als Verkaufspreis akzeptieren würde. Der *Wert* eines Unternehmens wird vielmehr durch den *Ertragswert* aus Sicht seiner Eigentümer repräsentiert. Beim Vorliegen eines vollkommenen, vollständigen Kapitalmarktes im Gleichgewicht stimmt dieser Wert mit dem *Marktwert* der Unternehmensanteile überein.[1] Ansonsten ist der Ertragswert im Rahmen einer Unternehmensbewertung zu bestimmen. Hierzu ist der *Barwert* der erwarteten entziehbaren und entnahmefähigen Nettozahlungen an die Eigentümer zum Bewertungsstichtag zu ermitteln.[2]

Ist der ermittelte Ertragswert eines Unternehmens größer als der ermittelte Substanzwert, so liegt ein Goodwill vor. Ist die Differenz aus Ertragswert und Substanzwert negativ, so ergibt sich ein Badwill *(negativer Geschäftswert* oder *excess)*. Vereinfacht ausgedrückt, ist der Goodwill (Badwill) folglich der Betrag, um den der Wert des Unternehmens als Ganzes den Wert der Summe seiner Teile übersteigt (unterschreitet).

Existiert ein *Goodwill*, dann beinhaltet das Unternehmen aus Sicht der bewertenden Person (z. B. eines potenziellen Unternehmenskäufers) Werte, die nicht durch den Substanzwert abgebildet werden. Solche Werte werden folglich nicht bei der einzelnen Bewertung der Vermögenswerte erfasst, sind aber in die Ermittlung des Wertes des Unternehmens (der z. B. im Rahmen eines Unternehmensverkaufs realisiert werden könnte) zu berücksichtigen, da es sich bei diesen Werten um den Unternehmenswert beeinflussende Faktoren handelt (sog. Werttreiber). Zu solchen Werten zählen z. B. Erfolgschancen des Unternehmens, die aus seiner Marktstellung, dem Bekanntheitsgrad, den Kunden- oder Lieferantenbeziehungen, den Organisationsstrukturen, der Mitarbeiterqualifikation und -motivation, der Managementqualität oder aus möglichen Standortvorteilen hervorgehen. Im Falle eines Unternehmenskaufs

---

[1] Vgl. PERRIDON/STEINER (2004), S. 275 f., HERING (2008), S. 283. Grundlegend DEBREU (1959) und ARROW (1964).

[2] Vgl. zur Bewertung von Unternehmen z. B. HERING (2006), BALLWIESER (2007), DRUKARCZYK/SCHÜLER (2007), MATSCHKE/BRÖSEL (2007).

gehören auch Synergiepotenziale, die sich durch den Zusammenschluss von Erwerber und Akquisitionsobjekt ergeben, zu den Komponenten des Goodwill.

Durch die positive oder negative Entwicklung solcher Wettbewerbsvor- oder -nachteile im Zeitablauf oder durch besondere Ereignisse kann sich die Höhe eines Goodwill verändern. So kann sich z. B. durch eine nachhaltig qualitätsorientierte Produktpolitik die Kundenbeziehung im Zeitablauf verbessern oder durch negative Medienberichterstattung über das Unternehmen die Marktstellung plötzlich verschlechtern. Die Bestimmung der Höhe kann außerdem dadurch variieren, dass sowohl der Goodwill als auch der Unternehmenswert *subjektive Größen* darstellen, die von verschiedenen Personen oder in verschiedenen Bewertungssituationen (z. B. Unternehmenskauf oder -verkauf, geplante Fusion, Börsengang, Kreditgewährung) unterschiedlich eingeschätzt bzw. bewertet werden.[3]

Hauptproblem bei der Bestimmung eines Goodwill ist die *mangelnde Objektivierbarkeit*, die aus der zuvor beschriebenen Subjektivität der zugrunde liegenden Wertkalküle resultiert. Die Bestimmung von Unternehmenswert und Goodwill ist neben der subjektiven Einschätzung der Wettbewerbschancen und -risiken ebenfalls von den individuellen Ausgangsgrößen der Unternehmensbewertung (z. B. Bewertungsmethode, Bewertungsprämissen, Kalkulationszinsfuß) abhängig. Dies führt dazu, dass der Goodwill nicht objektiv ermittel- oder messbar ist, sondern individuell von der bewertenden Person, der Bewertungssituation und den jeweils gegebenen Umweltbedingungen (z. B. Zinsniveau, geltendes Steuerrecht, Konjunkturphase) abhängig ist.

Grundsätzlich lässt sich zwischen dem *originären* (selbst geschaffenen) und dem *derivativen* (abgeleiteten) Goodwill differenzieren. Der vom Unternehmen (z. B. durch geschicktes Management, durch langjährigen Aufbau von guten Kunden- und Lieferantenbeziehungen oder durch entsprechend qualifiziertes Personal) selbst geschaffene Goodwill gilt als *originär* und ist, so lange er sich nicht durch den Kauf des Unternehmens oder von Unternehmensteilen in einem tatsächlich gezahlten Kaufpreis konkretisiert hat, nicht so zuverlässig messbar, dass er bilanziert werden dürfte. Aus dem Überschuss des durch den Erwerber gezahlten Kaufpreises über den Nettosubstanzwert des Unternehmens (Summe der Einzelwerte aller Vermögenswerte abzüglich der Schulden) lässt sich der *derivative* Goodwill ableiten. Im Vergleich zum originären Goodwill ist der derivative Goodwill also zu einem bestimmten Zeitpunkt tatsächlich durch einen Marktvorgang bestätigt und insofern – zumindest eingeschränkt – objektiviert worden und damit zuverlässig messbar. In der Konzernrechnungslegung besteht für den derivativen Goodwill eine Aktivierungspflicht.

---

[3] Vgl. zu möglichen Bewertungsanlässen z. B. DRUKARCZYK/SCHÜLER (2007), S. 94 ff., MATSCHKE/BRÖSEL (2007), S. 84 ff.

Als Ursachen für einen derivativen Goodwill kommen in Betracht:[4]

- nicht bilanzierungsfähige Vermögenswerte des erworbenen Unternehmens, wie z. B. Humankapital oder Marktstellung,
- erwartete Ertragspotenziale aus der Fortführung der Geschäfte des erworbenen Unternehmens,
- erwartete Ertragspotenziale aus der Restrukturierung des erworbenen Unternehmens z. B. durch die effizientere Ausnutzung der Ressourcen, die Konzentration auf das Kerngeschäft, den Abbau nicht betriebsnotwendiger Ressourcen,
- erwartete Synergieeffekte aus dem Zusammenschluss des erworbenen mit dem erwerbenden Unternehmen,
- erwartete positive Beiträge des Zusammenschlusses auf geplante Strategieumsetzungen des Erwerbers sowie aus dem Erwerb resultierende neue Handlungsmöglichkeiten des Erwerbers,
- Ansatz- und Bewertungsfehler der Gegenleistung oder der Vermögenswerte und Schulden sowie
- bewusste Überzahlungen des Erwerbers.

Die ersten beiden Komponenten können als *going concern Goodwill* bezeichnet werden und entsprechen dem originären Goodwill des erworbenen Unternehmens. Die Komponenten drei bis fünf des Goodwill, die mit *Restrukturierungs-*, *Synergie-* und *Strategie-Goodwill* bezeichnet werden können, treten i. d. R. im Zusammenhang mit dem Zusammenschluss zweier rechtlich selbständiger Unternehmen auf und determinieren zusammen mit den ersten beiden Komponenten den derivativen Goodwill. Insofern können originärer und derivativer Goodwill auseinanderfallen. Bei der sechsten und siebenten Komponente handelt es hingegen nicht um konzeptionelle Komponenten des Goodwill.[5] Während die sechste Komponente letztlich bewusste Manipulationen im Rahmen der Kaufpreisallokation und Bilanzierung impliziert, handelt es sich bei der siebenten Komponente um Kaufpreisbestandteile, die der Erwerber aufgrund außerhalb des Akquisitionsobjektes stehender Motivationen bereit war zu tragen (z. B. die Meinung des Käufers, dass nur so ein Zugang zu einem ausländischen Markt möglich sei).

Nach Ansicht des IASB stellen lediglich der going concern-Goodwill und der Synergie-Goodwill ursächliche Komponenten des Goodwill dar, wobei unter dem Synergie-Goodwill i. S. d. IASB auch der Restrukturierungs- und der Strategie-Goodwill subsumiert werden können.[6]

---

[4] Vgl. WÖHE (1980), S. 89 ff., JOHNSON/PETRONE (1998), S. 293 ff., SELLHORN (2000), S. 885 ff.

[5] Vgl. JOHNSON/PETRONE (1998), S. 294 ff., IFRS 3.BC315.

[6] Vgl. IFRS 3.BC313 ff. Zu beachten ist, dass der IASB die erst genannte Komponente nicht zum going concern-Goodwill rechnet. Eine vollständig separate Erfassung dieser Komponente aber auch nicht gewährleistet.

Charakter und bilanzielle Behandlung des Goodwill nach IFRS

Charakter des Goodwill

Zwar ist der Goodwill gem. IFRS 3.32 als positive Differenz zwischen der gewährten Gegenleistung und dem erworbenen Reinvermögen zu beizulegenden Zeitwerten ermittlungstechnisch eine sich ergebende rechnerische Saldogröße, von seinem Charakter her handelt es sich beim *Goodwill* aber um einen *Vermögenswert*, der die allgemeinen Anforderungen an einen Vermögenswert gem. dem Rahmenkonzept erfüllt.[7]

> So wird der Goodwill in IFRS 3.A definiert als: „An asset representing the future economic benefits arising from other assets acquired in a **business combination** that are not individually identified and separately recognized."[8]

Es handelt sich demzufolge um eine Zahlung des Erwerbers, mit der dieser die bisher nicht durch andere identifizier- und separierbare Vermögenswerte erfassten wirtschaftlichen Vorteile antizipiert. Der Goodwill repräsentiert mithin eine Ressource, aus der der Zufluss künftigen wirtschaftlichen Nutzens für den Erwerber erwartet wird und über die der Erwerber Verfügungsmacht innehat.[9] Da er auch zuverlässig bewertet werden kann, besteht für den Goodwill eine Aktivierungspflicht als immaterieller Vermögenswert.

Behandlung des Goodwill in der Erstperiode

Gemäß IFRS 3.10 sind im Erwerbszeitpunkt die identifizierbaren Vermögenswerte und Schulden und eventuelle Fremdgesellschafteranteile separat vom Goodwill anzusetzen. Der Goodwill ergibt sich dann nach IFRS 3.32 als positiver Saldo aus der Subtraktion der identifizierbaren Vermögenswerte abzüglich der erworbenen Schulden von der gewährten Gegenleistung zuzüglich eventueller Fremdgesellschafteranteile. Zur Ermittlung des Goodwill sind daher zunächst die erworbenen Vermögenswerte und die erworbenen Schulden zu identifizieren und zu bewerten. Ein Vermögenswert ist dann identifizierbar, wenn er separierbar ist oder durch ein vertragliches oder anderes Recht entsteht.[10] Alle vom Erwerber erworbenen Vermögenswerte und Schulden sind gem. IFRS 3.18 mit ihrem *fair value* (= beizulegenden Zeitwert) anzusetzen.[11] Eine Bewertung zum fair value ist auch dann zwingend, wenn der Erwerber einen identifizierbaren Vermögenswert nicht oder nicht optimal nutzen möchte.[12]

---

[7] Vgl. zu den allgemeinen Kriterien eines Vermögenswertes HINZ (2005), S. 94 ff.
[8] Hervorhebung im Original.
[9] Vgl. hierzu auch die Ausführungen in IFRS 3.BC322 f.
[10] Vgl. IFRS 3.A. Zu beachten ist, dass die weiteren in IAS 38.21 genannten Voraussetzungen für eine Aktivierung – wahrscheinlicher Nutzenzufluss und zuverlässige Messbarkeit der Kosten – nicht erfüllt sein müssen. Siehe zu identifizierbaren Vermögenswerten auch IFRS 3.B31-B34.
[11] Zur Definition des *fair value* vgl. IFRS 3.A.
[12] Vgl. IFRS 3.B43.

3.2 Goodwillbilanzierung

Die gewährte Gegenleistung der Beteiligung sind die zum Erwerbszeitpunkt ermittelten beizulegenden Zeitwerte der als Gegenleistung für die Beherrschungsmöglichkeit übertragenen Vermögenswerte, der eingegangenen bzw. übernommenen Schulden und der ausgegebenen Eigenkapitalinstrumente.[13] Sofern von variablen Anschaffungskosten abstrahiert wird,[14] spiegelt die gewährte Gegenleistung die Anschaffungskosten der Beteiligung wider. Anschaffungsnebenkosten stellen keine Bestandteile der gewährten Gegenleistung dar. Sie sind vielmehr zum Zeitpunkt ihres Entstehens als Aufwand zu erfassen.[15]

Da nach dem „*Control-Konzept*" für das Vorliegen eines Mutter-Tochterverhältnisses auch Beteiligungen unter 100% ausreichen, sind auch Tochterunternehmen, an denen das Mutterunternehmen weniger als 100% der Anteile hält, im Wege der Vollkonsolidierung in den Konzernabschluss einzubeziehen.[16] Da in diesen Fällen am Nettovermögen des Tochterunternehmens neben dem Mutterunternehmen auch Fremdgesellschafter (nicht kontrollierende Gesellschafter) beteiligt sind, ist dies im Rahmen der Vollkonsolidierung des Tochterunternehmens zu berücksichtigen. IFRS 3.10 sieht daher vor, dass die Anteile der Fremdgesellschafter im Erwerbszeitpunkt anzusetzen sind.[17] Hinsichtlich der Bewertung dieser Anteile gewährt IFRS 3.19 ein Wahlrecht. Für jeden Unternehmenszusammenschluss kann das erwerbende Unternehmen für die Zwecke des Konzernabschlusses wählen, ob es den Fremdgesellschafteranteil mit seinen fair value oder in Höhe des den Fremdgesellschaftern zustehenden proportionalen Anteils am identifizierbaren Nettovermögen ausweist. Teilweise wird sich der fair value der Fremdgesellschafteranteile anhand der Marktpreise der nicht vom Mutterunternehmen gehaltenen Anteile bestimmen lassen. Sofern solche Marktpreise jedoch nicht existieren (dies dürfte regelmäßig bei Tochterunternehmen in der Rechtsform der GmbH der Fall sein), sind zur Ermittlung des fair value Bewertungsverfahren anzuwenden.[18]

Im Falle einer Beteiligung von weniger als 100% ergeben sich aufgrund des Wahlrechtes in IFRS 3.19 zwei verschiedene Ermittlungsmethoden für den Goodwill.[19] Werden die Fremdgesellschafteranteile mit ihrem fair value angesetzt, so umfasst der sich ergebende Goodwill sowohl den vom Erwerber bezahlten Goodwill als auch den auf die Fremdgesellschafter entfallenden Goodwillanteil (sog. *full goodwill*), während bei der beteiligungsproportionalen Bewertung der Fremdgesellschafteranteile lediglich der vom Mutterunternehmen bezahlte Goodwill bestimmt wird (*purchased goodwill*).[20]

---

[13] Vgl. IFRS 3.37.

[14] Vgl. hierzu BEYHS/WAGNER (2008), S. 79 f.

[15] Vgl. IFRS 3.53.

[16] Vgl. zum „Control-Konzept" z. B. HINZ (2006), S. 321 f.

[17] Die Fremdgesellschafteranteile sind gem. IAS 1.54 im Konzerneigenkapital gesondert auszuweisen. Die IFRS folgen damit konzeptionell der Einheitstheorie.

[18] Vgl. IFRS 3.B44.

[19] Zu beachten ist, dass nach FAS 141 (rev. 2007) ausschließlich der full goodwill-Ansatz angewendet werden darf, so dass IFRS- und US-GAAP-Abschlüsse hinsichtlich des Goodwill nur eingeschränkt vergleichbar sind.

[20] Vgl. hierzu z. B. KÜTING/WEBER/WIRTH (2008), S. 142 f.

Beim *full goodwill*-Ansatz errechnet sich der Goodwill wie folgt:

	fair value der gewährten Gegenleistung
+	fair value der Anteile der Fremdgesellschafter
−	neubewertetes Nettovermögen des Akquisitionsobjektes
=	full goodwill

Beim *beteiligungsproportionalen Goodwill*-Ansatz bestimmt sich der Goodwill anhand:

	fair value der gewährten Gegenleistung
+	beteiligungsproportionale Fremdgesellschafteranteile am identifizierbaren Nettovermögen
−	neubewertetes Nettovermögen des Akquisitionsobjektes
=	purchased Goodwill

Aufteilung des Goodwill

Ebenso wie alle anderen immateriellen Vermögenswerte unterliegt auch der Goodwill dem Werthaltigkeitstest (*impairment test*) nach IAS 36. Da der Goodwill aber nicht einzeln bewertbar ist und keine von anderen Vermögenswerten weitgehend unabhängige Zahlungszuflüsse generiert, sieht IAS 36 vor, dass der Goodwill zum Zwecke des Werthaltigkeitstestes auf der Ebene zahlungsmittelgenerierender Einheiten des Erwerbers fortzuführen ist. Der Goodwill muss demnach auf die zahlungsmittelgenerierenden Einheiten des Konzerns aufgeteilt werden.

Gemäß IAS 36.80 ist der Goodwill im Erwerbszeitpunkt auf diejenigen zahlungsmittelgenerierenden Einheiten oder Gruppen von zahlungsmittelgenerierenden Einheiten des Konzerns aufzuteilen, in denen das Konzernmanagement die Realisierung der aus dem Unternehmenszusammenschluss erwarteten Synergiepotenziale vermutet, und zwar unabhängig davon, ob diesen zahlungsmittelgenerierenden Einheiten auch andere Vermögenswerte oder Schulden des erworbenen Unternehmens zugeordnet werden. Um eine möglichst genaue Folgebewertung des Goodwill zu gewährleisten, soll nach IAS 36.82 ein erworbener Goodwill eng abgegrenzten zahlungsmittelgenerierenden Einheiten zugeordnet werden, für die die notwendigen Informationen verfügbar sind, ohne dass hierzu ein eigenes Berichtssystem entwickelt werden müsste.[21] Die zahlungsmittelgenerierenden Einheiten, denen ein Goodwill zugeordnet werden kann, sind daher durch zwei Kriterien begrenzt:[22]

1. Es muss sich bei der betreffenden zahlungsmittelgenerierenden Einheit bzw. der Gruppe zahlungsmittelgenerierender Einheiten um die niedrigste Unternehmensebene handeln, auf der der Goodwill für interne Managementzwecke überwacht wird und

---

[21] In der Regel werden sich die Goodwill-Komponenten Synergie, Restrukturierung und Strategie auf Geschäftsfelder und damit auf eine Gruppe von zahlungsmittelgenerierenden Einheiten auswirken. Vgl. hierzu ausführlich WIRTH (2005), S. 198 ff.

[22] Vgl. IAS 36.80.

2. Die zahlungsmittelgenerierende Einheit bzw. Gruppe zahlungsmittelgenerierender Einheiten, der ein Goodwill zugeordnet wird, darf nicht größer sein als ein Berichtsegment gem. IFRS 8.

Behandlung des Goodwill in Folgeperioden

IFRS 3 sieht für den Goodwill keine planmäßige Abschreibung über seine Nutzungsdauer, sondern ausschließlich eine außerplanmäßige Abschreibung im Falle einer Wertminderung vor. Der Goodwill bleibt demnach nach der Erstkonsolidierung so lange mit seinem ursprünglichen Wertansatz aktiviert, bis der in IAS 36 geregelte *Werthaltigkeitstest* (impairment test) eine Wertminderung anzeigt. Diese ist dann ergebniswirksam zu erfassen. Für zahlungsmittelgenerierende Einheiten, denen ein Goodwill zugeordnet wurde, ist ein Werthaltigkeitstest turnusmäßig in jährlichem Abstand durchzuführen und wird zusätzlich fallweise durch die in IAS 36.7-17 angeführten Indikatoren ausgelöst.[23]

Bei der Durchführung des Werthaltigkeitstestes wird der erzielbare Betrag der zahlungsmittelgenerierenden Einheit mit dem Buchwert der dieser Einheit dienenden Vermögenswerte und ggf. Schulden inklusive des zugeordneten Goodwill verglichen.[24] Der erzielbare Betrag ist der höhere Betrag folgender zwei Beträge: fair value abzüglich Veräußerungskosten und Nutzungswert.[25] Unterschreitet der erzielbare Betrag den Buchwert der zahlungsmittelgenerierenden Einheit so liegt eine Wertminderung der Einheit vor. Die Differenz zwischen erzielbarem Betrag und Buchwert ist erfolgswirksam zu erfassen und zunächst gegen den Buchwert des der zahlungsmittelgenerierenden Einheit zugeordneten Goodwill zu verrechnen. Übersteigt die Wertminderung den Buchwert des Goodwill, ist der verbleibende Restbetrag proportional zu den jeweiligen Vermögenswerten mit den übrigen Vermögenswerten der zahlungsmittelgenerierenden Einheit zu verrechnen, soweit sie in den Anwendungsbereich des IAS 36 fallen.[26]

Da der regelmäßig mittels einer Unternehmensbewertung berechnete erzielbare Betrag alle Zahlungsströme der Wertschöpfung bzw. einer Verkaufsaktivität der zahlungsmittelgenerierenden Einheit umfasst, können im Rahmen des Werthaltigkeitstestes dann konzeptionelle Probleme auftreten, wenn an der zahlungsmittelgenerierenden Einheit auch *Fremdgesellschafter* (nicht kontrollierende Gesellschafter) beteiligt sind und zur Ermittlung des Goodwill der *beteiligungsproportionale Goodwill-Ansatz* angewandt wird. Während im Buchwert des Nettovermögens der zahlungsmittelgenerierenden Einheit ausschließlich der vom Mutterunternehmen gekaufte Goodwill erfasst wird, umfasst der erzielbare Betrag der zahlungsmittelgenerierenden Einheit auch den anteilig auf die Fremdgesellschafter entfallenden Goodwill. Um beim beteiligungsproportionalen Goodwill-Ansatz eine Kongruenz zwischen dem Buchwert und dem erzielbaren Betrag der zahlungsmittelgenerierenden Einheit herzustellen, ist

---

[23] Vgl. IAS 36.90.
[24] Die Berücksichtigung von Schulden im Buchwert erfolgt nur in Übereinstimmung mit IAS 36.78.
[25] Vgl. hierzu z. B. HINZ (2005), S. 136 ff., PELLENS/FÜLBIER/GASSEN/SELLHORN (2008), S. 260 ff.
[26] Vgl. zum Vorgehen IAS 36.104-106.

der bilanzierte Goodwill für die Zwecke des Werthaltigkeitstestes auf eine fiktive 100%-Beteiligung hochzurechnen, die dem Werthaltigkeitstest zugrunde zu legen ist.[27] Zur Bestimmung des fiktiven „full goodwill" ist der gekaufte Goodwill nach IFRS 3.C4 proportional hochzurechnen. Unterschreitet der erzielbare Betrag den Buchwert inklusive des auf eine fiktive 100%-Beteiligung hochgerechneten Goodwill, ist – wie bereits dargelegt – eine Wertkorrektur an der zahlungsmittelgenerierenden Einheit vorzunehmen. Bezieht sich der Wertberichtigungsbedarf ausschließlich auf den Goodwill, ist die negative Differenz zwischen erzielbarem Betrag und Buchwert nicht vollständig, sondern lediglich in Höhe des der Beteiligungsquote des Mutterunternehmens entsprechenden Anteils als Wertminderungsaufwand zu erfassen, da sich nach IAS 36.C8 beim beteiligungsproportionalen Goodwill-Ansatz kein Effekt aus der fiktiven Hochrechnung des bilanzierten Goodwill auf die Bilanzierung auswirken darf.

Wird hingegen der Goodwill anhand des *full goodwill-Ansatzes* bestimmt, ist der im Rahmen des Werthaltigkeitstestes ermittelte Wertberichtigungsbedarf einer zahlungsmittelgenerierenden Einheit auf die beiden Gesellschafterstämme aufzuteilen. Ist ein Tochterunternehmen oder ein Teil eines Tochterunternehmens eine eigenständige zahlungsmittelgenerierende Einheit, ist der Wertminderungsaufwand entsprechend der Ergebnisverteilung auf die beiden Gesellschafterstämme aufzuteilen.[28] Ist hingegen ein Tochterunternehmen mit Fremdgesellschafteranteil oder ein Teil eines solchen Tochterunternehmens Bestandteil einer übergeordneten zahlungsmittelgenerierenden Einheit, ist der Wertminderungsaufwand zunächst auf die Teile der zahlungsmittelgenerierenden Einheit mit und diejenigen Teile ohne Fremdgesellschafter aufzuteilen. Da eine verursachungsgerechte Verteilung nicht möglich ist, wird in Appendix C von IAS 36 mit den relativen Wertverhältnissen des Goodwill bzw. der Vermögenswerte der Teileinheiten vor Berücksichtigung der Wertberichtigung auf ein Verteilungsschlüssel zurückgegriffen. Der so verteilte Wertberichtigungsbedarf ist dann betragsmäßig – entsprechend der Schlüsselung des Periodenergebnisses – den beiden Gesellschafterstämmen zuzuordnen.[29]

Ist ein Goodwill aufgrund eines Wertberichtigungsbedarfes abgeschrieben worden, darf die Wertminderung des Goodwill in Folgeperioden nicht durch Zuschreibungen wieder rückgängig gemacht werden. So sieht IAS 36.124 ein *Wertaufholungsverbot* für den Goodwill vor.

---

[27] Vgl. IFRS 3.C4.
[28] Vgl. IAS 36.C6.
[29] Vgl. IAS 36.C7.

Behandlung eines Badwill

Im Rahmen der Verrechnung der gewährten Gegenleistung mit dem Nettovermögen des erworbenen Unternehmens kann sich auch eine negativer Unterschiedsbetrag (Nettovermögen > Gegenleistung) ergeben. Wie ein solcher *Badwill* zu behandeln ist, ist in IFRS 3.34-36 geregelt. Hiernach muss der Erwerber einen sich ergebenden negativen Unterschiedsbetrag einer erneuten Überprüfung (*reassessment*) unterziehen. Dabei sind die Ansatzvoraussetzungen und Wertansätze der identifizierbaren Vermögenswerte und erworbenen Schulden sowie die Bestandteile der gewährten Gegenleistung erneut zu ermitteln. Zudem ist die Vorgehensweise bei der Wertermittlung zu überprüfen. Die Regelung des reassessment legt den Verdacht nahe, dass der IASB das Entstehen eines Badwill mit der Verletzung der Anforderungen des IFRS 3 durch den Anwender gleichsetzt, also einer bewussten Missachtung der Ansatz- und Bewertungsvorschriften. Überspitzt formuliert, wird dem Anwender mit der geltenden Regelung zum Badwill Bilanzfälschung unterstellt.

Sollte sich nach der erneuten Überprüfung immer noch ein negativer Saldo ergeben, ist dieser negative Unterschiedsbetrag als Gewinn des Erwerbers zu interpretieren und im Konzernabschluss als Ertrag zu erfassen.[30]

Aufgabe 1

Die von der Macrohard-AG zu 100% erworbene Yago-AG wird als eigenständige zahlungsmittelgenerierende Einheit (ZGE 4) geführt (Erwerbszeitpunkt 31.12.08). Die Anschaffungskosten der Beteiligung betragen 1.200 T€ und das neubewertete Eigenkapital der Yago-AG 840 T€. Neben dieser ZGE werden im Macrohard-Konzern weitere drei zahlungsmittelgenerierende Einheiten (ZGE 1 bis ZGE 3) zu internen Managementzwecken überwacht. Das Management der Macrohard-AG erwartet, dass auch die anderen drei zahlungsmittelgenerierenden Einheiten von den aus dem Zusammenschluss erwarteten Synergien profitieren werden. Die Konzernleitung geht davon aus, dass sich der Unternehmenswert der ZGE 1 durch den Zusammenschluss um 6%, derjenige der ZGE 2 um 10% und derjenige der ZGE 3 um 15% aufgrund von Synergien erhöhen wird. Die Unternehmenswerte der ZGE 1 bis 4 ohne Synergien betragen: ZGE 1: 1.000 T€, ZGE 2: 800 T€, ZGE 3: 1.200 T€ und ZGE 4: 840 T€.

Bestimmen Sie die Unternehmenswerte der zahlungsmittelgenerierenden Einheiten inklusive Synergien und teilen Sie den Goodwill auf die zahlungsmittelgenerierenden Einheiten auf!

---

[30] Vgl. IFRS 3.34.

Aufgabe 2

In der Periode nach der Erstkonsolidierung der Yago-AG ergeben sich im Rahmen des turnusmäßig durchzuführenden Werthaltigkeitstestes folgende Werte für die einzelnen ZGE:

- ZGE 1: fair value abzüglich Veräußerungskosten: 0 T€; Nutzungswert: 1.100 T€
- ZGE 2: fair value abzüglich Veräußerungskosten: 940 T€; Nutzungswert: 925 T€
- ZGE 3: fair value abzüglich Veräußerungskosten: 1.470 T€; Nutzungswert: 1.520 T€
- ZGE 4: fair value abzüglich Veräußerungskosten: 860 T€; Nutzungswert: 870 T€

Der Buchwert des Nettovermögens beträgt zum 31.12.09 für ZGE 1: 1.030 T€, für ZGE 2: 920 T€, für ZGE 3: 1.370 T€ und für ZGE 4: 880 T€.

Ermitteln Sie, ob und wenn ja, in welcher Höhe ein Wertminderungsbedarf bei den einzelnen ZGE besteht und bestimmen Sie den zum 31.12.09 im Konzernabschluss auszuweisenden Goodwill!

Aufgabe 3

Die Berta-AG hat vor einigen Jahren eine 75%-ige Beteiligung an der Walter-GmbH erworben. Der Kaufpreis betrug 14,4 Mio. €. Das neubewertete Eigenkapital der Walter-GmbH zum Erwerbszeitpunkt betrug 16 Mio. €. Der fair value der Anteile der Fremdgesellschafter zum Erwerbszeitpunkt betrug 4,25 Mio. €. Die Aufteilung des Ergebnisses auf die Gesellschafterstämme erfolgt beteiligungsproportional. Der Goodwill wurde zu 100% der Walter-GmbH zugeordnet, die innerhalb des Berta-Konzerns ein eigenständiges Geschäftsfeld repräsentiert. Der Buchwert des Nettovermögens der Walter-GmbH zum 31.12.09 beträgt 14,9 Mio. €. Der fair value abzüglich noch anfallender Verkaufskosten beträgt 16,5 Mio. € und der Nutzungswert 17,1 Mio. €.

a) Bestimmen Sie für den Fall, dass zur Ermittlung des Goodwill der beteiligungsproportionale Goodwill-Ansatz gewählt wurde, ob eine Wertminderung der Walter-GmbH notwendig ist! Geben Sie, sofern notwendig, den Abwertungsbedarf und den sich nach Abwertung ergebenden Goodwill an!

b) Bestimmen Sie für den Fall, dass der full goodwill-Ansatz gewählt wurde, ob eine Wertminderung notwendig ist! Geben Sie, sofern notwendig, den Abwertungsbedarf und den sich nach Abwertung ergebenden Goodwill an!

Aufgabe 4

Die Pizza & Pasta AG erwirbt zum 31.12.08 100% der stimmberechtigten Anteile der *Biopizza GmbH* zu einem Kaufpreis (= gewährte Gegenleistung) i. H. v. 5.000 T€. Zu diesem Zeitpunkt befinden sich im Anlagevermögen der übernommenen Gesellschaft stille Reserven i. H. v. 720 T€ (Konzessionen: 250 T€, Grundstücke: 320 T€, Wertpapiere: 150 T€) und im Umlaufvermögen stille Reserven i. H. v. 300 T€ (Roh-, Hilfs-, Betriebsstoffe). Das bilanzielle Eigenkapital beträgt 1.600 T€ (Stammkapital: 500 T€, Kapitalrücklagen: 50 T€, Gewinnrücklagen: 1.050 T€). Ferner hat die Biopizza GmbH zwei selbsterstellte Patente, deren fair values auf jeweils 250 T€ geschätzt werden (die Buchwerte der Patente betragen jeweils 100 T€). Aus den internen Unterlagen ergibt sich des Weiteren, dass der fair value des Warenzeichens „Biopizza" zum Kaufzeitpunkt verlässlich auf 650 T€ geschätzt wird. Ferner spielen auch der Kundenstamm und die Rezeptur des „Vollwertteiges" bei der Bestimmung des Kaufpreises eine Rolle. Der fair value des Kundenstamms wird zum Erwerbszeitpunkt auf 350 T€ und der der Rezeptur auf 300 T€ geschätzt.

Des Weiteren sind noch folgende Ergänzungen zu berücksichtigen:

1. Die Biopizza GmbH begründet im Rahmen des Konzerns zwei eigenständige zahlungsmittelgenerierende Einheiten („Vollwertpizza" und „Biopizza classic"), die die bereits vor dem Erwerb der Biopizza GmbH bestehenden zahlungsmittelgenerierenden Einheiten der Pizza & Pasta AG unbeeinflusst lassen.
2. Das Management der Pizza & Pasta AG geht davon aus, dass sich die aus dem Zusammenschluss erwarteten Synergiepotenziale in den beiden neuen zahlungsmittelgenerierenden Einheiten realisieren lassen werden. Es schätzt, dass 60% der Synergiepotenziale auf die ZGE „Vollwertpizza" entfallen werden.
3. Der Kundenstamm lässt sich i. H. v. 200 T€ der ZGE „Vollwertpizza" und zu 150 T€ der ZGE „Biopizza classic" zuordnen.
4. Die Rezeptur ist vollständig der ZGE „Vollwertpizza" zuordenbar.
5. Das Warenzeichen „Biopizza" lässt sich den beiden zahlungsmittelgenerierenden Einheiten zu gleichen Teilen zuordnen.
6. Ein Patent betrifft ein Gefrierverfahren, das ausschließlich für „Biopizza classic"-Pizzen Verwendung findet, während es sich bei dem anderen Patent um ein spezielles Verfahren zum Vorbacken von Vollwertteigen handelt.
7. Unter Ausschluss der stillen Reserven der Patente sowie des Kundenstamms, des Warenzeichens und der Rezeptur ergeben sich zum Erwerbszeitpunkt (31.12.08) folgende Werte für die beiden zahlungsmittelgenerierenden Einheiten:

31.12.08	Gesamt	Biopizza classic	Vollwertpizza
vorläufig identifizierbares Vermögen (fair value)	11.120 T€	6.100 T€	5.020 T€
Kaufpreis	5.000 T€		
Fremdkapital	8.500 T€	4.500 T€	4.000 T€

Tabelle 1: Zugeordnete Vermögen der beiden ZGE zum 31.12.08

a) Bestimmen Sie den jeweiligen Goodwill und das Nettovermögen der beiden zahlungsmittelgenerierenden Einheiten zum 31.12.08.

b) Bestimmen Sie den jeweiligen Goodwill der zahlungsmittelgenerierenden Einheiten (ZGE) zum 31.12.09. Gehen Sie dabei von folgenden Ausgangsdaten aus:

31.12.09	Gesamt	Biopizza classic	Vollwertpizza
Buchwert identifizierbares Vermögen	12.000 T€	6.245 T€	5.755 T€
Goodwill	780 T€	312 T€	468 T€
Fremdkapital	8.500 T€	4.500 T€	4.000 T€

Tabelle 2: Buchwerte und Goodwill der zahlungsmittelgenerierenden Einheiten zum 31.12.09

Ein aktiver Markt für den Verkauf von GmbH-Anteilen existiert nicht. Ferner erscheint es der Pizza & Pasta nicht möglich die Veräußerungspreise für die beiden zahlungsmittelgenerierenden Einheiten verlässlich zu schätzen.

Die Pizza & Pasta AG sieht sich aber in der Lage, die aus der jeweiligen zahlungsmittelgenerierenden Einheit resultierenden zukünftigen Cash Flows abzuschätzen. Für die Perioden 10 und 11 werden die Cashflows als sicher angenommen. In den Perioden 12 und 13 werden zwei unterschiedliche Umweltzustände mit unterschiedlichen Wahrscheinlichkeiten (w1 und w2) unterstellt. Ab der Periode 14 werden sämtliche Beträge als gleichwahrscheinlich angenommen. Der ermittelte gewogene durchschnittliche Kapitalkostensatz beträgt 10% vor Steuern.

Die Netto-Cashflows (NCF) und Erwartungswerte (EW) der ZGE „Biopizza classic" betragen:

Biopizza classic	10	11	12	13	14
NCF	100 (w=1)	120 (w=1)	150 (w=0,7) 200 (w=0,3)	180 (w=0,6) 220 (w=0,4)	150–280 (w=1)
EW	100	120	165	196	215

Tabelle 3: Netto-Cashflows (NCF) und Erwartungswerte (EW) der ZGE „Biopizza classic"

Die Netto-Cashflows (NCF) und Erwartungswerte (EW) der ZGE „Vollwertpizza" betragen:

Vollwertpizza	10	11	12	13	14
NCF	110 (w=1)	130 (w=1)	180 (w=0,6) 240 (w=0,4)	240 (w=0,6) 280 (w=0,4)	200–350 (w=1)
EW	110	130	204	256	275

Tabelle 4: Netto-Cashflows (NCF) und Erwartungswerte (EW) der ZGE „Vollwertpizza"

Lösung 1

Nach IAS 36.80 ist ein erworbener Goodwill im Erwerbszeitpunkt auf diejenigen zahlungsmittelgenerierenden Einheiten (ZGE) aufzuteilen, die voraussichtlich von den erwarteten Synergien des Zusammenschlusses profitieren werden. Dabei ist es unerheblich, ob diesen ZGE auch andere Vermögenswerte und/oder Schulden zugeordnet werden. Da für die ZGE 1 bis 4 Synergien aus dem Zusammenschluss erwartetet werden, ist der erworbene Goodwill auf alle ZGE aufzuteilen. Der sich aus der Unternehmensakquisition ergebende Goodwill beträgt 360 T€ (= 1.200 T€ – 850 T€). Er entfällt zu (60/360) 16,67% auf ZGE 1, zu 22,22% (80/360) auf ZGE 2, zu 50% (180/360) auf ZGE 3 und zu 11,11% (40/360) auf ZGE 4. Inklusive Synergien ergeben sich für die ZGE 1 bis 4 damit folgende Unternehmenswerte: ZGE 1: 1.060 T€, ZGE 2: 880 T€, ZGE 3: 1.380 T€ und ZGE 4: 880 T€.

Lösung 2

Gemäß IAS 36.90 ist jede goodwilltragende ZGE einmal im Jahr dahingehend zu prüfen, ob sich der Wert der ZGE gemindert hat. Dieser Werthaltigkeitstest erfolgt dadurch, dass der erzielbare Betrag einer ZGE mit deren Buchwert inklusive zugeordneten Goodwill verglichen wird. Sofern der erzielbare Betrag der ZGE kleiner als deren Buchwert inklusive Goodwill ist, muss die Differenz zwischen beiden Werten erfolgswirksam erfasst werden. Gemäß IAS 36.104 ist der ermittelte Wertminderungsbedarf zunächst mit dem der ZGE zugeordneten Goodwill zu verrechnen. Ein darüber hinausgehender Wertminderungsaufwand ist dann proportional auf die der ZGE zugeordneten Vermögenswerte zu verteilen.

Der erzielbare Betrag ist der höhere Betrag aus fair value abzüglich Veräußerungskosten und Nutzungswert (IAS 36.6). Er beträgt für ZGE 1: 1.100 T€, für ZGE 2: 940 T€, für ZGE 3: 1.520 T€ und für ZGE 4: 870 T€.

Der erzielbare Betrag der jeweiligen ZGE ist mit deren Buchwert des Nettovermögens inklusive Goodwill zu vergleichen. Für die ZGE ergeben sich damit folgende Buchwerte des Nettovermögens inklusive Goodwill: ZGE 1: 1.030 + 60 = 1.090 T€, ZGE 2: 920 + 80 = 1.000 T€, ZGE 3: 1.370 + 180 = 1.550 T€, ZGE 4: 880 + 80 = 960 T€.

Der Werthaltigkeitstest für ZGE 1 ergibt keinen Wertminderungsbedarf für die ZGE 1, da der erzielbare Betrag größer ist als der Buchwert inklusive Goodwill (1.100 > 1.090).

Für die ZGE 2 beträgt der Wertminderungsbedarf 60 T€ (= 940 < 1.000). Der auf die ZGE 2 entfallende Goodwill ist demnach um 60 T€ zu verringern und beträgt nunmehr 20 T€.

Für die ZGE 3 ermittelt sich ein Wertminderungsbedarf von 30 T€ (= 1.520 < 1.550). Der auf ZGE 3 entfallende Goodwill ist auf 150 T€ abzuschreiben.

Für ZGE 4 ergibt sich ein Wertminderungsbedarf von 90 T€ (870 < 960). Dieser Wertminderungsaufwand ist zunächst mit dem auf die ZGE entfallenden Goodwill zu verrechnen. Da dieser lediglich 80 T€ beträgt, verbleibt nach der Verrechnung mit dem Goodwill noch ein weiterer Minderungsbedarf von 10 T€, der anteilig mit den der ZGE dienenden Vermögenswerten zu verrechnen ist (vgl. IAS 36.104 (b)).

Im Konzernabschluss der Macrohard-AG wird zum 31.12.09 ein Goodwill von (360 – 60 – 30 – 80 =) 190 T€ ausgewiesen.

Lösung 3

Da die Walter-GmbH im Berta-Konzern als eigenständiges Geschäftsfeld agiert und keine weiteren Informationen bezüglich möglicher Faktoren für die Bildung zahlungsmittelgenerierender Einheiten bekannt sind, kann für die Zwecke der Zuordnung des Goodwill die Walter-GmbH als zahlungsmittelgenerierende Einheit identifiziert werden (IAS 36.80). Infolgedessen ist die Walter-GmbH unabhängig davon, ob Anzeichen für eine Wertminderung der ZGE vorliegen, turnusmäßig einmal im Jahr dahingehend zu prüfen, ob sich der Wert der ZGE gemindert hat (IAS 36.90). Dies bedeutet, dass der erzielbare Betrag der ZGE mit dem Buchwert des Nettovermögens inklusive Goodwill der ZGE zu vergleichen ist. Ist der erzielbare Betrag kleiner als der Buchwert, muss eine Wertminderungsaufwand erfasst werden. Hierbei ist nach IAS 36.104 so vorzugehen, dass zunächst der Goodwill abzuschreiben ist und danach anteilig die anderen Vermögenswerte der ZGE.

Der erzielbare Betrag ist der höhere Betrag aus fair value abzüglich Veräußerungskosten und Nutzungswert (IAS 36.6). Der erzielbare Betrag beträgt mithin 17,1 Mio. €.

Dieser Betrag ist mit dem Buchwert des Nettovermögens inklusive Goodwill zu vergleichen. Der Buchwert des Nettovermögens zum 31.12.2009 beträgt 14,9 Mio. €.

a) Der von der Berta-AG *erworbene Goodwill* beträgt (14,4 – 16 x 0,75 =) 2,4 Mio. €. Für die Zwecke des Werthaltigkeitstests ist der erworbene Goodwill auf eine fiktive 100%-Beteiligung hochzurechnen (IAS 36.C4). Der dem Werthaltigkeitstest zugrunde zu legende Goodwill beträgt somit (2,4 Mio. € / 0,75 =) 3,2 Mio. €.

Der Buchwert des Nettovermögens inklusive Goodwill beträgt damit (14,9 + 3,2 =) 18,1 Mio. €. Dies ergibt eine Wertkorrektur von (17,1 – 18,1 =) 1 Mio. €. Diese Wertkorrektur bezieht sich vollständig auf den Goodwill, und muss auf die beiden Goodwill-Komponenten (Anteil der Berta-AG und Fremdgesellschafteranteil) aufgeteilt werden, da nur der der Berta-AG zuzurechnende Teil der Wertminderung als Abschreibung des Goodwill zu erfassen ist (IAS 36.C8). Der Goodwill ist demzufolge um (1 Mio. x 0,75 =) 0,75 Mio. € erfolgswirksam zu mindern und beträgt nach der Wertkorrektur noch 1,65 Mio. €.

b) Der *full goodwill* beträgt (14,4 + 4,25 – 16 =) 2,65 Mio. €. Der Buchwert des Nettovermögens inklusive Goodwill zum 31.12.2009 der ZGE (Walter-GmbH) beträgt damit (14,9 + 2,65 =) 17,55 Mio. €. Da der Buchwert inklusive Goodwill größer ist als der erzielbare Betrag, ergibt sich ein Wertberichtigungsbedarf von (17,1 – 17,55 =) 450.000 €. Die Wertkorrektur bezieht sich vollständig auf den Goodwill. Nach IAS 36.C6 ist dieser Abschreibungsaufwand entsprechend der Aufteilung des Periodenergebnisses auf die beiden Gesellschafterstämme aufzuteilen. Der im Konzernabschluss auszuweisende Goodwill beträgt nach der Wertkorrektur (2,65 – 0,45=) 2,2 Mio. €. Da das Ergebnis beteiligungsproportional auf die Gesellschafterstämme aufgeteilt wird, ist den Fremdgesellschaftern ein Abschreibungsaufwand von (450.000 x 0,25 =) 112.500 € zuzuordnen.

Lösung 4

a) Ermittlung und Zuordnung des Goodwill zum 31.12.08

Gemäß IFRS 3.32 ist der Goodwill zum Erwerbszeitpunkt der Betrag, um den die Gegenleistung für den Erwerb der Beteiligung die identifizierbaren Vermögenswerte abzüglich der identifizierbaren Schulden inklusive ggf. vorhandener Eventualschulden des erworbenen Unternehmens auf fair value-Basis übersteigen.

Zunächst sind daher sämtliche identifizierbaren Vermögenswerte und Schulden zu bestimmen. Gemäß IFRS 3.B31 sind sowohl der *Kundenstamm* (350 T€) als auch das *Warenzeichen* (650 T€) und die *Rezeptur* (300 T€) *eigenständige immaterielle Vermögenswerte*, die aufgrund ihrer Separierbarkeit *getrennt* vom Goodwill mit ihren fair values *zu erfassen* sind. Ferner sind auch die Patente mit ihren jeweiligen fair values zu erfassen. Der Goodwill der Biopizza GmbH zum 31.12.09 ergibt sich damit als Überschuss der Gegenleistung der Beteiligung über das bilanzierte Eigenkapital, die stillen Reserven im Anlage- und Umlaufvermögen sowie in den Patenten, den Kundenstamm, das Warenzeichen und die Rezeptur mit (5.000 – 1.600 – 720 – 300 – 300 – 350 – 650 – 300 =) 780 T€.

Um in den Folgeperioden den jährlichen *Werthaltigkeitstest* durchführen zu können, ist das Nettovermögen und der Goodwill auf die zahlungsmittelgenerierenden Einheiten der Biopizza GmbH zu verteilen.

Das *Nettovermögen der ZGE „Biopizza classic"* ergibt sich aus dem vorläufigen identifizierbaren Vermögen (6.100 T€), den stillen Reserven des zugeordneten Patentes (150 T€), dem anteiligen Kundenstamm (150 T€) und dem anteiligen Warenzeichen (325 T€) abzüglich der zugehörigen Schulden (4.500 T€). Es beträgt 2.225 T€. Da das Management der Pizza & Pasta AG davon ausgeht, dass sich in der ZGE „Biopizza classic" 40% der erwarteten Synergiepotenziale realisieren lassen werden, wird dieser ZGE auch 40% des Goodwill zugeordnet. Auf diese ZGE entfällt somit ein Goodwill von 312 T€.

Zur Bestimmung des *Nettovermögens der ZGE „Vollwertpizza"* sind zur Ermittlung des Nettovermögens neben dem vorläufigen identifizierbaren Vermögen i. H. v. 5.020 T€ noch die stillen Reserven des zugeordneten Patentes (150 T€), der anteilige Kundenstamm (200 T€), das anteilige Warenzeichen (325 T€) und die Rezeptur (300 T€) als identifizierbare immaterielle Vermögenswerte separat zu erfassen. Von diesem Vermögen der ZGE i. H. v. 5.995 T€ sind dann die zugehörigen Schulden (4.000 T€) zu subtrahieren. Das Nettovermögen beträgt damit 1.995 T€. Ferner wird dieser ZGE der verbleibende Teil des Goodwill i. H. v. 468 T€ (= 60%) zugeordnet.

Es ergeben sich zum 31.12.08 damit folgende Werte:

31.12.08	Gesamt	Biopizza classic	Vollwertpizza
identifizierbares Vermögen	12.720 T€	6.725 T€	5.995 T€
Goodwill	780 T€	312 T€	468 T€
Fremdkapital	8.500 T€	4.500 T€	4.000 T€
Nettovermögen inkl. Goodwill	5.000 T€	2.537 T€	2.463 T€

Tabelle 5: Nettovermögen und Goodwill zum 31.12.08

b) Zum 31.12.09 ist erstmalig der Werthaltigkeitstest gem. IAS 36 für die Goodwills der zahlungsmittelgenerierenden Einheiten durchzuführen. Hierzu sind als erster Schritt die erzielbaren Beträge der zahlungsmittelgenerierenden Einheiten zu ermitteln. Da weder für die ZGE „Biopizza classic" noch für die ZGE „Vollwertpizza" ein aktiver Markt noch beobachtbare Veräußerungspreise vorliegen, ist auf deren jeweiliger Nutzungswert abzustellen.[31] Dieser lässt sich durch die Diskontierung der Erwartungswerte (Diskontierungssatz 10%) der geschätzten zukünftigen periodischen Netto-Cashflows ermitteln. Die folgenden Tabellen geben die Nutzungswerte und damit die erzielbaren Beträge für die beiden zahlungsmittelgenerierenden Einheiten wieder.

Biopizza classic	10	11	12	13	14
EW	100,00	120,00	165,00	196,00	215,00
diskontierte EW	90,91	99,17	123,97	133,87	1.334,98
erzielbarer Betrag	1.782,90				

Tabelle 6: Erzielbarer Betrag der ZGE „Biopizza classic"

Vollwertpizza	10	11	12	13	14
EW	110,00	130,00	204,00	256,00	275,00
diskontierte EW	100,00	107,44	153,27	174,85	1.707,53
erzielbarer Betrag	2.243,09				

Tabelle 7: Erzielbarer Betrag der ZGE „Vollwertpizza"

---

[31] Konkretisierungen des Nutzungswertes finden sich in Appendix A zu IAS 36.

Der für die ZGE „Biopizza classic" durchzuführende Werthaltigkeitstest ergibt einen Wertminderungsbedarf von 274,10 T€. So beträgt der erzielbare Betrag 1.782,9 T€, während sich der Buchwert des Nettovermögens (6.245 – 4.500 = 1.745 T€) inklusive Goodwill (312 T€) auf (1.745 + 312 =) 2.057 T€ beläuft. Nach IAS 36.104 ist dieser Wertminderungsaufwand zunächst mit dem zugeordneten Goodwill zu verrechnen. Der ZGE „Biopizza classic" verbleibt damit ein Goodwill von 37,9 T€ (= 312 – 274,1).

Der Vergleich des erzielbaren Betrages der ZGE „Vollwertpizza" (2.243,09 T€) mit deren Buchwert (1.755 T€ = 5.755– 4.000) zuzüglich Goodwill (468 T€) ergibt einen Überhang des erzielbaren Betrages über den Buchwert i. H. v. 20,09 T€ (= 2.243,09 – 2.223). Der Goodwill dieser ZGE ist folglich in voller Höhe als werthaltig anzusehen.

Der im Konzernabschluss auszuweisende Goodwill zum 31.12.09 beträgt 505,90 T€ (= 780 – 274,10).

Literaturhinweise

ARROW, K. J. (1964): The Role of Securities in the Optimal Allocation of Risk-bearing, in: Review of Economic Studies, 31. Jg., S. 91–96.

BALLWIESER, W. (2007): Unternehmensbewertung, 2. Aufl., Stuttgart.

BEYHS, O./WAGNER, B. (2008): Die neuen Vorschriften des IASB zur Abbildung von Unternehmenszusammenschlüssen, in: DB, 61. Jg., S. 73–83.

BUSSE VON COLBE, W./ORDELHEIDE, D./GEBHARDT, G./PELLENS, B. (2006): Konzernabschlüsse, 8. Aufl., Wiesbaden.

COENENBERG, A. G. (2005): Jahresabschluss und Jahresabschlussanalyse, 20. Aufl., Stuttgart.

DEBREU, G. (1959): Theory of Value, New Haven, London.

DRUKARCZYK, J./SCHÜLER, A. (2007): Unternehmensbewertung, 5. Aufl., München.

HERING, T. (2006): Unternehmensbewertung, 2. Aufl., München, Wien.

HERING, T. (2008): Investitionstheorie, 3. Aufl., München.

HEYD, R./LUTZ-INGOLD, M. (2005): Immaterielle Vermögenswerte und Goodwill nach IFRS, München.

HINZ, M. (2005): Rechnungslegung nach IFRS, München.

HINZ, M. (2006): Der Konzernabschluss, in: WINKELJOHANN, N. (Hrsg.), Rechnungslegung nach IFRS, 2. Aufl., Herne, Berlin, S. 319–362.

JOHNSON, L. T./PETRONE, K. R. (1998): Is Goodwill an Asset?, in: Accounting Horizons (September), 12. Jg., S. 293–303.

KÜTING, K./WEBER, C.-P./WIRTH, J. (2007): Die Goodwillbilanzierung im finalisierten Business Combinations Phase II – Erstkonsolidierung, Werthaltigkeitstest und Endkonsolidierung –, in: KoR, 7. Jg., S. 139–152.

MATSCHKE, M. J./BRÖSEL, G. (2007): Unternehmensbewertung, 3. Aufl., Wiesbaden.

ORDELHEIDE, D. (1997): Kapitalmarktorientierte Bilanzierungsregeln für den Geschäftswert – HGB, IAS und US-GAAP –, in: FORSTER, K.-H./GRÜNEWALD, B./LUTTER, M./SEMLER, J. (Hrsg.), Aktien- und Bilanzrecht, Festschrift für Bruno Kropff, Düsseldorf, S. 596–589.

PELLENS, B./FÜLBIER, R. U./GASSEN, J./SELLHORN, T. (2007): Internationale Rechnungslegung, 7. Aufl., Stuttgart.

PELLENS, B./SELLHORN, T./AMSHOFF, H. (2005): Reform der Konzernbilanzierung - Neufassung von IFRS 3 „Business Combinations", in: DB, 58. Jg., S. 1749–1755.

PERRIDON, L./STEINER, M. (2004): Finanzwirtschaft der Unternehmung, 13. Aufl., München.

SELLHORN, T. (2000): Ansätze zur bilanziellen Behandlung des Goodwill im Rahmen einer kapitalmarktorientierten Rechnungslegung, in: DB, 53. Jg., S. 885–892.

WAGENHOFER, A. (2005): Internationale Rechnungslegungsstandards, 5. Aufl., Frankfurt et al.

WIRTH, J. (2005): Firmenwertbilanzierung nach IFRS, Stuttgart.

WÖHE, G. (1980): Zur Bilanzierung und Bewertung des Firmenwertes, in: StuW, 57. Jg., S. 89–108.

Klaus Henselmann und Benjamin Roos

3.3 Erwerb, Besitz und Veräußerung von Tochterunternehmen

Sachverhalt

Mit Wirkung zum 31.12.08 erwirbt die Mechatronic AG mit Sitz in Nürnberg (im Folgenden M) 100% der Anteile an der Technik GmbH mit Sitz in Fürth (im Folgenden T). Um innerhalb der Unternehmensgruppe abgestimmte, einheitliche unternehmerische Entscheidungen treffen zu können, werden zwei leitende Angestellte von M zu Geschäftsführern der T berufen.

Beide Gesellschaften haben ein mit dem Kalenderjahr übereinstimmendes Wirtschaftsjahr. Ferner sollen beiden Jahresabschlüssen einheitliche Ansatz- und Bewertungsvorschriften zugrunde liegen, so dass vor den eigentlichen Konsolidierungsmaßnahmen keine weiteren Aufbereitungsmaßnahmen erforderlich sind. Steuern (auch latente) sollen nicht zu berücksichtigen sein.

Zwischen den Gesellschaften bestehen keinerlei Geschäftsbeziehungen, wie z. B. Darlehensgewährung, Mietverhältnisse oder Warenlieferungen.

Zum 31.12.08 haben die beiden Unternehmen folgende Bilanzen und Gewinn- und Verlustrechnungen erstellt:

A	Bilanz T 31.12.08		P
sonstiges AV	4.500	Gezeichnetes Kapital	600
sonstiges UV	3.500	Kapitalrücklage	700
		Gewinnrücklage	900
		Jahresüberschuss	800
		sonstige Passiva	5.000
	8.000		8.000

S	GuV T 31.12.08		H
diverse Aufwendungen	2.200	Umsatz	2.000
Jahresüberschuss	800	sonstiger Ertrag	1.000
	3.000		3.000

Abbildung 1:   Einzeljahresabschluss der T GmbH zum 31.12.08

A	Bilanz M 31.12.08		P
Anteile an T	4.000	Gezeichnetes Kapital	1.000
sonstiges AV	5.500	Kapitalrücklage	500
sonstiges UV	2.500	Gewinnrücklage	2.000
		Jahresüberschuss	0
		sonstige Passiva	8.500
	12.000		12.000

S	GuV M 31.12.08		H
diverse Aufwendungen	7.000	Umsatz	6.000
Jahresüberschuss	0	Beteiligungsertrag	0
		sonstiger Ertrag	1.000
	7.000		7.000

Abbildung 2:   Einzeljahresabschluss der M AG zum 31.12.08

Aufgabe 1

Erläutern Sie kurz die Rechtsvorschriften, aus denen sich nach IFRS die Pflicht zur Erstellung eines Konzernabschlusses sowie zur Einbeziehung von T ergeben. Gehen Sie dabei auch auf den Zeitpunkt der Erstkonsolidierung ein.

Aufgabe 2

Der Kaufpreis für die gesamten Anteile beläuft sich auf 4.000. Das sonstige Anlagevermögen von T enthält dabei stille Reserven von 510 (Restnutzungsdauer von drei Jahren). Die im sonstigen Umlaufvermögen der T enthaltenen Vorräte weisen stille Reserven von 90 auf (vollständige Auflösung durch Weiterverkäufe im folgenden Jahr). Erstellen Sie aus den Einzelabschlüssen von M und T den Konzernjahresabschluss im Zeitpunkt der Erstkonsolidierung (31.12.08). Verwenden Sie hierzu die Neubewertungsmethode als Variante der Erwerbs- bzw. Akquisitionsmethode. Ein sich ergebender Goodwill ist entsprechend dem Impairment Only Approach nach IFRS 3 i. V. m. IAS 36.80 ff., 104 ff. zu behandeln. Hierzu wird vereinfachend unterstellt, dass die T eine einzige Cash Generating Unit (CGU) darstellt.

Für den vorliegenden Fall sei angenommen, dass ein zum 31.12.09 angefertigtes Bewertungsgutachten ergeben hat, dass der erzielbare Betrag (= höherer Betrag aus Nettoveräußerungswert und Nutzungswert) der CGU T deren Buchwert übersteigt. Insofern besteht in 09 keine Abschreibungsbedarf. Für 10 wird aber im Rahmen des Impairment Tests ein Wertminderungsbedarf von 300 identifiziert. In den Perioden 11 und 12 ergibt sich kein weiterer Abschreibungsbedarf im Konzernabschluss.

Aufgabe 3

In den Folgejahren sollen die Einzeljahresabschlüsse bei M und T grundsätzlich denen des Jahres 08 entsprechen. Im April des Folgejahres wird aber jeweils beschlossen, den von T erwirtschafteten Jahresüberschuss nur zu 80% auszuschütten. Es wird daher erstmals im April 09 eine Gewinnausschüttung in Höhe von 640 vorgenommen. Die einbehaltenen Gewinne von T erhöhen das sonstige Umlaufvermögen. Im Einzeljahresabschluss von M werden zudem ab dem Jahr 09 die von T ausgeschütteten Gewinne als Beteiligungsertrag erfasst. Es ist davon auszugehen, dass der Anspruch auf die Gewinnausschüttung sowohl rechtlich als auch wirtschaftlich erst im jeweils folgenden Jahr entsteht. Da M aus ihrer eigentlichen Tätigkeit keinen Jahresüberschuss erzielt, entspricht der Jahresüberschuss ab dem Jahr 09 der von T erhaltenen Gewinnausschüttung.

Für den Einzelabschluss von M zum 31.12.11 sei angenommen, dass die im Jahre 10 vorgenommene Goodwill-Abschreibung Anlass für eine Unternehmensbewertung zum Beteiligungsansatz von T im (Einzel-)Jahresabschluss von M bot. Im Ergebnis wird der Beteiligung an T lediglich ein (vereinfachter) Wert von 3.445 zugrunde gelegt. Entsprechend besteht im Einzelabschluss von M ein Wertminderungsbedarf von 555.

Die von M erzielten Jahresüberschüsse werden voll thesauriert. Führen Sie bis einschließlich 31.12.12 die Folgekonsolidierung durch.

Aufgabe 4

Zum 01.01.13 verkauft M die gesamte Beteiligung zum Preis von 4.500. Der erhaltene Betrag schlägt sich in einer Erhöhung des sonstigen Umlaufvermögens nieder. Nehmen Sie die Entkonsolidierung zu diesem Stichtag vor. Regelungen zur Entkonsolidierung, d. h. der bilanziellen Abbildung des Ausscheidens eines Tochterunternehmens aus dem Konsolidierungskreis finden sich in IAS 27.34-37.

Aufgabe 5

Vergleichen Sie den kumulierten Konzern-Jahresüberschuss mit dem kumulierten Jahresüberschuss im Einzelabschluss von M und erläutern Sie Abweichungen.

Lösung 1

Zunächst ist zu prüfen, ob M durch den Erwerb der Beteiligung an T zur Erstellung eines Konzernjahresabschlusses verpflichtet ist. Da M über 100% der Anteile und damit die Mehrheit der Stimmrechte verfügt, ist es ihr grundsätzlich möglich, die Finanz- und Geschäftspolitik der T zu bestimmen, um aus ihrer Tätigkeit Nutzen zu ziehen. Es besteht somit ein Beherrschungsverhältnis zwischen M und T. Damit ist nach IAS 27.4, 27.13 die Voraussetzung für die Erstellung eines Konzernabschlusses erfüllt.

Die erstmalige Einbeziehung in den Konzernabschluss richtet sich nach dem Akquisitionszeitpunkt. Dies ist i.d.R. der Zeitpunkt, zum dem der Erwerber die Beherrschung über das erworbene Unternehmen dadurch erlangt, dass er die Gegenleistung überträgt (IFRS 3.8-9). Man spricht hier vom sog. Closing Date. Allerdings kann der Akquisitionszeitpunkt vom Closing Date dann abweichen, wenn eine schriftliche Vereinbarung dahingehend vorliegt, dass die Beherrschung zu einem Zeitpunkt vor oder nach dem Closing Date erlangt wurde. Hierfür liegen keine Anhaltspunkte vor.

Nach IFRS besteht eine generelle Einbeziehungspflicht für alle Tochterunternehmen. Diese erstreckt sich auch auf mit Weiterveräußerungsabsicht erworbene Tochterunternehmen (IAS 27.12). Die dem betreffenden Unternehmen zuzuordnenden Vermögenswerte und Schulden sind allerdings nach den Regeln des IFRS 5 im Konzernabschluss auszuweisen und zu bewerten. Ein Einbeziehungsverbot besteht lediglich bei Verlust der Beherrschung (IAS 27.21). Dieses Einbeziehungsverbot greift im vorliegenden Sachverhalt bis zum 31.12.12 nicht. Ein faktisches Einbeziehungswahlrecht könnte sich aus dem in IAS 8.8 verankerten Wesentlichkeitsgrundsatz ergeben, spielt aber im vorliegenden Fall keine Rolle, da die Größe von T im Verhältnis zum Gesamtkonzern sicher nicht unwesentlich ist.

Lösung 2

Tochterunternehmen werden vollkonsolidiert (IAS 27.22). Akquisitionszeitpunkt für die erstmalige Einbeziehung in den Konzernabschluss ist der 31.12.08. Da die Bilanzierungs- und Bewertungsmethoden bei M und T bereits identisch sind, entsprechen die Einzelabschlüsse von M und T der Handelsbilanz II (HB II) (IAS 27.28-29).

Konsolidierungsmaßnahmen finden grundsätzlich in vier Bereichen statt:

- Bei der Kapitalkonsolidierung wird der Beteiligungsbuchwert mit dem anteiligen Eigenkapital der Tochtergesellschaft verrechnet (IAS 27.22, IFRS 3).
- Im Rahmen der Forderungs- und Schuldenkonsolidierung erfolgt eine Aufrechnung von Forderungen und Verbindlichkeiten, die zwischen den Konzerngesellschaften bestehen (IAS 27.24-25).
- Die Aufwands- und Ertragskonsolidierung nimmt eine Saldierung von Umsatzerlösen bzw. Erträgen mit den zugehörigen Aufwendungen vor (IAS 27.24-25).
- Eine Zwischengewinneliminierung ist immer dann erforderlich, wenn Vermögensgegenstände innerhalb des Konzerns geliefert wurden, sich jedoch am Abschlussstichtag noch innerhalb des Konzernkreises befinden und damit in den Konzernabschluss einzubeziehen sind (IAS 27.24-25).

Da im vorliegenden Fall keinerlei Geschäftsbeziehungen zwischen beiden Gesellschaften bestehen, ist nur die Kapitalkonsolidierung relevant.

Nach IFRS kommen im vorliegenden Fall sowohl die Neubewertungsmethode als auch die Full-Goodwill-Methode (IFRS 3.19 i. V. m. IFRS 3.32) in Betracht. Diese beiden Varianten der auf Unternehmenszusammenschlüsse verpflichtend anzuwendenden Erwerbs- bzw. Akquisitionsmethode (IFRS 3.4) unterscheiden sich hinsichtlich der Behandlung von Minderheitsgesellschaftern. IFRS 3 räumt für die Bewertung eines Minderheitenanteils ein Wahlrecht dahingehend ein, dass dieser entweder mit seinem Fair Value oder in Höhe des auf die Minderheiten entfallenden Anteils am identifizierbaren neubewerteten Reinvermögen bewertet werden kann (IFRS 3.19). Soweit die Anteile ohne beherrschenden Einfluss mit ihrem Fair Value bewertet werden, entspricht dies der Full-Goodwill-Methode. Dadurch kommt es, im Gegensatz zur Neubewertungsmethode, zu einer Aktivierung des auf die Minderheiten entfallenden Anteils am Goodwill. Bei der Ermittlung des Fair Value des Minderheitenanteils ist entweder auf den Marktpreis oder soweit dieser nicht vorliegt, auf Bewertungsmodelle wie das DCF-Verfahren zurückzugreifen (IFRS 3.B 44).

Beim Fehlen von Minderheitsgesellschaftern – wie hier gegeben – unterscheiden sich die beiden Varianten der Akquisitionsmethode nicht.

Die Konsolidierungsberechnungen gehen von den Einzelabschlüssen von M und T aus, die in den im Folgenden verwendeten Tabellen in den ersten Spalten aufgeführt sind. Anschließend folgen die für die Erstkonsolidierung erforderlichen Maßnahmen.

Erläuterungen zur Erstkonsolidierung per 31.12.08:

Im Rahmen der Neubewertungsmethode erfolgt als erstes eine Neubewertung der Vermögensgegenstände bei T in einer sog. Handelsbilanz III (HB III). Dabei werden sämtliche stille Reserven in den einzelnen Vermögensgegenständen aufgedeckt (Fair Value im Akquisitionszeitpunkt nach IFRS 3.18-20; Ausnahmen von einer Bewertung zum Fair Value enthält IFRS 3.21-31). Die als Ausfluss der stillen Reserven entstandene Neubewertungsdifferenz wird zunächst als gesonderter Posten im Eigenkapital ausgewiesen. Folgende Umbuchungen sind hierzu erforderlich:

sonstiges AV   510
sonstiges UV   90 an Neubewertungsdifferenz   600

Aus der HB III von T und dem Einzelabschluss (eigentlich: HB II) von M wird ein Summenabschluss gebildet, der die eigentliche Grundlage für die Konsolidierungsmaßnahmen bildet.

Da in der Summenbilanz (= Zeitpunktrechnung auf den 31.12.08) sowohl das Eigenkapital von T als auch der Beteiligungsbuchwert enthalten sind, müssen beide Posten gegeneinander aufgerechnet werden, um die Doppelerfassung zu beseitigen. In die Aufrechnung sind alle Eigenkapitalpositionen von T einschließlich der Neubewertungsdifferenz einzubeziehen. Auch der von T im Eigenkapital ausgewiesene Jahresüberschuss wird ausgebucht, da dieser von M mit „erworben" wurde. Eine Einbeziehung der Gewinn- und Verlustrechnung von T (= Zeitraumrechnung vom 01.01.08 bis 31.12.08) erfolgt im vorliegenden Fall nicht, da sie sich hier gänzlich auf einen Zeitraum vor dem Erwerbszeitpunkt bezieht (in IAS 27.30 ausdrücklich geregelt).

Erstkonsolidierung 31.12.08:

	Abschluss M 31.12.08		Abschluss T 31.12.08		Zuschreibung stille Reserven		HB III T 31.12.08		Summen- abschluss		Aufrechnung Beteiligung / EK		Konzern- abschluss	
	S	H	S	H	S	H	S	H	S	H	S	H	S	H
Aktiva:														
Geschäftswert											400		400	
Anteile an T	4000								4000			4000		
sonstiges AV	5500		4500		510		5010		10510				10510	
sonstiges UV	2500		3500		90		3590		6090				6090	
Passiva:														
Neubewertungsdifferenz						600		600		600	600			
Gezeichnetes Kapital		1000		600				600		1600	600			1000
Kapitalrücklage		500		700				700		1200	700			500
Gewinnrücklage		2000		900				900		2900	900			2000
Jahresüberschuss				800				800		800	800			
sonstige Passiva		8500		5000				5000		13500				13500
Summen	12000	12000	8000	8000	600	600	8600	8600	20600	20600	4000	4000	17000	17000
Aufwendungen:														
diverse Aufwendungen	7000								7000				7000	
Jahresüberschuss														
Erträge:														
Umsatz		6000								6000				6000
Beteiligungsertrag														
sonstiger Ertrag		1000								1000				1000
Summen	7000	7000							7000	7000			7000	7000

Abbildung 3: Erstkonsolidierung zum 31.12.08

3.3 Erwerb, Besitz und Veräußerung von Tochterunternehmen

Der aufzurechnende Beteiligungsbuchwert übersteigt das bilanzielle Eigenkapital nach Neubewertung (= Aufdeckung stiller Reserven) immer noch um 400. Dieser Teil des Kaufpreises wurde für künftig erwartete positive Geschäftsentwicklungen gezahlt und stellt den Geschäfts- oder Firmenwert bzw. Goodwill dar (IFRS 3.A, IFRS 3.32). Damit entstehen folgende weitere Buchungen:

Gezeichnetes Kapital	600			
Kapitalrücklage	700			
Gewinnrücklage	900			
Jahresüberschuss	800			
Neubewertungsdifferenz	600			
Geschäftswert	400	an	Anteile an T	4.000

Die letzte Spalte der Abbildung 3 zeigt den Konzernabschluss zum 31.12.08.

Lösung 3

In den Jahren 09 bis 12 besteht jeweils während des gesamten Jahres eine 100%ige Beteiligung von M an T. Es ist daher wiederum eine Vollkonsolidierung durchzuführen. Im Gegensatz zur Erstkonsolidierung am 31.12.08 wird jetzt auch die Gewinn- und Verlustrechnung von T in den Konzernabschluss einbezogen, da sämtliche Aufwendungen und Erträge nach dem Akquisitionszeitpunkt angefallen sind.

Bei der Neubewertungsmethode erfolgt die Verrechnung des Beteiligungsbuchwertes mit dem anteiligen Eigenkapital stets nach den Wertverhältnissen zum Zeitpunkt der erstmaligen Einbeziehung (Methode der Erstkonsolidierung). Sollten Minderheitsgesellschafter vorhanden sein, so sind diese auf den Stichtag zu konsolidieren, d. h. der Minderheitenanteil ist in jeder Periode um den auf ihn entfallenden Anteil am Konzernergebnis fortzuschreiben.

Erläuterungen zur Folgekonsolidierung 31.12.09:

Sowohl bei T als auch bei M hat sich durch die Jahresüberschüsse das sonstige Umlaufvermögen erhöht (T: neuer Jahresüberschuss +800, geleistete Ausschüttung von 800 * 80% = –640 für das Vorjahr, insgesamt 800 – 640 = +160; M: erhaltene Ausschüttung von +640) und die Gewinnrücklagen verändert. M weist außerdem einen entsprechenden Beteiligungsertrag aus. Der erste Arbeitsschritt bei der Folgekonsolidierung ist die Erstellung der HB III von T. Am 31.12.08 entstand ursprünglich durch Zuschreibung stiller Reserven im AV und UV der HB III eine Neubewertungsdifferenz in Höhe von 600:

sonstiges AV	510			
sonstiges UV	90	an	Neubewertungsdifferenz	600

Folgekonsolidierung 31.12.09:

	Abschluss M 31.12.09		Abschluss T 31.12.09		Fortführung stille Reserven		HB III T 31.12.09		Summenabschluss		Aufrechnung Beteiligung / EK		Beteiligungsertrag		Konzernabschluss	
	S	H	S	H	S	H	S	H	S	H	S	H	S	H	S	H
Aktiva:																
Geschäftswert											400				400	
Anteile an T	4000								4000			4000				
sonstiges AV	5500		4500		510	170	4840		10340						10340	
sonstiges UV	3140		3660		90	90	3660		6800						6800	
Passiva:																
Neubewertungsdifferenz						600		600		600	600					
Gezeichnetes Kapital		1000		600				600		1600	600					1000
Kapitalrücklage		500		700				700		1200	700					500
Gewinnrücklage		2000		1060				1060		3060	1700					2000
Jahresüberschuss		640		800	260			540		1180			640	640		540
sonstige Passiva		8500		5000				5000		13500						13500
Summen	12640	12640	8160	8160	860	860	8500	8500	21140	21140	4000	4000	640	640	17540	17540
Aufwendungen:																
diverse Aufwendungen	7000		2200		260		2460		9460				640		9460	
Jahresüberschuss	640		800			260	540		1180						540	
Erträge:																
Umsatz		6000		2000				2000		8000						8000
Beteiligungsertrag		640								640			640	640		
sonstiger Ertrag		1000		1000				1000		2000						2000
Summen	7640	7640	3000	3000	260	260	3000	3000	10640	10640			640	640	10000	10000

Abbildung 4: Folgekonsolidierung zum 31.12.09

3.3 Erwerb, Besitz und Veräußerung von Tochterunternehmen

Im nächsten Schritt werden die aufgedeckten stillen Reserven in der HB III fortgeführt. Die aufgedeckten stillen Reserven sind zum 31.12.09 nicht mehr komplett vorhanden: So werden die im sonstigen Anlagevermögen enthaltenen stillen Reserven annahmegemäß über drei Jahre linear abgeschrieben. Daraus ergibt sich eine erfolgswirksame Minderung im Anlagevermögen von 170 (= 510 : 3). Die im sonstigen Umlaufvermögen aufgedeckten stillen Reserven in Höhe von 90 waren vollständig in Vorräten enthalten, die im Folgejahr (also 09) verbraucht wurden. Dies bedeutet, dass diese gänzlich nicht mehr vorhanden sind. Folgende Buchungen führen zur Fortschreibung der stillen Reserven:

diverse Aufwendungen	*170*	*an*	*sonstiges AV*	*170*
(= erhöhte Abschreibungen)				
diverse Aufwendungen	*90*	*an*	*sonstiges UV*	*90*
(= erhöhter Wareneinsatz)				
Jahresüberschuss (Bilanz)	*260*	*an*	*Jahresüberschuss (GuV)*	*260*

Anschließend erfolgt die Aufrechnung des Beteiligungsbuchwertes mit dem Eigenkapital von T. Hierbei kommen erneut die Werte zum Zeitpunkt der Erstkonsolidierung zur Anwendung. Zu berücksichtigen ist lediglich eine kleine Umgliederung innerhalb des Eigenkapitalausweises: Der im Vorjahr von T erzielte Jahresüberschuss (800) gehört mittlerweile zu den Gewinnrücklagen (von T bei Thesaurierung oder von M bei Ausschüttung; aus Sicht des Konzerns verlässt der Jahresüberschuss jedoch nicht den Konzern, er gilt daher insgesamt als einbehalten und erhöht die Konzern-Gewinnrücklagen). Somit treten (zusätzliche) Gewinnrücklagen bei der Aufrechnung an die Stelle des Jahresüberschusses aus 08:

Gezeichnetes Kapital	*600*			
Kapitalrücklage	*700*			
Gewinnrücklage	*900*			
Gewinnrücklage (Vorjahr: JÜ)	*800*			
Neubewertungsdifferenz	*600*			
Geschäftswert	*400*	*an*	*Anteile an T*	*4.000*

Darüber hinaus muss der aktivierte Goodwill in Höhe von 400 im Rahmen eines Impairment Tests (mindestens) einmal jährlich auf seine Werthaltigkeit hin überprüft werden. Ein hierzu am 31.12.09 angefertigtes Bewertungsgutachten hat ergeben, dass der erzielbare Betrag der CGU T deren Buchwert übersteigt. In 09 besteht folglich kein Abschreibungsbedarf für den aktivierten Goodwill.

Schließlich muss noch der Beteiligungsertrag eliminiert werden. Der von T an M in 09 ausgeschüttete Vorjahresgewinn in Höhe von 640 (= 800 * 80%) ist im Konzernabschluss bereits enthalten. Somit darf er nicht nochmals in der Konzern-GuV als Ertrag berücksichtigt werden; er muss erfolgswirksam ausgebucht werden. In der Bilanz ist anstelle des zu reduzierenden Jahresüberschusses eine Erhöhung der Gewinnrücklage zu buchen, da letztere bislang nur den thesaurierten Jahresüberschussanteil von T in Höhe von 160 (= 800 * 20%) enthält.

Beteiligungsertrag	640	an	*Jahresüberschuss (GuV)*	640
Jahresüberschuss (Bilanz)	640	an	*Gewinnrücklagen*	640

Aus der Summe der erfolgswirksamen Buchungen ergibt sich eine Minderung des Jahresüberschusses gleichzeitig in GuV und Bilanz von 900 (= 170 + 90 + 640).

Nach Abschluss aller Buchungen erhält man den Konzernabschluss am 31.12.09.

Erläuterungen zur Folgekonsolidierung 31.12.10:

Zunächst werden die im Zuge der Erstkonsolidierung aufgedeckten stillen Reserven verbucht. Im Anschluss daran sind diese für das laufende Jahr weiter fortzuschreiben. Da die stillen Reserven im Umlaufvermögen bereits vollständig aufgelöst sind, verbleibt nur noch die Änderung der stillen Reserven im Anlagevermögen in Höhe von 170. Darüber hinaus sind die bereits im Vorjahr erfolgswirksam vorgenommenen Veränderungen der stillen Reserven gegen die Gewinnrücklage zu buchen. (Da diese im Vorjahr den Konzernjahresüberschuss und damit - bei konstanter Ausschüttung - den einbehaltenen Gewinn verringert haben, wirkt sich dies im Folgejahr erfolgsneutral auf die Höhe der Gewinnrücklagen aus):

sonstiges AV	510			
sonstiges UV	90	an	*Neubewertungsdifferenz*	600
diverse Aufwendungen	170	an	*sonstiges AV*	170
(= erhöhte Abschreibungen)				
Jahresüberschuss (Bilanz)	170	an	*Jahresüberschuss (GuV)*	170
Gewinnrücklage	260	an	*sonstiges AV*	170
			sonstiges UV	90

Die Buchungen zur Erstellung der HB III sind im Vergleich zum Vorjahr umfangreicher, da sowohl die in 09 vorgenommenen Buchungen als auch die erfolgswirksamen Buchungen des aktuellen Jahres erfasst werden müssen.

Die Aufrechnung des Beteiligungsbuchwertes mit dem Eigenkapital von T erfolgt hingegen analog dem Vorjahr. Entsprechend ist dieselbe Buchung vorzunehmen:

Gezeichnetes Kapital	600			
Kapitalrücklage	700			
Gewinnrücklage	1700			
Neubewertungsdifferenz	600			
Geschäftswert	400	an	*Anteile an T*	4.000

Ferner muss der aktivierte Goodwill wiederum auf seine Werthaltigkeit hin überprüft werden. Ein im Rahmen des Impairment Tests erstelltes Bewertungsgutachten für die CGU T kommt zu dem Ergebnis, dass ihr Buchwert den erzielbaren Betrag am 31.12.10 um 300 übersteigt. Folglich ist in gleicher Höhe eine außerplanmäßige Abschreibung auf den Goodwill vorzunehmen. Entsprechend verringert sich der Bilanzansatz des Goodwill:

3.3 Erwerb, Besitz und Veräußerung von Tochterunternehmen

Folgekonsolidierung 31.12.10:

	Abschluss M 31.12.10		Abschluss T 31.12.10		Fortführung stille Reserven		HB II T 31.12.10		Summen- abschluss		Aufrechnung Beteiligung / EK		Beteiligungs- ertrag / Impairment		Konzern- abschluss	
	S	H	S	H	S	H	S	H	S	H	S	H	S	H	S	H
Aktiva:																
Geschäftswert	4000								4000		400	4000		300	100	
Anteile an T	5500		4500		510	340	4640		10170						10170	
sonstiges AV	3780		3820		90	90	3820		7600						7600	
sonstiges UV																
Passiva:																
Neubewertungsdifferenz						600		600		600	600					
Gezeichnetes Kapital		1000		600				600		1600	600					1000
Kapitalrücklage		500		700				700		1200	700					500
Gewinnrücklage		2640		1220	260			960		3600	1700					2540
Jahresüberschuss		640		800	170			630		1270			940	640		330
sonstige Passiva		8500		5000				5000		13500						13500
Summen	13280	13280	8320	8320	1030	1030	8490	8490	21770	21770	4000	4000	940	940	17870	17870
Aufwendungen:																
diverse Aufwendungen	7000		2200		170		2370		9370				300		9670	
Jahresüberschuss	640		800			170	630		1270					940	330	
Erträge:																
Umsatz		6000		2000				2000		8000						8000
Beteiligungsertrag		640								640			640			
sonstiger Ertrag		1000		1000				1000		2000						2000
Summen	7640	7640	3000	3000	170	170	3000	3000	10640	10640			940	940	10000	10000

Abbildung 5: Folgekonsolidierung zum 31.12.10

diverse Aufwendungen *(= Abschreibungen auf* *den Geschäftswert)*	*300*	*an*	*Geschäftswert*	*300*
Jahresüberschuss (Bil.)	*300*	*an*	*Jahresüberschuss (GuV)*	*300*

Schließlich ist analog zum Vorjahr die Doppelerfassung des Beteiligungsertrages zu beseitigen:

Beteiligungsertrag	*640*	*an*	*Jahresüberschuss (GuV)*	*640*
Jahresüberschuss (Bil.)	*640*	*an*	*Gewinnrücklagen*	*640*

Im Jahr 10 ergibt sich im Konzernabschluss aus den erfolgswirksamen Buchungen eine Verringerung des Jahresüberschusses um 1.110 (= 170 + 300 + 640). Die Differenz in Höhe von 210 im Vergleich zur Minderung des Jahresüberschusses in 09 um 900 resultiert zum einen daraus, dass die stillen Reserven in den Vorräten (90) bereits im Vorjahr voll aufgelöst wurden. Zusätzlich ist in 10 jedoch eine Goodwill-Abschreibung (300) vorzunehmen.

Erläuterungen zur Folgekonsolidierung 31.12.11:

Für 11 wird nun unterstellt, dass die im Vorjahr vorgenommene außerplanmäßige Goodwill-Abschreibung als Anlass genommen wurde, eine Unternehmensbewertung für den Beteiligungsansatz von T im (Einzel-)Jahresabschluss von M durchzuführen. Dabei gelangte man zu dem Ergebnis, dass der Beteiligung an T lediglich ein (vereinfachter) Wert von 3.445 zugrunde gelegt werden kann. Demzufolge besteht auf Ebene des Einzelabschlusses von M ein Wertminderungsbedarf von 555. Hierzu sind zunächst folgende erfolgswirksame Buchungen vorzunehmen:

diverse Aufwendungen *(= Korrektur Anteile an T)*	*555*	*an*	*Anteile an T*	*555*
Jahresüberschuss (Bil.)	*555*	*an*	*Jahresüberschuss (GuV)*	*555*

Zum 31.12.11 ergibt sich auf Ebene des Einzelabschlusses von M ein Beteiligungsbuchwert von 3.445.

Die Folgekonsolidierung zum 31.12.11 entspricht wiederum weitgehend der des Vorjahres. Bei der Erstellung der HB III von T sind erneut die Veränderungen der stillen Reserven der Vorjahre sowie des laufenden Jahres zu berücksichtigen. Folgende Buchungen sind durchzuführen:

sonstiges AV *sonstiges UV*	*510* *90*	*an*	*Neubewertungsdifferenz*	*600*
diverse Aufwendungen *(= erhöhte Abschreibungen)*	*170*	*an*	*sonstiges AV*	*170*
Jahresüberschuss (Bilanz)	*170*	*an*	*Jahresüberschuss (GuV)*	*170*
Gewinnrücklage	*430*	*an*	*sonstiges AV* *sonstiges UV*	*340* *90*

3.3 Erwerb, Besitz und Veräußerung von Tochterunternehmen

Folgekonsolidierung zum 31.12.11:

	Abschluss M 31.12.11		Abschluss T 31.12.11		Fortführung stille Reserven		HB III T 31.12.11		Korrektur Abwertung Anteile an T		Summenabschluss		Aufrechnung Beteiligung / EK		Beteiligungsertrag / Impairment		Konzernabschluss	
	S	H	S	H	S	H	S	H	S	H	S	H	S	H	S	H	S	H
Aktiva:																		
Geschäftswert	3445												400			300	100	
Anteile an T	5500		4500		510	510	4500				4000			4000				
sonstiges AV	5500		4500		510		4500				10000						10000	
sonstiges UV	4420		3980			90	3980				8400						8400	
Passiva:																		
Neubewertungsdifferenz				600	600			600	555			600	600					1000
Gezeichnetes Kapital		1000		600				600				1600	600					500
Kapitalrücklage		500		700				700				1200	700					2870
Gewinnrücklage		3280		1380	430			950				4230	1700		300	640		630
Jahresüberschuss		85		800	170			630		555		1270			640			13500
sonstige Passiva		8500		5000				5000				13500						18500
Summen	13365	13365	8480	8480	1200	1200	8480	8480	555	555	22400	22400	4000	4000	940	940	18500	
Aufwendungen:																		
diverse Aufwendungen	7555		2200		170		2370				9370						9370	
Jahresüberschuss	85		800			170	630		555		1270					640	630	
Erträge:																		
Umsatz		6000		2000				2000				8000						8000
Beteiligungsertrag		640										640			640			
sonstiger Ertrag		1000		1000				1000				2000						2000
Summen	7640	7640	3000	3000	170	170	3000	3000	555	555	10640	10640			640	640	10000	10000

Abbildung 6: Folgekonsolidierung zum 31.12.11

In der Summe sind die bei der erstmaligen Konsolidierung aufgedeckten stillen Reserven nun vollständig eliminiert. Dies hat zur Folge, dass die Wertansätze in der HB III denen des Einzelabschlusses von T entsprechen.

Im Hinblick auf die Abwertung der Beteiligung im Einzelabschluss der M ist jedoch folgendes zu konstatieren: Da es sich bei den beiden Unternehmen aus Konzernsicht um eine wirtschaftliche Einheit handelt und diese Einheit keine Beteiligung an sich selbst halten kann, darf der Konzernabschluss folglich auch keinen Aufwand aus der Abwertung der Beteiligung im Einzelabschluss enthalten. Vor diesem Hintergrund ist eine erfolgswirksame Rückgängigmachung der Abschreibung auf den Beteiligungsbuchwert vorzunehmen (hierzu wurde im Anschluss an die HB III eine separate Buchungsspalte eingefügt):

Anteile an T 555 an *diverse Aufwendungen* 555
 (= *Korrektur Anteile an T*)
Jahresüberschuss (GuV) 555 an *Jahresüberschuss (Bil.)* 555

Dadurch ergeben sich bei der Aufrechnung des Beteiligungsbuchwertes mit dem Eigenkapital von T letztlich auch keine Änderungen zu den Vorjahren:

Gezeichnetes Kapital 600
Kapitalrücklage 700
Gewinnrücklage 1700
Neubewertungsdifferenz 600
Geschäftswert 400 an *Anteile an T* 4.000

Bei dem am 31.12.11 durchgeführten Goodwill-Impairment Test konnte kein weiterer Wertminderungsbedarf identifiziert werden. Allerdings ist die im Vorjahr auf den Goodwill vorgenommene Abschreibung erfolgsneutral (gegen die Gewinnrücklage) zu berücksichtigen:

Gewinnrücklage 300 an Geschäftswert 300

Darüber hinaus ist der Beteiligungsertrag erfolgswirksam zu verbuchen:

Beteiligungsertrag 640 an Jahresüberschuss (GuV) 640
Jahresüberschuss (Bil.) 640 an Gewinnrücklagen 640

Somit ergibt sich für das laufende Jahr insgesamt eine Ergebnisbelastung von 810 (= 640 + 170).

Erläuterungen zur Folgekonsolidierung 31.12.12:

Auf Ebene des Einzelabschlusses von M sollen sich keine Änderungen ergeben haben.

3.3 Erwerb, Besitz und Veräußerung von Tochterunternehmen

Folgekonsolidierung zum 31.12.12:

	Abschluss M 31.12.12 S	H	Abschluss T 31.12.12 S	H	Fortführung stille Reserven S	H	HB III T 31.12.12 S	H	Korrektur Abwertung Anteile an T S	H	Summen- abschluss S	H	Aufrech- nung Betei- ligung / EK S	H	Beteili- gungs- ertrag / Impair- ment S	H	Konzern- abschluss S	H
Aktiva:																		
Geschäftswert	3445										4000		400	4000		300	100	
Anteile an T	5500		4500		510		4500		555		10000						10000	
sonstiges AV	5060		4140		90		4140				9200						9200	
sonstiges UV																		
Passiva:																		
Neubewertungsdifferenz		1000		600		600		600				600	600					1000
Gezeichnetes Kapital		500		700				600				1600	600					500
Kapitalrücklage		3365		1540				700				1200	700					3500
Gewinnrücklage		640		800		600		940		555		4860	1700		300	640		800
Jahresüberschuss		8500		5000				800				1440			640			13500
sonstige Passiva								5000				13500						
Summen	14005	14005	8640	8640	1200	1200	8640	8640	555	555	23200	23200	4000	4000	940	940	19300	19300
Aufwendungen:																		
diverse Aufwendungen	7000		2200				2200				9200						9200	
Jahresüberschuss	640		800				800				1440				640		800	
Erträge:																		
Umsatz		6000		2000				2000				8000						8000
Beteiligungsertrag		640										640			640			
sonstiger Ertrag		1000		1000				1000				2000						2000
Summen	7640	7640	3000	3000			3000	3000			10640	10640			640	640	10000	10000

Abbildung 7: Folgekonsolidierung zum 31.12.12

Auch die Folgekonsolidierung läuft im Wesentlichen identisch zum Vorjahr ab. Die ursprüngliche Zuschreibung der stillen Reserven in der Bilanz wurde in den Vorjahren bereits vollständig rückgängig gemacht. HB III und Einzelabschluss des Tochterunternehmens sind somit von vornherein deckungsgleich.

Die Aufrechnung des Beteiligungsbuchwertes mit dem Eigenkapital von T entspricht den Vorjahren:

Gezeichnetes Kapital   600
Kapitalrücklage   700
Gewinnrücklage   1700
Neubewertungsdifferenz   600
Geschäftswert   400   an   *Anteile an T*   4.000

Im Zuge des am 31.12.12 erneut durchgeführten Impairment Tests konnte wiederum kein Wertminderungsbedarf identifiziert werden. Allerdings ist die in 10 auf den Geschäftswert vorgenommene Abschreibung erfolgsneutral (gegen die Gewinnrücklage) zu berücksichtigen:

Gewinnrücklage   300   an   *Geschäftswert*   300

In den erfolgswirksamen Buchungen des Jahres fällt nur noch die Ausbuchung des Beteiligungsertrages (640) an:

Beteiligungsertrag   640   an   *Jahresüberschuss (GuV)*   640
Jahresüberschuss (Bil.)   640   an   *Gewinnrücklagen*   640

Der Konzernjahresüberschuss verringert sich damit nur noch um 640.

Lösung 4

Mit der Veräußerung der Beteiligung scheidet die Tochtergesellschaft T aus dem Konsolidierungskreis aus. Es muss daher eine Entkonsolidierung vorgenommen werden. Stichtag hierfür ist der Tag des Verkaufs, also der 01.01.13.

Der Einzeljahresabschluss von M zum 01.01.13 kann aus dem Abschluss zum 31.12.12 abgeleitet werden. Dazu ist der im Vorjahr erzielte Jahresüberschuss umzubuchen, also z. B. bei unterstellter Thesaurierung den Gewinnrücklagen zuzurechnen. Anschließend ist der Verkauf der Beteiligung als einziger Geschäftsvorfall zu erfassen. Dieser führt zu einem Ausbuchen des Beteiligungsbuchwertes von 3.445 und einer Erhöhung des sonstigen Umlaufvermögens um den Verkaufspreis von 4.500. Die Differenz von 1.055 stellt einen Veräußerungsgewinn dar, der mangels weiterer Geschäftsvorfälle gleichzeitig dem Jahresüberschuss entspricht. In der Gewinn- und Verlustrechnung des Einzelabschlusses von M wird somit ausschließlich der Veräußerungsgewinn in Höhe von 1.055 ausgewiesen.

3.3 Erwerb, Besitz und Veräußerung von Tochterunternehmen

Der Einzeljahresabschluss von T am 01.01.13 unterscheidet sich vom Abschluss zum 31.12.12 nur dahingehend, dass der in 12 erzielte Jahresüberschuss ebenfalls umzubuchen ist, also etwa bei entschiedener Thesaurierung in die Gewinnrücklagen eingeht. Die übrigen Bilanzpositionen bleiben unverändert. Eine Gewinn- und Verlustrechnung für T braucht nicht aufgestellt zu werden, da bis zu diesem Zeitpunkt keine Geschäftsvorfälle angefallen sind.

Für die Entkonsolidierung von T sind folgende Schritte erforderlich:

	Abschluss M 01.01.13		Abschluss T 01.01.13		Konzern-abschluss vor Verkauf		erfolgswirksame Entkonsoli-dierung		Konzern-abschluss	
	S	H	S	H	S	H	S	H	S	H
Aktiva:										
Geschäftswert					100		100			
Anteile an T										
sonstiges AV	5500		4500		10000			4500	5500	
sonstiges UV	9560		4140		9200		4500	4140	9560	
Passiva:										
Neubewertungsdifferenz										
Gezeichnetes Kapital		1000		600		1000				1000
Kapitalrücklage		500		700		500				500
Gewinnrücklage		4005		2340		4300				4300
Jahresüberschuss		1055						760		760
sonstige Passiva		8500		5000		13500	5000			8500
Summen	15060	15060	8640	8640	19300	19300	9500	9500	15060	15060
Aufwendungen:										
diverse Aufwendungen										
Jahresüberschuss	1055						760		760	
Erträge:										
Umsatz										
Veräußerungsgewinn		1055						760		760
sonstiger Ertrag										
Summen	1055	1055					760	760	760	760

Abbildung 8:   Entkonsolidierung zum 01.01.13

Erläuterungen zur Entkonsolidierung per 01.01.13:

Ausgangspunkt für die Konsolidierung ist der Konzernabschluss vor Verkauf der Beteiligung an T, d. h. also der Konzernabschluss zum 31.12.12. Anschließend sind die erfolgswirksamen Konsolidierungsbuchungen vorzunehmen.

Der für den Verkauf der Beteiligung erhaltene Preis (4.500) erhöht wie auch im Einzelabschluss das sonstige Umlaufvermögen.

Abweichend vom Einzelabschluss muss im Konzernabschluss nicht der Beteiligungsbuchwert ausgebucht werden, da dieser durch die Kapitalkonsolidierung eliminiert wurde. Vielmehr gelten dafür alle im Konzernabschluss enthaltenen Vermögensgegenstände (AV 4.500 und UV 4.140) und Schulden (5.000) von T als einzeln veräußert.

Der Veräußerungsgewinn ergibt sich dann aus der Differenz der Buchwerte der Vermögensgegenstände von T in der Konzernbilanz und dem Verkaufspreis. Die vorzunehmende Buchung lautet:

sonstige Passiva (T)   5.000
sonstiges UV (M)   4.500   an   *Geschäftswert (T)*   100
                                     sonstiges AV (T)   4.500
                                     sonstiges UV (T)   4.140
                                     Jahresüberschuss (M)   760

Im Konzernabschluss ergibt sich daher ein vom Einzelabschluss abweichender Jahresüberschuss. Maßgeblich hierfür sind zwei gegenläufige Effekte:

- Die von T erzielten, aber nicht ausgeschütteten Gewinne von jährlich 160 (20% von 800) sind im Einzeljahresabschluss von M bislang nicht berücksichtigt, da immer nur der ausgeschüttete Teil des Jahresüberschusses in Höhe von 640 als Beteiligungsertrag erfasst wurde. Dagegen ging in den Konzernjahresabschluss stets der gesamte Jahresüberschuss von 800 ein. Die von T einbehaltenen Gewinne waren daher bereits in den laufenden Jahresüberschüssen enthalten, so dass der Veräußerungsgewinn im Konzernabschluss um diesen Betrag niedriger ausfällt. Da T über vier Jahre einbezogen wurde, ergibt sich ein im Vergleich zum Einjahresabschluss niedrigerer Veräußerungsgewinn von 4 * 160 = 640. Ferner ergibt sich durch die im Einzeljahresabschluss von M vorgenommene Abwertung der Beteiligung an T ein Effekt auf die Höhe des Veräußerungsgewinns. Dieser erhöht sich im Vergleich zum Konzerngewinn um 555. In Summe ergibt sich dadurch eine Abweichung zwischen Einzel- und Konzerngewinn von 640 + 555 = 1.195.

- Demgegenüber steht die Aufdeckung und anschließende erfolgswirksame Auflösung der stillen Reserven sowie des Goodwill. Dadurch wurde der Jahresüberschuss im Konzernabschluss im Vergleich zum Einzelabschluss von M um insgesamt 510 + 90 + 300 = 900 gemindert. Bei der Veräußerung der Beteiligung ergibt sich ein dementsprechend höherer Konzerngewinn.

Die Differenz aus diesen beiden Abweichungen in Höhe von 295 (= 1.195 – 900) entspricht der Differenz der Veräußerungsgewinne in Einzel- und Konzernabschluss (1.055 – 760 = 295). Diese wird bei den Gewinnrücklagen wieder ausgeglichen. Da sich alle erfolgswirksamen Buchungen in den Folgejahren in den Gewinnrücklagen der Konzernbilanz niedergeschlagen haben, sind diese um den Betrag von 295 höher als im Einzelabschluss. Die übrigen Positionen in Einzel- und Konzernabschluss sind identisch.

Lösung 5

Abschließend sollen die Ergebnisse nochmals zusammengefasst und ausgewertet werden. Die kumulierten Jahresüberschüsse im Einzelabschluss von M sowie dem Konzernabschluss sind in der folgenden Übersicht zusammengestellt:

	31.12.08	31.12.09	31.12.10	31.12.11	31.12.12	01.01.13
Jahresabschluss	0	640	640	85	640	1.055
kumuliert	0	640	1.280	1.365	2.005	3.060
Konzernabschluss	0	540	330	630	800	760
kumuliert	0	540	870	1.500	2.300	3.060

Abbildung 9:   *Verlauf der kumulierten Jahresüberschüsse bei M*

Hierbei wird deutlich, dass zum 01.01.13 zwar die Summe der Jahresüberschüsse im Einzelabschluss von M identisch ist mit der Summe der Jahresüberschüsse im Konzernabschluss. Allerdings weisen die einzelnen Jahresüberschüsse eine unterschiedliche zeitliche Verteilung auf. Die Abweichungen lassen sich wie folgt erklären:

- Im Konzernabschluss erfolgt eine erfolgswirksame Auflösung der stillen Reserven im Anlagevermögen und in den Vorräten sowie die Abschreibung des Goodwill.
- Dagegen kommt es aufgrund der nur teilweisen Ausschüttung der von T erzielten Gewinne im Konzernabschluss zu einem höheren Gewinn. Während im Einzelabschluss von M lediglich 80% des Jahresüberschusses von T als Beteiligungsertrag ins Ergebnis einfließen, wird aufgrund der Einbeziehung von T in den Konzernabschluss dort der gesamte Jahresüberschuss ausgewiesen. Zusätzlich führt die Abwertung der Beteiligung zu einem niedrigeren Gewinn im Einzelabschluss.
- Ein Ausgleich erfolgt schließlich durch die verschiedenen Veräußerungsgewinne in Einzel- und Konzernabschluss (siehe Lösung zur Aufgabe 4.).

Literaturhinweise

BAETGE, J./KIRSCH, H.-J./THIELE, S. (2004): Konzernbilanzen, 7. Aufl., Düsseldorf.

BUSSE VON COLBE, W./ORDELHEIDE, D./GEBHARDT, G./PELLENS, B. (2006): Konzernabschlüsse, 8. Aufl., Wiesbaden.

COENENBERG, A. G. (2005): Jahresabschluss und Jahresabschlussanalyse, 20. Aufl., Stuttgart.

GRÄFER, H./SCHELD, G. A. (2007): Grundzüge der Konzernrechnungslegung, 10. Aufl., Berlin.

HAYN, S./GRÜNE, M. (2006): Konzernabschluss nach IFRS, München.

KÜTING, K./WEBER, C.-P. (2008): Der Konzernabschluss, 11. Aufl., Stuttgart.

PELLENS, B./FÜLBIER, R. U./GASSEN, J./SELLHORN, T. (2008): Internationale Rechnungslegung, 7. Aufl., Stuttgart.

SCHERRER, G. (2007): Konzernrechnungslegung nach HGB und IFRS, 2. Aufl., München.

SCHILDBACH, T. (2008): Der Konzernabschluss nach HGB, IFRS und US-GAAP, 7. Aufl., München.

Harald Kessler und Markus Leinen

3.4 Aufgegebene Geschäftsbereiche (*Discontinued Operations*)

Zielsetzung von IFRS 5

Abschlüsse nach IFRS sollen ihre Adressaten mit Informationen versorgen, die für deren wirtschaftliche Entscheidungen nützlich sind (vgl. F.12). Diesem Gedanken der *decision usefulness* tragen am ehesten Informationen über erwartete Cashflows des berichtenden Unternehmens Rechnung, genauer Angaben zur Wahrscheinlichkeit des Auftretens künftiger Ein- und Auszahlungen, über die Höhe dieser Zahlungen und deren Fälligkeit (vgl. F.15). Sie erlauben im Idealfall, durch Kapitalisierung den Unternehmenswert zu bestimmen, der einen prädestinierten Beurteilungsmaßstab für die Attraktivität eines Investments in das betreffende Unternehmen abgibt.

IFRS 5 folgt dieser Berichtskonzeption. Der Standard verlangt den gesonderten Ausweis und eine – verglichen mit den allgemeinen IFRS – modifizierte Bewertung bestimmter Vermögenswerte, die zur Veräußerung bestimmt sind. Durch getrennten Ausweis signalisiert er dem Abschlussleser, dass die in den betreffenden Vermögenswerten gebundenen Mittel nicht mehr (überwiegend) durch Nutzung im Unternehmen, sondern – vom Ausnahmefall der Stilllegung abgesehen – im Wege der Veräußerung freigesetzt werden sollen. Diese Verwertungsabsicht prägt zugleich die Bewertungsregeln des IFRS 5.

Aus der Perspektive der Rechnungsleger erscheint der Standard aufgrund seiner relativ klaren Ausweis- und Bewertungsvorgaben eher unproblematisch. Die Tücke liegt allerdings im Detail. Das gilt insbesondere für die Abbildung aufzugebender Geschäftsbereiche. Die Aufgaben thematisieren typische Anwendungsfragen, die sich bei der Darstellung von *discontinued operations* in der Praxis stellen. Zuvor sind die wesentlichen Regelungen des IFRS 5 kurz zu skizzieren.

IFRS 5 im Überblick

Regelungsinhalte

IFRS 5 sieht eigenständige Bewertungsgrundsätze und besondere Ausweisregelungen für zur Veräußerung bestimmte Vermögenswerte (und ggf. Schulden) vor. In den Anwendungsbereich von IFRS 5 fallen als *held for sale* zu klassifizierende *non-current assets*, *disposal groups* und *discontinued operations*.

Die Bewertung der von IFRS 5 erfassten Bilanzierungsobjekte erfolgt zum niedrigeren Betrag aus Nettoveräußerungswert (*fair value less costs to sell*) und Buchwert. Die planmäßige Abschreibung langfristiger Vermögenswerte ist vom Zeitpunkt der Umklassifizierung des Unternehmensteils auszusetzen. Ergänzende Regelungen bestehen für die Erfassung von Wertminderungen und Werterhöhungen sowie für den Sonderfall einer Planänderung.

Die Vorschriften zum Ausweis und zur Erläuterung der als *held for sale* klassifizierten Vermögenswerte in Bilanz, Gesamtergebnisrechnung, Kapitalflussrechnung und Anhang differenzieren zwischen *non-current assets held for sale* und *disposal groups* einerseits sowie *discontinued operations* andererseits. In allen Fällen sind die zum Abgang bestimmten Vermögenswerte und zugehörigen Schulden jeweils gesondert innerhalb des kurzfristigen Vermögens bzw. der kurzfristigen Schulden auszuweisen. Ist über eine *discontinued operation* zu berichten, verlangt IFRS 5 zusätzlich Sonderausweise in der Gesamtergebnisrechnung und in der Kapitalflussrechnung mit erläuternden Anhangsangaben.

Betroffene Vermögenswerte und Schulden

Die Vorschriften zur Klassifikation und zum Ausweis als *held for sale* gelten – anders als die Bewertungsbestimmungen – für alle langfristigen Vermögenswerte und *disposal groups* (vgl. IFRS 5.2).

IFRS 5 enthält keine Definition des langfristigen Vermögenswerts. Der Standard verweist insoweit auf die allgemeine Regelung des IAS 1. Danach gelten alle Vermögenswerte als langfristig, die sich nicht innerhalb von zwölf Monaten nach dem Bilanzstichtag oder des (längeren) Geschäftszyklus eines Unternehmens realisieren, nicht zum Handelsbestand zählen und keine Zahlungsmittel oder Zahlungsmitteläquivalente darstellen (vgl. IAS 1.66).

Unter einer *disposal group* versteht IFRS 5 eine Gruppe von Vermögenswerten und zugehörigen Schulden, die als Einheit übertragen wird oder durch eine andere Transaktion abgeht. Die *disposal group* kann neben den zum Abgang bestimmten langfristigen Vermögenswerten auch Vermögenswerte umfassen, die aus dem Anwendungsbereich von IFRS 5 ausgeschlossen sind. Eine Abgangsgruppe kann, muss aber nicht eine *cash generating unit* umfassen.

Von einer *discontinued operation* spricht IFRS 5 bei einem Unternehmensteil, der bereits abgegangen oder am Abschlussstichtag als *held for sale* zu klassifizieren ist und weitere Voraussetzungen erfüllt (vgl. IFRS 5.31 f.). Prägendes Merkmal eines Unternehmensteils ist, dass seine wirtschaftliche Aktivitäten und Cashflows operativ und für Rechnungslegungszwecke vom restlichen Unternehmen abgegrenzt werden können. Damit entspricht ein Unternehmensteil einer *cash generating unit* i.S.v. IAS 36 oder einer Gruppe von *cash generating units* unter Fortführungsgesichtspunkten. Um das Tatbestandsmerkmal einer *discontinued operation* zu erfüllen, muss der aufgegebene oder aufzugebende Unternehmensteil einen gesonderten, wesentlichen Geschäftszweig (*major line of business*) oder eine operative Tätigkeit in einem geographisch abgegrenzten Raum (*geographical area of operations*) repräsentieren oder Teil eines formellen Unternehmensplans zur Veräußerung oder anderweitigen Aufgabe einer *major line of business* oder einer *geographical area of operations* sein oder ein mit Weiterveräußerungsabsicht erworbenes Tochterunternehmen darstellen.

3.4 Aufgegebene Geschäftsbereiche (*Discontinued Operations*)

Im September 2008 hat das IASB einen *exposure draft* mit Änderungen zu IFRS 5 veröffentlicht, der eine Anpassung der Definition eines aufgegebenen Geschäftsbereichs beinhaltet. Nach ED IFRS 5.32 ist ein aufgegebener Geschäftsbereich ein Unternehmenteil, der (a) ein Geschäftssegment (*operating segment*) iSv IFRS 8 ist, das veräußert wurde oder als zur Veräußerung gehalten klassifiziert wird, oder (b) ein Geschäftsbetrieb (*business*) ist, der im Erwerbszeitpunkt die Kriterien zur Klassifizierung als zur Veräußerung gehalten erfüllt. Eine Darstellung als aufgegebener Geschäftsbereich soll nur dann erfolgen, wenn mit der Aufgabe eine strategische Veränderung verbunden ist. Hiervon ist bei der Veräußerung eines Geschäftssegments sehr wahrscheinlich auszugehen.

Einstufung als held for sale

Die Klassifizierung als *held for sale* setzt voraus, dass das Bilanzierungsobjekt (langfristiger Vermögenswert oder *disposal group*) in seinem gegenwärtigen Zustand unmittelbar veräußerbar ist (vgl. IFRS 5.7) und die Veräußerung hochwahrscheinlich erfolgen wird (vgl. IFRS 5.8). Erstere Voraussetzung ist erfüllt, wenn nur noch die für den Verkauf eines solchen Vermögenswerts üblichen Vorkehrungen zu treffen sind. Die Bedingung der hochwahrscheinlichen Veräußerung versucht IFRS 5 durch die Formulierung folgender kumulativ zu erfüllender Kriterien zu objektivieren:

- Das entscheidungsbefugte Management muss sich zur Veräußerung bekannt haben,
- ein aktives Projekt zum Auffinden eines Käufers ist initiiert,
- das Bilanzierungsobjekt wird zu einem Preis nahe seines *fair value* angeboten,
- mit seinem Verkauf ist innerhalb eines Jahres zu rechnen,
- etwaige Verzögerungen liegen nicht im Einfluss des Bilanzierenden,
- eine maßgebliche Änderung oder Aufgabe des Veräußerungsplans ist unwahrscheinlich.

Beide Voraussetzung, unmittelbare Veräußerbarkeit und hochwahrscheinliche Veräußerung, müssen am Bilanzstichtag erfüllt sein. Treten sie im Wertaufhellungszeitraum ein, darf keine rückwirkende Umqualifizierung des Bilanzierungsobjekts erfolgen. Stattdessen sind Anhangsangaben gefordert (vgl. IFRS 5.12).

Liegt eine der beiden Voraussetzungen am Bilanzstichtag nicht vor, scheidet eine Klassifizierung als *held for sale* aus. Eine Ausnahme sieht der Standard für Bilanzierungsobjekte vor, die mit Veräußerungsabsicht erworben wurden (vgl. IFRS 5.11). Bei diesen reicht es aus, wenn mit einer Veräußerung innerhalb eines Jahres zu rechnen ist und die beiden vorstehend bezeichneten Voraussetzungen hochwahrscheinlich kurzfristig eintreten.

Abbildung 1 fasst die wesentlichen auch für *disposal groups* und *discontinued operations* geltenden Kriterien zur Klassifizierung eines langfristigen Vermögenswerts als *held for sale* zusammen.

```
┌─────────────────────────────┐
│ Handelt es sich um einen    │  nein
│ Vermögenswert, der von      ├──────────┐
│ IFRS 5 erfasst wird?        │          │
│        IFRS 5.5             │          │
└──────────────┬──────────────┘          │
               │ ja                      │
               ▼                          │
┌─────────────────────────────┐          │
│ Ist der Vermögenswert im    │  nein   ┌─────────────────────────────┐   nein
│ gegenwärtigen Zustand       ├────────▶│ Handelt es sich um einen    ├───────┐
│ unmittelbar veräußerbar?    │         │ mit Veräußerungsabsicht     │       │
│        IFRS 5.7             │         │ erworbenen Vermögenswert?   │       │
└──────────────┬──────────────┘         │       IFRS 5.11             │       │
               │ ja                      └──────────────┬──────────────┘       │
               ▼                                         │ ja                   │
┌─────────────────────────────┐         ┌─────────────────────────────┐       │
│ Ist der Verkauf des         │         │ Sind die weiteren           │  nein │
│ non-current asset           │         │ Voraussetzungen gemäß       ├──────▶│
│ hochwahrscheinlich          │  nein   │ IFRS 5.11 erfüllt?          │       │
│ (highly probable)?          ├────────▶└──────────────┬──────────────┘       │
│        IFRS 5.8             │                        │ ja                    │
└──────────────┬──────────────┘                        │                       │
               │ ja                                    │                       ▼
               ▼                                       ▼           ┌──────────────────────┐
    ┌─────────────────────────┐                                    │ Keine                │
    │ Klassifizierung des     │                                    │ Umklassifizierung    │
    │ asset als held for sale │                                    │ des asset            │
    └─────────────────────────┘                                    └──────────────────────┘
```

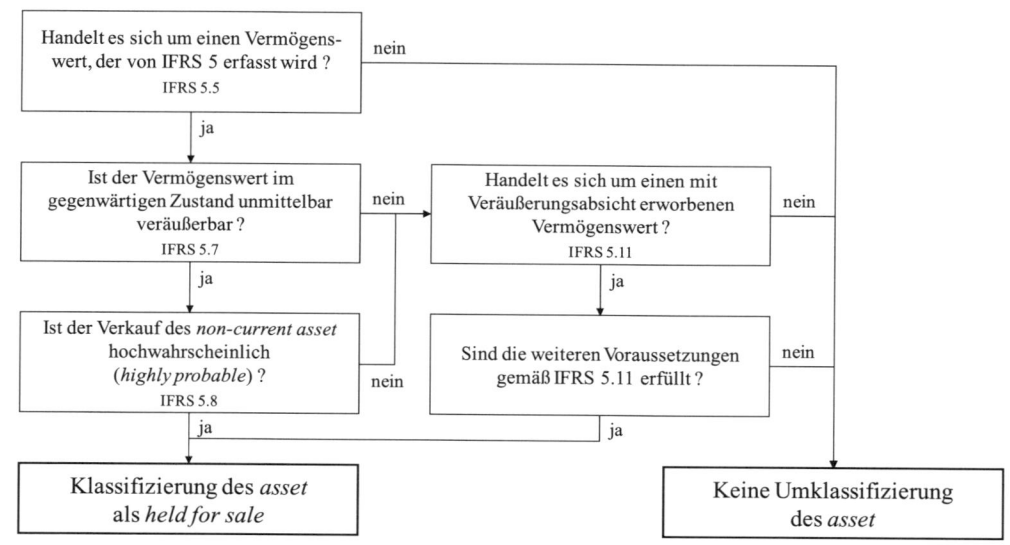

Abbildung 1:   Einstufung von non-current assets als held for sale

Bewertungsgrundsätze nach IFRS 5

Die Bewertungsvorschriften von IFRS 5 sind auf alle langfristigen Vermögenswerte anzuwenden mit Ausnahme der in IFRS 5.4 genannten

- latenten Steueransprüche (IAS 12),
- Vermögenswerte aus Leistungen an Arbeitnehmer (IAS 19),
- finanziellen Vermögenswerte (IAS 39),
- Anlageimmobilien, die zum *fair value* bewertet werden (IAS 40),
- biologischen Vermögenswerte, die zum Nettoveräußerungspreis bewertet werden (IAS 41), sowie
- Ansprüche aus Versicherungsverträgen (IAS 41).

Bis zum Tag ihrer Umklassifizierung sind die von IFRS 5 erfassten Vermögenswerte nach den einschlägigen IFRS zu bewerten (vgl. IFRS 5.18). Danach werden diese durch die folgenden Bewertungsregeln verdrängt (vgl. IFRS 5.16 f.): Den relevanten Bewertungsmaßstab bildet der niedrigere Wert aus Buchwert (*cost*) und Nettoveräußerungspreis (*fair value less costs to sell*). Letzterer ergibt sich regelmäßig aus dem für die Umklassifizierung notwendigen Verkaufsangebot. Für Vermögenswerte, die als Teil einer *business combination* mit Weiterveräußerungsabsicht angeschafft wurden, ist allein der Netto(einzel)veräußerungspreis maßgeblich. Beträgt der Zeitraum bis zum erwarteten Abgang ausnahmsweise mehr als ein Jahr, müssen die Veräußerungskosten abgezinst werden. Die Aufzinsungsbeträge sind als Zinsaufwand in der Gesamtergebnisrechnung zu zeigen.

3.4 Aufgegebene Geschäftsbereiche (*Discontinued Operations*)

Liegt der Nettoveräußerungspreis eines als *held for sale* eingestuften Vermögenswerts unter seinem Buchwert zum Bilanzstichtag, ist in Höhe der Differenz ein Verlust zu berücksichtigen (vgl. IFRS 5.15, .20). Bei Wiederanstieg des Nettoveräußerungspreises ist eine Zuschreibung vorzunehmen, die ihrer Höhe nach auf den Betrag der zuvor nach IFRS 5 oder IAS 36 berücksichtigten Wertminderung begrenzt ist. Im Zeitpunkt des Abgangs ist ggf. ein zusätzlicher Abgangserfolg zu erfassen.

Im Falle einer *disposal group* ist auf den geschätzten Nettoveräußerungspreis der Gruppe als Ganzes abzustellen. Bei der Folgebewertung sind in einem ersten Schritt die zur *disposal group* gehörenden, aber nicht den Bewertungsregeln des IFRS 5 unterliegenden Vermögenswerte und Schulden nach den einschlägigen IFRS zu behandeln. Anschließend wird die Abgangsgruppe auf das Vorliegen einer Wertminderung oder Werterhöhung hin überprüft.

Ermittelt sich für eine *disposal group* aus dem Vergleich ihres Nettoveräußerungspreises mit den kumulierten Buchwerten der ihr zuzurechnenden Vermögenswerte ein Abwertungsbedarf, ist dieser nach den Grundsätzen des IAS 36 auf die in den Anwendungsbereich von IFRS 5 fallenden Vermögenswerte zu verteilen. Entsprechendes gilt im Falle eines späteren Ansteigens des Nettoveräußerungspreises für eine zu erfassende Zuschreibung. Ein Zuschreibungserfolg darf allerdings nur erfasst werden, soweit er (1) nicht bereits bei der Fortführung der Buchwerte der nicht unter IFRS 5 fallenden Vermögenswerte und Schulden berücksichtigt worden ist und (2) den Betrag der zuvor nach IFRS 5 oder IAS 36 berücksichtigten Wertminderung bei den unter IFRS 5 fallenden *non-current assets* nicht übersteigt.

Wird die Veräußerungsabsicht für einen langfristigen Vermögenswert oder eine *disposal group* als Ganzes aufgegeben, liegt eine Planänderung vor. Sie erfordert einen Ansatz der betreffenden Vermögenswerte mit dem niedrigeren Betrag aus fortgeführten Buchwerten ohne zwischenzeitliche Umklassifizierung in *held for sale* und dem erzielbaren Betrag am Tag der Aufgabe der Veräußerungsabsicht. Die Bewertungsanpassung ist in der Gesamtergebnisrechnung im Ergebnis aus *continuing operations* auszuweisen. Bezieht sich die Planänderung nur auf einzelne langfristige Vermögenswerte innerhalb einer *disposal group*, ist die verbleibende Teileinheit weiterhin als *disposal group* zu behandeln, wenn sie die Kriterien in IFRS 5.7-.9 erfüllt. Anderenfalls ist sie aufzulösen, und einzelne langfristige Vermögenswerte sind bei Vorliegen der entsprechenden Voraussetzungen als *held for sale* zu klassifizieren.

Ausweis

IFRS 5 enthält unterschiedliche Ausweisregeln für *non-current assets* und *disposal groups* einerseits und für *discontinued operations* andererseits.

Als *held for sale* klassifizierte langfristige Vermögenswerte und die Vermögenswerte einer *disposal group* sind in der Bilanz gesondert auszuweisen. Dies gilt auch für die zu einer *disposal group* zählenden Schulden. Eine Saldierung mit den Vermögenswerten der *disposal group* ist unzulässig. Sofern die als *held for sale* klassifizierten Vermögenswerte (und Schulden) nicht zu einem mit Weiterveräußerungsabsicht erworbenen Tochterunternehmen gehören, sind die bilanziellen Hauptklassen, denen sie zuzuordnen sind, im Anhang anzugeben (vgl.

IFRS 5.38). Eine Verpflichtung zur Anpassung der Vorjahresangaben besteht nicht; sie ist auch nicht zulässig.

Erfüllen die als *held for sale* klassifizierten Vermögenswerte und Schulden das Definitionsmerkmal einer *discontinued operation*, sind weitergehende Ausweisvorschriften zu beachten. In der Gesamtergebnisrechnung ist als gesonderter Betrag in einer Summe das Nachsteuerergebnis der *discontinued operation* sowie der Nachsteuererfolg aus der Bewertung der zur *discontinued operation* gehörenden Vermögenswerte mit dem Nettoveräußerungspreis anzugeben (vgl. IFRS 5.33). Das Nachsteuerergebnis muss entweder in der Gesamtergebnisrechnung oder im Anhang in Umsatz, Aufwendungen und Vorsteuerergebnis der *discontinued operation* sowie in den Steueraufwand nach IAS 12 aufgeschlüsselt werden. Entsprechend ist der Nachsteuererfolg aus der Bewertung zum Nettoveräußerungspreis in einen Vorsteuererfolg und zugehörige Steuern zu zerlegen. In der Kapitalflussrechnung ist für die drei Aktivitätsformate über die Cashflows der *discontinued operation* zu berichten. Die jeweiligen Vorjahresbeträge in der Gesamtergebnisrechnung und in der Kapitalflussrechnung sind anzupassen. Auch diese Angaben entfallen für Tochterunternehmen, die mit Veräußerungsabsicht erworben wurden. Der im September 2008 veröffentlichte *exposure draft* mit Änderungen zu IFRS sieht eine Erweiterung der Angabepflichten vor.

Aufgabe 1

Die M AG ist das Mutterunternehmen des M-Konzerns. Zum Konsolidierungskreis gehört die T AG, an der die M AG 80% der Anteile hält. Die Gesellschaft produziert und vertreibt die Produkte des M-Konzerns in Österreich. Die vorläufige Konzernbilanz und Gesamtergebnisrechnung für das Jahr X1 sind nachfolgend dargestellt (vgl. *Abbildung 2* und *Abbildung 3*).

Aktiva	31.12.X1	davon T AG
Goodwill	11.500	1.000
Finanzielle Vermögenswerte	15.000	2.000
Sonstiges Vermögen	52.730	4.900
Summe Aktiva	**79.230**	
Passiva	**31.12.X1**	**davon T AG**
Gezeichnetes Kapital	11.000	
IAS 39-Rücklage	1.000	400
Noch nicht verwendete Ergebnisse	33.250	2.000
Nicht kontrollierende Gesellschafter	2.250	
Finanzverbindlichkeiten	10.000	1.500
Schulden	21.730	1.000
Summe Passiva	**79.230**	

Abbildung 2:   Ausgangsdaten – Konzernbilanzen zum 31.12.X1

3.4 Aufgegebene Geschäftsbereiche (Discontinued Operations)

	X1	davon T AG
Umsatzerlöse	17.600	1.980
Sonstige Erträge	2.800	200
Materialaufwand	−5.550	−800
Personalaufwand	−8.150	−725
Abschreibungen	−3.375	−375
Sonstige Aufwendungen	−1.800	−190
Betriebsergebnis	**1.525**	**90**
Finanzergebnis	**800**	**−20**
Ergebnis vor Ertragsteuern	**2.325**	**70**
Ertragsteuern	−725	−20
Konzernergebnis	**1.600**	**50**
- davon auf Gesellschafter des Mutterunternehmens entfallend	*1.500*	
- davon auf nicht kontrollierende Gesellschafter entfallend	*100*	
Sonstiges Ergebnis:		
Zur Veräußerung verfügbare finanzielle Vermögenswerte	1.000	330
Auf das Sonstige Ergebnis entfallende Ertragsteuern	−15	−5
Sonstiges Ergebnis nach Steuern	**985**	**325**
- davon auf Gesellschafter des Mutterunternehmens entfallend	*700*	
- davon auf nicht kontrollierende Gesellschafter entfallend	*285*	
Gesamtergebnis	**2.585**	**375**
- davon auf Gesellschafter des Mutterunternehmens entfallend	*2.200*	
- davon auf nicht kontrollierende Gesellschafter entfallend	*385*	

Abbildung 3: Ausgangsdaten – Gesamtergebnisrechnung 01.01. – 31.12.X1

Aufgrund des seit einigen Jahren rückläufigen Geschäfts in Österreich hat der Vorstand der M AG am 05.11.X1 den Beschluss gefasst, sich aus diesem Land zurückzuziehen und die Anteile an der T AG zu verkaufen. Aus Vorgesprächen mit Investmentbanken ist ihm bekannt, dass drei Wettbewerber Interesse am Kauf des Aktienpakets haben. Er geht daher von einer Veräußerung des Tochterunternehmens in der ersten Hälfte des Jahres X2 aus.

Für den Jahresabschluss zum 31.12.X1 gelten folgende Prämissen:

1. Der Buchwert der Anteile (= Anschaffungskosten) in der Steuerbilanz beträgt 2.120.
2. Der beim Erwerb der T AG ursprünglich bezahlte Goodwill von 1.000 wird im Falle einer Veräußerung der T AG vollständig abgehen.
3. Die Unternehmensleitung geht von einem potenziellen Verkaufspreis für ihre 80%ige-Beteiligung in Höhe von 3.220 aus. Die Veräußerungskosten schätzt sie auf 100.
4. Im Konzernabschluss sind bislang keine latenten Steuern auf *outside basis differences* angesetzt.
5. Der Ertragsteuersatz der M AG beträgt 30%.

Wie stellt sich der Jahresabschluss zum 31.12.X1 des M-Konzerns unter Berücksichtigung von IFRS 5 dar?

Aufgabe 2

In Ergänzung zu den in *Aufgabe 1* genannten Ausgangsdaten sei zusätzlich angenommen, dass die M AG pro Quartal aus Geschäften mit der T AG zahlungswirksame Lizenzerlöse von 1.500 erwirtschaftet.

Wie wirkt sich dieser Umstand auf die Gesamtergebnisrechnung zum 31.12.X1 aus?

Lösung 1

Nach dem Sachverhalt liegen die in IFRS 5.31 f. genannten Voraussetzungen für eine Darstellung der T AG als *discontinued operation* vor. Da die T AG eigenständig Produkte herstellt und vertreibt, erfüllt sie die Kriterien einer *cash generating unit* und damit eines Unternehmensteils im Sinne von IFRS 5.31. Sie repräsentiert ferner eine räumlich abgegrenzte Aktivität des M-Konzerns. Schließlich erfüllt sie die allgemeinen Kriterien für eine Einstufung als *held for sale*:

- Ein Beschluss zu Veräußerung der 80%igen Beteiligung an der T AG wurde gefasst.
- Die Vorgespräche mit Investmentbanken signalisieren, dass aktiv nach einem Käufer gesucht wird.
- Da es bereits drei Interessenten für die T AG gibt, ist zu vermuten, dass die Anteile nahe ihres *fair value* angeboten werden.
- Die Unternehmensleitung rechnet selbst mit einer erfolgreichen Veräußerung in der ersten Hälfte des Geschäftsjahrs X2.
- Hinweise darauf, dass der Plan geändert werden könnte, liegen nicht vor.

In einem ersten Schritt ergeben sich für die konzernbilanzielle Abbildung der T AG im Jahresabschluss zum 31.12.X1 des M-Konzerns folgende Ausweiskonsequenzen (vgl. IFRS 5.33 und 5.38):

- Das auf die Anteile an der T AG entfallende Vermögen ist auf der Aktivseite als Gesamtheit im Posten „Vermögen aufzugebender Geschäftsbereiche" auszuweisen. Dazu gehört auch der von der M AG beim Erwerb der T AG gezahlte Goodwill.
- Die Schulden der T AG sind auf der Passivseite im Posten „Schulden aufzugebender Geschäftsbereiche" auszuweisen.
- Ein Sonderausweis ist zudem für die in der IAS 39-Rücklage enthaltenen unrealisierten Gewinne aus der *fair value*-Bewertung von finanziellen Vermögenswerten der T AG geboten.

3.4 Aufgegebene Geschäftsbereiche (*Discontinued Operations*)

- Der Konzernerfolg aus aufgegebenen Geschäftsbereichen ist in der Gesamtergebnisrechnung des M-Konzerns gesondert zu zeigen. Eine vergleichbare Verpflichtung existiert für das Sonstige Ergebnis (*other comprehensive income*) nicht.
- Nach IAS 1 (rev. 2007) ist eine Aufteilung des Konzernerfolgs und des Gesamterfolgs auf die Gesellschafter des Mutterunternehmens und die nicht kontrollierenden Gesellschafter vorzunehmen. Implizit ergibt sich damit auch die in unten stehender Gesamtergebnisrechnung dargestellte Aufteilung des Sonstigen Ergebnisses.

Die *Abbildungen 4 und 5* zeigen die vorläufige Konzernbilanz und Gesamtergebnisrechnung des M-Konzerns zum 31.12.X1:

Aktiva	31.12.X1
Goodwill	10.500
Finanzielle Vermögenswerte	13.000
Sonstiges Vermögen	47.830
Vermögen aufzugebender Geschäftsbereiche	**7.900**
Summe Aktiva	**79.230**
Passiva	**31.12.X1**
Gezeichnetes Kapital	11.000
IAS 39-Rücklage	600
IAS 39-Rücklage aufzugebender Geschäftsbereiche	**400**
Noch nicht verwendete Ergebnisse	33.250
Nicht kontrollierende Gesellschafter	2.250
Finanzverbindlichkeiten	8.500
Schulden	20.730
Schulden aufzugebender Geschäftsbereiche	**2.500**
Summe Passiva	**79.230**

Abbildung 4: Vorläufige Konzernbilanz 31.12.X1

	X1
Umsatzerlöse	15.620
Sonstige Erträge	2.600
Materialaufwand	−4.750
Personalaufwand	−7.425
Abschreibungen	−3.000
Sonstige Aufwendungen	−1.610
Betriebsergebnis	**1.435**
Finanzergebnis	**820**
Ergebnis vor Ertragsteuern aus fortgeführten Aktivitäten	**2.255**
Ertragsteuern	−705
Ergebnis aus fortgeführten Aktivitäten	**1.550**
Ergebnis aus aufzugebenden Geschäftsbereichen	**50**
Konzernerfolg	**1.600**
- davon auf Gesellschafter des Mutterunternehmens entfallend	*1.500*
- davon auf nicht kontrollierende Gesellschafter entfallend	*100*
Sonstiges Ergebnis	
Zur Veräußerung verfügbare finanzielle Vermögenswerte	1.000
Auf das Sonstige Ergebnis entfallende Ertragsteuern	−15
Sonstiges Ergebnis nach Steuern	**985**
- davon auf Gesellschafter des Mutterunternehmens entfallend	*700*
- davon auf nicht kontrollierende Gesellschafter entfallend	*285*
Gesamtergebnis	**2.585**
- davon auf Gesellschafter des Mutterunternehmens entfallend	*2.200*
- davon auf nicht kontrollierende Gesellschafter entfallend	*385*

Abbildung 5: Vorläufige Gesamtergebnisrechnung 01.01. – 31.12.X1

Das gesondert ausgewiesene Vermögen aus aufzugebenden Geschäftsbereichen unterliegt den Bewertungsvorschriften des IFRS 5. Diese sehen einen Ansatz des Vermögens zum niedrigeren Betrag aus Buchwert und Nettoveräußerungspreis vor. Dabei ist zu beachten, dass sich der Nettoveräußerungspreis von 3.120 auf den Goodwill und 80% des übrigen Reinvermögens der T AG bezieht. Bei der Ableitung des relevanten Wertmaßstabs dürfen deshalb auch nur der Goodwill und 80% des übrigen Reinvermögens dem Nettoveräußerungspreis gegenüber gestellt werden. Es ermittelt sich ein auf die Gesellschafter des Mutterunternehmens entfallender Wertminderungsaufwand von 1.400 (vgl. *Abbildung 6*).

3.4 Aufgegebene Geschäftsbereiche (*Discontinued Operations*)

Goodwill		1.000
Buchwert des abgehenden Nettovermögens (ohne Goodwill)	4.400	
Beteiligungsquote des Mutterunternehmens	80%	
Auf MU entfallendes Nettovermögen (ohne Goodwill)		3.520
Auf MU entfallendes abgehendes Nettovermögen		**4.520**
Veräußerungspreis		3.220
Veräußerungskosten		100
Nettoveräußerungspreis		**3.120**
Wertminderungsaufwand		**1.400**

Abbildung 6: Ermittlung des auf die Gesellschafter des Mutterunternehmens entfallenden Wertminderungsaufwands für das abgehende Vermögen

Der Wertminderungsaufwand in Höhe von 1.400 ist nach den Vorschriften des IAS 36 auf die Vermögenswerte des aufzugebenden Geschäftsbereichs zu verteilen (vgl. IFRS 5.23). Der für eine *cash generating unit* (CGU) ermittelte Wertminderungsaufwand ist in sinngemäßer Anwendung von IAS 36.104 zunächst durch außerplanmäßige Abschreibung des der CGU zugerechneten Goodwill zu erfassen. Ein nach der Vollabschreibung des Goodwill verbleibender Wertminderungsaufwand ist den unter die Bewertungsvorschriften des IFRS 5 fallenden Vermögenswerten des aufzugebenden Geschäftsbereichs im Verhältnis ihrer Buchwerte zuzurechnen. Im Beispielsfall ergibt sich danach eine Abwertung des Goodwill um 1.000, das übrige langfristige Vermögen ist um 400 abzuwerten. Auf die finanziellen Vermögenswerte des aufzugebenden Geschäftsbereichs finden die Bewertungsvorschriften von IFRS 5 keine Anwendung (vgl. IFRS 5.5).

Fraglich ist, wie das auf die nicht kontrollierenden Gesellschafter der T AG entfallende Vermögen (Buchwert: (5.400 – 1.000) • 20% = 880) zu behandeln ist. In Ermangelung einer expliziten Regelung in IFRS 5 ist auf die Vorgehensweise in IAS 36 zu rekurrieren. Demnach ist das auf die nicht kontrollierenden Gesellschafter entfallende Vermögen entsprechend dem auf den Konzern entfallenden Teil zu bewerten. Für das Beispiel heißt dies, dass zu Lasten der nicht kontrollierenden Gesellschafter eine Wertminderung des langfristigen Vermögens des aufzugebenden Geschäftsbereichs in Höhe von 100 zu erfassen ist (vgl. *Abbildung 7*). Das auf die nicht kontrollierenden Gesellschafter entfallende Ergebnis im M-Konzern reduziert sich dadurch von 100 auf 0.

Buchwert des abgehenden Nettovermögens (ohne Goodwill)	4.400	
Beteiligungsquote der nicht kontrollierenden Gesellschafter	20%	
Auf nicht kontrollierende Gesellschafter entfallendes abgehendes Nettovermögen		**880**
Nettoveräußerungspreis (bezogen auf 20%igen Anteil)		**780**
Wertminderungsaufwand		**100**

Abbildung 7: Ermittlung des auf die nicht kontrollierenden Gesellschafter entfallenden Wertminderungsaufwands für das abgehende Vermögen

Nach der Abschreibung auf den Nettoveräußerungswert, die in der Gesamtergebnisrechnung in der Zeile „Ergebnis aus nicht fortgeführten Aktivitäten" zu berücksichtigen [vgl. IFRS 5.33(a)(ii)] und im Anhang gesondert anzugeben ist [vgl. IFRS 5.33(b)(iii)], stellen sich Bilanz und Gesamtergebnisrechnung des M-Konzerns wie in den *Abbildungen 8 und 9* aufgezeigt dar.

Aktiva	31.12.X1
Goodwill	10.500
Finanzielle Vermögenswerte	13.000
Sonstiges Vermögen	47.830
Vermögen aufzugebender Geschäftsbereiche	**6.400**
Summe Aktiva	**77.730**
Passiva	**31.12.X1**
Gezeichnetes Kapital	11.000
IAS 39-Rücklage	600
IAS 39-Rücklage aufzugebender Geschäftsbereiche	**400**
Noch nicht verwendete Ergebnisse	31.850
Nicht kontrollierende Gesellschafter	2.150
Finanzverbindlichkeiten	8.500
Schulden	20.730
Schulden aufzugebender Geschäftsbereiche	**2.500**
Summe Passiva	**77.730**

Abbildung 8:   *Konzernbilanz 31.12.X1 nach Abwertung*

Das Beispiel berücksichtigt bislang nicht den Steuereffekt aus der Veräußerungsentscheidung. Aufgrund des Beschlusses, die T AG zu verkaufen, sind latente Steuern auf die bestehende *outside basis difference* abzugrenzen. Hierunter versteht man die Differenz zwischen dem steuerbilanziellen Wertansatz einer Beteiligung (Tochterunternehmen, Gemeinschaftsunternehmen oder assoziiertes Unternehmen) und dem im Konzernabschluss erfassten Reinvermögen des Beteiligungsunternehmens. Sofern das im Konzernabschluss erfasste Reinvermögen höher ist als der steuerbilanzielle Wertansatz, ist grundsätzlich eine latente Steuerschuld zu erfassen. Das gilt nach IAS 12.39 allerdings nicht, wenn das Mutterunternehmen in der Lage ist, den zeitlichen Verlauf der Umkehrung der temporären Differenz zu steuern und es wahrscheinlich ist, dass sich die temporäre Differenz in absehbarer Zeit nicht umkehren wird. Für den umgekehrten Fall – das im Konzernabschluss erfasste Reinvermögen ist niedriger als der steuerbilanzielle Wertansatz der Beteiligung – erübrigt sich die Überlegung einer Abgrenzung aktivischer latenter Steuern, da aus einer Veräußerung der Beteiligung zu einem unter dem steuerbilanziellen Wertansatz liegenden Preis, jedenfalls in Deutschland kein Anspruch gegenüber dem Fiskus erwächst (vgl. § 8b Abs. 3 KStG).

3.4 Aufgegebene Geschäftsbereiche (*Discontinued Operations*)

	X1
Umsatzerlöse	15.620
Sonstige Erträge	2.600
Materialaufwand	−4.750
Personalaufwand	−7.425
Abschreibungen	−3.000
Sonstige Aufwendungen	−1.610
Betriebsergebnis	**1.435**
Finanzergebnis	**820**
Ergebnis vor Ertragsteuern aus fortgeführten Aktivitäten	**2.255**
Ertragsteuern	−705
Ergebnis aus fortgeführten Aktivitäten	**1.550**
Ergebnis aus aufzugebenden Geschäftsbereichen	**−1.450**
Konzernerfolg	**100**
- davon auf Gesellschafter des Mutterunternehmens entfallend	*100*
- davon auf nicht kontrollierende Gesellschafter entfallend	*0*
Sonstiges Ergebnis:	
Zur Veräußerung verfügbare finanzielle Vermögenswerte	1.000
Auf das Sonstige Ergebnis entfallende Ertragsteuern	−15
Sonstiges Ergebnis nach Steuern	**985**
- davon auf Gesellschafter des Mutterunternehmens entfallend	*700*
- davon auf nicht kontrollierende Gesellschafter entfallend	*285*
Gesamtergebnis	**1.085**
- davon auf Gesellschafter des Mutterunternehmens entfallend	*800*
- davon auf nicht kontrollierende Gesellschafter entfallend	*285*

Abbildung 9: Gesamtergebnisrechnung 01.01. – 31.12.X1 nach Abwertung

Nach den Prämissen hat die M AG in ihrem Konzernabschluss bislang keine latenten Steuern auf *outside basis differences* abgegrenzt. Das lässt sich damit begründen, dass eine Realisation der aufgelaufenen temporären Differenz nicht zu erwarten war, weil die M AG weder Ausschüttungen noch eine Veräußerung der Anteile geplant hat. Aufgrund des Beschlusses, die Anteile an der T AG zu veräußern, ist die zweite Voraussetzung des bedingten Ansatzverbots für passivische latente Steuern gemäß IAS 12.39 weggefallen. Da nunmehr eine Realisation der temporären Differenz kurzfristig zu erwarten ist, müssen im Zuge der Umklassifizierung des Unternehmensteils latente Steuern abgegrenzt werden. Das verlangt zunächst die Ermittlung der *outside basis difference* (vgl. *Abbildung 10*).

Veräußerungen von Beteiligungen an Kapitalgesellschaften sind nach § 8b Abs. 2 KStG grundsätzlich steuerfrei. Bei Veräußerungen nach dem 31.12.2003 sind jedoch 5% des Veräußerungsgewinns als nicht abzugsfähige Betriebsausgabe zu behandeln (vgl. § 8b Abs. 3 KStG). Bei einem Steuersatz von 30% resultiert daraus eine Steuerbelastung von 1,5% des Veräußerungsgewinns (30% von 5%). Im Beispiel beträgt die anzusetzende latente Steuerschuld somit 15.

Buchwert des abgehenden Nettovermögens (nach Abschreibung)	3.900	
Beteiligungsquote des Mutterunternehmens	80%	
Auf Gesellschafter des MU entfallendes abgewertetes Nettovermögen		**3.120**
Steuerwert der Beteiligung (lt. Prämisse)		**2.120**
Outside basis difference		**1.000**

Abbildung 10: Ermittlung der outside basis difference

Die latente Steuerschuld belastet das Mutterunternehmen und ist daher nicht in den Schulden des aufzugebenden Geschäftsbereichs zu zeigen. Der Aufwand ist allerdings durch die Verkaufsentscheidung ausgelöst worden. Aus diesem Grund ist er dem Ergebnis aus *discontinued operations* zuzurechnen.

Nach der Berücksichtigung der Steuerabgrenzung stellen sich Bilanz und Gesamtergebnisrechnung des M-Konzerns wie folgt dar:

Aktiva	31.12.X1
Goodwill	10.500
Finanzielle Vermögenswerte	13.000
Sonstiges Vermögen	47.830
Vermögen aufzugebender Geschäftsbereiche	**6.400**
Summe Aktiva	**77.730**
Passiva	31.12.X1
Gezeichnetes Kapital	11.000
IAS 39-Rücklage	600
IAS 39-Rücklage aufzugebender Geschäftsbereiche	**400**
Noch nicht verwendete Ergebnisse	31.835
Nicht kontrollierende Gesellschafter	2.150
Latente Steuern	15
Finanzverbindlichkeiten	8.500
Sonstige Schulden	20.730
Schulden aufzugebender Geschäftsbereiche	**2.500**
Summe Passiva	**77.730**

Abbildung 11: Konzernbilanz 31.12.X1 nach Steuerabgrenzung

3.4 Aufgegebene Geschäftsbereiche (*Discontinued Operations*)

	X1
Umsatzerlöse	15.620
Sonstige Erträge	2.600
Materialaufwand	–4.750
Personalaufwand	–7.425
Abschreibungen	–3.000
Sonstige Aufwendungen	–1.610
Betriebsergebnis	**1.435**
Finanzergebnis	**820**
Ergebnis vor Ertragsteuern aus fortgeführten Aktivitäten	**2.255**
Ertragsteuern	–705
Ergebnis aus fortgeführten Aktivitäten	**1.550**
Ergebnis aus aufzugebenden Geschäftsbereichen	**–1.465**
Konzernerfolg	**85**
- davon auf Gesellschafter des Mutterunternehmens entfallend	*85*
- davon auf nicht kontrollierende Gesellschafter entfallend	*0*
Sonstiges Ergebnis:	
Zur Veräußerung verfügbare finanzielle Vermögenswerte	1.000
Auf das Sonstige Ergebnis entfallende Ertragsteuern	–15
Sonstiges Ergebnis nach Steuern	**985**
- davon auf Gesellschafter des Mutterunternehmens entfallend	*700*
- davon auf nicht kontrollierende Gesellschafter entfallend	*285*
Gesamtergebnis	**1.070**
- davon auf Gesellschafter des Mutterunternehmens entfallend	*785*
- davon auf nicht kontrollierende Gesellschafter entfallend	*285*

Abbildung 12:   *Gesamtergebnisrechnung 01.01. – 31.12.X1 nach Steuerabgrenzung*

Die Darstellung des aufzugebenden Geschäftsbereichs in Bilanz und Gesamtergebnisrechnung ist um Angaben im Anhang zu ergänzen: Nach IFRS 5.38 ist eine Aufschlüsselung des Vermögens und der Schulden der aufzugebenden Geschäftsbereiche in die wesentlichen Posten (*major classes of assets and liabilities*) vorzunehmen (vgl. *Abbildung 13*). Zudem ist das in der Gesamtergebnisrechnung aggregiert ausgewiesene Ergebnis aus aufzugebenden Geschäftsbereichen in die in IFRS 5.33(b) genannten Größen zu zerlegen (vgl. *Abbildung 14*).

Finanzielle Vermögenswerte	2.000
Sonstiges Vermögen	4.400
Vermögen aufzugebender Geschäftsbereiche	**6.400**
Finanzverbindlichkeiten	1.500
Sonstige Schulden	1.000
Schulden aufzugebender Geschäftsbereiche	**2.500**

Abbildung 13:   *Abgehende Vermögenswerte und Schulden – wesentliche Posten*

Umsatzerlöse	1.980
Sonstige Erträge	200
Materialaufwand	−800
Personalaufwand	−725
Abschreibungen	−375
Sonstige Aufwendungen	−190
Finanzergebnis	−20
Ertragsteuern	−56
Laufendes Ergebnis nach Steuern	**14**
Abwertung auf den Nettoveräußerungspreis	−1.500
Steuereffekt aus Abwertung	21
Ergebnis aus aufzugebenden Geschäftsbereichen	**−1.465**

Abbildung 14: Aufschlüsselung des Ergebnisses aus aufzugebenden Geschäftsbereichen

Durch die auf die Gesellschafter des Mutterunternehmens entfallende Abwertung von 1.400 auf den Nettoveräußerungspreis ist eine um 21 niedrigere latente Steuer auf *outside basis differences* zu bilden. Diese Steuerersparnis wird in *Abbildung 14* als Steuereffekt aus Abwertung gesondert gezeigt.

IAS 27 (*as amended in* 2008) ergänzt IFRS 5 um eine in IFRS 5.33(d) aufgenommene Regelung. Sie verlangt, den auf die Gesellschafter des Mutterunternehmens entfallenden Teil des Gesamtergebnisses aus fortgeführten Aktivitäten und aus aufgegebenen Geschäftsbereichen gesondert in der Gesamtergebnisrechnung oder im Anhang anzugeben. Sollte IAS 27 (*as amended in* 2008) wie vorgesehen *endorsed* werden, ergibt sich folgende in *Abbildung 15* zusammengefasste zusätzliche Angabe:

	Ergebnis …		
	… aus fortgeführten Aktivitäten	… aus aufzugebenden Geschäftsbereichen	Summe
Gesellschafter des Mutterunternehmens	1.900	−1.115	785
Nicht kontrollierende Gesellschafter	310	−25	285
Gesamtergebnis	2.210	−1.140	1.070

Abbildung 15: Auf Gesellschaftergruppen entfallendes Gesamtergebnis aus fortgeführten Aktivitäten und aus aufzugebenden Geschäftsbereichen

Lösung 2

Ziel von IFRS 5 ist es, die Bilanzierung von zur Veräußerung gehaltenen Vermögenswerten sowie die Darstellung und die Anhangsangaben zu aufzugebenden Geschäftsbereichen festzulegen (vgl. IFRS 5.1). IFRS 5 regelt somit keine Konsolidierungsfragen. Bei den Lizenzerlösen der M-AG handelt es sich – ebenso wie bei den mit ihnen korrespondierenden Lizenzaufwendungen der T-AG – um konzerninterne Erfolge. Solche sind nach IAS 27 vollständig zu eliminieren.

Für den Jahresabschluss der M-AG zum 31.12.X1 bedeutet dies, dass der Konzernerfolg zwar unverändert bleibt, sich dessen Aufteilung zwischen den Bereichen Ergebnis aus fortgeführten Aktivitäten und Ergebnis aus aufzugebenden Geschäftsbereichen durch die Vornahme der Aufwands- und Ertragseliminierung (AuE-Eliminierung) deutlich verschiebt. Die Gesamtergebnisrechnung des M-Konzerns zum 31.12.X1 hat somit für die beiden Varianten „vor AuE-Eliminierung" und „nach AuE-Eliminierung" folgendes Bild:

	X1 „vor AuE-Eliminierung"	AuE-Eliminierung	X1 „nach AuE-Eliminierung"
Umsatzerlöse	15.620	–1.500	14.120
Sonstige Erträge	2.600		2.600
Materialaufwand	–4.750		–4.750
Personalaufwand	–7.425		–7.425
Abschreibungen	–3.000		–3.000
Sonstige Aufwendungen	–1.610		–1.610
Betriebsergebnis	**1.435**	**–1.500**	**-65**
Finanzergebnis	**820**		**820**
Ergebnis vor Ertragsteuern aus fortgeführten Aktivitäten	**2.255**	**–1.500**	**755**
Ertragsteuern	-705		–705
Ergebnis aus fortgeführten Aktivitäten	**1.550**	**–1.500**	**50**
Ergebnis aus aufzugebenden Geschäftsbereichen	**–1.465**	**1.500**	**–35**
Konzernerfolg	**85**		**85**
- davon auf Gesellschafter des Mutterunternehmens entfallend	*85*		*85*
- davon auf nicht kontrollierende Gesellschafter entfallend	*0*		*0*
Sonstiges Ergebnis:			
Zur Veräußerung verfügbare finanzielle Vermögenswerte	1.000		1.000
Auf das Sonstige Ergebnis entfallende Ertragsteuern	–15		–15
Sonstiges Ergebnis nach Steuern	**985**		**985**
- davon auf Gesellschafter des Mutterunternehmens entfallend	*700*		*700*
- davon auf nicht kontrollierende Gesellschafter entfallend	*285*		*285*
Gesamtergebnis	**1.070**		**1.070**
- davon auf Gesellschafter des Mutterunternehmens entfallend	*785*		*785*
- davon auf nicht kontrollierende Gesellschafter entfallend	*285*		*285*

Abbildung 16: Gesamtergebnisrechnung „vor AuE-Eliminierung" versus „nach AuE-Eliminierung"

Fraglich ist, ob eine Darstellung nach Aufwands- und Ertragseliminierung dem Anspruch der *fair presentation* gerecht wird. Angenommen, der Sachverhalt präzisiere sich wie folgt: Die Lizenzerlöse des Mutterunternehmens beruhen auf langfristigen Verträgen mit dem Tochterunternehmen, die auch nach der Veräußerung ihre Gültigkeit behalten. Aufgrund dieses Umstands wird das Mutterunternehmen auch zukünftig weiterhin in erheblichem Umfang Lizenzerlöse erzielen. Die Eliminierung der Lizenzerlöse unterstellt demgegenüber, dass in Zukunft gerade keine Lizenzerlöse mehr anfallen werden. Sie entspricht damit nicht der wirtschaftlichen Realität.

Auch das IDW fordert für den Fall, dass die Umsätze mit dem aufzugebenden Geschäftsbereich auch nach dessen Abgang weiter anfallen werden, von deren Eliminierung abzusehen (vgl. IDW RS HFA 2 Tz. 113 ff.). Entsprechend ist auch bei dem für den Beispielsachverhalt im Anhang vorzunehmenden Aufriss des Ergebnisses aus aufzugebenden Geschäftsbereichen die *stand-alone*-Perspektive maßgeblich. Es bliebe damit bei der in *Abbildung 14* dargestellten Aufschlüsselung.

Da die skizzierte Lösungsalternative ein Abweichen von IAS 27 erfordert, müssen die strengen Begründungs- und Erläuterungspflichten nach IAS 1.20 beachtet werden.

Literaturhinweise

ERNST & YOUNG (Hrsg.) (2009): International GAAP 2009, Chichester, S. 253–282.

KÜTING, K./REUTER, M. (2007): Bilanz- und Ertragsausweis nach IFRS 5: Gefahr der Fehlinterpretation in der Bilanzanalyse, in: BB, 62. Jg., S. 1942–1947.

LÜDENBACH, N. (2009), in: LÜDENBACH, N./HOFFMANN, W.-D. (Hrsg.), Haufe IFRS-Kommentar, § 29, 7. Aufl., Freiburg et al., S. 1549–1590.

SCHILDBACH, T. (2006): Was leistet IFRS 5?, in: WPg, 59. Jg., S. 554–561.

WOLFF, P./ROBINSON, T. (2006): Zur Veräußerung gehaltene langfristige Vermögenswerte, Veräußerungsgruppen und aufgegebene Geschäftsbereiche, in: BOHL, W./RIESE, J./SCHLÜTER, J. (Hrsg.), Beck'sches IFRS-Handbuch, München, S. 775–806.

ZÜLCH, H./NELLESSEN, T. (2008): Geplante Änderungen in der Bilanzierung von aufgegebenen Geschäftsbereichen nach IFRS 5, in: PiR, 4. Jg., S. 406–408.

Christian Zwirner

3.5 Umgekehrter Unternehmenserwerb (*Reverse Acquisition*)

Grundlagen

Wirtschaftliche Betrachtungsweise

Eine reverse acquisition kommt dann zustande, wenn nach der Unternehmensübernahme die Verhältnisse von Erwerber und Erworbenem, von beherrschendem und beherrschtem Unternehmen gerade auf dem Kopf stehen. Erwirbt ein Unternehmen als legal acquirer ein anderes Unternehmen (legal acquiree) und emittiert im Zuge des Erwerbs zur Bezahlung der Kaufpreisverbindlichkeit so viele Stimmrechtsaktien, dass die Beherrschung über den aus dem Zusammenschluss hervorgegangenen Konzern auf die Alteigentümer des legal acquiree übergeht, ist nach IFRS ein sog. *umgekehrter Unternehmenserwerb* (reverse acquisition) gegeben. Kennzeichnend für einen solchen Zusammenschluss ist die Tatsache, dass die Alt-Eigentümer des eigentlich erworbenen Unternehmens am Ende die Mehrheit an dem erwerbenden Unternehmen halten.

Die Abbildung eines solchen Unternehmenszusammenschlusses folgt grundsätzlich den Regelungen nach IFRS 3, wobei IFRS 3 B19-B27 zusätzlich spezielle Regelungen vorsieht. Die Berücksichtigung der allgemeinen Konzernnormen der IFRS führt bei einer reverse acquisition zu einer reziproken Anwendung dieser Vorschriften.

Für die Abbildung eines Unternehmenserwerbs im *IFRS-Konzernabschluss* ist alleine dessen wirtschaftlicher Gehalt maßgeblich und gerade nicht seine formalrechtliche Dimension. In diesem Fall ist das Unternehmen, das unter rechtlicher Würdigung der Transaktion erworben wurde, in wirtschaftlicher Hinsicht als Erwerber anzusehen. Entsprechend dieser Sichtweise werden die Buchwerte des erworbenen Unternehmens fortgeführt und die stillen Reserven sowie ein eventueller Goodwill sind auf Ebene des rechtlich als Erwerber anzusehenden Unternehmens aufzudecken.

> Es gilt für das Vorliegen einer reverse acquisition im Sinne von IFRS 3:
> legal parent = accounting subsidiary und legal subsidiary = accounting parent.

Demnach sind die fair values auf Ebene des rechtlichen Mutterunternehmens für die Konsolidierung relevant.

Die Abbildung umgekehrter Unternehmenserwerbe wird insbesondere auf Grundlage des konzeptionellen Mangels der fehlenden (direkten) Beherrschung des wirtschaftlich erwerbenden Unternehmens über das rechtlich erwerbende Unternehmen kritisiert. Zwar trägt die Konsolidierungstechnik dem Grundsatz der wirtschaftlichen Betrachtungsweise Rechnung, allerdings kann die Bilanzierung eines umgekehrten Unternehmenserwerbs von den Abschlussadressaten nur schwer nachvollzogen werden. Die reziproke Anwendung der Konsolidierungsregelungen nach IFRS 3 konterkariert die Entscheidungsnützlichkeit der Finanzinformationen, die im Zentrum der IFRS-Rechnungslegung steht. Bereits der erste Blick auf die Vorjahresangaben macht die Analyse eines vorliegenden Konzernabschlusses im Zeitablauf nahezu unmöglich. Alleine eine weitgehende Anhangberichterstattung über den wirtschaftlichen Gehalt der Transaktion sowie deren IFRS-konformer Abbildung im IFRS-Konzernabschluss kann den konzeptionell bestehenden Informationsmangel reduzieren.

Bestimmung der rechnerischen Anschaffungskosten

Die Anschaffungskosten eines Unternehmenszusammenschlusses bestimmen sich gem. IFRS 3 unter der Fiktion, dass das rechtliche Tochterunternehmen in einem Umfang Eigenkapitalinstrumente emittiert hat, der aus wirtschaftlicher Sicht zum selben Ergebnis wie der umgekehrte Unternehmenserwerb geführt hätte.

> Da bei reverse acquisitions das rechtlich erworbene Tochterunternehmen wirtschaftlich den Erwerber darstellt, sind für Zwecke der Konsolidierung Anschaffungskosten fiktiv zu bestimmen, die es ermöglichen, die Transaktion aus Sicht des wirtschaftlichen Mutterunternehmens abzubilden.

Werden die *Anschaffungskosten der Transaktion* durch die Ausgabe von Eigenkapitalinstrumenten bezahlt, sieht IFRS 3 B20 vor, dass diese dem beizulegenden Zeitwert dieser Eigenkapitalinstrumente zum Tauschzeitpunkt entsprechen. Sofern die Anteile des rechtlich erworbenen Unternehmens börsennotiert sind und liquide Marktwerte vorliegen, sind diese zur Ermittlung der Anschaffungskosten der Transaktion heranzuziehen. Hierbei ist die reale Anteilsgewährung in eine fiktive Anteilsgewährung umzurechnen, da eine Bezugnahme auf den wirtschaftlichen Erwerber herzustellen ist. Sofern der Zeitwert der Eigenkapitalinstrumente des rechtlichen Tochterunternehmens nicht eindeutig bestimmbar ist, ist der beizulegende Zeitwert der vor dem Zusammenschluss ausgegebenen Eigenkapitalinstrumente des rechtlichen Mutterunternehmens als Basis für die Bestimmung der Anschaffungskosten des Zusammenschlusses anzunehmen. Der zum Tauschzeitpunkt veröffentlichte Börsenkurs eines notierten Eigenkapitalinstruments stellt stets den bestmöglichen Anhaltspunkt für den beizulegenden Zeitwert der Anschaffungskosten dar.

Da die Darstellung der Kapitalkonsolidierung bei einem umgekehrten Unternehmenserwerb grundsätzlich den allgemeinen Regelungen in IFRS 3 respektive IAS 27 folgt, sind die Kosten der Kapitalerhöhung entsprechend dieser allgemeinen Vorschriften zu behandeln.

Vorgehensweise bei der Kaufpreisallokation

Die gesondert ermittelten (fiktiven) Anschaffungskosten (des wirtschaftlichen Erwerbers) sind im Zuge der reverse acquisition auf das zum Zeitwert zu bewertende Vermögen des rechtlichen Erwerbers aufzuteilen. Ein verbleibender Unterschiedsbetrag ist als Goodwill im Konzernabschluss auszuweisen. Hierbei sind alleine die auf das rechtliche Mutterunternehmen entfallenden Bewertungsparameter relevant. Demnach führt eine reverse acquisition dazu,

3.5 Umgekehrter Unternehmenserwerb (*Reverse Acquisition*)

dass ein vom rechtlichen Mutterunternehmen respektive vom bestehenden Alt-Konzern selbst geschaffener, originärer Goodwill im Rahmen der reverse acquisition zu aktivieren ist. Auf einen dem rechtlichen Tochterunternehmen zuzurechnenden Goodwill kommt es damit gerade nicht an.

> Der Aufdeckung der Zeitwerte der Vermögenswerte und Schulden beim rechtlichen Erwerber steht die Buchwertfortführung der einzelnen Vermögenswerte und Schulden beim erworbenen Unternehmen gegenüber.

Hinsichtlich der Vorgehensweise der *Kaufpreisallokation* auf bestimmte Vermögenswerte und Schulden ist auf die üblichen Regelungen nach IFRS 3 zu verweisen. Dies gilt auch für die Behandlung entstehender positiver sowie negativer Unterschiedsbeträge.

Bemessung der Minderheitenanteile

Die Bestimmung der Minderheitenanteile bei Vorliegen eines umgekehrten Unternehmenszusammenschlusses richtet sich nach den Regelungen des IFRS 3 B23 f. Sofern nicht alle Gesellschafter des neuen (rechtlichen) Tochterunternehmens zu Gesellschaftern des (rechtlichen) Mutterunternehmens werden, d. h. im Zuge des Anteilstauschs nicht 100% der Anteile am rechtlichen Tochterunternehmen auf das rechtliche Mutterunternehmen übergehen, sind die beim neuen (rechtlichen) Tochterunternehmen verbleibenden Alt-Gesellschafter aus Sicht des neuen Mutterunternehmens als Minderheitsgesellschafter anzusehen.

> Für die Ermittlung bestehender Minderheitenanteile ist auf die Alt-Gesellschafter des rechtlichen Tochterunternehmens abzustellen.

Da das rechtliche Tochterunternehmen als wirtschaftlicher Erwerber die Buchwerte fortführt, kann für den Fall eines Minderheitenausweises der Anteil der Minderheiten alleine auf Buchwertbasis berechnet werden. Die im Konzernabschluss auszuweisenden *Minderheitenanteile* spiegeln demnach die beteiligungsproportionalen Anteile am Eigenkapital des rechtlichen Tochterunternehmens wider.

Ausweis des Konzerneigenkapitals

Nach IFRS 3 B22(c) und (d) sind im Konzernabschluss des rechtlichen Mutterunternehmens die ausgewiesenen Gewinnrücklagen sowie sonstigen Kapitalguthaben in Höhe der Beträge auszuweisen, die diese Posten beim rechtlichen Tochterunternehmen unmittelbar vor dem Zusammenschluss angenommen haben. Im Konzernabschluss ist zusätzlich der Betrag für ausgegebene Eigenkapitalinstrumente auf die Weise zu bestimmen, dass dem unmittelbar vor der Transaktion gezeichneten Eigenkapital des rechtlichen Tochterunternehmens die fiktiven Anschaffungskosten des Zusammenschlusses hinzuzurechnen sind.

> Die Anschaffungskosten stellen hierbei die fiktive Kapitalerhöhung des wirtschaftlich erwerbenden Unternehmens dar.
>
> Es gilt: Buchwert EK rechtliches TU + AK des Zusammenschlusses = Konzern EK.

Hinsichtlich der Eigenkapitalgliederung ist auf das rechtliche Mutterunternehmen (unter dessen Name der Konzernabschluss weiterhin aufgestellt wird) Bezug zu nehmen. Demnach sind *Aktienzahl* und *Aktientyp* des rechtlichen Mutterunternehmens für die Darstellung des Konzerneigenkapitals relevant.

Es gilt, dass das gezeichnete Kapital im Konzernabschluss gleich dem gezeichneten Kapital des rechtlichen Erwerbers nach erfolgter Kapitalerhöhung ist. Weiterhin sind die Gewinnrücklagen im Konzernabschluss gleich den Gewinnrücklagen des wirtschaftlichen Erwerbers abzüglich eines bestehenden Minderheitenanteils. Überdies ist die Summe aus gezeichnetem Kapital und Kapitalrücklage im Konzernabschluss gleich der Summe von gezeichnetem Kapital und Kapitalrücklage im Einzelabschluss des wirtschaftlichen Erwerbers abzüglich bestehender Minderheiten und zuzüglich der Kosten des Unternehmenszusammenschlusses.

Sofern der Unternehmenszusammenschluss unterjährig erfolgt ist, ist das vom rechtlichen Mutterunternehmen erzielte Jahresergebnis im Rahmen der Kapitalaufrechnung zu berücksichtigen, während das Ergebnis des rechtlichen Tochterunternehmens im Konzernabschluss auszuweisen ist.

Aus den vorstehenden Zusammenhängen ergibt sich die Korrektur (bzw. Anpassung) des Konzerneigenkapitals an das gezeichnete Kapital des rechtlichen Erwerbers zu Lasten der Kapitalrücklage. Nicht selten führt die Anpassung des Konzerneigenkapitals über die Kapitalrücklage dazu, dass im Konzernabschluss eine negative Kapitalrücklage ausgewiesen wird.

Zwar lässt sich das gezeichnete Kapital im Konzernabschluss mit dem gezeichneten Kapital im Einzelabschluss des rechtlichen Mutterunternehmens abstimmen; eine weitergehende Abstimmung des Eigenkapitals zwischen Einzel- und Konzernabschluss ist – unabhängig von der ohnehin nur eingeschränkten Vergleichbarkeit auf Grund der einzelnen konsolidierungsbedingten Effekte – im Normalfall nicht weiter möglich.

Ermittlung der Earnings per Share

Die konsolidierungstechnische Vorgehensweise im Rahmen einer reverse acquisition hat auch Auswirkungen auf die Angabe des *Ergebnisses je Aktie (EPS)*. Ausweislich der Vorschriften nach IFRS 3 B25 sind die Angaben zu den EPS auf Grundlage der *Eigenkapitalstruktur* des rechtlichen Mutterunternehmens, konkret auf Grundlage dessen gezeichneten Kapitals einschließlich der im Rahmen des Unternehmenszusammenschlusses neu ausgegebenen Aktien, vorzunehmen. Im Jahr des Erwerbs erfolgt die Bestimmung der Anzahl ausstehender Aktien des rechtlichen Tochterunternehmens auf Basis eines zeitgewichteten Ansatzes.

3.5 Umgekehrter Unternehmenserwerb (*Reverse Acquisition*)

IFRS 3 B26 schreibt vor, dass für die Anzahl der durchschnittlich gewichteten Aktien während der Periode, in der der umgekehrte Unternehmenszusammenschluss erfolgt ist, folgende Annahmen gelten: die Anzahl der Aktien vom Beginn der Periode bis zum Erwerbszeitpunkt ist die Anzahl der Aktien, die vom rechtlichen Mutterunternehmen zwecks Erwerb der Beteiligung an dem Tochterunternehmen ausgegeben wurden und für die Zeit nach dem Unternehmenszusammenschluss ist auf die vom rechtlichen Mutterunternehmen insgesamt ausgegebenen Aktien zu rekurrieren.

Die unverwässerten Ergebnisse je Aktie sind nach IFRS 3 B27 für jede Vergleichsperiode vor dem Erwerbsdatum, die in dem Konzernabschluss nach einem umgekehrten Unternehmenserwerb dargestellt ist, zu berechnen, indem das Ergebnis des rechtlichen Tochterunternehmens durch die Anzahl der Aktien geteilt wird, die vom rechtlichen Mutterunternehmen im Zusammenhang mit dem Unternehmenszusammenschluss emittiert wurden. Die ‚historischen' EPS des rechtlichen Tochterunternehmens sind hierbei nicht von Relevanz. Sofern Kapitaltransaktionen beim rechtlichen Tochterunternehmen in den Vergleichsperioden stattgefunden haben, sind diese bei der Ermittlung der der EPS-Berechnung zu Grunde zu legenden Aktienanzahl zu berücksichtigen.

Auswirkungen auf die anzugebenden Vergleichsinformationen

Nach IFRS 3 B21 f. sind die im Konzernabschluss des rechtlichen Mutterunternehmens anzugebenden Vergleichsinformationen (Vorjahresangaben) auf Basis der Informationen des rechtlichen Tochterunternehmens vorzunehmen. Im Konzernanhang ist auf diesen ‚Sonderfall' der Darstellung Bezug zu nehmen. Aus Gründen der Vergleichbarkeit ist die Angabe der *Vergleichsinformationen* nach HFA 3/1995 in der sog. Drei-Spalten Form zu empfehlen. Demnach sind in der aktuellen Jahresspalte die nach der Methodik der reverse acquisition ermittelten Zahlen anzugeben. In der ersten Vorjahresspalte sind die Vorjahresangaben für den entsprechenden Zeitraum respektive zum entsprechenden Stichtag für das rechtliche Tochterunternehmen (wirtschaftliches Mutterunternehmen) anzugeben. Zudem wird die Angabe der Vorjahreszahlen des rechtlichen Mutterunternehmens as reported für das erste Jahr der Abbildung der reverse acquisition in einer separaten dritten Spalte empfohlen.

Ausgangsdaten zu Aufgabe 1 bis Aufgabe 6

Zum 31.12.2008 liegen folgende (verkürzt wiedergegebene) Bilanzen (IFRS-Einzelabschlüsse) vor:

A-AG 31.12.2008 (vor Kapitalerhöhung) [in TEUR]			
Aktiva	10.000	Grundkapital	5.000
		Kapitalrücklage	1.000
		Gewinnrücklagen	700
		Jahresüberschuss	300
		Sonst. Passiva	3.000
Gesamtkapital	10.000	Gesamtkapital	10.000

B-GmbH 31.12.2008 [in TEUR]			
Aktiva	6.000	Stammkapital	500
		Kapitalrücklage	1.000
		Gewinnrücklagen	1.100
		Jahresüberschuss	400
		Sonst. Passiva	3.000
Gesamtkapital	6.000	Gesamtkapital	6.000

Zu den beiden Unternehmen liegen folgende weiterführenden Angaben – alleine auf Grundlage der isolierten Betrachtung der beiden Einzelabschlüsse – vor:

- stille Reserven in den Aktiva der A-AG: 2 Mio. EUR,
- Goodwill der A-AG: 1 Mio. EUR,
- stille Reserven in den Aktiva der B-GmbH: 12 Mio. EUR,
- Goodwill der B-GmbH: 5 Mio. EUR.

Durch den Unternehmenszusammenschluss wird mit Synergien für den ‚neuen' Konzern im zweistelligen Millionen-Bereich gerechnet.

Für beide Gesellschaften wird hinsichtlich der Abgrenzung latenter Steuern ein Steuersatz von 30% unterstellt. Steuerliche Verlustvorträge liegen zum 31.12.2008 nicht vor. Die ermittelten stillen Reserven entfallen ausschließlich auf in der IFRS-Bilanz und der Steuerbilanz aktivierte abnutzbare Vermögenswerte respektive Wirtschaftsgüter.

3.5 Umgekehrter Unternehmenserwerb (*Reverse Acquisition*)

Die A-AG hat ein gezeichnetes Kapital von 5 Mio. EUR, unterteilt in 5 Mio. Stückaktien à 1,00 EUR. Die Gesellschaft beschließt, die Anteile an der B-GmbH zu erwerben. Im Zuge der Einbringung der B-GmbH soll bei der A-AG eine Kapitalerhöhung durch Sacheinlage erfolgen.

Zum Zeitpunkt des Anteilserwerbs liegen für beide Gesellschaften Unternehmensbewertungsgutachten vor, nach denen der A-AG ein Wert von 10 Mio. EUR und der B-GmbH ein Wert von 20 Mio. EUR zugewiesen wird. Der Unternehmenswert der A-AG vor der Transaktion mit 2,00 EUR je Aktie (= Börsenkurs) entspricht dem ermittelten Unternehmenswert.

Auf Grundlage der Bewertungsgutachten einigen sich die Gesellschafter der A-AG und der B-GmbH, dass die Alt-Gesellschafter der B-GmbH für die Einbringung von 100% ihrer Anteile an der B-GmbH neue Aktien der A-AG in Höhe eines Nennbetrags von 10 Mio. EUR erhalten. Bei einem unveränderten Kurswert der Aktie von 2,00 EUR entspricht dies einem Marktwert von 20 Mio. EUR. Alle Alt-Gesellschafter der B-GmbH nehmen an der Transaktion teil.

Die Transaktion lässt sich vereinfacht wie folgt darstellen:

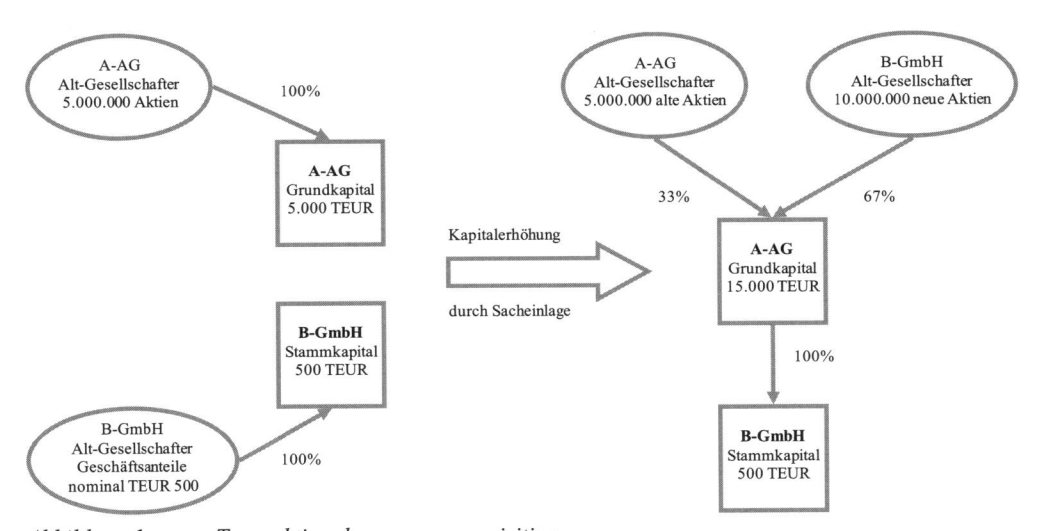

Abbildung 1:   *Transaktion der reverse acquisition*

Lässt man die Bewertung einzelner Synergieeffekte außen vor, sind die Alt-Gesellschafter der B-GmbH an dem ‚neuen' Konzern zu zwei Dritteln beteiligt, d. h., der Wert ihrer Anteile beträgt zwei Drittel des ‚Konzernwerts' in Höhe von 30 Mio. EUR (10 Mio. EUR für A-AG und 20 Mio. EUR für B-GmbH), also 20 Mio. EUR. Dies entspricht genau dem Wert der Anteile, den die Anteile der Alt-Gesellschafter der B-GmbH vor dem Unternehmenszusammenschluss hatten.

Das vorstehende Beispiel verdeutlicht das Wesen einer reverse acquisition: das rechtlich erworbene (Tochter-) Unternehmen ist wirtschaftlich als Mutterunternehmen anzusehen, da die Alt-Gesellschafter des erworbenen Unternehmens nach dem Anteilstausch die Mehrheit der Anteile am rechtlichen Mutterunternehmen innehaben. Nach der Kapitalerhöhung hat der Einzelabschluss der A-AG folgendes Aussehen (hierbei wurden die Aktiva um 20 Mio. EUR (= Anschaffungskosten für die Anteile an der B-GmbH) und das Grundkapital sowie die Kapitalrücklage um jeweils 10 Mio. EUR erhöht):

A-AG 31.12.2008 (nach Kapitalerhöhung) [in TEUR]			
Aktiva	10.000	Grundkapital	15.000
Anteile an B-GmbH	20.000	Kapitalrücklage	11.000
		Gewinnrücklagen	700
		Jahresüberschuss	300
		Sonst. Passiva	3.000
Gesamtkapital	30.000	Gesamtkapital	30.000

Für den vorliegenden Beispielsachverhalt wird unterstellt, dass alle Transaktionen (Kapitalerhöhung, Anteilstausch) zum 31.12.2008 vollzogen worden sind.

Der Ausgangssachverhalt dient als Grundlage für die nachfolgenden Fragestellungen. Bevor für das Beispiel die jeweiligen Werte berechnet werden, ist zunächst eine theoretische Erläuterung der relevanten Sachverhalte vorgesehen.

Aufgabe 1

Bestimmen Sie die rechnerischen Anschaffungskosten des Unternehmenszusammenschlusses im vorliegenden Fall.

Aufgabe 2

Nehmen Sie die Kaufpreisallokation vor und ermitteln Sie die relevanten Größen bezüglich des Fallbeispiels.

Aufgabe 3

Nehmen Sie im vorliegenden Sachverhalt zur Höhe des Minderheitenanteils Stellung.

Aufgabe 4

Stellen Sie den Ausweis des Konzerneigenkapitals im Zuge der vorliegenden reverse acquisition dar.

Aufgabe 5

Ermitteln Sie die Earnings per Share für das Fallbeispiel.

Aufgabe 6

Stellen Sie die erforderlichen Konsolidierungsbuchungen dar und leiten Sie den Konzernabschluss zum 31.12.2008 ab.

Lösung 1

Die fiktive Bewertung der Anschaffungskosten des wirtschaftlichen Erwerbers hat bei Vorliegen eines börsennotierten rechtlichen Erwerbers und dem Vorliegen eines nicht börsennotierten rechtlichen Tochterunternehmens auf Grundlage der Wertverhältnisse zum Erwerbszeitpunkt zu erfolgen, die sich aus der Anzahl der ausgegebenen Aktien zum damals relevanten Börsenkurs ergeben. Nichts anderes gilt im vorliegenden Fall, sofern kein Zeitwert für die Anteile des wirtschaftlichen Erwerbers zu ermitteln ist.

Zur Herleitung der Anschaffungskosten für den Unternehmenszusammenschluss ist die Annahme zu treffen, dieser käme zustande, indem die Alt-Gesellschafter der B-GmbH ihre Anteile gegen die Aktien der A-AG eintauschen. Demnach ist zu berechnen, in welcher Höhe auf Ebene der B-GmbH eine Kapitalerhöhung hätte erfolgen müssen, damit die Alt-Gesellschafter der B-GmbH nach ihrem Tausch mit 67% an der A-AG beteiligt gewesen wären.

Aufgrund der Tatsache, dass es sich bei dem rechtlichen Tochterunternehmen, der B-GmbH, nicht um eine börsennotierte Gesellschaft handelt, liegt kein unmittelbares Austauschverhältnis der Anteile (hier: Aktien gegen GmbH-Anteile) vor. Da ein stichtagsbezogenes Bewertungsgutachten der B-GmbH zum 31.12.2008 vorliegt und es im Rahmen der Darstellung der wirtschaftlichen Sichtweise nicht auf die Rechtsform des wirtschaftlichen Erwerbers ankommen kann, ist der für die B-GmbH ermittelte Unternehmenswert im Rahmen der Anschaffungskostenbestimmung zu berücksichtigen. Eine andere Interpretation der Konsolidierungstechnik im Zusammenhang mit der geforderten wirtschaftlichen Abbildung des Unternehmenszusammenschlusses im Zuge einer reverse acquisition würde dem dieser Konsolidierungstechnik inhärenten Grundgedanken ‚economic substance over legal form' grundlegend widersprechen.

Der gutachterlich ermittelte Unternehmenswert gibt den Zeitwert der Anteile an der B-GmbH sachgerecht wieder. Demnach sind die Anschaffungskosten des wirtschaftlichen Erwerbers durch eine entsprechende Fiktivrechnung zu bestimmen. Dieser fiktiven Berechnung liegt die Annahme zu Grunde, dass die Einbringung so hätte strukturiert werden können, dass der wirtschaftliche Erwerber auch rechtlicher Erwerber gewesen wäre. Um ein Anteilsverhältnis von 67:33 nach der Transaktion zu erhalten, hätte demnach eine Kapitalerhöhung bei der B-GmbH erfolgen müssen.

Nach Ausgangssachverhalt bemisst sich der Unternehmenswert der B-GmbH auf 20 Mio. EUR für 100% der Anteile. Um demnach neue Gesellschafter mit 33% aufzunehmen, hätte eine Kapitalerhöhung in Höhe von (20 Mio. EUR / 0,67) ./. 20 Mio. EUR = 9,85 Mio. EUR erfolgen müssen. Demnach ergeben sich fiktive Anschaffungskosten für den Unternehmenserwerb in Höhe von 9,85 Mio. EUR.

Lösung 2

Die ermittelten Anschaffungskosten belaufen sich auf 9,85 Mio. EUR. Im nächsten Schritt sind die Anschaffungskosten des Unternehmenszusammenschlusses dem Reinvermögen der A-AG gegenüberzustellen. Hierbei hat der Fiktion der reverse acquisition folgend eine Neubewertung des Reinvermögens der A-AG zu erfolgen, was eine Analyse der zum Erwerbszeitpunkt (31.12.2008) vorhandenen stillen Reserven und stillen Lasten bedingt. Auf Grundlage des erstellten Bewertungsgutachtens sind bei der A-AG stille Reserven in Höhe von 2 Mio. EUR vorhanden. Berücksichtigt man, dass sich aus der Aufdeckung der stillen Reserven im IFRS-Konzernabschluss Konsequenzen für die Abgrenzung latenter Steuern ergeben und unterstellt man den einheitlichen Steuersatz von 30%, führt die Aufdeckung der stillen Reserven zu einer Steuerbelastung in Höhe von 0,60 Mio. EUR. Demnach ergibt sich der rechnerische Goodwill wie folgt:

Anschaffungskosten	9,85 Mio. EUR
./. erworbenes Reinvermögen zu Buchwerten	./. 7,00 Mio. EUR
./. aufgedeckte stille Reserven	./. 2,00 Mio. EUR
+ abzugrenzende passive latente Steuern	+ 0,60 Mio. EUR
= Goodwill	= 1,45 Mio. EUR

Auf Grundlage der vorliegenden Werte sind die stillen Reserven sowie die auf sie entfallenden passiven latenten Steuern und in verbleibender Höhe ein Goodwill in Höhe von 1,45 Mio. EUR in der Konsolidierung auszuweisen.

Gleichzeitig zur Vornahme der vorstehenden Kaufpreisallokation ist die im Einzelabschluss der A-AG gebuchte Beteiligung an der B-GmbH gegen die Kapitalrücklage zu stornieren, da im Zuge der reverse acquisition der rechtliche Anteilserwerb zurückgedreht werden muss.

Lösung 3

Da im vorliegenden Beispielsachverhalt alle Alt-Gesellschafter der B-GmbH an der Transaktion teilnehmen, sind im IFRS-Konzernabschluss zum 31.12.2008 keine Minderheiten auszuweisen.

Lösung 4

Für den vorliegenden Beispielsachverhalt gilt, dass sich das Konzerneigenkapital aus dem Buchwert des Eigenkapitals der B-GmbH (3,0 Mio. EUR) zuzüglich den fiktiven Anschaffungskosten des Zusammenschlusses (9,85 Mio. EUR) zusammensetzt, also 12,85 Mio. EUR beträgt.

Im IFRS-Konzernabschluss der A-AG wird das Eigenkapital zum 31.12.2008 wie folgt ausgewiesen:

Gezeichnetes Kapital	15,00 Mio. EUR
Gewinnrücklagen	1,10 Mio. EUR
Jahresüberschuss	0,40 Mio. EUR
Kapitalrücklage	./. 3,65 Mio. EUR
Summe	= 12,85 Mio. EUR

Die Summe aus dem gezeichneten Kapital im Konzernabschluss sowie der Kapitalrücklage (15,00 Mio. EUR ./. 3,65 Mio. EUR = 11,35 Mio. EUR) entspricht hierbei dem Stammkapital sowie der Kapitalrücklage der B-GmbH (0,5 Mio. EUR + 1,0 Mio. EUR) zuzüglich der fiktiven Anschaffungskosten des Unternehmenserwerbs (9,85 Mio. EUR).

Das Konzerneigenkapital lässt sich weiter wie folgt abstimmen:

Eigenkapital A-AG vor Kapitalerhöhung	7,00 Mio. EUR
Eigenkapital B-GmbH	3,00 Mio. EUR
aufgedeckte stille Reserven (nach Abzug der latenten Steuern)	1,40 Mio. EUR
Goodwill	1,45 Mio. EUR
Summe	= 12,85 Mio. EUR

Die ausgewiesene Kapitalrücklage lässt sich darüber hinaus wie folgt verproben:

Summe gezeichnetes Kapital und Kapitalrücklage Konzern	11,35 Mio. EUR
abzüglich Stammkapital und Kapitalrücklage B-GmbH (accounting parent)	./. 1,5 Mio. EUR
= Kosten des Unternehmenszusammenschlusses	= 9,85 Mio. EUR

Die vorstehenden Berechnungen verdeutlichen, inwieweit sich die künstlich im derivativen IFRS-Konzernabschluss erzeugten Eigenkapitalgrößen mit den entsprechenden Eigenkapitalgrößen aus den originären Einzelabschlüssen abstimmen lassen.

Im Zusammenhang mit der Anpassung des Konzerneigenkapitals an die vorstehenden Strukturen sind damit im Wesentlichen zwei Buchungseffekte zu unterscheiden. Zum einen das Ausbuchen der Anteile am rechtlichen Tochterunternehmen; zum anderen die Vornahme der Kaufpreisallokation und Kapitalkonsolidierung zu Lasten der Kapitalrücklage in Höhe der buchungstechnischen Differenz.

Lösung 5

Da im vorliegenden Fall der Erwerb der Anteile an der B-GmbH zum 31.12.2008 erfolgte, ist ein zeitgewichteter Ansatz nicht nötig. Vielmehr ist die Aktienanzahl für das Jahr 2008 mit 10 Mio. Aktien anzusetzen, da dies die Anzahl der Aktien ist, die im Zusammenhang mit dem Unternehmenszusammenschluss von der A-AG ausgegeben wurden. Das Konzernergebnis zum 31.12.2008, das sich auf 0,4 Mio. EUR beläuft, da das Jahresergebnis der A-AG in die Kapitalaufrechnung einbezogen wurde, ist folglich durch 10 Mio. Aktien zu dividieren. Es ergibt sich demnach eine EPS-Größe in Höhe von 0,04 EUR je Aktie. Ab dem Jahr 2009 sind der EPS-Berechnung die 15 Mio. Aktien der A-AG zu Grunde zu legen.

Lösung 6

Der IFRS-Konzernabschluss zum 31.12.2008 ist derivativ aus den Einzelabschlüssen der A-AG und der B-GmbH zu erstellen.

Folgende Konsolidierungsbuchungen sind hierbei vorzunehmen:

- Storno des Anteilserwerbs

  Kapitalrücklage 20,00 Mio. EUR an *Beteiligung an B-GmbH* 20,00 Mio. EUR

- Kapitalkonsolidierung

Goodwill	1,45 Mio. EUR			
Stille Reserven Aktiva	2,00 Mio. EUR			
Stammkapital	0,50 Mio. EUR			
Gewinnrücklage	0,70 Mio. EUR			
Jahresüberschuss	0,30 Mio. EUR	an	*Kapitalrücklage*	4,35 Mio. EUR
			passive latente Steuern	0,60 Mio. EUR

[in TEUR]	A-AG	B-GmbH	Summenbilanz	Konsolidierung SOLL	Konsolidierung HABEN	Konzernabschluss
Goodwill				(2) 1.450		1.450
Sonstige Aktiva	10.000	6.000	16.000	(2) 2.000		18.000
Beteiligung an B-GmbH	20.000		20.000		(1) 20.000	0
Gesamtkapital	30.000	6.000	36.000			19.450
Grundkapital/ Stammkapital	15.000	500	15.500	(2) 500		15.000
Kapitalrücklage	11.000	1.000	12.000	(1) 20.000	(2) 4.350	−3.650
Gewinnrücklagen	700	1.100	1.800	(2) 700		1.100
Jahresüberschuss	300	400	700	(2) 300		400
Sonstige Passiva	3.000	3.000	6.000			6.000
Latente Steuern					(2) 600	600
Gesamtkapital	30.000	6.000	36.000	24.950	24.950	19.450

Literaturhinweise

ADLER, H./DÜRING, W./SCHMALTZ. K. (2007): Rechnungslegung nach internationalen Standards, Stuttgart, Abschn. 22 (Stand: 6. EL, Dezember 2007).

BAETGE, J./HAYN, S./STRÖHER, T. (2008): IFRS 3, in: Baetge, J. et al. (Hrsg.), Rechnungslegung nach IFRS, 2. Aufl., Stuttgart 2002 ff. (Stand: 6. EL, August 2008).

BOHL, W./RIESE, J./SCHLÜTER, J. (Hrsg.) (2006): Beck'sches IFRS-Handbuch, Kommentierung der IFRS/IAS, 2. Aufl., München.

KÖSTER, O./MIßLER, P. (2008): IFRS 3, in: THIELE, S./VON KEITZ, I./BRÜCKS, M. (Hrsg.), Internationales Bilanzrecht, Bonn.

KÜTING, K./MÜLLER, W./PILHOFER, J. (2000): ‚Reverse Acquisitions' als Anwendungsfall einer ‚Reverse Consolidation' bei der Erstellung von Konzernabschlüssen nach US-GAAP und IFRS – ein Leitbild für die deutsche Rechnungslegung, in: WPg, 53. Jg., S. 257–269.

LÜDENBACH, N./HOFFMANN, W.-D. (Hrsg.) (2008): Haufe IFRS-Kommentar, 6. Aufl., Freiburg i. Br.

PETERSEN, K./BANSBACH, F./DORNBACH, E. (2009): IFRS Praxishandbuch, 4. Aufl., München.

STRÖHER, T. (2008): Die Bilanzierung von Unternehmenszusammenschlüssen unter Common Control nach IFRS, Düsseldorf.

WEISER, F. (2005): Die bilanzielle Abbildung umgekehrter Unternehmenserwerbe im Rahmen der Rechnungslegung nach IFRS, in: KoR, 5. Jg., S. 487–498.

ZWIRNER, C. (2009): Reverse Acquisition nach IFRS – Eine Fallstudie, in: KoR, 9. Jg., S. 138–144.

ZWIRNER, C. (2009): Reverse Acquisition nach IFRS – Spezialtechnik versus Entscheidungsnützlichkeit, Praxis der internationalen Rechnungslegung, in: PiR, 5. Jg., S. 31–37.

ZWIRNER, C./SCHMIDT, J. (2009): Reverse Acquisition nach IFRS: erkennen, umsetzen und verstehen, in: IRZ, 4. Jg., S. 5–7.

Kapitel 4:
Sonstige besondere Aspekte der IFRS-Rechnungslegung

„Die derzeitige Finanzkrise legt die Schwächen der internationalen Rechnungslegung gnadenlos offen. […] Der *fair value* ist nicht fair, er ist ein Phantom. […] Wenn auf diese Weise statt Vertrauen Misstrauen, statt Transparenz Verschleierung gefördert wird, wird die Reform der IFRS im Rahmen der Rettungspakete für die Banken die Finanzkrise nicht entschärfen, sondern verschärfen. Durch konsequentes Festhalten an der traditionellen Rechnungslegung nach HGB wären diese Gefahren vermieden worden."

THOMAS SCHILDBACH

(Was bringt die Lockerung der IFRS für Finanzinstrumente?, in: DStR, 46. Jg. (2008), S. 2385.)

Dirk Hachmeister

4.1 Investment Properties (IAS 40)

Begriff der Investment Property und Reichweite

> *Investment properties* sind solche Immobilien (Grundstücke und/oder Gebäude), die der Eigentümer oder ein Leasingnehmer im Rahmen eines Finance-Leasingvertrages zur Erzielung von Miet-/Pachterträgen und/oder zur Wertsteigerung des eingesetzten Kapitals hält (IAS 40.5).

Daher enthält IAS 40.5 auch den Zusatz, dass Finance-Leasingnehmer *investment properties* halten können, da sie wirtschaftliche Eigentümer sind. Bei Operate-Leasingverhältnissen ist wirtschaftlicher Eigentümer im Allgemeinen der Leasinggeber. Die bei ihm im Bestand befindlichen *investment properties* fallen unter die vom Eigentümer gehaltenen *investment properties*.[1] Der Zweck der *investment properties* besteht somit in der Kapitalanlage durch den wirtschaftlichen Eigentümer (IAS 40.7).

Von den *investment properties* sind nach IAS 40.9 die sog. *non-investment properties* abzugrenzen. Dazu zählen zur Weiterveräußerung im Rahmen der gewöhnlichen Geschäftstätigkeit bestimmte Immobilien (IAS 2 *Inventories*), im Rahmen eines Fertigungsauftrags zu erstellende Immobilien (IAS 11 *Construction Contracts*) sowie eigenbetrieblich bzw. eigentümergenutzte Immobilien (*owner-occupied properties*). Zu Letzteren zählen sowohl bestehende als auch noch in der Erstellung befindliche Immobilien (IAS 16 *Property, Plant and Equipment*).[2] Bei noch im Bau befindlichen Immobilien ist nach deren Fertigstellung eine entsprechende Zuordnung zu IAS 2, 16 oder 40 in Abhängigkeit des dann mit ihnen verfolgten Zwecks zu prüfen.[3] Eine klare Abgrenzung der verschieden genutzten Immobilien ist in der Praxis oftmals nicht überschneidungsfrei möglich.

Beispielsweise rufen bei vermieteten Immobilien zusätzlich erbrachte Nebenleistungen (*ancillary services*), z. B. Instandhaltungs-, Verwaltungs- oder Sicherheitsdienstleistungen, Probleme hervor. Für die Klassifizierung ist das Verhältnis der aus den Nebenleistungen resultierenden Erträge zu den Gesamterträgen aus Vermietung und Nebenleistungen entscheidend: Für die Einordnung der Immobilie als *investment property* dürfen die Nebenleistungen nur einen unbedeutenden Anteil an den Gesamterträgen ausmachen (IAS 40.11), bei einem

---

[1] Vgl. ZÜLCH (2005), S. 67.
[2] Vgl. ZÜLCH (2005), S. 67 f.; BECK (2004), S. 498; BÖCKEM/SCHURBOHM-EBNETH (2003), S. 335.
[3] Vgl. DOHRN (2004), S. 169.

bedeutenden Anteil der Nebenleistungen ist sie als selbst genutzte Immobilie nach IAS 16 zu bilanzieren. Eine quantifizierte Wesentlichkeitsgrenze gibt IAS 40.11 allerdings nicht vor.[4]

Ebenso sind auch die vertraglichen Regelungen über den Mietzins entscheidend für die Kategorisierung. Maßgeblich ist hierbei, welcher Partei das unternehmerische Risiko zugeordnet wird. Liegt das unternehmerische Risiko nicht bei dem vermietenden Unternehmen, ist die Immobilie als *investment property* einzustufen (IAS 40.13).[5]

Klassifizierungsprobleme entstehen insbesondere, wenn eine Immobilie nicht einheitlich, sondern gemischt genutzt wird (*dual purpose property*). In diesem Fall sieht IAS 40.10 einen getrennten Ansatz der einzelnen Immobilienteile vor. Dafür müssen die Immobilienteile gesondert verkauft oder im Rahmen eines Finance-Leasingvertrages gesondert vermietet werden können.[6]

Ansatz

Damit *investment properties* als Vermögenswerte angesetzt werden können, muss der dem Unternehmen zufließende Nutzen wahrscheinlich und die Ermittlung der Anschaffungs- oder Herstellungskosten zuverlässig möglich sein (IAS 40.16). Die Ansatzfähigkeit richtet sich nach dem wirtschaftlichen Eigentum, nicht nach dem rechtlichen.[7]

Zugangsbewertung

> *Investment properties* sind im Zugangszeitpunkt mit ihren Anschaffungs- oder Herstellungskosten anzusetzen (IAS 40.20).

Im Falle des Erwerbs einer *investment property* ergeben sich die Anschaffungskosten nach IAS 40.21 aus dem Kaufpreis (*purchase price*), den Anschaffungsnebenkosten (*transaction costs*) sowie den nachträglichen Anschaffungskosten (*subsequent expenditures*) abzüglich der Anschaffungspreisminderungen (*deduction*). Zu den Anschaffungsnebenkosten zählen gemäß IAS 40.21 alle der *investment property* direkt zurechenbaren Kosten, die dafür notwendig sind, die Immobilie in einen nutzungsbereiten Zustand zu versetzen. Dazu zählen z. B. Honorare für Vermittlung und Rechtsberatung sowie Steuern. Dagegen stellen Gründungs- bzw. Anlaufkosten (*start-up costs*) sowie Verluste aus der Verwertung der Immobilie am Markt keine Anschaffungsnebenkosten dar (IAS 40.23).

---

[4] Vgl. BECK (2004), S. 499; ZÜLCH (2005), S. 68; BÖCKEM/SCHURBOHM-EBNETH (2003), S. 338.
[5] Vgl. ZÜLCH (2005), S. 68.
[6] Vgl. HOFFMANN/FREIBERG (2009), § 16 Rn. 14.
[7] Vgl. HOFFMANN/FREIBERG (2009), § 16 Rn. 21; ZÜLCH (2005), S. 69.

Als nachträgliche Anschaffungskosten sind nur solche Kosten zu aktivieren, die zu einer nachhaltigen Wertsteigerung der Immobilie führen und somit den künftigen Nutzenzuwachs steigern (IAS 40.22). Folglich sind Reparatur- und Instandhaltungskosten in der Regel erfolgswirksam zu erfassen, da sie das ursprüngliche Leistungspotenzial nicht steigern; dies entspricht den Regeln nach IAS 16.12-15.

Bei Selbsterstellung der *investment property* sind die Herstellungskosten anzusetzen, die den bis zum Fertigstellungszeitpunkt angefallenen Kosten entsprechen (IAS 40.22). Während der Herstellungsphase ist IAS 16 relevant, da IAS 40 erst mit Fertigstellung greift. Bezüglich der Bestimmung der Herstellungskosten ist also auf IAS 16 abzustellen, der seinerseits auf IAS 2 verweist (IAS 16.22). Nach IAS 2.10 bestimmen sich die Herstellungskosten aus den Kosten des Herstellungsvorgangs (cost of conversion) und allen anderen Kosten (other costs), die für die Versetzung der *investment property* in seinen gegenwärtigen Zustand und an seinen derzeitigen Standort angefallen sind.

Bezüglich des Ansatzes von Fremdkapitalkosten ist zwischen dem Erwerb und der Herstellung der *investment property* zu unterscheiden. Die Nichtberücksichtigung von Fremdkapitalkosten bei Erwerb einer *investment property* ist analog zur Behandlung eines Zielkaufs vorzunehmen: Bei Zielkauf wird das Barpreisäquivalent als Anschaffungskosten angesetzt. Die Differenz zu dem vertraglich vereinbarten Kaufpreis ist als Zinsaufwand über die Kreditlaufzeit zu behandeln (IAS 40.24). Fremdkapitalkosten sind mithin nicht zu aktivieren.[8]

Die bei der Herstellung einer *investment property* anfallenden Fremdkapitalkosten sind, sofern sie die Voraussetzungen des IAS 23.11 (*Borrowing Costs*) erfüllen, zu aktivieren. Anderenfalls sind sie in der Periode der Entstehung als Aufwand zu verbuchen (IAS 23.10).

Folgebewertung

Methodenwahlrecht

> Im Rahmen der Folgebewertung können Grundstücke oder Gebäude (oder Teile davon), die der Erzielung von Mieteinnahmen oder der Wertsteigerung dienen, alternativ zum *fair value* (*fair value model*; IAS 40.33-55) oder zu fortgeführten Anschaffungskosten (*cost model*; IAS 40.56) bewertet werden (IAS 40.30).

Dieses Wahlrecht ist als sog. Unternehmens- bzw. Konzernwahlrecht konzipiert, d. h. das Unternehmen und auch der Konzern müssen sich bei der ersten Anwendung von IAS 40 für eine der beiden Methoden entscheiden. Aus Gründen der Stetigkeit ist diese Entscheidung in den folgenden Jahren grundsätzlich auf Unternehmens- und Konzernebene bindend (IAS 40.30, 40.33, 40.56).[9] Nach IAS 40.31 kann ein Wechsel von der Fair-Value-Bilanzierung zum

---

[8] Vgl. ZÜLCH (2003), S. 166.
[9] Vgl. HOFFMANN/FREIBERG (2009), § 16 Rn. 42; ZÜLCH (2005), S. 70.

Anschaffungskostenprinzip nicht mit der geforderten geeigneten Darstellung gemäß IAS 8 begründet werden.

Cost Model

Entscheidet sich das bilanzierende Unternehmen für das *cost model*, wird nach den für Vermögenswerte des Sachanlagevermögens relevanten Vorschriften des IAS 16.30 bewertet. Demnach stellen die (fortgeführten) Anschaffungs- oder Herstellungskosten die Wertobergrenze dar (IAS 40.56). Bei der Bestimmung der Abschreibungen hat der Komponentenansatz eine große Bedeutung, da die einzelnen Bestandteile einer Immobilie unterschiedliche Nutzungsdauern aufweisen.[10]

Miet- und Pachterträge werden in IAS 18 nicht explizit genannt, können aber als Nutzungsentgelte i. S. d. IAS 18.29 verstanden werden. Daher gilt für sie der Grundsatz der periodengerechten Gewinnermittlung [IAS 18.30(b)]. Zeitraumbezogene Leistungen wie Miete oder Pacht sind unabhängig vom Zahlungseingang zu realisieren.[11] Gefordert werden ein wahrscheinlicher Nutzenzufluss und eine verlässliche Bewertung (IAS 18.30).

Ist für eine langfristig als Finanzanlage gehaltene Immobilie, die nach dem Anschaffungskostenmodell bilanziert wird, innerhalb der nächsten zwölf Monate ein konkreter Verkauf außerhalb der gewöhnlichen Geschäftstätigkeit beabsichtigt, wird die Immobilie nach IFRS 5 als *held for sale* klassifiziert [IAS 40.56 i. V. m. IFRS 5.5(d), 5.7] und mit dem *fair value less costs to sell* (Nettoveräußerungspreis) am Stichtag bewertet.

Nach IAS 36.2(f) müssen *investment properties*, die nach dem *cost model* bewertet werden, auch auf Wertminderung (*impairment*) überprüft werden. Bei solchen *investment properties* ist nach IAS 36.9 zu jedem Bilanzstichtag ein (qualitativer) Test (*assessment*) auf Anzeichen für eine Wertminderung durchzuführen. Erst bei Vorliegen entsprechender Indikatoren ist ein (quantitativer) *impairment test* nach IAS 36.10 vorzunehmen.

Fair Value Model

Fällt die Wahl auf den *fair value*, sind sämtliche *investment properties* mit diesem zu bewerten (IAS 40.33). Die Neubewertung hat zu jedem Bilanzstichtag zu erfolgen und muss die jeweils herrschenden Marktbedingungen widerspiegeln (IAS 40.38). Eingetretene Wertänderungen sind stets erfolgswirksam zu erfassen (IAS 40.35). Sollte der *fair value* nicht verlässlich ermittelt werden können, kann für einzelne Objekte auf eine Anschaffungskostenbewertung übergegangen werden (IAS 40.53).

---

[10] Vgl. ERNST & YOUNG (2008), S. 1015.

[11] Vgl. ORDELHEIDE/BÖCKEM (2003), IAS 18 Rn. 96.

> Transaktionskosten sind bei der Fair-Value-Ermittlung nicht zu berücksichtigen (IAS 40.37), weil der *fair value* das Ergebnis einer fiktiven Transaktion darstellt und somit keine tatsächliche Veräußerungsabsicht besteht.

Da der *fair value* die Markterwartungen widerspiegeln soll (IAS 40.38), dürfen bei seiner Bestimmung keine vertraglichen Sonderbedingungen, z. B. besondere Vergünstigungen oder Zugeständnisse, beachtet werden (IAS 40.36). Vielmehr reflektiert er die Mieterträge gegenwärtiger und zukünftiger Mietverhältnisse sowie die mit der Immobilie verbundenen Mittelabflüsse (IAS 40.40); zukünftige Ausgaben zur Verbesserung oder Wertsteigerung der *investment property* sowie der daraus resultierende Nutzen sollen nicht widergespiegelt werden (IAS 40.51).

Der *fair value* ist demzufolge eindeutig vom *value in use* nach IAS 36 abzugrenzen, da dieser die unternehmensspezifischen Erwartungen bezüglich der *investment property* widerspiegelt. Der Nutzungswert berücksichtigt dazu unter anderem Wertsteigerungen durch Portfolio- und Synergiebildung sowie die spezifische (steuer-)rechtliche Situation des Eigentümers der *investment property* (IAS 40.49).[12]

Exkurs: Bestimmung des Fair Value und Fair Value Hierarchie

Der *fair value* einer *investment property* ist der Wert, zu dem die Immobilie zwischen sachverständigen (*knowledgeable*; IAS 40.42), vertragswilligen (*willing*; IAS 40.43) und voneinander unabhängigen (*arm's length*; IAS 40.44) Vertragspartnern getauscht (oder eine Schuld beglichen) werden könnte (IAS 40.5). Der *fair value* ist somit ein marktpreisorientierter Zeitwert, genauer ein fiktiver bzw. hypothetischer Marktpreis. In der Regel wird dieser Marktwert als *exit value*, d. h. als Veräußerungswert konkretisiert. Dennoch ist der *fair value* nicht als Liquidationswert zu verstehen. Vielmehr liegt ihm die Prämisse der Unternehmensfortführung (*going concern*) zugrunde.

Aufgrund seiner Eigenschaft als fiktiver Marktpreis ist der *fair value* nicht beobachtbar. Folglich muss er durch andere Werte approximiert werden. Diese Approximation ist grundsätzlich mithilfe eines tatsächlichen Marktpreises, eines Marktpreises vergleichbarer Positionen (Vergleichswert) oder anhand eines modellgestützten Marktwerts (Modellwert) vorzunehmen. Aufgrund dieser drei subsidiär anzuwendenden Stufen wird die Ermittlungsmethodik auch als Stufenkonzept bzw. Fair-Value-Hierarchie bezeichnet.

Im Folgenden wird untersucht, wie die einzelnen Stufen für den speziellen Fall der *investment properties* umgesetzt werden können und welche Konkretisierungen sie in IAS 40 erfahren. Auf der ersten Stufe wäre für den *fair value* auf einen aktuellen Marktpreis abzustellen, weil dieser die Markterwartungen bezüglich des aus der *investment property* künftig resultierenden Zahlungsprofils unmittelbar widerspiegelt. Der Marktpreis muss dabei auf einem aktiven Markt (*active market*) notiert sein (IAS 40.36 iVm. 40.45). Auf einem *active market* sind die

---

[12] Vgl. *Frieß/Kormaier* (2004), S. 2024; *Hoffmann/Freiberg* (2009), § 16 Rn. 59.

gehandelten Positionen homogen, vertragswillige Käufer und Verkäufer können stets gefunden werden und die Preise sind öffentlich zugänglich (IAS 36.6, 38.8, 41.8). Da sich *investment properties* aufgrund ihrer Art, Lage und ihrem Zustand als Unikate auszeichnen, ist bereits die erste Bedingung nicht erfüllt.[13] Der Immobilienmarkt ist somit nicht aktiv, sondern vielmehr stark unvollkommen. Folglich ist der Rückgriff auf aktuelle Preise kaum möglich. Die Ermittlung des *fair value* mittels Marktpreis ist somit als Idealvorstellung zu interpretieren.[14]

Für die Fair-Value-Ermittlung einer *investment property* dürfte mithin die zweite Stufe der Fair-Value-Hierarchie den Ausgangspunkt darstellen. Als bester Indikator (*best evidence*) für den *fair value* gilt demnach der aktuelle Marktpreis von Immobilien, die hinsichtlich ihrer wertbeeinflussenden Faktoren mit der zu bewertenden *investment property* identisch bzw. zumindest vergleichbar (*similar*) sind (IAS 40.45). Eine Vergleichbarkeit ist laut IAS 40.45 nur gegeben, wenn sich die beiden Immobilien an demselben Ort und im selben Zustand (*same location and condition*) befinden. Aufgrund der stark divergierenden Ausprägung der Werteinflussfaktoren von *investment properties* lässt sich eine solche Vergleichbarkeit u. E. wohl nur für nebeneinander stehende baugleiche Immobilien vermuten. Somit scheint auch die Fair-Value-Ermittlung über Marktpreise identischer bzw. vergleichbarer Immobilien weitgehend eine Idealvorstellung zu sein.[15]

Folgerichtig sieht IAS 40.46 vor, den *fair value* auf Basis anderer Informationen zu ermitteln. Demnach hat das Unternehmen auf die auf einem aktiven Markt notierten aktuellen Preise für nicht vergleichbare Immobilien zurückzugreifen. Diese Preise sind bezüglich der Unterschiede in Art, Zustand und Lage an die zu bewertende *investment property* sachlich anzupassen [IAS 40.46(a)]. Des Weiteren ist auf kürzlich erzielte Marktpreise vergleichbarer Immobilien abzustellen, die auf weniger aktiven Märkten notiert wurden. Allerdings ziehen diese Marktpreise zeitliche Anpassungen entsprechend der veränderten ökonomischen Situation nach sich [IAS 40.46(b)]. Welche Preise (aktuelle Preise anderer Immobilien vs. ältere Preise vergleichbarer Immobilien) bevorzugt herangezogen werden sollen, wird allerdings nicht dargelegt.

Daneben sieht IAS 40.46(c) als weitere Möglichkeit die Verwendung von *discounted cash flow projections* vor. Im Gegensatz zu den in IAS 40.46(a) und (b) angeführten Vergleichs„verfahren" handelt es sich hierbei tatsächlich um ein Bewertungsmodell im Sinne des *marking to model*. Diese Möglichkeit der Approximation des *fair value* ist als dritte Ermittlungsstufe zu verstehen. Die Cashflowprognosen sind dabei auf die Vertragsbedingungen gegenwärtiger Mietverhältnisse sowie auf externe Hinweise wie aktuell übliche Mieten für vergleichbare Immobilien zu stützen. Die verwendeten Diskontierungssätze müssen die aktuellen Einschätzungen des Marktes bezüglich der Höhe, des zeitlichen Anfalls und der Unsicherheit dieser Cashflows widerspiegeln [IAS 40.46(c)].

---

[13] Vgl. HOFFMANN/FREIBERG (2009), § 16 Rn. 59.
[14] Vgl. ZÜLCH (2003), S. 181; DOHRN (2004), S. 177 f.; FRIEß/KORMAIER (2004), S. 2024; HITZ (2005), S. 88.
[15] Vgl. DOHRN (2004), S. 178; BAETGE/ZÜLCH/MATENA (2002), S. 419.

Unabhängig von den in IAS 40 vorgestellten Ermittlungsmethoden werden in der Immobilienbranche verschiedene Verfahren angewendet. In Deutschland sind insbesondere der Wertermittlungsverordnung (WertV) entsprechende Methoden zu entnehmen. International sind die vom International Valuation Standards Committee (IVSC) präferierten Immobilienbewertungsverfahren maßgebend.[16]

Es muss sich bei diesen Verfahren nicht zwingend um DCF-Bewertungsmodelle nach IAS 40.46(c) handeln. Beispielsweise ist das Vergleichswertverfahren nach §§ 13, 14 WertV bzw. der *sales comparison approach* nicht als Bewertungsmodell auf der dritten Stufe heranzuziehen. Vielmehr stellt es eine Technik zum Vergleich von Immobilien dar, eine modellgestützte, d. h. rechnerische Ermittlung des *fair value* erfolgt nicht.

Des Weiteren bestehen zwischen dem Ertragswertverfahren (§§ 15-20 WertV) bzw. dem *income capitalisation approach* und den Anforderungen an das DCF-Modell nach IAS 40 erhebliche Abweichungen.[17] Eine Anwendung der in der Immobilienwirtschaft gängigen Bewertungsverfahren für die Fair-Value-Ermittlung nach IAS 40 ist somit kritisch zu beurteilen.

Nutzungsänderungen

Im Rahmen der Bewertung von *investment properties* sind Nutzungsänderungen der Immobilie zu beachten, da sie unter Umständen den Ausweis nicht realisierter Gewinne nach sich ziehen können.

Soll eine bisher als Finanzanlage gehaltene Immobilie künftig entweder betrieblich genutzt (IAS 16) oder im Rahmen der Geschäftstätigkeit veräußert werden (IAS 2), ist bei bisheriger Anwendung des *cost model* der Buchwert fortzuschreiben (IAS 40.59). Wurde die *investment property* dagegen nach dem *fair value model* bewertet, ist dieser im Zeitpunkt des Verwendungswechsels als Anschaffungs- oder Herstellungskosten anzusetzen (IAS 40.60). Ein Wechsel in der Klassifizierung führt zu keinem Gewinn. Ebenso ergeben sich keine Bewertungsänderungen, wenn eine zunächst betrieblich genutzte oder im Bau befindliche Immobilie (IAS 16) als *investment property* eingeordnet wird und nach dem *cost model* bewertet wird (IAS 40.59).

Änderungen ergeben sich allerdings dann, wenn eine Immobilie erst nach dem Verwendungswechsel als Finanzanlage gehalten und das *fair value model* angewendet wird:[18]

---

[16] Eine Übersicht findet sich in HOFFMANN/FREIBERG (2009), § 16 Rn. 61.
[17] Vgl. FRIEß/KORMAIER (2004), S. 2028.
[18] Vgl. HEUSER/THEILE (2007), S. 210.

> Wird von der Eigentümernutzung (IAS 16) zur Finanzanlage gewechselt, ist zum Zeitpunkt der Nutzungsänderung die Differenz zwischen dem Buchwert nach IAS 16 und dem *fair value* erfolgsneutral in eine Neubewertungsrücklage gemäß IAS 16 einzustellen; diese Bewertung ist endgültig. Nur künftige Wertänderungen sind erfolgswirksam zu erfassen (IAS 40.61, 40.62).[19]

Wird eine zur Veräußerung gehaltene Immobilie (IAS 2) als Finanzanlage genutzt oder wird eine im Bau befindliche Immobilie (IAS 16) fertig gestellt, ist die Differenz zwischen dem bisherigen Buchwert und dem nach IAS 40 zu ermittelnden *fair value* erfolgswirksam zu erfassen (IAS 40.63-65).

Abgänge und Ausbuchung

Die Ausbuchung einer *investment property* ist bei Abgang oder Stilllegung der Immobilie vorzunehmen (IAS 40.66). Als Abgang ist neben der Veräußerung der *investment property* auch deren Verwendung im Rahmen eines Finance-Leasingvertrages anzusehen (IAS 40.67). Von einer Stilllegung ist auszugehen, wenn die *investment property* nicht mehr dauerhaft genutzt wird und ein künftiger Nutzenzufluss aus dem Abgang nicht zu erwarten ist (IAS 40.66).[20]

Bei einer Veräußerung wird der Ausbuchungszeitpunkt nach den Kriterien zur Ertragsrealisation (*revenue recognition*) nach IAS 18 (*Revenue*) bestimmt: Die Ausbuchung ist demnach dann vorzunehmen, wenn alle Erträge aus dem Verkauf der *investment property* realisiert sind. Ist die *investment property* Gegenstand eines Finance-Leasingvertrages geworden, ist die Ausbuchung entsprechend der Kriterien für die Charakterisierung eines Leasinggegenstandes gemäß IAS 17, d. h. mit dem Beginn des Leasingverhältnisses, vorzunehmen (IAS 40.67).

Ausweis und weitere Angaben

Nach IAS 1.54(b) sind als Finanzinvestitionen gehaltene Immobilien (*investment properties*) gesondert in der Bilanzgliederung auszuweisen. Die Absicht mit der Anlage in *investment properties* laufende Mieteinzahlungen zu generieren, rechtfertigt es, sie als Finanzanlagevermögen zu erfassen und zusammen mit finanziellen Vermögenswerten einzuordnen.

Für als Finanzinvestition gehaltene Immobilien ergeben sich aus IAS 40 umfangreiche Angabepflichten, die sich in allgemeine Angaben (IAS 40.75) sowie bestimmte Angaben in Abhängigkeit der gewählten Methode zur Folgebewertung (IAS 40.76-78 bzw. IAS 40.79) unterteilen lassen.

---

[19] Vgl. HEUSER/THEILE (2007), S. 210.

[20] Vgl. ZÜLCH (2003), S. 102 f.

4.1 Investment Properties (IAS 40)

Gemäß IAS 40.75 ist bzw. sind anzugeben:

- ob die Immobilien zu Anschaffungskosten oder zu beizulegenden Zeitwerten bewertet werden;
- ob und unter welchen Umständen die im Rahmen von Operating Leasingverhältnissen gehaltenen Immobilien als Finanzinvestition klassifiziert und bilanziert werden, wenn sie zum beizulegenden Zeitwert bewertet werden;
- die Kriterien zur Abgrenzung von als Finanzinvestition gehaltenen Immobilien, von solchen, die im Rahmen der betrieblichen Geschäftätigkeit zu Verkaufszwecken bestimmt sind oder die selbst genutzt werden;
- die Existenz und die Höhe von Beschränkungen hinsichtlich der Veräußerung und der Überweisung von Veräußerungs- oder anderen Erträgen. Ferner ist auf mögliche Erlösschmälerungen aus einem Verkauf hinzuweisen und sind deren Auswirkungen auf die Verkaufserlöse darzustellen;
- wesentliche vertragliche Verpflichtungen zum Kauf, zur Herstellung bzw. Entwicklung und Instandhaltung von Immobilien im Sinne von IAS 40;
- die in der GuV erfassten Miet- und Pachterträge sowie die direkt in Zusammenhang mit den Immobilien stehenden Aufwendungen einschließlich der Aufwendungen für Instandhaltung und Wartung. Hierbei ist über die Aufwendungen für Immobilien, die Mieterträge erzielen, und solche, die keine Mieterträge erzielen, gesondert Bericht zu erstatten;
- die Methoden zur Wertbestimmung von beizulegenden Zeitwerten und die hierbei getroffenen Annahmen einschließlich Angaben darüber, ob der Ermittlung Marktdaten oder ggf. andere Informationen zugrunde liegen;
- das Ausmaß, in dem zur Immobilienbewertung ein Gutachter beauftragt wurde.

Ferner verlangt IAS 40 vor dem Hintergrund der gewählten Methode zur Folgebewertung differenzierte Angaben. Wird als Finanzinvestition gehaltenes Immobilienvermögen zum beizulegenden Zeitwert bewertet, so ist eine *Überleitungsrechnung* zu erstellen, die die Entwicklung des Buchwerts vom Beginn bis zum Ende der Berichtsperiode zeigt (IAS 40.76) Hierbei sind anzugeben

- die Zugänge, differenziert nach Zugängen aus Erwerb, der nachträglichen Aktivierung und infolge eines Unternehmenserwerbs,
- die Abgänge des Jahres, differenziert in Abgänge aus geplanten Verkäufen im Sinne von IFRS 5 und andere Abgänge;
- Umbuchungen in und aus den Vorräten bzw. in und aus dem Bestand an selbst genutzten Immobilien sowie sonstige Änderungen und
- die Wertänderungen der Periode, wobei die Nettogewinne- und Nettoverluste aus Anpassungen des beizulegenden Zeitwerts sowie Währungsumrechnungsdifferenzen zu trennen sind.

Für den Fall, dass der beizulegende Zeitwert von bestimmten Immobilien nicht zuverlässig bestimmt werden kann und diese daher trotz allgemeiner Bewertung zum beizulegenden Zeitwert zu Anschaffungskosten bewertet werden (IAS 40.53), sind diese in der Überleitungsrechnung gesondert auszuweisen. Zusätzlich sind folgende Angaben verlangt (IAS 40.78):

- eine Beschreibung der entsprechenden Immobilien;
- eine Erläuterung, warum der beizulegende Zeitwert nicht zuverlässig ermittelt werden kann;
- soweit möglich, eine Angabe der Schätzungsbandbreite, innerhalb derer der beizulegende Zeitwert vermutlich liegt;
- im Falle des Abgangs dieser Immobilien
    - ein Hinweis, dass nicht zum beizulegenden Zeitwert bewertete Immobilien veräußert wurden,
    - der Buchwert dieser zum Zeitpunkt des Verkaufs sowie
    - der aus dem Verkauf erzielte Gewinn oder Verlust.

Werden als Finanzinvestition qualifizierte Immobilien zu *fortgeführten Anschaffungskosten* bewertet, sind ebenfalls bewertungsspezifische Angaben verlangt. Aufzustellen ist eine Überleitungsrechnung, mittels derer die Entwicklung des Buchwerts während der Berichtsperiode aufgezeigt wird. Im Einzelnen sind hierbei anzugeben [IAS 40.76(d)]:

- Zugänge, differenziert nach solchen aus Erwerb, infolge von nachträglichen Anschaffungskosten und solche, die auf Unternehmenszusammenschlüsse zurückzuführen sind,
- allgemeine Abgänge sowie Umgruppierungen gem. IFRS 5 infolge von geplanten Veräußerungen,
- Abschreibungen
- nach IAS 36 erfasste Wertminderungen sowie Wertaufholungen,
- Nettoumrechnungsdifferenzen aus der Währungsumrechnung,
- Umbuchungen in den bzw. aus dem Bestand an Vorräten sowie in den bzw. aus dem Bestand an vom Eigentümer selbst genutzten Immobilien sowie
- sonstige Veränderungen.

Weiterhin sind zu nennen

- die verwendeten Abschreibungsmethoden, die zugrunde liegenden Nutzungsdauern oder Abschreibungssätze sowie der Bruttobuchwert und die kumulierten Abschreibungen einschließlich der kumulierten Wertminderungsaufwendungen zum Periodenbeginn und zum Periodenende [IAS 40.76 (a)-(c)],
- der beizulegende Zeitwert, der als Finanzinvestition gehaltenen Immobilien; kann dieser nicht zuverlässig ermittelt werden,
    - sind die entsprechenden Immobilien zu beschreiben,
    - ist die nicht zuverlässige Ermittlung zu erklären und sind
    - soweit es möglich ist, Schätzungsbandbreiten, innerhalb derer der beizulegende Zeitwert liegt [IAS 40.76(e)], anzugeben.

Neben den o. a. Angaben, sind ggf. *Angabepflichten nach IAS 17* zu berücksichtigen. In IAS 40.74 ist diesbezüglich geregelt, dass der Eigentümer einer als Finanzinvestition zu qualifizierenden Immobilie, die Angabpflichten eines Leasinggebers hat. Dagegen muss aus Sicht des Leasingnehmers bezüglich der zu machenden Angaben hinsichtlich der Art des zugrunde liegenden Leasingverhältnisses differenziert werden. Liegt ein Finanzierungsleasing vor, sind die entsprechenden Angaben für Leasingnehmer relevant. Im Falle eines Operating-Leasing-Verhältnisses sind dagegen die entsprechenden Angabepflichten für Leasinggeber zu berücksichtigen.

Im Übrigen sind bezüglich der Bilanzierung von als Finanzinvestitionen zu klassifizierenden Immobilien ggf. Angabepflichten infolge von IAS 8 zu berücksichtigen.

Aufgabe 1

Lassen sich die beschriebenen Fälle unter IAS 40 subsumieren?

1. Industrieunternehmen A erwirbt in 2009 einige Parzellen Land am Rande der Stadt. Der Grund wird landwirtschaftlich genutzt und ist hinsichtlich der Infrastruktur wenig erschlossen. Aufgrund eines Wechsels im Rathaus besteht jedoch die Aussicht, dass das Areal mittelfristig als Gewerbepark entwickelt wird. Das Unternehmen hat bisher noch keine Planungen hinsichtlich der Nutzung. Allein der günstige Preis hat die Kaufentscheidung getrieben. Kann der Grund und Boden nach IAS 40 bilanziert werden?[21]

2. Finanzdienstleister B beschäftigt sich weitgehend mit der Entwicklung und Vermarktung von Grundstücken. Aufgrund einer günstigen Kaufgelegenheit konnte ein bisher wenig erschlossenes Grundstück erworben werden. Über die tatsächliche Verwendung soll erst in der nächsten Periode entschieden werden: möglich erscheinen ein sofortiger Weiterverkauf oder die Entwicklung des Grundstückes verbunden mit dem Bau eines Appartementhauses. Kann der Grund und Boden nach IAS 40 bilanziert werden?[22]

3. Unternehmer C erwirbt eine Hotelanlage mit der bautechnisch ein Schwimmbad und eine Fitnessanlage verbunden sind, die auch von Dritten gegen Entgelt genutzt werden darf. Kann die Hotelanlage oder zumindest das Schwimmbad und die Fitnessanlage nach IAS 40 bilanziert werden?[23]

4. Unternehmer E erwirbt eine Hotelanlage und überträgt die Bewirtschaftung im Rahmen eines Pachtvertrages an einen Dritten. Der gezahlte Pachtzins ist unabhängig von der Auslastung des Hotels. Kann die Hotelanlage nach IAS 40 bilanziert werden? Wie sieht

---

[21] Vgl. *PWC* (2008), S. 17005.
[22] Vgl. *PWC* (2008), S. 17006.
[23] Vgl. *HOFFMANN/FREIBERG* (2009), S. 699.

die Einordnung aus, wenn der überwiegende Teil des Pachtzinses variabel ist und von der Auslastung abhängt.[24]

6. Ein Leasinggeber F ist Vertragspartner in zwei Leasingverträgen. Der erste Leasingvertrag umfasst einen Weingarten einschließlich Kellerei und die folgenden Vermögenswerte:
- Grund und Boden,
- Infrastruktur im Weingarten, beispielsweise Spaliere etc.,
- Kellereigebäude,
- Tanks und Abfüllanlagen sowie
- Weine.

Der zweite Leasingvertrag umfasst einen Hafen mit den folgenden Vermögenswerten:
- Grund und Boden,
- Lagerhäuser,
- Infrastruktur im Hafen, beispielsweise Brücken, Schienenanlagen, Straßen,
- Kaianlagen sowie
- spezielle Containerkrananlagen.

In welchem Umfang sind die „weiteren Vermögenswerte" außer Grund und Boden sowie Gebäude unter der Definition des IAS 40 zu fassen?[25]

Aufgabe 2

Unternehmen G erwirbt zum 1. Januar eine Investment Property. Nach internen Anweisungen werden alle Investment Properties zu fortgeführten Anschaffungskosten bilanziert. Während des Jahres 2009 wird ein großer Betrag für ein modernes und wärmeisolierendes Glasdach verbaut. Auf diese Weise soll ein attraktives Ambiente für die Mieter und Pächter der einzelnen Einheiten erreicht werden; außerdem werden Strom- und Heizkosten eingespart. Welche Bilanzierungskonsequenzen ergeben sich?[26]

Aufgabe 3

Unternehmen H erwarb am 1. Januar 2007 ein Grundstück mit Geschäftsgebäude mit dem Zweck der Weitervermietung. Die Anschaffungskosten belaufen sich auf € 3 Mio. und verteilen sich je zur Hälfte auf Grund und Boden sowie Gebäude. Die betriebsgewöhnliche Nutzungsdauer für das Gebäude liegt bei 25 Jahren.

---

[24] Vgl. HOFFMANN/FREIBERG (2009), S. 700.
[25] Vgl. ERNST & YOUNG (2008), S. 1002 f.
[26] Vgl. PWC (2008), S. 17010.

Am 31. Dezember 2007 entsprach der Verkehrswert der Einheit € 3,2 Mio.; am 31. Dezember 2008 sank der Wert der Immobilie wegen der Planung einer Müllverbrennungsanlage in der Nachbarschaft auf € 2,0 Mio. Am 31. Dezember 2009 wird jedoch deutlich, dass diese Planung nicht weiterverfolgt wird und der Verkehrswert der Immobilie steigt auf € 3,5 Mio. Zeigen Sie die Wertentwicklung der Immobilie im Zeitablauf nach der Methode der fortgeführten Anschaffungskosten![27]

Aufgabe 4

1. Unternehmen K erwarb am 1. Januar 2007 ein Grundstück mit Geschäftsgebäude mit dem Zweck der Weitervermietung. Die Anschaffungskosten belaufen sich auf € 3,0 Mio. und verteilen sich je zur Hälfte auf Grund und Boden sowie Gebäude. Die betriebsgewöhnliche Nutzungsdauer für das Gebäude liegt bei 25 Jahren. Am 31. Dezember 2007 entsprach der Verkehrswert der Einheit € 3,2 Mio.; am 31. Dezember 2008 sank der Wert der Immobilie wegen der Planung einer Müllverbrennungsanlage in der Nachbarschaft auf € 2,0 Mio. Am 31. Dezember 2009 wird jedoch deutlich, dass diese Planung nicht weiterverfolgt wird und der Verkehrswert der Immobilie steigt auf € 3,5 Mio. Zeigen Sie die Wertentwicklung der Immobilie im Zeitablauf nach der Fair-Value-Methode![28]
2. Unternehmen M besitzt eine Immobilie, bestehend aus dem Grund und Boden sowie einem nicht mehr zeitgemäßen Lagerhaus. Bei einer möglichen Nutzung als Freizeitpark wäre der Fair Value höher als bei der tatsächlichen Nutzung. Das Management ist unsicher, mit welchem Wert die Immobilie zu bewerten ist.[29]
3. Unternehmen N hat am 1. Januar 2007 eine Investment Property zum Kaufpreis von € 20 Mio. erworben. Beim Erwerb fielen im Zusammenhang mit dem Kauf Rechtsberatungskosten von € 0,4 Mio. sowie die Maklergebühr von € 0,8 Mio. an: In den Folgeperioden wird die Investment Property nach dem Fair Value-Modell bilanziert. Am nächsten Bilanzstichtag werden folgende Szenarien für möglich gehalten.

		Fair Value lt. Gutachten in Mio. €	Anschaffungskosten in Mio. €	Unterschied in €
Szenario 1	unverändert	20,0	21,2	(1,2)
Szenario 2	leicht optimistisch	20,5	21,2	(0,7)
Szenario 3	optimistisch	22,0	21,2	0,8
Szenario 4	pessimistisch	19,0	21,2	(2,2)

Welche Bedeutung haben die Transaktionskosten bei der Ermittlung des Fair Value?[30]

---

[27] Vgl. HOFFMANN/FREIBERG (2009), S. 711 f.
[28] Vgl. HOFFMANN/FREIBERG (2009), S. 711 f.
[29] Vgl. PWC (2008), S. 17022.
[30] Vgl. ERNST & YOUNG (2008), S. 1007 f.

Aufgabe 5

1. Unternehmen L ist Eigentümer verschiedener Immobilien, die alle nach der Fair-Value-Methode nach IAS 40 bilanziert werden. L hat in einer süddeutschen Großstadt einen Gebäudekomplex speziell für die Unterhaltungsindustrie entwickelt, der von einem Dritten für Musical-Vorführungen genutzt werden soll. Die Unternehmensleitung von L sieht sich nicht in der Lage, den Fair Value des Objekts zu bestimmen, weil es keinen aktiven Markt für entsprechende Projekte gibt. Diskutieren Sie diese Argumentation.[31]
2. Unternehmen O hat eine Immobilie zu bewerten: Das Grundstück umfasst 4.000 qm. Der Bodenrichtwert der Gemeinde beträgt € 500/qm. Die Restnutzungsdauer des Gebäudes liegt bei 92 Jahren. Es gilt ein Kapitalisierungszins von 6,5%. Die monatliche Miete liegt bei € 82.000. Die Bewirtschaftungskosten werden mit 25% geschätzt. Wie hoch ist der Rentenbarwertfaktor? Welchen Wert hat die Immobilie?[32]

Aufgabe 6

Unternehmen P hat zum 1. Januar 2008 ein Gebäude zur Eigennutzung errichtet. Die Herstellungskosten betrugen € 2 Mio. Die betriebsgewöhnliche Nutzungsdauer liegt bei 25 Jahren. Da der Flächennutzungsplan geändert wird, steigt der Wert des Grundstückes zum 31. Dezember 2008 auf € 3,8 Mio. Unternehmen P beschließt daher eine Neubewertung. Am 31. Dezember 2009 wurde der Flächennutzungsplan verhindert, so dass P sich entschließt, den Betrieb zu verlagern und das Gebäude zu vermieten. Der Fair Value ist mittlerweile auf € 1,2 Mio. gesunken.[33] Welche Bilanzierungskonsequenzen ergeben sich? Wie sieht die Bilanzierung aus, wenn am 31. Dezember 2009 der Fair Value weiter auf € 4,0 gestiegen ist und die Unternehmensleitung an dem Umzug einschließlich Vermietung festhält?

Lösung 1

1. Der Grund und Boden sollte als Investment Property bilanziert werden, auch wenn über die Verwendung bisher noch nicht entschieden wurde. Mittelfristig wird die Immobilie auch wegen des günstigen Preises bei Erwerb als Kapitalanlage gehalten. Nach IAS 40.8(b) wird Grund und Boden, wenn es nicht ausdrücklich für den eigenen Gebrauch oder den sofortigen Weiterverkauf im Rahmen der Geschäftstätigkeit erworben wurde, als Kapitalanlage und damit Investment Property qualifiziert.[34]

---

[31] Vgl. *PWC* (2008), S. 17020.
[32] Vgl. *HOFFMANN/FREIBERG* (2009), S. 722.
[33] Vgl. *HOFFMANN/FREIBERG* (2009), S. 730.
[34] Vgl. *PWC* (2008), S. 17005 f.

2. Der Grund und Boden sollte als Vorratsvermögen bilanziert werden, auch wenn über die Verwendung bisher noch nicht entschieden wurde. Die Immobilie wird entweder kurzfristig verkauft oder entwickelt und anschließend im Rahmen der gewöhnlichen Geschäftstätigkeit des Unternehmens verkauft. Im Umkehrschluss nach IAS 40.8(b) ist eine Einordnung als Investment Property wegen der hohen Wahrscheinlichkeit des Verkaufs nicht möglich.[35]

3. Sowohl das Hotel als solches als auch die integrierten Bereiche des Schwimmbads und der Fitnessanlage sind nach IAS 16 zu bilanzieren. Die Leistungen, die den Hotelgästen insgesamt angeboten werden, sind ein integraler Faktor des Hotelbetriebs. Lediglich alltägliche Dienstleistungen, wie Reinigung und Instandhaltung sind an Dritte vergeben. Hauptprodukt ist die „Beherbergung". C ist kein „Vermieter" von Hotelzimmern, sondern Betreiber eines Hotels mit allen dazugehörigen Leistungen. Kennzeichen eines Hotelbetriebs ist die laufende Nutzung durch wechselnde Personen; gleiches gilt auch für das Schwimmbad und die Fitnessanlage unabhängig davon, dass auch Externe die Räumlichkeiten nutzen können.[36]

4. Im Fall des ergebnisunabhängigen Pachtzinses liegt das unternehmerische Risiko für den Hotelbetrieb bei der Betreibergesellschaft. Eine eventuell vereinbarte Staffelmietzahlung steht dem nicht entgegen. Bei D dominiert der Aspekt der Kapitalanlage. Die Zahlungen hängen nicht unmittelbar vom Hotelbetrieb ab und sind damit von der Nutzung durch Dritte unabhängig. D hat die Funktion eines passiven Investors. Im Fall einer ergebnisabhängigen, variablen Pacht reflektieren diese das Risiko des Hotelbetriebs, nicht der Immobilie. Daher ist eine Bilanzierung als Renditeimmobilie in diesem Fall nicht möglich (IAS 40.13).[37]

5. Orientieren wir uns eng am Wortlaut des IAS 40.5 könnte man meinen, die „sonstigen Vermögenswerte" seien nicht durch IAS 40 erfasst, wird doch allein auf Grund und Boden sowie Gebäude verwiesen. Mit Verweis auf IAS 40.50 kann jedoch eine breitere Perspektive eingenommen werden: Dort finden sich folgende Ausführungen:"(a) Ausstattungsgegenstände wie Aufzüge und Klimaanlagen sind häufig ein integraler Bestandteil des Gebäudes und im Allgemeinen in den beizulegenden Zeitwert der als Finanzinvestition gehaltenen Immobilien mit einzubeziehen und nicht gesondert als Sachanlage zu erfassen. (b) [D]er beizulegende Zeitwert eines im möblierten Zustand vermieteten Bürogebäudes schließt im Allgemeinen den beizulegenden Zeitwert der Möbel mit ein, da die Mieteinnahmen sich auf das möblierte Bürogebäude beziehen. Sind Möbel im beizulegenden Zeitwert der als Finanzinvestition gehaltenen Immobilie enthalten, erfasst das Unternehmen die Möbel nicht als gesonderten Vermögenswert."

Obwohl Absatz 50 auf die Fair Value-Ermittlung abstellt und in diesen Posten keinen integralen Bestand der Investment Property sieht, sollten sie als Teil der Renditeimmobilie verstanden werden, wenn der Gebrauch dieser Vermögenswerte für die Nutzung von

---

[35] Vgl. *PWC* (2008), S. 17006.
[36] Vgl. *HOFFMANN/FREIBERG* (2009), S. 699.
[37] Vgl. *HOFFMANN/FREIBERG* (2009), S. 700.

Grund und Boden sowie Gebäuden als notwendig angesehen werden kann und einheitlich vertraglich geregelt ist. Wichtig ist jedoch, dass Grund und Boden sowie Gebäude der Hauptbestandteil des Leasingvertrags sind, die sonstigen Vermögenswerte zusammen mit Grund und Boden bzw. Gebäude verleast wurden und die gesamten Gruppe notwendig ist, um die Leasingeinnahmen zu generieren. Allerdings haben wir damit eine Einschränkung des Einzelbewertungsgrundsatzes, der aber nach IAS 36 und IFRS 5 häufig durchbrochen wird. Mit Ausnahmen des Weines im Leasingvertrag 1 sollten mithin alle Vermögenswerte als Investment Property qualifiziert werden.[38]

Lösung 2

Der Einbau des Glasdaches sollte aktiviert werden und als nachträgliche Anschaffungskosten eingeordnet werden. Das Dach muss vermutlich während der betriebsgewöhnlichen Nutzungsdauer des Gebäudes mehrfach ausgewechselt werden und hat eine andere Nutzungsdauer als die Immobilie. Es wird mithin auch separat abgeschrieben (IAS 16.43). Das neue Dach lässt zukünftige erhöhte Nutzenzuflüsse erwarten. Der Anteil des Daches am Buchwert des Gebäudes sollte ausgebucht werden. Sollten die Kosten dafür nicht bekannt sein, können die erwarteten Kosten verwendet werden (IAS 16.14).[39]

Lösung 3

	Grund und Boden	Gebäude	Gesamtbuchwert
Buchwert 01.01.2007	1.500.000	1.500.000	3.000.000
./. planmäßige Abschreibungen		(60.000)	(60.000)
Buchwert 31.12.2007	1.500.000	1.440.000	2.940.000
./. planmäßige Abschreibungen		(60.000)	(60.000)
./. außerplanmäßige Abschreibungen	(500.000)	(380.000)	(880.000)
Buchwert 31.12.2008	1.000.000	1.000.000	2.000.000
./. planmäßige Abschreibungen		(43.500)	(43.500)
+ Zuschreibung	500.000		
Buchwert 31.12.2009	1.500.000	1.320.000	2.830.000

Am 31. Dezember 2008 sind die planmäßigen Abschreibungen ausgehend von der neuen Abschreibungsgrundlage von € 1,0 Mio. auf die Restnutzungsdauer von 23 Jahren zu verteilen (Abschreibungsbetrag wurde gerundet). Bei der Zuschreibung am 31. Dezember 2009 ist die erfolgswirksame Zuschreibung auf die fortgeführten Anschaffungskosten begrenzt, die sich ergeben hätte, wenn die frühere außerplanmäßige Abschreibung nicht notwendig gewesen wäre.[40]

---

[38] Vgl. ERNST & YOUNG (2008), S. 1002 f.
[39] Vgl. PWC (2008), S. 17010.
[40] Vgl. HOFFMANN/FREIBERG (2009), S. 711 f.

Lösung 4

1.

	Gesamtbuchwert
Buchwert 01.01.2007	3.000.000
+ erfolgswirksame Anpassung an Fair Value	200.000
Buchwert 31.12.2007	3.200.000
./. erfolgswirksame Anpassung an Fair Value	(1.200.000)
Buchwert 31.12.2008	2.000.000
+ erfolgswirksame Anpassung an Fair Value	1.500.000
Buchwert 31.12.2009	3.500.000

2. Bei der Ermittlung des Fair Value sollte auf die Möglichkeiten der Nutzungen abgestellt werden, da ein möglicher Erwerber der Immobilien in dem alternativen Betrieb seine Preisgrenze sieht. Der Fair Value hat auf der Basis des „highest and best value" zu erfolgen. Diese Lösung wird auch im Anhang IAS 40.B53 verfolgt.[41]

3. Die ursprünglich gezahlten Transaktionskosten sind bei der Ermittlung des Fair Value nicht zu berücksichtigen. Wenn nach IAS 40.21 bei der Zugangsbewertung auch unter dem Fair Value-Modell die Transaktionskosten als Anschaffungsnebenkosten aktiviert werden, sind sie bei der Folgebewertung nicht mit einzubeziehen. Sinn und Zweck der Aktivierung ist beim Anschaffungskostenmodell die Verteilung der Transaktionskosten auf die Nutzungsdauer. Das Fair Value-Modell geht nicht davon aus, dass Anschaffungskosten über die Nutzungsdauer planmäßig zu verteilen sind. Vielmehr würde die Abnutzung c. p. durch den verminderten Fair Value abnutzbare Investment Properties erfasst. Im Sinne der Barwertbetrachtung des Fair Value-Modells können Transaktionskosten zudem nicht als Barwert zukünftiger Zahlungszuflüsse interpretiert werden. Auch bei einem unveränderten Anschaffungspreis werden mithin die zunächst aktivierten Transaktionskosten bei der erstmaligen Wertfeststellung erfolgswirksam als Aufwand erfasst.[42]

Lösung 5

1. Auch ohne das Bestehen eines aktiven Marktes muss Unternehmen L den Fair Value bestimmen. Da das Management die Anlage verleasen möchte, ist es in der Lage, den Fair Value auf der Basis diskontierter Zahlungen zu ermitteln. Nur für den Fall, dass der Fair Value nicht fortlaufend festgestellt werden kann, kann von einer Fair Value-Bestimmung abgesehen werden.[43]

---

[41] Vgl. *PWC* (2008), S. 17022 f.
[42] Vgl. *ERNST & YOUNG* (2008), S. 1007 f.
[43] Vgl. *PWC* (2008), S. 17020.

2. Der Rentenbarwertfaktor $(q^n-1)\cdot(q^n\cdot(q-1))^{-1}$ für den Zinsfuß von 6,5% und eine Laufzeit von 92 Jahren beträgt 15,34. Damit ergibt sich der folgende Wert:[44]

		Gesamtbuchwert
	Mieteinnahmen (82.000 • 12)	984.000
./.	Bewirtschaftungskosten (25%)	(246.000)
=	Rohertrag	738.000
./.	Bodenverzinsung (2.000.000 • 6,5%)	(130.000)
=	Gebäudeertrag	608.000
x	Rentenbarwertfaktor (15,34)	
=	Gebäudeertragswert	9.326.720
+	Bodenwert	2.000.000
=	Gebäudeertragswert	11.326.720

Lösung 6

Am 31. Dezember 2009 ist die Immobilie umzugliedern und mit € 1,2 Mio. zu bewerten. Der Wert ergibt sich aus folgender Rechnung.

		Gesamtbuchwert
	Wertansatz 01.01.08	2.000.000
./.	planmäßige Abschreibung	(80.000)
+	Einstellung in die Neubewertungsrücklagen nach IAS 16	1.880.000
=	Wertansatz 31.12.08	3.800.000
./.	planmäßige Abschreibung	(158.333)
./.	Auflösung Neubewertungsrücklage	(1.880.000)
./.	außerplanmäßige Abschreibung	(661.667)
=	Wertansatz 31.12.09	1.200.000

Für das Jahr 2009 sind die Abschreibungen ausgehend vom Neubewertungsbetrag auf die Restnutzungsdauer von 24 Jahre zu verteilen. Darüber hinaus ist die Neubewertungsrücklage erfolgswirksam aufzulösen. Die darüber hinausgehende Wertminderung ist erfolgswirksam abzuschreiben.[45]

Im Alternativszenario ist der Wertansatz € 4,0 Mio. Die Neubewertungsrücklage ist beizubehalten; ebenso ist die Zuschreibung vom fortgeführten Buchwert (€ 3.641.667) auf den Fair Value in Höhe von € 358.333 erfolgsneutral in die Neubewertungsrücklage einzubuchen (IAS 40.62).

---

[44] Vgl. *HOFFMANN/FREIBERG* (2009), S. 722.

[45] Vgl. *HOFFMANN/FREIBERG* (2009), S. 731–733.

Literaturhinweise

BAETGE, J./ZÜLCH, H./MATENA, S. (2002): Fair Value Accounting. Ein Paradigmenwechsel auch in der kontinentaleuropäischen Rechnungslegung? (Teil B), in: StuB, 4. Jg., S. 417–421.

BECK, M. (2004): Bilanzierung von Investment Properties nach IAS 40. Anwendungsprobleme bei der Implementierung und Lösungsansätze, in: KoR, 4. Jg., S. 498–505.

BÖCKEM, H./SCHURBOHM-EBNETH, A. (2003): Praktische Fragestellungen der Implementierung von IAS 40 – Als Finanzanlagen gehaltene Immobilien (investment properties), in: KoR, 3. Jg., S. 335–343.

DOHRN, M. (2004): Entscheidungsrelevanz des Fair Value-Accounting am Beispiel von IAS 39 und 40, Lohmar et al.

ERNST & YOUNG (2008): International GAAP 2008, Generally Accepted Accounting Practice under International Financial Reporting Standards, West Sussex.

FRIEß, R./KORMAIER, B. (2004): Fair-Value-Ermittlung von Investment Properties mit Hilfe des Ertragswertverfahrens nach WertV?, in: DStR, 42. Jg., S. 2024–2028.

HEUSER J./THEILE C. (2007): IFRS Handbuch, Einzel- und Konzernabschluss, 3. Aufl., Köln.

HITZ, J.-M. (2005): Rechnungslegung zum fair value. Konzeption und Entscheidungsnützlichkeit, Frankfurt am Main.

HOFFMANN, W.-D./FREIBERG, J. (2009): §16 Als Finanzinvestitionen gehaltene Immobilien (investment properties), in: LÜDENBACH, N./HOFFMANN, W.-D. (Hrsg.): IFRS-Kommentar, 7. Aufl., Freiburg i. Br.

ORDELHEIDE, D./BÖCKEM, H. (2003): IAS 18 Erträge (Revenue), in: BAETGE, J. ET AL. (Hrsg.): Rechnungslegung nach IFRS. Kommentar auf der Grundlage des deutschen Bilanzrechts, 2. Aufl., Stuttgart.

PWC (2007): IFRS Manual of Accounting 2008, Global guide to International Financial Reporting Standards, Kingston upon Thames.

ZÜLCH, H. (2003): Die Bilanzierung von Investment Properties nach IAS 40, Düsseldorf.

ZÜLCH, H. (2005): Investment Properties: Begriff und Bilanzierungsregeln nach IFRS, in: PiR, 1. Jg., S. 67–72.

Christian Forst und Sven Müller

4.2 Bilanzierung und Bewertung von Waldvermögen

Einführung

Energieknappheit und die daraus resultierenden Preissteigerungen für Energie sowie ein wachsendes Umweltbewusstsein in der nationalen und internationalen Politik haben im letzten Jahrzehnt zu einer wachsenden Nachfrage nach regenerativer Energie geführt. Hierunter fällt u. a. der nachwachsende Rohstoff „Holz". Trotz der wieder zunehmenden Bedeutung dieses Rohstoffes für die Energiegewinnung ist in der Literatur bisher die Fragestellung der bilanziellen Abbildung von Waldvermögen unter Verwendung sachgerechter Bewertungsverfahren nur unzureichend diskutiert worden.[1]

Ziel der vorliegenden Fallstudie ist der Versuch einer Verknüpfung relevanter IFRS-Regelungen mit historisch gewachsenen Methoden der Bewertung von Waldvermögen. Zu diesem Zweck wird zunächst ein theoretischer Überblick vermittelt. Dieser beinhaltet sowohl die theoretischen Grundlagen der relevanten Internationalen Rechnungslegungsnormen als auch Informationen über in der Forstwirtschaft angewandte Bewertungsmethoden. Im Anschluss an diesen theoretischen Überblick folgt die praxisnahe Anwendung der zuvor vermittelten Kenntnisse.

Bilanzielle Abbildung von Waldvermögen – eine theorieorientierte Annäherung

Ansatzvoraussetzungen nach IAS 41

Im Zuge der Bilanzierung von Waldvermögen ist in der Regel der IAS 41 „Landwirtschaft" anzuwenden. Wobei für die Entscheidung über die Anwendung des IAS 41 nicht ausschließlich das Bewertungsobjekt herangezogen werden darf. Vielmehr sind ebenso der Zeitpunkt der Betrachtung des Bewertungsobjektes und daraus resultierender Änderungen der Spezifika des Bewertungsobjektes zu berücksichtigen.

Bezüglich des Bewertungsobjektes ist demzufolge vorab zu klären, was unter dem Begriff „Waldvermögen" im Sinne der bilanziellen Abbildung zu verstehen ist. Trotz der elementaren Verknüpfung eines Baumbestandes mit dem Grund und Boden erfolgt gemäß IAS 41.2 (a) keine gemeinsame Bilanzierung und Bewertung sowie ein separater Ausweis beider Vermögenswerte. Während der Baumbestand für sich im IAS 41 „Landwirtschaft" erfasst wird, ist der dazugehörige Grund und Boden entsprechend des IAS 16 „Sachanlagen" oder bei fest-

---

[1] Vgl. *KÜMPEL* (2006), S. 555 ff.

stehenden Verkaufsabsichten nach IFRS 5 „Zur Veräußerung gehaltene langfristige Vermögenswerte und aufgegebene Geschäftsbereiche" abzubilden.

Wie bereits erwähnt, ist neben der definitorischen Abgrenzung des Bewertungsobjektes zu anderen Standards der Internationalen Rechnungslegung auch auf den zeitlichen Aspekt und somit auf die Charakteristika des Waldvermögens abzustellen. Die bilanzielle Behandlung entsprechend des IAS 41 richtet sich im Folgenden an den Zustand des Baumbestandes. Im Rahmen der Regelungen des IAS 41 erfolgt eine definitorische Dreiteilung in biologische Vermögenswerte, landwirtschaftliche Erzeugnisse und verarbeitete landwirtschaftliche Erzeugnisse.

Eine bilanzielle Abbildung des lebenden Baumbestandes nach IAS 41 wird aufgrund der Zuordnung zu biologischen Vermögenswerten vorgenommen. Letztere werden als lebende Pflanzen oder lebende Tiere definiert.

> An dieser Stelle ist insbesondere auf die Voraussetzung des Charakteristikum *lebend* hinzuweisen. Wird das Kriterium des lebenden Baumbestandes nicht mehr erfüllt – wie es zum Zeitpunkt des Erntevorgangs (Fällen eines Baumes) der Fall ist – kann keine Zuordnung zu den biologischen Vermögenswerten erfolgen.

Ab diesem Zeitpunkt erfolgt eine Erfassung als landwirtschaftliches Erzeugnis. Diese sind gemäß IAS 41.5 als das „geerntete Produkt der biologischen Vermögenswerte" definiert. Definitorisch wäre somit grundsätzlich das geerntete Holz in die Bilanzierung gemäß IAS 41 aufzunehmen. Dies widerspricht jedoch der einschränkenden Regelung des IAS 41.1 (b), wonach landwirtschaftlichen Erzeugnisse lediglich zum Zeitpunkt der Ernte einbezogen werden dürfen. Der Erntezeitpunkt ist gemäß IAS 41.5 wiederum als Zeitpunkt der „Abtrennung des Erzeugnisses von dem biologischen Vermögenswert" oder als „Ende der Lebensprozesse eines biologischen Vermögenswertes" und somit der Nichterfüllung des Charakteristikums *lebend* gekennzeichnet. Eine Bilanzierung nach IAS 41 entfällt somit gänzlich für die Zeitraum der Ernte.

An dritter Stelle in der zeitlichen Abfolge gilt es zu klären, inwieweit die aus den landwirtschaftlichen Erzeugnissen generierten Produkte einer Bilanzierung entsprechend des IAS 41 unterliegen. Wie bereits oben aufgeführt sind die Zeitpunkte nach der Ernte nicht von den hier diskutierten Regelungen umfasst, weshalb auch die aus landwirtschaftlichen Erzeugnissen generierten Produkte nicht relevant sind. Selbige sind auf Basis des IAS 2 „Vorräte" zu bilanzieren und zu bewerten.

Nach Meinung der Autoren ist im Zuge der Bilanzierung von Waldvermögen die Fokussierung auf biologische Vermögenswerte angebracht. Aufgrund des sehr kurzen Erntezeitraumes (Fällen des Baumbestandes) ist von der Betrachtung landwirtschaftlicher Erzeugnisse zum Erntezeitpunkt zu abstrahieren.

4.2 Bilanzierung und Bewertung von Waldvermögen 443

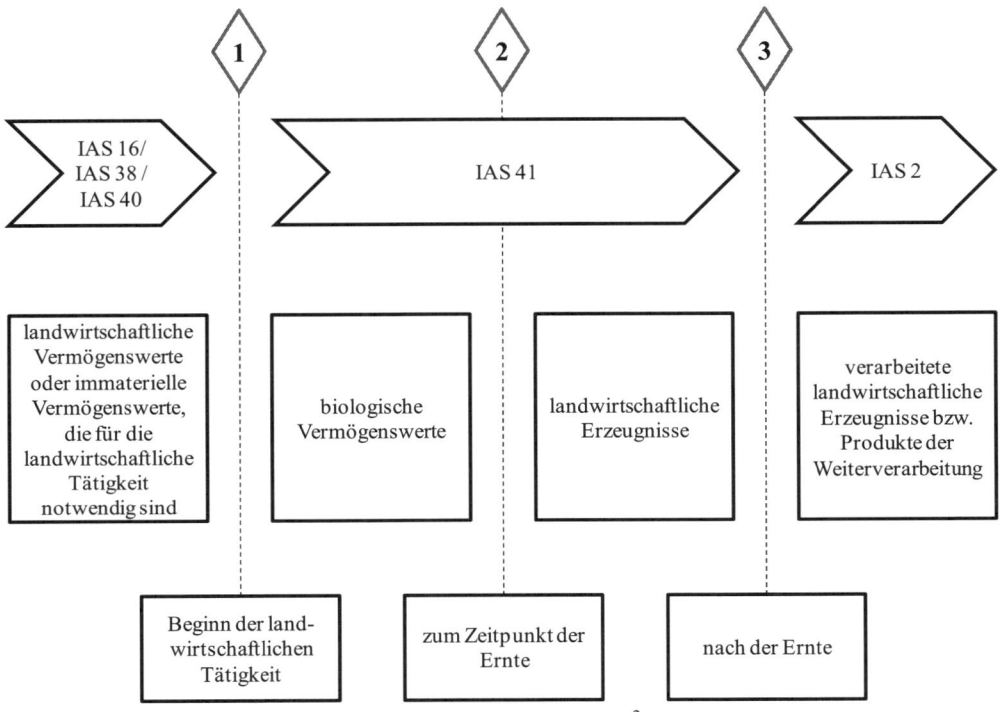

Abbildung 2: *Bilanzierung landwirtschaftlicher Tätigkeiten*[2]

Auswahl von nach IAS 41 zulässigen Verfahren zur Bewertung von Waldvermögen

Hinsichtlich der Bewertung von Waldvermögen – welches im vorherigen Kapitel als biologischer Vermögenswert identifiziert wurde – schreiben die IFRS grundsätzlich die Verwendung des beizulegenden Zeitwertes abzüglich geschätzter Veräußerungskosten vor. Ein solcher ist gemäß IAS 41.12 jährlich zu ermitteln. Die aufgrund der Wertschwankungen entstehenden Zuschreibungen respektive Abschreibungen sind entsprechend des IAS 41.26 erfolgswirksam über die Gewinn- und Verlustrechnung zu erfassen.

Sollten keine verlässlichen Marktpreise zur Verfügung stehen und sind Schätzungen nicht verlässlich ermittelbar besteht im Rahmen der Erstbewertung beim erstmaligen Ansatz des biologischen Vermögenswertes die Möglichkeit, eine Bewertung zu den Anschaffungs- oder Herstellungskosten abzüglich der aggregierten Abschreibungen vorzunehmen. Wird eine verlässliche Bestimmung des beizulegenden Zeitwertes möglich, ist ab diesem Zeitpunkt der ermittelte Wert anstelle der Anschaffungs- oder Herstellungskosten abzüglich der aggregierten Abschreibungen zu verwenden. Aufgrund des ausgedehnten Zeitraumes von der Anpflanzung

---

[2] In Anlehnung an *HALLER/EGGER* (2006), S. 283.

bis zur Ernte von Bäumen (z. B. Eiche 180 bis 260 Jahre und Kiefer 100 bis 130 Jahre)[3] und dem damit einzubeziehenden Risiko ist eine verlässliche Bewertung insbesondere bei jungen Waldbeständen nicht gegeben. Deshalb ist im Zusammenhang mit der Bewertung von Waldvermögen u. a. auch der Rückgriff auf diese Ausnahmeregelung vorzunehmen. Folglich sind für junge Baumbestände bei erstmaligem Ansatz die Anschaffungs- oder Herstellungskosten zu verwenden. Diese sind unter Rückgriff auf den IAS 16 „Sachanlagen" respektive IAS 2 „Vorräte" zu bestimmen. Da ein Handel mit lebenden Waldbeständen selten stattfindet, wird an dieser Stelle von der Ermittlung der Anschaffungskosten abstrahiert. Vielmehr erfolgt eine Fokussierung auf die Herstellungskosten. Im Rahmen der forstwirtschaftlichen Betriebswirtschaftslehre wird in diesem Zusammenhang der Begriff des Bestandskostenwertes verwendet. Die Erläuterung zum *Bestandskostenwert*[4] wird im folgenden Kapitel vorgenommen.

Für die Bestimmung des beizulegenden Zeitwertes sehen die Regelungen des IAS 41 ebenfalls – wie in vergleichbaren Standards (IAS 39 „Finanzinstrumente – Ansatz und Bewertung") – die Verwendung einer Bewertungshierarchie vor. Zunächst ist ein Rückgriff auf notierte Preise an einem aktiven Markt vorzunehmen. Dies setzt jedoch voraus, dass es sich um einen Markt handelt, auf dem vertragswillige Käufer und Verkäufer ebenso vorhanden sind wie der Öffentlichkeit zur Verfügung stehende Preise. Zudem setzt ein aktiver Markt die Existenz von homogenen Gütern voraus. Letzteres ist bei der Bewertung von Waldbeständen in der Regel jedoch nicht gegeben. Aufgrund unterschiedlicher Qualitäten der Baumbestände (Baumart, Alter, Bodenqualität, klimatische Bedingungen etc.) ist die Verwendung dieser ersten Hierarchieebene nicht möglich.

Im Fall nicht vorliegender aktiver Märkte – wie es im Rahmen der Bewertung von Waldvermögen in der Regel der Fall ist – schreibt der IAS 41.18 (a) die Verwendung kürzlich stattgefundener Markttransaktionen bezüglich desselben biologischen Vermögenswertes vor. Da dem Markt für den Handel mit Waldbeständen eine geringe Fungibilität inhärent ist und aufgrund der biologischen Transformationsprozesse Rahmenbedingungen des Handels ebenfalls einer Änderung unterzogen sind, ist für die Bewertung von Waldvermögen die Zugrundelegung dieser zweiten Hierarchieebene ebenfalls auszuschließen.

Parallel zu den Regelungen des IAS 39 bei der Bewertung von Finanzinstrumenten zum beizulegenden Zeitwert ist auch im Zuge der Bewertung von Waldvermögen ein Ausweichen auf Marktpreise ähnlicher biologischer Vermögenswerte durchzuführen. Zwar sind Waldbestände grundsätzlich nicht homogen jedoch weisen sie eine Ähnlichkeit zueinander auf. In der Folge kann beim Vorliegen von Marktpreisen vergleichbarer Transaktionen sowie beim Vorhandensein von statistischen Daten zur Anpassung der gegebenen Marktpreise an den zu bewertenden Baumbestand diese dritte Hierarchiestufe zur Bewertung von Waldbeständen

---

[3] Vgl. THÜRINGER MINISTERIUM FÜR LANDWIRTSCHAFT, NATURSCHUTZ UND UMWELT (2006), S. 7.

[4] Die Verwendung des historischen Begriffes „Bestandskostenwert" suggeriert jedoch nicht, dass an dieser Stelle auf den Kostenbegriff des internen Rechnungswesens aufgebaut wird. Vielmehr wird an dieser Stelle das externe Rechnungswesen betrachtet, weshalb im Folgenden auch die Begriffe „Ertrag" und „Aufwand" genutzt werden. Somit wird der historische Begriff „Bestandskostenwert" den Erfordernissen der Rechnungslegung angepasst.

verwendet werden. Aus Sicht der in der Bewertung von Waldvermögen genutzten Bewertungsverfahren kommt an dieser Stelle das *Alterwertfaktorenverfahren* in Betracht. Selbiges baut auf „aktuellen Erfahrungen aus der Holz-Verwertung"[5] auf. Liegen die hierfür notwendigen Informationen jedoch nicht vor, ist eine Anwendung dieser dritten Hierarchieebene ebenfalls nicht möglich.

Als vierte Stufe der Bewertung von biologischen Vermögenswerten umfassen die Regelungen des IAS 41.18 (c) den Rückgriff auf sogenannte „Branchen-Benchmarks". Hierzu wird u. a. explizit auf die Verwendung von Hektarangaben für die Bewertung von Obstplantagen abgezielt. Ein solches Verfahren ist nach Meinung der Autoren nicht für die Bewertung von Waldbeständen möglich. Bei Verwendung von „Branchen-Benchmarks" ist – anders als bei Verwendung der Transaktionspreise ähnlicher biologischer Vermögenswerte – keine Anpassung der übernommenen Werte vorzunehmen. Ein solches Vorgehen entspricht jedoch nicht dem Charakteristikum von Waldvermögen. Letzteres ist aufgrund der fehlenden Monokultur – wie sie bei Plantagen vorkommen – nicht ohne Anpassungen mit anderen Waldbeständen vergleichbar. Eine rein auf die Fläche des Waldbestandes abzielende Anpassung wird der Heterogenität von Waldbeständen nicht gerecht.

Liegt weder ein aktiver Markt vor und können keine marktinduzierten Preise für vergleichbare biologische Vermögenswerte herangezogen werden, ist keine der Hierarchiestufen eins bis vier für die Bewertung von Waldvermögen zu verwenden. In einem solchen Fall ist auf den Barwert der erwarteten Netto-Cashflows des Waldbestandes zurückzugreifen. Bis zum 23. Januar 2009 war ein auf diese Weise ermittelter Wert unter Anwendung der von der Europäischen Union gebilligten IFRS mit dem Substanzwert des Waldbestandes vergleichbar. So sah der IAS 41.21 ein explizites Verbot hinsichtlich des Einbezugs von Wertsteigerungen aufgrund von zukünftigen biologischen Transformationen vor. Diese Regelung schloss die Verwendung von in der forstwirtschaftlichen Literatur – für interne Zwecke – entwickelten Bewertungsverfahren für Waldvermögen kategorisch aus, da letztere stets die künftige Entwicklung des Waldvermögens antizipieren. In der am 23. Januar 2009 von der Europäischen Union erlassenen Verordnung 70/2009 wurde das Verbot des Einbezugs künftiger Transformationsergebnisse aufgehoben. Dies ermöglicht letztlich den Rückgriff auf die Arbeiten der in der forstwirtschaftlichen Theorie entwickelten Bewertungsverfahren. Selbige nehmen ebenfalls eine Ermittlung des Barwertes der aus der Nutzung des Waldvermögens entstehenden Einzahlungsüberschüsse vor. Hinsichtlich des Diskontierungszinssatzes erfordert der IAS 41 die Verwendung eines marktbestimmten Zinssatzes, welcher die Risikostruktur der Investition in Waldvermögen abzubilden hat. Aus diesem Grunde sind sämtliche den Erfolg der Investition determinierenden Faktoren in die Ermittlung des Abzinsungssatzes mit einzubeziehen. Erst nach Ermittlung dieser Determinanten kann ein marktbestimmter Zinssatz, welcher dieselbe Risikostruktur aufweist, bestimmt werden. Eine Verwendung von subjektiven Grenzzinssätzen wird an dieser Stelle nicht vorgenommen. Ursächlich hierfür ist die Zielsetzung der Bewertung, die lediglich die Berichterstattung an Externe fokussiert, weshalb die Bewertungsver-

---

[5] HAUB/WEIMANN (2001), S. 3.

fahren keinen Entscheidungswert für die Investoren liefern sollen.[6] Die Verwendung eines marktinduzierten Zinssatzes ist von daher sachgerecht.

Zur Bewertung von nicht mehr jungen Waldbeständen ist aufgrund der Zunahme der Verlässlichkeit durch die Abnahme des Zeithorizontes bis zum Erntezeitpunkt eine Verwendung der Diskontierung zukünftiger Einzahlungsüberschüsse vorzunehmen. In diesem Zusammenhang kann auf den in der forstwirtschaftlichen Betriebswirtschaft verwenden *Bestandserwartungswert*, welcher im folgenden Kapitel einer näheren Betrachtung unterzogen wird, zurückgegriffen werden.

Nach IAS 41 zulässige Verfahren zur Bewertung von Waldvermögen

Wie im vorhergehenden Kapitel beschrieben wurde, sind im Rahmen der Bewertung von Waldvermögen sowohl der Bestandskostenwert, das Alterswertfaktorenverfahren als auch der Bestandserwartungswert zu verwenden. Dabei ist jedoch auf die differenzierte Anwendung der Verfahren zu achten. Während der Bestandskostenwert für junge Waldbestände heranzuziehen ist, sind das Alterswertfaktorenverfahren sowie der Bestandserwartungswert für ältere Waldbestände zu nutzen.

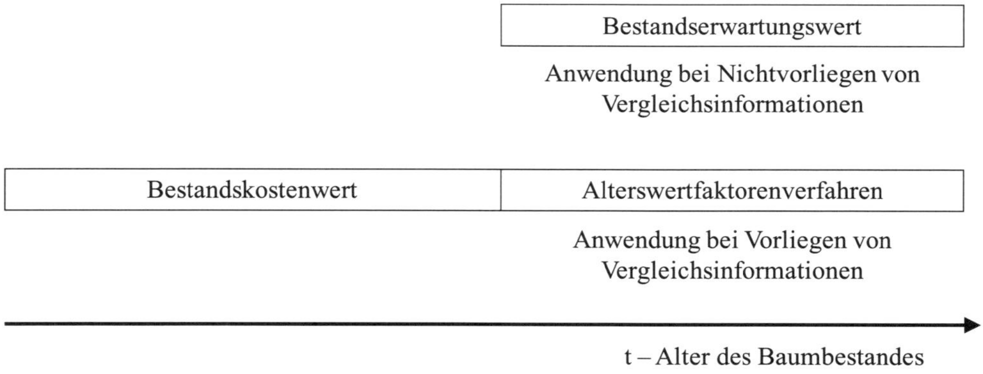

Abbildung 2:   *Bewertungsverfahren in Abhängigkeit des Alters von Waldbeständen*

---

[6] Vgl. ausführlich zur Problematik der objektiven, subjektiven und funktionalen Unternehmensbewertung MATSCHKE/ BRÖSEL (2007).

4.2 Bilanzierung und Bewertung von Waldvermögen

Für die Ermittlung des Bestandskostenwertes bei jungen Waldbeständen zum Zeitpunkt t (HK_t) ist die folgende Formel zu verwenden:[7]

$$HK_t = \sum_{a=0}^{t}\left((c_a + b_a + v_a)\cdot(1+p)^a\right) - \sum_{a=0}^{t}\left(D_a \cdot (1+p)^a\right) \qquad (1)$$

HK_t = Bestandskostenwert zum Zeitpunkt t
c = Aufwendungen für Kulturpflege je Periode (z. B. Bodenvorbereitungen)
b = Aufwendungen für die Bodenrente je Periode
v = Aufwendungen für die Verwaltung je Periode
p = forstlicher Zinsfuß
t = aktueller Zeitpunkt (Zeitpunkt der Bewertung)
a = Variable, Perioden zwischen Beginn der Herstellung und dem aktuellen Zeitpunkt t
D = Ertragsüberschuss aus Durchforstungsarbeiten je Periode (z. B. Veräußerung von geschlagenem Holz)

Folglich ergibt sich der Bestandskostenwert als Differenz der bis zum Zeitpunkt der Bewertung angefallenen Aufwendungen abzüglich der bis zu diesem Zeitpunkt angefallenen Erträge. Eine vollständige Übernahme der Formel zum Bestandskostenwert einschließlich der in der forstwirtschaftlichen Literatur vorzufindenden Erläuterungen ist jedoch aus Sicht der externen Berichterstattung nach IFRS abzulehnen. Da die ursprünglichen Berechnungen kalkulatorische Werte enthalten, ist im Zuge der externen Berichterstattung eine Bereinigung um diese Kostenpositionen durchzuführen. So weist die Literatur zur Forstbewertung u. a. auf die Notwendigkeit des Einbezugs der Bodenrente hin.[8] Diese ist zum Zwecke der externen Berichterstattung nicht mit Opportunitätskosten gleichzusetzen. Es wird folglich nicht die Frage gestellt, inwieweit eine andere – gewinnträchtigere – Verwendung des Grund und Bodens möglich ist. Vielmehr werden unter dem Begriff der Bodenrente an dieser Stelle die tatsächlichen Aufwendungen für die Nutzung des Grund und Bodens herangezogen. So ist dieser Posten bei Eigentum an Grund und Boden obsolet. Wird letzterer hingegen gepachtet, sind die hierfür anfallenden Aufwendungen in die Formel mit einzubeziehen. Ein solches Vorgehen erfolgt nicht nur im Rahmen der Ermittlung des Bestandskostenwertes sondern auch bei Verwendung des Bestandserwartungswertes sowie des Alterswertfaktorenverfahrens. Die Nutzung des Bestandskostenwertes wird unter Rückgriff auf IAS 41.30 in Verbindung mit IAS 41.24 ermöglicht, wonach die Anschaffungs- oder Herstellungskosten für die Bewertung herangezogen werden dürfen, wenn in vorangegangenen Perioden kein beizulegender Zeitwert ermittelt wurde und eine Ermittlung des beizulegenden Zeitwertes in der aktuellen Periode nicht verlässlich möglich ist.

---

[7] Vgl. MANTEL (1982), S. 42 f.
[8] Vgl. SAGL (1995), S. 82.

Handelt es sich bei dem zu bewertenden Baumbestand nicht um einen jungen Bestand und ist somit die Ermittlung des beizulegenden Zeitwertes aufgrund des geringeren Zukunftsbezuges mit einer Absenkung des Risikos verbunden, ist von der Nutzung des Bestandskostenwertes abzusehen. In diesem Fall sind das Alterswertfaktorenverfahren sowie der Bestandserwartungswert zu verwenden. Eine Entscheidung, welches Verfahren genutzt werden soll, fußt auf den zur Verfügung stehenden Informationen. Steht dem bilanzierenden Unternehmen eine Übersicht über Alterswertfaktoren, welche in Deutschland in den Waldwertermittlungsrichtlinien 2000 des Bundes veröffentlicht und aufgrund von statistischen Aufzeichnungen ermittelt werden, zur Verfügung, ist entsprechend der Hierarchie des IAS 41 das Alterswertfaktorenverfahren dem Bestandserwartungswert vorzuziehen. Der beizulegende Zeitwert ermittelt sich auf Basis des Alterswertfaktorenverfahrens nach BLUME wie folgt:[9]

$$H_t = [(A_u - c) \cdot f_t + c] \cdot B_t \qquad (2)$$

H_t = Bestandswert für einen Hektar im Alter t

A_u = Abtriebswert für einen Hektar eines Waldbestandes im Alter der Umtriebszeit u (Zeitpunkt der Reife)

c = Aufwendungen für Kulturpflege je Periode (z. B. Bodenvorbereitungen)

f_t = Alterswertfaktor für das Alter t

B_t = Bestockungsfaktor (Wertrelation zu einem vollbestockten Bestand) im Alter t

Durch den Alterswertfaktor sowie den entsprechenden ökonomischen Ertrags- und Aufwandsgrößen stellt das Alterswertfaktorenverfahren in den partiellen Bewertungsfunktionen „Kosten-Erwartungs-Abtriebswert" einerseits auf das aktuelle Alter eines Bestandes ab. Auf der anderen Seite berücksichtigt es durch Einbezug des Abtriebswerts Au im Alter der Umtriebszeit u den zu erwartenden Ertragszuwachs der Zukunft. Eine Anwendung dieses Verfahrens setzt jedoch das Vorliegen von Alterswertfaktoren und somit historische Daten bezüglich der Forstwirtschaft einer jeweiligen Region voraus. So können beispielsweise die Alterswertfaktoren aufgrund unterschiedlicher klimatischer Bedingungen nicht für Mitteldeutschland und Südeuropa angewendet werden.

Liegen keine Informationen über Alterswertfaktoren vor, ist eine Anwendung des Alterswertfaktorenverfahrens nicht möglich. Um dennoch eine verlässliche und mit den IFRS in Einklang stehende Bewertung des beizulegenden Zeitwertes von Waldvermögen zu ermöglichen, ist ein Rückgriff auf den Bestandserwartungswert durchzuführen. Dieser wird entsprechend der folgenden Formel berechnet:

$$HE_t = \frac{A_u + \sum_{n=0}^{u-t}\left(D_n \cdot (1+p)^{u-n}\right) - (b+v)\left((1+p^{u-t}) - 1\right)}{(1+p)^{u-t}} \qquad (3)$$

HE_t = Bestandserwartungswert zum Zeitpunkt t

---

[9] Vgl. NIEDERSÄCHSISCHE LANDESFORSTEN (2008), S. 7.

Aufgabe 1

Ein zehn Hektar großer Fichtenbestand (a) in Deutschland und (b) in Norwegen seien zu Beginn eines Jahres zum beizulegenden Zeitwert zu bewerten. Ein Forstsachverständiger ermittelt in den beiden Regionen zum Bewertungsstichtag ein Bestandsalter von (Anfang) 80 Jahren bei einer Umtriebszeit von 100 Jahren. In beiden Gebieten ist der Bilanzierende Eigentümer des Grundstückes.

Es wird angenommen, dass in beiden Ländern die Kulturkosten je Hektar mit 2.500 Euro und der Abtriebswert mit 17.000 Euro je Hektar angesetzt werden können. Ein Nutzungsplan sieht überdies vor, dass in den nächsten zehn Jahren Durchforstungserträge von insgesamt 3.000 Euro und 3.700 Euro in den darauffolgenden zehn Jahren je Hektar erwartet werden. Aus Gründen der Vereinfachung wird angenommen, dass sich die Durchforstungserträge am Ende der jeweiligen Periode ergeben. Verwaltungskosten, die durchschnittlich 900 Euro pro Jahr betragen, sind auch vereinfachend betrachtet am Ende eines Jahres zu entrichten.

In Deutschland liegen aufgrund der Sachverständigeneinschätzung und der Alterswertfaktorentabellen noch folgende Parameter vor:

Alterswertfaktor:	0,828
Bonität/Ertragsklasse:	II / 0
Bestockungsfaktor:	0,9

Sofern ein marktinduzierter Zins verwendet werden muss, ist grundsätzlich auf den Kapitalmarkt abzustellen. Wobei hierbei auf eine gleiche oder zumindest ähnliche Struktur, wie sie dem vorliegenden Investment inhärent ist, abzuzielen. Aus Vereinfachungsgründen soll im Rahmen dieser Fallstudie auf eine jährliche Verzinsung in Höhe von vier Prozent (aus der Entschädigung für den Verkehrswert der Waldfläche) zurückgegriffen werden.

Ermitteln Sie den beizulegenden Zeitwert für

a) Deutschland und
b) Norwegen!

Aufgabe 2

Wie ist der beizulegende Zeitwert zu berechnen, wenn:

a) der Bilanzierende Pächter des Grundstückes ist? Der jährliche Pachtzins (P), der am Ende eines jeden Jahres bis zum Zeitpunkt der Umtriebszeit zu zahlen ist, beträgt 150 Euro je Hektar. Die Berechnung aus Aufgabe 1b) ist entsprechend anzupassen.
b) es sich um direkte oder indirekte Verwaltungskosten bzw. Verkaufskosten handelt?

Aufgabe 3

Wie sind die Bestände aus Aufgabe 1 zu bewerten, wenn das Bestandsalter erst 20 Jahre ist? *Nachrichtlich:* Der entsprechende Altersfaktor in Deutschland für Fichte im Alter 20 bei einer Umtriebszeit von 100 Jahren beträgt 0,153.

Lösung 1

a) *Deutschland*

Der beschriebene Bestand wird auf (Anfang) 80 Jahre datiert, was bei einer Umtriebszeit von 100 Jahren auf einen relativ alten Bestand schließen lässt. Für die Berechnung des beizulegenden Zeitwerts ist der Bestandserwartungswert bzw. das Alterswertfaktorenverfahren heranzuziehen. In Deutschland liegen entsprechend der Aufgabenstellung die Alterswertfaktoren vor, wodurch letzteres Verfahren aufgrund der Vergleichbarkeit und einer verlässlichen Bewertung dem Bestandserwartungswert vorzuziehen ist. Unter Anwendung der Blume'schen Formel kann der beizulegende Zeitwert berechnet werden:

$$H_t = [(A_u - c) \cdot f_t + c] \cdot B_t$$

Der Abtriebswert zum Zeitpunkt der Umtriebszeit A_u in Höhe von 17.000 Euro, die angefallenen Kulturkosten c in Höhe von 2.500 Euro, der Bestockungsfaktor von 0,9 sowie der Alterswertfaktor in Höhe von 0,828 sind in die Formel entsprechend einzusetzen, woraus folgender Bestandswert im Bestandsalter von 80 Jahren folgt:

H_{80} = [(17.000€/ha – 2.500€/ha) · 0,828 + 2.500€/ha] · 0,9

H_{80} = [14.506€/ha] · 0,9

H_{80} = 13.055,40 €/ha.

Der Bestandswert für den gesamten Bestand ergibt sich durch Multiplikation des berechneten Wertes mit zehn Hektar. Der gesamte Bestandswert H_{80} beträgt demnach 130.554 Euro.

b) *Norwegen*

Auch der Bestand in Norwegen kann als relativ alt angesehen werden, womit der beizulegende Zeitwert mittels Bestandserwartungswert bzw. Alterswertfaktorenverfahren zu berechnet ist. Im Gegensatz zu den in Deutschland zusätzlich gegebenen Daten liegen in Norwegen gemäß der Aufgabenstellung keine standardisierten Alterswertfaktoren vor. Für die Berechnung des Bestandswerts muss aus diesem Grund der Bestandserwartungswert herangezogen werden. Hierbei sind die Anforderungen des Standards gemäß IAS 41.2a zu beachten, nachdem Grundstücke, die im Zusammenhang mit der landwirtschaftlichen Tätigkeit stehen, nicht bei der Ermittlung des biologischen Vermögenswertes bzw. landwirtschaftlichen Erzeugnisses einbezogen werden dürfen. In diesem Kontext darf auch die Bodenrente b, die als Opportunitätskosten angesehen werden kann und eine kalkulatorische Größe darstellt, nicht in die Berechnung einbezogen werden.

4.2 Bilanzierung und Bewertung von Waldvermögen

Der Abtriebswert A_u in Höhe von 17.000 Euro kann direkt in die Bestandserwartungswertformel eingesetzt werden, während die Durchforstungserlöse und Verwaltungskosten zunächst entsprechend ihres erwartenden Anfallens bis zu dem Zeitpunkt der Umtriebszeit aufgezinst in die Gleichung eingehen. In den kommenden zehn Jahren werden Durchforstungserlöse in Höhe von 3.000 Euro erwartet. Diese fallen gemäß der Aufgabenstellung vereinfachend am Ende der Periode an, weshalb der Ertrag ab dem Ende der Periode bis zum Zeitpunkt der Umtriebszeit aufgezinst werden muss und nicht, wie bei strenger finanzmathematischer Betrachtungsweise, ab dem Jahr des tatsächlichen Anfallens. Das Bestandsalter zum Bewertungsstichtag weist ein Alter von Anfang 80 Jahren auf. Unter Berücksichtigung des genannten Sachverhalts besitzt der Bestand zum Zeitpunkt des Anfallens der Durchforstungserlöse ein Bestandsalter von 89 Jahren. Weitere 3.700 Euro werden in den darauffolgenden zehn Jahren erwartet, d. h. im Bestandsalter von 99 Jahren.

Die direkten Verwaltungskosten, als bestandswertvermindernde Größe, fallen jährlich in Höhe von 900 Euro für den kompletten Bestand von zehn Hektar an, was bei einer Division durch zehn Hektar 90 Euro je Hektar entspricht. Diese Kosten fallen bis zu dem Zeitpunkt der Umtriebszeit an und müssen ebenfalls bis zu diesem Zeitpunkt in die Berechnung mit einbezogen werden.

Um den beizulegenden Zeitwert des Bestandes zu ermitteln, sind die errechneten Größen auf den Zeitpunkt der Betrachtung, das gegenwärtige Bestandsalter, abzuzinsen. Sowohl für die Aufzinsung als auch für die abschließende Diskontierung ist der Zinssatz p in Höhe von 4 Prozent bzw. 1,04 zu verwenden.

Werden alle gegebenen Werte in die Bestandserwartungswertgleichung eingesetzt, ergibt sich folgender beizulegender Zeitwert des Bestands je Hektar in seinem gegenwärtigen Alter von 80 Jahren:

$$HE_{80} = \frac{17.000\,€ + 3.000\,€ \cdot 1{,}04^{99-89} + 3.700\,€ \cdot 1{,}04^{99-99} - \sum_{t=80}^{90}\left(90\,€ \cdot 1{,}04^{99-t}\right)}{1{,}04^{100-80}}$$

$$HE_{80} = \frac{17.000\,€ + 4.440{,}73\,€ + 3.700\,€ - 2.680{,}02\,€}{1{,}04^{100-80}}$$

$$HE_{80} = 10.250{,}77\,€/ha$$

Der Bestandswert für den gesamten Bestand ergibt sich durch Multiplikation des berechneten Wertes mit zehn Hektar. Der gesamte Bestandswert H_{80} beträgt demnach 102.507,73 Euro.

Lösung 2

a) *Der Bilanzierende ist Pächter des Grundstückes.*

Der jährlich zu zahlenden Pachtzinsen, den der Pächter dem Eigentümer des Grundstücks für die Benutzung des Bodens zahlt, stellen Aufwendungen dar, welche im Bestandserwartungswert bzw. im Bestandskostenwert berücksichtigt werden müssen. Bei der Ermittlung des Bestandserwartungswerts fällt der jährlich zu zahlende Pachtzins P vom gegenwärtigen Alter des Bestands t bis zur Umtriebszeit u an, unter der Voraussetzung, dass der komplette Bestand zum Zeitpunkt der Umtriebszeit liquidiert wird. Die jährlichen Aufwendungen für die Pacht müssen zunächst auf den Zeitpunkt der Umtriebszeit aufgezinst und aufsummiert werden, bevor sie schließlich auf den Betrachtungszeitpunkt, der gegenwärtigen Zeitpunkt, zu diskontieren sind.

$$A_P = \frac{\sum_{t}^{u}\left(P \cdot (1+p)^{u-t}\right)}{(1+p)^{u-t}}$$

Unter der Annahme, dass die Pacht bis zum Zeitpunkt der Umtriebszeit zu zahlen ist und die letzte Pachtzahlung am Ende des Bestandsalters von 99 Jahren zu entrichten ist, ergeben sich zum Betrachtungszeitpunkt im gegenwärtigen Bestandsalter t = 80 Jahre bei einer Pacht in Höhe von 150 Euro je Jahr folgende Aufwendungen A_P:

$$A_P = \frac{\sum_{t=80}^{99}\left(150\,€ \cdot 1{,}04^{99-t}\right)}{1{,}04^{100-80}} = \frac{4.466{,}71\,€}{1{,}04^{20}}$$

$A_P = 2.038{,}54$ €/ha

Die Pacht wird im Bestandserwartungswert als Aufwandsgröße betrachtet und wird in die Gleichung der Aufgabe 1b) – Beispiel Norwegen – wie folgt eingebunden:

$$HE_{80} = \frac{17.000\,€ + 3.000\,€ \cdot 1{,}04^{99-89} + 3.700\,€ \cdot 1{,}04^{99-99} - \sum_{t=80}^{99}\left(90\,€ \cdot 1{,}04^{99-t}\right) - \sum_{t=80}^{99}\left(150\,€ \cdot 1{,}04^{99-t}\right)}{1{,}04^{100-80}}$$

Hieraus ergibt sich ein Bestandswert für den Pächter in Höhe von 8.212,22 Euro je Hektar respektive ein Bestandswert in Höhe von 82.122,24 Euro für den kompletten Bestand von zehn Hektar.

Während im Bestandserwartungswert die zukünftig erwarteten Aufwendungen für Pacht berücksichtigt werden, fließt im Bestandskostenwert die bereits gezahlte Pacht der vorangegangenen Perioden bis zum Bewertungsalter t = 80 in die Berechnung ein. Da die Aufwendungen jeweils am Ende der Periode anfallen, sind die Aufwendungen für die Pacht der letzten 79 Jahre einzubeziehen. Diese Aufwendungen müssen jeweils auf das Bewertungsalter aufgezinst und aufsummiert werden.

4.2 Bilanzierung und Bewertung von Waldvermögen

$$A_P = \sum_{t=0}^{79} \left(150\,€ \cdot 1{,}04^t\right)$$

$A_P = 82.686{,}75\ €/ha$

Demnach würden der Aufwendungen für die Pacht der vorangegangenen 80 Jahre 82.686,75 Euro je Hektar betragen bzw. 826.867,45 Euro bezogen auf den gesamten Bestand von zehn Hektar.

b) *Es handelt sich um direkte oder indirekte Verwaltungsaufwendungen.*

Die traditionellen forstwirtschaftlichen Modelle der Bestandsbewertung enthalten als Teil des fixen Gemeinkostenblocks die im Mittel jährlich gleichbleibenden Verwaltungsaufwendungen, welche sich aus Personalaufwendungen, Abschreibungen, Unterhaltungsaufwendungen für Gebäude und sonstige Verwaltungseinrichtungen, Materialaufwendungen, sonstige Aufwendungen für den laufenden Betrieb sowie Grundsteuern zusammensetzen.[10] Diese Gemeinkostenumlage darf innerhalb des Bestandskosten- bzw. Bestandserwartungswerts gemäß dem Standard nicht in die Berechnung mit einfließen. Durch die Aktivierung sämtlicher angefallener Aufwendungen könnte ein Vermögenswert entstehen, der zu einer verzerrten Darstellung der wirtschaftlichen Lage des Unternehmens führt.[11] Besonders deutlich wird dieser Sachverhalt bei der Berechnung des Bestandskostenwertes. Je höher die Verwaltungsaufwendungen ausfallen, desto wertvoller ist der Bestand. Ein Aufwand minimierendes Unternehmen wäre demnach weniger wert als umgekehrt.

Analog zu den Finanzierungsaufwendungen der *qualifying assets* – Vermögenswert, der erst nach einer beträchtlichen Zeit gebrauchs- oder verkaufsbereit ist – sollten zu den Herstellungskosten nur die direkt zurechenbaren Einzelkosten gemäß IAS 16.16 bzw. IAS 38.66 nicht jedoch Gemeinkosten zählen, es sei denn, diese Kosten können direkt der Vorbereitung zur Nutzung des Vermögenswertes zugeordnet werden.

Zu den Verkaufkosten zählen gemäß IAS 41.14 Provision, an Makler und Händler, Abgaben an Aufsichtsbehörden und Warenterminbörsen, sowie Verkehrssteuern und Zölle. Diese Verkaufskosten sind in der Bestandsbewertung entsprechend zu berücksichtigen. Transportkosten werden hingegen nicht berücksichtigt.

Im Bestandserwartungswert wirken die direkt zurechenbaren Verwaltungskosten und Verkaufskosten bestandswertmindernd, während sie im Bestandskostenwert werterhöhend wirken.

---

[10] Vgl. *SPEIDEL* (1967), S. 128.
[11] Vgl. *WILEY-KOMMENTAR* (2006), S. 1058.

Lösung 3

Für die Berechnung des Bestandswertes in Deutschland können die Alterswertfaktoren verwendet werden, die bereits ab einem Bestandsalter von einem Jahr in entsprechenden Tabellen berechnet vorliegen.

H_{20} = [(17.000 €/ha – 2.500 €/ha) · 0,153 + 2.500 €/ha] · 0,9

H_{20} = [4.718,50 €/ha] · 0,9

H_{20} = 4.246,65 €/ha.

Der gesamte zehn Hektar große Bestand besitzt einen Bestandswert in Höhe von 42.466,50 Euro.

Liegen keine Alterswertfaktoren wie beispielsweise in Norwegen vor und ist der Bestand relativ jung respektive die biologische Transformation hat auf den Preis keinen wesentlichen Einfluss, können nach IAS 41.24 die Anschaffungs- oder Herstellungskosten angesetzt werden. Die Herstellungskosten können mittels Bestandskostenwertverfahren ermittelt werden, die sich als Differenz der bis zum Zeitpunkt der Bewertung angefallenen Aufwendungen abzüglich der bis zu diesem Zeitpunkt angefallenen Erträge ergeben. Wie bereits in den vorangegangenen Ausführungen beschrieben, darf die Bodenrente hierbei nicht in die Gleichung einbezogen werden. Bei einem Bestandsalter von 20 Jahren kann davon ausgegangen werden, dass bisher noch keine Durchforstungserträge angefallen sind. Für einen Eigentümer eines Bestands ergibt sich je Hektar unter Einbeziehung der direkt zurechenbaren Verwaltungskosten folgender Bestandskostenwert:

$$HK_t = \sum_{a=0}^{t}\left((c_a + b_a + v_a)\cdot(1+p)^a\right) - \sum_{a=0}^{t}\left(D_a \cdot (1+p)^a\right)$$

$$HK_{20} = 2.500\,€ \cdot 1,04^{20} + \sum_{a=0}^{19}\left(90\,€ \cdot 1,04^a\right)$$

HK_{20} = 5.477,81 € + 2.680,03 €

HK_{20} = 8.157,81 €

Der gesamte Bestand von zehn Hektar besitzt somit einen Bestandskostenwert von 81.578,35 Euro.

Literatur

HALLER, A./EGGER, F. (2006): Bilanzierung landwirtschaftlicher Tätigkeiten nach IFRS, in: WPg, 59. Jg., S. 281–290.

HAUB, H./WEIMANN, H.-J. (2001): Neue Alterswertfaktoren der Bewertungsrichtlinien, in: Wertermittlungsforum, Heft 1, 19. Jg., S. 1–8.

KÜMPEL, T. (2006): IAS 41 als spezielle Bewertungsvorschrift für die Landwirtschaft, in: KoR, 6. Jg., S. 550–558.

MANTEL, W. (1982): Waldbewertung, 6. Aufl., München.

MATSCHKE, M. J./BRÖSEL, G. (2007): Unternehmensbewertung, 3. Aufl., Wiesbaden.

NIEDERSÄCHSISCHE LANDESFORSTEN (Hrsg.) (2008): Waldbewertungsrichtlinie – in der Fassung vom 20.12.2008.

SAGL, W. (1995): Bewertung in Forstbetrieben, Wien.

SPEIDEL, G. (1967): Forstliche Betriebswirtschaftslehre, Hamburg, Berlin.

THÜRINGER MINISTERIUM FÜR LANDWIRTSCHAFT, NATURSCHUTZ UND UMWELT (Hrsg.) (2006): Waldbewertungsrichtlinie – in der Fassung vom 04.04.2006.

WILEY-KOMMENTAR (2006): Wiley-Kommentar zur internationalen Rechnungslegung nach IFRS, Weinheim.

Inge Wulf

4.3 Bilanzierung von aktienbasierten Vergütungen

Anwendungsbereich von IFRS 2 und Ausübungsbedingungen

Der *Anwendungsbereich* von IFRS 2 (anteilsbasierte Vergütungen) umfasst grundsätzlich alle Transaktionen mit Gewährung von Unternehmensanteilen oder Optionen auf solche Anteile als Entgelt für Güter, Arbeitsleistungen oder andere Dienstleistungen (IFRS 2.2-4). IFRS 2 enthält nicht nur Regelungen zu Aktien, sondern auch zu anderen rechtlichen Ausgestaltungen einer Unternehmensbeteiligung.[1] Zum Anwendungsbereich zählen:[2]

- Die Vergütung eines GmbH-Geschäftsführers wird zum Teil mit Gesellschaftsanteilen abgegolten.
- Optionen auf Unternehmensaktien dienen als Entgelt für einen Unternehmensberater.
- Einbringung eines Kraftfahrzeugs als Firmenwagen anstelle von Barmitteln gegen Aktien bei Gründung einer Aktiengesellschaft.

Allerdings beschränkt sich die Nutzung i. d. R. auf Aktienoptionsprogramme für Mitarbeiter. Bezahlungen von GmbH-Geschäftsführer oder von Lieferanten mit Gesellschaftsanteilen bilden eher die Ausnahme. Anteilsbasierte Vergütungen liegen auch in dem Fall vor, wenn Eigenkapitalinstrumente von Anteilseignern (Konzerngesellschaft vom Mutterunternehmen) und nicht vom Unternehmen selbst gewährt werden. Ebenso zählen nach *IFRIC 11* (IFRS 2-Geschäfte mit eigenen Aktien und Aktien von Konzernunternehmen) hierzu Transaktionen, die dem Mitarbeiter eines Tochterunternehmens Eigenkapitalinstrumente des Mutterunternehmens als Entgelt für deren Tätigkeit beim Tochterunternehmen zukommen lassen.[3] Nach IFRIC 8 (Anwendungsbereich von IFRS 2) muss die vom Unternehmen erhaltene Gegenleistung nicht notwendigerweise identifizierbar sein. Vielmehr kommt es darauf an, dass die Transaktion für das Unternehmen einen wirtschaftlichen Vorteil darstellt, wie z. B. vergünstigte Anteilsausgabe an wohltätige Organisationen zur Imageverbesserung (IFRIC 8.2). *Ausgenommen* sind alle Transaktionen, für deren Bilanzierung andere Standards greifen, z. B. IFRS 3, wenn bei Unternehmensübernahmen ein Teil des Kaufpreises mit Eigenkapitaltiteln bezahlt wird oder IAS 32 für Warenterminkontrakte, bei denen eine finanzielle Glattstellung und kein Warenbezug beabsichtigt ist (IAS 32.8-10; IAS 39.5-7).

---

[1] Vgl. *PELLENS/CRASSELT* (2005), S. 35.
[2] Vgl. *PELLENS/FÜLBIER/GASSEN/SELLHORN* (2008), S. 502.
[3] Vgl. *GALLOWSKIY/HASBARGEN/SCHMITT* (2007), S. 203–206.

Nach IFRS 2 werden hinsichtlich der *Ausgestaltungsformen* drei *Arten von anteilsbasierten Vergütungsregelungen* unterschieden: Bedienung mit *echten Eigenkapitalinstrumenten* (equity-share-based payment transactions), Bedienung zu einem an der Wertentwicklung von Unternehmensanteilen bemessenem Barausgleich (cash-settled share-based payment transactions), auch *virtuelle Eigenkapitalinstrumente* genannt, sowie Kombinationsmodelle. *Kombinationsmodelle*, auch Mischformen genannt, erlauben ein Wahlrecht zwischen den beiden zuvor genannten Ausgestaltungsformen (share-based payment transactions with cash alternatives).

Bezeichnung	Typisierung	Beispiele	
		Anteilscharakter	Optionscharakter
echte Eigenkapitalinstrumente	Vergütungen mit Eigenkapitaltiteln	Belegschaftsaktien (restricted shares)	Optionen auf Unternehmensanteile (share options)
virtuelle Eigenkapitalinstrumente	Barvergütungen	virtuelle Unternehmensanteile (phantom shares)	virtuelle Optionen auf Unternehmensanteile (share appreciation rights)
Kombinationsmodelle	Vergütungen mit dem Wahlrecht zwischen Eigenkapitaltiteln und Barvergütung	kombinierter Einsatz der beiden vorgenannten Ausgestaltungsformen	

Abbildung 1:   *Ausgestaltungsformen aktienbasierter Vergütungen nach IFRS 2*

Während aus anreiztheoretischer Sicht die Unterscheidung zwischen Anteils- und Optionscharakter wichtig ist, spielt aus Sicht der Bilanzierung die Unterteilung in echte und virtuelle Eigenkapitalinstrumente eine große Rolle. Bei echten Eigenkapitalinstrumenten haben die Begünstigten einen Eigenkapitalanspruch gegenüber dem Unternehmen, während bei virtuellen Eigenkapitalinstrumenten ein Fremdkapitalanspruch vorliegt.

Bei der *Bedienung mit echten Eigenkapitalinstrumenten* ist gesellschaftsrechtlich zu unterscheiden, ob die Aktien aus einer bedingten Kapitalerhöhung oder aus Aktienrückkäufen stammen. Dies hat aus Unternehmenssicht Auswirkung auf die Liquidität. Bei einem Aktienrückkauf fließen liquide Mittel ab; bei einer Kapitalerhöhung liegt dagegen ein Zufluss liquider Mittel vor. Da der Aktienrückkauf nach IAS 32.33-34 ergebnisneutral zu behandeln ist, hat die Unterscheidung zwischen diesen beiden Ausgestaltungsvarianten keinen Einfluss auf die Anwendung von IFRS 2.[4]

---

[4] Vgl. PELLENS/FÜLBIER/GASSEN/SELLHORN (2008), S. 504 f.

4.3 Bilanzierung von aktienbasierten Vergütungen

Bei *virtuellen Eigenkapitalinstrumenten* erhält der Berechtigte keine Eigenkapitaltitel bei Ausübung. Die finanziellen Auswirkungen werden nur nachgebildet. Die Mitarbeiter erhalten das Recht, zu einem bestimmten Zeitpunkt eine Zahlung in Höhe der Differenz aus aktuellem Börsenkurs und dem fixierten Bezugskurs zu verlangen. Für die Mitarbeiter ist der zusätzliche Vergütungsbetrag von echten und virtuellen Aktienoptionen identisch. Aus Unternehmenssicht ergibt sich zum einen eine unterschiedliche Liquiditätswirkung. Zum anderen ist die Wirkung auf die Aktionärsstruktur unterschiedlich. Bei virtuellen Aktienoptionen entsteht anders als bei echten Aktienoptionen aus bedingter Kapitalerhöhung kein Verwässerungseffekt.

> Die Bedienung mit echten oder virtuellen Eigenkapitalinstrumenten führt aus Unternehmenssicht zum einen zu einer unterschiedlichen Liquiditätswirkung; zum anderen ist die Wirkung auf die Aktionärsstruktur unterschiedlich.

Bei *Kombinationsmodellen* ist entscheidend, bei welcher Partei das Wahlrecht liegt. Liegt die Wahl beim Unternehmen, ist zu prüfen, ob eine gegenwärtige Zahlungsverpflichtung besteht. Bei Vorliegen einer Verpflichtung greifen die Regeln der virtuellen Instrumente. Andernfalls sind die Vorschriften für echte Eigenkapitalinstrumente zu beachten. Hat der Begünstigte die Wahl, liegt ein zusammengesetztes Finanzinstrument vor; hierbei sind Schuld- und Eigenkapitalkomponente getrennt auszuweisen (IFRS 2.36-38).

Der Vertrag über eine aktienbasierte Anteilsvergütung umfasst üblicherweise gewisse *Ausübungsbedingungen* (versting conditions), nämlich Dienstbedingungen und Leistungsbedingungen. Mitarbeiter können die Optionen nur ausüben, wenn die genannten Ziele erreicht sind. Die *Dienstbedingung* (service condition) fordert den Verbleib der Mitarbeiter im Unternehmen während einer Sperrfrist, z. B. drei Jahre. Scheiden die Mitarbeiter vorzeitig aus, verfällt das Optionsrecht. Erst nach Ablauf der Sperrfrist sind die Optionen unverfallbar. *Leistungsbedingungen* (performance conditions) sind an das Erfüllen bestimmter Erfolgsziele geknüpft (IFRS 2.A). Als Erfolgsziele können zum einen *Marktbedingungen* (market conditions) vereinbart werden, die auf die absolute oder relative Performance der Kursentwicklung abzielen, wie z. B. Steigerung des Aktienkurses um einen bestimmten Mindestbetrag (absolutes Kursziel) oder festgelegter Anstieg des Aktienkurses gegenüber einem Vergleichsindex (relatives Kursziel). Zum anderen können andere Leistungsbedingungen (non-market conditions) festgelegt werden, wie z. B. Ergebnis je Aktie, EBIT oder aber Marktanteil mit bestimmten Mindestwerten oder Steigerungsraten.

> Die Unterscheidung zwischen Marktbedingungen und anderen Leistungsbedingungen (sog. marktunabhängige Erfolgsziele) ist entscheidend für die Bewertung der Aktienoptionen.

Darüber hinaus können Nicht-Ausübungsbedingungen vereinbart werden (IFRS 2.21A).

Beizulegender Zeitwert und innerer Wert

Bei der Bewertung von Aktienoptionen ist zwischen dem beizulegenden Zeitwert (fair value) und dem inneren Wert (intrinsic value) zu unterscheiden. Der beizulegende Zeitwert, auch *Gesamtwert* genannt, umfasst den inneren Wert und den Zeitwert (time value) der Option. Der *innere Wert* ist die positive Differenz aus aktuellem Aktienkurs und Bezugskurs und verkörpert den finanziellen Vorteil, der bei sofortiger Ausübung realisiert werden könnte. Dieser Wert wird Null, wenn der Bezugskurs über dem Aktienkurs liegt. Der *Zeitwert* als rechnerische Differenz aus Gesamtwert der Option und innerem Wert spiegelt den entgangenen Zinsgewinn sowie die Chance wider, von zukünftigen Aktienkursänderungen zu profitieren. Der Chance an steigenden Aktienkursen teilzuhaben, steht das Risiko entgegen, maximal eine ggf. gezahlte Risikoprämie zu verlieren (asymmetrische Risikoverteilung). Der Zeitwert ist zu jedem Zeitpunkt positiv, nimmt mit abnehmender Restlaufzeit ab und beträgt am Verfalltag Null. Somit hat die Option auch dann einen Wert, wenn der innere Wert gleich null ist. Zu Beginn der Laufzeit entspricht der Zeitwert i. d. R. dem Gesamtwert, weil aktueller Aktienkurs (A) und Bezugskurs (B) sich entsprechen und der innere Wert somit Null ist, während am Ende der Laufzeit der innere Wert dem Gesamtwert entspricht. Die folgende Abbildung zeigt diesen Zusammenhang entlang der Zeitachse auf.

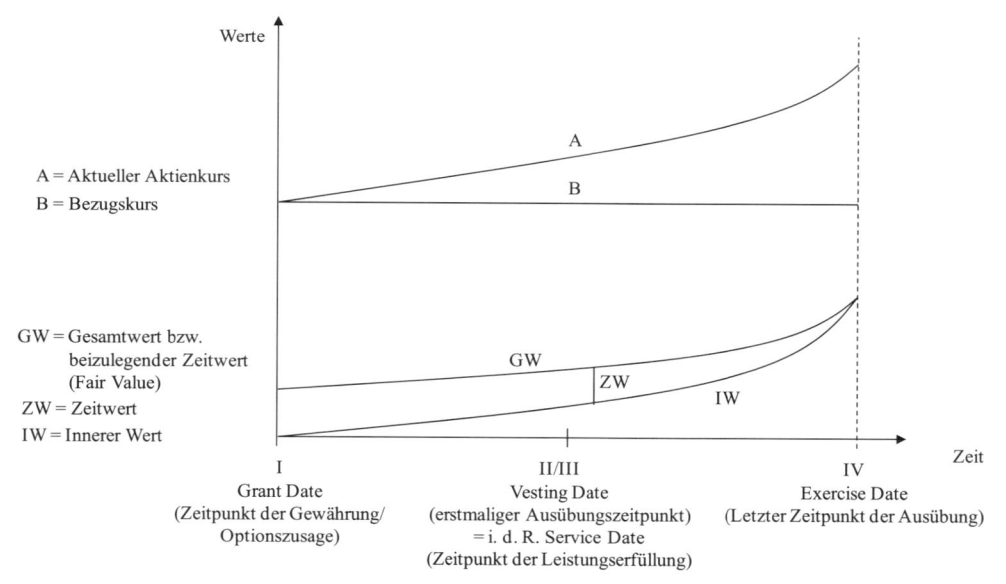

Abbildung 2:   Wert einer Aktienoption entlang der Zeitachse

Als Zeitpunkte auf der *Zeitachse* sind folgende Daten zu beachten: Zeitpunkt der Gewährung (grant date), erstmaliger Ausübungszeitpunkt (vesting date) und letzter Zeitpunkt der Ausübung. In der Regel fallen *Zeitpunkt der Gewährung* und *Bewertungszeitpunkt* zusammen und begründen den Bilanzansatz. In der Sperrfrist (vesting period), d. h. vom Zeitpunkt der Gewährung bis zum erstmaligen Ausübungszeitpunkt, können die Aktienoptionen nicht ausgeübt werden. In diesem Zeitraum können Zusagen aber aufgrund Ausscheidens aus dem Dienstverhältnis verfallen. Ab dem erstmaligen Ausübungszeitpunkt können Zusagen wegen wirtschaftlicher Wertlosigkeit (Nicht-Erreichen der Leistungsbedingungen) erlöschen.[5]

Bilanzansatz

Echte Eigenkapitalinstrumente

Nach IFRS 2.7 ist die mit der aktienbasierten Vergütung erworbene Gegenleistung im Zeitpunkt der Gewährung zu erfassen. Stellt diese Gegenleistung einen ansatzfähigen Vermögenswert dar, so ist dieser zu aktivieren und ggf. über die Nutzungsdauer aufwandswirksam abzuschreiben. Wird als Gegenleistung die Arbeitsleistung von Mitarbeitern geboten, ist diese als Aufwand zu erfassen. Entsprechend den Vorgaben in IFRS 2.8 ist die *Optionsausgabe* als *Personalaufwand* bei entsprechender *Erhöhung der Kapitalrücklage* zu buchen. In aller Regel bezieht sich die Vergütung auf zukünftige Arbeitsleistungen. Die Verteilung des Aufwands erfolgt daher über den sog. Erdienungszeitraum bzw. die Sperrfrist. Wenn die Aktienoptionen an die Bedingung eines Verbleibs im Unternehmen geknüpft sind (z. B. dreijährige Sperrfrist), sind die Aufwendungen gleichmäßig über diesen Zeitraum zu verteilen [IFRS 2.15(a)]. Ist der Verbleib an die Erfüllung einer bestimmten Leistungsbedingungen geknüpft, ist die Dauer des erwarteten Erdienungszeitraums am Tag der Gewährung nach dem wahrscheinlichsten Eintreten der Leistungsbedingung zu schätzen [IFRS 2.15(b)]. Bei marktbezogenen Erfolgszielen darf im Gegensatz zu marktunabhängigen Erfolgszielen keine Korrektur des geschätzten Leistungszeitraums vorgenommen werden.

> Die Optionsausgabe von echten Eigenkapitalinstrumenten ist als Personalaufwand gegen die Kapitalrücklage zu buchen. Bei virtuellen Eigenkapitalinstrumenten lautet die Buchung: „Personalaufwand an Rückstellung". Die Aufwendungen sind gleichmäßig über den sog. Erdienungszeitraum bzw. die Sperrfrist zu verteilen.

Bei *Optionsausübung* ist die Einzahlung der Mitarbeiter zu erfassen; der Buchungssatz lautet: „Liquide Mittel/Kasse an Kapitalrücklage". Nachträgliche Anpassungen des Personalaufwands an den Ausübungsgewinn der Mitarbeiter finden keine Berücksichtigung (IFRS 2.23).

Latente Steuern sind immer dann zu berücksichtigen, wenn eine steuerliche Abzugsfähigkeit gegeben ist. Im Falle echter Eigenkapitalinstrumente entsteht aber keine Einlage gem. § 27 Abs. 2 AktG. Daher kann nach deutschem Recht eine steuerliche Abzugsfähigkeit des gebuchten Personalaufwands mangels pagatorischer Aufwendungen ausgeschlossen werden, so dass keine latenten Steuern zu buchen sind.[6]

---

[5] Vgl. z. B. HOFFMANN (2007), Rz. 21.

[6] Vgl. z. B. HERZIG/LOCHMANN (2001), S. 84 ff.; HEUSER/THEILE (2007), R. 2561.

Virtuelle Eigenkapitalinstrumente

Bei *virtuellen Eigenkapitalinstrumenten* besteht eine unsichere Zahlungsverpflichtung im Wesentlichen als zusätzliche Vergütung für zukünftige Dienstleistungen an Optionsberechtigte. Für die im Ausübungszeitpunkt zu leistende Verpflichtung ist eine Rückstellung zu bilden. Die Buchung lautet: „Personalaufwand an Rückstellung". Virtuelle Eigenkapitalinstrumente können auch ein Entgelt für Güter darstellen mit der Folge, dass anstelle der Aufwandsbuchung eine Aktivierung vorzunehmen ist.

Stellen die Instrumente ein Entgelt für Güter oder bereits erbrachte Arbeitsleistungen dar, ist die Rückstellung zum Zeitpunkt der Leistungserbringung in voller Höhe anzusetzen. Beziehen sich die Instrumente als Entgelt für künftige Arbeitsleistungen, ist die Rückstellung anteilig bis zum Zeitpunkt der Leistungserbringung zu buchen (IFRS 2.32). Der Zeitraum ist analog zu den echten Eigenkapitalinstrumenten zu bestimmen.

Die Buchung der Rückstellung für virtuelle Aktienoptionen löst wie andere ergebnisabhängige Vergütungen bei abweichender steuerlicher Behandlung den Ansatz *latenter Steuern* aus. Da nach IFRS eine Bewertung zum beizulegenden Zeitwert vorzunehmen ist und im Steuerrecht der innere Wert zur Anwendung kommt, sind i. d. R. aktive latente Steuern zu bilanzieren.[7]

Bewertung

Echte Eigenkapitalinstrumente

IFRS 2.10 fordert eine Bewertung echter Eigenkapitalinstrumente zum beizulegenden Zeitwert der empfangenen Güter oder Dienstleistungen. Eine *direkte Bewertung* zum beizulegenden Zeitwert ist für Aktienoptionen und Aktien als Vergütung für Arbeitsleistungen kaum möglich. IFRS 2.11-12 erlaubt daher eine *indirekte Bewertung*. Ersatzweise ist auf den als Entgelt gewährten Eigenkapitalinstrumenten zum Zeitpunkt der Gewährung (grant date) abzustellen. Eine direkte Ermittlung des beizulegenden Zeitwertes zum Gewährungszeitpunkt der Güter und Dienstleistungen wird widerlegbar vermutet bei Aktienoptionen und Aktien als Entgelt für Güter und Dienstleistungen von Dritten (IFRS 2.13).

Bei der *Bestimmung des beizulegenden Zeitwertes* soll möglichst auf *Marktpreise* abgestellt werden (IFRS 2.16), z. B. bei Belegschaftsaktien börsennotierter Unternehmen. Wenn kein Marktpreis vorhanden ist, wie es aufgrund von Sperrfristen und Erfolgszielen i. d. R. bei Aktienoptionen als Mitarbeitervergütung der Fall ist, sind *allgemein anerkannte Bewertungsmodelle* anzuwenden (IFRS 2.17). IFRS 2 schreibt für die Bewertung kein bestimmtes *Optionsbewertungsmodells* vor. Es werden lediglich Bewertungsparameter genannt. Dazu zählen Basispreis, Optionslaufzeit, Aktienkurs zum Gewährungszeitpunkt, erwartete Aktienvolatilität, erwartete Dividendenrendite und laufzeitadäquater risikofreier Zins (IFRS 2.BC132). Die Parameter sind zukunftsgerichtet zu bestimmen und daher in einer Bandbreite zu schätzen.

---

[7] Vgl. HERZIG (1999), S. 10.

Nach IFRS 2 ist hierbei auf den Mittelwert abzustellen. Für die Bewertung kommen üblicherweise Black/Scholes-Modelle, die Monte-Carlo-Simulation und Binomial-Modelle, z. B. Lattice-Modelle, zum Einsatz.[8] Nur in *Ausnahmefällen* – wenn keine zuverlässige Ermittlung des beizulegenden Zeitwertes möglich ist – sind Optionen mit ihrem *inneren Wert* zu bewerten (IFRS 2.24). Da die Bewertung zum inneren Wert anders als zum beizulegenden Zeitwert bei Gewährung nicht endgültig ist, sind Änderungen des inneren Wertes aufwandswirksam zu erfassen.

Die Höhe des Wertansatzes der Aktienoption wird von einer Wert- und Mengenkomponente beeinflusst. Während der beizulegende Zeitwert zum Zeitpunkt der Gewährung die *Wertkomponente* verkörpert, die über die Laufzeit unverändert bleibt, können sich jährliche aufwandswirksame Wertanpassungen durch Veränderungen der *Mengenkomponente* ergeben. Daher ist zu jedem Bilanzstichtag zu schätzen, wie viele Optionen – unter Berücksichtigung der Fluktuation und Erreichen weiterer marktunabhängiger Ausübungsbedingungen (andere Leistungsbedingungen) – am Ende der Sperrfrist bzw. zum Ausgabezeitpunkt voraussichtlich ausgeübt werden.

	Ausübungsbedingungen (vesting conditions)		
	Dienstbedingung (Service condition)	*Leistungsbedingung (Performance condition)*	
		andere Leistungsbedingungen	*Marktbedingungen*
Einbeziehung in die Bewertung zum Gewährungszeitpunkt?	nein		ja
Behandlung bei Nicht-Erfüllung von Vertragsbedingungen während der Sperrfrist?	Aufwandsschätzung ist an die Anzahl der erwarteten Optionen anzupassen		keine Wertanpassung
Teil der Mengen- oder Wertkomponente?	Mengenkomponente		Wertkomponente

Abbildung 2:   *Einfluss der Ausübungsbedingungen auf die Mengen- und Wertkomponente*

Nachträgliche Wertanpassungen sind bei echten Eigenkapitalinstrumenten nur vorzunehmen, wenn diese aufgrund marktunabhängiger Bedingungen (andere Leistungsbedingungen oder Dienstbedingung) verfallen (Anpassung der Mengenkomponente).

Die Anzahl der verfallbaren Eigenkapitalinstrumente ist zu schätzen und im Zeitablauf an die tatsächliche Ausfallrate anzupassen. Die daraus resultierende erfolgswirksame Anpassungsbuchung ist in der Periode des Bekanntwerdens vorzunehmen (IFRS 2.19-21). Während in der Sperrfrist Aktienoptionen aufgrund des Ausscheidens von Mitarbeiten verfallen, darf nach dem Zeitpunkt der erstmaligen Ausübungsmöglichkeit rückwirkend keine Anpassung vorgenommen werden, z. B. wenn die Aktienoptionen nicht ausgeübt werden (IFRS 2.23). Nicht-

---

[8] Vgl. *ERNST & YOUNG* (2008), S. 2298–2305.

Ausübungsbedingungen sind analog zu den Marktbedingungen in der Bewertung des beizulegenden Zeitwertes im Gewährungszeitpunkt zu berücksichtigen.[9]

Bei unerwartet negativer Entwicklung des Aktienkurses können bestehende Aktienoptionspläne für die Begünstigten unattraktiv werden. Als Lösungsweg bietet sich häufig eine *Neufestsetzung (Ermäßigung) des Ausübungspreises (repricing)* an. Der daraus resultierende Zusatzaufwand besteht aus der Differenz zwischen dem geänderten beizulegenden Zeitwert und dem der ursprünglichen Option als Wertkomponente und aus den noch ausstehenden Optionen als Mengenkomponente. Erfolgte Änderungen vor der Sperrfrist sind zeitanteilig, Änderungen nach der Sperrfrist sind vollständig aufwandswirksam zu erfassen. Analog ist bei einer *Erhöhung der Optionsmenge* zu verfahren (IFRS 2.27; IFRS 2.B43). Besonderheiten gelten bei *Verschlechterung der Optionsbedingungen*, bei *Widerruf* (cancellation) oder *vorzeitiger Erfüllung* (settlement) des Optionsplans sowie für *Umtausch von Optionen* (reload-Eigenschaft).[10]

Echte Eigenkapitalinstrumente werden im Zeitpunkt der Gewährung mit dem beizulegenden Zeitwert bewertet; virtuelle Eigenkapitalinstrumenten werden zum inneren Wert am Bilanzstichtag bewertet.

Virtuelle Eigenkapitalinstrumente

Bei virtuellen Eigenkapitalinstrumenten sind die erworbenen Güter oder Dienstleistungen und die entstandene Schuld mit dem *beizulegenden Zeitwert* der Schuld zu erfassen. Anders als bei echten Eigenkapitalinstrumenten erfolgt die Ermittlung des beizulegenden Zeitwertes (Wertkomponente) nicht einmalig zum Gewährungszeitpunkt. Vielmehr erfolgt eine *Anpassung der Mengen- und Wertkomponente* der Option für die Bewertung der Rückstellung während der Laufzeit zu jedem Bilanzstichtag und im Ausübungszeitpunkt. Alle Änderungen des beizulegenden Zeitwertes sind *ergebniswirksam* zu erfassen (IFRS 2.33). Der insgesamt zu buchende Aufwand ergibt sich mengen- und wertmäßig erst zum Zeitpunkt der Ausübung. Virtuelle Eigenkapitalinstrumente führen damit anders als echte Eigenkapitalinstrumente zu einer erhöhten Ergebnisvolatilität und haben das Problem der jährlichen Schätzung.

Bei virtuellen Eigenkapitalinstrumenten erfolgt eine Anpassung der Mengen- und Wertkomponente der Option für die Bewertung der Rückstellung während der Laufzeit zu jedem Bilanzstichtag und im Ausübungszeitpunkt.

---

[9] Vgl. LÜDENBACH/FREIBERG (2008), S. 110.

[10] Vgl. HOFFMANN (2007), Rz. 63–66; REINKE/NISSEN-SCHMIDT (2008), S. 110–113.

Fallstudie

Als Assistentin des Leiters für Rechnungswesen sollen Sie verschiedene Sachverhalte zur Bilanzierung von Aktienoptionen bearbeiten. Der Rechnungswesenleiter benötigt Ihre Unterstützung, um entscheiden zu können, welche Vertragsgestaltungen unter den Anwendungsbereich von IFRS 2 gehören und welche Auswirkungen verschiedene Ausgestaltungsformen auf den Jahresabschluss haben.

Aufgabe 1

Prüfen Sie, ob die folgenden Sachverhalte unter den Anwendungsbereich von IFRS 2 fallen und geben Sie jeweils eine kurze Begründung!

a) Der Jahresbonus wird gemäß vertraglicher Vereinbarung mit Mitarbeitern durch die Ausgabe von Aktien ersetzt. Die Aktien werden an die Mitarbeiter zum Nennwert von 1,00 € ausgegeben; der aktuelle Kurs beträgt 5,60 €.

b) Zusätzlich erhalten die Mitarbeiter eine erfolgsabhängige Vergütung, deren Höhe vom ausgewiesenen Jahresergebnis abhängig ist.

c) Der Vorstand soll am Aktienkapital des Unternehmens beteiligt werden und kauft eigene Aktien der Gesellschaft zum aktuellen Börsenkurs. Für den erforderlichen Geldbetrag erhält er von der Gesellschaft ein Darlehen, das über sechs Jahre verzinslich zu tilgen ist.

d) In Abwandlung zur Aufgabe 1 c) erfolgt der Aktienerwerb zu einem ermäßigten Kurs. Für den vergünstigten Erwerb akzeptiert der Vorstand eine Gehaltsreduzierung für drei Jahre.

e) Eine Investment Bank hat eine Unternehmensübernahme begleitet und erhält dafür ein Honorar in Form von 8.000 Zertifikaten. Der Wert der Zertifikate hängt von der Kursentwicklung der Aktien innerhalb von 18 Monaten nach der Unternehmensübernahme ab. Bei einem Kursrückgang erfolgt keine Zahlung.

f) Das Unternehmen übernimmt das Betriebsvermögen eines kleinen Wettbewerbers, der im Anschluss sein Geschäft zeitgleich schließt. Die Zahlung erfolgt mit Aktien des Unternehmens aus einer bedingten Kapitalerhöhung.

g) Als Gegenleistung für den Erwerb von Rohstoffen erhält der Lieferant Aktien des Unternehmens aus einer bedingten Kapitalerhöhung.

Aufgabe 2

Prüfen Sie, ob und ggf. in welcher Höhe in Fall 1) und 2) eine Wertanpassung des beizulegenden Wertes vorzunehmen ist, wenn a) die Optionen verfallen und b) die Optionen nicht ausgeübt werden!

1. Zehn Führungskräfte erhalten das Recht, Aktien zu einem vergünstigen Kurs zu erwerben, wenn sie noch vier Jahre im Unternehmen verbleiben und der Aktienkurs 50 € beträgt.

2. Drei Führungskräfte erhalten das Recht, Aktien zu einem vergünstigen Kurs zu erwerben, wenn sie noch vier Jahre im Unternehmen verbleiben und der Umsatz in dieser Zeit um mindestens 50% gestiegen ist.

Aufgabe 3

Zeigen Sie die Ermittlung der Wertansätze für die folgenden Sachverhalte auf und geben Sie die Buchungssätze an!

a) Zehn mittlere Führungskräfte erhalten als Bonus für das abgelaufene Geschäftsjahr jeweils 50 Aktien des Unternehmens zu einem vergünstigten Preis von 40 €/Aktie. Der Nennwert beträgt 1 € und der aktuelle Börsenkurs liegt bei 90 €.

b) Zehn höhere Führungskräfte erhalten als Bonus für das abgelaufene Geschäftsjahr jeweils 150 Aktienoptionen mit einem Wert von 12 €/Option. Die Aktienoption berechtigt zum Erwerb einer Aktie zum Preis von 90 €.

Die Option wird nach drei Jahren von allen Führungskräften ausgeübt. Der Börsenkurs liegt im Zeitpunkt der Ausübung bei 130 €, so dass ein Gewinn seitens der Mitarbeiter in Höhe von 40 € pro Option entsteht.

c) Analog zu b) erhalten zehn weitere Führungskräfte jeweils 150 Aktienoptionen mit einem Wert von 12 € pro Option. Die Aktienoption berechtigt zum Erwerb einer Aktie zum Preis von 90 €. Als Voraussetzung für die Optionsausübung müssen die Mitarbeiter zwei weitere Jahre im Unternehmen verbleiben (Sperrfrist). Zum Zeitpunkt der Gewährung geht das Unternehmen davon aus, dass zwei Führungskräfte das Unternehmen vor Ablauf von zwei Jahren verlassen werden. Es sind zwei Fälle zu unterscheiden:

Fall a): Wie erwartet, verlassen zwei Führungskräfte das Unternehmen vor Ablauf von zwei Jahren.

Fall b): Im zweiten Jahr verlässt tatsächlich nur eine Führungskraft das Unternehmen.

d) Weitere zehn Führungskräfte erhalten eine variable Vergütung in Form von jeweils 150 virtuellen Aktienoptionen. Zum Zeitpunkt der Gewährung lautet der beizulegende Zeitwert 12 € pro Option. Jede Option verkörpert das Recht zur Auszahlung der Differenz zwischen dem Börsenkurs bei Ausübung und dem Bezugskurs in Höhe von 140 €. Voraussetzung für die Ausübung ist, dass die Führungskräfte dem Unternehmen für zwei weitere Jahre ihre Arbeitskraft zur Verfügung stellen. Erwartungsgemäß verlässt keine Führungskraft das Unternehmen. Am Ende des ersten Jahres beträgt der Wert der Option 15 € und steigt zum Ende des zweiten Jahres auf 17 €.

Im Laufe des dritten Jahres werden insgesamt 450 Optionsrechte ausgeübt. Der durchschnittliche Börsenkurs bei Ausübung beträgt 150 €. Der Wert der Option fällt zum Bilanzstichtag auf 14 €. Welche Buchungen sind bei *Gewährung* und *Ausübung* notwendig?

Aufgabe 4

a) Stellen Sie die Unterschiede bei Bewertung und die unterschiedliche Behandlung von echten und virtuellen Optionen bei Gewährung, Ausübung und Verfall in einer Tabelle dar.

b) Stellen Sie für die im Folgenden dargestellte Fallstudie die Beträge für die Buchungen – ohne Berücksichtigung latenter Steuern – in den Geschäftsjahren t1 bis t3 dar. Fassen Sie die Ergebnisse (Personalaufwand, Kapitalrücklage (Bestand), Rückstellung (Bestand)) in einer Tabelle zusammen.

Ein Unternehmen gewährt seinen 80 Führungskräften am 3.1.t1 jeweils 1.250 Aktienoptionen mit einer Laufzeit von drei Jahren. Die Option berechtigt zum Bezug von Aktien in Höhe von 5 €/Aktie. Der Nennwert der Aktien lautet auf 1 €. Die Sperrfrist beträgt zwei Jahre und es wird eine Mindestkurssteigerung von 10 % als Leistungsbedingung fixiert. Der beizulegende Zeitwert der Optionen beträgt zum Zeitpunkt der Gewährung 0,90 € je Option. Es wird angenommen, dass jährlich zwei Führungskräfte das Unternehmen verlassen. Die Parameter für das Jahr t1 und t2 zeigt die folgende Tabelle.

	t1	t2
Aktienkurs	4,00 €	4,50 €
Wert der Aktienoption	0,70 €	0,80 €
Anzahl ausgeschiedener Mitarbeiter	2	6; Annahme bleibt unverändert bei 2 Mitarbeitern pro Jahr

Da das Erfolgsziel auch im Jahr t3 nicht erreicht wird, verfallen am 31.12.t3 alle Rechte.

Wie lauten die Buchungen, wenn keine echten, sondern virtuelle Aktienoptionen ausgegeben werden?

Lösung 1

a) Die vergünstigte Ausgabe an die Mitarbeiter ist als Vergütung für Arbeitsleistungen zu verstehen, weil diese den Jahresbonus ersetzt. Daher fällt die Vergütung in den Anwendungsbereich von IFRS 2

b) Die erfolgsabhängige Vergütung bezieht sich nicht auf den Wert der Beteiligung am Unternehmen (Aktie), sondern auf das Jahresergebnis gem. GuV. Es liegt keine aktienbasierte Vergütung nach IFRS 2 vor. Vielmehr ist IAS 19 anzuwenden.

c) Die Transaktion fällt nicht in den Anwendungsbereich von IFRS 2, weil kein vergünstigter Bezug vorliegt. Es handelt sich um ein Unternehmensdarlehen.

d) Der vergünstigte Aktienbezug und die daran gekoppelte Gehaltsreduzierung signalisieren die Anwendung von IFRS 2 als anteilsbasierte Vergütung.

e) Die Investmentbank erhält als Honorar eine anteilsbasierte Vergütung mit Barausgleich (virtuelle Aktienoption). Die Transaktion fällt unter den Anwendungsbereich von IFRS 2.

f) Es liegt ein Unternehmenserwerb vor, der nicht unter den Anwendungsbereich von IFRS 2 fällt.

g) Bei dieser Transaktion handelt es sich um die Ausgabe von Aktien gegen Sacheinlage. IFRS 2 findet Anwendung.

Lösung 2

1. Da es sich um marktbezogene Ausübungsbedingungen handelt, werden diese bei der Schätzung des beizulegenden Wertes berücksichtigt. Bei Verfall der Option (wegen Nichterreichen der Bedingungen) darf keine Anpassung vorgenommen werden. Dies gilt auch für den Fall, wenn unverfallbare Optionen nicht ausgeübt werden.

2. Bei nicht-marktbezogenen Ausübungsbedingungen sind Änderungen bei der Ermittlung der Anzahl der Eigenkapitalinstrumente zu berücksichtigen. Wenn die Ausübungshürde, hier das Umsatzziel, nicht erreicht wird und die Optionen verfallen, ist der Aufwand zu korrigieren. Werden die unverfallbaren Optionen nicht ausgeübt, darf keine Anpassung vorgenommen werden.

Lösung 3

a)
- Zufluss liquider Mittel: *20.000 €* = 500 Stück (=10 • 50 Stück) • 40 €
- Erhöhung des Eigenkapitals: *45.000 €* = 500 Stück • 90 €, davon
  – gezeichnetes Kapital: *500 €*
  – Kapitalrücklage: *44.500 €*
- Personalaufwand: *25.000 €* = 45.000 € – 20.000 €

Buchungssatz:

| *Liquide Mittel* | *20.000* | an | *gezeichnetes Kapital* | *500* |
| *Personalaufwand* | *25.000* | | *Kapitalrücklage* | *44.500* |

b) Das Unternehmen gibt insgesamt 1.500 Aktienoptionen mit einem Wert von 12 € pro Option aus. Der beizulegende Zeitwert der Aktienoptionen beträgt 18.000 € (= 10 • 150 • 12).

Buchungssatz:

| *Personalaufwand* | *18.000* | an | *Kapitalrücklage* | *18.000* |

Bei *Ausübung* erfolgt eine Aktienausgabe von 1.500 Stück (= 10 • 150). Dem Unternehmen fließen 135.000 € (= 1.500 Stück • 90 €) zu. Davon entfallen auf das gezeichnete Kapital 1.500 € und auf die Kapitalrücklage 133.500 €.

Buchungssatz:

| *Liquide Mittel* | *135.000* | an | *gezeichnetes Kapital* | *1.500* |
| | | | *Kapitalrücklage* | *133.500* |

Der von den Mitarbeitern erzielte Gewinn bzw. Wertzuwachs beträgt 28 € je Option (= 130 € – 90 € – 12 €) und findet bei der Bilanzierung keine Berücksichtigung.

4.3 Bilanzierung von aktienbasierten Vergütungen

c) Fall a): Da zwei von zehn Führungskräften das Unternehmen vor Ablauf der Frist verlassen und damit ihren Optionsanspruch verlieren, beträgt der Wertansatz 14.400 € (= 8 · 150 · 12 €). Aufgrund der Bedingung der Zweijahresfrist ist dieser Aufwand auf zwei Jahre zu verteilen. Daher ist im ersten und zweiten Jahr ein Personalaufwand in Höhe von 7.200 € (= 14.400 € / 2) zu berücksichtigen.

Buchungssatz:

Personalaufwand   7.200   an   *Kapitalrücklage*   7.200

Fall b): Entgegen der Annahme verlässt nur eine Führungskraft das Unternehmen vorzeitig und ist nicht mehr zur Ausübung der Option berechtigt. Der in Jahr 1 verbuchte Aufwand ist zu gering und somit zu korrigieren. Nunmehr werden voraussichtlich neun Mitarbeiter die Option ausüben. Der Personalaufwand beträgt insgesamt nicht mehr 14.400 €, sondern 16.200 € (= 9 · 150 · 12 €). Die Änderung ist erst im zweiten Jahr bekannt geworden und darf daher auch erst im zweiten Jahr berücksichtigt werden. Zusätzlich zu den planmäßig ermittelten 7.200 € ist die Erhöhung für die beiden Jahre über 1.800 € (= 16.200 € – 14.400 €) zu buchen.

Buchungssatz (im 2. Jahr):

Personalaufwand   9.000   an   *Kapitalrücklage*   9.000

d) Im Zeitpunkt der Gewährung darf noch keine Buchung erfolgen, da es sich um ein schwebendes Geschäft handelt. Am Ende des ersten Jahres ist die virtuelle Option zur Hälfte des aktuellen Wert (= 15 € / 2) der Zahlungsverpflichtung anzusetzen, weil ein Leistungszeitraum von zwei Jahren vereinbart wurde. Die Rückstellung ist daher zum Ende des ersten Jahres in Höhe von 11.250 € (= 10 · 150 Stück · 15 € / 2) zu bilden.

Buchungssatz jeweils zum Ende des Jahres 1:

Personalaufwand   11.250   an   *Rückstellung*   11.250

Zum Ende des zweiten Jahres muss der Bestand der Rückstellungen für virtuelle Aktienoptionen auf 25.500 € (= 10 · 150 · 17 €) lauten. Daher ist die Rückstellung im zweiten Jahr ergebniswirksam um 14.250 € zu erhöhen.

Für die *Ausübung* sind die folgenden Wertansätze zu berücksichtigen:

- Liquide Mittel: *4.500 €* (= 450 Stück · (150 € – 140 €))
- Rückstellung: Bilanzansatz: 14.700 € (= 1.050 Stück · 14 €);
  ⇒ Auflösung der Rückstellung in Höhe der Differenz gegenüber dem Vorjahr: *10.800 €* (= 25.500 € – 14.700 €).
- Ertragsbuchung: *6.300 €* (= 10.800 € – 4.500 €); davon
  – Reduzierung der Rückstellung: 4.500 € (= 1.500 Stück · 3 €) und
  – Zahlung (zum inneren Wert): 1.8000 [= 450 Stück · (14 € – 10 €)].

Buchungssatz jeweils zum Ende des Jahres 1:

Rückstellung   10.800   an   *Kasse*   4.500
                                                                            sonst. betr. Ertrag   6.300

Lösung 4

a) Unterschiede zwischen echten und virtuellen Eigenkapitalinstrumenten:

		echte Eigenkapitalinstrumente	virtuelle Eigenkapitalinstrumente
erstmalige Bewertung	Anteilscharakter	beizulegender Zeitwert der Gegenleistung (direkte Methode)	beizulegender Zeitwert der Zahlungsverpflichtung (indirekte Methode)
	Optionscharakter	beizulegender Zeitwert der ausgegebenen Eigenkapitalinstrumente (indirekte Methode)	
	Zeitpunkt	Gewährungszeitpunkt	Bilanzstichtag
Buchung bei Ansatz bzw. bei anteiliger Erfassung in der Sperrfrist		Personalaufwand an Kapitalrücklage	Personalaufwand an Rückstellung
Buchung bei Ausübung		Kasse an Gezeichnetes Kapital an Kapitalrücklage	Rückstellung an Liquide Mittel (ggf. zusätzlich Aufwands- oder Ertragsbuchung)
Buchung bei Verfall wegen Nichterfüllung von ...	Marktbedingungen	keine Korrekturbuchung	prospektive Anpassung: Rückstellung an sonst. betr. Ertrag
	andere Leistungsbedingungen	prospektive Anpassung: Kapitalrücklage an sonst. betr. Ertrag	
Nicht-Ausübung unverfallbarer Optionen		keine Korrekturbuchung	Korrekturbuchung

b) Bei der Bilanzierung echter Eigenkapitalinstrumente wird der beizulegende Zeitwert der Aktienoption (Wertkomponente) zum Zeitpunkt der Gewährung (0,90 €) – unabhängig von Wertschwankungen während der Laufzeit – unverändert. Einfluss auf den Bilanzansatz in den Folgejahren hat nur die Mengenkomponente.

Echte Eigenkapitalinstrumente:

Wertansätze für die Buchung am 31.12.t1:
Wertkomponente: 0,90 € je Stück
Mengenkomponente: 97.500 Stück (= 78 • 1.250)
Optionswert: 87.750 € (= 0,90 € • 97.500 Stück)
Personalaufwand: 87.750 € / 2 = 43.875 €

Wertansätze für die Buchung am 31.12.t2:
Personalaufwand: (95.000 Stück • 0,90 €) – 43.875 € = 41.625 €
Bestand Kapitalrücklage: 85.500 €

4.3 Bilanzierung von aktienbasierten Vergütungen

In der Kapitalrücklage wurde somit bis zum Ende der Sperrfrist (31.12.t2) ein Betrag von 85.500 € angesammelt. Dieser Betrag bleibt gem. IFRS 2.23 unverändert als Kapitalrücklage bestehen – unabhängig davon ob die Optionen ggf. wegen unerwartet schlechter Kursentwicklung verfallen. Daher ist am 31.12.t3 keine Buchung erforderlich.

Virtuelle Eigenkapitalinstrumente:

Wertansätze für die Buchung am 31.12.t1:
Wertkomponente: Optionswert zum Bilanzstichtag: 0,70 € je Stück
Mengenkomponente: 97.500 Stück (= 78 • 1.250)
Personalaufwand: 34.125 € (= 0,70 € • 97.500 Stück / 2)

Wertansätze für die Buchung am 31.12.t2:
Personalaufwand: (95.000 Stück • 0,8 €) – 34.125 € = 41.875 €
Bestand der Rückstellung: 76.000 € (= 95.000 Stück • 0,8 €)

Wertansätze für die Buchung am 31.12.t3:
Auflösung der Rückstellung; sonstiger betrieblicher Ertrag: 76.000 €

	Ende t1	Ende t2	Ende t3
echte Eigenkapitalinstrumente			
Personalaufwand	43.875	41.625	–
Kapitalrücklage (Bestand)	43.875	85.500	85.500
virtuelle Aktienoptionen			
Personalaufwand	34.125	41.825	–
Rückstellung (Bestand)	34.125	76.000	0
sonstiger betrieblicher Ertrag	–	–	76.000

Literaturhinweise

BAETGE, J./KIRSCH, H.-J./THIELE, S. (2007): Bilanzen, 9. Aufl., Düsseldorf.

EISELT, A./WULF, I. (2006): Bilanzierung von Aktienoptionen – eine Fallstudie zur Anwendung von IFRS 2 und IAS 33, in: KoR, 6. Jg., S. 639–643.

ERNST & YOUNG (2008): International GAAP, 2008: Generally Accepted Accounting Practise under International Financial Reporting Standards, London.

GALLOWSKIY, D./HASBARGEN, U./SCHMITT, B. (2007): IFRS 2 und Aktienoptionspläne im Konzern – IFRIC 11 bringt Klarheit, in: BB, 62. Jg., S. 203–206.

HERZIG, N. (1999): Steuerliche und bilanzielle Probleme bei stock options und stock apprecation rights, in: DB, 52. Jg., S. 1–12.

HERZIG, N./LOCHMANN, U. (2001): Bilanzierung von Aktienoptionsplänen und ähnlichen Entlohnungsformen, in: WPg, 54. Jg., S. 82–90.

HEUSER, P. J./THEILE, C. (2007), IFRS-Handbuch: Einzel- und Konzernabschluss, 3. Aufl., Köln.

HOFFMANN, W.-D. (2007): Aktienkursorientierte Vergütungsformen (share-based payment) (§ 23), in: LÜDENBACH, N./HOFFMANN, W.-D. (Hrsg), IFRS-Kommentar, Freiburg.

KPMG DEUTSCHE TREUHAND-GESELLSCHAFT (Hrsg.) (2008): IFRS aktuell, 3. Aufl., Stuttgart.

LÜDENBACH, N./FREIBERG, J. (2008): Bilanzierung bedingter Optionszusagen nach dem Amendment zu IFRS 2, in: PiR, 4. Jg., S. 107–113.

PELLENS, B./CRASSELT, N. (2005): IFRS „Share-based Payment" – Anwendungsfragen bei nicht börsennotierten Gesellschaften, in: PiR, 1. Jg., S. 35–40.

PELLENS, B./FÜLBIER, R.-U./GASSEN, J./SELLHORN, T. (2008): Internationale Rechnungslegung, 7. Aufl., Stuttgart.

REINKE, J./NISSEN-SCHMIDT, A. (2008): IFRS: Eigenkapital und Aktienoptionspläne, Berlin.

ROSSMANITH, J./FUNK, W./ALBER, M. (2006): Stock Options – Neue Bilanzierungs- und Bewertungsansätze nach IFRS 2 und SFAS 123 (R) im Vergleich, in: WPg, 59. Jg., S. 664–671.

SCHRUFF, W./HASENBURG, C. (1999): Stock Option-Programme, im handelsrechtlichen Jahresabschluss, in: BFuP, 51. Jg., S. 616–645.

VATER, H. (2004): Stock Options Bewertung, steuerliche Aspekte und Rechnungslegung sowie Alternativen, Herne/Berlin.

Andreas Eiselt, Lars Haneberg und Karsten Paetzmann

4.4 Währungsumrechnung

Grundlagen einer Umrechnung von Fremdwährungsabschlüssen

Prinzip der funktionalen Währung

Deutsche Konzernunternehmen haben ihren Konzernabschluss nach § 298 Abs. 1 HGB i. V. m. § 244 HGB in Euro aufzustellen. Da zur Erstellung eines Konzernabschlusses auch die Abschlüsse ausländischer Einheiten einzubeziehen sind, die ihren Sitz nicht im Euro-Währungsraum haben, ergibt sich regelmäßig das Problem der Währungsumrechnung.

Nach IAS 21 (*rev.* 2003) „Auswirkungen von Änderungen der Wechselkurse" ist zur Währungsumrechnung zwingend das Prinzip der *funktionalen Währung* vorgeschrieben. Kern der Konzeption dieses Standards ist die Ermittlung der funktionalen Währung einer ausländischen Einheit. Das Ergebnis hat dabei entscheidenden Einfluss auf den Ablauf der Währungsumrechnung im Rahmen der Konzernabschlusserstellung.

> Die funktionale Währung ist die Währung des Wirtschaftsraumes, in dem ein Unternehmen hauptsächlich Zahlungsmittel erwirtschaftet und aufwendet (IAS 21.9).[1]

Ist die ausländische Einheit überwiegend in lokaler Währung (oder sonstiger Drittwährung) tätig und finanziert sie sich überwiegend aus eigenen Mitteln oder jedenfalls nicht aus Fremdkapital in Konzernwährung (Berichtswährung im Konzernabschluss), so reagiert der Cashflow dieser Einheit nur wenig auf Währungsschwankungen. Die ausländische Einheit gilt dann als selbständige Einheit und wird über die Stichtagskursmethode erfolgsneutral konsolidiert. Die funktionale Währung dieser Einheit entspricht in diesem Fall nicht der Berichtswährung im Konzernabschluss. Im umgekehrten Fall ist die ausländische Einheit eine integrierte Einheit des Mutterunternehmens und wird daher erfolgswirksam über die Zeitbezugsmethode konsolidiert (Währungsumrechnung als Bewertungsvorgang).[2]

Die Bestimmung der funktionalen Währung ist gem. IAS 21.12 mit einem gewissen Einschätzungsspielraum verbunden.[3] In IAS 21.9-11 werden jedoch verschiedene primäre, sekundäre und tertiäre Indikatoren genannt, die eine grundsätzliche Orientierung vorgeben. Eine Zusammenstellung dieser Indikatoren zeigt die nachfolgende *Tabelle 1*.

---

[1] Vgl. zu den folgenden Ausführungen auch LACHNIT/AMMANN (1998), S. 754–760; AMMANN/MÜLLER (2006), S. 208–212.

[2] Vgl. LÜDENBACH (2008), Rz. 25.

[3] Vgl. auch MÜLLER/WULF (2005), S. 1272.

Kriterien zur Bestimmung der funktionalen Währung	selbständige Einheit (funktionale Währung ≠ Konzernwährung)	integrierte Einheit (funktionale Währung = Konzernwährung)
Absatzpreise/Umsatz (IAS 21.9a)	Preise überwiegend durch lokale Währung (oder Drittwährung) determiniert/ Umsatz überwiegend so fakturiert	Preise überwiegend durch Konzernwährung determiniert/ Umsatz vorwiegend so fakturiert
Personal-, Material-, sonstiger Aufwand (IAS 21.9b)	überwiegend durch lokale Währung (oder Drittwährung) determiniert	überwiegend durch Konzernwährung determiniert
Finanzierung (IAS 21.10a)	überwiegend aus lokalem Kapital (oder Kapital mit Drittwährung)*	überwiegend aus Kapital in Konzernwährung
Operative cashflows (IAS 21.10b)	überwiegend in lokaler Währung (oder Drittwährung)	überwiegend durch Konzernwährung determiniert
Führung der Geschäfte (IAS 21.11a)	weitgehend unabhängig von denen des Konzerns	weitgehend abhängig von denen des Konzerns
Geschäftsvorfälle (Umsätze usw.) mit Konzern (IAS 21.11b)	kein großes Gewicht relativ zu Drittgeschäften (z. B. reine Vertriebsgesellschaft)	großes Gewicht von Konzerngeschäften
Direkter Einfluss *cashflows* auf Konzern – *cashflows* (IAS 21.11c)	gegeben	nicht gegeben
Cash in Relation zu Verpflichtungen (IAS 21.11d)	eigene *Cashflows* ausreichend, um Verpflichtungen selbst zu erfüllen	Verpflichtungen nur mit Rückgriff auf Konzernmittel erfüllbar

Tabelle 1:   Kriterien zur Bestimmung der funktionalen Währung[4]

Wird nun festgestellt, dass die Berichtswährung des Einzelabschlusses nicht mit der funktionalen Währung übereinstimmt, ist der Abschluss mit der vereinfachten Zeitbezugsmethode in die funktionale Währung zu transformieren. Stimmt ausnahmsweise die funktionale Währung wiederum nicht mit der Berichtswährung im Konzernabschluss (Darstellungswährung) überein, ist der Abschluss mit Hilfe der Stichtagskursmethode in die Konzernberichtswährung umzurechnen wie *Abbildung 1* verdeutlicht.

---

[4] Leicht modifiziert entnommen aus LÜDENBACH (2008), Rz. 26.

4.4 Währungsumrechnung

So ist z. B. der zur Erfüllung der lokalen Rechnungslegungsvorschriften erstellte Abschluss in £ (GBP) eines relativ unselbständigen Tochterunternehmens (mit Sitz in Großbritannien) über die Zeitbezugsmethode in die funktionale Währung umzurechnen, weil es die überwiegenden Transaktionen mit Unternehmen der Europäischen Union in € abwickelt. Hat nun die Muttergesellschaft ihren Sitz in Dänemark und stellt dementsprechend einen Konzernabschluss in Kronen auf, ist der Abschluss des Tochterunternehmens schließlich über die Stichtagskursmethode in die Berichtswährung des Konzernabschlusses umzurechnen.[5]

```
                                        modifizierte
         Zeitbezugsmethode         Stichtagskursmethode

  ┌──────────────────┐       ┌──────────────┐       ┌──────────────────┐
  │ Berichtswährung des │ ───► │  funktionale  │ ───► │ Berichtswährung des │
  │ Einzelabschlusses  │       │   Währung    │       │ Konzernabschlusses │
  └──────────────────┘       └──────────────┘       └──────────────────┘
```

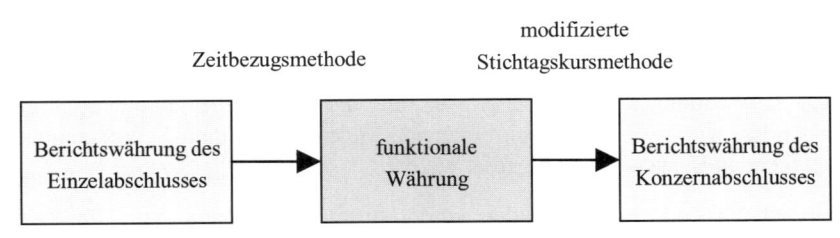

Abbildung 1:   *Konzept der funktionalen Währung*[6]

Umrechnung von Abschlüssen integrierter ausländischer Einheiten

Kann das ausländische Tochterunternehmen als integrierte Einheit gelten, sind für die Währungsumrechnung die Grundsätze der *Zeitbezugsmethode* (Äquivalenzmethode) anzuwenden, bei der die in Fremdwährung aufgestellten Jahresabschlussposten so umgerechnet werden, als seien die Transaktionen des Tochterunternehmens unmittelbar in der Konzernwährung erfolgt. Beim erstmaligen Ansatz sind Fremdwährungstransaktionen dann nach IAS 21.21 mit dem Kassakurs zum Zeitpunkt des Geschäftsvorfalls umzurechnen. Für die Bilanzierung in den Folgeperioden (IAS 21.23-26) wird grundsätzlich zwischen monetären und nicht monetären Posten unterschieden. Monetäre Posten sind nach IAS 21.16 alle Zahlungsmittel sowie Vermögensgegenstände und Schulden, die mit einem festen oder bestimmbaren Geldbetrag zu begleichen sind.[7] Alle Posten, die nicht unter diese Definition fallen, sind folglich nicht monetäre Posten. Die Währungsumrechnung ist wie folgt vorzunehmen:

- monetäre Posten werden mit dem Stichtagskurs umgerechnet und
- nicht monetäre Posten werden mit dem historischen Transaktionskurs (zum Tag des Geschäftsvorfalls) umgerechnet.

---

[5]   Vgl. auch HEUSER/THEILE (2007), Rz. 3110–3113.
[6]   Entnommen aus KÜTING/MOJADADR (2008), S. 1873.
[7]   Hierzu zählen insbesondere Finanzanlagen, liquide Mittel, latente Steuern, Forderungen und sonstige Vermögenswerte, Rückstellungen und Verbindlichkeiten, sofern sie auf einen bestimmten oder bestimmbaren Geldbetrag lauten.

Mit der Zeitbezugsmethode verbunden ist ein Niederstwerttest für nicht monetäre Posten, falls sich der Wertansatz eines solchen Postens aufgrund eines Vergleichs verschiedener Wertmaßstäbe ergibt.[8] Dies ist z. B. bei der Vorratsbewertung gem. IAS 2 oder dem Werthaltigkeitstest gem. IAS 36 der Fall. So sind gem. IAS 21.25 zunächst der Buchwert vor Wertberichtigungen mit dem historischen Transaktionskurs und der Buchwert nach Wertberichtigungen mit dem Stichtagskurs umzurechnen und anschließend beide Werte miteinander zu vergleichen. Der niedrigere der beiden Wertansätze ist zu berücksichtigen, wobei ggf. eine in lokaler Währung vorgenommene Wertberichtigung zurückgenommen werden muss oder eine Wertberichtigung vorzunehmen ist, obwohl in lokaler Währung hierzu keine Veranlassung bestand.[9]

Erträge und Aufwendungen sollten bei Anwendung der Zeitbezugsmethode zu ihrem Transaktionskurs oder, wie etwa bei Abschreibungen, entsprechend dem Umrechnungskurs des zugrunde liegenden Bestandskontos erfasst werden.

Aus Vereinfachungs- und Kostengründen werden für die Umrechnung von Umsatz oder Personalaufwand regelmäßig Durchschnittskurse verwendet. Aus dem gleichen Grund können auch Vorräte (als nicht monetäre Güter) bilanziell zum Stichtagskurs erfasst werden, so dass dann auch gegen eine Umrechnung des Materialaufwands und der Bestandsveränderung mit dem Durchschnittskurs nichts einzuwenden ist.[10]

> Aus der Verwendung unterschiedlicher Umrechnungskurse entstehende Währungsumrechnungsdifferenzen sind bei Anwendung der Zeitbezugsmethode *grundsätzlich erfolgswirksam* zu erfassen.

Eine Ausnahme bilden jene nicht monetären Posten, bei denen normale Wertänderungen ergebnisneutral gebucht werden. Hier werden nach IAS 21.30 auch die dazu gehörigen umrechnungsbedingten Wertänderungen ergebnisneutral erfasst.

Umrechnung von Abschlüssen selbständiger ausländischer Einheiten

Entspricht die funktionale Währung der ausländischen Einheit nicht der Konzernwährung, liegt nach dem Prinzip der funktionalen Währung eine selbständige ausländische Einheit vor und ist nach der *modifizierten Stichtagskursmethode* umzurechnen. Dabei werden nach IAS 21.39a alle Aktiva und Passiva mit dem Stichtagskurs umgerechnet. Eine Differenzierung in monetäre und nicht monetäre Posten (wie bei der Zeitbezugsmethode) unterbleibt daher.

---

[8] Vgl. *HEUSER/THEILE* (2007), Rz. 3153.
[9] Vgl. *KÜTING/WEBER* (2008), S. 209 f.
[10] Vgl. *LÜDENBACH* (2008), Rz. 36.

4.4 Währungsumrechnung

Erträge und Aufwendungen sind nach IAS 21.39b mit den jeweiligen Transaktionskursen zum Zeitpunkt des Geschäftsvorfalls umzurechnen. Es ist jedoch aus praktischen Erwägungen heraus, sofern die Wechselkurse nicht stark schwanken, auch die Anwendung von Durchschnittskursen zulässig (IAS 21.40).

> Umrechnungsdifferenzen aus der Anwendung der modifizierten Stichtagskursmethode, werden gem. IAS 21.39c *erfolgsneutral* im Eigenkapital abgegrenzt und nach IAS 21.48 erst bei Abgang der betreffenden Einheit realisiert.

In dem Sonderfall, dass es sich bei der funktionale Währung des berichtenden Unternehmens um die *Währung eines Hochinflationslandes* handelt, werden sämtliche Aktiva, Passiva, Aufwendungen und Erträge sowie die vorgeschriebenen Vergleichswerte aus den Vorjahren zum Stichtagskurs umgerechnet, nachdem eine Bereinigung nach IAS 29 stattgefunden hat (Eliminierung inflationsbedingter Verzerrungen).[11] Eine Ausnahme bildet hier die Darstellung in Hartwährung, da in diesem Fall die Vorjahreswerte nicht umgerechnet, sondern aus dem Vorjahresabschluss übernommen werden, und eine Bereinigung daher ebenso unterbleibt. Eine Bereinigung erfolgt für die aktuellen Werte jedoch in jedem Fall und kann auch nicht umgangen werden, indem statt in der funktionalen Währung direkt in einer Hartwährung bilanziert wird.

Deutsche Bilanzierungspraxis

In der deutschen Bilanzierungspraxis kapitalmarktorientierter Unternehmen wird, insbesondere aufgrund von Kosten-Nutzen-Aspekten, die modifizierte Stichtagsmethode ganz überwiegend gewählt, wie empirische Untersuchungen belegen:[12]

- In einer Studie zur Bilanzierungspraxis deutscher IFRS-Anwender im Jahr 2003 wurde festgestellt, dass von 87 untersuchten Unternehmen 85 die Stichtagskursmethode angewendet hatten.[13]
- Eine weitere empirische Erhebung ergab, dass unter den 376 Prime-Standard-Unternehmen, die im Jahr 2005 nach IFRS und US-GAAP bilanzierten, 274 (72,87%) die modifizierte Stichtagskursmethode und lediglich 24 (6,4%) die Zeitbezugsmethode oder beide Methoden nutzen.[14]

---

[11] Vgl. zur Währungsumrechnung bei Hyperinflation LÜDENBACH (2008), Rz. 65–70.

[12] Unabhängig hiervon wurde die Dominanz der modifizierten Stichtagsmethode in der deutschen Konzern-Bilanzierungspraxis zuletzt auch dadurch gefestigt, dass diese Währungsumrechnungsmethode durch das BilMoG in § 308a HGB für die (hier freilich nicht betrachteten) HGB-Konzernabschlüsse gesetzlich fixiert wurde.

[13] Vgl. VON KEITZ (2005), S. 237 f.

[14] Vgl. GASSEN/DAVARCIOGLU/FISCHKIN/KÜTING (2007), S. 172.

Schließlich verdeutlicht der Umfang der in den IFRS-Konzernbilanzen deutscher Großkonzerne insgesamt ausgewiesenen, erfolgsneutral verrechneten Währungsumrechnungsdifferenzen, die methodisch aus der Anwendung der Stichtagsmethode resultieren, die Dominanz der Stichtagsmethode bei der Währungsumrechnung, die Internationalität der Konzerne sowie die Bedeutung von Wechselkursentwicklungen und der Währungsumrechnung nach IAS 21 für die Konzernbilanzierung an sich: Im Geschäftsjahr 2003 entsprach der Gesamtbetrag der erfolgsneutral im „Other Comprehensive Income" verrechneten Währungsdifferenzen aller DAX 30-Unternehmen mit −14 Mrd. € (2004: −3 Mrd. €) der Summe der ausgewiesenen GuV-Konzernergebnisse von 14 Mrd. € (2004: 37 Mrd. €). Hätten die Konzernunternehmen alle Währungsdifferenzen erfolgswirksam verbucht, wäre im Geschäftsjahr 2003 in Summe kein positives Ergebnis angefallen.[15]

Fallstudie zur Währungsumrechnung nach IAS 21

Die Trade Corp. wird als Tochterunternehmen in den USA am 01.01.20XX mit einem Eigenkapital von 2 Mio. $ gegründet. Das Eigenkapital wird durch Banküberweisung des Mutterunternehmens umgehend eingezahlt. Gleich am 01.01. wird außerdem ein Grundstück mit einem Handelsgebäude zu einem Kaufpreis von 1,5 Mio. $ per Sofortüberweisung gekauft. Der Kaufpreis für das Grundstück beläuft sich auf 1,0 Mio. $. Die Nutzungsdauer des Gebäudes beträgt zehn Jahre. Am 15.08. werden Handelswaren zu einem Einkaufspreis von 0,3 Mio. $ auf Ziel gekauft. Die Hälfte der Handelswaren wird im weiteren Verlauf des Jahres 20XX kontinuierlich per Bankzahlung zu einem Preis von insgesamt 0,4 Mio. $ verkauft. Weiterhin fallen im gesamten Jahr Personalaufwendungen in Höhe von T$ 50 an. Außerplanmäßige Wertminderungen (*Impairments*) werden zu keinem Zeitpunkt festgestellt.

Es liegen folgende Wechselkurse vor:

	1 $ =
01.01.20XX	1,00 €
15.08.20XX	1,30 €
31.12.20XX	1,10 €
Durchschnittskurs 20XX	1,20 €

Abbildung 2:   Wechselkursentwicklung $ zu € im Jahr 20XX (vereinfacht)

---

[15] Vgl. *LACHNIT/MÜLLER* (2005), S. 1642.

Aufgabe 1

Erstellen Sie für die Trade Corp. die Bilanz sowie eine Gewinn- und Verlustrechnung nach dem Gesamtkostenverfahren in T$![16]

Aufgabe 2

Rechnen Sie die sich ergebende Bilanz und die Gewinn- und Verlustrechnung des amerikanischen Tochterunternehmens nach der

a) modifizierte Stichtagskursmethode und

b) Zeitbezugsmethode

unter Beachtung der aufgeführten Annahmen in die Konzernwährung € um!

Aufgabe 3

Würdigen Sie das Ergebnis aus Aufgabe 2 auch vor dem Hintergrund einer möglichen umgekehrten Wechselkursentwicklung!

Lösung 1

Buchungssätze für 20XX in T$:

a)	01.01.	Bank	2.000	an	Eigenkapital	2.000
b)	01.01.	Grundstücke Gebäude	1.000 500	an	Bank	1.500
c)	15.08.	Materialaufwand	300	an	Verbindlichkeiten	300
d)	Dez.	Bank	400	an	Umsatzerlöse	400
e)	31.12.	Personalaufwand	50	an	Bank	50
f)	31.12.	Abschreibung Gebäude	50	an	Gebäude	50
g)	31.12.	Handelswaren	150	an	Bestandsveränderung	150

---

[16] Das Gesamtkostenverfahren (GKV) ist hier aus didaktischen Gründen besser geeignet als das ansonsten üblichere Umsatzkostenverfahren (UKV).

Somit ergeben sich folgende Gewinn- und Verlustrechnung für 20XX bzw. Bilanz zum 31.12.20XX der Trade Corp. in T$:

Gewinn- und Verlustrechnung für 20XX in T$

	Umsatzerlöse	400
+	Bestandsveränderung	150
–	Materialaufwand	300
–	Personalaufwand	50
–	planmäßige Abschreibungen Gebäude	50
=	Jahresergebnis	150

Abbildung 3:   *Gewinn- und Verlustrechnung der Trade Corp. für 20XX in T$*

Bilanz zum 31.12.20XX in T$

Aktiva		Passiva	
Grundstücke	1.000	Eigenkapital	2.000
Gebäude	450	Jahresergebnis	150
Handelswaren	150	Lieferverbindlichkeiten	300
Liquide Mittel	850		
Bilanzsumme	*2.450*	*Bilanzsumme*	*2.450*

Abbildung 4:   *Bilanz der Trade Corp. zum 31.12.20XX in T$*

Lösung 2

a) *Umrechnung nach der Stichtagskursmethode*

Weisen die Indikatoren von IAS 21.9-11 darauf hin, dass es sich bei der Trade Corp. um ein selbständiges Tochterunternehmen handelt, ist nach dem Prinzip der funktionalen Währung die modifizierte Stichtagskursmethode anzuwenden. Dabei werden die Positionen der Gewinn- und Verlustrechnung mit dem historischen Transaktionskurs oder aus Vereinfachungsgründen mit dem Durchschnittskurs (DK) umgerechnet. Der Jahresüberschuss wird nicht umgerechnet, sondern ergibt sich als Differenz der umgerechneten Erträge und Aufwendungen:

4.4 Währungsumrechnung

Gewinn- und Verlustrechnung für 20XX in T€

	Umsatzerlöse (DK)	480
+	Bestandsveränderung (DK)	180
–	Materialaufwand (DK)	360
–	Personalaufwand (DK)	60
–	planmäßige Abschreibungen Gebäude (DK)	60
=	Jahresergebnis	180

Abbildung 5:   Gewinn- und Verlustrechnung der Trade Corp. für 20XX in T€ nach der Stichtagskursmethode

Sämtliche Positionen der Bilanz werden mit dem am Bilanzstichtag gültigen Stichtagskurs (SK) umgerechnet. Eine Ausnahme kann jedoch die Umrechnung des Eigenkapitals zum historischen Transaktionskurs (HTK) bilden.[17] Die sich ergebende Währungsumrechnungsdifferenz zum Ausgleich von Aktiva und Passiva ist im Eigenkapital erfolgsneutral zu verrechnen. Damit ergibt sich folgende umgerechnete Bilanz zum Geschäftsjahresende:

Bilanz zum 31.12.20XX in T€

Aktiva		Passiva	
Grundstücke (SK)	1.100	Gezeichnetes Kapital (HTK)	2.000
Gebäude (SK)	495	Währungsumrechnungsdifferenz	185
Handelswaren (SK)	165	Jahresergebnis	180
Liquide Mittel (SK)	935	Lieferverbindlichkeiten (SK)	330
Bilanzsumme	*2.695*	*Bilanzsumme*	*2.695*

Abbildung 6:   Bilanz der Trade Corp. zum 31.12.20XX in T€ nach der Stichtagskursmethode

b) *Umrechnung nach der Zeitbezugsmethode*

Weisen die Indikatoren von IAS 21.9-11 darauf hin, dass es sich bei der Trade Corp. um ein integriertes Tochterunternehmen handelt, ist nach dem Prinzip der funktionalen Währung die Zeitbezugsmethode anzuwenden. Dabei werden nicht-monetäre Posten der Bilanz mit historischen Transaktionskursen (HTK) umgerechnet. Die Umrechnung der monetären Positionen erfolgt zum Stichtagskurs (SK). Erträge und Aufwendungen werden aus Vereinfachungsgründen nicht mit historischen Transaktionskursen, sondern mit Durchschnittskursen (DK) umgerechnet.

---

[17] Vgl. auch KÜTING/WEBER (2008), S. 212.

Die hier vereinfacht auf Basis von Durchschnittskursen (Ausnahme: planmäßige Abschreibungen auf Gebäude) umgerechnete Gewinn- und Verlustrechnung führt zu einem Jahresergebnis, das die Bestandsumrechnungseffekte noch nicht enthält, jedoch regelwidrig die Umrechnungsdifferenzen der Erfolgsrechnung erfolgswirksam berücksichtigt. Um dies zu korrigieren, ist in die Gewinn- und Verlustrechnung eine Währungsumrechnungsdifferenz (WUD) einzufügen, die die bilanzielle Umrechnungsdifferenz erfolgswirksam einfügt und die Umrechnungsdifferenz der Erfolgsrechnung wieder eliminiert. Diese WUD ist erfolgswirksam in der Gewinn- und Verlustrechnung zu erfassen und errechnet sich im Fallbeispiel aus Sollbuchungen (T€ 140) und Habenbuchungen (T€ 170) wie folgt:

WUD	*140*	*an*	*Lieferverbindlichkeiten*	*30*
			Umsatz	*80*
			Bestandsveränderung	*30*
Liquide Mittel	*85*			
Vorräte	*15*			
Materialaufwand	*60*			
Personalaufwand	*10*	*an*	*WUD*	*170*

Das Jahresergebnis der Trade Corp. errechnet sich nun aus den umgerechneten Posten der Erfolgsrechnung und der Währungsumrechnungsdifferenz. Insgesamt stellt sich die GUV für die Trade Corp. für das Jahr 20XX wie folgt dar:

Gewinn- und Verlustrechnung für 20XX in T€

	Umsatzerlöse (DK)	480
+	Bestandsveränderung (DK)	180
−	Materialaufwand (DK)	360
−	Personalaufwand (DK)	60
−	planmäßige Abschreibungen Gebäude (HTK)	50
+	Währungsumrechnungsdifferenz	30
=	Jahresergebnis	220

Abbildung 7:   Gewinn- und Verlustrechnung für die Trade Corp. für 20XX in T€ nach der Zeitbezugsmethode

Grundstück, Gebäude und gezeichnetes Kapital werden mit zum 31.12.20XX mit dem historischen Kurs zum Gründungszeitpunkt umgerechnet, während die monetären Posten, bestehend aus Handelswaren, liquiden Mitteln und Lieferverbindlichkeiten, mit dem Stichtagskurs angesetzt werden. Das Jahresergebnis ergibt sich aus der umgerechneten Gewinn- und Verlustrechnung, so dass sich die Bilanz für die Trade Corp. zum 31.12.20XX wie folgt darstellt:

4.4 Währungsumrechnung

Bilanz zum 31.12.20XX in T€

Aktiva		Passiva	
Grundstücke (HTK)	1.000	Gezeichnetes Kapital (HTK)	2.000
Gebäude (HTK)	450	Jahresergebnis	220
Handelswaren (SK)	165	Lieferverbindlichkeiten (SK)	330
Liquide Mittel (SK)	935		
Bilanzsumme	*2.550*	*Bilanzsumme*	*2.550*

Abbildung 8: Bilanz der Trade Corp. zum 31.12.20XX in T€ nach der Zeitbezugsmethode

Lösung 3

Insgesamt wird deutlich, dass das Jahresergebnis bei Anwendung der Zeitbezugsmethode um T€ 40 höher ausfällt als bei Anwendung der Stichtagskursmethode. Dieser Effekt resultiert aus der Veränderung des Wechselkurses im Berichtszeitraum und beruht mit T€ 30 auf der erfolgswirksamen Verrechnung der positiven bilanziellen Währungsumrechnungsdifferenzen sowie mit T€ 10 auf einer Bezugnahme der Abschreibungen auf (in € gemessen niedrigere) historische Anschaffungskosten bei dem Gebäude. Demgegenüber ist das insgesamt ausgewiesene Eigenkapital mit T€ 2.365 bei der Stichtagskursmethode um T€ 145 höher als bei Anwendung der Zeitbezugsmethode (T€ 2.220). Hier schlägt sich nieder, dass Grundstück wie Gebäude zum aktuellen Stichtagskurs und damit um T€ 145 höher als bei Anwendung der Zeitbezugsmethode bewertet und das Bewertungsergebnis (erfolgsneutral) in das Eigenkapital gestellt wird.

Aus der Fallstudie wird deutlich, dass die Höhe der Währungsumrechnungsdifferenz und zentrale Größen einer Beurteilung der Vermögens-, Finanz- und Ertragslage, wie z. B. Jahresergebnis oder Eigenkapital, ganz erheblich von der zugrunde liegenden Umrechnungsmethode und der Wechselkursentwicklung abhängen. Allerdings lassen sich für die Einschätzung der von der Währungsumrechnung ausgehenden Wirkungen auf die Unternehmensdarstellung im Jahresabschluss einige Grundlinien ausmachen. Eine Abbildung nach der Stichtagskursmethode bedeutet bei steigenden Kursen einen niedrigeren Ergebnisausweis als bei der Zeitbezugsmethode. Dieser Effekt kehrt sich bei fallenden Kursen jedoch um, wie nachfolgendes Beispiel bei alternativer Wechselkursentwicklung zeigt:

	1 $ =
01.01.20XX	1,10 €
15.08.20XX	1,30 €
31.12.20XX	1,00 €
Durchschnittskurs 20XX	1,20 €

Abbildung 9: Alternative Wechselkursentwicklung $ zu € im Jahr 20XX (vereinfacht)

Gewinn- und Verlustrechnung für 20XX in T€

	Umsatzerlöse (DK)	480
+	Bestandsveränderung (DK)	180
–	Materialaufwand (DK)	360
–	Personalaufwand (DK)	60
–	planmäßige Abschreibungen Gebäude (DK)	60
=	Jahresergebnis	180

Abbildung 10:   *Gewinn- und Verlustrechnung der Trade Corp. für 20XX in T€ nach der Stichtagskursmethode*

Gewinn- und Verlustrechnung für 20XX in T€

	Umsatzerlöse (DK)	480
+	Bestandsveränderung (DK)	180
–	Materialaufwand (DK)	360
–	Personalaufwand (DK)	60
–	planmäßige Abschreibungen Gebäude (HTK)	55
–	Währungsumrechnungsdifferenz	90
=	Jahresergebnis	95

Abbildung 11:   *Gewinn- und Verlustrechnung der Trade Corp. für 20XX in T€ nach der Zeitbezugsmethode*

Insgesamt ergibt sich somit ein nahezu doppelt so hoher Ergebnisausweis bei alternativer Wechselkursentwicklung und Anwendung der Stichtagskursmethode. Durch die Umrechnung des gezeichneten Kapitals zum historischen Transaktionskurs von 1,10 €/$ und der Lieferverbindlichkeiten zum Stichtagskurs von 1,00 €/$ ergibt sich unter Berücksichtigung der oben ermittelten Jahresergebnisse im Vergleich zur alternativen Wechselkursentwicklung eine kaum veränderte Eigenkapitalquote von rund 87,8% bei Anwendung der Stichtagskursmethode und 88,4% bei Anwendung der Zeitbezugsmethode.

Literaturhinweise

AMMANN, H./MÜLLER, S. (2006): IFRS – International Financial Reporting Standards: Bilanzierungs-, Steuerungs- und Analysemöglichkeiten, 2. Aufl., Herne, Berlin.

GASSEN, J./DAVARCIOGLU, T./FISCHKIN, M./KÜTING, U. (2007): Währungsumrechnung nach IFRS im Rahmen des Konzernabschlusses, in: KoR, 7. Jg., S. 171–180.

HEUSER, P./THEILE, C. (2007): IFRS-Handbuch, Einzel- und Konzernabschluss, 3. Aufl., Köln.

VON KEITZ, I. (2005): Praxis der IASB-Rechnungslegung – Best practice von 100 IFRS-Anwendern, 2. Aufl., Stuttgart 2005.

KÜTING, K./MOJADADR, M. (2008): Währungsumrechnung im Einzel- und Konzernabschluss nach dem RegE zum BilMoG, in: DB, 61. Jg., S. 1869–1876.

KÜTING, K./WEBER, C.-P. (2008): Der Konzernabschluss – Praxis der Konzernrechnungslegung nach HGB und IFRS, 11. Aufl., Stuttgart.

LACHNIT, L./AMMANN, H. (1998): Währungsumrechnung als Problem einer tatsachengemäßen Darstellung der wirtschaftlichen Lage im Konzernabschluss, in: WPG, 51. Jg., S. 751–765.

LACHNIT, L./MÜLLER, S. (2005): Other comprehensive income nach HGB, IFRS und US-GAAP – Konzeption und Nutzung im Rahmen der Jahresabschlussanalyse, in: DB, 58. Jg., S. 1637–1645.

LÜDENBACH, N. (2008): § 27 Währungsumrechnung, Hyperinflation, in: LÜDENBACH, N./ HOFFMANN, W. D. (Hrsg.), Haufe IFRS-Kommentar, 6. Aufl., Freiburg.

MÜLLER, S./WULF, I. (2005): Abschlusspolitisches Potenzial deutscher Unternehmen im Jahr 2005 unter besonderer Berücksichtigung der IFRS-Erstanwendung, in: BB, 60. Jg., S. 1267–1273.

Hartmut Bieg und Guido Sopp

4.5 IFRS und Basel II

Einleitung

Sowohl das externe Rechnungswesen als auch die Bankenaufsicht sahen sich im vergangenen Jahrzehnt fundamentalen Neuerungen ausgesetzt. Im Bereich des Rechnungswesens war die Entwicklung geprägt vom zunehmenden Übergang auf die internationalen Rechnungslegungsvorschriften der IFRS. So müssen kapitalmarktorientierte Konzernmutterunternehmen spätestens seit dem 1. Januar 2007 zwingend ihren Konzernabschluss nach den Vorschriften der IFRS erstellen. Auch das Bankenaufsichtsrecht sah sich in diesem Zeitraum schwerwiegenden Neuerungen ausgesetzt. Mit der *Veröffentlichung der Zweiten Baseler Eigenkapitalvereinbarung* im Jahre 2004 (Basel II) und der darauf folgenden Umsetzung in der Europäischen Union im Rahmen der Neufassung der Banken- und der Kapitaladäquanzrichtlinie brach ein neues Zeitalter der Bankenregulierung an.

> *Kernstück von Basel II* ist die stärker an der individuellen Bonität der Kreditnehmer ausgerichtete bankenaufsichtsrechtliche Risikogewichtung. Für bonitätsstarke Kreditnehmer muss demnach tendenziell weniger Eigenkapital zur Risikodeckung vorgehalten werden als für bonitätsschwache Kreditnehmer.

Für eine Auseinandersetzung mit dem Themenkomplex IFRS und Basel II bieten sich diverse Ansatzpunkte. Denkbar wäre beispielsweise eine Untersuchung der möglichen Auswirkungen des neuen aufsichtsrechtlichen Regelwerks auf den Kreditvergabezyklus unter Berücksichtigung des IFRS-Abschlusses als maßgeblicher Grundlage einer Kreditvergabeentscheidung. Diese Fragestellung nimmt auf die bankenaufsichtlichen Auswirkungen der IFRS-Bilanzierung beim Kreditnehmer Bezug. Hierauf geht das folgende Kapitel („IFRS-Abschlüsse bei Kreditnehmern") ein.

Des Weiteren können die vielfältigen Berührungspunkte der IFRS-Rechnungslegung seitens der Kredit- und Finanzdienstleistungsinstitute (im Folgenden: Institute) und der Bankenaufsicht Gegenstand der Untersuchung sein. So ist der Jahresabschluss der Institute nicht nur ein zentrales Informationsinstrument der Bankenaufsichtsbehörden, sondern dient zugleich als Datenbasis der bankenaufsichtlichen Normen zur Begrenzung der bankbetrieblichen Risiken. Sowohl die Bemessung der in diese Normen einfließenden Risiken als auch – und vor allem – die Ermittlung der bankenaufsichtlichen Risikodeckungsmasse (sog. Eigenmittel) erfolgt auf Grundlage von bilanziell ausgewiesenen Größen. Nur wenn sichergestellt ist, dass die aus dem Jahresabschluss hervorgehenden Daten mit bankenaufsichtlichen Anforderungen konform gehen, ist eine Zugrundelegung im Rahmen der bankenaufsichtsrechtlichen Risikobegrenzung sachgerecht.

Durch die zunehmende Rezeption der internationalen Rechnungslegungsstandards IFRS in der Welt und speziell auch in Deutschland gewinnt die Frage nach der angemessenen Datenbasis für die bankenaufsichtliche Risikobegrenzung eine neue Qualität. Während bisher ausschließlich der handelsrechtliche Jahresabschluss als Datengrundlage heranzuziehen war und diesem aufgrund der Dominanz von Realisations- und Imparitätsprinzip die Eignung für bankenaufsichtliche Sachverhalte zugesprochen werden konnte, steht die entscheidungstheoretisch orientierte IFRS-Rechnungslegung mit dem bankenaufsichtlichen Bedürfnis nach zuverlässigen Daten in gewisser Weise in Konflikt. Deshalb verknüpft der Gesetzgeber die Nutzung eines IFRS-Abschlusses als Datenbasis der bankenaufsichtsrechtlichen Risikobegrenzung auf Gruppenebene (§ 10a Abs. 7 KWG) mit dem Erfordernis, bestimmte Anpassungsmaßnahmen des IFRS-Datensatzes vorzunehmen (sog. prudential filter). Diese sollen im Rahmen des vorliegenden Beitrags vorgestellt werden (siehe hierzu das Kapitel „IFRS-Abschlüsse bei Instituten").

IFRS-Abschlüsse bei Kreditnehmern

Jahresabschlüsse im Ratingprozess

Ein wesentliches Element im Rahmen der Bonitätsbeurteilung aktueller oder potenzieller gewerblicher Kreditnehmer durch ein Institut stellt der Jahresabschluss dar. Hierbei nimmt das in der Bilanz des Jahresabschlusses ausgewiesene – und ggf. im Zuge der Jahresabschlussanalyse um bestimmte Effekte korrigierte – *Eigenkapital* eine Schlüsselrolle ein. Das Eigenkapital dient dem Kredit gebenden Institut als Indikator für die Fähigkeit des (potenziellen) Kreditnehmers zur Absorption von Verlusten aus dem laufenden Geschäft und als Anhaltspunkt für die Haftungsmasse im Falle einer möglichen Insolvenz oder Liquidation des Kreditnehmers. Je höher das Volumen des Eigenkapitals verglichen mit dem Fremdkapital, desto größer ist auch die Verlustausgleichsfähigkeit im Falle der Unternehmensfortführung und im Falle der Insolvenz oder Liquidation.

Neben dem Eigenkapital hat der *Periodenerfolg* großes Gewicht im Rahmen der Bonitätsanalyse. Der Periodenerfolg drückt aus, wie erfolgreich ein Unternehmen im abgelaufenen Geschäftsjahr gewirtschaftet hat und ist damit ein Maß für die wirtschaftliche Leistungsfähigkeit des Unternehmens. Je höher der Periodenerfolg eines Unternehmens bezogen auf den jeweiligen (Eigen-)Kapitaleinsatz ist, desto höher ist mutmaßlich auch dessen wirtschaftliche Leistungsfähigkeit.

Das Volumen beider Größen – Eigenkapital und Periodenerfolg – ist abhängig vom zugrunde gelegten Bilanzierungs- und Bewertungsrahmen. Mit der Nutzung von IFRS-(Konzern-)Abschlüssen zur Bonitätsbeurteilung rücken dabei insbesondere die zahlreichen Anwendungsfälle der Bewertung zum beizulegenden Zeitwert (Fair Value) in den Fokus.

Anwendungsfälle der Fair-Value-Bewertung nach den IFRS

Die IFRS definieren den Fair Value weitgehend einheitlich als „the amount, for which an asset could be exchanged, or a liability settled, between knowledgeable, willing parties in an arm's length transaction"[1]. Das IASB als Standardsetzer präferiert hierbei eine *marktorientierte Interpretation* des Fair Value. Der Fair Value leitet sich demnach vorrangig aus dem Preis eines Vermögenswerts auf einem aktiven Markt ab. Sofern allerdings – wie bei der überwiegenden Mehrzahl an Vermögenswerten – kein aktiver Markt gegeben ist, muss der Fair Value auf anderem Wege – durch Schätzungen oder Bewertungsverfahren – ermittelt werden.

> Die Fair-Value-Bilanzierung ermöglicht auch die Abbildung eines Wertansatzes, der die (fortgeführten) Anschaffungs- oder Herstellungskosten überschreitet.

Für die *Erhöhung des Wertansatzes* bieten sich dabei buchungstechnisch zwei Alternativen an. Zum einen kann der Wertzuwachs *erfolgswirksam* über die Gewinn- und Verlustrechnung vereinnahmt werden. Ein erhöhter Wertansatz von finanziellen Vermögenswerten führt auf diese Weise zu einem Anstieg des Periodenerfolgs. Zum anderen ist es möglich, den Wertzuwachs *erfolgsneutral* zu verbuchen. Diese erfolgsneutral erfassten Wertsteigerungen werden als other comprehensive income in die sog. Gesamterfolgsrechnung (statement of comprehensive income) aufgenommen und im Eigenkapital in eine sog. *Neubewertungsrücklage* eingestellt.

Anwendungsfälle der Fair-Value-Bewertung sind nach IFRS insbesondere:

- *Sachanlagen nach IAS 16*

  Nach IAS 16.29 können IFRS-Anwender Sachanlagen zu ihrem Fair Value bilanzieren. Dieses Methodenwahlrecht kann für verschiedene Klassen von Vermögenswerten unterschiedlich ausgeübt werden. Der Fair Value von Sachanlagevermögen bestimmt sich hauptsächlich anhand (gutachterlicher) Schätzungen.

  Änderungen des Fair Value in einem Bereich oberhalb der Anschaffungs- oder Herstellungskosten werden erfolgsneutral in einer Neubewertungsrücklage als Teil des Eigenkapitals erfasst und berühren somit das Periodenergebnis (Gewinn oder Verlust) nicht. Wertminderungen auf einen Fair Value, der unterhalb der Anschaffungs- oder Herstellungskosten liegt, sind dagegen erfolgswirksam zu verbuchen.

- *Immaterielle Vermögenswerte nach IAS 38*

  Für immaterielle Vermögenswerte sieht IAS 38.72 ein Wahlrecht zwischen dem cost model (Anschaffungskostenmodell) und dem revaluation model (Neubewertungsmodell) vor. Die Anwendung des Neubewertungsmodells unter Heranziehung des Fair Value als Wertmaßstab ist allerdings an die Voraussetzung eines aktiven Markts geknüpft (vgl. IAS 38.81),

---

[1] So bspw. IAS 39.9.

sodass der Fair-Value-Bewertung von immateriellen Vermögenswerten im deutschen Raum keine Bedeutung zukommt.

Im Übrigen erfolgt die Verbuchung der Fair-Value-Änderungen von immateriellen Vermögenswerten analog der Vorgehensweise für Sachanlagen.

- *Finanzinstrumente nach IAS 39*

Hauptanwendungsfall der Fair-Value-Bewertung in den IFRS sind Finanzinstrumente. In IAS 39 finden sich vier Bewertungsklassen, denen Finanzinstrumente für Zwecke der Bewertung zuzuordnen sind und die damit den anzuwendenden Wertmaßstab vorgeben.

Finanzinstrumente der *Kategorie „financial asset or financial liability at fair value through profit or loss"* (im Folgenden: *at fair value*) sind demnach zwingend erfolgswirksam zu ihrem Fair Value zu bewerten. In der Bewertungsklasse „at fair value" sind einerseits Finanzinstrumente enthalten, die zu Handelszwecken gehalten werden (held-for-trading-Bestand); andererseits können Finanzinstrumente aber auch einmalig bei Zugang unter bestimmten Voraussetzungen als at fair value designiert werden.

Neben der erfolgswirksamen Bewertung dieser Finanzinstrumente zu ihrem Fair Value ist für Finanzinstrumente der *Bewertungsklasse „available-for-sale financial assets"* (*afs*) eine erfolgsneutrale Fair-Value-Bewertung vorgesehen. Ungeachtet des Vorzeichens der Änderung des Fair Value erfolgt damit eine Erfassung im sog. other comprehensive income und damit eine erfolgsneutrale Einstellung in das Eigenkapital. Änderungen des Fair Value sind nur dann erfolgswirksam zu erfassen, wenn ein Wertminderungstest objektive Hinweise auf eine Wertminderung des afs-Finanzinstruments liefert. Die Klasse „available-for-sale" dient als Sammelposition für sämtliche finanziellen Vermögenswerte, die keiner anderen Kategorie zugerechnet werden konnten oder zugerechnet werden sollten.

Der Fair Value von Finanzinstrumenten dieser beiden Bewertungsklassen leitet sich nach den Vorstellungen des Standardsetzers prioritär aus dem Preis auf einem aktiven Markt ab. Erst nachgeordnet ist auf Bewertungsmodelle abzustellen.

Für die in den *Bewertungsklassen „loans and receivables" und „held-to-maturity investments"* enthaltenen Finanzinstrumente ist der Ansatz zu fortgeführten Anschaffungskosten vorgeschrieben. Die beiden letztgenannten Bewertungsklassen enthalten einerseits Buchforderungen, die nicht der Bewertungsklasse available-for-sale zugeordnet wurden (loans and receivables), und andererseits bis zur Endfälligkeit gehaltene Schuldverschreibungen (held-to-maturity).

- *Als Finanzinvestition gehaltene Immobilien nach IAS 40*

Für Immobilien, die als Renditeobjekte im Sinne des IAS 40 gehalten werden, ist eine erfolgswirksame Bilanzierung zu ihrem Fair Value zulässig. Hierbei ist der Fair Value zuvorderst anhand der Preise auf einem aktiven Markt zu bestimmen. In der Praxis wird jedoch mehrheitlich die Anwendung eines Bewertungsverfahrens zur Bestimmung des Fair Value unumgänglich sein.

Je nach Branche und Geschäftstätigkeit des bilanzierenden Unternehmens und je nach Ausübung der vorgegebenen Bewertungswahlrechte wird das Ausmaß der Fair-Value-Bewertung von Vermögenswerten und Schulden variieren.

Problem der Volatilität und Prozyklizität

Ungeachtet der Verbuchung der Änderungen des Fair Value – erfolgswirksam oder erfolgsneutral – geht die Zunahme des Wertansatzes der entsprechenden Bilanzposition zugleich mit einer Zunahme des bilanziellen Eigenkapitals einher. In gleicher Weise wirken sich allerdings auch Wertminderungen bei Vermögenswerten aus. Analog zur Abnahme des Wertansatzes der betroffenen Bilanzposition kommt es folglich zu einer Abnahme des bilanziellen Eigenkapitals.

Aus *Sicht handelsrechtlicher Rechnungslegungsnormen* wird ein Bilanzansatz von Vermögenswerten oberhalb der Anschaffungs- oder Herstellungskosten durch das Realisationsprinzip unterbunden. Allerdings fließen auch in einen HGB-Abschluss beizulegende Zeitwerte ein und zwar, um eingetretene Wertminderungen nach Maßgabe des Imparitätsprinzips zu berücksichtigen. Im Vergleich zu einer auf handelsrechtlichen Grundsätzen basierenden Rechnungslegung werden bei einem IFRS-Abschluss also insbesondere die für eine Kreditvergabeentscheidung so sensiblen Bilanzgrößen wie die Höhe des Eigenkapitals und, sofern es zu einer erfolgswirksamen Erfassung von Wertschwankungen kommt, auch der Periodenerfolg deutlich volatiler. Diese erhöhte Schwankungsbandbreite (*Volatilität*) ist die Folge der Praxis der vorbehaltlosen Abbildung von Wertänderungen bei bestimmten Bilanzpositionen. Darin eingeschlossen ist auch, dass sich auf allgemeine Marktbewegungen zurückgehende Schwankungen der Wertansätze solcher Positionen unmittelbar und im vollen Umfang im Abschluss der nach IFRS bilanzierenden Unternehmen auswirken. Damit finden sich die Trends allgemeiner Marktbewegungen in den Abschlüssen der Unternehmen wieder.

Diese Volatilität kann ursächlich für einen dem allgemeinen Wirtschaftszyklus folgenden Kreditvergabezyklus der Banken sein (*Prozyklizität der Kreditvergabe*). In Phasen eines allgemeinen wirtschaftlichen Aufschwungs erfahren (insbesondere finanzielle) Vermögenswerte regelmäßig Wertsteigerungen, die sich aufgrund der Fair-Value-Bewertung auch in der Bilanz widerspiegeln. Diese Wertsteigerungen der Vermögenswerte führen korrespondierend passivisch zu einer größeren Eigenkapitaldecke und ggf. auch zu einem höheren Periodenerfolg. Dies signalisiert den Kredit gebenden Instituten eine mutmaßlich stärkere wirtschaftliche Leistungskraft des potenziellen Kreditnehmers.

Dagegen sinken bei einem wirtschaftlichen Abschwung der Periodenerfolg und das Eigenkapital des Kredit suchenden Unternehmens. Die Fair-Value-Bewertung wirkt als Multiplikator dieser Effekte, da die Wertschwankungen der zugrunde liegenden Vermögenswerte und Schulden ohne Einschränkungen Eingang in die Bilanz finden. Die Fair-Value-Bewertung durch die Kreditnehmer hat somit aller Voraussicht nach eine prozyklische Kreditvergabe der Institute zur Folge. In Boom-Phasen werden Institute eher bereit sein, Kredite zu vergeben; folgt der wirtschaftliche Abschwung, verknappen Institute das Kreditangebot. Gerade in rezessiven Phasen ist der Kreditbedarf der Unternehmen allerdings vermutlich am größten, sodass die restriktive Kreditvergabe der Institute den wirtschaftlichen Abschwung noch verstärkt.

Das durch die Bewertung von Vermögenswerten und Schulden zu ihrem Fair Value begründete Problem der – die Stabilität des gesamten Wirtschaftssystems gefährdenden – Prozyklizität des Kreditvergabeverhaltens der Institute wird durch die neuen *Eigenkapitalunterlegungsvorschriften der Solvabilitätsverordnung* (SolvV) noch verstärkt. Bankenaufsichtsrechtlich sind Adressenausfallrisiken, operationelle Risiken und Marktpreisrisiken durch Eigenmittel zu unterlegen. Konkret dürfen die Anrechnungsbeträge aus Adressrisiken und operationellen Risiken nicht größer sein, als das modifizierte verfügbare Eigenkapital (§ 2 Abs. 2 SolvV). Die Marktpreisrisiken müssen mit dem – nach Abzug der für die Deckung der Adressrisiken und der operationellen Risiken benötigten Beträge – noch vorhandenen modifizierten verfügbaren Eigenkapital zuzüglich der sog. verfügbaren Drittrangmittel gedeckt werden (§ 2 Abs. 3 SolvV).[2]

Für die Ermittlung der Unterlegungsbeträge für Adressenausfallrisikopositionen mit modifiziertem verfügbarem Eigenkapital steht den Instituten nach § 8 Abs. 1 SolvV alternativ der *Kreditrisiko-Standardansatz* (KSA) und *der auf internen Ratings basierende Ansatz* (IRBA) zur Verfügung. In beiden Ansätzen erfolgt die Ermittlung des Risikogewichts ausgehend von der individuellen Bonität des (potenziellen) Kreditnehmers. Während sich allerdings die Risikogewichtung im KSA an den externen Ratingurteilen anerkannter Ratingagenturen ausrichtet, nimmt das Institut im IRBA eine eigene Bonitätseinschätzung vor, die der Risikogewichtung zugrunde gelegt wird. Das Ergebnis dieser – externen oder internen – Bonitätsbeurteilung ist ausschlaggebend für die Höhe des modifizierten verfügbaren Eigenkapitals, das vom Institut zur Deckung des Adressenausfallrisikos vorgehalten werden muss. Für Schuldner guter Bonität muss demnach weniger modifiziertes verfügbares Eigenkapital vorgehalten werden, als für Schuldner schlechter Bonität.

Während eines wirtschaftlichen Aufschwungs steigt die Zahl der Schuldner mit guten Bilanzkennzahlen – und damit auch mit einer positiven Bonitätsbeurteilung – an. Institute müssen demnach tendenziell weniger modifiziertes verfügbares Eigenkapital zur Unterlegung bestehender Kreditverhältnisse aufbringen und haben Spielraum für den Abschluss zusätzlicher Geschäfte. Schwächt sich die Konjunktur wieder ab, so verschlechtern sich auch die Bonitätsurteile. Institute müssen damit mehr modifiziertes verfügbares Eigenkapital zur Unterlegung der aufgebauten Risikopositionen bereitstellen und der Kreditspielraum engt sich ein. Gegebenenfalls müssen Institute zur Einhaltung der bankenaufsichtsrechtlichen Eigenmittelanforderungen sogar bestehende Geschäfte aufgeben, d. h. bspw. Kreditlinien kürzen oder auf Kreditprolongationen verzichten.

Die IFRS-Bilanzierung seitens der Kreditnehmer verstärkt somit mutmaßlich den Trend zu einer prozyklischen Kreditvergabe. In Boom-Phasen besteht für die Institute ein Anreiz zur Ausweitung ihrer Geschäftstätigkeit, der durch aufsichtsrechtliche Vorgaben nicht eingeschränkt, sondern im Gegenteil sogar noch unterstützt wird. Die Kreditgewährung erfolgt hierdurch bei einer Hochkonjunktur zumindest bereitwilliger, mitunter sogar leichtfertiger.

---

[2] Vgl. zu den einzelnen bankenaufsichtsrechtlichen Eigenkapitalklassen auch das folgende Kapitel.

Ebenso wie die IFRS positive Konjunkturzyklen mutmaßlich verstärken, wirken sie auch als Beschleuniger krisenhafter Situationen.

Die Gefahr der beschriebenen prozyklischen Effekte einer IFRS-Bilanzierung besteht allerdings nur dann, wenn im Ratingprozess keine ausreichende *Differenzierung zwischen den Abschlüssen nach HGB und IFRS* vorgenommen wird. Zu Recht verweist die Literatur daher darauf, dass sowohl Institute als auch Ratingagenturen über die Kompetenzen verfügen sollten, um systemspezifische Auswirkungen auf relevante Kennzahlen identifizieren und einschätzen zu können. Von Bedeutung sind daher Mechanismen in den Kreditvergabeprozessen, die entsprechende Auswirkungen korrigieren und für eine bereinigte Bilanzanalyse sorgen. Aufgrund von Gewöhnungseffekten ist die Gefahr einer prozyklischen Handlungsweise jedoch unmittelbar nach einer Umstellung des Rechnungswesens besonders groß. So wird im Rahmen der aktuellen Finanzmarktkrise gerade der erfolgswirksamen Fair-Value-Bewertung nach IFRS eine krisenverstärkende Wirkung vorgeworfen. Auch zeigen frühere empirische Untersuchungen, dass sich zumindest die Unternehmen ihrerseits zunächst vorteilhafte Kreditkonditionen bei einer Rechnungslegung nach IFRS erhoffen. Darüber hinaus ist zu bedenken, dass die Finanzierungsmöglichkeiten von Unternehmen auch vom Verhalten von Nicht-Instituten abhängen. Zu diesen Nicht-Instituten gehören etwa Lieferanten oder Abnehmer, die üblicherweise auf Ziel liefern oder bereit sind, Anzahlungen zu leisten und auf diese Weise zur Erhaltung der Liquidität von Unternehmen beitragen. Solchen Marktteilnehmern mangelt es aber regelmäßig am nötigen Know-how für eine ausreichende Differenzierung. Sie werden deshalb ihre Zahlungsbedingungen überdenken, falls der Abschluss von Unternehmen eine wirtschaftlich angespannte Situation vermitteln sollte, und dadurch zumindest diese Finanzierungsform möglicherweise grundlos erschweren.

IFRS-Abschlüsse bei Instituten

Hintergründe

Mit Einführung des § 10a Abs. 7 KWG durch das Gesetz zur Umsetzung der neu gefassten Bankenrichtlinie und der neu gefassten Kapitaladäquanzrichtlinie vom 17. November 2006 hält der Gesetzgeber Bankkonzerne (in der Terminologie des KWG als Instituts- bzw. Finanzholding-Gruppen bezeichnet), deren übergeordnetes Institut wegen Art. 4 der Verordnung (EG) Nr. 1606/2002 vom 19. Juli 2002 (IAS-Verordnung) oder § 315a Abs. 2 HGB zur Aufstellung eines IFRS-Konzernabschlusses verpflichtet ist oder deren übergeordnetes Institut auf Grundlage von § 315a Abs. 3 HGB auf freiwilliger Basis einen IFRS-Konzernabschluss aufstellt, zur Nutzung dieses Konzernabschlusses im Rahmen der bankenaufsichtsrechtlichen Risikobegrenzung an. Nach Ablauf einer Übergangsfrist von fünf Jahren nach Entstehen der Verpflichtung zur Aufstellung eines IFRS-Konzernabschlusses bzw. nach der erstmaligen freiwilligen Aufstellung eines IFRS-Konzernabschlusses sind die genannten Bankkonzerne zwingend zur Nutzung der IFRS-Datengrundlage für die bankenaufsichtsrechtliche Risikobegrenzung aufgefordert. Die großzügig ausgelegten Übergangsvorschriften des § 64h Abs. 4 KWG verlängern diese Frist allerdings bis zum 31. Dezember 2015.

Im Rahmen der bankenaufsichtsrechtlichen Risikobegrenzung werden bestimmte Risikopositionen eines Instituts bzw. eines Bankkonzerns einer bankenaufsichtsrechtlich definierten Risikodeckungsmasse (dem modifizierten verfügbaren Eigenkapital bzw. den Eigenmitteln) gegenübergestellt. Die eingegangenen Risiken dürfen nicht größer sein als die vorhandene Risikodeckungsmasse. Umgekehrt ist die Möglichkeit zur Aufnahme neuer Risiken – d. h. zum Abschluss neuer Geschäfte – durch eine gegebene Risikodeckungsmasse begrenzt. Die Risikobegrenzungsnormen wirken also als Geschäftsbeschränkungsnormen.

Insofern ist von besonderem Interesse, welchen Einfluss die Zugrundelegung eines IFRS-Konzernabschlusses auf die Höhe der bankenaufsichtsrechtlichen Risikodeckungsmasse nimmt. Hierzu ist zunächst die in § 10 KWG vorgenommene Konkretisierung der bankenaufsichtsrechtlichen Risikodeckungsmasse zu beschreiben.

Haftendes Eigenkapital, modifiziertes verfügbares Eigenkapital und Eigenmittel nach § 10 KWG

§ 10 KWG definiert abschließend die für die Unterlegung von Risikopositionen nach der SolvV maßgeblichen Begriffe „modifiziertes verfügbares Eigenkapital" und „Drittrangmittel". Das modifizierte verfügbare Eigenkapital ergibt sich demnach ausgehend von dem haftenden Eigenkapital durch bestimmte Hinzurechnungen und Kürzungen. Das haftende Eigenkapital wiederum besteht aus Kern- und Ergänzungskapital, wobei sich diese Größen wie folgt zusammensetzen. Das Kernkapital ergibt sich aus der Summe

- des eingezahlten Geschäftskapitals,
- der offenen Rücklagen,
- der Rücklagen nach § 340g HGB („Fonds für allgemeine Bankrisiken"),
- bestimmter Vermögenseinlagen stiller Gesellschafter sowie
- dem Bilanzgewinn, soweit seine Zuführung zum Geschäftskapital, zu den Rücklagen oder zum Geschäftsguthaben beschlossen ist.

Das Kernkapital entspricht hierbei regelmäßig dem bilanziellen Eigenkapital, wie es sich aus dem handelsrechtlichen Jahresabschluss ableitet. Neben dem Kernkapital können bis maximal in Höhe des Kernkapitals auch Ergänzungskapitalelemente als haftendes Eigenkapital angerechnet werden. Das Ergänzungskapital ergibt sich aus folgenden Größen:

- stille Vorsorgereserven nach § 340f HGB,
- kumulative Vorzugsaktien,
- Rücklagen nach § 6b EStG,
- bestimmte Genussrechtsverbindlichkeiten,
- bestimmte längerfristige nachrangige Verbindlichkeiten,
- nicht realisierte Reserven in bestimmten Wertpapieren des Anlagebuchs und Grundstücken, grundstücksgleichen Rechten und Gebäuden,

4.5 IFRS und Basel II

- dem Haftsummenzuschlag bei Genossenschaftsbanken sowie
- bei Instituten, die den IRBA zur Ermittlung des Anrechnungsbetrags für Adressrisiken verwenden, (IRBA-Institute) ggf. ein sog. Wertberichtigungsüberschuss.

Die Summe aus Kern- und Ergänzungskapital ist dann noch um gewisse Abzüge – bspw. Bilanzverluste und immaterielle Anlagewerte – zu reduzieren.

Neben Kern- und Ergänzungskapital sind die Drittrangmittel Bestandteil der bankenaufsichtsrechtlichen Eigenmittel. Als Drittrangmittel sind der sog. Nettogewinn, der sich als fiktiver Gewinn bei einer Glattstellung aller Handelsbuchpositionen ergibt, bestimmte kurzfristige nachrangige Verbindlichkeiten sowie Kappungsbeträge, die sich infolge der nur begrenzten Anerkennung des Ergänzungskapitals ergeben, anzurechnen. Die folgende Abbildung stellt die Zusammenhänge zwischen den bankenaufsichtsrechtlich relevanten Begrifflichkeiten nochmals dar.

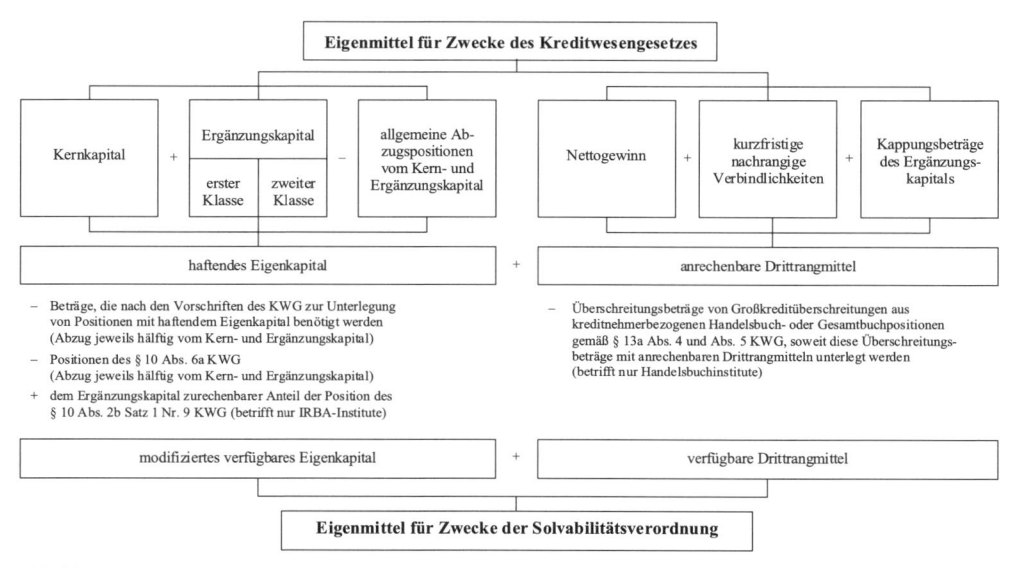

Abbildung 1:   *Haftendes Eigenkapital, modifiziertes verfügbares Eigenkapital und Eigenmittel*

Es zeigt sich deutlich, dass die bankenaufsichtsrechtlichen Eigenmittel auf Bilanzgrößen aufbauen. Damit wirken sich die Bilanzansatz- und Bewertungsvorschriften des herangezogenen Rechnungslegungsregimes auch auf die Höhe der Eigenmittel aus.

Einflüsse der Bewertungssystematik nach IFRS auf das bankenaufsichtsrechtliche Eigenkapital

Im Gegensatz zum traditionellen handelsrechtlichen Jahresabschluss, der auf dem Grundsatz der Vorsicht – in seiner Ausprägung als Realisations- und Imparitätsprinzip – beruht und damit grundsätzlich die fortgeführten Anschaffungs- oder Herstellungskosten als Bewertungsobergrenze für Vermögensgegenstände festschreibt, verfolgen die IFRS ein sog. *mixed model*, das neben dem Anschaffungskostenansatz für bestimmte Vermögenswerte auch eine Bewertung zum Zeitwert (Fair Value) vorsieht. Die Zeitwertbewertung erstreckt sich insbesondere auf den für Institute bedeutenden Bereich der Finanzinstrumente.

Darüber hinaus ist vor allem die Möglichkeit der Fair-Value-Bewertung von Grundstücken, grundstücksgleichen Rechten und Gebäuden nach IAS 16 respektive IAS 40 von bankenaufsichtlicher Relevanz. Die Fair-Value-Bewertung beeinträchtigt die Höhe des Gewinns bzw. der offenen Rücklagen (sofern die Verbuchung von Wertsteigerungen erfolgsneutral in einer Neubewertungsrücklage erfasst wird). Ferner wird durch die im Rahmen der Zeitwertbewertung erzwungene Aufdeckung stiller Reserven zwangsläufig der Bestand der als Ergänzungskapital anrechnungsfähigen nicht realisierten Reserven berührt.

Konzeption der prudential filter – KonÜV

Zur Angleichung des IFRS-Datensatzes an die gegebene Eigenmittelsystematik des § 10 KWG hat das Bundesministerium der Finanzen am 12. Februar 2007 eine „Verordnung über die Ermittlung der Eigenmittelausstattung von Institutsgruppen und Finanzholding-Gruppen bei Verwendung von Konzernabschlüssen und Zwischenabschlüssen auf Konzernebene (*Konzernabschlussüberleitungsverordnung* – KonÜV)" erlassen. Durch die in der KonÜV vorgesehenen Überleitungsmaßnahmen sollen bankenaufsichtlich unerwünschte Folgen aus der Nutzung eines IFRS-Abschlusses für bankenaufsichtsrechtliche Zwecke ausgeglichen werden.

Im Einzelnen sieht die KonÜV folgende Anpassungsmaßnahmen (prudential filter) vor:

1. *Beschränkte Anerkennung der Zeitwertgewinne aus available-for-sale-Finanzinstrumenten als Ergänzungskapital:*

    Die erfolgsneutral im Eigenkapital verbuchten Zeitwertgewinne aus Finanzinstrumenten der Bewertungsklasse available-for-sale sind nicht als Kernkapital, sondern lediglich als Ergänzungskapital berücksichtigungsfähig. Dies gilt allerdings nicht für die in dieser Bewertungsklasse enthaltenen Kredite. Hierdurch versucht der Verordnungsgeber eine Analogie zur Behandlung der nicht realisierten Reserven in bestimmten Wertpapieren nach § 10 Abs. 2b Nr. 7 KWG herzustellen. Diese dürfen, soweit sie auf Wertpapiere des Anlagebuchs entfallen, unter bestimmten Voraussetzungen zu 45% als Ergänzungskapital angerechnet werden. Entsprechend erlaubt § 2 Abs. 1 KonÜV auch die auf 45% beschränkte Anrechnung der Zeitwertgewinne aus Finanzinstrumenten des available-for-sale-Bestands zum Ergänzungskapital.

Hierbei gilt es allerdings, die Vorgaben des § 10 Abs. 4a KWG zu beachten. Dieser knüpft die Anerkennung nicht realisierter Reserven als Ergänzungskapital an eine bestimmte Mindestkernkapitalquote (4,4% des 12,5fachen des Gesamtanrechnungsbetrags für Adressrisiken) und sieht eine Obergrenze zur Anrechnung nicht realisierter Reserven vor (maximale Anrechnung in Höhe von 1,4% des 12,5fachen des Gesamtanrechnungsbetrags für Adressrisiken). Zudem sind stets sämtliche berücksichtigungsfähigen Aktiva in die Ermittlung des Betrags nicht realisierter Reserven einzubeziehen, um ein „cherry-picking" zu verhindern.

2. *Anerkennung der in Wertpapieren des held-to-maturity-Bestands enthaltenen stillen Reserven als Ergänzungskapital:*

§ 4 KonÜV stellt klar, dass die in Wertpapieren des held-to-maturity-Bestands enthaltenen nicht realisierten Reserven zu 45% als Ergänzungskapital anrechnungsfähig sind. Auch diese Vorschrift geht auf § 10 Abs. 2b Nr. 7 KWG zurück, der die beschränkte Anrechnung der in bestimmten Wertpapieren des Anlagebuchs enthaltenen nicht realisierten Reserven als Ergänzungskapital erlaubt. Insofern führt § 4 KonÜV zu einer bankenaufsichtsrechtlichen Gleichstellung von IFRS- und HGB-Anwendern.

3. *Erfassung der Zeitwertgewinne aus Grundstücken, grundstücksgleichen Rechten und Gebäuden als Ergänzungskapital:*

Grundstücke, grundstücksgleiche Rechte und Gebäude können bei Anwendung der Neubewertungsmethode nach IAS 16 wahlweise zu ihrem Fair Value bewertet werden. Die Erfassung von Zeitwertgewinnen erfolgt hierbei erfolgsneutral. IAS 40 erlaubt zudem für „als Finanzinvestition gehaltene Immobilien" die erfolgswirksame Fair-Value-Bewertung. Die erfolgswirksame bzw. erfolgsneutrale Verbuchung der Zeitwertgewinne aus diesen Vermögenswerten steht nicht im Einklang mit der bankenaufsichtsrechtlichen Eigenmittelsystematik des § 10 KWG. Demnach sind die in Grundstücken, grundstücksgleichen Rechten und Gebäuden gebundenen, nicht realisierten, Reserven lediglich zu 45% und nur im Ergänzungskapital anzurechnen.

§ 3 KonÜV sieht folgerichtig Anpassungsmaßnahmen für diese Zeitwertgewinne vor. Zeitwertgewinne in Grundstücken, grundstücksgleichen Rechten und Gebäuden sind demnach ungeachtet ihrer Erfassung – erfolgswirksam oder erfolgsneutral – zu 45% dem Ergänzungskapital zuzurechnen. Hierbei sind zwingend die qualifizierenden Voraussetzungen des § 10 Abs. 4b KWG (insbesondere Ermittlung des Beleihungswerts auf Grundlage des § 16 Abs. 1 und 2 PfandBG, Bewertungsgutachten in mindestens dreijährigem Rhythmus, mindestens dreiköpfiger Sachverständigenausschuss) zu beachten.

§ 3 Abs. 3 KonÜV stellt darüber hinaus klar, dass die Anrechnung unrealisierter Gewinne aus Grundstücken, grundstücksgleichen Rechten und Gebäuden als Ergänzungskapital unabhängig von der Ausübung des Wahlrechts zur Fair-Value-Bewertung nach IAS 16 bzw. IAS 40 ist. Auch die Wahl des cost model erlaubt also eine Anrechnung der nicht realisierten Reserven als Ergänzungskapital.

4. Bereinigung um Effekte aus der Anwendung des cashflow-hedge-accounting:

Die Anwendung des mixed model – partielle Zugrundelegung von Anschaffungskosten und Zeitwerten – nach IFRS erfordert zur wirtschaftlich sachgerechten Abbildung von Absicherungszusammenhängen spezielle Vorschriften zum hedge accounting. Im Rahmen des hier angesprochenen cashflow hedge erfolgt eine Absicherung zukünftiger Zahlungsströme. Während das Sicherungsgeschäft – zumeist ein derivatives Finanzinstrument – nach den Vorschriften des IAS 39 grundsätzlich erfolgswirksam zum Fair Value zu bewerten ist, bleibt das abzusichernde Grundgeschäft – der zukünftige Zahlungsstrom – bilanziell unberücksichtigt. In dem Umfang, in dem sich die Wertänderungen des Sicherungsgeschäfts und des Grundgeschäfts ausgleichen, liegt kein Risiko aus dem Grundgeschäft vor. Ohne hedge-accounting-Vorschriften würde durch die erfolgswirksam erfasste Fair-Value-Änderung des Sicherungsgeschäfts ein Gewinn bzw. Verlust signalisiert, der bei einer wirtschaftlichen Betrachtung nie zustande kommt, da dem eine nicht bilanziell erfasste, gegenläufige Wertänderung des Grundgeschäfts gegenüber steht.

Dieser sog. effektive Teil der Absicherungsbeziehung ist nach den hedge-accounting-Regeln des IAS 39 erfolgsneutral ins Eigenkapital einzustellen. Erst wenn die mit dem Grundgeschäft verbundenen Gewinne oder Verluste erfolgswirksam werden, ist auch diese Neubewertungsrücklage erfolgswirksam aufzulösen. Bankenaufsichtlich sind die erfolgsneutral als Teil der offen ausgewiesenen bilanziellen Rücklagen erfassten effektiven Teile einer cashflow-hedge-Beziehung zu neutralisieren, da sie die Risikodeckungsmasse nur buchungstechnisch erhöhen und faktisch nicht zum Verlustausgleich nutzbar sind. § 5 Abs. 1 KonÜV fordert deshalb die Neutralisierung der erfolgsneutralen Eigenkapitaleffekte aus der Absicherung von Zahlungsströmen.

5. Neutralisierung der Eigenkapitaleffekte aus der Veränderung des eigenen Kreditrisikos:

Besonders im Fokus der bankenaufsichtlichen Diskussion stehen die bilanziellen Auswirkungen aus der Anwendung der Fair-Value-Bewertung auf eigene Verbindlichkeiten. Nach den Bewertungsvorschriften des IAS 39 können eigene Verbindlichkeiten unter bestimmten Umständen zu ihrem Fair Value angesetzt werden. Hierdurch nimmt die Veränderung der eigenen Kreditwürdigkeit unmittelbaren Einfluss auf den Bilanzansatz der Verbindlichkeiten, da der Marktwert der Verbindlichkeiten bei einer Verbesserung der Bonität des Emittenten tendenziell steigt, bei einer Bonitätsverschlechterung dagegen sinkt. Vermindert sich also die Bonität eines Instituts, so sinkt entsprechend dem Marktwert auch der Bilanzansatz der zum Fair Value bewerteten eigenen Verbindlichkeiten.

Mit der Korrektur des Bilanzansatzes der Verbindlichkeiten geht eine korrespondierende Ertragsverbuchung einher, die zu einer Erhöhung des bilanziellen Eigenkapitals führt. Mit zunehmend schlechter werdender Bonität des Instituts verbessert sich buchungstechnisch damit dessen Eigenkapitalausstattung und aufgrund der Verknüpfung mit der bankenaufsichtsrechtlichen Eigenkapitalgröße auch die Eigenmittel. Diese Auswirkungen der Fair-Value-Bewertung eigener Verbindlichkeiten auf die Eigenmittel sind bankenaufsichtlich nicht tragbar.

Deshalb fordert § 6 KonÜV die Korrektur der auf Änderungen des eigenen Kreditrisikos zurückgehenden Auswirkungen auf die Eigenmittel. Dies betrifft sowohl die Erhöhung des Eigenkapitals bei einer Bonitätsverschlechterung als auch umgekehrt die Eigenkapitalminderung infolge einer Verbesserung der Bonität.

6. *Ausgleich der Einflüsse aus der Anwendung der Equity-Methode:*

Lediglich aus Gründen der Vollständigkeit sollen die in § 7 KonÜV vorgesehenen Maßnahmen zur Korrektur der Eigenmittel um die Effekte aus der Anwendung der Equity-Methode bei assoziierten Unternehmen Erwähnung finden. Die Equity-Methode harmoniert nicht mit der bankenaufsichtlich zur Einbeziehung assoziierter Unternehmen in die bankenaufsichtsrechtliche Konsolidierung favorisierten Quotenkonsolidierung nach § 10a Abs. 11 KWG. Deshalb müssen die Effekte aus der Anwendung der Equity-Methode neutralisiert und die Einbeziehung assoziierter Unternehmen an die Quotenkonsolidierung angeglichen werden.

Die Korrekturmaßnahmen der KonÜV tragen somit zu einer Angleichung der Daten des IFRS-Konzernabschlusses an die Eigenmittelsystematik des § 10 KWG bei. Der Neutralisierung unterliegen insbesondere wesentliche Einflüsse aus der Fair-Value-Bewertung nach den IFRS. Allerdings bleiben Finanzinstrumente, die als Teil der Bewertungsklasse „at fair value" einer erfolgswirksamen Fair-Value-Bewertung unterliegen, von den Überleitungsmaßnahmen unberührt. Damit bleiben materiell wesentliche Auswüchse der Bewertung zum Fair Value im Rahmen der bankenaufsichtsrechtlichen Risikobegrenzung ohne Korrektur. Von den Neutralisierungsmaßnahmen der KonÜV ist deshalb keine wirksame Eindämmung der durch die Zugrundelegung des IFRS-Konzernabschlusses im Rahmen der bankenaufsichtsrechtlichen Risikobegrenzung mutmaßlich hervorgerufenen Prozyklizität der Bankgeschäftstätigkeit zu erwarten.

Aufgabe 1

Das übergeordnete Unternehmen einer Institutsgruppe stellt für den Bankkonzern X einen IFRS-Konzernabschluss auf. Dieser IFRS-Konzernabschluss ist zugleich Grundlage der bankenaufsichtlichen Risikobegrenzungsnormen. Der Bankkonzern X hat Wertpapiere des börsennotierten Unternehmens Y im Bestand. Diese Wertpapiere sind Teil des available-for-sale-Bestands und folglich erfolgsneutral zum Fair Value zu bewerten. Zum Meldestichtag 31.12.09 beträgt der Marktwert (= Fair Value) der Wertpapiere 150 TEUR. Die Wertpapiere wurden vor zwei Jahren für 50 TEUR erworben.

Wie wirkt sich dieser Sachverhalt nach den Vorgaben der KonÜV auf die bankenaufsichtsrechtlichen Eigenmittel aus?

Aufgabe 2

Eine Institutsgruppe muss aufgrund von § 10a Abs. 7 KWG ihren IFRS-Konzernabschluss für die Ermittlung der bankenaufsichtsrechtlichen Eigenmittel zugrunde legen. Im Konzernabschluss sind u. a. folgende Positionen ausgewiesen:

- Wertpapiere des available-for-sale-Bestands   100 TEUR
- Wertpapiere der Kategorie held-to-maturity   20 TEUR
- Forderungen an Kunden (loans and receivables)   500 TEUR
- Grundstücke und Gebäude   300 TEUR

Die Wertpapiere des available-for-sale-Bestands weisen ursprüngliche Anschaffungskosten von 80 TEUR auf. Der Marktwert der Wertpapiere der Bewertungsklasse held-to-maturity liegt aufgrund einer Marktzinssenkung bei 30 TEUR. Die Grundstücke und Gebäude sind selbst genutzte Verwaltungsgebäude, die vor drei Jahrzehnten für damals umgerechnet 50 TEUR erworben wurden. Sie werden in Übereinstimmung mit IAS 16 nach der Neubewertungsmethode erfolgsneutral zu ihrem Fair Value angesetzt.

Ermitteln Sie die Höhe des bankenaufsichtsrechtlichen Ergänzungskapitals unter der Prämisse, dass die Institutsgruppe von dem Wahlrecht zur Berücksichtigung nicht realisierter Reserven als Ergänzungskapital Gebrauch macht!

Aufgabe 3

Eine (IFRS-) Institutsgruppe hat zur Absicherung des Zinsänderungsrisikos aus einer variabel verzinslichen Verbindlichkeit eine Swapvereinbarung abgeschlossen. Die Institutsgruppe wandelt somit die ursprünglich variabel verzinsliche Position in eine synthetische Festzinsposition; sie erhält vom Swappartner einen variablen Zinssatz und muss selbst einen festen Zinssatz leisten. Zum Meldestichtag 31.12.09 ist das Marktzinsniveau um zwei Prozentpunkte gestiegen. Da der Swappartner einen höheren variablen Zinssatz an die Institutsgruppe zahlt, wobei die Institutsgruppe selbst einen konstanten, niedrigeren Festzinssatz leistet, weist die Swapvereinbarung einen positiven Marktwert auf.

Gehen Sie davon aus, dass sich die Absicherungsbeziehung für cashflow-hedge-accounting qualifiziert. Welche bankenaufsichtsrechtlichen Überleitungsmaßnahmen sind dann erforderlich?

Aufgabe 4

Ein Institut, das Teil einer Institutsgruppe ist, die ihren Konzernabschluss nach den IFRS aufstellt, hat eigene Schuldverschreibungen in einem Volumen von nominal 100 Mio. EUR in Umlauf gebracht. Da diese Schuldverschreibungen Teil eines Portfolios aus Finanzinstrumenten sind, die auf Fair-Value-Basis gesteuert werden, bewertet das Institut diese Schuldverschreibungen erfolgswirksam zu ihrem Fair Value.

Zum Betrachtungszeitpunkt 31.12.09 hat sich die finanzielle Situation des Instituts erheblich verschlechtert. Der Marktwert der Schuldverschreibungen beläuft sich deshalb nur noch auf 40 Mio. EUR.

Wie wirkt sich diese Tatsache bilanziell und bankenaufsichtsrechtlich aus?

Lösung 1

Da die Wertpapiere dem available-for-sale-Bestand zugehören, werden Marktwertänderungen erfolgsneutral im Eigenkapital erfasst. Der bankenaufsichtsrechtlichen Systematik des § 10 KWG entspricht es dagegen vielmehr, unrealisierte Gewinne nur auf 45% des jeweiligen Betrages beschränkt und im Ergänzungskapital zu berücksichtigen. Deshalb sind die Effekte aus der erfolgsneutralen Neubewertung des available-for-sale-Wertpapiers bankenaufsichtsrechtlich zu neutralisieren.

Die kumulierten Neubewertungsgewinne in Höhe von 100 TEUR (150 TEUR Marktwert abzüglich der ursprünglichen Anschaffungskosten in Höhe von 50 TEUR) müssen somit aus dem Kernkapital herausgerechnet werden. Hierbei sind Auswirkungen aus der Bildung latenter Steuern auf diese Neubewertungsgewinne zu beachten. Zugleich erfolgt die auf 45% des Unterschiedsbetrags zwischen höherem Marktwert und Anschaffungskosten beschränkte Zurechnung zum Ergänzungskapital.

Das Ergänzungskapital ist somit um 45 TEUR (45% der Neubewertungsgewinne) zu erhöhen. Hierbei sind allerdings zwingend die Vorgaben des § 10 Abs. 4a KWG zu beachten. Nur wenn die dort genannten Voraussetzungen erfüllt sind, kann eine Berücksichtigung der nicht realisierten Reserven als Ergänzungskapital erfolgen.

Lösung 2

Eine Anrechnung nicht realisierter Reserven als Ergänzungskapital kann nur für die Gesamtheit der in sämtlichen berücksichtigungsfähigen Aktiva enthaltenen nicht realisierten Reserven erfolgen. Im Sinne des § 10 Abs. 2b Nr. 6 und 7 KWG fallen hierunter zum einen Grundstücke, grundstücksgleiche Rechte und Gebäude. Zum anderen sind nicht realisierte Reserven in börsengehandelten Wertpapieren, Anteilsrechten an zum Verbund der Kreditgenossenschaften oder der Sparkassen gehörenden Kapitalgesellschaften mit einer Bilanzsumme von wenigstens 10 Mio. EUR sowie in Investmentanteilen berücksichtigungsfähig.

Von den hier genannten Bilanzpositionen sind somit unrealisierte Gewinne bzw. Verluste aus folgenden Aktiva zu erfassen:

- Wertpapiere des available-for-sale-Bestands,
- Wertpapiere der Bewertungsklasse held-to-maturity sowie
- Grundstücke und Gebäude.

Im Wertpapierbestand (available-for-sale) sind Zeitwertgewinne in Höhe von 20 TEUR (100 TEUR Marktwert abzüglich 80 TEUR Anschaffungskosten) enthalten. Hierbei können einzelne Wertpapiere durchaus unterhalb ihrer Anschaffungskosten notieren. Die entsprechenden Neubewertungsverluste fließen in den Saldo der nicht realisierten Reserven aus dieser Position ein.

Die Wertpapiere des held-to-maturity-Bestands werden zu ihren Anschaffungskosten (20 TEUR) in der Bilanz ausgewiesen. Marktzinsschwankungen spiegeln sich in diesem Wertansatz nicht wider. Deshalb darf der höhere Marktwert dieser Wertpapiere (30 TEUR) nicht bilanziell zum Ausdruck kommen. Dagegen sieht die bankenaufsichtsrechtliche Arithmetik eine Anrechnung dieser Bewertungsreserve in Höhe von 10 TEUR als Ergänzungskapital vor.

Die enormen Neubewertungsgewinne in den selbst genutzten Grundstücken und Gebäuden – einem Zeitwert von 300 TEUR stehen historische Anschaffungskosten in Höhe von 50 TEUR gegenüber – werden ebenso als Ergänzungskapital anerkannt. Voraussetzung ist allerdings, dass die Ermittlung des Fair Value den strengen Anforderungen an die Beleihungswertermittlung nach § 10 Abs. 4b KWG genügt. Andernfalls ist die Voraussetzung des § 3 Abs. 3 KonÜV nicht erfüllt, der eine Beachtung der „Anrechnungsmechanismen nach § 10 Abs. 2b Satz 1 Nr. 6 in Verbindung mit § 10 Abs. 4b des Kreditwesengesetzes" fordert.

Insgesamt sind in den Vermögenswerten der Institutsgruppe somit unrealisierte Gewinne – entweder in Form buchungsmäßig realisierter Zeitwertgewinne oder in Form bisher noch nicht realisierter Reserven – in Höhe von 280 TEUR enthalten (20 TEUR in available-for-sale-Wertpapieren, 10 TEUR im held-to-maturity-Bestand, 250 TEUR in Grundstücken und Gebäuden). Diese können bis zu 45%, in summa also 126 TEUR, als Ergänzungskapital angerechnet werden.

Lösung 3

Durch den Abschluss der Swapvereinbarung schaltet die Institutsgruppe das aus der variabel verzinslichen Verbindlichkeit entstehende Zinsänderungsrisiko aus. Wirtschaftlich betrachtet ist die Institutsgruppe somit zinsinduzierten Marktpreisschwankungen gegenüber „immun".

Ohne Erfüllung der Voraussetzungen an cashflow-hedge-accounting müsste die Institutsgruppe die Marktwertsteigerung des Swapgeschäfts erfolgswirksam verbuchen. Gleichzeitig blieben die Marktwertänderungen aus dem Grundgeschäft bilanziell ohne Beachtung.

Bei Anwendung der Vorschriften zum hedge accounting wird dagegen der effektive Teil der cashflow-hedge-Beziehung erfolgsneutral im Eigenkapital erfasst. Hierdurch verhindert IAS 39 zwar die wirtschaftlich unsachgerechte erfolgswirksame Verbuchung dieser Erträge; bankenaufsichtlich resultiert hieraus aber eine nicht hinnehmbare buchmäßige Erhöhung der Risikodeckungsmasse. Deshalb sind die erfolgsneutralen Eigenkapitaleffekte aus der Absicherung von Zahlungsströmen über § 5 Abs. 1 KonÜV aus den Eigenmitteln herauszurechnen.

Lösung 4

Eine bonitätsbedingte Minderung des Marktwerts eigener Verbindlichkeiten schlägt sich in der Bilanz nieder, wenn diese Verbindlichkeiten zu ihrem Fair Value abgebildet werden. Die hier genannten Schuldverschreibungen sind Teil eines Portfolios, das auf Fair-Value-Basis gesteuert wird. Entsprechend erfolgt der Bilanzansatz zum Fair Value.

Hierdurch ist der Bilanzansatz der Verbindlichkeiten auf 40 Mio. EUR zu korrigieren. Das Institut verbucht einen korrespondierenden Ertrag von 60 Mio. EUR (als Differenz aus bisherigem Buchwert von 100 Mio. EUR und aktuellem Marktwert). Dieser Ertrag führt wiederum zu einer Erhöhung des bilanziellen Eigenkapitals und damit auch der bankenaufsichtsrechtlichen Eigenmittel.

Die suggerierte Erhöhung des Risikodeckungspotenzials steht allerdings in keinem Verhältnis zur tatsächlichen wirtschaftlichen Lage des Instituts, denn die Bonität des Instituts hat sich im Gegenteil verschlechtert. Deshalb ist es bankenaufsichtlich zwingend, die Eigenmittel um die Effekte aus einer Veränderung des eigenen Kreditrisikos zu korrigieren. Im konkreten Fall müsste das bankenaufsichtsrechtliche Kernkapital also um einen Betrag von 60 Mio. EUR reduziert werden.

Literaturhinweise

AUERBACH, D./KLOTZBACH, D. (2008): Der IFRS-Konzernabschluss als Basis für die Ermittlung der Eigenmittel von Instituten, in: KoR, 8. Jg., S. 543–555.

BIEG, H./HOSSFELD, C./KUßMAUL, H./WASCHBUSCH, G. (2009): Handbuch der Rechnungslegung nach IFRS, 2. Aufl., Düsseldorf.

BIEG, H./KRÄMER, G./WASCHBUSCH, G. (2008): Funktionen, Struktur und Dynamik bankenaufsichtsrechtlicher Eigenmittel vor dem Hintergrund der novellierten deutschen und österreichischen bankenaufsichtsrechtlichen Bestimmungen, in: SEICHT, G. (Hrsg.), Jahrbuch für Controlling und Rechnungswesen 2008, Wien, S. 241–258.

BIEG, H./KRÄMER, G./WASCHBUSCH, G. (2009): Bankenaufsicht in Theorie und Praxis, 3. Aufl., Frankfurt.

BUNDESVERBAND DER DEUTSCHEN INDUSTRIE E.V./ERNST & YOUNG (Hrsg.) (2005): Rechnungslegung im Umbruch – Ergebnisse einer repräsentativen Umfrage bei der deutschen Industrie, Berlin.

KRÄMER, G. (2004): Ratingprozess und Ratingkriterien, in: StuB, 6. Jg., S. 60–66.

THELEN-PISCHKE, H./CHRIST, A. (2008): Die aufsichtsrechtliche Gruppe im Fokus der Bankenaufsicht – Öffnung des § 10a KWG für Konzernabschlüsse, in: WPg, 61. Jg., S. 67–74.

WASCHBUSCH, G./KRÄMER, G. (2005): Probleme der Fair Value-Bewertung für die Bankenaufsicht, in: BIEG, H./HEYD, R. (Hrsg.), Fair Value – Bewertung in Rechnungswesen, Controlling und Finanzwirtschaft, München, S. 417–442.

WIEHAGEN-KNOPKE, Y. (2008): Konzernabschlussüberleitungsverordnung – Kommentar, in: BOOS, K.-H./FISCHER, R./SCHULTE-MATTLER, H. (Hrsg.), Kreditwesengesetz, Kommentar, 3. Aufl., München, S. 2793–2864.

WIELENBERG, S. (2007): Führt das Rating nach Basel II zu einer freiwilligen Umstellung der Rechnungslegung von den handelsrechtlichen GoB zu den IFRS, in: ZfbF, 59. Jg., S. 732–751.

Hansrudi Lenz

4.6 Prüfung von kapitalmarktorientierten IFRS-Konzernabschlüssen

Vorbemerkung

Dieser Beitrag bietet einen komprimierten und auf grundsätzliche Aspekte beschränkten Überblick über die Prüfung von kapitalmarktorientierten IFRS-Konzernabschlüssen. Auf Spezial- und Detailfragen wird nicht eingegangen. Das Gesetz zur Modernisierung des Bilanzrechts (Bilanzrechtsmodernisierungsgesetz – BilMoG) wurde in der vom Bundesrat am 3. April 2009 beschlossenen Fassung berücksichtigt.[1] Geänderte Paragraphen werden mit HGB neue Fassung (n. F.) bezeichnet. Auf Übergangsbestimmungen wird aus Vereinfachungsgründen nicht eingegangen, d. h. für diesen Beitrag wird die volle Gültigkeit der Vorschriften des BilMoG unterstellt. Branchenspezifische Besonderheiten, etwa bei Kreditinstituten und Versicherungen sowie rechtsformspezifische Spezialvorschriften, z. B. bei Genossenschaften, bleiben unberücksichtigt. Soweit International Standards on Auditing (ISA) zitiert werden, wird auf die im Februar 2009 nach Abschluss des sog. *„Clarity-Projects"* verabschiedeten ISA Bezug genommen.

Konzernrechnungslegung kapitalmarktorientierter Gesellschaften

Kapitalmarktorientierte Kapitalgesellschaften

Ein zur Konzernrechnungslegung verpflichtetes Mutterunternehmen, dessen Wertpapiere am jeweiligen Bilanzstichtag in einem beliebigen Mitgliedsstaat zum Handel in einem geregelten Markt zugelassen sind, hat nach Art. 4 der Verordnung (EG) Nr. 1606/2002 des Europäischen Parlaments und des Rates vom 19. Juli 2002 betreffend die Anwendung internationaler Rechnungslegungsstandards[2] seinen Konzernabschluss für Geschäftsjahre, die am oder nach dem 1. Januar 2005 beginnen, nach den in den Artikeln 2, 3 und 6 der genannten Verordnung übernommenen internationalen Rechnungslegungsstandards (International Financial Reporting Standards, IFRS) aufzustellen. § 315a Abs. 2 HGB erweitert diese Verpflichtung auf Mutterunternehmen, wenn für sie bis zum jeweiligen Bilanzstichtag die Zulassung eines Wertpapiers im Sinne des § 2 Abs. 1 Satz 1 WpHG zum Handel an einem organisierten Markt im Sinne des § 2 Abs. 5 WpHG im Inland beantragt worden ist. Die nach wie vor zu beachtenden

---

[1] Gesetz zur Modernisierung des Bilanzrechts (Bilanzrechtsmodernisierungsgesetz – BilMoG), Bundesrat Drucksache (Drs) 270/09 vom 27.03.2009.

[2] Verordnung (EG) Nr. 1606/2006 des Europäischen Parlaments und des Rates vom 19. Juli 2002 betreffend die Anwendung internationaler Rechnungslegungsstandards, Amtsblatt der Europäischen Gemeinschaften, L243, S. 1–4.

HGB-Vorschriften, z. B. Regelungen zur Aufstellungspflicht (§ 290 HGB n. F.) oder zum Konzernlagebericht (§ 315 HGB n. F.) werden in § 315a Abs. 1 HGB benannt.

> In § 264d HGB n. F. wird zur Verkürzung und besseren Lesbarkeit einiger handelsrechtlicher Vorschriften der Begriff *„kapitalmarktorientierte Kapitalgesellschaft"* wie folgt definiert: „Eine Kapitalgesellschaft ist kapitalmarktorientiert, wenn sie einen organisierten Markt im Sinn des § 2 Abs. 5 des Wertpapierhandelsgesetzes durch von ihr ausgegebene Wertpapiere im Sinn des § 2 Abs. 1 Satz 1 des Wertpapierhandelsgesetzes in Anspruch nimmt oder die Zulassung solcher Wertpapiere zum Handel an einem organisierten Markt beansprucht hat."

Gemäß § 264a HGB sind die genannten Vorschriften auch anzuwenden auf OHG und KG, bei denen nicht wenigstens ein persönlich haftender Gesellschafter 1. eine natürliche Person oder 2. eine OHG, KG oder andere Personengesellschaft mit einer natürlichen Person als persönlich haftender Gesellschafter ist oder sich die Verbindung von Gesellschaften in dieser Art fortsetzt. Eine GmbH & Co. KG wäre ein typisches Beispiel. Somit betrifft die Verpflichtung zur Aufstellung eines IFRS-Konzernabschlusses gemäß der eingangs erwähnten EG-Verordnung Nr. 1606/2002 i. V. m. § 290 HGB n. F. zunächst nur kapitalmarktorientierte Kapitalgesellschaften gemäß der Definition von § 264d HGB n. F. bzw. diesen gleichgestellte Personengesellschaften i. S. v. § 264a HGB, soweit Letztere z. B. Schuldtitel begeben haben.

Nicht zur Konzernrechnungslegung verpflichtete kapitalmarktorientierte Unternehmen sind nach § 264 Abs. 1 Satz 2 HGB n. F. zur Aufstellung eines handelsrechtlichen Jahresabschlusses verpflichtet, der um eine Kapitalflussrechnung und einen Eigenkapitalspiegel zu erweitern ist; sie können den Jahresabschluss um eine Segmentberichterstattung erweitern. Damit besteht für kapitalmarktorientierte Kapitalgesellschaften keine gesetzliche Pflicht zur Aufstellung eines IFRS-Jahresabschlusses; ein solcher kann ggf. zusätzlich freiwillig bzw. gemäß § 325 Abs. 2a und 2b HGB allein für Offenlegungszwecke aufgestellt werden. Bislang haben jedoch IFRS-Einzelabschlüsse keine praktische Bedeutung erlangt. Deshalb konzentriert sich dieser Beitrag auf IFRS-Konzernabschlüsse.

Kapitalmarktorientierte andere Gesellschaften

Soweit nicht eine Kapitalgesellschaft als Mutterunternehmen an der Spitze eines Konzerns steht, wird die Pflicht zur Aufstellung eines Konzernabschlusses in den §§ 11 ff. PublG n. F. geregelt. In Verbindung mit der EG-Verordnung Nr. 1606/2002 bedeutet dies, dass Mutterunternehmen, die keine Kapitalgesellschaften sind, aber unter den Begriff „Gesellschaft" der erwähnten Verordnung fallen[3],

---

[3] Vgl. FÖRSCHLE/KÜSTER, in: Beck'scher Bilanz-Kommentar, 6. Aufl., München 2006, § 315a, Tz. 20.

- durch die Verordnung direkt zur Aufstellung eines IFRS-Abschlusses verpflichtet werden, wenn ihre Wertpapiere am Bilanzstichtag zum Handel an einem geregelten Markt zugelassen sind, oder
- durch den Verweis des § 11 Abs. 6 Nr. 2 PublG auf § 315a Abs. 2 HGB auch schon dann, wenn sie zum Bilanzstichtag die Zulassung zum Handel beantragt haben.

Nicht unter den Begriff „Gesellschaft" fallen wertpapieremittierende Einzelkaufleute und Stiftungen. Soweit das Mutterunternehmen kapitalmarktorientiert i. S. v. § 264d HGB n. F. ist, ist der Konzernabschluss sowie der Konzernlagebericht grundsätzlich in den ersten vier Monaten nach dem Stichtag aufzustellen (§ 13 Abs. 1 Satz 2 PublG n. F.; zu Ausnahmen siehe ebd., 2. Halbsatz). Weiter umfasst der Konzernabschluss in diesem Fall auch die Kapitalflussrechnung und den Eigenkapitalspiegel (§ 13 Abs. 3 Satz 2 PublG n. F.).

Prüfungspflicht der Konzernabschlüsse von kapitalmarktorientierten Gesellschaften und Prüferauswahl

Pflicht zur Abschlussprüfung

Soweit eine kapitalmarktorientierte Kapitalgesellschaft einen IFRS-Konzernabschluss und einen Lagebericht aufzustellen hat, ist dieser nach § 316 Abs. 2 Satz 1 HGB durch einen Abschlussprüfer zu prüfen. Hat keine Prüfung stattgefunden, so kann der Konzernabschluss nicht gebilligt werden (§ 316 Abs. 2 Satz 2 HGB). Die Prüfungspflicht eines Konzernabschlusses nach dem PublG ergibt sich aus § 13 Abs. 1 PublG, wonach die entsprechenden HGB-Regelungen, das sind die §§ 316 Abs. 3, 317 bis 324 HGB, sinngemäß anzuwenden sind.

Auswahl der Abschlussprüfer und Ausschlussgründe

Ein IFRS-Konzernabschluss mit dem dazugehörenden Lagebericht einer kapitalmarktorientierten Gesellschaft kann nach § 319 Abs. 1 HGB nur von einem Wirtschaftsprüfer oder einer Wirtschaftsprüfungsgesellschaft geprüft werden, die über eine wirksame Bescheinigung über die Teilnahme an der Qualitätskontrolle nach § 57a WPO verfügen, es sei denn, die WPK hat eine Ausnahmegenehmigung erteilt. An Abschlussprüfer kapitalmarktorientierter Gesellschaften werden in mehrfacher Hinsicht strengere Anforderungen gestellt. Nach § 319a Abs. 1 Satz 1 HGB n. F. sind Unternehmen von öffentlichem Interesse kapitalmarktorientierte Kapitalgesellschaften i. S. v. § 264d HGB n. F. Für Abschlussprüfer solcher Unternehmen ist die Bescheinigung über die Teilnahme an einer Qualitätskontrolle auf drei Jahre befristet; für Abschlussprüfer nicht kapitalmarktorientierter Unternehmen gilt diese sechs Jahre (§ 57a Abs. 6 Satz 8 WPO).

Grundsätzlich gilt, dass ein Abschlussprüfer als Konzernabschlussprüfer ausgeschlossen ist, falls Gründe, insbesondere Beziehungen geschäftlicher, finanzieller oder persönlicher Art, vorliegen, nach denen Besorgnis der Befangenheit besteht (§ 319 Abs. 2 i. V. m. Abs. 5 HGB). Besorgnis der Befangenheit liegt vor, wenn Umstände, z. B. Eigeninteressen, Selbstprüfungstatbestände, Interessenvertretung sowie persönliche Vertrautheit durch enge persönliche Bindungen, gegeben sind, „die aus Sicht eines verständigen Dritten geeignet sind, die Urteilsbildung unsachgemäß zu beeinflussen" (§ 21 Abs. 3 Satz 1 Berufssatzung WPK[4]). Sofern Ausschlusstatbestände i. S. d. § 319 Abs. 3 HGB verwirklicht sind, wird die Besorgnis der Befangenheit unwiderleglich vermutet (§ 22a Abs. 2 Satz 1 Berufssatzung). Zu diesen Ausschlusstatbeständen gehört z. B. die Erbringung von eigenständigen Bewertungsleistungen, die sich auf den zu prüfenden Konzernabschluss nicht nur unwesentlich auswirken (§ 319 Abs. 3 Buchst. d) HGB). Für Abschlussprüfer kapitalmarktorientierter Unternehmen bestehen darüber hinaus zusätzliche Ausschlussgründe, die in § 319a bzw. 319b HGB n. F. geregelt sind. Hiernach ist z. B. ein Wirtschaftsprüfer von der Konzernabschlussprüfung ausgeschlossen, wenn er „für die Abschlussprüfung bei dem Unternehmen bereits in sieben oder mehr Fällen verantwortlich war; dies gilt nicht, wenn seit seiner letzten Beteiligung an der Prüfung des Jahresabschlusses zwei oder mehr Jahre vergangen sind" (§ 319a Abs. 1 Satz 1 Nr. 4 HGB n. F.). Nach § 319a Abs. 1 Satz 4 HGB n. F. ist dieser Satz auf eine Wirtschaftsprüfungsgesellschaft mit der Maßgabe anzuwenden, dass „sie nicht Abschlussprüfer sein darf, wenn sie bei der Abschlussprüfung einen Wirtschaftsprüfer beschäftigt, der als verantwortlicher Prüfungspartner nach Satz 1 Nr. 4 nicht Abschlussprüfer sein darf. Verantwortlicher Prüfungspartner ist, wer den Bestätigungsvermerk nach § 322 unterzeichnet oder als Wirtschaftsprüfer von einer Wirtschaftsprüfungsgesellschaft als für die Durchführung einer Abschlussprüfung vorrangig verantwortlich bestimmt worden ist." § 319a Abs. 2 Satz 2 HGB n. F. regelt: „Als verantwortlicher Prüfungspartner gilt auf Konzernebene auch, wer als Wirtschaftsprüfer auf der Ebene bedeutender Tochterunternehmen als für die Durchführung von deren Abschlussprüfung vorrangig verantwortlich bestimmt worden ist." Über § 319a Abs. 2 Satz 1 HGB sind diese Regelungen entsprechend für den Abschlussprüfer des Konzernabschlusses anzuwenden. Nach § 319b Abs. 1 Satz 2 i. V. m. Abs. 2 HGB n. F. ist der Konzernabschlussprüfer auch dann ausgeschlossen, wenn ein Mitglied seines Netzwerkes einen Ausschlussgrund nach § 319a Abs. 1 Satz 1 Nr. 2 oder 3 erfüllt. Ein Netzwerk ist gegeben, „wenn Personen bei ihrer Berufsausübung zur Verfolgung gemeinsamer wirtschaftlicher Interessen für eine gewisse Dauer zusammenwirken" (§ 319b Abs. 1 Satz 3 i. V. m. Abs. 2 HGB n. F.).

Erteilung des Prüfungsauftrages an den Konzernabschlussprüfer

Vereinfachend sei im Folgenden für diesen Abschnitt unterstellt, dass eine AG mit Sitz im Inland als Mutterunternehmen eines kapitalmarktorientierten Konzerns fungiert. Bei der AG wird der Abschlussprüfer von der Hauptversammlung auf Vorschlag des Aufsichtsrates gewählt (§ 318 Satz 1 HGB, § 119 Abs. 1 Nr. 4 AktG, § 124 Abs. 3 Satz 1 AktG). § 124 Abs. 3 Satz 2 AktG n. F. regelt: „Bei Gesellschaften im Sinn des § 264d des Handelsgesetzbuchs ist der Vorschlag des Aufsichtsrats zur Wahl des Abschlussprüfers auf die Empfehlung des Prüfungsausschusses zu stützen." Ausweislich der Begründung gilt dies nur für den Fall, dass

---

[4] Satzung der Wirtschaftsprüferkammer über die Rechte und Pflichten bei der Ausübung der Berufe des Wirtschaftsprüfers und des vereidigten Buchprüfers (Berufssatzung für Wirtschaftsprüfer/vereidigte Buchprüfer – BS WP/vBP), Stand: 20.02.2008.

überhaupt ein Prüfungsausschuss zur Steigerung der Effizienz des Aufsichtsrats eingerichtet wurde, der sich mit der Überwachung der Rechnungslegungsprozesse, der Wirksamkeit des internen Kontrollsystems, des Risikomanagementsystems und des internen Revisionssystems sowie der Abschlussprüfung, hier insbesondere der Unabhängigkeit des Abschlussprüfers und der vom Abschlussprüfer zusätzlich erbrachten Leistungen, zu befassen hat (vgl. hierzu § 107 Abs. 3 Satz 3 AktG n. F.). Wird kein Prüfungsausschuss eingerichtet, sind dessen Aufgaben vom gesamten Aufsichtsrat wahrzunehmen. Bei Einrichtung eines Prüfungsausschusses hat der Aufsichtsrat die Empfehlung des Prüfungsausschusses zur Wahl des Abschlussprüfers in seine Erwägungen einzubeziehen, muss ihr jedoch nicht zwingend folgen (vgl. Begründung Drs 16/10067, S. 103[5]). Mit Bezug auf die personelle Besetzung des Aufsichtsrates gilt, dass bei kapitalmarktorientierten AG mindestens ein Mitglied des Aufsichtsrats über Sachverstand auf den Gebieten Rechnungslegung oder Abschlussprüfung verfügen muss (§ 100 Abs. 5 AktG n. F.). Bei Einrichtung eines Prüfungsausschusses bei einer kapitalmarktorientierten AG muss mindestens ein Mitglied des Prüfungsausschusses die Voraussetzungen des § 100 Abs. 5 AktG n. F. erfüllen (§ 107 Abs. 4 AktG n. F.). Die neuen Vorschriften sollen die Überwachung des Aufsichtsrates, insbesondere in Bezug auf die Rechnungslegung und Abschlussprüfung bei kapitalmarktorientierten AG, stärken. Es ist daran zu erinnern, dass bei Mutterunternehmen der Aufsichtsrat auch den Konzernabschluss und den Konzernlagebericht zu prüfen hat. In diesem Zusammenhang ist auch auf § 171 Abs. 1 Satz 2, 3 AktG n. F. zu verweisen. Dort heißt es: „Ist der Jahresabschluss oder der Konzernabschluss durch einen Abschlussprüfer zu prüfen, so hat dieser an den Verhandlungen teilzunehmen und über die wesentlichen Ergebnisse seiner Prüfung, insbesondere wesentliche Schwächen des internen Kontroll- und des Risikomanagementsystems bezogen auf den Rechnungslegungsprozess, zu berichten. Er informiert über Umstände, die seine Befangenheit besorgen lassen und über Leistungen, die er zusätzlich zu den Abschlussprüfungsleistungen erbracht hat."

Folgt die Hauptversammlung dem Wahlvorschlag des Aufsichtsrates, ggf. unter Berücksichtigung der Empfehlung des Prüfungsausschusses, dann erteilt dieser dem Abschlussprüfer den Prüfungsauftrag für den Jahres- und Konzernabschluss (§ 111 Abs. 2 Satz 3 AktG). Damit wird deutlich, dass bei kapitalmarktorientierten AG dem Aufsichtsrat eine zentrale Funktion in Bezug auf die Abschlussprüfung zukommt.

Prüfungsnormen für IFRS-Konzernabschluss

Gegenstand und Umfang einer Abschlussprüfung sind in § 317 HGB n. F. geregelt. Die Prüfung des Konzernabschlusses hat sich darauf zu erstrecken, ob die gesetzlichen Vorschriften und sie ergänzende Bestimmungen des Gesellschaftsvertrages oder der Satzung beachtet worden sind (§ 317 Abs. 1 Satz 2 HGB). Nach § 317 Abs. 1 Satz 3 HGB ist die Prüfung so anzulegen, „dass Unrichtigkeiten und Verstöße gegen die in Satz 2 aufgeführten

---

[5] Entwurf eines Gesetzes zur Modernisierung des Bilanzrechts (Bilanzrechtsmodernisierungsgesetz – BilMoG), Deutscher Bundestag, Drucksache (Drs) 16/10067 vom 30.07.2008.

Bestimmungen, die sich auf die Darstellung des sich nach § 264 Abs. 2 ergebenden Bildes der Vermögens-, Finanz- und Ertragslage des Unternehmens wesentlich auswirken, bei gewissenhafter Berufsausübung erkannt werden." Ziel der Prüfung des Konzernlageberichts ist es, zu erkennen, ob der Konzernlagebericht mit dem Konzernabschluss sowie mit den bei dessen Prüfung gewonnenen Erkenntnissen des Abschlussprüfers „im Einklang" stehen und ob der Konzernlagebericht insgesamt eine zutreffende Vorstellung von der Lage des Konzerns vermittelt. Hierbei ist auch zu prüfen, ob die Chancen und Risiken der künftigen Entwicklung zutreffend dargestellt sind (§ 317 Abs. 2 HGB). Nach § 317 Abs. 2 Satz 1 HGB hat der Abschlussprüfer des Konzernabschlusses auch die im Konzernabschluss zusammengefassten Jahresabschlüsse, insbesondere die konsolidierungsbedingten Anpassungen, zu prüfen. Soweit diese (in- und ausländischen) Abschlüsse, z. B. von Tochterunternehmen, von einem anderen Abschlussprüfer geprüft wurden, „hat der Konzernabschlussprüfer dessen Arbeit zu überprüfen und dies zu dokumentieren" (§ 317 Abs. 3 Satz 2 HGB n. F.). Mit dieser Vorschrift soll sichergestellt werden, dass der Konzernabschlussprüfer die volle Verantwortung für das Prüfungsergebnis übernimmt. „Damit ist die bisher nach § 317 Abs. 3 Satz 2 und 3 HGB (a. F.) gesetzlich zugelassene Übernahme der Arbeit eines anderen Prüfers, bei der sich die Prüfungshandlungen darauf beschränkt haben, ob die gesetzlichen Voraussetzungen der Übernahme gegeben sind, nicht mehr zulässig" (Begründung Drs 16/10067, S. 87). Jedoch entsprach es auch bislang schon berufsüblichen Grundsätzen, bei der Verwendung der Arbeit eines anderen externen Prüfers, dessen berufliche Qualifikation, fachliche Kompetenz sowie Qualität seiner Arbeit durch geeignete Prüfungshandlungen zu beurteilen.

> Nach IDW PS 210, Tz. 20, hat die Durchführung von Abschlussprüfungen nach *deutschen Prüfungsgrundsätzen* zu erfolgen; dies gilt auch für die Prüfung eines IFRS-Konzernabschlusses. Die deutschen Prüfungsgrundsätze „umfassen als Prüfungsnormen alle unmittelbar und mittelbar geltenden gesetzlichen Vorschriften und als sonstige Prüfungsgrundsätze insbesondere die *IDW Prüfungsstandards* und die *IDW Prüfungshinweise*" (IDW PS 210, Tz. 21). Ergänzend und zusätzlich kann der Konzernabschlussprüfer auch die International Standards on Auditing (ISA) beachten; davon wird in der Prüfungspraxis zunehmend Gebrauch gemacht.

In der Richtlinie 2006/43/EG des Europäischen Parlaments und des Rates vom 17. Mai 2006 über Abschlussprüfungen von Jahresabschlüssen und konsolidierten Abschlüssen[6] ist in Art. 26 Abs. 1 vorgesehen, dass die Mitgliedstaaten die Abschlussprüfer und Prüfungsgesellschaften verpflichten, „Abschlussprüfungen unter Beachtung der von der Kommission nach dem in Artikel 48 Absatz 2 genannten Verfahren angenommenen internationalen Prüfungsstandards durchzuführen." Durch das Bilanzrechtsmodernisierungsgesetz (BilMoG) wurde deshalb § 317 HGB n. F. um die folgenden Absätze 5 und 6 ergänzt:

---

[6] Richtline 2006/43/EG des Europäischen Parlaments und des Rates vom 17. Mai 2006 über Abschlussprüfungen von Jahresabschlüssen und konsolidierten Abschlüssen, zur Änderung der Richtlinien 78/660/EWG und 83/349/EWG des Rates und zur Aufhebung der Richtlinie 84/253/EWG des Rates, in: Amtsblatt der Europäischen Union vom 09.06.2006, L157, S. 87–107.

"(5) Bei der Durchführung einer Prüfung hat der Abschlussprüfer die internationalen Prüfungsstandards anzuwenden, die von der Europäischen Kommission in dem Verfahren nach Artikel 26 Abs. 1 der Richtlinie 2006/43/EG des Europäischen Parlaments und des Rates vom 17. Mai 2006 über Abschlussprüfungen von Jahresabschlüssen und konsolidierten Abschlüssen [...] angenommen worden sind.

(6) Das Bundesministerium der Justiz wird ermächtigt, im Einvernehmen mit dem Bundesministerium für Wirtschaft und Technologie durch Rechtsverordnung, die nicht der Zustimmung des Bundesrates bedarf, zusätzlich zu den bei der Durchführung der Abschlussprüfung nach Absatz 5 anzuwendenden internationalen Prüfungsstandards weitere Abschlussprüfungsanforderungen oder die Nichtanwendung von Teilen der internationalen Prüfungsstandards vorzuschreiben, wenn dies durch den Umfang der Abschlussprüfung bedingt ist und den in den Absätzen 1 bis 4 genannten Prüfungszielen dient."

In der Regierungsbegründung (Begründung BilMoG, Drs 16/10067, S. 88) wird der Unterschied zwischen *Abschlussprüfungsanforderungen* und *Abschlussprüfungsverfahren* betont. „Abschlussprüfungsverfahren werden von der Verordnungsermächtigung nicht erfasst. Diese hat der Berufsstand, ebenso wie die Prüfungsmethodik, seit jeher unter Berücksichtigung der internationalen Prüfungsstandards selbst entwickelt, so dass eine Erstreckung der Verordnungsermächtigung hierauf nicht erforderlich ist. Bis zur Übernahme der ISA durch die Europäische Kommission sind weiterhin die deutschen Prüfungsgrundsätze maßgeblich.

Planung und Durchführung einer IFRS-Konzernabschlussprüfung

Gesamtverantwortung des Konzernabschlussprüfers

Wie schon oben dargelegt, ist nach § 317 Abs. 3 HGB n. F. der Konzernabschlussprüfer gesamtverantwortlich für Planung, Durchführung und Berichterstattung über die Konzernabschlussprüfung. Sofern Teileinheiten des Konzerns, z. B. rechtlich selbständige Tochterunternehmen aber auch rechtlich unselbständige Geschäftsbereiche von anderen Abschlussprüfern geprüft wurden, hat er deren Tätigkeit in eigener Verantwortung zu überwachen und zu beurteilen und hierbei intensiv mit ihnen zu kommunizieren (vgl. IDW PS 320; ISA 600, Tz. 8, 40, 41).

Prüfungsziel

Die Konzernabschlussprüfung ist so zu planen und durchzuführen, dass die Prüfungsaussagen unter Beachtung des Wirtschaftlichkeitsgrundsatzes mit „*hinreichender Sicherheit (reasonable assurance)*" getroffen werden können. Das Prüfungsurteil soll die Verlässlichkeit der im Jahresabschluss und im Lagebericht enthaltenen Informationen sicherstellen (vgl. IDW PS 200 Tz. 8, 9); der Konzernabschluss und auch der Lagebericht sollen *keine wesentlichen falschen Angaben*, ob nun verursacht durch (unbeabsichtigte) Unrichtigkeiten (*error*) oder (beabsichtige) Verstöße (*fraud*), enthalten (vgl. § 317 Abs. 1 Satz 2, Abs. 2 HGB n. F. i. V. m. IDW PS 210 Tz. 6,7, Tz. 12 ff.; analog ISA 200, Tz. 11).

Planung und Durchführung einer geschäfts- und prozessrisikoorientierten Konzernabschlussprüfung

Die grundsätzliche Vorgehensweise einer geschäftsrisikoorientierten Konzernabschlussprüfung, die deutschen und internationalen Prüfungsgrundsätzen entspricht, kann *idealisiert* wie in den folgenden vier Schritten dargestellt werden.[7]

Schritt 1: Risikoidentifikation

Der erste Schritt fordert vom Prüfer ein *Verständnis* des Konzerns, seiner Teileinheiten und dessen relevantes Umfeld (vgl. ISA 600, Tz. 17, i. V. m. ISA 315, Tz. 11 ff.). Hierzu gehört auch die Identifikation der Teileinheiten, die von signifikanter Bedeutung wegen ihrer individuellen finanziellen Bedeutung oder wegen der spezifischen Art ihres Geschäftes sind (ISA 600, Tz. 9, 10, A5). Das *Prüfungsrisiko* einer Konzernabschlussprüfung, d. h. dass nach der Prüfung wesentliche Fehler im Konzernabschluss und -lagebericht verbleiben, hängt ab vom vorhandenen gegebenen Risiko, von wesentlichen Fehlern in der Konzernrechnungslegung und vom Risiko, dass der Konzernabschlussprüfer diese Fehler durch seine Prüfungshandlungen nicht entdeckt. Letzteres schließt das Risiko ein, dass ein Prüfer einer Teileinheit des Konzerns wesentliche Fehler übersieht (ISA 600, Tz. 6). Sofern ein Konzernabschlussprüfer sich auf die Arbeit des Abschlussprüfers einer Teileinheit bezieht, ist ein umfassendes Verständnis der fachlichen Kompetenz und Unabhängigkeit des Prüfers der Teileinheit unabdingbar (vgl. im Einzelnen ISA 600, Tz. 19-20, A32-A41). Um zu entscheiden, wann ein wesentlicher Fehler vorliegt, muss der Konzernabschlussprüfer Wesentlichkeitsgrenzen sowohl für den Konzernabschluss insgesamt – ggf. für bestimmte Arten von Geschäftsvorfällen, Kontensalden und Anhangs- bzw. Lageberichtsangaben – als auch für Teileinheiten des Konzerns vorgeben (ISA 600, Tz. 21, 22).

Zum Verständnis gehören Kenntnisse über die Branche, rechtliche Bestimmungen und weitere externe Faktoren einschließlich der anzuwendenden Rechnungslegungsnormen, d. h. hier IFRS für den Konzernabschluss. Gefordert sind z. B. Kenntnisse über die Art des Konzerns (vgl. ISA 315, Tz. 11), einschließlich

- seiner operativen Tätigkeiten,
- seiner Eigentums- und Überwachungsstruktur,
- der Arten von durchgeführten und geplanten Investitionen, und
- die Struktur und Finanzierung des Konzerns.

Das erlangte Verständnis soll den Prüfer befähigen zu verstehen, welche Arten von Geschäftsvorfällen, Kontensalden und offen zu legende Angaben im Konzernabschluss zu erwarten sind. Es geht also um eine begründete Erwartungsbildung des Prüfers. Der Prüfer soll sich in diesem Prozessschritt weiter mit der Auswahl und Anwendung von Rechnungslegungsmethoden einschließlich möglicher Gründe für Änderungen befassen, um eine Einschätzung der Angemessenheit der Rechnungslegungsmethoden, z. B. bei der Eliminierung konzern-

---

[7] In Anlehnung an *RUHNKE* (2007a), (2007b).

interner Ergebnisse, vorzunehmen. Auch eine Analyse der Ziele und Strategien und der damit verbundenen Geschäftsrisiken, die zu möglichen wesentlichen Falschdarstellungen führen können, ist erforderlich. Das zu erlangende Verständnis des Prüfers umfasst auch die beim Unternehmen eingesetzten Verfahren zur Messung und Überwachung des wirtschaftlichen Erfolgs und die prüfungsrelevanten internen Kontrollen. Von sehr hoher Bedeutung ist die Beurteilung des internen Kontrollsystems (*internal control*), welches auf Konzernebene auch die konzernweiten Kontrollen (*group-wide controls*, vgl. zu Beispielen Appendix 2 von ISA 600) umfasst. Ebenfalls von spezieller Bedeutung für die Konzernabschlussprüfung ist ein tief gehendes Verständnis des gesamten *Konsolidierungsprozesses* (vgl. ISA 600, Tz. 17, A23-A29, einschließlich Appendix 2).

Schritt 2: Risikobeurteilung

Im zweiten Schritt wird unterschieden zwischen Risikobeurteilungen auf *Konzernabschlussebene* und Risikobeurteilungen auf *Aussagenebene* (vgl. ISA 315). Diese Risikobeurteilungen sind die Basis für die Auswahl und Durchführung weiterer Prüfungshandlungen. Ziel ist es, wesentliche Risiken zu erkennen, dabei hat der Prüfer zumindest die folgenden Aspekte in Betracht zu ziehen:

a) ob es um beabsichtigte Manipulationen (*fraud*) geht (ISA 600, Tz. A27 mit Verweis auf ISA 240; zu möglichen Risikofaktoren vgl. Appendix 3 zu ISA 600);

b) ob das Risiko in Verbindung steht mit aktuellen Entwicklungen in der Wirtschaft, z. B. der aktuellen Wirtschafts- und Finanzkrise, Rechnungslegung oder anderen Bereichen;

c) die Komplexität der Geschäftsvorfälle;

d) ob das Risiko mit signifikanten Transaktionen mit nahe stehenden Personen verbunden ist;

e) der Grad der Subjektivität in der Messung finanzieller Informationen; und

f) ob das Risiko in Verbindung steht mit signifikanten unüblichen Geschäftsvorfällen.

Risiken auf der Gesamtebene des Konzernabschlusses sind Risiken, die nicht einzelnen Bilanz- und GuV-Positionen oder Anhangsangaben zugeordnet werden können. In diesem Zusammenhang wird z. B. das Risiko von Bilanzfälschungen (*fraud*) genannt bzw. das bewusste Umgehen (konzernweiter) interner Kontrollen. Solche Risiken können insbesondere aus einem schwachen Kontrollumfeld, z. B. einem unfähigen oder nicht integeren Management, stammen. Weiter wird ein grundsätzlich unzuverlässiges Rechnungslegungssystem aufgeführt.

Risiken auf Aussagenebene sind Risiken, die der Prüfer Arten von Geschäftsvorfällen, Kontensalden oder Anhangs- bzw. Lageberichtsangaben (*disclosures*) zuordnen kann. Diese Zuordnung ist Voraussetzung dafür, dass der Prüfer Art, Zeitpunkt und Umfang weiterer Prüfungshandlungen genau spezifizieren kann. Was ist nun mit Aussagenebene (*assertion level*) gemeint? Die in einem Abschluss enthaltenen Informationen können als ex- oder implizite *Aussagen* des für die Aufstellung zuständigen Organs, d. h. regelmäßig die Geschäftsführung, in Bezug auf Erfassung, Bewertung, Darstellung und Offenlegung nach den Regeln der anzuwendenden Standards interpretiert werden.

Beispiel: Mit dem Ausweis der Bilanzposition „Vorräte" in einem Konzernabschluss behauptet das Management, dass diese Vorräte zum Bilanzstichtag tatsächlich existierten, korrekt bewertet wurden und im (wirtschaftlichen) Eigentum des Konzerns standen.

Drei Kategorien von inhaltlich näher spezifizierten Aussagen werden unterschieden (vgl. die nachfolgende *Übersicht 1*). Der Prüfer ist jedoch nicht verpflichtet, genau diese Gliederung zu verwenden, sofern die relevanten Aspekte auf andere Weise erfasst werden. Auch die Zusammenfassung von Aussagearten ist zulässig, z. B. die Zusammenfassung von Aussagen über Geschäftsvorfälle und Ereignisse mit Aussagen über Kontensalden.

1) Aussagen über Arten von Geschäftsvorfällen und Ereignissen in der zu prüfenden Periode
   a) Eintritt (*occurrence*) – Geschäftsvorfälle und Ereignisse, die aufgezeichnet wurden, haben stattgefunden und sind dem Unternehmen zuzuordnen.
   b) Vollständigkeit (*completeness*) – alle stattgefundenen und aufzeichnungspflichtigen Geschäftsvorfälle und Ereignisse wurden auch aufgezeichnet.
   c) Genauigkeit (*accuracy*) – Beträge und andere Daten von Relevanz für die aufgezeichneten Geschäftsvorfälle und Ereignisse wurden angemessen aufgezeichnet.
   d) Periodenabgrenzung (*cutoff*) – Geschäftsvorfälle und Ereignisse wurden in der richtigen Rechnungslegungsperiode aufgezeichnet.
   e) Zuordnung (*classification*) – Geschäftsvorfälle und Ereignisse wurden den richtigen Konten zugeordnet.

2) Aussagen über Kontensalden am Periodenende
   a) Existenz (*existence*) – Vermögenswerte, Schulden und Eigenkapital existieren.
   b) Rechte und Verpflichtungen (*rights and obligations*) – das Unternehmen hält oder kontrolliert die Rechte über Vermögenswerte; Schulden sind Verpflichtungen, die dem Unternehmen zuzuordnen sind.
   c) Vollständigkeit (*completeness*) – alle Vermögenswerte, Schulden und Eigenkapitaltitel, die aufzeichnungspflichtig sind, wurden aufgezeichnet.
   d) Bewertung und Zuordnung (*valuation and allocation*) – Vermögenswerte, Schulden und Eigenkapital sind im Abschluss mit den korrekten Beträgen enthalten und jede Anpassung der Bewertung oder Zuordnung wurde angemessen aufgezeichnet.

3) Aussagen in Bezug auf Darstellung und Offenlegung
   a) Eintritt sowie Rechte und Verpflichtungen (*occurrence and rights and obligations*) – offen gelegte Ereignisse, Geschäftsvorfälle und andere Angelegenheiten haben stattgefunden und sind dem Unternehmen zuzuordnen.
   b) Vollständigkeit (*completeness*) – alle offen zu legenden Informationen sind im Abschluss enthalten.
   c) Gliederung und Verständlichkeit (*classification and understandability*) – Finanzinformationen werden angemessen dargestellt und beschrieben; Offenlegungen werden klar ausgedrückt.
   d) Genauigkeit und Bewertung (*accuracy and valuation*) – finanzielle und andere Informationen werden fair und mit korrekten Beträgen offen gelegt.

Übersicht 1:   Arten von Aussagen im Jahresabschluss (Quelle: ISA 315, Tz. A111)

Als Ergebnis von Schritt 2 ist der Konzernabschlussprüfer in der Lage, festzustellen, ob wesentliche Risiken auf Ebene des Konzernabschlusses oder bestimmter Aussagen vorhanden sind. Die Risiken auf Aussagenebene können den in *Übersicht 1* dargestellten Bereichen zugeordnet werden.

Schritt 3: Reaktionen auf die beurteilten Risiken

In diesem Schritt muss der Prüfer nun festlegen, wie er auf die in Schritt 2 vermuteten Risiken reagieren möchte (ISA 600, Tz. 24 ff.). Wiederum ist zwischen Reaktionen auf festgestellten Risiken auf Konzernabschluss- und Aussagenebene zu differenzieren. Die Anforderungen an das prüferische Vorgehen werden in ISA 330 „*The Auditor's Responses to Assessed Risks*" spezifiziert. Generelles Ziel für den Prüfer ist es, hinreichend angemessene Prüfungsevidenz über die vermuteten Risiken zu erlangen. Hierzu ist es erforderlich, angemessene Verfahren als Reaktion auf die Risiken einzusetzen. Nach Durchführung der Prüfungshandlungen muss der Prüfer in der Lage sein, zu beurteilen, ob das vermutete Risiko zu wesentlichen Falschdarstellungen in der Konzernrechnungslegung geführt hat oder nicht. Bei Konzernabschlussprüfungen kommt der Abstimmung der Prüfungshandlungen zwischen dem Konzernabschlussprüfer und den Abschlussprüfern von Teileinheiten eine besondere Bedeutung zu (ISA 600, Tz. 24). Falls Art, Zeitpunkt und Intensität von Prüfungshandlungen in Bezug auf Konsolidierungsmaßnahmen oder Finanzinformationen von Konzerneinheiten auf der Erwartung effektiver konzernweiter Kontrollen basieren oder falls aussagebezogene Prüfungshandlungen allein keine hinreichende Prüfungsevidenz liefern können, muss der Konzernabschlussprüfer oder auf sein Verlangen ggf. ein Prüfer einer Konzernteileinheit, Tests dieser Kontrollen durchführen, um deren tatsächliche Wirksamkeit festzustellen (ISA 600, Tz. 25).

Als angemessene Reaktionen in Bezug auf festgestellte Risiken auf Konzernabschlussebene kommen z. B. in Betracht: Ausstattung des Prüfungsteams mit besonders erfahrenen Kräften oder der Einsatz von Spezialisten, höheres Maß an Aufsicht in Bezug auf Abschlussprüfer von Konzernteileinheiten, Erhöhung der Intensität von Prüfungshandlungen, besondere Betonung einer kritischen Grundhaltung, Durchführung überraschender Prüfungshandlungen.

Für die vom Prüfer als Ergebnis von Schritt 2 festgestellten Risiken auf Aussageebene muss der Prüfer ebenfalls Prüfungshandlungen festlegen, die geeignet sind, mögliche Falschdarstellungen, die durch bestimmte Risiken bestehen können, aufzudecken. Es geht also um eine effektive und effiziente Zuordnung von Prüfungshandlungen zu bestimmten Risiken.

Beispiel: Im Modehandel besteht das Risiko stark schwankender Präferenzen der Nachfrager. Dieses Risiko betrifft die Bewertung von Beständen an Handelswaren zum Bilanzstichtag. Bricht die Nachfrage nach bestimmten Artikeln ein, lassen sich diese u. U. nur noch mit erheblichen Preisabschlägen verkaufen. Der Prüfer wird sich also besonders intensiv mit der Bewertung der Bestände zum Stichtag befassen müssen.

Beispiel: Durch Entlohnungssysteme und/oder den Kapitalmarkt besteht ein erheblicher Druck auf das Management, die Gewinnerwartungen (der Analysten) zu erfüllen. Es besteht das Risiko, dass das Management in nicht zulässiger Weise Umsatzerlöse bucht, z. B. durch Buchung von Forderungen aus Lieferungen und Leistungen vor Auslieferung der Produkte oder Buchung von Umsatzerlösen, obwohl noch Rückgaberechte existieren. In diesen Fall könnte der Prüfer bei Saldenbestätigungen nicht nur nach Bestand und Höhe der Forderung fragen, sondern den Kunden auch bitten, die Details des Vertrages, z. B. in Bezug auf Rückgaberechte, Lieferbedingungen etc., zu bestätigen (vgl. ISA 330, Tz. A53).

> ISA 330, Tz. 4, unterscheidet zwei Arten von Prüfungshandlungen (vgl. auch IDW PS 300, Tz. 27 ff.):
> - Aussagebezogene Prüfungshandlungen (*substantive procedures*) sind Prüfungshandlungen, die Falschdarstellungen auf der Aussageebene aufdecken sollen. Im Einzelnen sind dies:
>   o Einzelfallprüfungen, z. B. eine Belegprüfung, und
>   o (aussagebezogene) analytische Prüfungshandlungen, z. B. die Nutzung von Kennzahlen und Trends für Plausibilitätsbeurteilungen.
> - Kontrolltests (*test of controls*) sind Prüfungshandlungen, mit denen die operative Zweckmäßigkeit von Kontrollen bei Verhinderung, Aufdeckung und Korrektur von Falschdarstellungen auf Aussageebene beurteilt werden sollen.

Sind Teileinheiten des Konzerns von wesentlicher finanzieller Bedeutung, sind diese Teileinheiten vom Konzernabschlussprüfer oder einem Prüfer der Teileinheit nach üblichen Grundsätzen zu prüfen (ISA 600, Tz. 26). Bei Teileinheiten, bei denen ein mögliches Fehlerrisiko auf bestimmte Arten von Geschäftsvorfällen bzw. Ereignissen begrenzt ist, ist zu entscheiden, ob die Prüfung auf bestimmte Kontensalden, Arten von Geschäftsvorfällen oder offenzulegende Angaben beschränkt werden kann (ISA 600, Tz. 27).

Beispiel: Bei einem Tochterunternehmen besteht das Risiko, dass hohe Überbestände an Fertigerzeugnissen bestehen, die nicht mehr mindestens zu den Herstellkosten verkauft werden können. Die Prüfungshandlungen können, sofern keine weiteren bedeutsamen Risiken bestehen, auf diesen Sachverhalt konzentriert werden (ISA 600, Tz. A49).

Für nicht bedeutsame Konzerneinheiten können die Prüfungshandlungen ggf. auf analytische Prüfungshandlungen (i. V. m. Prüfungen der konzernweiten Kontrollen und der Konsolidierungsmaßnahmen) auf der Konzernebene beschränkt werden, falls hierdurch hinreichende Prüfungsevidenz erreicht werden kann; anderenfalls sind weitere Prüfungshandlungen vorzunehmen (ISA 600, Tz. 28f.).

Beispiel: Der Prüfer besitzt durch Zeit- und Betriebsvergleich Kenntnisse über die Relation „Forderungen aus Lieferungen und Leistungen/Umsatzerlöse" auf Konzernebene und kann diese Information nutzen, um zu beurteilen, ob bei einem bestimmten Konzern diese Relation in einem plausiblen Rahmen liegt. Ist diese Relation hinreichend gut bestätigt, kann damit auf die Existenz, Vollständigkeit und korrekte Bewertung der Forderungen aus Lieferungen und Leistungen geschlossen werden.

Von großer Bedeutung ist es, dass es dem Konzernabschlussprüfer – auch auf Konzernebene – gelingt, die Verbindung zwischen Risikobeurteilung (Schritt 2) und konkreten, möglichst auf die Aussagen in *Übersicht 1* bezogenen Prüfungshandlungen herzustellen. ISA 600 gibt hierzu kaum Hinweise.[8] Diese Verbindung ist auch in Bezug auf die Prüfung von Konsolidierungsmaßnahmen, z. B. die Schuldenkonsolidierung oder die Zwischenergebniseliminierung, herzustellen; der Verweis auf die Beurteilung der Angemessenheit, Vollständigkeit und Genauigkeit der konsolidierungsbedingten Anpassungen ist nicht ausreichend.

4. Schritt: Gesamtwürdigung der Prüfungsnachweise

In dieser Prozessstufe ist eine Gesamtwürdigung der erlangten Prüfungsnachweise vorzunehmen. Der Prüfer muss hier feststellen, ob die insgesamt gewonnenen Prüfungsnachweise ausreichen, um das Risiko einer wesentlichen Falschdarstellung im Konzernabschluss und Konzernlagebericht mit hinreichender Sicherheit auszuschließen (ISA 330, Tz. 25-27). Sofern keine hinreichende Prüfungsevidenz erlangt werden kann, kann dies zur Einschränkung des Bestätigungsvermerks oder zur Versagung des Bestätigungsvermerks führen (vgl. § 322 HGB i. V. m. IDW PS 400). Auf Risiken, die den Fortbestand des Unternehmens oder eines Konzernunternehmens gefährden, ist im Bestätigungsvermerk gesondert einzugehen (§ 322 Abs. 2 Satz 3 HGB).

Beispiel: Bestätigungsvermerk der BDO Deutsche Warentreuhand AG für den Konzernabschluss und Konzernlagebericht der Arcandor AG für das Geschäftsjahr 2007/2008:

„Ohne diese Beurteilung einzuschränken, weisen wir auf die Ausführungen im Konzernlagebericht hin. Dort ist im Abschnitt ‚Risikobericht' ausgeführt, dass der Fortbestand des Arcandor Konzerns insbesondere von der Aufrechterhaltung und Verlängerung der im Geschäftsjahr 2008/2009 auslaufenden Kreditlinien und Kredite abhängt"[9].

---

[8] Vgl. RUHNKE (2007b), S. 457f.

[9] Geschäftsbericht Arcandor AG 2007/2008, S. 157.

Aufgabe 1: Konzernabschlussprüfer und Prüfungsgrundsätze

Ein Konzern besteht zum Bilanzstichtag 31.12.2009 aus dem Mutterunternehmen M-AG (MU) und zwei Tochterunternehmen X-GmbH, Y-GmbH (TU1, TU2). MU ist jeweils zu 100% an den TU beteiligt. MU, TU1 und TU2 haben ihren Sitz jeweils in Deutschland. TU1 trägt 25% und TU2 trägt 20% zum Konzernumsatz bei. Die Aktien der M-AG sind im regulierten Markt der Frankfurter Wertpapierbörse gelistet (General Standard); es handelt sich somit um eine Kapitalgesellschaft i. S. v. § 325 Abs. 4 Satz 1 HGB n. F. MU hat gem. § 290 HGB n. F. i. V. m. § 315a HGB einen Konzernabschluss nach IFRS sowie den Konzernlagebericht in den ersten vier Monaten des Konzerngeschäftsjahrs für das vergangene Geschäftsjahr aufzustellen. Auf Vorschlag des Aufsichtsrates hat die Hauptversammlung der M-AG im Juni 2009 die ABC Treu GmbH, Wirtschaftsprüfungsgesellschaft, mit Sitz in Frankfurt a. M., die über eine Bestätigung gem. § 57a WPO verfügt, zum Abschlussprüfer und Konzernabschlussprüfer für das Geschäftsjahr 2009 gewählt und der Prüfungsauftrag wurde der ABC Treu GmbH vom Aufsichtsrat erteilt. Die ABC Treu GmbH beabsichtigt, die Konzernabschlussprüfung ausschließlich nach den International Standards on Auditing (ISA) durchzuführen. Seit dem Geschäftsjahr 2002 wurde der Bestätigungsvermerk u. a. von WP Carla Müller, die im genannten Zeitraum zugleich die verantwortliche Prüfungspartnerin für die Konzernabschlussprüfung war, unterzeichnet. Für die Konzernabschlussprüfung für das Geschäftsjahr 2009 soll Carla Müller zwar nicht mehr den Bestätigungsvermerk unterzeichnen, jedoch weiterhin als verantwortliche Prüfungspartnerin für die Durchführung der Konzernabschlussprüfung vorrangig verantwortlich sein. Die ABC Treu GmbH ist auch der zuständige Abschlussprüfer für den Jahresabschluss nach HGB der X-GmbH. Carla Müller war seit 2000 auch verantwortliche Prüfungspartnerin für die Abschlussprüfung der X-GmbH. Die ABC Treu GmbH ist Mitglied im deutschen ABC-Netzwerk. Zu diesem Netzwerk gehören neben der ABC Treu GmbH weitere fünfzehn mittelständische Wirtschaftsprüfungs- und Beratungsgesellschaften, deren Zusammenarbeit durch ein gemeinsames Kooperationsabkommen geregelt ist. Zum Netzwerk gehört auch die ABC Consulting GmbH sowie die ABC Fides GmbH, eine Wirtschaftsprüfungsgesellschaft, welche mit der Jahresabschlussprüfung der Y-GmbH für das Geschäftsjahr 2009 beauftragt wurde. Durch ein gemeinsames Ausbildungsprogramm, enge fachliche Zusammenarbeit und eine einheitliche Prüfsoftware soll ein einheitlicher Qualitätsstandard gewährleistet werden. Alle Netzwerkmitglieder halten eine Beteiligung an der ABC GmbH, Wirtschaftsprüfungsgesellschaft, welche als Dachgesellschaft einerseits die Zusammenarbeit koordiniert, und andererseits selbst Prüfungsaufträge, teilweise unter Nutzung von Personal der Netzwerkunternehmen, durchführt. Durch den gemeinsamen Namen „ABC" soll ein einheitliches Erscheinungsbild im Markt sichergestellt werden. Die Geschäftsführung der X-GmbH erwägt, die ABC Consulting GmbH noch im Jahr 2009 zu beauftragen, wesentlich bei der Einführung und Einrichtung eines neuen EDV-gestützten Rechnungslegungssystems, welches auch für die Konsolidierung genutzt wird, mitzuwirken.

Besteht eine Pflicht zur Prüfung des Konzernabschlusses der M-AG? Wer kann Abschlussprüfer sein? Kann Carla Müller sowohl die Konzernabschlussprüfung als auch die Abschlussprüfung der X-GmbH weiterhin verantwortlich leiten? Liegt ein Ausschlussgrund nach §§ 319, 319a, 319b HGB n. F. vor? Welche Prüfungsgrundsätze sind anzuwenden? Ist eine Prüfung ausschließlich nach den International Standards on Auditing (ISA) zulässig?

Aufgabe 2: Verantwortung des Konzernabschlussprüfers und die Prüfung von Konzern-Teileinheiten

Beschreiben Sie die Verantwortung der ABC Treu GmbH in Bezug auf die Prüfung des Konzernabschlusses! Sind die beiden Tochterunternehmen des Konzerns bedeutsame Teileinheiten im Sinne von ISA 600?

Aufgabe 3: Prüfung der Zwischenergebniseliminierung

TU2 bezieht im Geschäftsjahr 2009 erstmals Handelswaren, die Produktgruppen L und M, von TU1 wie auch von Konzernfremden. Die konzerninternen Lieferungen, die zu rund 30% zu den Umsatzerlösen von TU1 beitragen, enthalten wesentliche Zwischengewinne, die nach IAS 27.24 „in voller Höhe" zu eliminieren sind. Nach IAS 27.25 sind Gewinne oder Verluste „aus konzerninternen Transaktionen, die im Buchwert von Vermögenswerten, wie Vorräten und Anlagevermögen, enthalten sind, in voller Höhe zu eliminieren". Das zu eliminierende Zwischenergebnis ist die Differenz zwischen den Anschaffungskosten in der Summenbilanz bzw. sog. Handelsbilanz II und den Anschaffungskosten aus Konzernsicht, den Konzernanschaffungskosten. Die Anschaffungskosten in den Jahresabschlüssen von TU1 bzw. TU2 nach HGB entsprechen den Anschaffungskosten nach IAS 2.10-11. Die Bestände an Handelswaren sollen in den Jahresabschlüssen wie im Konzernabschluss mittels des gewogenen gleitenden Durchschnittswertes, differenziert nach Produktgruppen, bewertet werden (IAS 2.25 und IAS 2.27). Sowohl das liefernde als auch das empfangende Unternehmen erfassen die im Geschäftsjahr erfolgten konzerninternen Lieferungen getrennt, die Daten werden im Konzern-Controlling abgestimmt. Bei TU2 erfolgt jedoch keine getrennte Lagerung oder Kennzeichnung der konzerninternen Bestände an Handelswaren. Deshalb muss der Bestand an konzerninternen Handelswaren zum Bilanzstichtag pauschaliert ermittelt werden. Hierzu wird der Quotient „konzerninterner Einkauf an Handelswaren/Gesamteinkauf" (differenziert nach Produktgruppen) mit dem Bestand der jeweiligen Produktgruppe an Handelswaren multipliziert. Um das zu eliminierende Zwischenergebnis zu ermitteln, wird die durchschnittliche Bruttogewinnspanne (Rohertragsprozentsatz) je Produktgruppe des liefernden Unternehmens TU1 mit den bei TU2 vorhandenen Konzernbeständen multipliziert. Dieses Verfahren ist nach IAS 2.22 grundsätzlich zulässig. Die Bruttogewinnspanne, die von TU1 an das Konzern-Controlling gemeldet wird, ergibt sich als Quotient wie folgt: Der Netto-Verkaufspreis abzüglich der Anschaffungskosten wird durch den Netto-Verkaufspreis dividiert. Da die Kosten für Verpackung und Fracht aus Konzernsicht als innerbetriebliche Transportkosten zu aktivieren sind, ist die Bruttogewinnspanne entsprechend zu modifizieren, d. h. zu verringern. Dies erfolgt in Form eines pauschalen Abschlags in Höhe von 2% der Bruttogewinnspanne. Die Eliminierung der Zwischengewinne wird vom Konzern-Controlling manuell auf Basis der Angaben von TU1 und TU2 vorgenommen; weitere Kontrollen sind bislang nicht vorgesehen.

Welche Risiken bestehen in Bezug auf die *Eliminierung von Zwischengewinnen*? Wie sind identifizierte Risiken ggf. zu beurteilen? Mit welchen Prüfungshandlungen könnte der Konzernabschlussprüfer angemessen auf die Risiken reagieren? Beschränken Sie sich dabei auf

Risiken, die Aussagen über Kontensalden am Periodenende (vgl. *Übersicht 1*) zugeordnet werden können. Hierbei soll allein die richtige *Bewertung im Konzernabschluss* im Vordergrund stehen, von der Existenz und Vollständigkeit der Handelswaren bei TU2 kann beispielsweise ausgegangen werden.

Lösung 1

Der Konzernabschluss und der Konzernlagebericht sind gem. § 316 Abs. 2 HGB durch einen Abschlussprüfer zu prüfen. Nach § 319 Abs. 1 HGB können nur Wirtschaftsprüfer und Wirtschaftsprüfungsgesellschaften Abschlussprüfer sein, die über eine wirksame Bescheinigung über die Teilnahme an der Qualitätskontrolle nach § 57a WPO verfügen bzw. über eine Ausnahmegenehmigung der WPK verfügen. Näheres zur Zulassung von Wirtschaftsprüfern und Wirtschaftsprüfungsgesellschaften findet sich in der WPO. Da die ABC Treu GmbH diese Bedingungen erfüllt, kann sie *grundsätzlich* Konzernabschlussprüfer sein. Zu prüfen ist jedoch, ob *Ausschlussgründe* vorliegen.

Nach § 319a Satz 1 Nr. 4 i. V. m. Abs. 2 HGB n. F. ist ein Wirtschaftsprüfer von der Konzernabschlussprüfung einer kapitalmarktorientierten Gesellschaft i. S. v. § 264d HGB n. F. ausgeschlossen, wenn er für die Abschlussprüfung bei dem Unternehmen bereits in sieben oder mehr Fällen verantwortlich war; dies gilt nicht, wenn seit der letzten Beteiligung an der Prüfung des Jahresabschlusses zwei oder mehr Jahre vergangen sind. Aufgrund dieser Vorschrift, die gem. Art. 66 Abs. 2 EHGB n. F. erstmals für Konzernabschlüsse für das nach dem 31.12.2008 beginnende Geschäftsjahr anzuwenden ist, kann Carla Müller die Konzernabschlussprüfung nicht verantwortlich leiten. Laut § 319a Abs. 1 Satz 5 HGB n. F. ist verantwortlicher Prüfungspartner, „wer den Bestätigungsvermerk nach § 322 unterzeichnet oder als Wirtschaftsprüfer von einer Wirtschaftsprüfungsgesellschaft als für die Durchführung einer Abschlussprüfung vorrangig verantwortlich bestimmt worden ist." Weiter heißt es in § 319a Abs. 2 Satz 2 HGB n. F.: „Als verantwortlicher Prüfungspartner gilt auf Konzernebene auch, wer als Wirtschaftsprüfer auf der Ebene bedeutender Tochterunternehmen als für die Durchführung von deren Abschlussprüfung vorrangig verantwortlich bestimmt worden ist." Laut Begründung (Drs. 16/10067, S. 89) sind bedeutsame Tochterunternehmen solche, „deren Einbeziehung in den Konzernabschluss sich erheblich auf die Vermögens-, Finanz- und Ertragslage auswirkt. […] Davon ist regelmäßig auszugehen, wenn das Tochterunternehmen mehr als 20 Prozent des Konzernvermögens hält oder mit mehr als 20 Prozent zum Konzernumsatz beiträgt. Die Frage ist zu jedem Bilanzstichtag neu zu prüfen." Hiernach sind sowohl TU1 als auch TU2 als bedeutsame Tochterunternehmen zu qualifizieren und Carla Müller kann nicht als verantwortliche Prüfungspartnerin für die Abschlussprüfung der X-GmbH für das Geschäftsjahr 2009 agieren; anderenfalls wäre die ABC Treu GmbH, Wirtschaftsprüfungsgesellschaft, als Abschlussprüfer des Konzernabschlusses ausgeschlossen.

Nach § 319b Abs. 1 Satz 2 i. V. m. Abs. 2 HGB n. F. ist ein Abschlussprüfer von der Prüfung des Konzernabschlusses ausgeschlossen, wenn ein Mitglied seines Netzwerkes einen Ausschlussgrund nach § 319a Abs. 1 Satz 1 Nr. 3 HGB n. F. erfüllt. Der Begriff des Netzwerkes wird in § 319b Abs. 1 Satz 3 HGB n. F. wie folgt definiert: „Ein Netzwerk liegt vor, wenn Personen bei ihrer Berufsausübung zur Verfolgung gemeinsamer wirtschaftlicher Interessen für eine gewisse Dauer zusammenwirken." In der Begründung (Drs 16/10067, S. 90f.) sind gemeinsame wirtschaftliche Interessen dann zu bejahen, wenn „die Netzwerkmitglieder mit ihrem Zusammenwirken eines der in Artikel 2 Nr. 7 der Abschlussprüferrichtlinie genannten Kriterien verfolgen. Bei einer Gewinn- und Kostenteilung ist regelmäßig von der Verfolgung gemeinsamer wirtschaftlicher Interessen auszugehen. Das Gleiche gilt bei gemeinsamen Eigentum, gemeinsamer Kontrolle oder gemeinsamer Geschäftsführung sowie bei einer gemeinsamen Geschäftsstrategie sowie bei gemeinsamen Qualitätssicherungsmaßnahmen und – verfahren oder bei gemeinsamer Nutzung fachlicher Ressourcen. Ebenso ist das Vorliegen gemeinsamer wirtschaftlicher Interessen bei der Verwendung einer gemeinsamen Marke anzunehmen. Die Verwendung einer gemeinsamen Marke liegt vor, wenn der Außenauftritt der die Marke verwendenden Personen durch die verwandte Marke bestimmt wird." Diese Definition trifft auf das ABC-Netzwerk, dem die ABC Treu GmbH angehört, zu (gemeinsame Nutzung fachlicher Ressourcen, gemeinsame Qualitätssicherungsmaßnahmen, gemeinsamer Name „ABC"), d. h. bei Annahme des Beratungsauftrages der X-GmbH durch die ABC Consulting GmbH wäre die ABC Treu GmbH von der Konzernabschlussprüfung ausgeschlossen.

Die Konzernabschlussprüfung ist – wie oben ausführlich dargestellt – grundsätzlich nach deutschen Prüfungsgrundsätzen durchzuführen. Ergänzend kann, z. B. wenn die deutschen Prüfungsgrundsätze Lücken aufweisen, etwa in Bezug auf die Durchführung der Konzernabschlussprüfung der noch nicht in deutsche Prüfungsgrundsätze umgesetzte ISA 600, herangezogen werden. Eine alleinige Durchführung auf Basis der ISA ist derzeit noch nicht zulässig, u. a. auch deswegen, weil es keine internationalen Prüfungsgrundsätze für die Prüfung des Lageberichtes gibt. Zulässig ist auch die freiwillige zusätzliche Beachtung der ISA bei der Durchführung der Abschlussprüfung.

Lösung 2

Die Gesamtverantwortung für die Durchführung der Konzernabschlussprüfung liegt beim verantwortlichen Partner der ABC Treu GmbH (*group engagement partner* im Sinne von ISA 600, Tz. 9). Dieser ist verantwortlich für die grundsätzliche Ausrichtung, die Durchführung und Überwachung der Konzernabschlussprüfung sowie für die Erteilung des Bestätigungsvermerks.[10] Da der Jahresabschluss der Y-GmbH von einem anderen Abschlussprüfer, der ABC Fides GmbH, geprüft wurde, hat der verantwortliche Partner nach § 317 Abs. 3 Satz 2 HGB n. F. dessen Arbeit zu überprüfen und angemessen zu dokumentieren. Die Überwachungsaufgabe wird erleichtert, weil die ABC Fides GmbH Mitglied im Netzwerk von Prüfungsgesellschaften

---

[10] Vgl. LINK ET AL. (2008), S. 378.

ist, dem auch die ABC Treu GmbH angehört (vgl. ISA 600, Tz. A33, A34). Sowohl die X- als auch die Y-GmbH sind bedeutsame Teileinheiten im Sinne von ISA 600, Tz. 9(m), A5, da sie von erheblicher finanzieller Bedeutung für den Konzernabschluss sind (Anteil am Konzernumsatz 25% bzw. 20%). ISA 600, Tz. A5, nennt beispielsweise einen Grenzwert größer als 15% der jeweiligen Bezugsgröße. Damit sind grundsätzlich die finanziellen Informationen dieser Tochterunternehmen vom Konzernabschlussprüfer bzw. vom Prüfer der Tochterunternehmen vollständig zu prüfen, es sei denn, das Fehlerrisiko kann auf bestimmte Bereiche der Teileinheiten begrenzt werden. Nach der Begründung zu § 319a Abs. 2 Satz 2 HGB n. F. (Drs. 16/10067, S. 89) ist von bedeutsamen Teileinheiten eines Konzerns „regelmäßig auszugehen, wenn das Tochterunternehmen mehr als 20 Prozent des Konzernvermögens hält oder mit mehr als 20 Prozent zum Konzernumsatz beiträgt." Dieser Grenzwert scheint reichlich hoch; ein Grenzwert im Bereich 10 bis 15 Prozent ist angemessener.

Lösung 3

In Bezug auf die Eliminierung von Zwischenergebnissen ist auf *Konzernebene ein wesentliches aussagebezogenes Risiko* gegeben, weil die Zwischenergebniseliminierung erstmals durchgeführt wird, d. h. noch keine Erfahrungswerte vorliegen und weil Kontrollen durch das Konzern-Controlling mit Ausnahme der (formalen) Abstimmung der konzerninternen Lieferungen beim empfangenden und liefernden Unternehmen nicht durchgeführt werden. Es liegt hier eine wesentliche Schwäche des internen Kontrollsystems bezogen auf den Konzern-Rechnungslegungsprozess vor. Zudem ist der quantitative Anteil der konzerninternen Lieferungen hoch. Die in Aufgabe 3 dargestellte pauschalierte Vorgehensweise ist zwar grundsätzlich zulässig, jedoch sind die verwendeten pauschalierten Durchschnittssätze regelmäßig zumindest auf Plausibilität zu prüfen. Es besteht ein wesentliches Risiko in Bezug auf die Bewertung der Handelswaren im Konzernabschluss, da durch konzerninterne Kontrollen die korrekte Eliminierung von Zwischengewinnen nicht sichergestellt wurde. Fehlerhafte Prozentsätze zur Ermittlung der konzerninternen Bestände bzw. der (modifizierten) Bruttogewinnspanne können zu wesentlichen Über- oder Unterbewertungen bei den Beständen an Handelswaren im Konzernabschluss führen.

Für dieses vom Konzernabschlussprüfer festgestellte Risiko sind vom Prüfer angemessene Prüfungshandlungen festzulegen, die geeignet sind, eine mögliche falsche Bewertung der Handelswaren, die durch eine fehlerhafte Zwischenergebniseliminierung resultiert, aufzudecken. Da das Kontrollsystem a priori aufgrund fehlender Kontrollen mangelhaft ist, kann auf Kontrolltests verzichtet werden, d. h. es sind aussagebezogene Prüfungshandlungen durchzuführen. Von zentraler Bedeutung sind *Einzelfallprüfungen* bei TU1 und TU2, die auf die Angemessenheit und korrekte Ermittlung der verwendeten pauschalierten Prozentsätze gerichtet sind. Sofern dem Konzernabschlussprüfer zuverlässige Informationen, z. B. über die Rohgewinnspannen vergleichbarer Unternehmen, zur Verfügung stehen, kommen auch *analytische Prüfungshandlungen* in Frage. Ob ggf. eine Einschränkung oder Versagung des Bestätigungsvermerks in Erwägung zu ziehen ist, hängt von den Prüfungsergebnissen sowie den eventuell vom Unternehmen noch vorgenommenen Korrekturen ab.

Gemäß § 171 Abs. 1 Satz 2 AktG n. F. hat der Konzernabschlussprüfer an den Verhandlungen des Aufsichtsrates über den Konzernabschluss und Konzernlagebericht teilzunehmen und über wesentliche Ergebnisse seiner Prüfung, insbesondere auch über wesentliche Schwächen des internen Kontrollsystems bezogen auf den Rechungslegungsprozess zu berichten. Diese Berichterstattungspflicht ist im Beispiel gegeben.

Literaturhinweise

INSTITUT DER WIRTSCHAFTSPRÜFER IN DEUTSCHLAND E.V. (IDW; HRSG.) (2009): IDW Prüfungsstandards, IDW Stellungnahmen zur Rechnungslegung, Bd. I, Stand: 28. Ergänzungslieferung Februar 2009, Düsseldorf.

INTERNATIONAL FEDERATION OF ACCOUNTANTS (IFAC; HRSG.) (2009): Handbook of International Standards on Auditing and Quality Control, 2009 Edition, New York.

KÄMPFER, G./SCHMIDT, S. (2009): Die Auswirkungen der neueren Prüfungsstandards auf die Durchführung von Abschlussprüfungen, in: WPg, 71. Jg., S. 47–53.

LINK, R./GIESE, A./KUNELLIS, A. (2008): Geschäftsrisikoorientierte Prüfung des Konzernabschlusses: neue Anforderungen und Handlungsspielräume bei einer Prüfung nach ISA 600, in: BB, 63. Jg., S. 378–382.

RUHNKE, K. (2006a): Prüfung von Jahresabschlüssen nach internationalen Prüfungsnormen, in: DB, 59. Jg., S. 1169–1175.

RUHNKE, K. (2006b): Abschlussprüfung und das neue Aussagen-Konzept der IFAC: Darstellung, Beweggründe und Beurteilung, in: WPg, 59. Jg., S. 366–375.

RUHNKE, K. (2007a): Geschäftsrisikoorientierte Prüfung von IFRS-Abschlüssen, in: KoR, S. 155–166.

RUHNKE, K. (2007b): Besonderheiten der Prüfung von Konzernabschlüssen – Darstellung und Analyse des Proposed ISA 600RR unter besonderer Berücksichtigung einer geschäftsrisikoorientierten Prüfung, in: WPg, 60. Jg., S. 447–458.

Verzeichnis der Rechtsquellen

Entwurf eines Gesetzes zur Modernisierung des Bilanzrechts (Bilanzrechtsmodernisierungsgesetz – BilMoG), Deutscher Bundestag, Drucksache (Drs) 16/10067 vom 30.07.2008.

Gesetz zur Modernisierung des Bilanzrechts (Bilanzrechtsmodernisierungsgesetz – BilMoG), Bundesrat Drucksache (Drs) 270/09 vom 27.03.2009.

Satzung der Wirtschaftsprüferkammer über die Rechte und Pflichten bei der Ausübung der Berufe des Wirtschaftsprüfers und des vereidigten Buchprüfers (Berufssatzung für Wirtschaftsprüfer/vereidigte Buchprüfer – BS WP/vBP), Stand 20.02.2008.

Verordnung (EG) Nr. 1606/2006 des Europäischen Parlaments und des Rates vom 19. Juli 2002 betreffend die Anwendung internationaler Rechnungslegungsstandards, Amtsblatt der Europäischen Gemeinschaften, L243, S. 1–4.

Michael Olbrich

4.7 IFRS und Unternehmungsbewertung

Wertbegriff

Gemäß der von HERMANN HEINRICH GOSSEN und CARL MENGER begründeten *subjektiven Wertlehre* resultiert der Wert eines Gutes aus dem Grenznutzen, den es einem Individuum zu stiften vermag. Da die Bewertung darüber hinaus auf einem Vergleich des betrachteten Gegenstandes mit denkbaren Alternativen beruht, ist unter dem Begriff des „Wertes" eines Gutes grundsätzlich eine Objekt-Subjekt-Objekt-Beziehung zu verstehen: Sie drückt aus, welchen Nutzen das betrachtete Gut – das Bewertungsobjekt – einem bestimmten Individuum – dem Bewertungssubjekt – im Hinblick auf ein Vergleichsobjekt gewähren kann. Die Wertfindung ist somit stets subjektbezogen, da sie sowohl von der Zielsetzung als auch dem Entscheidungsfeld des Bewertungssubjektes abhängt: So resultiert der Nutzen eines Gutes aus dem Grad, in dem es zur Erfüllung der individuellen Ziele des Bewertungssubjektes beiträgt, und die Wahl des Vergleichsobjektes ergibt sich aus den jeweiligen Handlungsmöglichkeiten, die dem Bewertungssubjekt offenstehen.

> Handelt es sich bei dem Bewertungsobjekt um eine Unternehmung, so ergibt sich ihr Wert folglich aus dem Nutzenausmaß, das sich das Bewertungssubjekt bezogen auf ein Vergleichsobjekt aus ihrem Eigentum verspricht.

Da den weiteren Ausführungen ein Eigentümer zugrunde gelegt werden soll, der nach Gewinnmaximierung strebt, ergibt sich der Nutzen der Unternehmung aus dem Grad, in dem diese ihrem Eigner die Realisierung dieser finanziellen Zielsetzung ermöglicht.

Funktionen der Unternehmungsbewertung

Entscheidungsfunktion

„Der Zweck bestimmt die Rechnung" – dieser Grundsatz, der spätestens durch die Arbeiten SCHMALENBACHS breiten Eingang in die Betriebswirtschaftslehre gefunden hat, gilt uneingeschränkt auch für Bewertungsvorgänge. So hat sich die Wertfindung stets an der jeweiligen Funktion, das heißt an der Zielsetzung zu orientieren, die mit ihr verfolgt werden soll. Eine derartige zweckorientierte Bewertung unterscheidet dabei insbesondere drei Hauptfunktionen, und zwar die (auch als Beratungsfunktion bezeichnete) Entscheidungsfunktion, die Vermittlungsfunktion und die Argumentationsfunktion.

Im Rahmen der Entscheidungsfunktion gilt es, „für eine an einer bestimmten Disposition über die zu bewertende Unternehmung interessierte Partei die Grenze ihrer Konzessionsbereitschaft zu ermitteln"[1]. Der dabei bestimmte Wert stellt den Entscheidungswert der betreffenden Partei im Hinblick auf die betrachtete Unternehmung dar.

> Der Entscheidungswert zeigt dem Bewertungssubjekt bei gegebenem Entscheidungsfeld und gegebenem Zielsystem, unter welchem Komplex von Bedingungen die Realisation einer vorgesehenen Handlung – z. B. der Kauf oder Verkauf einer Unternehmung – den ohne diese Handlung erreichbaren Grad der Zielerfüllung gerade noch nicht mindert.

Der Entscheidungswert weist damit folglich vier charakteristische Merkmale auf: Er stellt eine kritische Größe dar (*Merkmal des Grenzwertes*) und wird in Bezug auf eine bestimmte vorgesehene Handlung ermittelt (*Merkmal der Handlungsbezogenheit*); darüber hinaus bezieht sich der Entscheidungswert auf ein bestimmtes Entscheidungssubjekt und dessen Zielsystem (*Merkmal der Subjekt- und Zielsystembezogenheit*) und gilt lediglich im Hinblick auf die zur betrachteten Handlung als Alternativen bestehenden Entscheidungsmöglichkeiten (*Merkmal der Entscheidungsfeldbezogenheit*). Ist allein die Höhe des zu zahlenden Preises für die Änderung der Eigentumsverhältnisse der betreffenden Unternehmung von Bedeutung, wovon im Folgenden ausgegangen werden soll, so entspricht der Entscheidungswert dem Grenzpreis des Bewertungssubjektes, das heißt demjenigen Preis, den der Unternehmungskäufer gerade noch zahlen kann und den der Unternehmungsverkäufer mindestens erhalten muss, wenn er durch die interessierende Transaktion keinen Nachteil hinnehmen möchte.

Arbitriumfunktion

Im Rahmen der *Vermittlungsfunktion* ist es die Aufgabe des Bewerters, als Schiedsgutachter zwischen in Bezug auf den Unternehmungswert konfligierenden Parteien unparteiisch zu vermitteln, um so einen Interessenausgleich zwischen ihnen zu bewirken oder zumindest zu erleichtern.

> Der aufgrund dieser Zielsetzung vom Schiedsgutachter bestimmte Arbitrium-, Schiedsspruch- oder Vermittlungswert soll einen Kompromiss darstellen, der für alle Konfliktparteien zumutbar ist.

Dies setzt zunächst voraus, dass ein Einigungsbereich zwischen ihnen existiert, also die Grenze der Konzessionsbereitschaft des präsumtiven Käufers der Unternehmung über der des Verkäufers liegt. Der Arbitriumwert muss dann durch den Schiedsgutachter folglich innerhalb dieses Einigungsbereiches positioniert werden und ist dabei so zu wählen, dass die Differenz zwischen den unterschiedlichen Entscheidungswerten gerecht auf die konfligierenden Parteien aufgeteilt wird.

---

[1] SIEBEN (1976), S. 492.

4.7 IFRS und Unternehmungsbewertung

Deutlich wird vor dem Hintergrund der Entscheidungs- und Vermittlungsfunktion damit das Verhältnis zwischen dem *Wert* und dem *Preis* der Unternehmung: Sowohl der präsumtive Verkäufer als auch der Käufer messen dem Betrieb ihren jeweiligen Entscheidungswert bei. Liegt jener des Käufers über jenem des Verkäufers, besteht also ein Einigungsbereich, stellt sich der von den Parteien in der Verhandlung vereinbarte Preis als Größe dar, die zwischen diesen Entscheidungswerten liegt. Es handelt sich bei dem Preis dementsprechend um jenen Arbitriumwert, auf den sich Verkäufer und Käufer im Hinblick auf den Eigentumsübergang der Unternehmung geeinigt haben. Dies macht zugleich deutlich, dass der Arbitriumwert keineswegs nur mit Hilfe eines Schiedsgutachters gefunden werden kann: Fehlt ein solcher Gutachter, bildet sich der Arbitriumwert schlicht als Ergebnis der Verhandlung beider Transaktionsparteien.

Argumentationsfunktion

Im Rahmen der neben Entscheidungs- und Schiedsfunktion als drittem Hauptzweck der Bewertung anzuführenden *Argumentationsfunktion* obliegt es dem Bewerter, für eine bestimmte Konfliktpartei Unternehmungswerte zu ermitteln, die diese gezielt einsetzen kann, um ein für sie im Hinblick auf die Bedingungen des Eigentumsübergangs der Unternehmung günstiges Verhandlungsergebnis zu erreichen. Derartige Argumentationswerte dienen der sie anwendenden Partei folglich dazu, ihre eigene Verhandlungsposition zu verbessern und die der Gegenpartei entsprechend zu schwächen.

> Ziel der Bewertung im Rahmen der Argumentationsfunktion ist es, den interessierenden Eigentumsübergang zu Konditionen zu realisieren, die möglichst nah an der Konzessionsgrenze der Gegenseite und entsprechend fern vom eigenen Entscheidungswert liegen.

Um ihre Stellung in der Verhandlung zu ihren Gunsten auszubauen, offenbart die jeweilige Konfliktpartei daher der Gegenseite selbstverständlich nicht ihren tatsächlichen Grenzpreis, sondern teilt dem Verhandlungspartner vielmehr Argumentationswerte mit, die als vermeintliche Entscheidungswerte oder Arbitriumwerte präsentiert werden.

Vorgehen zur Ermittlung des Entscheidungswerts

Grundsätze der Unternehmensbewertung

Da ein Investor die Jahresabschlüsse der ihn interessierenden Unternehmung in der Regel studiert, um aus diesen Informationen zur Ermittlung des Entscheidungswertes zu gewinnen, stellt dieser Wert die für die weitere Analyse zentrale Größe dar. Zu beachten sind bei der Ermittlung des Entscheidungswertes insbesondere drei Bewertungsgrundsätze: der Grundsatz der Gesamtbewertung, der Grundsatz der Zukunftsbezogenheit und der Grundsatz der Subjektivität.

> Der *Grundsatz der Gesamtbewertung* besagt, dass im Rahmen der Unternehmungsbewertung nicht die Summe der Einzelwerte der im Betrieb vorhandenen Vermögensteile bestimmt wird, sondern vielmehr der Gesamtwert der Unternehmung als wirtschaftlicher Einheit.

Dieser Gesamtwert ist regelmäßig nicht identisch mit der Summe der betrieblichen Einzelwerte, denn die „Unternehmung weist als ein nach einem einheitlichen Organisationsplan wirtschaftendes soziales Gebilde eine Ganzheitsstruktur auf"[2], so dass aus dem Zusammenwirken der einzelnen Betriebskomponenten Kombinationseffekte entstehen, die zu einer positiven oder negativen Differenz zwischen dem Gesamtwert und der Einzelwertsumme führen.

> Der *Grundsatz der Zukunftsbezogenheit* verlangt, dass allein die in der Zukunft aus der Unternehmung resultierenden Zahlungsströme in die Bestimmung des Entscheidungswertes einfließen.

Dies ist notwendig, weil allein die zukünftigen Nettoentnahmen für den Unternehmungseigner von Nutzen sind; vergangene betriebliche Erfolge sind im Hinblick auf seine Zielerfüllung dagegen bedeutungslos. Die Ermittlung des Entscheidungswertes ist daher stets mit dem Problem der Unsicherheit verbunden, denn dem Bewertenden ist es in aller Regel unmöglich, die in der Zukunft liegenden ökonomischen Einflussfaktoren und damit die aus der Unternehmung fließenden Zahlungsströme genau vorauszusehen.

> Der *Grundsatz der Subjektivität* beinhaltet die bereits geschilderten Prinzipien der Zielsystem- und Entscheidungsfeldbezogenheit der Wertermittlung.

Neben den von dem Bewertungssubjekt für möglich gehaltenen Zahlungsströmen ist unter anderem auch der zur Diskontierung der zukünftigen Erfolge verwendete Zinsfuß subjektbezogen, denn er ergibt sich aus den individuellen Gegebenheiten des Entscheidungsfeldes des Bewertungssubjektes. Selbstverständlich verlangt der Grundsatz der Subjektivität des Weiteren, die Steuerbelastung des Bewertungssubjektes in die Wertermittlung einfließen zu lassen. Neben der Berücksichtigung der Ertragbesteuerung im Kalkulationszins bedürfen daher ebenfalls die prognostizierten Zukunftserfolge einer Korrektur um die durch den Unternehmungseigner zu entrichtenden Steuerzahlungen.

Der Entscheidungswert ist des Weiteren insofern subjektbezogen, als die in seine Ermittlung eingehenden Zahlungsströme von der jeweiligen zukünftigen Geschäftspolitik des Investors abhängig sind. Falls dieser gedenkt, eine Beteiligung an der ihn interessierenden Gesellschaft in einer Größe zu erwerben, die ihm die unternehmerische Leitungsmacht ermöglicht, legt er der Erfolgsprognose selbstverständlich seine eigenen, zukünftigen Fortführungs- oder Zer-

---

[2] MÜNSTERMANN (1966), S. 18.

schlagungsplanungen zugrunde. Nicht zuletzt verlangt der Grundsatz der Subjektivität auch, bei der Prognose der zukünftigen Zahlungsströme Synergieeffekte zu beachten, also – aus der Sicht eines Käufers, der mindestens eine weitere Unternehmung in seinem Portefeuille hält oder der selbst eine Unternehmung darstellt, wie beispielsweise eine Konzernobergesellschaft – jene Erfolgsmehrungen oder Erfolgsminderungen in den Entscheidungswert einfließen zu lassen, die sich aus der Zusammenführung des Bewertungsobjektes und der anderen Unternehmung ergeben.

Investitionstheoretisches Partialmodell

Das investitionstheoretische Partialmodell des *Zukunftserfolgswerts* stellt eine spezielle Art der Entscheidungswertermittlung dar, die für jene Bewertungssubjekte zweckmäßig ist, die – wie der hier betrachtete Investor – ausschließlich finanzielle Ziele in Form einer Maximierung der Einzahlungsüberschüsse anstreben. Um eine Partialbetrachtung handelt es sich dabei insofern, als nicht das vollständige Entscheidungsfeld des Bewertungssubjektes explizit betrachtet, sondern das Bewertungsobjekt allein mit der vermuteten besten Alternativinvestition verglichen wird.

> Unter dem Zukunftserfolgswert versteht man im Partialmodell den Ertragswert der Zahlungsüberschüsse, die die Unternehmung ihrem Eigentümer in der Zukunft verspricht.

Der dabei Verwendung findende Diskontsatz ist der endogene Grenzzins des Bewertungssubjekts, das heißt die interne Rendite der an Stelle des Unternehmungskaufs besten Alternativverwendung der finanziellen Mittel von Seiten des Investors.[3] Bei einer endlichen Haltedauer des Betriebes über die Perioden $t \in \{1, 2, ..., T\}$, einem steuerkorrigierten Kalkulationszins i und steuerkorrigierten Zahlungsüberschüssen in der Periode t in Höhe von g_t ergibt sich der Zukunftserfolgswert ZEW aus:

$$ZEW = \sum_{t=1}^{T} g_t \cdot (1+i)^{-t}$$

Unter den Prämissen einer unendlichen Lebensdauer der Unternehmung und gleichbleibender steuerkorrigierter Zahlungsüberschüsse g ergibt sich daraus die kaufmännische Kapitalisierungsformel:

$$ZEW = \frac{g}{i}$$

---

[3] Voraussetzung für die Anwendung des Zukunftserfolgswertverfahrens ist folglich, dass der Investor seine beste Alternativverwendung kennt. Ist dies nicht der Fall, weil das Investitions- und Finanzierungsprogramm zu komplex ist, muss statt des Partialmodells ein Totalmodell zur Anwendung kommen. Vgl. eingehend *HERING* (2006).

Aufgabe 1

Die Rechenwerke „IFRS-Abschluss" und „Unternehmungsbewertung" besitzen unterschiedliche Blickrichtungen. Bitte erläutern Sie, was damit gemeint ist und was dies für die Nutzung des IFRS-Abschlusses zu Unternehmungsbewertungszwecken bedeutet!

Aufgabe 2

Bitte führen Sie aus, welche weiteren Aspekte – neben den in Lösung 1 erläuterten unterschiedlichen „Blickrichtungen" – den Nutzen des IFRS-Abschlusses für die Unternehmungsbewertung einschränken!

Aufgabe 3

In den Lösungen zu den Aufgaben 1 und 2 haben Sie herausgearbeitet, dass der Informationsgehalt des IFRS-Abschlusses für Zwecke der Unternehmungsbewertung begrenzt ist. Skizzieren Sie bitte kurz die Konsequenzen, die sich daraus für den Investor ergeben!

Aufgabe 4

Der Themenkomplex „IFRS und Unternehmungsbewertung" lässt sich neben der Interpretation als „Verwendung von IFRS-Daten für die Unternehmungsbewertung" auch anders deuten, nämlich als „Verwendung von Erkenntnissen der Unternehmungsbewertungstheorie zur Generierung von IFRS-Daten". Bitte stellen Sie dar, welche IFRS-Regeln dringend eines bewertungstheoretischen Fundaments bedürfen!

Lösung 1

Der IFRS-Jahresabschluss will Auskunft über die Vermögens-, Finanz- und Ertragslage des abgeschlossenen Wirtschaftsjahres geben. Die Unternehmungsbewertung hingegen ist, wie oben erläutert, vom Grundsatz des Zukunftsbezugs geprägt. Legt die Unternehmung, für die sich der Investor interessiert, IFRS-Abschlüsse vor, so sollten diese im Rahmen einer Unternehmungsbewertung freilich dennoch berücksichtigt werden:

1. Beachtung verdient der IFRS-Abschluss von Seiten des Bewertungssubjekts zum einen, weil er trotz seiner erheblichen Vergangenheitsorientierung durchaus auch Informationen bereithält, die einen Zukunftsbezug aufweisen und daher für die Unternehmungsbewertung von Interesse sind. So zeigen zum Beispiel die Rückstellungen zukünftig auf die Unternehmung zukommende Belastungen auf, und die Rücklagen lassen Rückschlüsse auf thesaurierte (und damit zukünftig ausschüttbare) Mittel der Gesellschaft zu. Auch die Zusammensetzungen der Aktivseite (Vermögensstruktur) und Passivseite (Verschuldungsgrad) geben dem Bewertungssubjekt hilfreiche Hinweise für die Bewertung, z. B. in Be-

4.7 IFRS und Unternehmungsbewertung

zug auf die Liquidierbarkeit von Vermögen und die zu erwartenden zukünftigen Belastungen in Form des Schuldendienstes.

2. Zum anderen sind auch die Vergangenheitsgrößen selbst interessant, wie z. B. die Jahresüberschüsse der letzten Perioden, da sie vom Bewertungssubjekt dazu benutzt werden können, Extrapolationen durchzuführen und damit Prognosen zu entwickeln oder auf ihre Plausibilität hin zu überprüfen. Beispielsweise sollte eine optimistische, Gewinn versprechende Unternehmungsplanung des Verkäufers insbesondere dann von Seiten des Bewertungssubjekts äußerst kritisch hinterfragt werden, wenn die in Rede stehende Unternehmung bis zum Bewertungsstichtag ausschließlich Verluste vorweisen kann.

Lösung 2

Eingeschränkt wird der Nutzen des IFRS-Abschlusses für Bewertungszwecke des Weiteren durch die Ausgestaltung der Rechnungslegungsregeln des IASB sowie die Art und den Verwendungszweck dieses Rechenwerks:

1. Die vom IASB erlassenen Regeln der Rechnungslegung führen dazu, dass die Darstellung der Unternehmung im Abschluss häufig bilanzpolitisch bedingten Verzerrungen unterliegt. So kann es unter anderem sein, dass die in den vergangenen Perioden dargestellte Erfolgslage systematisch zu optimistisch wiedergegeben wurde, weil z. B. die in den IFRS bestehenden erheblichen Ermessensspielräume im Rahmen der Zeitwert- und Nutzungswertbemessung (z. B. IAS 36, 39, 40), der Bilanzierung von Fertigungsaufträgen (IAS 11) oder der Aktivierung von Entwicklungskosten (IAS 38) zur „Aufblähung" des Gewinns genutzt wurden. Derartige Gestaltungsmöglichkeiten der bilanzierenden Unternehmung – die im übrigen in scharfem Kontrast zu dem vom IASB postulierten Informationszweck des Abschlusses stehen – erschweren es dem Bewertungssubjekt folglich, auf Basis der ausgewiesenen Jahresüberschüsse eine realistische Ausschüttungsprognose vorzunehmen.

2. Hinzu kommt das Problem, dass die in Deutschland publizierten IFRS-Abschlüsse in aller Regel Konzernabschlüsse sind, denn lediglich börsennotierte Konzerne sind in Deutschland verpflichtet, ihren Konzernabschluss nach den Regeln des IASB zu erstellen. Problematisch ist dies aus Sicht der Unternehmungsbewertung deswegen, weil der Konzernabschluss in Deutschland nicht der Ausschüttungsbemessung dient; dieser Zweck wird allein durch den Einzelabschluss verfolgt. Da es bei der Entscheidungswertermittlung um die Prognose jener Überschüsse geht, die tatsächlich von der Unternehmung an den Eigentümer fließen, ist ihre Extrapolation auf Basis von Konzernabschlussdaten also aufgrund der mangelnden Ausschüttungsbemessungsrelevanz des Konzernabschlusses nur mit Einschränkungen sinnvoll.

3. Selbst wenn von Seiten des Bewertungsobjektes ein IFRS-Einzelabschluss vorgelegt wird, kann dieser nur unter Vorbehalt zur Erfolgsprognose herangezogen werden, da in Deutschland nicht der IFRS-, sondern der HGB-Einzelabschluss maßgeblich für die Ausschüttungsbemessung ist.

4. Nicht zuletzt ist der zukünftige, von der Unternehmung an das Bewertungssubjekt fließende Ausschüttungsstrom abhängig von der Macht dieses Bewertungssubjekts in der Hauptversammlung. Plant der Investor, ein Anteilspaket zu kaufen, das ihm den Einfluss auf die Geschäftsführung der Unternehmung eröffnet, wird er seiner Zahlungsstromprognose nicht die Jahresabschlussdaten der Vergangenheit, sondern seine avisierte neue Geschäftsführungs- und Ausschüttungsstrategie zugrunde legen.

Lösung 3

Handelt es sich bei dem Bewertungssubjekt um einen *Kleinanleger*, wird dieser seine aus dem IFRS-Konzernabschluss gewonnenen Daten um jene Informationen ergänzen, die darüber hinaus öffentlich zugänglich sind. An erster Stelle ist hierbei der Einzelabschluss nach HGB zu nennen, der aufgrund seiner bereits in Lösung 2 erwähnten Ausschüttungsbemessungsfunktion von besonderem Interesse für den Aktionär ist. Darüber hinaus wird das Bewertungssubjekt versuchen, die Daten des externen Rechnungswesens um zusätzliche Informationen zu ergänzen, die entweder die Unternehmung bereitstellt, z. B. im Rahmen von Geschäftsberichten, oder von dritter Seite abgegeben werden, wie u. a. in Form von Verlautbarungen von Wettbewerbern, Lieferanten, Kunden oder der Wirtschaftspresse.

In einer weitaus einflussreicheren Position befindet sich hingegen der *Großinvestor*: Er muss sich nicht auf öffentlich zugängliche Informationen beschränken, sondern wird darauf drängen, sich ein eigenes Bild von den unternehmerischen Interna machen zu können. Zu diesem Zweck wird er das Bewertungsobjekt in aller Regel einer rund zweiwöchigen Betriebsanalyse („due diligence") unterziehen, in deren Verlauf er die Vermögens-, Finanz- und Ertragslage der Gesellschaft im Rahmen eigener Untersuchungen der betrieblichen Abläufe und Strukturen beurteilt. Eine derartige Informationsgewinnung geht dabei über die Jahresabschlussanalyse hinaus, insbesondere im Hinblick auf den Zukunftsbezug, und unterliegt weitgehend keiner bilanzpolitischen Beeinträchtigung.

Lösung 4

Einer bewertungstheoretischen Fundierung bedürfen die IFRS-Regeln insbesondere hinsichtlich der Wertgrößen „beizulegender Zeitwert" („fair value") und „Nutzungswert" („value in use"). Der *beizulegende Zeitwert* kommt in einer Vielzahl unterschiedlicher Standards als Maßstab der Bilanzierung der Höhe nach zum Einsatz, wie, um nur einige Beispiele zu nennen, in IAS 16 (Sachanlagen), IAS 38 (Immaterielle Vermögenswerte), IAS 39 (Finanzinstrumente: Ansatz und Bewertung), IAS 40 (Als Finanzinvestition gehaltene Immobilien) und IAS 41 (Landwirtschaft). Definiert wird er in den jeweiligen Standards als, so z. B. IAS 40.5, „der Betrag, zu dem ein Vermögenswert zwischen sachverständigen, vertragswilligen und voneinander unabhängigen Geschäftspartnern getauscht werden könnte". Angenommen wird dabei des Weiteren, dass der Verkauf freiwillig vonstatten geht, die bilanzierende Unternehmung also nicht unter einem wie auch immer gearteten Veräußerungszwang steht (so bspw. IAS 40.43). Wenngleich die Methoden zur Berechnung des Zeitwerts sich je nach Standard teilweise in bestimmten Facetten unterscheiden, lässt sich doch ein allgemeines

4.7 IFRS und Unternehmungsbewertung

Grundkonzept der Ermittlung erkennen. Es besteht aus vier Stufen, wobei eine nachgelagerte Stufe nur dann beschritten wird, wenn die ihr jeweils vorgelagerte Stufe keine Zeitwertbestimmung leisten konnte. Danach sollen zur Ermittlung des „fair value" sukzessive Preise auf einem „aktiven Markt", sachliche Vergleichspreise, zeitliche Vergleichspreise oder sogenannte „andere Verfahren" herangezogen werden. Während diverse Standards, z. B. IAS 38.41b, IAS 39.AG74, IAS 40.46c, in Bezug auf die „anderen Verfahren" explizit „discounted cash flow"-Ansätze ins Feld führen, stellt z. B. IAS 41.20 allgemeiner auf Barwertmethoden ab. IAS 39.AG74 erwähnt im übrigen auch Optionspreismodelle als mögliche Bewertungsverfahren.

Ein bewertungstheoretisches Fundament benötigt das „fair value accounting" der IFRS insofern, als das IASB dem Irrtum aufsitzt, der Zeitwert ließe sich mit Hilfe der genannten vier Stufen als quasi objektiver Marktwert bestimmen. Eine solche Größe existiert freilich nur in der idealisierten Modellwelt des vollkommenen Marktes. In der Realität hingegen wird die bilanzierende Unternehmung freiwillig nur zu einem solchen Preis verkaufen, der ihr Entscheidungswertkriterium nicht verletzt. Ermittelt werden müßte der „fair value" daher anhand der Modelle, die den Entscheidungswert der betreffenden Vermögensposition bestimmen. Der in der Bilanz anzusetzende Zeitwert kann dann diesem Entscheidungswert entsprechen oder ihn, im Sinne eines höheren Arbitriumwerts, übersteigen.

Der *Nutzungswert* ist Bestandteil des Niederstwerttests gemäß IAS 36, der der Bemessung außerplanmäßiger Abschreibungen des Anlagevermögens dient. Dabei wird der Buchwert der Vermögensposition mit ihrem sogenannten „erzielbaren Betrag" verglichen; übersteigt ersterer letzteren, erfolgt eine Abschreibung in Höhe der Differenz zwischen beiden Größen (IAS 36.59). Ermittelt wird der erzielbare Betrag des betrachteten Gutes, indem sowohl sein fiktiver Preis bei einem freiwilligen Verkauf abzüglich der Veräußerungskosten („fair value less costs to sell") als auch sein Nutzungswert („value in use") bestimmt werden. Es folgt ein Vergleich beider Wertgrößen; die höhere der beiden stellt den erzielbaren Betrag dar, IAS 36.18. Um den Nutzungswert zu ermitteln, werden zum einen die Zahlungsüberschüsse, die die Unternehmung aus der Vermögensposition in der Zukunft voraussichtlich zu erzielen vermag, prognostiziert (IAS 36.33–43). Die Erfolgsschätzung muss dabei allerdings auf Basis des derzeitigen Zustands des Vermögens erfolgen; Überschüsse aufgrund einer Umstrukturierung der Unternehmung oder einer Verbesserung der Erfolgskraft der Vermögensposition dürfen gemäß IAS 36.44 nicht einbezogen werden. Auf die Gegenwart diskontiert werden sollen die Überschüsse mit einem Zinssatz vor Steuern (IAS 36.55), „der die gegenwärtigen Markteinschätzungen des Zinseffektes und die speziellen Risiken eines Vermögenswertes widerspiegelt" (IAS 36.56). Ist ein solcher Zinssatz nicht unmittelbar am Markt ablesbar, so soll er geschätzt werden; als Ausgangspunkte der Schätzung verlangt IAS 36.A17, „die durchschnittlich gewichteten Kapitalkosten des Unternehmens, die mithilfe von Verfahren wie dem Capital Asset Pricing Model bestimmt werden können [...], den Zinssatz für Neukredite des Unternehmens [...] [oder] andere marktübliche Fremdkapitalzinssätze" heranzuziehen. IAS 36.A19 betont in Ergänzung dazu: „Der Abzinsungssatz ist unabhängig von der Kapitalstruktur des Unternehmens und von der Art und Weise, wie das Unternehmen den Kauf des Vermögenswertes finanziert, weil die künftig erwarteten Cashflows aus dem Vermögenswert nicht von der Art und Weise abhängen, wie das Unternehmen den Kauf des Vermögenswertes finanziert hat".

Auch die von Seiten des IASB postulierten Regeln zur Bestimmung des Nutzungswertes bedürfen einer Überarbeitung auf Basis der Bewertungstheorie. So ist aus Sicht des Grundsatzes des Subjektbezugs nicht nachvollziehbar, warum Überschüsse aus unternehmerischen Umstrukturierungen nicht in die Bewertung eingehen dürfen. Auch das Ausblenden steuerlicher Effekte und das Ansetzen eines Zinssatzes ohne Bezug zum individuellen Investitions- und Finanzierungsprogramm des bilanzierenden Unternehmens stellen gravierende Verstöße gegen diesen Grundsatz dar.

Literaturhinweise

BRÖSEL, G. (2008): „Impairment Only Approach" nach IFRS – Probleme und Lösungsansätze, in: HERING, T./KLINGELHÖFER, H. E./KOCH, W. (Hrsg.), Unternehmungswert und Rechnungswesen, Festschrift für Manfred Jürgen Matschke, Wiesbaden, S. 229–250.

BRÖSEL, G./MÜLLER, S. (2007): Goodwillbilanzierung nach IFRS aus Sicht des Beteiligungscontrollings, in: KoR, 7. Jg., S. 34–42.

HERING, T. (2006): Unternehmensbewertung, 2. Aufl., München/Wien.

MATSCHKE, M. J./BRÖSEL, G. (2007): Unternehmensbewertung, 3. Aufl., Wiesbaden.

MOXTER, A. (1983): Grundsätze ordnungsmäßiger Unternehmensbewertung, 2. Aufl., Wiesbaden.

MÜNSTERMANN, H. (1966): Wert und Bewertung der Unternehmung, Wiesbaden.

OLBRICH, M. (2006): Wertorientiertes Controlling auf Basis des IAS 36?, in: KoR, 6. Jg., S. 43–44.

OLBRICH, M. (2006): Nochmals: zur Fragwürdigkeit eines wertorientierten Controllings auf Basis des IAS 36, in: KoR, 6. Jg., S. 685–687.

OLBRICH, M. (2008): Manfred Jürgen Matschke und die Zeitwertbilanzierung nach IFRS, in: HERING, T./KLINGELHÖFER, H. E./KOCH, W. (Hrsg.), Unternehmungswert und Rechnungswesen, Festschrift für Manfred Jürgen Matschke, Wiesbaden, S. 211–228.

OLBRICH, M./BRÖSEL, G. (2007): Inkonsistenzen der Zeitwertbilanzierung nach IFRS: Kritik und Abhilfe, in: DB, 60. Jg., S. 1543–1548.

SCHULT, E./BRÖSEL, G. (2008): Bilanzanalyse, 12. Aufl., Berlin.

SIEBEN, G. (1976): Der Entscheidungswert in der Funktionenlehre der Unternehmungsbewertung, in: BFuP, 28. Jg., S. 491–504.

Autoren des Bandes

„Manch ehrbarer deutscher Kaufmann,
der mit dem Vorsichtsprinzip und steuersparenden Abwertungen groß geworden ist,
empfindet die unzüchtige Bloßstellung intimer Unternehmensdaten als
Paradigmenwechsel, vor dem er schamhaft die Augen schließen möchte.
Die Umstellung auf die neuen Rechnungslegungsgrundsätze ist immerhin
so zeitaufwändig und kostspielig, dass zu befürchten ist,
dass in vielen Unternehmen die banalen betrieblichen Funktionen
wie Beschaffung, Produktion oder Absatz verkümmern
und eines Tages außer Rechnungslegung nur noch
wenige Sodbrennereien oder Erbsenzählwerke betrieben werden."

SEBASTIAN HAKELMACHER

(Geleitwort, in: BRÖSEL, G./KASPERZAK, R. (Hrsg.),
Internationale Rechnungslegung, Prüfung und Analyse, München, Wien 2004, S. VI.)

ABÉE, STEPHAN: Dipl.-Kfm., geb. 1981; 2001–2006: Studium der Betriebswirtschaftslehre an der Universität Bremen; seit 2006: wissenschaftlicher Mitarbeiter am Lehrstuhl für Allgemeine Betriebswirtschaftslehre, Unternehmensrechnung und Controlling an der Universität Bremen (Univ.-Prof. Dr. *JOCHEN ZIMMERMANN*). *Arbeits- und Forschungsgebiete*: Internationale Rechnungslegung, Rechnungslegungsvergleichung, Staatlichkeit im Wandel, Kapitalmarktpublizität.

BIEG, HARTMUT: Univ.-Prof. Dr. rer. oec., geb. 1944; Studium der Betriebswirtschaftslehre an der Universität des Saarlandes; wissenschaftlicher Mitarbeiter am Lehrstuhl für Betriebswirtschaftslehre, insbesondere Betriebswirtschaftliche Steuerlehre und Revision und Treuhandwesen an der Universität des Saarlandes (Univ.-Prof. Dr. Dr. h.c. mult. *GÜNTER WÖHE*) und Promotion 1976 (ausgezeichnet mit dem Dr. Eduard Martin-Preis für hervorragende Promotionsleistungen); 1982: Habilitation (gefördert durch ein Habilitationsstipendium der Deutschen Forschungsgemeinschaft); 1982–1983: Vertretung des Lehrstuhls für Betriebswirtschaftslehre, insbesondere Revisions- und Treuhandwesen, Universität des Saarlandes; 1984–1985: Inhaber des Lehrstuhls für Betriebswirtschaftslehre, insbesondere Rechnungswesen, Universität Kaiserslautern; seit 1985: Inhaber des Lehrstuhls für Betriebswirtschaftslehre, insbesondere Bankbetriebslehre, Universität des Saarlandes, Saarbrücken; 1991: Ruf an die Heinrich-Heine-Universität Düsseldorf auf den Lehrstuhl für Betriebswirtschaftslehre, insbesondere Investition und Finanzierung (abgelehnt); *BIEG* war Mitglied der Arbeitsgruppe Banken des DRSC und ist Studienleiter der Verwaltungs- und Wirtschaftsakademie Saarland e. V. *Arbeits- und Forschungsgebiete*: Rechnungslegung nach HGB und IFRS, insbesondere der Kredit- und Finanzdienstleistungsinstitute, Bankenaufsicht, Investition und Finanzierung.

BOECKER, CORINNA: Dr. rer. oec., Dipl.-Kffr., geb. 1977; 1997–2002: Studium der Betriebswirtschaftslehre an der Universität des Saarlandes, Saarbrücken; 2002–2008: wissenschaftliche Mitarbeit am Lehrstuhl für allgemeine Betriebswirtschaftslehre, insbesondere Wirtschaftsprüfung (Univ.-Prof. Dr. *KARLHEINZ KÜTING*), Forschungsgebiete: Einzelgesellschaftliche Rechnungslegung, Handelsrechtliche Jahresabschlussprüfung, Interne Revision; seit 2008 bei der Dr. Kleeberg & Partner GmbH WPG StBG (München/Stuttgart), unter anderem zuständig für den Bereich Corporate Governance/Risikomanagement sowie Fragen des nationalen und internationalen Bilanzrechts.

BRÖSEL, GERRIT: Univ.-Prof. Dr. rer. pol. habil., Dipl.-Kfm., Instandhaltungsmechaniker, Bankkaufmann, geb. 1972; Studium der Betriebswirtschaftslehre und Promotion 05/2002 an der Ernst-Moritz-Arndt-Universität Greifswald; 1998–2002: Prüfungsassistent und -leiter bei der Wirtschaftsprüfungsgesellschaft PwC Deutsche Revision; 2003–2007: Wissenschaftlicher Assistent am Fachgebiet für Allgemeine Betriebswirtschaftslehre, insbesondere Rechnungswesen und Controlling, der Technischen Universität Ilmenau; ebenda 05/2006: Habilitation und Erlangung der *venia legendi* für Betriebswirtschaftslehre; 2007: Ablehnung der Rufe an die Private Hanseuniversität Rostock und an die HTWK Leipzig; 2007–2009: Professor für Allgemeine Betriebswirtschaftslehre/Rechnungswesen an der Hochschule Magdeburg-Stendal (FH); seit 04/2009: Leiter des

Fachgebietes für Allgemeine Betriebswirtschaftslehre, insbesondere Rechnungswesen und Controlling, der Technischen Universität Ilmenau; seit 05/2009: (von der IHK zu Magdeburg) öffentlich bestellter und vereidigter Sachverständiger für Unternehmensbewertung. *Arbeits- und Forschungsgebiete:* Bilanzierung und Bilanzanalyse, Controlling, Unternehmensbewertung.

BUCHHEIM, REGINE: Prof. Dr. rer. pol., Dipl.-Kffr., Bankkauffrau, geb. 1968; Studium der Betriebswirtschaftslehre an der Freien Universität in Berlin und der Universität Antwerpen; 02/2001: Promotion an der Freien Universität Berlin; 1995–2001: wissenschaftliche Mitarbeiterin am Lehrstuhl für Rechnungslegung und Wirtschaftsprüfung an der Technischen Universität Berlin; 2001–2006: Projektmanagerin beim Deutschen Rechnungslegungs Standards Committee (DRSC); 2004–2007: Mitglied der Forschungsarbeitsgruppe „Management Commentary" des International Accounting Standards Board (IASB); seit 03/2006: Professorin für Betriebswirtschaftslehre, insbesondere Internationale Rechnungslegung an der Hochschule für Technik und Wirtschaft (HTW) Berlin. *Arbeits- und Forschungsgebiete:* Internationale Rechnungslegung, Lageberichterstattung, europäisches und nationales Bilanz- und Kapitalmarktrecht.

BUSCH, JULIA: Dipl.-Kffr., Bankkauffrau, geb. 1976; 1997–2002: Studium der Betriebswirtschaftslehre an der Universität des Saarlandes, Saarbrücken; 2002–2008: wissenschaftliche Mitarbeit am Lehrstuhl für allgemeine Betriebswirtschaftslehre, insbesondere Wirtschaftsprüfung (Univ.-Prof. Dr. *KARLHEINZ KÜTING*), Forschungsgebiete: Nationale und internationale Konzernrechnungslegung, Interne Revision; seit 2008 bei der Dr. Kleeberg & Partner GmbH WPG StBG (München/Stuttgart), unter anderem zuständig für den Bereich Konzernrechnungslegung sowie Fragen des nationalen und internationalen Bilanzrechts.

DARSOW, ERDMUTE: Dipl.-Hdl., geb. 1981; 2002–2008 Studium der Wirtschaftspädagogik an der Universität Rostock; seit 2008: wissenschaftliche Mitarbeiterin am Lehrstuhl ABWL: Unternehmensrechnung und Controlling an der Universität Rostock.

DUTZI, ANDREAS: PD Dr. rer. pol., Dipl.-Kfm., geb. 1973; 1993–1999: Studium der Betriebswirtschaftslehre an der Universität Mannheim und am Trinity College Dublin, Irland; 1999–2000: Projektmitarbeiter von Ernst & Young Wirtschaftsprüfungsgesellschaft, Stuttgart am Lehrstuhl für BWL, insbesondere Wirtschaftsprüfung und Treuhandwesen, Universität Mannheim; 2000–2009: Wissenschaftlicher Assistent an der Professur für BWL, insbesondere Wirtschaftsprüfung und Corporate Governance, Johann Wolfgang Goethe-Universität Frankfurt am Main; ebenda Promotion, Habilitation und Erlangung der *venia legendi* für Betriebswirtschaftslehre; seit 03/2009: Lehrstuhlinhaber für Betriebswirtschaftslehre und Unternehmensrechnung in Familienunternehmen an der Universität Witten/Herdecke. *Arbeits- und Forschungsgebiete:* Corporate Governance, Finanzierung, Rechnungswesen und Unternehmenssteuerung.

EISELT, ANDREAS: Dipl.-Kfm., geb. 1975; 1997–2001: Studium der Betriebswirtschaftslehre an den Universitäten Paderborn und Oldenburg; 2002–2003: Steuerberatungs- und Wirtschaftsprüfungsassistent bei einer mittelständischen Wirtschaftsprüfungsgesellschaft; seit 2003: wissenschaftlicher Mitarbeiter an der Professur für Betriebswirtschaftslehre/Rechnungswesen (Wirtschaftsprüfung und Controlling) der Universität Oldenburg (Univ.-Prof. Dr. *LAURENZ LACHNIT*/PD Dr. *KARSTEN PAETZMANN*).

FORST, CHRISTIAN: Dipl.-Wirtsch.-Inf., geb. 1981; Studium der Wirtschaftsinformatik an der Technischen Universität Ilmenau; 2006–2007: Hilfswissenschaftler an den Fachgebieten für Rechnungswesen/Controlling sowie Unternehmensführung der Technischen Universität Ilmenau; seit 2008: Unternehmensberater im Bereich Financial Services bei der Management- und Technologieberatung BearingPoint GmbH.

HACHMEISTER, DIRK: Univ.-Prof. Dr. rer. pol., Dipl.-Kfm., geb. 1963; 1985–1990: Studium der Wirtschaftswissenschaften an der Universität Hannover (Schwerpunkte „Revisions- und Treuhandwesen", „Betriebswirtschaftliche Besteuerung" sowie „Produktionswirtschaft"); 1991: Wissenschaftlicher Mitarbeiter an der Universität Hannover, Lehrstuhl für Wirtschaftsprüfung und Treuhandwesen; 1992–2000: Wissenschaftlicher Mitarbeiter an der Ludwig-Maximilians-Universität München, Lehrstuhl für Rechnungswesen und Prüfung; ebenda Promotion (1994) und Habilitation (2000); 2000–2003: Univ.-Prof. für Rechnungswesen an der Universität Leipzig; seit 2003: Leitung des Fachgebiets Rechnungswesen und Finanzierung an der Universität Hohenheim; Herausgeber der „Zeitschrift für Controlling & Management" und der „Zeitschrift für Internationale Rechnungslegung". *Arbeits- und Forschungsgebiete*: Unternehmensbewertung, wertorientierte Unternehmensführung, Konzernrechnungslegung, Bilanzierung von Finanzinstrumenten.

HAKELMACHER, SEBASTIAN: Sebastian Hakelmacher ist gelernter Wirtschaftsprüfer und Steuerberater. Nach 15-jähriger Prüfungs- und Beratungstätigkeit tobte er sich als CFO auf der Vorstandsetage international tätiger Konzerne aus. Hier lernte er den Managementbetrieb gründlich kennen und empfing sogar mehrmals die höheren Weihen eines Aufsichtsrates. Mit dem Erreichen des von ihm definierten optimalen Pensionierungszeitpunkts wechselte Sebastian Hakelmacher in den Unruhestand, um sich alten und neuen Problemen der Corporate Governance und der Rechnungslegung ausgiebiger widmen zu können. In seiner Freizeit beobachtet Sebastian Hakelmacher bunte Vögel und graue Kriechtiere innerhalb und außerhalb der artenreichen Unternehmenswelt.

HALLER, AXEL: Univ.-Prof. Dr. rer. pol. habil., Dipl.-Oec., geb. 1961; Studium der Betriebswirtschaftslehre und Promotion 01/1989 an der Universität Augsburg, Akad. Rat an der Universität Augsburg bis zur Habilitation und Erlangung der *venia legendi* für Betriebswirtschaftslehre in 07/1996; 09/1997–04/1999: Lehrstuhlvertretung an der Universität zu Köln, 04/1999–09/2004: Inhaber des Lehrstuhls für Unternehmensrechnung und Wirtschaftsprüfung an der Universität Linz; seit 10/2004 Inhaber des Lehrstuhls für Financial Accounting and Auditing an der Universität Regensburg; Leiter des Arbeitskreises „Immaterielle Werte im Rechnungswesen" der Schmalenbach Gesellschaft e. V. sowie Mitglied des Arbeitskreises „Externe Unternehmensrechnung" der Schmalenbach Gesellschaft e. V.; zahlreiche Gastprofessuren an ausländischen Universitäten sowie Mitgliedschaften in Herausgebergremien von nationalen und internationalen Zeitschriften. *Arbeitsgebiete:* nationale und internationale Rechnungslegung, Corporate Social Responsibility Reporting.

HANEBERG, LARS: Dipl.-Kfm., Industriekaufmann, geb. 1976; 1998–2003: Studium der Betriebswirtschaftslehre an der Universität Oldenburg sowie ESCP-EAP in Paris/Oxford/Berlin; seit 2007: wissenschaftlicher Mitarbeiter an der Professur für Betriebswirtschaftslehre/Rechnungswesen (Wirtschaftsprüfung und Controlling) der Universität Oldenburg (Univ.-Prof. Dr. LAURENZ LACHNIT/PD Dr. KARSTEN PAETZMANN).

HARTMANN, BERIT: Dipl.-Kffr., geb. 1980; 1999–2005: Studium der Betriebswirtschaftslehre an der Technischen Universität Berlin; 2005–2007: Accouting Advisor bei der KPMG AG Wirtschaftsprüfungsgesellschaft; seit 01/2008: Doktorandin an der Jönköping International Business School, Fachbereich Rechnungslegung und Finanzierung, Mitglied im Media Management and Transformation Centre. *Arbeits- und Forschungsgebiete*: Internationale Rechnungslegung in der Medienindustrie, Internes- und Externes Rechnungswesen.

HENSELMANN, KLAUS: Dr. rer. pol. habil., Dipl.-Kfm., CVA, geb. 1963; Univ.-Prof. für Rechnungswesen und Prüfungswesen an der Friedrich-Alexander-Universität Erlangen. *Arbeits- und Forschungsgebiete:* Nationale und internationale Rechnungslegung, Bilanzanalyse, Unternehmensbewertung, Prüfungswesen.

HINZ, MICHAEL: Univ.-Prof. Dr. rer. pol. habil., Dipl.-Ök., geb. 1962; Studium der Wirtschaftswissenschaft an der Ruhr-Universität Bochum; 1989–1994: wissenschaftliche Mitarbeit und Promotion an der FernUniversität Hagen am Lehrstuhl für Betriebswirtschaftslehre, insbesondere Steuer- und Prüfungswesen; 1994–2001: wissenschaftlicher Assistent am Lehrstuhl für Betriebswirtschaftslehre, insbesondere Steuer- und Prüfungswesen der FernUniversität Hagen; 2002: Habilitation und Erlangung der *venia legendi* für Betriebswirtschaftslehre; 2002–2008: freier Mitarbeiter einer Wirtschaftsprüfungsgesellschaft; 2003–2008: verschiedene Lehrstuhlvertretungen; seit 2008: Inhaber der Professur Betriebswirtschaftslehre – Internationale Rechnungslegung und Wirtschaftsprüfung an der Technische Universität Chemnitz. *Arbeits- und Forschungsgebiete*: Rechnungslegung, Rechnungslegungspolitik und -analyse, Wirtschaftsprüfung.

HÖFFKEN, CHRISTIAN: Dipl.-Bw. (FH), MBA, geb. 1975; 1999–2002: Studium der Betriebswirtschaftslehre an der Fachhochschule Düsseldorf; 2002–2008: Prokurist bei der Internationalen Kapitalanlagegesellschaft; 2006–2007: Dual Degree Masterstudiengang an der Düsseldorfer Business School und Heinrich Heine Universität Düsseldorf; seit 2008: Group Finance Grundsatzfragen Koordination bei der DZ BANK; seit 2008: Promotionsstudiengang an der Wirtschafts- und Sozialwissenschaftlichen Fakultät der Universität zu Köln.

HORN, CHRISTIAN: Dipl.-Kfm., geb. 1983; 2003–2008: Studium der Betriebswirtschaftslehre an der Universität Rostock; seit 2008: wissenschaftlicher Mitarbeiter am Lehrstuhl ABWL: Unternehmensrechnung und Controlling an der Universität Rostock. *Forschungsgebiete:* Interne und externe Unternehmensrechnung sowie Controlling.

KÄUFER, ANKE: Dr. rer. oec., Dipl.-Kffr., Bankkauffrau, geb. 1978; 1998–2003: Studium der Betriebswirtschaftslehre an der Universität des Saarlandes, Saarbrücken; 1999–2002: im Rahmen des Dualen Studiengangs Ausbildung zur Bankkauffrau, Sparkasse Saarbrücken; seit 2003: wissenschaftliche Mitarbeit und Promotion am Lehrstuhl für Betriebswirtschaftslehre, insbesondere Bankbetriebslehre (Univ.-Prof. Dr. *HARTMUT BIEG*).

KESSLER, HARALD: Dr. rer. oec., Dipl.-Kfm., geb. 1961; Studium der Betriebswirtschaftslehre an der Universität des Saarlandes, Saarbrücken; 1988–1998: wissenschaftlicher Mitarbeiter am Lehrstuhl für allgemeine Betriebswirtschaftslehre, insbesondere Wirtschaftsprüfung (Univ.-Prof. Dr. *KARLHEINZ KÜTING*); 1988–1990: Promotionsstipendium nach dem Landesgraduiertenförderungsgesetz; 1991: Promotion; seit 1992: freiberufliche Schulungs- und Beratungstätigkeit in betriebswirtschaftlichen und steuerrechtlichen Fragen; seit 2003: Partner der KLS Kessler Leinen Strickmann PartG für Beratung und Schulung in der Rechnungslegung, Köln. *Tätigkeitsschwerpunkte der Gesellschaft:* Virtuelle Grundsatzabteilung für Fragen der nationalen und internationalen Rechnungslegung; Erstellung von PPA-Gutachten; Unterstützung bei der Erstellung von Jahres- und Quartalsabschlüssen, Accounting Trainings für HGB und IFRS.

KIRSCH, HANNO: Prof. Dr. rer. pol., Dipl.-Kfm., geb. 1966; Studium der Betriebswirtschaftslehre und Promotion 06/1992 an der Universität Mannheim; 1992–1996: Referent bei der BASF AG; seit 11/1996: Professor für Controllingorientierte Unternehmensrechnung an der FH Westküste, Heide/Holst.; 1998: Prüfung zum Steuerberater; 2002: Prüfung zum CPA; 2000–2003: Prorektor der FH Westküste; 2003–2007: Rektor der FH Westküste; seit 2007: Präsident der FH Westküste. *Arbeits- und Forschungsgebiete:* Internationale Rechnungslegung, Steuern, Controlling.

KUßMAUL, HEINZ: Univ.-Prof. Dr. rer. oec., Dipl.-Kfm., geb. 1957; bis 1987 wissenschaftlicher Assistent bei Univ.-Prof. Dr. Dr. h. c. mult. *GÜNTER WÖHE* an der Universität des Saarlandes; ebenda 1983 Promotion mit einer Arbeit über Unternehmerkinder (ausgezeichnet mit dem Dr. Eduard Martin-Preis für hervorragende Promotionsleistungen) und 1987 Habilitation für das Fach „Betriebswirtschaftslehre" mit einer Arbeit über die Bilanzierung von Nutzungsrechten (gefördert durch ein Habilitationsstipendium der Deutschen Forschungsgemeinschaft); 1987–1989: Inhaber des Lehrstuhls für Betriebswirtschaftslehre, insbesondere Betriebliche Steuerlehre, an der Universität Bielefeld; 1989–1993: Inhaber des Lehrstuhls für Betriebswirtschaftslehre, insbesondere Finanzierung und Investition/Betriebswirtschaftliche Steuerlehre, an der Universität Kaiserslautern; 1993: Ablehnung des Rufes an die Johannes-Gutenberg-Universität Mainz und Annahme des Rufes auf den Lehrstuhl für Betriebswirtschaftslehre, insbesondere Betriebswirtschaftliche Steuerlehre an der Universität des Saarlandes; seit 1998 ist er dort zusätzlich Direktor des Instituts für Existenzgründung/Mittelstand; seit 2002 ebenso Direktor des Betriebswirtschaftlichen Instituts für Steuerlehre und Entrepreneurship;

2002: Ablehnung des Rufes an die Heinrich-Heine-Universität Düsseldorf; 2003–2005: Vizepräsident für Planung und Strategie der Universität des Saarlandes.

LEINEN, MARKUS: Dr. rer. oec., Dipl.-Kfm., geb. 1968; Studium der Betriebswirtschaftslehre an der Universität des Saarlandes, Saarbrücken; 1996–2002: wissenschaftlicher Mitarbeiter am Lehrstuhl für allgemeine Betriebswirtschaftlehre, insbesondere Wirtschaftsprüfung (Univ.-Prof. Dr. KARLHEINZ KÜTING); 2002: Promotion; seit 2003: Partner der KLS Kessler Leinen Strickmann PartG für Beratung und Schulung in der Rechnungslegung, Köln. *Tätigkeitsschwerpunkte der Gesellschaft:* Virtuelle Grundsatzabteilung für Fragen der nationalen und internationalen Rechnungslegung; Erstellung von PPA-Gutachten; Unterstützung bei der Erstellung von Jahres- und Quartalsabschlüssen, Accounting Trainings für HGB und IFRS.

LENZ, HANSRUDI: Univ.-Prof. Dr. rer. pol., Dipl.-Kfm., geb. 1955, Professor für Betriebswirtschaftslehre, insbesondere Wirtschaftsprüfungs- und Beratungswesen an der Julius-Maximilians-Universität Würzburg. *Arbeits- und Forschungsgebiete:* Rechnungslegung und Wirtschaftsprüfung, Unternehmensethik.

LORSON, PETER: Univ.-Prof. Dr. rer. oec., Dipl.-Kfm., geb. 1962; Studium der Betriebswirtschaftslehre an der Universität des Saarlandes bis 09/1987; 10/1987–04/2000: wissenschaftlicher Mitarbeiter/Assistent am Institut für Wirtschaftsprüfung an der Universität des Saarlandes (Direktor: Univ.-Prof. Dr. KARLHEINZ KÜTING); ebenda Promotion 1993 sowie 07/2004 Habilitation und Erlangung der *venia legendi* für Betriebswirtschaftslehre; 10/2003–09/2004: Lehrstuhlvertretung/Lehrauftrag im Fachgebiet Rechnungswesen und Controlling an der Technischen Universität Darmstadt; Inhaber des Lehrstuhls ABWL: Unternehmensrechnung und Controlling an der Universität Rostock ab 10/2006 als Vertreter, seit 02/2007 als ordentlicher Professor. *Arbeits- und Forschungsgebiete*: Interne und externe Unternehmensrechnung sowie Controlling, Unternehmensbewertung. Wirtschaftsprüfung, Bilanzanalyse. *Mitgliedschaften*: u. a. Schmalenbach-Gesellschaft, Internationaler Controllerverein (ICV, Facharbeitskreis IFRS).

MINDERMANN, TORSTEN: StB Priv.-Doz. Dr. rer. pol., Dipl.-Kfm., geb. 1971; 10/1992–11/1996: Studium der Betriebswirtschaftslehre an der Heinrich-Heine-Universität Düsseldorf; 03/1997–04/1999: Projektleiter bei der Deutschen Immobilien Leasing GmbH; 04/1999–03/2008: Mitarbeiter am Lehrstuhl für Betriebswirtschaftslehre, insbesondere Unternehmensprüfung und Controlling an der Heinrich-Heine-Universität Düsseldorf; 11/2000: Promotion an der Heinrich-Heine-Universität Düsseldorf; 02/2004: Steuerberaterexamen; 05/2006: Habilitation und Erlangung der *venia legendi* für Betriebswirtschaftslehre an der Heinrich-Heine-Universität Düsseldorf; seit 04/2008: Vertretung des Fachgebietes für Allgemeine Betriebswirtschaftslehre, insbesondere Steuerlehre/Prüfungswesen an der Technischen Universität Ilmenau. *Arbeits- und Forschungsgebiete*: Immaterielle Werte, Rechnungslegung, Betriebswirtschaftliche Steuerlehre, Betriebswirtschaftliches Prüfungswesen.

MÖLLS, SASCHA: Univ.-Prof. Dr. rer. pol. habil., Dipl.-Kfm., geb. 1972; 1992–1997: Studium der Betriebswirtschaftslehre; 1998: Projektmitarbeiter am Lehrstuhl für Allgemeine Betriebswirtschaftslehre und Betriebswirtschaftliche Steuerlehre der Philipps-Universität Marburg; 1999–2008: Wissenschaftlicher Mitarbeiter am Lehrstuhl für Allgemeine Betriebswirtschaftslehre und Wirtschaftsprüfung der Philipps-Universität Marburg; 12/2003: Promotion; 2/2008: Habilitation; seit 4/2008: Inhaber des Lehrstuhls für Betriebswirtschaftslehre, insbesondere Rechnungslegung und Wirtschaftsprüfung im Institut für Betriebswirtschaftslehre der Wirtschafts- und Sozialwissenschaftlichen Fakultät der Christian-Albrechts-Universität zu Kiel. *Arbeits- und Forschungsgebiete*: Rechnungslegung, Wirtschaftsprüfung, Finanzwirtschaftliche Unternehmensbewertung und Corporate Governance.

MÜLLER, SVEN: Dipl.-Kfm., geb. 1981; 2001–2006: Studium der Medienwirtschaft an der Technischen Universität Ilmenau; seit 2006: Wissenschaftlicher Mitarbeiter am Fachgebiet für Allgemeine Betriebswirtschaftslehre, insbesondere Rechnungswesen und Controlling der Technischen Universität Ilmenau; Gastdozent an der Tallinn University of Technology; seit 2008: Geschäftsführender Gesellschafter der Sputnic Consulting GmbH sowie der Sputnic Consulting Estonia OÜ.

MÜNNICH, ANDRÉ: Dipl.-Kfm., Bankkaufmann, geb. 1977; 1999–2004: Studium der Medienwirtschaft an der Technischen Universität Ilmenau; 2004–2005: Berater bei der FACT Unternehmensberatung GmbH mit dem Schwerpunkt „Internationale Rechnungslegung in Kapitalanlagegesellschaften, Versicherungen und Banken"; 2005–2009: Wissenschaftlicher Mitarbeiter am Fachgebiet für Allgemeine Betriebswirtschaftslehre, insbesondere Rechnungswesen und Controlling der Technischen Universität Ilmenau; Gastdozent an der Tallinn University of Technology; seit 2008: Geschäftsführender Gesellschafter der Sputnic Consulting GmbH sowie der Sputnic Consulting Estonia OÜ.

NIEHREN, CHRISTOPH: Dipl.-Kfm., geb. 1980; 2000–2003: Ausbildung zum Bankkaufmann bei der Kreissparkasse St. Wendel; 2003–2007: Studium der Betriebswirtschaftslehre an der Universität des Saarlandes, Saarbrücken; seit 2007: wissenschaftlicher Mitarbeiter am Lehrstuhl für Betriebswirtschaftslehre, insbesondere Betriebswirtschaftliche Steuerlehre an der Universität des Saarlandes (Univ.-Prof. Dr. *HEINZ KUßMAUL*).

OLBRICH, MICHAEL: Univ.-Prof. Dr. rer. pol., Dipl.-Kfm., geb. 1972; Studium der Betriebswirtschaftslehre an der Heinrich-Heine-Universität Düsseldorf; Promotion 11/1998 an der Ernst-Moritz-Arndt-Universität Greifswald; 1999–2000: Unternehmensberater bei Simon, Kucher & Partners; 2000–2004: Wissenschaftlicher Assistent an der Fern-Universität Hagen; ebenda 11/2004: Habilitation und Erlangung der *venia legendi* für Betriebswirtschaftslehre; 2005–2006: Gastwissenschaftler an der Ecole des Hautes Etudes Commerciales (HEC) Paris; 2006: Gastprofessor an der Universität Joensuu, Finnland; seit 11/2006 Inhaber des Lehrstuhls für Betriebswirtschaftslehre, insb. Wirtschaftsprüfung und Controlling an der Universität Trier; seit 01/2007 Mitherausgeber der Zeitschrift „Betriebswirtschaftliche Forschung und Praxis". *Arbeits- und Forschungs-*

gebiete: Unternehmungsbewertung, Revisions- und Treuhandwesen, Steuerlehre, Finanzwirtschaft.

PAETZMANN, KARSTEN: PD Dr. rer. pol.; Schulbildung in Hamburg und Boston; Studium der Betriebswirtschaftslehre an der Universität Hamburg; Wissenschaftlicher Mitarbeiter am Treuhandseminar der Universität zu Köln und Promotion zum Dr. rer. pol.; Lehrbeauftragter am Institut für Wirtschaftsprüfung und Steuerwesen der Universität Hamburg und Habilitation an der Helmut-Schmidt-Universität/Universität der Bundeswehr Hamburg; Unternehmensberater, daneben seit 2008 Vertreter der Professur für Betriebswirtschaftslehre/Rechnungswesen (Wirtschaftsprüfung und Controlling) an der Universität Oldenburg.

PETERSEN, KARL: Dipl.-Kfm., Wirtschaftsprüfer, Steuerberater, Bankkaufmann, geb. 1962; 1983–1988: Studium der Betriebswirtschaftslehre an der Ludwigs-Maximilians-Universität München; 1988–1989: Firmenkundenbetreuer Bayerische Vereinsbank AG; 1989–1995: Prüfungsleiter/Prokurist in der Wirtschaftsprüfung Arthur Andersen WPG StBG, München; seit 1995 bei der Dr. Kleeberg & Partner GmbH WPG StBG (München/Stuttgart), seit 1997: Geschäftsführer der Gesellschaft; Beratungsschwerpunkte Jahresabschluss- und Sonderprüfungen, Konzernrechnungslegung nach HGB und IFRS, IFRS-Umstellungen, IPO-Projekte, Unternehmensbewertung und -transaktionen, Restrukturierung und Steuerplanung; Autor verschiedener Fachbeiträge und Kommentierungen in Standardwerken zur Rechnungslegung und Prüfung; Herausgeber verschiedener Buchwerke und Kommentare; seit 2007: Vorsitzender des IDW der Landesgruppe Bayern; seit 2008: Mitglied des Beirats der Wirtschaftsprüferkammer; seit 2009: Lehrbeauftragter der Universität Regensburg sowie der Technischen Universität Ilmenau.

REUTER, MICHAEL: Dr. rer. oec., Dipl.-Kfm., geb. 1978; 1998–2002: Studium der Betriebswirtschaftslehre an der Universität des Saarlandes, Saarbrücken; 2002–2008: Wissenschaftlicher Mitarbeiter und Promotion am Institut für Wirtschaftsprüfung (Univ.-Prof. Dr. KARLHEINZ KÜTING); seit 2008: als Spezialist IFRS-Rechnungslegung bei der Franz Haniel & Cie. GmbH (Duisburg) zuständig für Konzernbilanzierung und IFRS-Grundsatzfragen, Konzeption des Konzernanhangs und der Bilanzrichtlinie, Einzelfragen der nationalen und internationalen Rechnungslegung sowie Projektleiter für die Einführung und Umsetzung des BilMoG; Vertreter von Franz Haniel & Cie. in der Vereinigung zur Mitwirkung an der Entwicklung des Bilanzrechts für Familiengesellschaften (VMEBF) sowie im Arbeitskreis BilMoG der Gesellschaft für Finanzwirtschaft in der Unternehmensführung (GEFIU – Association of Chief Financial Officers Germany).

ROOS, BENJAMIN: Dipl.-Kfm., geb. 1978; 2000–2005: Studium der Betriebswirtschaftslehre an der Friedrich-Alexander-Universität Erlangen-Nürnberg; 2005–2006: Wirtschaftsprüfungsassistent; seit 2006: wissenschaftliche Mitarbeit am Lehrstuhl für Betriebswirtschaftslehre, insbesondere Rechnungswesen und Prüfungswesen (Univ.-Prof. Dr. *KLAUS HENSELMANN*). *Arbeits- und Forschungsgebiete:* Nationale und internationale (Konzern-)Rechnungslegung.

SASSEN, REMMER: Dipl.-Kfm. Remmer Sassen, M.A., geb. 1977; 1997–2000: Ausbildung zum Bankkaufmann bei der Volksbank Jever e.G.; 2000–2005: Studium der Betriebswirtschaftslehre mit juristischem Schwerpunkt sowie 2002–2006 Studium Magister Politikwissenschaften/Wirtschaftswissenschaften an der Carl von Ossietzky Universität Oldenburg; 2005–2007 Prüfungsassistent bei der Arbitax AG Wirtschaftsprüfungsgesellschaft/Steuerberatungsgesellschaft, Oldenburg; seit Juni 2007: Wissenschaftlicher Mitarbeiter und Doktorand am Lehrstuhl für Revisions- und Treuhandwesen (Univ.-Prof. Dr. *CARL-CHRISTIAN FREIDANK*) der Universität Hamburg; seit 2008: postgraduales Studium Master of Higher Education an der Universität Hamburg (Zentrum für Hochschul- und Weiterbildung).

SOPP, GUIDO: Dipl.-Kfm., Bankkaufmann, geb. 1981; 2001–2006: Studium der Betriebswirtschaftslehre an der Universität des Saarlandes, Saarbrücken und an der Universidad de Salamanca; 2002–2005: im Rahmen des Dualen Studiengangs Ausbildung zum Bankkaufmann, Sparkasse Saarbrücken; seit 2006: wissenschaftlicher Mitarbeiter und Doktorand am Lehrstuhl für Betriebswirtschaftslehre, insbesondere Bankbetriebslehre (Univ.-Prof. Dr. *HARTMUT BIEG*).

STEINER, CHRISTOF: Dr. rer. oec., Dipl.-Kfm., geb. 1978; 1998–2003: Studium der Betriebswirtschaftslehre an der Universität des Saarlandes, Saarbrücken; 2003–2008: wissenschaftlicher Mitarbeiter am Lehrstuhl für Betriebswirtschaftslehre, insbesondere Rechnungswesen und Finanzwirtschaft (Univ.-Prof. Dr. *GERD WASCHBUSCH*) an der Universität des Saarlandes; 2008: Promotion an der Universität des Saarlandes; seit 11/2008 tätig als Referent Konzernrechnungswesen in der Grundsatzabteilung der Wüstenrot & Württembergische AG, Stuttgart.

TOEBE, MARC: Dr. rer. pol., Dipl.-Kfm., Dipl.-Vw., geb. 1971; 1991–1996: Studium der Betriebswirtschaftslehre an der Universität Rostock; 1996–2000: Prüfungsassistent/ Prüfungsleiter bei der Wirtschaftsprüfungsgesellschaft KPMG; 2000–2002: Studium der Volkswirtschaftslehre an der Fernuniversität Hagen; seit 2000: wissenschaftliche Mitarbeit am Lehrstuhl für Unternehmensrechnung/-besteuerung (Univ.-Prof. Dr. *STEFAN GÖBEL*), am Lehrstuhl für Bank- und Finanzwirtschaft (Univ.-Prof. Dr. *GUIDO EILENBERGER*/Univ.-Prof. Dr. *SUSANNE HOMÖLLE*) sowie am Lehrstuhl für Unternehmensrechnung und Controlling (Univ.-Prof. Dr. *PETER LORSON*) an der Universität Rostock; 2005: Bestellung als Steuerberater; 2006: Promotion; 2009: Bestellung als Wirtschaftsprüfer. *Arbeits- und Forschungsgebiete:* Wirtschaftsprüfung, Unternehmensbewertung, Controlling.

WAGNER, TOBIAS: Dipl.-Kfm., geb. 1979; 2001–2009: Studium der Medienwirtschaft an der Technischen Universität Ilmenau, Ilmenau; seit 2006: selbständiger Berater und Partner der Sputnic Consulting GmbH (Görlitz/Ilmenau/München), hier zuständig für IFRS-Grundsatzfragen sowie für Fragen der internationalen Konzernrechnungslegung – insbesondere Bilanzierung nach IAS 32, IAS 39 und IFRS 7.

WASCHBUSCH, GERD: Univ.-Prof. Dr. rer. oec., Dipl.-Kfm., geb. 1959; 1980–1985: Studium der Betriebswirtschaftslehre an der Universität des Saarlandes, Saarbrücken; 1985–2001: wissenschaftlicher Mitarbeiter/wissenschaftlicher Assistent am Lehrstuhl für Betriebswirtschaftslehre, insbesondere Bankbetriebslehre (Univ.-Prof. Dr. *HARTMUT BIEG*) an der Universität des Saarlandes; 1992: Promotion an der Universität des Saarlandes; 1998: Habilitation an der Universität des Saarlandes; 1994–1996: Vertreter des Lehrstuhls für Betriebswirtschaftslehre mit Schwerpunkt Rechnungswesen an der Universität Kaiserslautern; 2001–2003: Inhaber des Lehrstuhls für Allgemeine Betriebswirtschaftslehre mit den besonderen Schwerpunkten Rechnungswesen/Controlling und Finanzwirtschaft an der WHL Wissenschaftliche Hochschule Lahr; 2001–2003: Rektor der WHL Wissenschaftliche Hochschule Lahr; seit 2003: Inhaber des Lehrstuhls für Betriebswirtschaftslehre, insbesondere Rechnungswesen und Finanzwirtschaft an der Universität des Saarlandes. *Forschungsschwerpunkte:* Rechnungslegung (insb. der Kreditinstitute), Bankenaufsichtsrecht, Bankmarketing, Investition und Finanzierung (insb. Mittelstandsfinanzierung).

WULF, INGE: Univ.-Prof. Dr. rer. pol. habil., Dipl.-Oec.; Studium der Wirtschaftswissenschaften an der Universität Oldenburg und University of Exeter (1990–1995); Wissenschaftliche Mitarbeiterin an der Universität Oldenburg am Lehrstuhl für Betriebswirtschaftslehre/ Rechnungswesen und Controlling (1995–2001); ebenda: Promotion 01/2001; Wissenschaftliche Assistentin an der Universität Oldenburg am Lehrstuhl für Betriebswirtschaftslehre/Rechnungswesen und Controlling (2001–2008); Vertreterin der Professur für Betriebswirtschaftslehre, insb. internationale Rechnungslegung an der Technischen Universität Clausthal (2006–2008); Habilitation an der Universität Oldenburg und Erlangung der *venia legendi* für Betriebswirtschaftslehre (07/2007); seit 09/2008: Professorin für Betriebswirtschaftslehre, insb. Unternehmensrechnung an der Technischen Universität Clausthal. *Arbeits- und Forschungsgebiete:* Internationale Rechnungslegung, Abschlusspolitik und -analyse sowie interne und externe Berichterstattung über immaterielle Vermögenswerte.

ZIMMERMANN, JOCHEN: Univ.-Prof. Dr. rer. pol., geb. 1965; Studium der Betriebswirtschaftslehre an den Universtäten Nürnberg und Mannheim; wissenschaftlicher Mitarbeiter am Lehrstuhl für Allgemeine Betriebswirtschaftslehre und Versicherungsbetriebslehre an der Universität Mannheim und Promotion 1992 (ausgezeichnet mit dem Dr. Kurt Hamann-Preis); 1995: Habilitation; 1994–1998: Assistant Professor of Accounting, London Business School; seit 1998: Inhaber des Lehrstuhls für Allgemeine Betriebswirtschaftslehre, Unternehmensrechnung und Controlling, Universität Bremen; 2008: Verleihung der Ehrendoktorwürde der Staatl. Universität Tiflis, Georgien für Verdienste um die Hochschulreform; *ZIMMERMANN* ist Mitglied der Arbeitsgruppe Pensionen des DRSC und des Versicherungsbeirats der Bundesanstalt für Finanzdienstleistungsaufsicht. *Arbeits- und Forschungsgebiete*: Empirische Kapitalmarktforschung, Rechnungslegungsvergleichung und Rechnungslegungsgestaltung, insbesondere der Altersversorgung und der Versicherungsunternehmen.

ZWIRNER, CHRISTIAN: Dr. rer. oec., Dipl.-Kfm., Steuerberater, geb. 1975; 1995–1999: Studium der Betriebswirtschaftslehre an der Universität des Saarlandes, Saarbrücken; 1999–2007: Wissenschaftlicher Mitarbeiter und Promotion am Institut für Wirtschaftsprüfung (Univ.-Prof. Dr. KARLHEINZ KÜTING); seit 2007: als Prokurist bei der Dr. Kleeberg & Partner GmbH WPG StBG (München/Stuttgart) zuständig für IFRS-Grundsatzfragen sowie für Fragen der nationalen und internationalen Konzernrechnungslegung; Vertreter von Kleeberg im DRSC, in der Schmalenbach-Gesellschaft (SG) sowie im Arbeitskreis Bilanzrecht von BDI/DIHK; Autor von zahlreichen Fachveröffentlichungen und Mitarbeit an verschiedenen Kapitalmarktstudien; Herausgeber verschiedener Buchwerke und Kommentare; seit 2009: Lehrbeauftragter der Universität Regensburg sowie der Technischen Universität Ilmenau; seit 2009: Schriftleiter der Zeitschrift für Bilanzierung und Rechnungswesen (BRZ).

Stichwortverzeichnis

Seite

A

Abschreibungen .... 89 ff., 105 f., 111 ff.
Abzinsung... 204 ff.
Adressaten .... 5 ff.
Agio .... 182 ff.
Akquisitionsmethode .... 367 ff.
Akquisitionszeitpunkt.......................... 370
Aktienoptionen .... 459 ff., 465 ff.
Aktienoptionen, virtuelle ..... 458 f., 462 ff.
Aktienrückkauf 162, 166
Alterswertfaktorenverfahren................ 448
Amortised Costs, *siehe* Anschaffungskosten, fortgeführte
Analysemethoden .... 55 ff.
Anhang .... 24, 70 ff.
Anschaffungskosten .... 102 f., 110 ff., 137
Anschaffungskosten, fortgeführte ...... 118, 127 ff.
Anschaffungskostenmodell, *siehe* Kostenmodell
Anwendung der IFRS ....21 ff., 505 ff.
Arbitriumwert.................................... 526 f.
Argumentationswert 527
Assets held for Sale .... 389 ff.
Assoziierte Unternehmen, *siehe* Unternehmen, assoziierte
Aufwandsarten, *siehe* Gesamtkostenverfahren
Aufwands- und Ertragseliminierung .... 392 ff.
Aufwendungen 7, 9, 13
Aufzinsung .... 204 ff.
Ausfallrisiken .... 262 ff.
Auszahlung 288

B

Badwill 349, 357
Barwert.............................. 18 ff., 204 ff.
Basel II .... 487 ff.
Basisannahmen 7
Beizulegender Zeitwert, *siehe* Fair Value

Beherrschung .... 336 ff., 353
Bestandserwartungswert .... 446 ff.
Bestandskostenwert......................... 446 f.
Bilanzanalyse .... 53 ff.
    Informationsquellen 53, 57
    Zielsetzung .... 53, 55 f.
Bilanzgliederung .... 31 f.
Bilanzpolitik.. 37 ff.
Bilanzstichtag... 42
Bilanzierungsfähigkeit .... 177 ff.

C

Cashflow .... 290 ff.
Chief Operating Decision Maker 270
Completed-Contract-Method 316
Comprehensive Income...................... 302
Control-Konzept, *siehe* Beherrschung

D

Darstellungsgestaltung .... 40 f., 44 ff.
Datenbasis... 54 f.
Differenzen
    permanente 224
    quasi-permanente 224
    temporäre................................... 224
Disagio... 182 ff.
Discontinued Operations, *siehe* Geschäftsbereiche, aufgegebene
Diskontierung, *siehe* Abzinsung
Disposal Group .... 388 ff.

E

Earnings per Share, *siehe* Ergebnis je Aktie
Effektivität .... 124 ff., 127 ff.
Effektivzinsmethode .... 185 ff., 252 ff.
Eigenkapital .... 70 ff., 161 f., 169 ff.
Eigenkapital, haftendes .... 494 f.
Eigenkapital, modifiziertes verfügbares.... 484 f.

Eigenkapitalinstrumente, echte .... 458, 461 ff., 467 ff.
Eigenkapitalveränderungsrechnung ..... 34, 162 ff.
Eigenmittel .... 494 f., 500 ff.
Einzahlung 288
Emissionsrechte ..... 143 ff., 151 ff., 257 ff.
Endorsementverfahren .... 22 f., 26 ff.
Entkonsolidierung .... 367 ff.
Entscheidungswert .... 525 f.
Equity Methode .... 338 f.
Erfolgsdifferenzen 224
Erfolgsrechnung, siehe Gewinn- und Verlustrechnung
Erfolgsspaltung .... 303 ff.
Ergebnis je Aktie ..... 167 ff., 408 f., 410 ff.
Erleichterungen .... 71 f.
Erstkonsolidierung .... 367 ff.
Erträge 13
Ertragsrealisation .... 315 ff., 323 ff.
Eventualverbindlichkeiten ... 196 f., 262 ff.

F

Fair Value .... 107, 118 f., 127 ff., 424 ff., 433 ff., 444 f., 489 ff., 532 f.
Fertigungsauftrag .... 315 ff.
Filmrechte .... 91 ff.
Financial Instruments, siehe Finanzinstrumente
Finanzierungsleasing .... 243 ff., 532 ff.
Finanzinstrumente .... 117 ff., 257 ff.
    Kategorisierung .... 119 ff., 127 ff.
Folgekonsolidierung .... 367 ff.
Forderungen .... 140 ff., 150 ff.
Framework, siehe Rahmenkonzept
Full Goodwill .... 353 ff., 358 ff.
Full-Goodwill-Methode .... 370 f.

G

Gemeinschaftsunternehmen 338
Gesamtergebnisrechnung 32
Gesamtkostenverfahren ..... 299 ff., 303 ff., 478 f.
Geschäftsbereiche, aufgegebene .... 387 ff.

Geschäftssegmente, unwesentliche 271
Gewinn- und Verlustrechung (GuV) .... 299 ff., 478 f.
Gewinnrücklagen, Anpassungen 164
Goodwill .... 349 ff.
    Aufteilung .... 354 ff.
    beteiligungsproportional .... 353 ff.
    Charakter 352
    derivativer 350
    originärer 350
Grundsätze .... 7 ff.

H

Hedge Accounting .... 122 ff., 500 ff.
Herstellungskosten .... 103, 138 f., 147 ff.

I

IAS 1 .... 3 ff., 24 f., 301 ff.
IAS 2 .... 103, 136 ff.
IAS 7 .... 287 ff.
IAS 8 .... 164 f.
IAS 10 51
IAS 11 .... 137, 315 ff.
IAS 12 .... 226 ff.
IAS 16 .... 101 ff., 423, 489
IAS 17 .... 242 ff.
IAS 18 .... 137, 140 f., 320 f.
IAS 19 .... 211 ff.
IAS 20 .... 44, 103, 144 ff.
IAS 21 .... 141, 473 ff.
IAS 23 .... 103, 110 ff.
IAS 27 .... 336 ff., 367 ff.
IAS 28 .... 338 ff.
IAS 29 477
IAS 30 .... 260 f.
IAS 31 .... 338, 340
IAS 32 .... 117 ff., 161 ff., 169 ff., 180, 458
IAS 33 .... 167 ff.
IAS 34 23
IAS 36 .... 89 f., 92 ff., 106 ff., 354 ff.
IAS 37 .... 195 ff.
IAS 38 .... 85 ff., 489 f.
IAS 39 .... 89 f., 92 ff., 117 ff., 141 f., 144, 165, 170 ff., 181 ff., 260, 490

IAS 40 .... 169 ff., 421 ff.
IAS 41 .... 137, 441 ff.
IFRS 1 .... 67 ff., 164
IFRS 2 .... 457 ff.
IFRS 3 .... 352 ff., 370 ff., 405 ff.
IFRS 5 .... 387 ff.
IFRS 7 .... 257 ff.
IFRS 8 .... 269 ff.
Immaterielles Anlagevermögen .... 85 ff.
Impairmenttest .... 89 f., 92 ff., 106 ff.,
354, 533 f.
Informationen 6
Informationsquellen ....
International Standards on Auditing ....
510, 518 ff.
Internationalisierung .... 59 f.
Investment Properties .... 421 ff.

J
Jahresabschluss
    Gliederung 25
    Mindestbestandteile .... 24, 31 f.
Jahresüberschuss .... 70 ff.

K
Kapitalerhaltungsgrundsätze .... 15 f.
Kapitalflussrechnung .. 24 f., 287 ff., 294 ff.
Kapitalkonsolidierung .... 367 ff.
Kaufpreisallokation .... 406 f., 410 ff.
Kennzahlen .... 70 ff.
Kombinationsmodelle .... 458 f.
Komponentenansatz .... 101 f., 111 ff.
Konsolidierungskreis .... 333 ff.
Konzernabschluss .... 334 ff., 367 ff.,
413 ff., 505 ff.
Konzernabschlussprüfung .. 507 ff., 518 ff.
Konzernabschlussprüfung, geschäfts-
    risikoorientierte .... 512 ff.
Konzernabschlussüberleitungsverordnung
496 ff., 500 ff.
Korridormethode 214, 218

Kostenmodell .... 104 ff., 111 ff.,
424, 432 ff.

Kunden, wesentliche 275
Kuppelproduktion .... 138, 147 ff.

L
Lagebericht 23
Langfristfertigung .... 315 ff.
Latente Steuern, *siehe* Steuern, latente
Leasing .... 241 ff.
Liquiditätsrisiken .... 262 ff.

M
Major Costumers, *siehe* Kunden,
    wesentliche
Marktpreisrisiken .... 262 ff.
Methoden-Informationsvergleichs 58
Methodenvergleich 58
Minderheitenanteile .... 407, 410 ff.
Mindestleasingzahlung 244
Mutter-Tochter-Verhältnis .... 334 ff.
Mutterunternehmen 336

N
Nettoveräußerungspreis ..... 139 f., 150 ff.,
390 f.
Neubewertungsmethode .... 90, 107 ff.,
111 ff., 370 f., 424 ff.
Neubewertungsrücklage .... 107, 165 f.
Niederstwertprinzip .... 137, 150 ff.

O
Operating Leasing .... 247 ff., 252 ff.
Operating Segments .... 269 ff., 275 ff.
Other Comprehensive Income 302
Outside Basis Differences 398

P
Partialmodell, investitionstheoretisches ....
529
Par-Value-Methode 167
Pensionsaufwand .... 214, 217, 219 ff.
Pensionspläne .... 211 ff.
Pensionsrückstellungen .... 211 ff.
Pensionsverpflichtungen .... 212 ff., 219 ff.

Percentage-of-Completion-Method........... 317 ff.
Periodisierung 319
Pläne
    beitragsorientierte ....211 f.
    leistungsorientierte................. 212 ff.
Planvermögen................................ 214 ff.
Primärgrundsätze.......................... 7 ff., 16
Prozyklizität ....491 f.
Prudential Filter............................ 496 ff.
Prüfung
    Durchführung........................ 511 ff.
    Normen ....509 ff., 518 ff.
    Planung................................. 511 ff.
Publizität ....21 ff., 26 ff.
Purchased Goodwill 353

Q

Qualitative Anforderungen, *siehe* Primärgrundsätze
Quotenkonsolidierung 338

R

Rahmenkonzept........................... 3 ff., 16 f.
Ratingprozess 488
Rechenwerke .... 24, 26 ff.
Rechnungslegung
    Umstellung............................ 67 ff.
    Ziele...4
    Zwecke...5
Retrograde Methode....................... 149 ff.
Reverse Acquisition, *siehe* Unternehmenserwerb, umgekehrter
Risikoberichterstattung .... 260 ff.
Rücklage für Zeitbewertung....162 f., 165, 169 ff.
Rückstellungen................................. 195 ff.

S

Sachanlagevermögen...................... 101 ff.
Sachverhaltgestaltung .... 40 ff.
Sale-and-Leaseback..........................249 f.
Sammelsegment .... 275 ff.
Schulden................ 9, 11 ff., 13 ff., 177 ff.

Schuldgrößen je Segment 273
Segmentberichterstattung..... 26 ff., 269 ff.
Segmente, berichtspflichtige...........270 ff.
Sicherungsbeziehung .... 122 ff.
Sonstiges Gesamtergebnis .... 165 f.
Standardkosten .... 139, 148 ff.
Steuerabgrenzung ....223 ff.
Steuern, latente ....223 ff.
Stichtagskursmethode ....476 ff.

T

Temporary Konzept 225
Timing Konzept.............................. 225
Tochterunternehmen ....336, 367 ff.
Transaktion, Anschaffungskosten...... 406, 410 ff.
Transformation, biologische ....443 ff.

U

Überleitungsrechnung..............67 ff., 223, 228, 230 ff., 274, 276 ff.
Umlaufvermögen .... 135 ff.
Umsatzerfassung................ 315 ff., 323 ff.
Umsatzkostenverfahren ..... 299 ff., 303 ff.
Umweltverschmutzungsrechte........ 143 ff.
Unternehmen, assoziierte................... 339
Unternehmensbewertung ....525 ff.
    Grundsätze............................527 ff.
Unternehmensebene, Angaben auf 275
Unternehmenserwerb, umgekehrter .... 405 ff.

V

Verbindlichkeiten ....177 ff.
Verbindlichkeiten, finanzielle.........180 ff.
Verbindlichkeiten, sonstige .... 180, 184 ff.
Verbrauchsfolgeverfahren .... 139, 149 ff.
Vergleich HGB/IFRS......................... 73 f.
Vergleichsinformationen ....25 ff., 409
Vergütung, anteilsbasierte ....457 ff.
Verlustvorträge ....226 f., 231 ff.
Vermögensgrößen je Segment 273
Vermögenswert .... 10 f., 13 ff., 85 f.
Vermögenswerte, biologische.........441 ff.

Versicherungsmathematische Gewinne
und Verluste 166, 214
Verwässerungseffekte .... 167 ff.
Volatilität 491
Vollkonsolidierung .... 333 ff.
Vorräte .... 136 ff., 147 ff.

W

Wahlrechte
    explizite 44
    implizite .... 45 f.
Währung, funktionale .... 473 ff.
Währungsumrechnung .... 473 ff.
Waldvermögen, Bewertung .... 441 ff.
Weltabschlussprinzip 336
Wertaufhellung 51
Wertbegründung 51
Wertminderung .... 106 ff., 139 ff.

Z

Zahlungsmittel 288
Zahlungsmitteläquivalente 288
Zeitbezugsmethode .... 475 ff.
Ziele, *siehe* Rechnungslegung, Ziele
Zukunftserfolgswertverfahren 529
Zwecke, *siehe* Rechungslegung, Zwecke
Zweckgesellschaften .... 345 f.
Zwischenberichterstattung 23
Zwischenergebniseliminierung .... 519 ff.

Konzernrechnungslegung verständlich dargestellt

Thomas Schildbach
Der Konzernabschluss nach HGB, IFRS und US-GAAP

7. Auflage 2008 | 451 S. | gebunden
€ 29,80 | ISBN 978-3-486-58190-4

Das Buch beinhaltet folgende Themenfelder: Der Konzern im Spannungsfeld zwischen Unternehmen und Markt. Konzernrechnungslegung und Konzernrecht. Konsolidierungsgrundsätze. Pflicht zur Aufstellung eines Konzernabschlusses und eines Konzernlageberichts. Konsolidierungskreis. Währungsumrechnung. Kapitalkonsolidierung nach HGB, US-GAAP und IFRS. Schuldenkonsolidierung. Zwischenergebniseliminierung. GuV- Konsolidierung. Latente Steuern im Konzernabschluss. Die Darstellung der Ergebnisverwendung und der Entwicklung erfolgswirksamer Konsolidierungsdifferenzen im Konzernabschluss. Konzernanhang. Konzernlagebericht. Prüfung des Konzernabschlusses.

Das Buch richtet sich an alle, die sich in die ökonomischen und rechtlichen Grundlagen sowie die komplexe Welt der Konsolidierungstechniken der Konzernrechnungslegung selbständig oder begleitend zu einer Lehrveranstaltung einarbeiten wollen. Es zeichnet sich durch seine theoretische Fundierung, seinen auf systematischen Lernfortschritt ausgerichteten Aufbau und seine vergleichende Berücksichtigung von HGB, IFRS und US-GAAP aus.

Über den Autor:

Prof. Dr. Thomas Schildbach lehrt seit 1981 Betriebswirtschaftslehre mit Schwerpunkt Revision und Unternehmensrechnung an der Universität Passau.

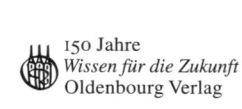

150 Jahre
Wissen für die Zukunft
Oldenbourg Verlag

Bestellen Sie in Ihrer Fachbuchhandlung oder direkt bei uns: Tel: 089/45051-248, Fax: 089/45051-333
verkauf@oldenbourg.de

Die wichtigsten Begriffe für KMU

Gerald Preißler | German Figlin
IFRS-Lexikon
2009 | 168 Seiten | gebunden | € 29,80
ISBN 978-3-486-58610-7

Das IFRS Lexikon erklärt gängige und für die tägliche Bilanzierungspraxis relevante Begriffe der internationalen Rechnungslegung. Der aktuelle Gesetzentwurf zur Modernisierung des Bilanzrechts und die damit verbundene Internationalisierung des deutschen Handelsgesetzbuchs zwingen auch kleine und mittelständische Unternehmen, sich mit internationaler Rechnungslegung zu befassen. Aus diesem Grund konzentriert sich das Lexikon auf Begrifflichkeiten und Sachverhalte, die für den Mittelstand typisch und wesentlich sind.

Es dient Geschäftsführern und Mitarbeitern aus den Bereichen Controlling sowie Finanz- und Rechnungswesen, aber auch Studierenden der Bachelor- und Masterstudiengänge als schnelles und unkompliziertes Nachschlagewerk.

Dr. Gerald Preißler ist seit April 2006 Unternehmensberater bei der DGC Deutsche Gesellschaft für angewandtes Controlling mbH in München und führt daneben zahlreiche Schulungen im In- und Ausland für namhafte Seminarveranstalter durch.

Dr. German Figlin wechselte nach einer Tätigkeit bei einer großen Wirtschaftsprüfungsgesellschaft in die Grundsatzabteilung Accounting und Controlling im Bereich Corporate Finance eines internationalen Konzerns.

Bestellen Sie in Ihrer Fachbuchhandlung oder direkt bei uns: Tel: 089/45051-248, Fax: 089/45051-333
verkauf@oldenbourg.de

Oldenbourg

Auf dem Rechtsstand von 2009/2010

Hartmut Bieg | Heinz Kußmaul
Externes Rechnungswesen
5., vollständig überarbeitete und aktualisierte
Auflage 2009
605 Seiten | gebunden | € 49,80
ISBN 978-3-486-59025-8

Die neue Auflage dieses Standardlehrbuchs wurde komplett angepasst an die handels- und steuerrechtlichen Änderungen seit 2006. Neben dem Unternehmensteuerreformgesetz 2008 ist der Gesetzentwurf zum Bilanzrechtsmodernisierungsgesetz vom 21. Mai 2008 in das Werk eingearbeitet worden. Anstehende Änderungen im noch laufenden Gesetzgebungsverfahren werden vom Verlag zum kostenlosen Download bereitgestellt. Damit beinhaltet das Werk den gesetzlichen Stand des Jahres 2009 und gleichzeitig auch die Änderungen des Bilanzrechtsmodernisierungsgesetzes, die im Wesentlichen ab dem Jahr 2010 relevant werden.
Das externe Rechnungswesen wird auf Grundlage des deutschen Handels- und Steuerrechts dargestellt. Zudem werden die Regelungen zum Konzernabschluss sowie die Rechnungslegung nach IFRS erläutert.

Dieses Lehrbuch richtet sich an Lehrende und Studierende an Universitäten, Fachhochschulen, Berufsakademien, Verwaltungs- und Wirtschaftsakademien sowie an interessierte Praktiker.

Über die Autoren:
Univ.-Prof. Dr. Hartmut Bieg ist Inhaber des Lehrstuhls für Betriebswirtschaftslehre, insbesondere Bankbetriebslehre, an der Universität des Saarlandes in Saarbrücken.
Univ.-Prof. Dr. Heinz Kußmaul ist Inhaber des Lehrstuhls für Betriebswirtschaftslehre, insb. Betriebswirtschaftliche Steuerlehre an der Universität des Saarlandes in Saarbrücken.

Bestellen Sie in Ihrer Fachbuchhandlung oder
direkt bei uns: Tel: 089/45051-248, Fax: 089/45051-333
verkauf@oldenbourg.de

Für Studierende und Praktiker

Carl-Christian Freidank
Kostenrechnung
Einführung in die begrifflichen, theoretischen, verrechnungstechnischen sowie planungs- und kontrollorientierten Grundlagen des innerbetrieblichen Rechnungswesens sowie ein Überblick über Konzepte des Kostenmanagements
8., überarb. und erw. Aufl. 2008. XXVI, 452 S., gb.
€ 34,80
ISBN 978-3-486-58176-8

Die behandelten Themenbereiche und Prüfungsaufgaben decken den elementaren Lehrstoff ab, der an Universitäten, Fachhochschulen, Berufsakademien sowie Verwaltungs- und Wirtschaftsakademien im Diplom-, Bachelor- und Masterstudiengang vermittelt wird. Darüber hinaus, spricht das exzellent didaktisch gestaltete Buch, auch Praktiker des Rechnungswesens an (z.B. Controller, interne Revisoren, Wirtschaftsprüfer und Steuerberater, Mitarbeiter in der Kostenrechnung, Unternehmensberater), die ihre Kenntnisse auf diesen Gebieten auffrischen, vertiefen und testen wollen. Schließlich ist das Lehrbuch in besonderem Maße für die Vorbereitung auf die Examina des wirtschaftsprüfenden bzw. steuerberatenden Berufes geeignet.

Das Grundlagenwerk für jedes betriebswirtschaftlich orientierte Studium, das Handbuch für den Praktiker!

Außerdem erhältlich:
Carl-Christian Freidank, Sven Fischbach
Übungen zur Kostenrechnung
6., überarb. und ergänzte Aufl. 2007. Br.
€ 27,80, ISBN 978-3-486-58120-1

StB Prof. Dr. habil. Carl-Christian Freidank lehrt Betriebswirtschaftslehre, insbesondere Revisions- und Treuhandwesen, am Institut für Wirtschaftsprüfung und Steuerwesen der Universität Hamburg.

Rechnungswesen komplett

Reinhard Heyd, Günter Meffle
Das Rechnungswesen der Unternehmung als Entscheidungsinstrument

Band 1: Sachdarstellung und Fallbeispiele
6. Auflage 2008 | ca. 700 S. | Broschur
ca. € 34,80 | ISBN 978-3-486-58550-6

Band 2: Übungsaufgaben, Lösungsvorschläge und Erläuterungen
5. Auflage 2008 | ca. 693 S. | Broschur
ca. € 34,80 | ISBN 978-3-486-58551-3

Band 1 beinhaltet die Finanzbuchführung und die Grundlagen des Rechnungswesens. Band 2 umfasst die Kosten- und Leistungsrechnung, die Finanzwirtschaft, die Bewertung und den Jahresabschluss, die Auswertung des Jahresabschlusses sowie die Grundzüge der Bilanztheorien. Zusammenfassungen vermitteln das notwendige Überblickswissen, ein breites Spektrum vertiefender Aufgaben fördert die anzustrebende Handlungs- und Entscheidungskompetenz des Lesers.

Die beiden Bände richten sich an Studierende der Betriebswirtschaftslehre im Grundstudium sowie für Fachschulen, Wirtschaftsgymnasien und Teilnehmer beruflicher Lehrgänge.

Prof. Dr. Reinhard Heyd hat eine Professur für Betriebswirtschaftslehre, insbesondere Rechnungswesen und Controlling, an der Hochschule für Wirtschaft und Umwelt Nürtingen-Geislingen inne.
Prof. Dr. Günter Meffle war nach seinem Wirtschaftsstudium viele Jahre als Professor im Bereich Berufliche Schulen sowie als Dozent für Bilanzbuchhaltung tätig.

150 Jahre
Wissen für die Zukunft
Oldenbourg Verlag

Bestellen Sie in Ihrer Fachbuchhandlung oder direkt bei uns: Tel: 089/45051-248, Fax: 089/45051-333
verkauf@oldenbourg.de